U0165679

中日國力消長
與
東亞秩序重構

林泉忠 —————————— 主編

張玉法、村田 雄二郎 ———— 等著

五南圖書出版公司 印行

目　錄

導讀　近現代中日兩次國力消長的啓示意義

林泉忠*

　　大國崛起與區域秩序變化之間的關係，向來是國際政治史中極爲重要的研究課題。

一、世界大國／霸權更替的邏輯

　　在人類漫長的歷史長河中，大國的興衰而引發區域秩序變動的例子不勝枚舉。[1]僅以歐洲15世紀初開啓的「大航海時代」（Age of Discovery）[2]之後的歷史爲例，葡萄牙、[3]西班牙、[4]荷蘭、[5]英國、[6]法國[7]等歐洲帝國先後崛

---

* 　林泉忠：歷任中央研究院近代史研究所副研究員、日本琉球大學國際關係學系副教授、武漢大學日本研究中心教授兼執行主任等，研究領域爲東亞國際關係及中日政治外交史。

1　有關世界新興大國的崛起所伴隨的「中心」或　權的更替及對世界歷史與國際秩序的影響，參照Robert Gilpin, *War and Change in World Politics*, Cambridge: Cambridge University Press, 1981; Paul M. Kennedy, *The Rise and Fall of the Great Powers: Economic Change and Military conflict from 1500 to 2000*, New York: Random House, 1987.

2　「大航海時代」又稱「地理大發現」，從15世紀初一直延續至17世紀中葉，是歐洲開拓海外航路、尋求海外貿易夥伴的重要時期，主要由葡萄牙與西班牙所主導。「大航海時代」對國際秩序的影響，主要在於帶動了歐洲開拓海外殖民地以及其後引發的爭奪殖民地熱潮。

3　葡萄牙崛起於15世紀的大西洋探險與1415年對休達（Ceuta）的征服。航海家瓦斯科·達伽馬（Vasco da Gama）於1498年成功開拓由歐洲至印度的航道，爲其後葡萄牙率先拓展海外殖民地以及成爲歐洲第一個海洋強權鋪平了道路。葡萄牙帝國之國力於16世紀達至頂峰，於東北亞及東南亞的主要殖民地包括澳門、馬六甲、東帝汶等。

4　西班牙帝國建於1492年，爲最早擁有全球規模殖民地的帝國之一，亦爲首個被冠以「日不落帝國」稱號的世界強權。西班牙帝國之衰弱，始於1588年無敵艦隊慘敗於英國。西班牙於東亞的殖民地主要包括菲律賓（1565-1898）及臺灣北部（雞籠、滬尾一帶；1626-1642）。

起，殖民主義浪潮席捲全球，亞洲、非洲、以及美洲等地區紛紛淪為歐洲的殖民地，導致各區域的秩序面貌發生蛻變。時至19世紀，大英帝國開始獨領風騷，並在工業革命成功後正式邁向獨霸天下的道路，再次改寫了世界地圖。[8]然而，在第一次世界大戰之後美國迅速崛起，並逐步取代英國成為新的世界強權。經歷了二戰期間同盟國的領軍地位及其後美蘇兩大陣營對壘的冷戰時代[9]，美國在冷戰後繼續單獨稱霸世界，其影響力波及美國在戰後構築的亞太戰略所涵蓋的東亞區域。

無需贅言，歐洲一個個大國先後崛起的過程，其實就是世界「中心更替」或「霸權更替」不斷重複的過程。[10]新舊霸權之間，從爭奪貿易到競逐擴展海外「種植業」（plantation），再到互相搶奪殖民地，成為歐美列強「中心更替」模式的既定內涵。而最終決定霸權更替的，往往是透過新舊帝

5　荷蘭帝國崛起於17世紀，始於東印度公司（1602-1799）的經營與發展，17世紀亦稱為荷蘭帝國的黃金時期。進入18世紀尤其經歷了四次「英荷戰爭」之後，荷蘭帝國開始衰落。荷蘭於東亞區域曾經擁有的主要殖民地為印度尼西亞（1602-1949），也曾占領臺灣（1624-1662）。此外，「蘭學」亦成為江戶幕府鎖國政策時期（1641-1853）日本得以了解西方醫學與科技的學問。

6　英國的崛起，可追溯至於1588年戰勝西班牙的無敵艦隊。此一戰役奠定了英國躋身世界海上強權之一的地位。

7　路易十四治下的法國於「法荷戰爭」（1672-1678）中大獲全勝，標誌著法國作為強權的正式崛起。同時，該場戰爭也預示了荷蘭、西班牙與瑞典三大強權於18世紀初期的中衰。法國曾經於東亞的主要殖民地為「法屬印度支那」，包括越南、柬埔寨、寮國。

8　19世紀是大英帝國的全盛時期，早在19世紀初英國就已經在殖民地面積上成為歐洲乃至世界第一強權。國力最鼎盛時期的英國曾經統治世界四分之一的土地以及四分之一的人口，在東亞的主要殖民地包括緬甸、馬來亞、海峽殖民地（馬六甲、新加坡、檳城）、香港等。

9　1950年代美蘇兩大陣營亦於東亞形成兩大對壘態勢，即美國與日本、大韓民國、中華民國、菲律賓Vs.蘇聯與中華人民共和國、朝鮮民主主義人民共和國、部分原法屬印支地區包括北越等。

10　有關「中心更替」對周邊／邊陲的影響，參閱林泉忠，《「辺境東アジア」のアイデンティティ・ポリティクス：沖縄・台湾・香港》，東京：明石書店，2005年。

國之間的武力衝突乃至於戰爭的結果。第一次世界大戰，正是新興德意志帝
國挑戰大英帝國等列強的寫照。

　　不過，一戰後美國與英國在世界範圍所發生的「中心更替」現象卻得以
「平穩過渡」，並且延續至二戰後，迄今已長達一個世紀之久。[11]「中心更
替」如何避免惡性爭奪、避免導致生靈塗炭的戰爭，即新的「中心」如何能
「和平崛起」，是國際政治學無可迴避且值得進一步探討與研究的課題。毋
庸置疑，探索此課題之意義，對研究東亞區域秩序變遷而言，其重要性不言
而喻。

二、明治維新與東亞首次「中心」更替

　　當古代歐洲仍然長期處於混沌的時期，東亞區域早在東漢時期就已形成
了以中國皇帝為中心、具高度制度化的區域秩序——「中華世界體系」，[12]
中國古代的文化軟實力通過該體系影響整個東亞，「漢字文化圈」及「儒家
文化圈」[13]儼然成形。

---

[11] 美國哈佛大學國際政治學大師約瑟夫·奈伊在研究勢力均衡（balance of power）議題
　　時，也傾向認 大國崛起並非必然引發新舊「中心」／霸權之間的戰爭。他舉例指出
　　1895年美國與英國就南美洲的邊界問題發生爭執，卻未爆發所謂的「美英戰爭」。
　　參 Joseph S. Nye, *Understanding International Conflicts: An Introduction to Theory and
　　History,* New York: HarperCollins, 1993, pp.64.

[12] 「華夷秩序」的本質是前近代東亞地區長期存在的一種世界體系。美國學者費正清稱之
　　為Chinese World Order，臺灣學者張啓雄則使用該中文翻譯「中華世界秩序」。筆者由
　　1980年代以來國際關係學的新語境出發，改稱之為「中華世界體系」。參閱〔日〕林泉
　　忠，〈「辺境東アジア」：新たな地域概念の構築〉，《國際政治》，第135號，2004
　　年，頁133-152。費正清的相關著作，參閱Fairbank, John K. "A Preliminary Framework."
　　in John K. Fairbank ed., *The Chinese World Order*, Cambridge: Harvard University Press,
　　1968, pp.1-20. 張啓雄一系列的相關研究，參閱張啓雄，〈論清朝中國重建琉球王國的
　　興滅繼絕觀——中華世界秩序原理之一〉，收入歷史關係國際學術會議實行委員會編，
　　《第二回琉中歷史關係國際學術會議報告·琉中歷史關係論文集》，那霸：琉中歷史關
　　係國際學術會議實行委員會，1989年，第495-520頁等。

[13] 就「漢字」與「儒家」（儒教）該兩個概念賦予「文化圈」意涵的用法，始於日本歷史
　　學者西嶋定生提出的「東亞（東洋）世界論（冊封體制論）」。意指在歷史上深受中國

　　然而，君臨東亞超過兩千年的中國在走到19世紀中葉後逐漸衰弱，同時日本在明治維新後成功崛起，兩國國力發生明顯消長，日本終於在1894年至95年的甲午戰爭後名正言順地取代中國，成為東亞的新霸主。這是東亞區域史上首次因「國力逆轉」而發生「中心更替」的現象。

　　此後的一百年間，在某種意義上，堪稱「日本世紀」。

　　其間以1945年為界，前後分兩個主要時期。二戰之前，日本以強大的軍事力量，先後併吞琉球（1879年）、獲取臺灣（1895年）、合併朝鮮（1910年）、掌控「滿洲」（中國東北，1931年）、全面侵華（1937年）、占據香港（1941年）、征服中南半島北部（1940年）、中南半島南部（1941年）、東南亞島嶼部分（1942年），幾乎占領了整個東亞及東南亞區域，並試圖建立以日本為中心的新區域秩序──「大東亞共榮圈」。

　　1945年戰敗後，日本更換和平跑道，以經濟力量繼續維持「亞洲一哥」的地位。[14]日本不啻在1960年代後成為僅次於美國的世界第二大經濟體，也是「世界七大工業國組織」（或稱「七國集團」）中唯一的亞洲成員國[15]。中國大陸雖然在1972年後代替臺灣成為聯合國安理會的成員國，但對反共色彩濃厚的東協（ASEAN，亦稱「東盟」）的影響力較弱，而日本跨國企業則早在1960年代就已大量進軍東南亞市場，其後追求國家迅速發展的馬來西

漢文化影響、涵蓋曾經乃至現在仍在長期使用漢字或漢字語的國家或地區，除了大中華地區（兩岸四地），還包括日本列島（含沖繩＝琉球）、朝鮮半島、越南等地區。參照村田雄二郎‧C. Lamarre主編，《漢字圈の近代──ことばと国家》，東京大學出版會，2005年。

[14] 美國哈佛大學傅高義教授亦於1979年提出「日本第一」（Japan as Number One）的概念，來分析戰後日本經濟高度發展的原因。傅高義高度評價日本的經營能力，成為重新評價日本特有的經濟與社會制度的契機。該書成為售出超過七十萬本的暢銷書，「日本第一」也成為日本經濟奇蹟的代名詞。參閱Ezra F. Vogel, *Japan as Number One: Lessons for America*, Cambridge, Harvard University Press, 1979。

[15] 「世界七大工業國組織」（簡稱G7），成立於1976年，其前身是G6，1991年因俄羅斯的加入而更名為G8。日本早在G6已是成員國。

亞等國更積極推動向日本學習的「東望政策」（Look East Policy）[16]。而中國則是在1990年代後才開始發揮較爲明顯的影響力，一方面是因爲世界冷戰格局的終結，而另一方面則是中國經濟力量在增強，中國與新加坡於1990年建交，同年也與印尼關係正常化。

三、「中國崛起」與東亞二次「中心」更替

　　誠然，戰後東亞區域的國際秩序並非完全取決於中日兩國力量的對比。冷戰時期的美蘇爭霸是世界格局的主軸，其戰線甚至以「熱戰」的形式延燒至東北亞及東南亞，1950年代初爆發的韓戰以及於1960年代如火如荼的越戰，都可視爲美蘇冷戰格局影響下的產物。

　　中蘇於1960年代決裂後，中國經歷了一段幾近完全鎖國的時期，直至毛澤東時代的落幕。然而，隨著1978年後鄧小平「改革開放」政策的推進，中國經濟發展迅速，到了1990年代中國國力全面增強，恰逢蘇聯解體，中國逐漸受到世界範圍的高度關注。進入21世紀後，「中國崛起」態勢更是呼之欲出，國內生產總值（GDP）一個一個地超越七大工業國中的所有歐洲國家。與此同時，日本經濟則在1990年代初泡沫化後開始走向低迷，並經歷了「喪失的二十年」。[17]在中日此消彼長的趨勢下，2010年中國的國內生產總值（GDP）首度超越日本，成爲僅次於美國的世界第二大經濟體，標誌著中日兩國國力進入第二次逆轉的過渡期。

　　在此東亞百年一遇的大國更替過渡期，作爲新舊「中心」的中國和日本之間關係極不穩定。2005年因小泉純一郎屢次參拜靖國神社等而爆發的中日「歷史問題」衝突，以及野田佳彥政府於2012年將「尖閣諸島」實施「國有

---

[16] 「東望政策」始於1981年就任馬來西亞第四任首相的馬哈地（Tun Dr. Mahathir bin Mohamad）於同年12月宣布推動的一項向日本學習的政策。

[17] 最早出現「失落二十年」（「失われた20年」）的表述，參閱朝日新聞「変転経済」取材班：《失われた〈20年〉》，東京：岩波書店，2009年。有關較早論述「失落二十年」期間日本經濟狀況的分析，參閱深尾京司：《「失われた20年」と日本経済》，東京：日本経済新聞社，2012年3月。

化」而引發的「釣魚臺衝突」，都一一觸發了中國民族主義的高揚，是中日兩國在「中國崛起」態勢日趨明顯之後所發生的兩起極具象徵意義的重大事件，後者更導致兩國關係跌至1972年關係正常化以來的谷底。

究竟應如何理解中日之間如此衝突現象的結構性原因？[18]究竟「中國崛起」與中日衝突有何關係？倘若放眼於近現代東亞區域秩序的變遷，甲午戰爭所確定的中日第一次國力逆轉與21世紀「中國崛起」後第二次中日「國力消長」又有何相異之處？兩者各自呈現了如何的特徵，同時如何影響了東亞區域秩序的建構？[19]此為本書擬主要探討的問題之所在。

四、問題意識與學術盛宴

本書之緣起，乃起源於2016年12月19日至20日由筆者企劃、中央研究院近代史研究所主辦的「中日國力消長下東亞秩序的重構——近現代二度「中心」更替及其影響」國際學術研討會。該會邀請到中國近代史泰斗、中央研究院院士張玉法與日本中國近代史研究翹楚、東京大學教授村田雄二郎擔任主題演講，從不同角度俯瞰近代中日關係跌宕起伏的變遷軌跡。研討會邀請的論文發表人、主持人、評論人、綜合討論與談人，均來自臺灣、日本、中國大陸、美國、韓國等中日關係史與東亞政治研究領域極具代表性的學者。這些重量級學者共聚一堂，從不同的角度、不同的層面，探討一百多年來中日關係與東亞秩序的變遷，堪稱近年來東亞區域研究的一大盛事。與會者均對此學術盛宴予以極高的評價，張玉法院士讚許該學術研討會「開拓了近代史的視野」，另一位與會的中研院院士吳玉三則對研討會開啟歷史與政治學之間的對話予以高度肯定。事實上，「跨時代」與「跨領域」正是本書與研

---

[18] 有關從中國的制度面來探討「中國崛起」所引發對周邊乃至世界的影響，參閱林泉忠：〈「中國台頭症候群」：香港・台湾から見た「チャイニーズ・システム」の課題〉，《アジア研究》，2017年，第48-67頁。

[19] 筆者於2012年釣魚臺列嶼衝突爆發之際，首次提出「中日國力逆轉症候群」的概念，首見於林泉忠，〈中日國力逆轉症候群〉，《中國時報》，2012年8月21日；其後筆者繼續運用此概念來分析釣魚島問題與中日關係的變遷，包括林泉忠，〈國力逆轉下的中日大衝突——解讀釣魚臺風暴的來龍去脈〉，《明報月刊》，2012年10月號。

討會所努力的宗旨之所在。

　　正式受邀參與本次「中日國力消長下東亞秩序的重構——近現代二度『中心』更替及其影響」國際學術研討會的學者每位均堪稱一時之選。論文發表人包括（以下根據發言順序）張啓雄、馮瑋、王柯、王文隆、吳文星、董思齊、許育銘、吳啓納、李朝津、馬修・奧古斯丁（Matthew R. Augustine）、董立文、郭育仁、林泉忠、劉傑、林廷輝等。主持人則包括陳三井、謝國興、呂芳上、林滿紅、林文程、吳玉山；評論人則有張登及、李啓彰、陳鵬仁、劉維開、張勝彥、王恩美、林志宏、熊倉潤、陳儀深、李世暉、賴怡忠、蔡明彥、張廖年仲、陳鴻瑜、汪宏倫等；最後的圓桌綜合討論由筆者主持，與談人則有吳玉山、村田雄二郎、林滿紅、陳鵬仁、吳叡人等。

　　透過此次學術研討會，各位學者從各自的視角進行極具意義的學術交流、碰撞，不僅成就了一場歷史性的學術盛宴，還極大地豐富了本書的內涵。值得補充的是，本書並非在研討會的基礎上，萌生出版本書的意念，而是一開始就以出版本書爲目標，研討會則正是爲了提高了本書學術水準的重要一環。換言之，研討會的企劃包括各場次以及每位論文發表人的安排，均根據本書的結構框架以及各章的規劃，也在一開始、就向各位本書作者說明出版本意，研討會則是根據日程規劃，在論文初稿完成時而安排舉辦的。此爲本書與研討會之間的眞實關係。

五、本書的特色與結構

　　本書以「主題論述」及三部分構成。「主題論述」包含張玉法與村田雄二郎各自撰寫的兩篇論文。首先，張玉法以〈中國革命與日本——孫中山、蔣介石、毛澤東對日本的態度與期望〉爲題，以影響現代乃至當代的第二次中日戰爭爲研究對象，透過就孫、蔣、毛三位領袖級人物的對日觀及策略的分析，聚焦其中鮮爲人知的微妙關係及其演變，從而窺視出近代中國與日本關係的複雜性。村田雄二郎則以〈超越富國強兵之夢——近現代東亞的四個「戰後」〉爲題，聚焦近代東亞所經歷的四場戰爭，即甲午戰爭、日俄戰

爭、第一次世界大戰,及中日與太平洋戰爭對戰後日本、朝鮮(韓國)、中國的影響,側重探討了與戰後的民主化、軍國主義化之間的關係,勾勒出縱貫近現代東亞的歷史輪廓。

第一部爲「明治維新與第一次中日國力消長之影響」,探討明治維新後日本帝國崛起,其後標誌著中日首次國力逆轉的甲午戰爭如何改寫東亞區域秩序的地圖,以及爲東亞地區帶來如何的衝擊及影響。本部由六篇論文構成,列爲第三章至第八章。其中第三章是張啓雄的〈清朝中華世界秩序的建構與崩解〉,論述了「中華世界秩序原理」的內涵,以及在近代西力東漸後,如何遭遇新國際秩序之衝擊並面臨轉型的挑戰。第四章是馮瑋的〈日本帝國崛起與「日清戰後經營」〉,分析了甲午戰後日本如何開展以大規模擴軍備戰爲核心的「日清戰後經營」之過程及其影響。第五章王柯的〈近代中日兩國民族主義的「血緣」關係〉則從解釋近代中國民族主義的兩個側面之間的互動關係入手,剖析中日兩國的民族主義思想之間的共性與建立在這種共性上的獨自特點。第六章是王文隆的〈甲午戰敗對近代中國革命的影響〉,就甲午戰爭前後中國知識精英對於「救中國」的實踐所呈現的三種不同選擇,即體制內官僚採行中體西用策略的自強運動、康梁等透過公車上書盼望明君變法的保皇運動、孫中山等推展推翻滿清帝制的革命運動,做了概括式的全面觀察。第七章是吳文星的〈脫中入日後臺灣地方施政與新領導階層之形成〉,梳理了《馬關條約》簽署之後的日治時期臺灣總督府如何長期透過地方施政籠絡利用本土社會精英,從而窺視該政策對社會領導階層的作用與影響。第八章是朴炳培的〈近代韓國「脫中」與對中日權力轉移思維〉,透過探求朝鮮對「中國」認知的轉變過程,解釋爲何19世紀後半部朝鮮對「中國」存在三種認知,並進一步探討其對於「脫中」與中日權力轉移的思維造成何種影響。

第二部的主題爲「兩次『中心』更替期間東亞秩序的摸索」,以19世紀末與21世紀初東亞區域所經歷的中日兩次國力消長之間的過渡時期爲研究對象,探討作爲轉捩點的第二次中日戰爭及日本戰敗的諸多面相。本部由第九章至第十二章所組成。其中第九章許育銘的〈日本帝國區域戰略與「大東亞

共榮圈」〉，透過梳理作爲日本帝國所構想的新東亞區域秩序「大東亞共榮圈」的建構過程，指出該時期日本區域戰略的兩大特點，即「機會型擴張戰略」的選擇，以及所採用的「區域相對壟斷策略」。第十章吳啓訥的〈戰時中日地緣政治與族群政治資源的角力〉，分析了戰爭期間日本如何將中國邊疆排除於「中國」之外，從而建立以日本爲中心的地緣政治論述，以及中國又如何致力於強化其政治、經濟核心區域與「邊疆」的紐帶，將非漢族群納入「中華民族」想像中，發展族群政治和地緣政治中的中華民族論述。第十一章李朝津的〈《外交事務》與美國中日戰爭觀〉是以美國外交關係協會的機關刊物《外交事務》爲分析對象，試圖透過對珍珠港事變前後該期刊內容特徵的分析，以窺視對美國興論乃至於政府決策具一定影響力的該刊物如何在中日戰爭中觀察和理解兩國力量之變遷。第十二章馬修・奧古斯丁（Matthew R. Augustine）的〈美國與軍事占領下的日本去帝國化〉則是嘗試回到東亞區域在戰後的去殖民脈絡中，重新審視日本受到軍事占領的歷史，以進一步理解日本帝國如何被持續整個冷戰期間，甚至更久的美國霸權所取代。

　　第三部的主題爲「中國崛起與第二次中日國力消長之影響」，顧名思義所探討的內容涵蓋21世紀初期開始出現的「中國崛起」現象如何引發其後中日兩國國力的第二次逆轉，以及對東亞各國乃至區域秩序帶來如何的影響。本部由第十三章至第十六章組成。首先，第十三章董立文〈東亞權力中心移轉？——中國崛起的虛與實〉從三方面包括對超級強國／霸權的理論定義、從「中國威脅論」到「中國崛起論」的歷程、中國的自我認知矛盾的討論，來釐清「中國崛起論」如何形成，美國與中國又是如何解釋與看待「中國崛起」現象。第十四章林泉忠的〈中國崛起下安倍時代新安保體制的構築〉則透過對「集體自衛權」法制化過程的梳理，來窺視安倍時代在「積極和平主義」包裝下日本安保戰略的重新建構與定位的變遷，並分析「中國威脅」因素在安倍構築的新安保體制中被賦予的角色。第十五章劉傑的〈中國崛起下的歷史問題與中日關係〉，先是俯瞰了邦交正常化以來中日關係變遷的軌跡，繼而就構建穩定的中日關係提出建言，強調雙方必須面對對方國民

對自己的認識，以及努力通過歷史研究構建得以共同擁有的價值觀。第十六章林廷輝〈「崛起」中國的南海戰略與亞太區域秩序〉則嘗試以奧根斯基（A.F.K. Organsky）的權力轉移理論來論述中國的南海戰略行為，及其對區域秩序造成的影響。

　　標誌著中日第二度國力消長的「中國崛起」現象所引發的區域乃至世界效應仍在持續，究竟「中國崛起」將持續到什麼時候？是否會引發與周邊國家和地區進一步的矛盾與衝突？百多年前發生的第一次國力逆轉後日本帝國一步一步地邁向對外擴張的教訓，今日的挑戰者是否已經全盤汲取了？本書以近五百頁的篇幅，縱觀了一百多年的東亞近現代史，筆者所期待的本書得以提供讀者的啓發意義，不啻為對歷史的多元理解，更希望對思考當今中日之間的微妙關係，觀察正在構建的東亞新區域秩序的內涵，以及透視貫穿其中的美國角色，乃至於判斷「修昔底德陷阱」（Thucydides Trap）是否可能避免，亦有所裨益。

主題論述

第一章　中國革命與日本──孫中山、蔣介石、毛澤東對日本的態度與期望

張玉法[1]

壹、中國持續革命的國際背景

　　近代中國的革命不同於古代，古代革命者與被革命者的關係單純，近代的革命則會牽連許多國家，因為這些國家有很多利權在中國。因此每當革命運動興起時，革命者需衡量與這些國家建立什麼樣的關係；另外一方面，不同的國家也會注意與革命者建立什麼樣的關係。

　　古代中國與外國接觸，主要靠朝貢體系，包括朝貢貿易，但並未在海外建立殖民地。朝貢貿易以東亞和中亞為主，很少來自西亞、歐洲和非洲。宋、元、明、清時期海外貿易大開，東來的商人初以阿拉伯商人為主，16、17世紀以後，葡萄亞、西班牙、荷蘭、英國、法國的商人才東來。通商之外有傳教，明清之際，西方基督教士大量東來，帶來了歐洲的新觀念、新科技。但以清朝雍正皇帝禁止基督教傳布，使此後百餘年中國對歐洲在政治和科學方面的進步很少聞問。日本原以中國為學習對象，到西元689年有天皇制的建立。在近代以前，日本與中國常有貿易往來，對漢學的研究也很重視，對西方國家的發展則不太注意。1633年由於害怕西方國家的槍砲，並害怕基督教傳布在上帝面前人人平等的觀念，禁止西方人通商、傳教[2]，比中國禁教尚早九十年。

1　中央研究院院士。

2　Google網・薛明：〈日本學界關於清代中前期中日關係史的研究〉；Google網・百度百科・脫亞入歐。

　　19世紀中期，中日兩國閉鎖的大門先後爲英、美兩國打開，英、美兩國分別迫使中、日兩國開通商口岸，並允許其傳布基督教。此後進入中國的勢力另有法國、美國、俄國等，進入日本的勢力除美國外，另有法國、荷蘭、俄國等。這些國家分別迫使中、日兩國訂立不平等條約，包括協定關稅和領事裁判權。1868年日本明治天皇決定集權中央，全力學習西方的政治制度、經濟制度與科技文化。在日本實行閉鎖政策期間，有一批荷蘭人在長崎附近的種子島經商，日人從那裏獲得西方資本主義文化和近代科技知識，爲日本明治維新留下種子。在日本開始維新前後，有福澤諭吉等爲之鼓吹；福澤諭吉（1835-1901）並倡「脫亞論」，主張放棄中國思想和儒家精神，儘量學習西方文明，並對中國和其他東亞國家採取輕蔑的態度。福澤諭吉爲慶應義塾大學的創辦人，曾於1860年代訪問美、英、荷、俄等國，對西方文明有較深入的體認，但其發表脫亞論已遲至1885年。日本明治維新除學習西方的工業生產、科學技術外，並於1889年建立君主立憲制度。在此期間，日本國勢漸強，1894年廢除領事裁判權，1894-1895年打敗中國，消滅中國的北洋艦隊，1900年參加八國聯軍進兵中國，1902年與英國結盟（1902-1923），共同對抗俄國，1904-1905年在中國東北打敗俄國，1911年獲得關稅自主權（中國到1930年才獲得關稅自主權，1943年才廢除領事裁判權）[3]。

　　16-19世紀，在西方帝國主義的狂潮下，美洲、澳洲、中南非洲因文化落後成爲他們的殖民地，東亞地區因工商業和科技落後，許多地方也成爲他們的殖民地。其間自17世紀以來，原型的帝國主義加上資本主義，又演變爲資本帝國主義，資本帝國主義對世界的控制力遠超過軍事占領之外。19世紀中期，中、日兩國同在西方資本帝國主義主義的狂潮下備受壓迫。中國雖於1842年爲英國打敗，於1860年爲英、法兩國打敗，於1885年爲法國打敗，仍爲東亞的大國，到1895年被日本打敗，國勢始落於日本之後。不過在此前後，中國和日本都無力主導東亞的局勢，因爲英國、法國、荷蘭、俄國、美

3　井上清：《日本の歷史》，第293-296頁；Google網・維基百科・脫亞論；Google網・百度百科・脫亞入歐。

國的勢力都已進入東亞，印度、緬甸、馬來亞已成爲英國的地殖民地，英國且從印度進入中國的西藏，俄國已盡占西伯利亞，且自西伯利亞進窺中國的新疆、外蒙和東北。中國屬邦安南成爲法國的殖民地，南洋古國爪哇成爲荷蘭的殖民地，原屬西班牙的菲律賓成爲美國的殖民地。在西方列強環伺下，日本雖占有中國的臺灣，據中國的屬邦朝鮮爲己有，向南洋發展爲美國、法國、英國、荷蘭的勢力所阻，1905年雖在中國東北將俄國打敗，也只能將中國東北的南部劃爲勢力範圍，中國東北北部以及外蒙古地區仍爲俄國的勢力範圍。

在西方列強勢力東下的過程中，不僅中國的屬國和邊區陸續爲外國侵占，外國在中國內地也享有各種利權，包括關稅協商權、領事裁判權、內河航行權，到1900年八國聯軍進兵中國，中國失敗訂約，中國各種利權陸續喪失，包括外國可以在中國駐兵。中國淪爲完全被各國宰割的地位，孫中山將這種受各國宰割的地位稱爲次殖民地。大清皇朝老大而自傲，謀國之士則力圖自強。其自強之圖雖較日本爲早，初時僅從船堅炮利著手，未能謀求根本的改革。三十餘年的洋務運動，試之於1884-1885年的中法戰爭無效，試之於1894-1895年的中日戰爭又無效，乃有康有爲、梁啓超起而鼓吹模仿日本明治維新，孫中山則起而革命，謀推翻大清帝國，另建民主國家。大清皇朝制止革命，徐圖仿照日本建立君主立憲制度，但還要應付帝國主義的侵略。甲午戰爭失敗，中國曾答應將遼東半島割給日本，俄國早謀租借旅順、大連，乃聯合德國、法國起而干涉，使日本將遼東半島交還中國。中國以爲俄國對中國友好，1896年與訂密約以抗日本，並允許俄國建中長路（自西伯利亞的赤塔經中國的滿洲里、哈爾濱、綏芬河到海參崴，另有支線南滿路，自哈爾濱經長春、瀋陽到大連）。1897年山東發生殺害德國教士的教案，俄國慫恿德國租借膠州灣，1898年俄國要求租借旅順、大連，1899年法國要求租借廣州灣，中國不得已，皆予允許。中國面臨瓜分之禍。美國於1898年占領菲律賓後才在東亞有發展的基地，眼見中國大部地區皆爲不同國家的勢力範圍，乃倡中國門戶開放政策，此一政策一直延續到1930年代日本進兵中國。

日本雖然自甲午戰爭以後成爲宰割中國的國家之一，但列強對日本的

不平等條約，到1911年才完全廢除。儘管如此，甲午戰後日本已成爲亞洲第一強國，而中國居其次。中國急起直追，康、梁謀仿日本改造國家失敗，孫中山雖然推翻大清帝國、建立中華民國，由於各方帝國主義國家繼續君臨中國，中國國勢仍不振。大總統袁世凱除鎮壓國內的反對派以外，在外交上一籌莫展。1914年歐戰爆發，西方列強無暇東顧，日本乘機在中國擴張勢力，一則以對德宣戰爲名於1914年據有德國所租借的膠州灣，一則於1915年向中國提出二十一條要求，包括繼承德國在山東省所享有的利權。美國門戶開放政策，慫恿中國對德宣戰，俾中國於戰後可收回在山東的利權。1916年袁世凱死，實際政權落入段祺瑞之手。段祺瑞向德國宣戰，與日本結軍事同盟，並向日本借款。1917年俄國革命成功，與德國停戰，德、奧俘虜在西伯利亞者甚多，對中國滿蒙地區構成威脅，段祺瑞曾進兵外蒙，日本曾假道中國東北進兵西伯利亞，日本在中國的軍事勢力大張。日本在中國的勢力，直到1921年的華盛頓會議，才受到美國的約制，並將膠州灣將交還中國。當時段祺瑞已下臺，政權落入曹錕、吳佩孚一派軍人之手。在此前後，中國北方各派軍人混戰，到1924年政權又落入張作霖之手。張作霖的基本地盤在中國東北，東北爲日本的勢力範圍，張作霖儘量維護中國利權，有時力不從心。在段祺瑞、曹錕、張作霖相繼操持北京政府之際，孫中山曾在廣州建立革命政府，在段祺瑞下臺、曹錕掌權之際，孫中山曾結合段祺瑞、張作霖謀推翻曹錕政權。時段祺瑞爲北洋元老，張作霖最有實力，孫中山最有理想，三人聯合，於1924年獲得成功。推翻曹錕之後，北京政權初在段祺瑞之手，後轉入張作霖之手。孫中山謀與段祺瑞改革國政無成，病逝北京。此後蔣介石繼承其革命大業，於1926-1928年間自廣州北伐。蔣介石北伐期間，日本兩次出兵山東，謀阻止北伐；蔣介石繞道北伐，張作霖自北京撤往東北，中途爲日本炸斃，以阻止革命軍追蹤而至，但張作霖之子張學良很快掌握局勢，並宣布歸順蔣介石，中國東北暫得保全。1931年日本發動九一八事變，開始了長達十四年的侵華戰爭，日本國勢如日中天。國際聯盟對日本侵略中國的行爲初謀制止，但並未運用實力，日本於1933年退出國聯後，各國束手。直到1941年太平洋戰爭爆發，美、英等國向日本宣戰，中國才與他們結爲同盟，

共同對抗日本。1945年日本戰敗投降，其命運為對日作戰的中國、美國、蘇俄等國所宰制。中國又成為東亞第一強國。日本戰敗投降以後，中國收回東北、臺灣、澎湖，並支持東亞各殖民地獨立建國。在各國革命志士努力下，朝鮮脫離日本而獨立，安南脫離法國而獨立，菲律賓脫離美國而獨立，印尼脫離荷蘭而獨立，馬來亞、緬甸、印度脫離英國而獨立。另一方面，中國在俄國壓力下，使外蒙古脫離中國而獨立。英國、法國、荷蘭在東亞的勢力消退，日本的國土萎縮到日本本土，且受美國監管，中國成為美、俄兩國在中國爭勝的競技場。1949年受俄國支持的中國共產黨革命成功，建立中華人民共和國；受美國支持的中華民國政府抵抗中共的革命失敗，退守臺灣；美國在東亞的勢立萎縮到南韓、日本、臺灣、南越、菲律賓。1950年中華人民共和國在俄國指使下協助北韓侵略南韓，美國決心保衛東亞大陸沿海或外海的非共產國家，以維護西太平洋安全；不僅派兵保衛南韓、臺灣、南越，且在1951-1952年間參與完成各對日作戰國家對日和約的簽訂，嗣並縱容日本重新武裝，以建立自衛隊的名義擴張軍力。1960年代俄國因與中華人民共和國交惡，在東亞的影響力大減，而中華人民共和國的國勢則日益興盛，成為亞洲最強的國家。美國於朝鮮半島制止了北韓的南侵，維護了臺灣的安全，而在南越的勢力則因支持南越抵抗北越的南侵失敗而消失，與菲律賓的關係近年亦漸不如以前。為維持東亞的均勢，美國與日本聯合對抗中華人民共和國，並限制中華人民共和國在南中國海增加軍力。南中國海是中國的固有領海，戰後蔣介石派兵戍守東沙群島和西沙群島，世界各國少有疑義，現以中華人民共和國在南中國海建立海空軍基地，被認為威脅周邊國家的安全，美國乃不能容忍。1941-1945年美國與中華民國聯合對抗日本，近年美國則聯合日本對抗中華人民共和國，主要還是美國想維持東亞國家的勢力均衡。

　　孫中山、蔣介石和毛澤東所領導的革命，其目的都是要挽救中國的危亡，使中國能立足於當代的世界。但以中國在衰落時期，各強國的利益都已進入中國，這使革命的環境變得複雜。如何化外國的阻力為助力，是每一位革命領導人都要考慮的問題。本書討論甲午戰爭一百一十年以來中日兩國勢力的消長，本章藉著檢討這三位革命領袖對日本的態度與期望，以了解這百

餘年間中、日兩國國勢的變化。

貳、孫中山領導革命時期對日本的態度與期望

　　孫中山，廣東人，早年在夏威夷和香港讀書，國際觀較爲宏闊。在香港讀書期間，即有改革中國之志，受中法戰爭和甲午戰爭失敗的刺激，乃起而倡導革命。他於1894年11月24日在夏威夷所發表的興中會成立宣言中說：「中國積弱非一日矣……近之辱國喪師，強藩壓境，堂堂華夏不恥於鄰邦，文物冠裳被輕於異族……亟拯斯民於水火，切扶大廈之將傾，用特集會眾以興中，協賢豪而共濟，舒此時艱，奠我中夏。」[4]孫中山組織興中會推動革命之始，即求助於外國，特別是日本，因爲日本國力強，曾受過西方國家的壓迫，有可能同情中國。1895年孫中山謀在廣州起兵，曾多次會見日本駐香港領事中川恆次郎，要求日本提供軍援。起兵失敗之後，被香港政府驅逐，經日本神戶、橫濱至檀香山。其後經舊金山、紐約至倫敦。在倫敦，結識日本生物學家南方雄楠，南方雄楠對西方人侵略亞洲深爲不滿，曾告訴孫中山：願東方人一舉將西方人悉逐於國境之外。1897年6月，孫中山離英至加拿大的溫哥華等地，7月抵橫濱。此後孫中山常至日本，迄於1924年11月間，孫中山滯留日本的時間先後共有九年左右。孫中山之所以常至日本，因爲他覺得日本人對他的革命最關心。據統計，與孫中山有交往的日本人達三百人之多，包括軍政界人物、財經界人物以及大陸浪人。孫中山所接觸到的日本人中，有不少是大亞洲主義者。大亞洲主義者分爲兩派：一派主張日本向亞洲大陸地區擴張，認爲日本有資格領導亞洲；一派支持亞洲各民族的獨立運動。因此與孫中山接觸的日本人，有些是想利用孫中山的革命勢力在中國擴張日本的勢力，有些則純粹支持孫中山的革命[5]。

4　國父全集編輯委員會編：《國父全集》，臺北：近代中國出版社，1989年，第二冊，第1頁。

5　李吉奎：〈試論孫中山的興亞思想與日本的關係〉，廣東省孫中山研究會編《孫中山與亞洲國際學術討論會論文集》，廣州：中山大學出版社，1994年，第158-160頁；廣州

　　1900年中國北部發生拳亂，反抗帝國主義國家，列強組織八國聯軍，向北京進兵。臺灣總督兒玉源太郎認為日本有機可乘，建議政府在福建發展。兒玉的建議得到海軍大臣山本權兵衛的支持，山縣有朋內閣遂作占領廈門的準備。時孫中山正擬在惠州起事，因自香港謀求英國支持不成，轉而與兒玉接觸。兒玉不僅允許臺灣為孫中山策動革命的基地，並準備助以軍事物資和顧問人員。兒玉策動占領廈門的計畫後為伊藤博文得悉，伊藤是日本文治派的領袖，時正掌理樞密院，他的對華政策是反對南進而側重北進。他認為日本如占廈門，列強將會採取干涉行動，因此促使外務大臣青木周藏反對此事。兒玉原奉命於8月29日採取行動，卻在此前一日奉命停止。9月26日山縣內閣辭職，伊藤出而組閣。一周以後惠州之役爆發，又二周，兒玉奉命取消孫中山在臺灣的指揮部，並驅逐孫中山及日人平山周等離臺[6]。孫中山是否知道兒玉的侵華計畫，不得其詳。對革命家來說，為革命的對象帶來的麻煩愈多愈好。儘管日本政府對孫中山並不友善，就對有利於推動革命的鄰國而言，當時日本還是最可借助的。

　　1900年以後中國留日學生愈來愈多，數年之間增加到一萬餘人，而且多集中在東京。留日學生參加革命者日多，至1905年孫中山在東京成立中國革命同盟會。同盟會的成立及其激烈的革命活動，引起清廷的注意，清廷向日本政府施壓，日本政府於1905年頒布規則，限制留學生活動；1907年驅逐孫中山離境，並給予孫中山一筆程儀。自1895年孫中山以香港為基地謀在廣州起兵失敗以後，香港即有拒絕孫中山入境的命令，此時日本又驅逐其出境，孫中山乃轉往安南，設革命總部於河內。當時安南為法國屬地，安南總督韜美（Doumer）對孫中山頗多協助。1907-1908年間，孫中山以安南為基地，在廣西、雲南邊區發動幾次革命暴動。法國的目的無非想借助於孫中山在華

　　之役失敗後孫中山的行蹤，見羅家倫主編：黃季陸、秦孝儀增訂《國父年譜》，臺北：中國國民黨黨史委員會，1985年第三次增訂，第84-108頁。

6　張玉法：〈外人與辛亥革命〉，見所著《辛亥革命史論》，臺北：三民書局，1993年，第243頁。

南發展勢力，後來因為清廷抗議，法國即將孫中山逐出安南。孫中山在香港、日本、安南等地既不能立足，此後乃旅行於南洋、法國、美國各地，或籌集革命經費，或從事革命的組織與宣傳。1911年武昌革命爆發後，德、日二國領事原主派兵干涉，因法、美、英、俄四國領事反對，漢口和北京各國領事乃先後宣布維持中立。武昌革命爆發時，孫中山在美國，聞訊即欲趕回國內，而日本、香港皆拒絕其入境，乃取道英國，要求英國政府取消各處英屬殖民政府對孫之放逐令，始得取道新加坡、香港回國。孫中山被革命黨人選為中華民國臨時大總統、於南京成立中華民國臨時政府前後，日本政府雖因受各國約束而維持中立，日本民間人士有的欲乘機占領滿蒙，有的則協助孫中山的革命事業。日本友人曾協助孫中山向日本實業界借得三筆款，但緩不濟急，很難維持南京臨時政府。另一方面，孫中山在各國壓力下，已決定讓位給清朝內閣總理袁世凱，並使袁世凱逼迫清帝退位。及袁逼清帝退位，南京臨時參議院選袁為臨時大總統。不久南京臨時政府併入北京政府，但大清國已改為中華民國[7]。

　　袁世凱做了中華民國臨時大總統之後，孫中山做了全國鐵路督辦。為了建鐵路籌款，孫中山試圖去日本找財源。1913年2月，他以全國鐵路督辦的身分訪問日本，2月14日抵達東京。2月15日在東亞同文會講演，主張中日提攜，因為日本為亞洲最強之國，中國為亞洲最大之國，如能互相提攜，不獨東洋之和平，即世界之和平，亦容易維持。時日本首相桂太郎方發起中日同盟會，孫中山受約往見，談到大亞洲主義，孫中山強調應以「真正平等友善為原則」。是年10月桂太郎病逝，孫中山太息曰：「日本現在更沒有一個足與共天下事的政治家，東方大局的轉移，更無可望於現在的日本了！」[8]

　　袁世凱任中華民國總統，因不尊重國會職權，殺害國民黨的重要領袖，孫中山再起革命。失敗之後，逃到日本，於1914年7月8日在東京組織中華革命黨，擬推翻袁世凱政權，日本對他相當冷淡。是月28日歐戰爆發，日

7　張玉法：〈外人與辛亥革命〉，見所著《辛亥革命史論》，第239-274頁。

8　羅家倫主編：黃季陸、秦孝儀增訂《國父年譜》上冊，第542-546頁。

本以英日同盟爲由，於8月23日向德國宣戰，並於9月2日進兵山東（德國的
勢力範圍），於龍口登陸，至11月7日占領青島。據當時《大阪每日新聞》
透露：日本的意圖，是「以膠州灣爲門戶，龍口爲輔，掌握膠濟、龍濰（龍
口至濰縣）兩路的孔道，即可自由通達中國之堂奧」。當日本進兵山東之
際，中華革命黨擬乘機在山東建立革命勢力，但受到日本的阻撓。另一方
面，日本見歐洲國家無暇東顧，擬乘機壟斷中國利權，於1915年1月28日向
袁世凱提出二十一條要求[9]。中日兩國就二十一條進行交涉期間，忽傳孫中
山與日本訂立密約，基本條款與二十一條相近，尚包括：如日本協助中國革
命黨推翻袁世凱，願將中國東北讓給日本。此一密約共十一條，訂於1915年
2月5日，中方代表爲孫中山、陳其美，日方代表爲前滿鐵理事犬冢信太郎、
滿鐵社員山田純三郎，到3月14日以孫中山的名義寫信給日本外務省政務局
長小池張造，並附此約。信與約皆用日文書寫，由日人秋山眞代筆，雖然山
田純三郎在回憶錄中提到此約，但文詞、語氣皆非孫中山習用語，且有錯
字。此一密約的眞僞，學界聚訟紛紜，主眞者爲日本學者藤井昇三（電氣通
信大學）、廣州中山大學陳錫祺和邱捷等；主僞者爲日本學者久保田文次
（日本女子大學）、天津南開大學俞辛焞和王耿雄、以及臺北中國國民黨黨
史會陳在俊等。就孫中山前此對滿洲的看法而論，此約或可被認爲眞，因爲
孫中山立志推翻滿清，原欲驅除韃虜，像朱元璋將蒙古政權逐往漠北一樣，
將滿洲人逐往滿洲；而且滿洲爲日俄競逐之地，對日本的國防和向大陸發展
都很重要，中國未必能保有，孫中山以此餌日，不無可能。1912年2月3日，
孫中山爲鞏固南京臨時政府、停止與袁世凱和談，擬向日本借款一千萬日
圓，即曾與三井物產社員森格談及日本租借滿洲問題[10]。不過，犬冢信太郎

---

9 段雲章：〈孫中山與山東問題——兼探孫中山的對日觀〉，廣東省孫中山研究會編《孫
   中山與亞洲國際學術討論會論文集》，第139-142頁。

10 Google網‧維基百科‧中日密約；Google網‧到底孫中山的《中日密約》是否屬實；
   Google網‧孫中山到底有無賣國。〈孫中山到底有無賣國〉中特別討論到1912年2月孫
   中山曾謀租借滿洲給日本之事，並引楊天石、藤井昇三之文爲證，詳見楊天石：〈孫
   中山與租借滿洲問題〉，《近代史研究》，1988年6月；藤井昇三：〈孫文與滿洲問

和山田純三郎也許是爲日本政府工作，日孫密約是爲中日二十一條交涉找到的一個籌碼，亦未可知。

　　日本與中國進行二十一條交涉前後，日本對孫中山的革命未給予任何援助，到袁世凱謀稱帝、引起全國反抗之際，日本即支持反抗袁世凱的勢力，包括孫中山所組織的中華革命軍在內。此際，日本一些侵華組織，如日本對支聯合會等，爲了「利用中國之時局，在中國獲得最有利之利權」，把一些日本預備役軍人送往上海，中華革命黨召募了一些日本在鄉軍人送往山東，編入中華革命軍。1916年6月袁世凱病逝，副總統黎元洪繼爲總統，段祺瑞爲國務總理，政局穩定，到8月4日日本軍部即電令駐在青島、濟南等地的軍政長官停止對革命黨人援助[11]。1917年7月張勳擁清廢帝溥儀復辟，爲段祺瑞平定。段祺瑞自恃對民國有再造之功，不再召開原有的舊國會，欲另選新國會。孫中山以段祺瑞破壞法統，號召舊國會議員去廣州開會，並於是年9月在廣州組織護法政府。自是，民國陷於分裂，廣州、北京各有政府，但廣州政府並未獲得任何國家承認。段祺瑞在外交上親日，並受到日本支持，孫中山此期曾爭取日本的援助，沒有效果。在中國於1917年8月14日對德宣戰前，德國曾予孫中山金錢補助，孫爲此曾反對中國對德宣戰，日本初亦反對中國參戰，以便戰後繼承德國在山東的利權，但中國在美國慫恿下仍對德宣戰。1918年5月，孫中山受到廣東地方勢力的排擠，前往上海；11月歐戰結束。1919年因中國爭取收回在山東的利權失敗，發生五四運動，全國掀起反日浪潮，孫中山對主導五四運動的學生表示同情，並表示中國人「痛恨日本深入骨髓」。1920年7月北京段祺瑞的皖系政權爲直系軍人曹錕、吳佩孚推倒，11月孫中山重回廣州組織護法政府。時北京的直系政權在外交上親英、美，英、美亦支持直系，而在直皖戰爭中失敗的皖系段祺瑞和奉系張作霖受

題──在反對帝國主義與亞洲主義之間〉，廣東省孫中山研究會編《孫中山和他的時代──孫中山研究國際學術討論會論文集》，北京：中華書局，1989年。

11 段雲章：〈孫中山與山東問題──兼探孫中山的對日觀〉，廣東省孫中山研究會編《孫中山與亞洲國際學術討論會論文集》，第140頁、146-147頁。

日本支持。在政局轉換之下，孫中山在國內結合皖系和奉系，在外交上則再試圖爭取日本的援助。不過，日本在何時援助中國革命，要看國際局勢以及主政者對中國的政策，此時日本對孫中山仍不給予援助。1922年6月粵軍陳炯明叛亂，孫中山走上海，其間日本在國際壓力下，於是年12月將青島交還中國。1923年2月，孫中山再回廣州組織革命政府。此際，中日兩國政局及國際局勢都有變化，日本對孫中山的態度亦有變化。孫中山自始希望日本能援助中國革命，並希望於中國革命成功之後，能與日本互相合作，協助亞洲各殖民地獨立，使亞洲國家能夠共存共榮。但日本一直效法西方強國，自己強盛之後則欺負弱小。此時俄國的共產革命新成功，對外以扶持民族獨立為號召，孫中山在這種情況下，將爭取援助的對象轉向蘇俄，但資本帝國主義國家方敵視蘇俄，孫中山希望日本能與蘇俄和好，共同支持中國革命[12]，不要因為廣州政府與蘇俄結好即不支持中國革命。

自日本向中國東北發展開始，日本即與俄國為敵，主要的因素是與俄國爭奪在滿蒙的利權；俄國共產革命成功後，日本對蘇俄敵視更深。雖然如此，此際孫中山的日本友人有幾位入閣，對孫中山表同情，而當孫中山在外交上倒向蘇俄時，日本有時亦向孫中山示好，以免驅魚於淵。1923年3月，日本外務省召回駐粵總領事藤田榮介，由天羽英二接任，以改善日本與孫中山及廣州政府的關係。5月16日，天羽在廖仲愷的陪同下，前往大本營拜訪孫中山，孫中山勸日本執行獨立的外交政策，不必與其他強國一氣。9月16日，時孫正在向列強爭取粵海關的關餘配額，天羽又拜訪孫中山，孫中山向他宣揚大亞洲主義，希望日本廢除與中國的不平等條約，中日互相提攜，日本不要仿傚歐美國家推行帝國主義政策。其間日本海軍大將山本權兵衛於9月2日組閣，孫中山的友人後藤新平（1900年時任臺灣總督，曾欲支援孫中山所發動的惠州之役）任內務大臣，田中義一（1916年曾支持孫中山反袁）

---

12 李吉奎：〈試論孫中山的興亞思想與日本的關係〉，廣東省孫中山研究會編《孫中山與亞洲國際學術討論會論文集》，第166-169頁。關於德國曾援助孫中山，參考張玉法：《中華民國史稿》，臺北：聯經出版公司，2001年二版，第104頁。

任陸軍大臣，犬養毅（曾任日本眾議員、文部大臣，孫中山的密友，但亦致力於在中國發展日本勢力）任郵電大臣[13]，為孫中山爭取日本援助帶來很好的機會。

1923年11月16日，孫中山致犬養毅一函，首先說明中國的革命形勢：「今以曹錕竊位，舉國同憤，西南已聲罪致討，行將令四川、湖南、廣東三省之師及滇、桂同志各軍，大舉北伐，同時聯絡張作霖、段祺瑞、盧永祥，同力合作，以破國賊。」次勸日本捨去步武歐化帝國主義之後塵，贊助中國革命、扶持亞洲被壓迫的民族獨立：「日本對支行動，向亦以列強之馬首是瞻，致失中國及亞洲各民族之望，甚失策也……倘日本以扶持亞洲為志，而捨去步武歐化帝國主義之後塵，則亞洲民族無不景仰推崇也。」如前所述，時新興的蘇俄已表示要扶持亞洲民族爭取獨立，孫已決定爭取俄援，乃藉機警告日本：「今亞洲人民之受屈者，比歐洲人民尤甚，故其望救亦尤切，本洲既無濟弱扶傾、仗義執言之國，故不得不望於赤露。」同時責問日本：「其為受屈者之友乎？抑為受屈者之敵乎？」（1935年12月蔣介石亦以「敵乎？友乎？」質問日本）最後孫中山向日本提出兩點要求：其一，日本政府此時當毅然決定協助中國革命之成功，俾對內可以統一，對外可以獨立，一舉而打破列強之束縛，從此中日親善，永保東亞和平。其二，日本當首先承認露國政府，聯露以為與國，以免受露國與英、法等國陸海夾擊[14]。其間，

13 俞辛焞：〈孫中山對日態度再認識〉，廣東省孫中山研究會編《孫中山與亞洲國際學術討論會論文集》，第116-121頁。庚子賠款，以海關收入為抵押，海關的82%作為賠款用，18%交與中國政府，稱為關餘。滿清滅亡，民國建立，海關總稅務司將關餘凍結，至1917年始將關餘再交給中國政府。1919年廣州護法政府與北京外國公使團交涉，獲得粵海關關餘的13.7%。1920年廣州軍政府分裂，外交使團停付此款。1923年3月，孫中山在廣州重組革命政府，欲重獲粵海關關餘，使團不允，孫中山以收回粵海關為要脅，於是英、日、法、美、葡、義六國陸續派軍艦二十餘艘至黃埔示威。此後屢經交涉，到1924年4月，北京使團決定將粵海關關餘配額交給廣州政府。見Google網‧南方網‧收回關餘鬥爭。
14 國父全集編輯委員會編：《國父全集》第五冊，第490-494頁。

如前所述,孫中山正向列強爭取粵海關的關餘配額,孫中山表示:如不得配額,將收回粵海關。日本廣州總領事天羽、駐北京公使芳澤謙吉和首相山本權兵衛均支持孫中山獲得關餘配額,但反對孫中山收回粵海關。後經美國公使舒爾曼調停,孫中山得以重獲粵海關的關餘配額。日本在關餘問題上之所以對孫中山讓步,起因於山本權兵衛內閣(1923.9.2.-1924.1.7.)以及繼山本內閣的清浦奎吾內閣(1924.1.7.-1924.6.17.)、加藤高明內閣(1924.6.11-1925.8.2.)等有扶持中國地方勢力之圖。1924年5月,清浦內閣制定了〈對華政策綱領〉,該綱領第三條規定:「鑑於中國政局的現狀,目前不要偏重於中央政府,與地方實權者盡可能廣泛地結成良好關係,以圖我勢力的伸張。」當時張作霖和孫中山等都是地方實權者,而孫中山正與張作霖、段祺瑞結三角同盟,以對抗直系的曹錕、吳佩孚政權。曹、吳政權受英、美支持,日本則扶持三角同盟,以夾擊曹、吳[15],後來得到成功。

繼關餘問題之後,孫中山的廣州政府所遭遇的第二個外交大事件,是1924年8、9、10月間英國支持廣州商團反抗孫中山。此一事件的發生,一方面因為英國對孫中山與蘇聯結合不能容忍,另一方面則因為孫中山向商人抽重稅。事件發生之後,孫中山求援於蘇聯和日本。蘇聯是當時唯一援助孫中山的國家,派有顧問,並援助武器,但蘇聯的目的是將孫中山的革命轉化為共產革命,蘇聯藉商團事件宣揚反抗英國帝國主義,並動員農工打擊資產階級的商人。當時孫中山對蘇聯非常警覺,不願一面倒向蘇聯,他謀求與英、美等國協和,並爭取日本援助,亦使蘇聯疑心。不過,蘇俄將商團事件轉化為階級鬥爭,並藉商團事件增加孫中山的反帝思想,卻頗使蘇聯滿意[16]。日本此期的對華政策是扶持中國的地方勢力,對孫中山欲以武力鎮壓商團,日本與英、法採取不同的立場。英、法主張派艦威脅廣州政府,日本則僅主張保護外國僑民。孫中山感到日本態度友善,於是年9月派大本營總參謀長李

---

[15] 俞辛焞:〈孫中山對日態度再認識〉,廣東省孫中山研究會編《孫中山與亞洲國際學術討論會論文集》,第116-117,125-129頁。

[16] 參考敖光旭:〈共產國際與商團事件〉,Google網。

烈鈞赴日爭取援助，並欲聯絡日本朝野人士組織亞洲大同盟，以抵抗白種人之侵略。李烈鈞是否爭取到日本的實質援助，不詳，日本不支持英、法的派艦行動是可以確定的。10月15日，商團叛亂被平定，之後孫中山欲收回粵海關，則為日本所拒絕[17]。

　　孫中山平定商團事件期間，即調動軍隊自廣州北伐，以配合段祺瑞的勢力自浙江、張作霖的勢力自遼寧對直系勢力的攻擊行動。孫中山在向北方採取軍事行動前後，不斷宣揚打倒帝國主義及廢除不平等條約。如1924年9月1日，為廣州商團事件發表對外宣言，指斥英國領事之干涉中國，聲言將推翻帝國主義，掃除完成革命之最大障礙。9月7日，國民黨為紀念辛丑條約簽字二十三週年發表宣言，勸民眾與國民黨合作，打倒帝國主義。9月18日國民黨發表宣言，宣布北伐的目的不僅推倒曹、吳，尤在推倒軍閥所賴以生存之帝國主義。10月下旬張作霖、馮玉祥、段祺瑞等推倒北京的曹、吳政權，邀孫中山北上共商國是。11月10日，孫中山發表北上宣言，主張速開國民會議及廢除不平等條約。11月14日孫中山自香港北上，21日自上海去日本，28日在神戶高等女子學校講演〈大亞洲主義〉，同日復在東方飯店講演〈日本應助中國廢除不平等條約〉[18]。孫中山在〈大亞洲主義〉的講演中，首先讚美日本能於三十年前廢除與西方國家的不平等條約、能於二十年前戰敗俄國，為亞洲民族帶來希望，使亞洲人民紛紛起而從事獨立運動，以擺脫殖民地的地位；其次強調東方文化是王道文化、西方文化是霸道文化，日本已學到西方的霸道文化，但在本質上為王道文化。最後奉勸日本：「究竟是做西方霸道的鷹犬，或是做東方王道的干城，就在你們日本國民去詳審細擇。」[19]在〈日本應助中國廢除不平等條約〉中，首先說明中日兩國國民應該攜手，協

---

[17] 俞辛焞：〈孫中山對日態度再認識〉，廣東省孫中山研究會編《孫中山與亞洲國際學術討論會論文集》，第129-132頁。

[18] 羅家倫主編：黃季陸、秦孝儀增訂《國父年譜》下冊，第1226-1266頁有關日期之記載。

[19] 國父全集編輯委員會編訂：《國父全集》第三冊，第535-542頁。

力進行,共謀兩國前途之發展;次言中國尚為十幾個國家的殖民地,不是一個獨立國家,主要是受不平等條約的壓迫;最後表明:「若是日本真有誠意來和中國親善,便先要幫助中國廢除不平等條約,爭回主人的地位。」[20]

當時孫中山依恃蘇俄之助推動革命,孫中山在處理商團事件和進行北伐期間的反帝言論、在日本的講演中所闡述的廢除不平等條約和鼓吹亞洲民族獨立運動(事實上,自1924年5月北京政府與蘇俄訂立〈中俄解決懸案大綱協定〉,樹立了廢除不平等條約典範,北方政學界即於7月13日成立反帝國主義運動大同盟,宣揚廢除不平等條約),以及孫中山此次在日本期間謀求建立中、日、俄三國同盟,凡此都再再引起西方帝國主義國家的警覺。另一方面,張作霖、段祺瑞和馮玉祥聯合打倒曹、吳政權所建的新政府,方謀遵守既有的條約以爭取列強承認,對孫中山的諸多言論自然難以苟同。雖然孫中山與張、段有三角同盟的關係,而張、段又為日本所支持,孫中山自日本抵天津和北京後不受新政府的歡迎是可以想見的。孫中山聯日只是一廂情願,三角同盟打倒曹、吳後,日本一直扶持段祺瑞組織北京政府,並揭露孫中山、馮玉祥與蘇聯的關係,更引起張、段對孫、馮的敵視。段祺瑞臨時執政府成立後,日本一面使段祺瑞遵守既有的條約,一面協調歐美列強承認段政府。12月9日,日、英、美、法、義、比、荷七國公使聯合照會中國外交部,承認北京臨時政府,惟需尊重既有的條約[21]。在這種情形下,孫中山在北上前後所宣揚的召開國民會議和廢除不平等條約完全無法實現。孫中山齎志而歿,在這方面的願望,到蔣介石繼承孫中山領導國民革命以後的五至十八年間,才陸續獲得實現。

---

[20] 國父全集編輯委員會編訂:《國父全集》第三冊,第542-545頁。

[21] 劉曼容:〈1924年孫中山北上與日本的關係〉,廣東省孫中山研究會編《孫中山與亞洲國際學術討論會論文集》,第787,790-795頁。

參、蔣介石領導革命時期對日本的態度與期望

　　蔣介石，浙江人，1906-1911年間兩度留學日本，當時二十歲至二十五歲。當時中國青年留日成爲風氣，除了地壤相連、文字接近以外，主要因國人受了甲午戰爭和八國聯軍的刺激，開始以日本爲師；蔣介石志於留日學習軍事，則是受到日俄戰爭的刺激。蔣介石第一次留日在1906年4月，在日本結識陳其美，並加入同盟會。嗣知中國學生入日本軍事學校需中國陸軍部保送，當年年底即回國。1907年春考入保定通國陸軍速成學堂，並被清廷甄選爲留日陸軍學生，乃於1908年3月再赴日本。先入清廷所辦的振武學校，受預備教育，至1910年11月畢業，之後於12月入日本陸軍第十三師團野戰炮兵第十九聯隊實習，預計實習一年以後，可入士官學校，但至1911年10月武昌革命爆發，蔣回國參加革命戰爭[22]，未能竟入士官學校之志。蔣回國參加革命戰爭，是在陳其美麾下，活躍於上海、杭州等地。1912年1月因涉嫌刺殺與同盟會爭權的光復會重要領袖陶成章，避往日本東京，曾辦《軍聲雜誌》，發表對軍事、國防與國際問題的看法。值得注意的是〈蒙藏問題之根源解決〉和〈征蒙作戰芻議〉二文，這兩篇文章的觀點是：英國注重經濟利益，日、俄有領土野心，但俄國可用於東方的兵力不多，可以征蒙以拒俄。日本久視滿洲爲禁臠，在中國沒有完全準備以前，不要輕易解決滿洲問題（直到1931年九一八事變發生，蔣的態度仍如此）。雜誌只辦了四期，因資金不繼而停刊，是年底即回國鄉居。1913年7月參加孫中山所策動的二次革命（討伐袁世凱），9月以二次革命失敗又赴日，並加入孫中山所組的中華革命黨，蔣介石得見孫中山，並開始受到孫中山的重用。此際蔣曾上書孫中山，認應乘歐戰方酣、列強無暇東顧、而日本在中國擴展勢力之機，大力推動革命。中華革命黨討袁期間，蔣介石來往於日本、上海、浙江、哈爾濱、長春之間，主要是策動軍隊起兵，但成就無多。袁世凱死後，北京政府的政

---

22 黃自進：〈蔣中正的訪日經驗（1906-1927）〉，呂芳上主編《蔣中正日記與民國史研究》，臺北：世界大同出版公司，2011年，上冊，第157-169頁。

權先後轉入段祺瑞、曹錕、張作霖之手。此期間,蔣或滯留上海,或在廣州襄助孫中山的革命事業,曾於1919年10、11月間受孫中山之託赴日探望孫中山的舊友[23],之後直到1927年才有機再去日本。蔣介石前此的日本經驗以及他在日本聯隊的訓練,使他對日本的國情,特別是日本軍人的特質,有一些特殊的記憶。他對日本軍人吃冷飯、用冷水洗澡、刻苦耐勞、節儉樸實、忠君愛國等精神留下深刻印象;同時也體驗到日本軍人之所以優秀都來自教育[24]。

　　蔣介石與孫中山建立較親密的關係,除在中華革命黨反袁時期的表現以外,主要在1922-1924年間。這期間,蔣曾協助孫中山對抗陳炯明叛亂,一度出任陸海軍大元帥(孫中山)的參謀長(1923年4月19日);又曾代表孫訪問蘇俄(1923年8月16日至12月18日)。之後受任黃埔軍校校長兼粵軍總司令(許崇智)的參謀長(1924年5月3日),並奉命弭平商團事變(1924年10月11日)。這期間,蔣常因受人嫉妒、受人排擠或意見不合辭職,孫中山依然對蔣介石器重[25]。不過,蔣在追隨孫中山革命的同志中為後起,最後能夠脫穎而出並不容易。孫中山在晚清革命時期最器重黃興,黃興於中華革命黨成立時因反對孫獨裁不再與孫常相左右;孫在討袁期間最信任陳其美,但陳不久被暗殺。護法期間最信用陳炯明,陳叛亂後孫在軍事上始依恃蔣。不過,孫左右文人尚多,孫聯俄容共期間有左右兩派,右派以胡漢民為首,左派以汪精衛、廖仲愷為首。廖被暗殺(1925年8月20日)後胡亦暫失勢,汪精衛遂為僅次於孫中山的黨領袖。孫中山死後,國民黨於1925年7月成立國民政府,汪任主席。蔣介石以主持軍校、平定陳炯明叛亂,軍權漸盛,於1926年3月假中山艦事件開始鎮壓左派勢力,汪精衛失勢,蔣介石被推選為

23 黃自進:〈蔣中正的訪日經驗(1906-1927)〉,呂芳上主編:《蔣中正日記與民國史研究》上冊,第169-178頁;呂芳上主編:《蔣中正先生年譜長編》第一冊,臺北:國史館,2014年,第23,27,28,31,37,40,46,50,52,60-72頁。
24 山田辰雄:〈蔣介石記憶中之日本留學〉,黃自進、潘光哲主編《蔣介石與現代中國的型塑》,臺北:中央研究院近代史研究所,2013年,第一冊,第22-26,30-33頁。
25 呂芳上主編:《蔣中正先生年譜長編》第一冊,第191,204-230,246,279頁。

軍事委員會主席（1926年4月）、受任爲國民革命軍總司令（1926年6月），並得於北伐期間清共絕俄，成爲國民黨中不可取代的領袖。

蔣介石的權力是在孫中山實行聯俄容共期間上升的。在清黨以前，蔣在外交上遵循孫的政策，親俄仇英；廣東與英屬香港爲鄰，英對廣州政府極不友善。北伐期間，蔣介石發表對全國民衆宣言，宣示召集國民會議、取消不平等條約、收回教育權、撤退外國駐軍、撤銷領事裁判權、收回租界、收回關稅自主權、收回教育權、嚴禁外人置產，並申明：「誓當與我父老兄弟，共相努力，期其實現。」[26]此類革命目標承自孫中山，原係受國民黨左派影響而產生。國民革命軍進至長江流域後，因黨內的中共人員與左派分子干擾租界、殺害外人，引起英、日、美等國的不安，甚至派艦示威。到蔣介石實行清黨絕俄以後，實行協和外交，外國干擾的情況才有所改善。另一方面，蔣介石清黨絕俄以後，引起武漢和南京左、右兩派勢力的對抗。北伐軍進至長江流域後，受中共和左派所控制的國民政府遷武漢，1927年4月蔣介石在南京另組國民政府，推胡漢民爲主席。其間汪精衛自法國回國，屢經協調，汪精衛所主持的武漢國民政府願與南京國民政府合流，但蔣介石需辭職。8月17日，蔣辭國民革命軍總司令之職，9月29日赴日本拜見宋美齡之母，安排與宋美齡的婚事，並拜訪日本政要。

蔣介石在北伐過程中，除黨內糾紛外，所碰到的最大外交難題是來自日本的軍事干擾，因爲當時的日本內閣總理田中義一實行分裂中國政策，不希望北伐軍干擾華北與東北。蔣介石辭職前，北伐軍已進至蘇魯交界，1927年5月，日本以保僑爲名，自中國東北派兵至山東，由青島沿膠濟鐵路至濟南。時青島、濟南和膠濟鐵路尚在北京政府的直魯聯軍控制之下，北京、南京兩政府都抗議日本出兵。嗣以國民黨內部發生寧、漢分裂，進抵山東的北伐軍南撤，日軍乃於是年8月撤兵。是年8月蔣介石辭國民革命軍總司令職，9月28日啓程赴日。11月5日訪日本首相田中義一於私邸，田中問：「願先聞閣下來日之抱負。」蔣答：「余之意，第一必須中日精誠合作，以眞正平等

---

26 呂芳上主編：《蔣中正先生年譜長編》第一冊，第498頁。

爲基點，方能共存共榮……。第二，中國國民革命，以後必將繼續北伐，完成其革命統一之使命，希望日本政府不加干涉，且有以助之……。」田中問：「閣下不以南京爲目標，統一長江爲宗旨，何以急急北伐爲？」蔣答：「中國革命志在統一中國……故非從速完成北伐不可……。」11月8日蔣自日本啓程返國。其後寧漢合作有成，蔣於1928年1月復任國民革命軍總司令，重新主持北伐大計，嗣並任軍事委員會主席。4月中旬，北伐軍進至魯南；4月19日，日本藉口護僑，出兵青島，20日至濟南。蔣介石決定對日容忍，以免妨害北伐大計。4月24日，電令沿津浦鐵路北進的第一集團軍各軍：「我軍到達膠濟路後，需切實保護外僑，並對日本始終忍耐，勿出惡聲，勿使衝突，一切宣傳品有喪失日本邦交者，概不准發貼。」5月1日北伐軍克復濟南，次日蔣亦抵濟南。5月3日日軍即與北伐軍發生衝突，互相射擊，日軍並殺害中國戰地政務處主任蔡公時。事件發生後，蔣與第二集團軍總司令馮玉祥決定不抵抗，並促李宗仁的第四集團軍自京漢路北上，配合閻錫山的第三集團軍收復京津。其間蔣並派人與主持北京政府的張作霖聯繫，請其自北京撤回奉天（遼寧），日後請奉天派人參加政府。張作霖感於日本難制，如約撤往奉天，中途爲日本設計炸斃。繼統其眾的張學良亦感日人難制，於12月改掛青天白日旗，並任國民政府委員。蔣介石的北伐大業終於完成。至於日軍在山東擅自屠殺中國軍民，中日各執一詞，至次年始經外交途徑解決[27]。

　　北伐大業始行於孫中山，蔣介石繼之。北伐的目的不僅要打倒軍閥，還要打倒軍閥所依恃的帝國主義國家。革命軍所要打倒的軍閥，稱之爲北洋軍閥，因爲北方的軍閥多出身於袁世凱做北洋大臣時所練的新軍、在北京主政的都是北方人（袁世凱爲河南人，段祺瑞爲安徽人，曹錕爲河北人，張作

---

27 張玉法：〈蔣介石對日本兩次出兵山東之反應（1927-1928）〉，黃自進主編：《蔣中正與近代中日關係》，臺北：稻香出版社，2006年，（1），第71-91頁；呂芳上主編：《蔣中正先生年譜長編》第二冊，臺北：國史館，2014年，第122，134，142-143，153，178，212，217，227，229-230，233，236，256-257頁。

霖為奉天人），而要打倒他們的都是南方人（孫中山為廣東人，蔣介石為浙江人，毛澤東為湖南人）[28]。事實上，孫中山在廣州組織革命政府時南方也有軍閥，寧漢分裂期間左派國民黨也攻擊蔣介石為軍閥。孫中山、蔣介石以及蔣介石清共絕俄以前的毛澤東，除要打倒北洋軍閥外，還要打倒軍閥所依恃的帝國主義國家，一方面要使帝國主義國家不再支持軍閥以分裂中國，另一方面則要廢除晚清以來列強與中國所訂立的不平等條約，包括關稅不能自主、外人在中國享有領事裁判權等。北伐期間，真正以武力阻撓北伐、妨害中國統一者為日本；蔣介石小心應付，終能化險為夷。蔣介石為廢除不平等條約，自北伐完成前後即開始與各國商訂平等新約，各國反應良好，惟日本不願與中國訂平等新約，僅欲修改條約，以保留其在東三省之特權。當時中國外交部態度強硬，必日本自山東撤兵，中國始與談判中日間之各種懸案，包括北伐期間有日人在南京被殺、日軍在濟南所造成之慘案等。濟南慘案和張作霖被暗殺，使田中內閣大不理於人口，日本乃不得不對中國稍作讓步，到1929年5月2日中日各案談判告一段落，日本始陸續自山東撤兵，並於5月20日撤退完畢。雖然如此，中國與日本在關稅自主的談判中並不順利。中美關稅自主條約於1928年7月簽訂，中葡、中荷、中英、中法關稅自主條約於是年12月簽訂，中日關稅自主條約到1930年5月始簽訂[29]。至於其他不平等條款，與不同國家在不同條約的新訂或修訂中，也陸續改善；到1943年，時在與美、英聯合對日作戰當中，關於領事裁判權等不平等條款，有關各國，也在美、英兩國的主導下，放棄了不平等條款。廢除不平等條約是民國成立來所追求的目標之一，此一目標到蔣介石領導革命時期才完成。

　　對蔣介石來說，自他繼承孫中山的革命事業，所面臨的第一個大問題是

28　近代中國的南北之爭，有歷史淵源，也有人為的操作。參考張玉法：〈辛亥革命時期的南北問題〉，《中國歷史學會史學集刊》第十三期，臺北，1981年5月。

29　劉紹唐：《民國大事日誌》，臺北：傳記文學出版社，1973年，第一冊，第402，417頁；呂芳上主編：《蔣中正先生年譜長編》第二冊，第343，366-367頁；第三冊，臺北：國史館，2014年，第105頁。

蘇俄欲協助中共取代國民黨爲主導中國革命的政黨,第二個大問題則爲日本對中國的不斷侵略,而這兩個問題又息息相關,因爲日本自實行大陸政策之始即與俄國在華利益衝突,而俄國共產革命成功後,日本對俄國推動無產階級世界革命,特別是在中國發展共產黨勢力,也心懷戒懼。在這種情形下,孫中山對日、俄兩大鄰國,初求援於日,受挫之後始求援於俄,及俄國援孫,孫又希望日、俄結好,以便俄、日均能贊助中國革命,並避免中俄共在中國勢力太強。結果日本繼續採取與俄國對抗政策,並與俄國在中國爭奪利權。蔣介石繼承孫中山革命的事業後,初恃俄國援助,及俄國在蔣介石北伐期間欲轉化國民革命爲共產革命,蔣介石清共絕俄,失去外援。此期間,日本欲藉機操縱中國政局,使革命政府與北京政府劃江而治,不要侵及日本在華北和東北的利權。日本出兵山東、暗殺張作霖以及阻止張學良歸順國民政府,都是這種政策的體現。結果南北兩政府因深感日本對中國的野心,都能相忍爲國,張作霖和平交出京津地區,而張學良率東北的地方勢力歸順國民政府。

蔣介石於1928年底完成北伐,1929-1931年間參加北伐的四大集團軍之間,即展開權力鬥爭,並發生連年的戰爭。而北伐期間被國民黨清理出去的共產黨,又在湖南、江西等地建立勢力,蔣介石亦需分兵對付。雖然如此,蔣介石所能獲得的資源較前爲廣,在國際上所得到的支持較前爲多,不僅陸續廢除了部分不平等條約,且先後平定了多起叛亂,而共產黨的主要勢力亦漸被壓縮到江西南部。日本眼看中國即將實際的統一,乃積極部署對中國的侵略。

蔣介石的日本經驗豐富,對日本的侵華政策自然有所了解,但親身體驗則始於1928年5月3日日軍在濟南肆意屠殺中國軍民,並於5月9日強迫北伐軍撤出膠濟路二十里以外,蔣介石自是訂是日爲國恥日,對是日所受到的日本屈辱念念不忘。蔣介石完成北伐後,把主要外交事務集中在與各國修約或重訂平等新約上,日本對中國未見有明顯的侵略行動,但因五三慘案以來所造成的積怨,國人反日情緒甚高,而日本因爲修約、廢約等問題,對中國亦滿懷怨懟。1931年5、6、7月間,吉林長春縣萬寶山地方農民與在當地租地耕

種的朝鮮（時屬日本）農民發生衝突，日本駐長春領事派警鎮壓，向中國農民射擊，並翼護朝鮮人。《朝鮮日報》誇大衝突事件造成朝鮮人的死傷，引起朝鮮各地打殺華僑事件，造成華僑數百人的死傷。中國屢經交涉，華僑並未獲得賠償，事遂不了了之[30]。萬寶山事件初起之時，蔣介石聞日本警察射擊中國農民，極為痛憤，曰：「日人如此蠻橫，吾國已不成國矣！」之後又聞日本長春領事要求賠償朝鮮農民，擔憂張學良能否勝任萬寶山慘案交涉之責，曰：「總由國弱被人欺耶？」之後又得報，朝鮮工商團體對排華事件已表示歉意，煙臺方面已派輪將華僑接回國內，蔣乃決定嚴與日本交涉，並密派人員查明真相[31]。萬寶山事件交涉未完，東北又發生中村事件。1931年6月，日本關東軍大尉中村震太郎等數人進入大興安嶺東側繪製軍事地圖，為張學良的部下所殺，張學良令毀屍滅跡。事經日本調查，張學良答應將肇事者處死，日本軍方則藉機宣揚日本在滿洲之特別權利與利益處在危險中，不惜與中國一戰。蔣介石於9月7日獲得日本軍方恫嚇消息，心中如焚，時廣東當局方為胡漢民被扣事件與蔣介石紛爭不已，蔣嘆曰：「外患日急，而內憂亦日急，我黨國之處境，誠危苦萬分矣！」中村事件處理期間，九一八事變爆發[32]，中日關係進入另外一個階段。

九一八事變係日本關東軍南滿鐵道守備隊破壞鐵路並誣指為中國軍隊所為向瀋陽展開攻擊，並於一個多月間占領東三省各地。時海陸空軍副司令兼東北邊防軍總司令張學良在北平，並未下令守軍抵抗，蔣介石時任國民政府主席、軍事委員會委員長、海陸空軍總司令等職，亦未下令抵抗。蔣介石對日本侵占東北，除表示憤恨、在外交上折衝並訴於國際聯盟，以及訓令山東、上海等地採取預防措施外，別無良策。基本的原則是避免與日軍衝突、不准各地區單獨與日方交涉；蓋當時蔣將主要精力用在江西剿共以及應付廣

---

30 Google網・維基百科・萬寶山事件。
31 呂芳上主編：《蔣中正先生年譜長編》第三冊，第450，452，455頁。
32 Google網・維基百科・中村事件；呂芳上主編：《蔣中正先生年譜長編》第三冊，第504頁。

東地區對蔣的反抗上。蔣自去年因立法院長胡漢民反對制定訓政時期約法將
胡幽禁引起廣東籍的黨國要人汪精衛、孫科等不滿，喧鬧不已，廣東地方當
局且逼蔣下野；另一方面，蔣對日本的不抵抗政策也引起國人不滿，各地學
生紛紛赴南京請願抗日，亦使蔣窮於應付。蔣雖未立即發兵抗日，並非沒有
抗日部署。10月3日曾計畫若首都為日本攻占，即遷都洛陽、西安，以為持
久抗日之計（當時四川尚在地方勢力控制之下，到1935年因追剿共軍，中央
軍的勢力始進入四川）。至10月17日聞日本欲退出國聯，並增兵山海關，一
度決定如日寇相逼過甚，吾必與之一戰。此期間，蔣對粵百般讓步，均無轉
圜餘地，到12月15日蔣乃通電下野[33]。

　　蔣下野後，國民政府主席由林森代理，之後真除。廣東籍的孫科、汪精
衛先後於1931年12月28日和1932年1月28日任行政院長。蔣雖下野，仍常與
黨國要人交換國是意見。汪任行政院長之日，日本又在上海發動攻勢，蔣與
汪商定對日方針：一面抵抗，一面交涉。1932年3月18日國民政府成立軍事
委員會，蔣出任委員長。此後蔣一直以軍事委員會委員長的名義操持國家軍
政事務（其間於1935-1938年、1939-1945年任行政院長，1938年被選為國民
黨總裁。1943年林森過世，蔣繼林森為國民政府主席）。蔣介石出任軍事委
員長之前後，英國已在斡旋中日兩國停止在上海的戰爭，至5月5日，〈上海
停戰協定〉簽字。上海停戰協定簽字的次日，蔣與外交部長羅文榦討論到將
中日戰爭引到日俄戰爭的方向去，蔣在當日的日記中記曰：對俄外交不能放
棄外蒙，對日外交不能放棄東三省。滬戰結束後，蔣介石又把用兵的重點放
在剿共問題上。至於對日本，蔣當時所擔心的是日軍自東三省進攻熱河[34]。

　　當時蔣的政策是「攘外必先安內，抗日必先清匪」。為了委任專人處
理華北局勢，蔣介石於1932年9月1日成立軍事委員會北平分會，由軍事委員
會委員張學良負責。這期間日本於占領東北後成立滿洲國，蔣於9月13日聞

[33] 呂芳上主編：《蔣中正先生年譜長編》第三冊，第511-522，533，558-559，570頁。
[34] 呂芳上主編：《蔣中正先生年譜長編》第三冊，第581，596-597，598，600，624，
　　639，658，666，684，626，627頁。

日本即將於15日承認滿洲國，甚憤，於日記中誓言：「預期中華民國31年中秋節恢復東三省，解放朝鮮，收回臺灣、琉球。」15日日記又記云：「倭寇定本日承認偽滿，年年中秋節當為我中華民族唯一國恥紀念。余惟自誓立志復國，死而後已！」11月11日成立國防設計委員會，並委德籍顧問佛采爾（Georg Wetzell）擬「北方國防計畫」；又指示參謀本部次長賀耀組籌畫海防、江防事宜。當時雖仍在剿共，為對付日本，國民政府於12月13日與俄國復交，以爭取俄援。其間蔣於12月9日得知日軍將犯熱河，令張學良派兵增防，張學良未即遵命。1932年1月3日日軍攻陷山海關（隋朝建榆關，元朝稱遷民鎮，明朝稱山海關），蔣令張速派兵入熱河，但未能親理熱河防務。3月4日熱河淪陷，群情集憤於張學良，3月11日張學良通電辭職[35]。

日本占有熱河後，淪陷區由東三省變為東四省。此後一段時間由何應欽主持北平軍分會，應付華北危局，蔣仍將精力用在剿共上。當時中國的中央軍（以原屬於蔣的第一集團軍為主）都在長江以南，河北的軍力主要為宋哲元的二十九軍，原屬於馮玉祥的第二集團軍。1932年5月4日，國民政府於北平設行政院駐平政務整理委員會，由蔣的拜把兄弟黃郛（並非國民黨員）為委員長，以應付日本對華北的政治攻勢（收降意志不堅的國軍，扶持過時政客建立親日政權）。5月14日，時上海戰役已結束，日軍進攻長城古北口，蔣電何應欽背城一戰，以免日軍長驅直入。當時為急於剿共，蔣對日本侵略已採「持久戰」的戰略。長城戰役，國軍犧牲重大，到5月31日與日本訂〈塘沽協定〉，將北平至天津以東的冀東地區化為非武裝區，其界線從北平西北的昌平縣到北平東北的順義縣，再到北平東方至東南方的通縣、香河縣、寶坻縣，抵於天津東北的寧河縣和蘆臺。〈塘沽協定〉訂立後，北方局勢暫趨穩定，蔣介石再集兵力剿共。到1934年10月初旬，贛南剿共戰爭已近尾聲，贛南中共中央準備突圍西逃，設法進入四川，打通西北通道，俾與蘇

---

35 呂芳上主編：《蔣中正先生年譜長編》第三冊，第729，737，768，778，781，793，797頁；呂芳上主編：《蔣中正先生年譜長編》第四冊，臺北：國史館，2014年，第1，29，45，48，51頁。

俄取得聯絡。1935年9、10月間，當中共主力達到甘肅之際，蔣曾到北方和西北視察。10月10日到洛陽，12日到西安，17日到蘭州，24日到北平，11月3日到居庸關、登八達嶺，4日到張家口、張北，5日到大同，6日到歸綏，8日到太原，11日回漢口[36]。

江西剿共告一段落後，蔣將注意力集中在對日問題上。1935年12月以徐道鄰（任職於國防設計委員會）的名義在《外交評論》第三卷第十一、十二期合刊上發表〈敵乎？友乎？〉一文，試圖打開中日之間的僵局。該文的論點有三：其一、中日兩國沒有交惡的理由，應該互相提攜；日本對中國應捨棄土地侵略，而代以互利的經濟提攜。其二、日本欲實行大陸政策、獨霸太平洋，勢必引起俄、美的嫉視，如東向美國尋釁，中國即在其背面；如北向蘇俄開戰，中國即在其側面；因此，當與中國交好。其三、日本應與側背方面的鄰國建立協調關係；欲建立協調關係，應從互相提攜著手，而不能以強制的方法控制中國。無獨有偶，在徐文發表以後的第十天，日本駐華公使有吉明攜「中日經濟提攜」方案拜訪行政院長汪精衛和軍事委員會委員長蔣介石，蔣與之交換意見，尚感滿意。該方案的原則是：如中國對日親善，以原料供給日本，則日本可給予中國以人員和物資的援助。當時日本外相是廣田弘毅，首相是岡田啓介，對中國的態度不像田中義一那樣霸道。蔣介石的對策是：「在不喪權之原則下，謀中日之親善，以打開目前之難關。」因此，對各地之排日運動採取鎮壓措施，接見中、日記者亦談中日親善[37]。

自塘沽協定訂立以後，特別是蔣介石將中共的主力逐出贛南以後，中日兩國在表面上採取親善態度。所謂親善態度，蔣介石的目的在緩和日本侵略，日本則是以政治手段取代軍事手段，對中國的侵略並未停止。在1935年

---

36 呂芳上主編：《蔣中正先生年譜長編》第四冊，第51-52，80，90，93，101，196-197，445，450，459，460，463-469頁；蔣視察華北和西北的行程，另參考郭廷以：《中華民國史事日誌》第三冊第405-413頁有關日期記載。

37 呂芳上主編：《蔣中正先生年譜長編》第四冊，第511-513，518-519，522-523，536-537頁。

前後，日本推行華北自治運動，其間發生國民黨特務暗殺親日分子白逾桓事件，日本乃要求駐在平津之中央軍（包括東北軍第五十一軍和憲兵第三團）南移，並撤銷河北省黨部。蔣介石初不答應，行政院長汪精衛無法應付日方壓力，到1935年6月10日主持北平軍分會的何應欽乃不得不作口頭答應。此即所謂「何梅協定」（日方的梅，為中國駐屯軍司令官梅津美治郎）。日本對華北節節進逼，中國國防準備尚未完成，無法即時與日本全面作戰。是年8月17日蔣介石與察哈爾省代主席秦德純談話，準備將維持華北的責任交給二十九軍軍長宋哲元，使忍辱負重，委曲求全，以便中央能迅速完成國防部署。是年12月，汪辭行政院長職，由蔣繼任，蔣成立冀察政務委員會，由宋哲元為河北省主席兼委員長。其間，北平政務整理委員會於9月撤銷，北平軍分會於11月撤銷，11月薊（縣）密（雲）區行政督察專員殷汝耕於通縣成立冀東防共自治委員會，自任委員長，宣布脫離中央。殷汝耕的脫離中央，是日本華北自治運動的成果，蔣為了建設國防、剿滅共黨，對日本仍決定暫時忍讓。在他看來，日本侵略先在內蒙與華北，如日方不用兵至黃河以南及不下最後通牒強迫宣戰，則仍忍辱負重，以待時機，則明年（1936）或可再拖延一年[38]。

　　1936年1月日本外相廣田弘毅發表對華三原則，即中國承認滿洲國、與日本聯合掃除赤禍、日本援助中國；3月，廣田組閣，繼續執行此政策。蔣介石未便回應，宋哲元允許共同防共。當時中共正奉共產國際之命推動抗日民族統一戰線，對張學良的東北軍、楊虎城的十七路軍以及中國其他地方勢力進行統戰，到5、6月間漸有成就。張、楊私自與中共結為一體，準備抗日；兩廣則於6月1日通電全國，準備北上抗日。兩廣事件雖然到9月初漸為蔣安撫，張、楊與中共的結合則愈來愈密。是年12月，張學良於西安發動兵變，軟禁蔣介石，並聯絡中共使派人共商國是，毛澤東派周恩來前往。協調期間，宋子文、蔣夫人代為答應停止剿共、共同抗日，但事後蔣介石對張、

---

38 呂芳上主編：《蔣中正先生年譜長編》第四冊，第625-630，639，669，733，754頁；有關大事日期，另參考劉紹唐：《民國大事日誌》第一冊，第532-537頁。

楊都有處分，並將東北軍調離陝西、將十七路軍撤銷。1937年2月21日，國民黨五屆三中全會第六次大會通過〈根絕赤禍案〉，當時中共為表示與國民黨共同抗日，正與國民黨進行談判，並向國民黨提出保證：「蘇維埃政府改名為中華民國特區政府，紅軍改名為國民革命軍，直接受南京中央政府與軍事委員會之指導。」在這種情況下，國民黨通過此一法案，使中共的勢力併入國民黨，以杜絕日本假防赤為名進兵中國。3月5日，日本駐華大使館武官喜多誠一詢問蔣介石是否已與中共妥協，蔣曰：「中國有余負責一天，必不使共產黨存在。」3月26日蔣又告訴周恩來：「政黨組織合法必須在國民大會召開以後。」雖然如此，日本鑑於蔣介石已停止剿共、共產黨和各地方勢力也擁蔣抗日，中國的民族抗日統一戰線看來已經形成，乃改變以政治方式蠶蝕中國政策，再從事軍事挑釁。1937年7月7日，盧溝橋事變爆發[39]。

　　盧溝橋事變爆發後，蔣一反往日對日妥協態度，電令宋哲元固守宛平城，並調派軍隊增援京津。7月17日蔣在廬山發表談話，表示抗戰決心。7月31日發表〈告抗戰全體將士書〉，宣言「抗戰到底」。8月18日再發表〈告抗戰全體將士書〉，提出「持久戰」和「消耗戰」的戰略。其間北平於7月28日失陷，日軍於8月13日進攻上海，9月22日中共發表共赴國難宣言，11月20日國民政府宣布遷都重慶，12月1日蘇俄援華第一批飛機抵達南京，12月2日國軍撤出南京。另一方面，由於中國難敵日本攻勢，蔣與其他國民黨高層人士亦試圖與日謀和。早在7月27日，蔣介石即委託德國駐華大使陶德曼（Oskar Paul Trautmann）勸日本本於德日防共協定（訂於1936年11月，到1941年中國的親日政權汪精衛的南京國民政府、滿洲國、蒙疆自治委員會亦加入）的精神，在中國的行動僅限於防共。到11月陶德曼告知日欲與蔣訂防共協定，為蔣拒絕。12月2日陶德曼再見蔣談此事，並談及停戰言和。蔣有意試探停戰言和，但日方要求允許內蒙高度自治、切實防共等條件，蔣需慎重考慮。12月28日蔣與國防最高會議副主席汪精衛、行政院副院長孔祥熙交

---

[39] 呂芳上主編：《蔣中正先生年譜長編》第五冊，臺北：國史館，2014年，第8，80，138，148，198，245-246，255-256，260，262-263，276-277，280，283，334頁。

換意見後，決定不予接受。惟蔣既開和談之路，黨政高層人士有不認為日方條件為嚴苛者，如汪精衛、國民黨中央宣傳部長周佛海、外交部亞洲司長高宗武等。在蔣拒絕了日本的停戰條件後，汪精衛使周、高等續與日方接觸。高宗武於1938年3月辭去亞洲司長職務，去香港搜集情報，在周佛海及日本有關人士鼓勵下，高於6月底經上海赴東京接洽和談事。為此蔣對與日和談之事再作考慮，於9月23日的日記中記下對日和談的底線：「要倭必須尊重中國領土主權完整，與恢復七七事變前之原狀，然後方允停戰。」[40]

　　蔣介石與日謀和，初意在緩和日軍對中國的攻擊，及汪精衛遣高宗武等謀和，蔣則欲另闢門徑以圖抵制。日本欲與中國議和是受德國的要求，因為德國欲拉中國為友，共同防共。在武漢會戰進行之際，蔣派第一戰區長官部總參議蕭振瀛、前北平市社會局長雷嗣尚去香港與日本軍部特務「蘭工作」負責人和知鷹二接觸。和知鷹二提出的議和條件是尊重中國領土主權完整、恢復七七事變以前原狀，但需收容親日政權，承認滿洲國，與日本共同防共，允日本在華駐兵，同時與日本訂軍事協定和經濟協定。蔣認為訂立軍事協定和經濟協定應在恢復七七事變以前的原狀之後，中國停戰應在日本主動撤兵之後。交涉期間，日本對中國繼續用兵，蔣怕日本爽約，又怕共黨搗亂，也怕得罪英、美，遲遲不能決定。到1938年10月24日蔣介石決定放棄武漢，10月30日即命停止蕭振瀛的議和活動。其間高宗武的謀和活動已有成果，12月18日汪精衛自重慶出走，29日在河內發表通電，主張停止抗日，與日本共同防共、經濟提攜、恢復友好關係。汪精衛所以出走是高宗武等謀和活動的結果，明顯可以看出日本欲擁汪棄蔣，或以汪逼蔣。此期間，孫中山的革命老友萱野長知亦奉日本政府之命往香港設法與蔣介石談和。萱野的謀和活動始於1938年7月，蔣於10月派人與之聯絡，雖然所提條件與蘭工作略同，蔣繼續與其保持聯絡，以降低汪精衛在日本謀和運動中的份量。到1939年6月，由於蔣介石猶疑不決，而汪精衛已赴日本商討中日新關係實務，萱

---

40 呂芳上主編：《蔣中正先生年譜長編》第五冊，第334-337，343，354，359，364，366，376，382，406，426，433，442，448，454，549，601頁。

野乃回日本[41]。

1939-1940年，中國抗日戰爭仍處劣勢。1939年3月南昌失陷，1940年6月襄陽失陷，中國平漢、粵漢、湘桂路以東的精華地區幾全爲日本占有，但晉南、鄭州、宜昌、長沙、衡陽一線及以西尙在蔣介石控制下。另一方面，1939年9月德國侵略波蘭，英、法對德宣戰，1940年9月德、義、日三國結爲同盟，世界大戰的戰局形成。此期間，日本於1940年6月在中南半島占領法屬安南，1941年12月日軍在太平洋偷襲美國的珍珠港，在華南占領英屬香港。亞太戰場與歐洲戰場東西呼應。中國既捲入世界大戰，於日本偷襲珍珠港的次日對日、德、義宣戰。此後中國即與美、英站在一邊，在亞洲對付日本（法國於1940年6月向德國投降，蘇俄於1941年4月與日本結中立友好條約，6月德國對蘇俄宣戰），美、英、蘇則在歐洲對付德國和義大利。亞洲戰場初期靠中國苦撐，蘇俄曾給予援助，到1941年7月中國可透過美國的「軍火租借法案」（1941年3月由參議院通過）向美國購買軍用物資，8月美國空軍飛虎隊開始支援中國作戰；12月太平洋戰爭爆發後，美國建議設中國戰區，以蔣介石爲最高統帥[42]。

蔣介石既爲國際所承認的中國領袖，除設法限制日益過擴張的中共勢力外，即爲應付日本的軍事攻勢與和平攻勢。軍事攻勢此處不論，如前所述，中日之間的和平試探起於武漢會戰以前，蔣介石的謀和原在緩和日軍的進攻，以日本的條件過苛，無所成。其後日本擬進攻中南半島和南洋群島，又欲攻俄、攻美，而德國初與日本結有防共同盟，既而又欲進攻西歐、進攻蘇俄，進一步與日本、義大利結盟；這期間，德國一直希望日本早日結束對中國的戰爭。日本對中國的戰爭既無法以軍事手段早日結束，乃持續以議和

---

[41] 楊天石：〈蔣介石親自掌控的對日秘密談判〉，原載《中國社會科學院諮詢委員會集刊》第二期，2006年2月，見Google網。有關重要史事背景，另參考劉紹唐《民國大事日誌》第一冊，第593-605頁。

[42] 呂芳上主編：《蔣中正先生年譜長編》第六冊，第47，144，324，337，406，511，529，574，594，675，678，692，696頁。

的手段，希望能不戰而屈人之兵。在這種情形下，除蔣介石與日本保持接觸外，更誘使汪精衛出走，直接與日本合作，建立反共親日政權，進一步促使蔣介石的抗日政府與之合流。1940年3月29日汪精衛政權在南京成立，事先汪精衛與日本訂立密約，與日本所達成的協議是：1.承認現狀，2.承認滿洲國，3.日支滿提攜，4.汪政府聘日顧問，5.在境內鏟除共黨分子，6.置華北政務委員會（華北特殊），7.承認蒙古聯盟自治政府[43]。為打擊汪精衛與日本合作，蔣斷續派人應和日本的謀和要求。1939年11月，日本的中國派遣軍總司令部高級參謀今井武夫、香港機關長鈴木卓爾至香港從是謀和活動，稱為「桐工作」，重慶國民政府軍統局副局長戴笠，委部屬曾政忠冒名宋子良（宋子文胞弟）與香港大學教授張治平與鈴木等聯絡。談判期間，虛虛實實，互摸底線。中方要求先撤銷汪偽組織、日方先停戰撤兵，日方則要求中方放棄容共抗日、承認滿洲國、允許日本在華駐軍。會談有時在香港，有時在澳門，雙方曾同意安排板原征四郎（中國派遣軍參謀長）、蔣介石、汪精衛於1940年7月在長沙（尚由國軍據守）會談。其間曾政忠等曾因假藉蔣介石的名義和偽造文件等事使蔣介石動怒，活動於1940年9月停止[44]。桐工作進行期間及稍後，日方尚委託重慶《大公報》主筆張季鸞、德國外長里賓特洛甫（Ulrich Friedrich Wihelm Joachim von Ribbentrop，透過中國駐德大使陳介）與蔣介石言和[45]，皆無成果。

　　蔣介石與日本的謀和活動都在1941年12月太平洋戰爭爆發前。太平洋戰爭爆發後，中國和美、英兩國站在一邊，反抗日、德、義的對外侵略，蔣介石即側重於與美、英合作在中緬印戰場對抗日本，以爭取彼等之信任。1942年1月2日中國與美、英、蘇等26國在華盛頓簽署反侵略共同宣言，聲明與同

[43] Google網‧百度百科‧日汪密約。蒙古聯盟自治政府成立於1937年10月日本占領歸綏、包頭之後，至1939年9月與察南自治政府、晉北自治政府合併為蒙疆聯合委員會。見Google網‧維基百科‧蒙古聯盟自治政府。

[44] Google網‧百度百科‧桐工作。

[45] 呂芳上主編：《蔣中正先生年譜長編》第六冊，臺北：國史館，2014年，第347-348，442-443頁。

盟國對德、義、日聯合作戰，絕不單獨與敵構和。是年2月，蔣訪問印度，鼓勵印度人民積極參加反侵略戰爭（時印度國民會議主席尼赫魯方承甘地之志，採不合作主義，向英國爭取獨立）。歸途經緬甸臘戌，鼓勵入緬作戰國軍與同盟軍共同作戰。是年4月，美國開始利用中國機場轟炸日本。6月，中美簽訂〈抵抗侵略互助協定〉；7月，中、英、美聯合在緬甸抵抗日軍失敗，軍隊撤入印度。中國既為同盟國家的重要成員，與同盟國家並肩作戰，蔣介石不忘革命初志，爭取與各國的平等地位，從要求美、英兩國廢除不平等條約做起。交涉期間，蔣於1942年10月5日囑侍從室第二處主任陳布雷撰擬「希望美國率先自動表示放棄對華不平等條約」新聞稿，10月10日蔣即於國慶紀念大會上宣布美、英已決定放棄對中國的不平等條約。1943年1月9日，日本與汪政權搶先宣布日本廢除與中國的不平等條約，1月11日中英、中美平等新約分別在重慶和華盛頓簽字。是年11月，蔣赴開羅與美國總統羅斯福、英國首相邱吉爾開會，會中除決定戰後中國收回東北、臺灣與澎湖列島外，並決定反攻緬甸，由印度和雲南兩方面夾攻，為此成都長距離轟炸機場需盡速完成、經緬入華通路應及早開關。嗣以美、英兩國集全力部署諾曼第登陸，無力在南緬另闢戰場，而中俄在新疆地區關係緊張，日本又進攻常德，中國對準備攻緬的步調緩和，使美國不滿。1944年1月15日羅斯福來電，以斷絕援助物資相要脅，蔣怒，當即復電：停築機場、停止空運、自辦給養，時國軍尚在滇西進行對日作戰，作攻緬的準備。是年3月，羅斯福催促自雲南攻緬，時俄蒙聯軍正攻新疆，蔣只答應空運軍隊赴印。是年4月，日軍謀打通平漢、粵漢、湘桂路，開始沿平漢路渡過黃河向南進攻，稱為「一號作戰」。日軍於一號作戰進攻勇猛，鄭州等地相繼淪陷，蔣介石一面部署河南防務，一面仍命在滇西作戰的國軍向緬甸進攻，另一方面，中國在印度的軍隊也向緬境進攻。中國以兵力分散，無法阻擋日軍的進攻，5月襄陽、洛陽淪陷，6月長沙淪陷，8月衡陽淪陷，9月日軍已開始向桂林進攻，國軍尚在緬甸與日軍鏖戰，一部分駐印軍且於騰衝與滇西軍會師。國軍在緬甸奮戰之際，國內柳州於10月淪陷，桂林於11月淪陷，貴州的獨山於12月淪陷，重慶面臨險境。但獨山旋即收復，蔣介石終於挺住戰局。其間，中、

美、英、蘇於8月開始籌組世界和平機構會議，惟中國與美國之間的糾葛並未解除。羅斯福促蔣受權史迪威統帥中國全部軍隊，此事導致蔣與羅斯福決裂，請其將史迪威調回，同時令在美求援的行政院長孔祥熙速行返國，勿向美國要求任何援助。10月19日，羅斯福電告召回史迪威，另任魏德邁為中國戰區參謀長[46]。

　　太平洋戰爭爆發以後的兩年間，美國在亞洲對中國的依賴甚深，故廢除對中國的不平等條約，提高中國的國際地位，使與美、英、蘇並列為世界四強。中國的國際地位愈高，對世界和平的責任愈重，故蔣介石此際把注意力不完全放在日本對中國的侵略上，除共產黨問題外，特重國際責任和國際信賴。這種情形，一直維持到日本投降以後。

　　1945年4月12日羅斯福總統去世，副總統杜魯門繼為美國總統，時在美、英、蘇所舉行的雅爾達會議（蘇俄在會議中答應對日宣戰，美、英答應讓中國給予東北利權、讓外蒙獨立）結束後的兩個月。4月29日義大利投降，5月2日德國投降，7月26日中、美、英發表波茨坦宣言，逼使日本無條件投降。時蘇俄尚未對日宣戰，事後才在宣言上簽字。其間，蔣介石在美、英兩國的壓力下，於6月底派行政院長宋子文與蘇俄談判讓利之事，蔣為使蘇俄參戰，決定以讓外蒙古獨立為條件（在蘇俄協助下，蒙古已於1924年建「蒙古人民共和國」，中國不予承認），與蘇俄談判。8月6日、9日，美國向日本投下兩顆原子彈，中蘇談判隨之完成。8日蘇俄對日宣戰，10日日本宣布接受波茨談坦宣言，向盟軍無條件投降。日本投降後，蔣介石覆電杜魯門尊重日本對國體的選擇，告知日本的中國派遣軍總司令官岡村寧次使日軍各部隊在原地負責維持地方秩序、保護交通，派定各戰區受降長官，手訂日

---

46 呂芳上主編：《蔣中正先生年譜長編》第七冊，臺北：國史館，2015年，第3，28，37，40，46，80，127，220，224，277-278，500-514，525，533，555-556，558，566，601，607，613-614，627，635，644，719，720，742-745，760，793，797頁。有關日軍一號作戰中國重要城市之淪陷日期，另參考劉紹唐：《民國大事日誌》第二冊，第689-701頁有關記載。

本戰犯名單，決定日本戰俘處理方針，雖然到1946年5月3日仍未忘記十八年前五三慘案發生時所受到的恥辱，仍能細心安排將日俘、日僑遣返，到1947年8月並開放對日貿易[47]。

在抗日戰爭勝利前後，中國躍為四強之一，蔣介石的治國藍圖自是大不同於既往。除繼續堅持限共、滅共政策外，對內維持領土、主權的完整，對外繼承孫中山之志，支持亞洲各殖民地獨立。關於支持亞洲各殖民地獨立，如1945年3月決定直接撥給軍費援助韓國光復軍，又如4月17日電陸軍總司令何應欽核發越南革命同盟會活動費使回越策動抗日。關於維護領土、主權完整，如1943年11月在開羅會議中爭取到戰後中國自日本手中收回東北、臺灣、澎湖，又如1945年8月電令行政院長宋子文向英國提出九龍租借地交還問題，又如1946年3月電詢廣州行營主任張發奎已否派出東西沙群島駐兵，嗣知尚未，乃於10月電令參謀總長陳誠各派一連陸軍駐東西沙群島[48]。

抗日戰爭勝利後，中國領土、主權已恢復，不平等條約已廢除，國民黨結束訓政、實行憲政，革命的任務已完成。雖然因為國內和國際因素，對日和約到1952年才訂立，蔣介石對日並無報復之心，並以「以德報怨」自況，實欲借日本之餘力，完成中國之復員，並對抗中共勢力之迅速擴張[49]。

肆、毛澤東領導革命時期對日本的態度與期望

毛澤東，湖南人，生於富農家庭。在湘鄉東山小學讀書時，毛澤東遇到

[47] 呂芳上主編：《蔣中正先生年譜長編》第八冊，臺北：國史館，2015年，第59-60，110，140-141，143，151，207，302，369，722頁。
[48] 呂芳上主編：《蔣中正先生年譜長編》第八冊，第35，62，158，333，501頁。
[49] 黃自進：〈抗戰結束前後蔣介石的對日態度：「以德報怨」真相的探討〉，原載《中央研究院電子報》第18期，另見Google網。該文指出：蔣欲借重日本反共抗俄的傳統國策，將日本侵華歸咎於日本軍閥，維持與日本人民的友誼。該文並指出：投降後的日軍為遵蔣介石之命，維護交通及社會秩序，於半年之內即於華北造成九千餘人的死傷和失蹤。

日本留學歸來的教師，聽其歌唱日本在日俄戰爭勝利的歌曲〈黃海之戰〉，對日本由此而生敬畏之心。對日俄戰爭，他則認為是「亞洲人對白種人的勝利」。1911年武昌革命爆發後，毛澤東曾在長沙參加革命軍，時年十九歲，角色並不重要。1917年孫中山的好友宮崎滔天到長沙講演「亞細亞主義」，時毛澤東在湖南第一師範肄業，使毛澤東深受感動[50]。次年6月毛澤東畢業於湖南第一師範，10月入北京大學圖書館任管理員，受圖書館主任李大釗的影響，傾心於馬克思主義。1919年4月回長沙活動，1920年任第一師範國文教員，1921年赴上海參加中國共產黨第一次全國代表大會，之後回長沙成立中共湖南支部。1923年6月赴廣州參加中國共產黨第三次全國代表大會，會中決定全體以個人名義加入國民黨，毛於會中與陳獨秀、羅章龍、蔡和森、譚平山被選入中央局，任祕書。之後毛澤東去湖南活動。1924年1月，毛澤東代表湖南地區參加國民黨一全大會，被選為中央候補委員。2月，毛任國民黨上海執行部祕書兼文書科祕書，執行部常務委員為胡漢民、汪精衛、葉楚傖，文書科主任為邵元沖。當時中共在國民黨保有自己的組織，毛一度任中共組織部長。1925年9月毛赴廣州參加國民黨二全大會籌備工作。當時國民政府已經成立，汪精衛任主席，汪於10月任毛為宣傳部代部長。毛曾為國民黨起草許多宣傳文件，並利用機會打擊國民黨內的反共派。在1926年1月舉行的國民黨二全大會上，毛續被選為中央候補委員，會後在中央農民部下任農民運動講習所長，講課時一再強調中國革命是農民革命。1927年毛與鄧演達等至武昌，創辦農民運動講習所分所。是年5月，毛在中共五全大會上被選為中央候補委員，當時國民黨已採行分共政策，毛離開了國民黨。是年8月，中共中央在漢口召開會議，決定以武力奪取政權，毛被選為臨時中央政治局候補委員。之後毛赴湘贛邊區發動農民暴動，失敗之後撤往江西南部近湖南邊界的井岡山，與在南昌暴動失敗的朱德會師。1929年11月，毛將部隊東移至江西南部與福建交界的瑞金。1930年10月以後，朱德、毛澤東等指導共軍抵抗蔣介石的圍剿。1931年11月中華蘇維埃共和國成立，毛被選為主

---

50 遠藤譽：《毛澤東勾結日軍的真相》，紐約：明鏡出版社，2016年，第28-31，36頁。

席。1934年5月中共抵抗蔣介石的圍剿失敗，決定突圍西走，後經貴州、四川、甘肅達於陝西北部，毛於1936年12月被選爲軍委會主席[51]。

毛澤東於中共主力自贛南西逃途中成爲中共的實際領袖，沿途鼓吹抗日，以爭取各方支持。中共自1927年在隨國民黨北伐途中武裝農工從事階級鬥爭、製造干擾外人事件以策動反帝國主義運動、並欲轉化國民革命爲共產革命。在這種情形下，被國民黨清理而出。之後，以軍事手段與國民黨對抗頻頻失敗，宣傳階級對立、指國民黨爲資產階級的政黨亦未產生立即的效果。其間1928年5月國民黨的北伐軍在濟南受到日軍的強悍阻撓，蔣介石百般讓步、繞道北伐，引起全國各地的反日運動。中共藉此機會，改變革命方略，擴大抗日宣傳，並派人去東北（日本的勢力範圍）策動抗日。1928年11月5日，中共滿洲地方委員會發表東三省獨立宣言，喚起全滿工農兵學商各界抵制日貨、收回旅大、逐出日本軍閥、打倒國民黨賣國外交，在言論上激化中日民族衝突[52]。九一八事變的發生，與此不無關係。九一八事變發生後，全國掀起反日潮，中共推波助瀾，而蔣介石卻採取攘外必先安內政策，以剿共爲優先。蔣介石雖然逼使中共主力自贛南西走，中共的口號卻是北上抗日，蔣介石一路派兵追趕西走北上之共軍。共軍到達川邊後，爲了找生路，黨內有北上或南下之爭，毛澤東以中共中央的名義向革命同志們寫了一封信，信的大意是：南下是草地、雪山、老林，人口稀少，糧食缺乏，敵人在那裡的堡壘線已經完成，我們無法通過[53]。信中並未強調北上抗日的任務。此期間，共產國際透過中共駐莫斯科代表王明（陳紹禹）於1935年8月1日以中共中央的名義發表宣言，表示中共願與各黨各派成立國防政府、組織抗日聯軍，毛澤東於是年10月22日率殘部抵達陝北後[54]，即於12月的瓦窯堡會議中將中共的階級革命改爲民族革命，確定建立最廣泛的抗日民族統一戰

---

[51] Google網‧維基百科‧毛澤東。
[52] 梁敬錞：《九一八事變史述》，臺北：世界書局，1968年四版，第11-13，225頁。
[53] 金沖及主編：《毛澤東傳》，北京：中央文獻出版社，1996年，第363頁。
[54] 郭廷以：《中華民國史事日誌》第三冊，第495，518頁。

線[55]，但毛澤東並未前往熱察抗日，所應付的仍是國軍的攻擊。

　　毛澤東自依照共產國際的指示採取建立抗日民族統一戰線策略以後，即以宣揚抗日作爲推動在圖存中革命的手段。當時毛澤東的革命對象是蔣介石，就日後的發展看來，毛對蔣的策略可以分爲反蔣抗日、逼蔣抗日和聯蔣抗日三個時期。在反蔣抗日時期，毛儘量結合蔣的政敵或反對蔣不抗日的各種力量，對蔣進行文攻武鬥，以期將蔣打倒，易以他人或由自己取代。在逼蔣抗日時期，毛亦聯合各方反蔣勢力，但係逼使蔣領導抗日，並尊蔣爲領袖。在聯蔣抗日時期，仍尊蔣爲領袖，使蔣負責抵抗日軍的大任，己則於日僞占領區以游擊戰爭的方式襲擊小股日軍以及日本所扶持的親日政權的軍隊，並在日僞占領區擴張自己的勢力和地盤，防阻蔣介石統領下的軍隊進入日僞占領區發展游擊戰爭，對日僞占領區蔣介石原有的游擊勢力亦加以攻滅，以免影響其發展。第一和第二時期的分界點是西安事變，第二和第三時期的分界點是中共所發表的共赴國難宣言。

　　中共主力進入陝北以後，受到蔣介石的追剿，情況危急。當時蔣已失掉東北四省，在華北復對日本百般忍讓，引起國人不滿。毛澤東爲圖自保，加強藉此民情，結合蔣的反對派，以削弱蔣的有形無形實力。除於各地策動反日運動外，並派人到各地對蔣的軍事將領進行遊說。其中以對張學良的東北軍和楊虎城（原屬西北軍，爲馮玉祥手下的師長，1929年叛馮附蔣）的十七路軍的策反最有成就。張學良爲西北剿匪副總司令，直接統率自東三省撤出的東北軍，楊虎城的十七路軍亦在其指揮之下；前此，二人所統率的軍隊自陝西中部向陝北進擊共軍。另有湯恩伯的第十三軍在山西配合閻錫山的晉軍剿共，並進軍陝北，而寧夏省主席馬鴻逵則自寧夏向東進攻甘、陝地區。張學良早於1936年1月即與毛澤東等有書信往來，4月並在洛川軍中與周恩來面談合作抗日問題，6月又親飛延安與周恩來會談，張並提出加入共產黨的申請。7月，中共中央將張申請加入共產黨之事報到莫斯科，8月莫斯科回電不准。此期間，張學良與周恩來討論組織國防政府和抗日聯軍等事，由張爲首

---

55 金沖及主編：《毛澤東傳》，第378-380頁。

而毛澤東為副。預定國防政府於8月在蘭州組成，事先共軍西移甘肅東部，並設法在新疆（新疆省主席盛世才親蘇）與外蒙古（蒙古人民共和國，受蘇俄扶持）與蘇俄取得聯絡，莫斯科贊同中共在西北建立革命基地，對獨立建立國防政府則一直未表示具體的意見。打通赴外蒙的通道並不容易，因為北面的綏遠已有日本的勢力，中共在此時並無意真正抗日，所以將打通國際通道的重點初時放在河西走廊上，但莫斯科不允，中共只好設法自寧夏通外蒙。此期間，在抗日運動的影響下，廣東的陳濟棠、廣西的李宗仁和白崇禧於6月通電抗日，並自廣東發兵北上，而在中共的聯絡下，四川省主席劉湘、山西省主席閻錫山、在河北受日本壓迫的冀察政務委員會委員長宋哲元、在綏遠率軍對抗日軍的第七軍團司令傅作義、早就對蔣不滿的山東省主席韓復榘等亦與中共有聯絡，一時頗使毛澤東振奮。不過，中共雖將張學良說服，尚需在東北軍中下層做工作，而對楊虎城的說服比較困難，直到9月才達成協議。當時中共急欲爭取蘇俄的物資援助，謀奪取寧夏，適在贛南共軍（中國工農紅軍第一方面軍）西逃途中，不欲隨毛澤東北上、受張國燾左右的第四方面軍（總指揮為徐向前，原在鄂豫皖邊區）和第二方面軍（總指揮賀龍，原在湘西）又自川邊北上，乃與第一方面軍合攻寧夏。是年9月，蔣介石自長沙調派的第一軍長胡宗南率大軍抵達甘肅，蔣介石且至蘭州督師。10月，中共的三個方面軍合攻寧夏失敗，11月共產國際允許中共自新疆取得補給，第一方面軍乃退回陝北，第二、四方面軍試圖打通河西走廊，但為國軍所敗。因此，中共擁張學良在蘭州組織國防政府的計畫一直無法付諸實施，亦即挑著抗日旗號、聯合反蔣各派、在大西北另建反蔣勢力，一直無法實現。其間因為蔣介石早於日本發動九一八和一二八事變以後，即急於聯俄制日，並於1932年12月與蘇俄復交；蔣介石於1931-1936年間雖然一再對日本忍讓，但蘇俄知道蔣終必對日一戰。張學良亦知蔣介石在進行聯俄，而兩廣事件又很快被蔣安撫，使張學良一度對與中共聯合組織國防政府之事猶疑，而其他反蔣抗日的勢力亦未再有實際行動。是年8月15日，共產國際打給中共中央一封電報，指責其反蔣抗日策略錯誤，應聯合蔣介石，組織全國統一的國防政府和抗日聯軍，如只組織一部分人的國防政府，則是內戰政

府。在這種情形下，中共中央對反蔣抗日的策略不得不調整，設法聯蔣抗日，但蔣志在消滅中共，不會自願與中共聯合，中共仍要結合反蔣派和抗日派，對蔣施壓[56]。

另一方面，中共主力在自贛南西逃途中以及到達陝甘寧邊區之後，生活和生存條件很差，除了結合反蔣勢力外，也希望與蔣議和。主導共產國際的蘇俄此際為了促進中國抗日各派擁蔣抗日，以翼護蘇俄的東土，使中共駐共產國際代表王明於1935年8月1日以中國蘇維埃政府人民委員會和中國共產黨中央委員會的名義發表宣言，表示願與各黨派、各團體、各名流學者、政治家及一切地方軍政機關進行談判，成立國防政府，組織抗日聯軍，並提出抗日救國行政方針十點。此一宣言，為中共與蔣談和提供了有利的條件。在此前後，蔣介石謀求與蘇俄談判訂立軍事互助條約，深知不能一面剿共，一面請求蘇俄援助，亦設法與中共接觸。1936年1月3日，蔣介石的代表鄧文儀至莫斯科與王明談判國共合作抗日，所提出的條件是：1.取消蘇維埃政府，邀請所有蘇維埃政府的領導人和工作人員參加南京政府；2.紅軍改編為國民革命軍；3.共產黨員以個人資格加入國民黨或者共產黨獨立存在。這些條件，王明自然不會答應，蔣介石請求蘇俄出面勸說中共接受，因為蘇俄拒絕，蔣與中共在莫斯科的談判乃於1月23日中止。鄧文儀在莫斯科與王明談判之際，蔣另囑陳立夫設法與中共聯絡，陳派曾養甫與中共北方局的代表周小舟和呂振羽聯絡上，所提的條件亦是蘇維埃改制、紅軍改編、助蔣統一，然後抗日。中共提出的條件是：1.取消一黨專政，允許一切黨派合法活動。2.保證蘇區政權與紅軍在政治組織上的獨立性。3.召開各黨各派的抗日救國大會，組織國防政府和抗日聯軍。4.國防政府和抗日聯軍可以由國民黨占指導

---

56 楊奎松：《西安事變新探》，臺北：東大圖書公司，1995年，第94-155，165-174，201-227頁。關於西安事變前張學良與中共聯絡等事，另見Google網，阮家新：〈破解西安事變之迷的重大發現〉，原載《軍事歷史研究》2004年第1期。關於第二、第四方面軍的動向，見張玉法：《中華民國史稿》，臺北：聯經出版公司，2001年二版，第245-247頁。

地位[57]。由於雙方條件相差太遠，國共間的和談並不順利，而蔣的剿共軍事從未停止，中共結合蔣的反對派以抗蔣的活動亦未停止。如前所述，中共與張學良組織國防政府的計畫預計於是年8月實現，而蔣介石所派的第一軍軍長胡宗南於10月率大軍抵達甘肅對中共施壓，打敗了共軍進攻寧夏爭取俄援的企圖。

甘肅大軍壓境，寧夏無法攻克，中共與張學良在蘭州組織國防政府的計畫胎死腹中，而共產國際又令中共擁護蔣介石，建立全國性的民族抗日統一戰線，中共乃重新以一套說詞讓張學良了解：反蔣抗日會引起更大內亂，只有聯蔣才能建立全國性的抗日民族統一戰線。其實，至遲在1936年9月，張學良已向蔣介石表示：救亡必須抗日，欲抗日必須全國力量集中；得知中共將採取聯蔣抗日政策後，張學良更不斷要求蔣停止剿共。由於蔣不停止剿共，中共與張學良只有逼蔣抗日[58]。

逼蔣抗日不始於中共和張學良的軍事行動，諸多報刊言論的嚴詞指責蔣對日妥協不說，自1931年九一八事變發生後，學生遊行抗議、赴京請願抗日，已使蔣窮於應付。各種遊行、請願運動，或有共黨人士和其他反蔣人士鼓動、參與其間，但色彩並不明顯，1935年的一二九運動和一二一六運動則是中共所操縱的北平市學生聯合會所發動的，前者抗議國民黨前此在華北對日本妥協，後者則是抗議宋哲元成立冀察政務委員會。兩次學運被國民黨壓制後，平津學生組織南下宣傳團，與兵農工結合，推動逼蔣抗日運動，到1936年2月這些學生進一步成立「中華民族解放先鋒隊」，成為共產黨與國民黨鬥爭的第二戰線。一二九和一二一六學生運動，被視為中共黨史中從中共成立到中共建立中華人民共和國不足三十年間的二十件大事之一，其重要性可知[59]。發生於是年12月的西安事變是逼蔣抗日的高潮，但違反共產國際

---

[57] 楊奎松：《西安事變新探》，第186-200頁。

[58] 楊奎松：《西安事變新探》，第174-185頁。

[59] 張樹軍、史言主編：《中國共產黨八十年重大事件實錄》，長沙：湖南人民出版社，2001年，第117-135頁。中共與國民黨鬥爭第二戰線，廖風德在《學潮與戰後中國政治

聯蔣抗日政策，張學良雖邀周恩來至西安共商大計，周恩來自始知道其行動不受共產國際支持，故採緩和政策，只要蔣答應停止內戰、一致抗日，即可放蔣，並擁護蔣為抗日領袖。在這種情形下，蔣得以安返南京。

蔣並非不抗日，只是未到他所預定的抗日日程，現既被迫提早抗日，仍決定按照他前此與中共談判的條件，迫中共就範。為伸張國家法紀，將陪其返南京的張學良軟禁，並將東北軍調離陝西，同時將楊虎城撤職，將十七路軍解散。東北軍為此發生內鬨，中共一度再結合東北軍和十七路軍與蔣從事軍事對抗[60]。但蔣對張、楊的處置，使中共與張、楊苦心經營的成果毀於一旦，既失與蔣從事軍事對抗的籌碼，也失與蔣談判的籌碼。在這種情形下，乃不得不遵照共產國際的指示，走上聯蔣抗日之路。聯蔣抗日是中俄共對蔣的新策略，蔣在西安事變的談判中既已默許中共和張學良的要求，以什麼方式與中共聯合抗日，仍然有自己的構想。蔣介石在與中共的談判中初欲將共產黨併入國民黨，或將國民黨黨名亦取消，與共產黨合組新黨，中共皆不答應，毛澤東的最後底線是維持共產黨的「獨立自主性」。談判期間七七事變爆發，日本全面侵略中國，日本在中國的勢力日增，引起蘇俄的不安，除設法對中國提供軍事援助外，並迫使中共放棄獨立自主性，盡速與國民黨建立民族抗日統一戰線。8月13日日軍大舉進攻上海，國民黨急需與中共合作，以利爭取蘇俄援助，於是允許中共在名義上與國民政府合作抗日，在組織上仍讓中共保持其獨立性。8月22日國民政府宣布將在西北的共軍改為國民革命軍第八路軍，旋於9月12日改為第十八集團軍；10月，將長江下游兩岸的共軍改為新四軍。其間，中共中央於9月22日發表共赴國難宣言[61]，其要點為：1.孫中山先生的三民主義為今日中國之必須，本黨願為其澈底的實現而奮鬥。2.取消一切推翻國民黨政權的暴動政策及赤化運動，停止以暴力沒收

（1945-1949）》（臺北：東大圖書公司，1994年）一書中有深入的研究，但只研究戰後五年，中共與國民黨從事第二戰線的鬥爭自然不始於戰後。

60　張樹軍、史言主編：《中國共產黨八十年重大事件實錄》，第149-158頁。

61　張玉法：《中華民國史稿》，第310-311頁。

地主土地政策。3.取消現在的蘇維埃政府,實行民權政治,以期全國政權之統一。4.取消紅軍名義及番號,改編爲國民革命軍,受國民政府軍事委員會之統轄,並待命出動,擔任抗日前線之職責[62]。中共的民族抗日統一戰線,在表面看來建立完成。

民族抗日統一戰線是中俄共所使用的名詞,國民黨則希望取消共產黨的組織,或使共產黨員加入國民黨。1938年2月,蔣介石會見周恩來,表示願與各黨派融爲一體,周則堅持國共兩黨皆不能取消,只有從聯合中找出路。6月,國民黨中央監察委員會通過恢復毛澤東、周恩來等重要共產黨人的國民黨籍[63],單方面走上1924年孫中山實行聯俄容共政策的老路。1938年是國共合作抗日的第二年,也是關鍵的年代,蔣介石欲將共產黨的組織併入國民黨,毛澤東堅持獨立自主;而代表共產國際的王明,爲保護蘇俄祖國,堅持共產黨的一切行動都要通過統一戰線,毛澤東仍堅持獨立自主,結果王明的路線失敗。在這種情形下,1939年1月所召開的國民黨五屆五中全會通過限制異黨活動議案,此後民族抗日統一戰線在實質上已破裂,國民黨在正面戰場對抗日軍的侵略,有時亦與日本講和;共產黨專在國軍撤退後的日僞軍占領區,從事獨立自主的抗日游擊戰爭,並阻止國軍派游擊部隊進入日僞軍占領區發展勢力,認爲如是是來與中共搞摩擦,國共之間在日僞占領區的軍事衝突和互相攻滅事件遂起。另一方面,毛澤東爲了共軍在日僞占領區的生存和發展,有時亦與日僞軍議和,惟中共反對和防阻國民黨與日本議和,認爲如是則妨害中共在日僞軍占領區發展。

毛澤東與國民黨的統一戰線組成後,決定在日僞占領區從事獨立自主的山地游擊戰。由於國軍無法有效阻止日軍的全面攻擊,平漢和粤漢鐵路以東的精華地區很快喪失,但日軍所直接占有者只有重要城市和重要交通線,鄉區和山區則委由親日政權管理。在這種情形下,中共於日僞戰領區在組織、宣傳和軍事發展上有很大的空間。當時共軍只有兩支正規軍,一爲八路

---

[62] Google網・〈中共共赴國難宣言〉全文。
[63] 張玉法:《中華民國史稿》,第312-314頁。

軍（後雖改爲十八集團軍，仍習稱爲八路軍），一爲新四軍；八路軍歸第二戰區閻錫山調度，新四軍歸第三戰區顧祝同調度。中共即以這兩支軍隊爲基礎，分別以其駐區爲中心向外發展，並在適當的地區建立抗日根據地或游擊區。所謂根據地是指可以保有固定地盤的地區，所謂游擊區是以流動的方式對日僞的崗哨、小的據點或小股軍隊進行襲擊。無論在根據地或游擊區，中共都積極從事抗日宣傳，並組織民眾。

在抗日戰爭初期，八路軍和新四軍所建的根據地，大多在其所屬的戰區以內。八路軍所建的根據地主要有四個，即晉察冀邊區（晉東北，始於1937年11月），由一一五師的一部分兵力開闢，以恆山爲依托；晉西南地區，以一一五師爲主力，以呂梁山爲依托；晉西北地區，由一二〇師開闢，以管涔山爲依托；晉冀豫地區（晉東南，建於1938年4月），由一二九師和一一五師的一部分兵力開闢，八路軍總部駐此，以太岳山（在汾河東岸）、太行山脈爲依托。1938年12月，一一五師一部開赴山東的日本占領區發展，而那裏已有國民黨的游擊隊活動。新四軍所開闢的根據地有1938年建立的以茅山爲中心的蘇南根據地，和1938年4月以後建立的皖南根據地、皖東根據地和豫東根據地。抗戰中期前述根據地有些變化，八路軍的根據地以晉冀豫、晉冀察、晉綏、山東爲最重要，新四軍的根據地以蘇（州）常（州）太（倉）、皖北、豫皖爲最重要。到1945年4月重要的根據地已發展到二十個左右，計有：1.陝甘寧邊區，2.晉冀察邊區（以五臺山爲中心，在華北最大），3.晉冀魯豫邊區（1941年合併晉冀豫和冀魯豫），4.晉綏邊區（1942年由晉西北和大青山根據地合併而成），5.山東（初由民團開創，1938年併入八路軍山東縱隊，1939年與一一五師一部合爲山東根據地，以沂蒙山區爲中心），6.蘇北（包括淮陰和海州、鹽城和阜寧兩區，爲聯絡八路軍和新四軍的要道），7.蘇中，8.蘇南，9.淮北，10.淮南，11.皖江，12.浙東，13.廣東（東江），14.瓊崖（海南島），15.鄂豫皖，16.湘鄂贛，17.閩浙贛，18.蘇浙皖，19.皖中，20.冀熱遼，21.東北聯軍[64]。前述各地區，重要者都與八路軍

---

[64] Google網・維基百科・中國共產黨抗日根據地；劉吉主編：《中國共產黨七十年》，上

有關，其次爲新四軍，有些爲起自民間的游擊區，不能一一論述。值得特別一提的，中共的許多根據地與國民黨的游擊根據地壤土相接，最後國民黨的游擊隊多被他們消滅或驅逐。

中共雖然建立了二十個左右的抗日根據地，其勢力遍布華北、華中、華南、東北和內蒙古各地，黨務工作重點放在組織民眾和宣傳抗日上，軍事行動以破壞交通以及突襲日僞軍崗哨、小據點和小股部隊爲主，很少作大規模的作戰。八年抗日戰爭中，中共所標榜的大型戰鬥有兩個：一爲平型關之役，一爲百團大戰，都是八路軍打的。1937年9月，日軍謀攻山西北部的雁門關，以窺太原，一路自大同沿同蒲路向南進攻，以雁門關爲目標；一路自察哈爾南部的蔚縣向西南進攻，擬經平型關（在雁門關東方、五臺山東北）西上，攻雁門關之背。在國軍第二戰區的軍事部署下，林彪率八路軍一一五師的一部在平型關防守，陣地居高臨下，日軍板垣征四郎的第五師團有四千餘人來攻，不僅有遠距離的射擊戰，亦有短兵相接的肉搏戰，日軍被消滅千餘人，此即平型關之役，是一次成功的阻擊戰。百團大戰發生於1940年8、9月間，由八路軍副總司令彭德懷策畫，動員分布在山西、河北、山東等地的共軍一二九師、一二〇師和一一五師，對同蒲路北段、正太路、北寧路、膠濟路、平綏路以及平漢路和津浦路北段加以破壞，破壞期間發生許多小規模的戰鬥，到10月間又應付日僞軍的掃蕩。大戰期間，造成共軍和日僞軍各有兩萬餘人的死傷[65]。百團大戰是典型的游擊戰，地區分散，戰鬥一千八百餘次，每一次規模都不大；平型關戰役是陣地戰，卻只用了一一五師的部分兵力。與八路軍相較，新四軍未見可資宣傳的抗日成就，比較有名的新四軍事件是1942年1月因不聽蔣介石的調動，被國軍第三戰區的軍隊消滅，造成國共間更大的裂痕，但中共很快就恢復了新四軍的建制。

抗戰期間的共產黨和共軍，像國民黨和國軍一樣，都極力維護自己的生

海人民出版社，1991年，第318-325頁。

[65] 張樹軍、史言主編：《中國共產黨八十年重大事件實錄》，第160-182頁；Google網‧維基百科‧平型關戰役；Google網‧維基百科‧百團大戰。

存和發展。爲了生存和發展，共產黨像國民黨一樣，除從事軍事對抗外，也利用特務機構與日本的特務機構談交換條件，以消除日方的敵意。這種亦敵亦友的對待敵人的方式爲兵家所常用，蘇俄對西方的德國、東方的日本即如此。1939年8月德國欲侵略鄰近國家，蘇俄與訂立互不侵犯條約，次月德國開始入侵波蘭、法國等國，蘇俄置身事外。蘇俄與侵略國家妥協在先，當年秋天毛澤東派中央社會部副部長潘漢年等前往上海和香港活動，與日本外務省的間諜機構岩井公館的岩井英一以及日本陸軍省的間諜機構梅機關的影佐禎昭（後任南京汪政權的最高顧問）進行聯絡。雙方合作的初步條件是：共方提供國軍的軍事情報，而日方給予每月兩千港幣的報酬，相當香港華人警官五年的工資。其後汪政權成立，影佐助其建立間諜機構七十六號，潘漢年續與七十六號接觸，謀促使日僞與新四軍訂立互不侵犯協定。當時日本設法與中國議和，毛澤東雖反對蔣介石與日本議和，自己卻致力於與日本局部和平。爲此潘漢年不僅與影佐面談，且與汪精衛面談，但簽訂停戰協定的事，初時似乎沒有結果[66]。沒有結果的原因是日本對中國的整個謀和工作失敗。對汪精衛的南京政權而言，自太平洋戰爭爆發後，日本又與美、英爲敵，感於與日本合作前途暗淡，不僅祕密與中共接觸，也祕密與國民黨接觸。與國民黨的接觸此處不論，汪精衛的南京政權常將日軍清鄉的情報事先告訴新四軍，使新四軍設法躲避；中共並與南京政權約定，與新四軍之間不要互相攻擊。毛澤東在第一次國共合作期間，曾爲汪精衛的屬下，汪極看重毛澤東，此時乃拉毛抗蔣[67]。

抗戰期間汪精衛的南京政權之所以有興趣與中共方面的有關人員談判，除前述者外，是因爲新四軍活躍的區域在汪精衛政權的京畿地區及其周圍，不希望共軍的游擊隊對其造成干擾。另一方面，因爲日僞軍爲了該地區的治安與安全，常對新四軍進行掃蕩，毛澤東也希望利用早年與汪的關係，

---

[66] 遠藤譽著：《毛澤東勾結日軍的眞相》，紐約：明鏡出版社，2016年，第113-114，121，137頁。

[67] 遠藤譽著：《毛澤東勾結日軍的眞相》，第169-177頁。

讓日偽軍網開一面。為此,在1940年代前半期毛澤東一直謀與汪政權訂立和平協議,雖然中共在抗戰期間常攻擊國民黨對日本的謀和活動為投降賣國。

如前所述,中共方面代表毛澤東與日偽接觸的是潘漢年。潘漢年不辱使命,對毛澤東所交付的工作鍥而不捨,後來與日本華中派遣軍謀略課長都甲大佐的談判較有成就。都甲專管津浦路南段沿線和京滬路沿線的清鄉任務,潘漢年透過七十六號的負責人李士群與都甲見面。潘漢年與都甲所達成的諒解是:只要新四軍不破壞津浦路南段的鐵路運輸安全,則日軍和新四軍之間可有一緩衝地帶。較潘漢年稍後,於1944年10月被任命為中共中央華中局敵區工作部部長的楊帆,在上任不久也奉命與日本的中國派遣軍總司令官岡村寧次總部接觸,當時日軍於發動一號作戰後未能使蔣介石屈服,已到窮途末路,日方乘機爭取與中共合作,共同對抗蔣介石和英、美國家[68]。中共與日偽的謀和活動之所以日益加強,主要因為太平洋戰爭爆發後日軍已將主要精力投注於太平洋地區,而蔣介石早已停止了與日本的議和,使中國戰場陷於膠著;另一方面,中共則急謀在日偽占領區發展,希望能減少來自日偽的干擾,而日偽方面更希望能透過談判,減少來自中共的干擾,將雙方的矛頭都指向蔣介石。毛澤東對日本的態度有些是與蘇俄同調的,譬如蘇俄於1941年4月與日本簽訂了蘇日中立條約(日本準備攻美國),是年5月的晉南中條山之役,當日軍進攻國軍時,共軍即乘機對國軍進行攻擊[69]。時在國軍消滅新四軍事件發生以後的四個月,國共抗日統一戰線早已破裂。

無論從表面上看,還是從實質上看,國共兩方在抗戰期間都力謀自己的生存和發展。對主持中華民國國政的蔣介石來說,既不能放任日本無止境地侵占中國的土地,亦不可能讓中共利用日本侵略中國之機發展自己的勢力。因此,自1939年毛澤東脫離共產國際所經營的以蔣介石為領導中心的民族抗日統一戰線、發展獨立自主的敵後游擊戰,並與國軍的敵後游擊隊互相消滅後,蔣介石即對中共在軍事和政治上的發展採防阻政策。1940年2月1日,

---

68 遠藤譽著:《毛澤東勾結日軍的真相》,第179-185頁。

69 遠藤譽著:《毛澤東勾結日軍的真相》,第198頁。

國民政府擬訂了對十八集團軍軍事擴張的處理辦法：1.共軍與國軍之間的摩擦衝突，均視為地方事件，個別處理。2.國軍和地方政府被十八集團軍攻擊時，被攻之部隊或機關應採取自衛手段。3.各戰區之國軍暗中劃一地境線，不許十八集團軍軍隊自由越境；若不服制止，即將其越境部隊剿滅之。4.對十八集團軍在晉、冀、察、魯各淪陷地區所造成的既存事實，如各地方之非法政權，一律不予以法律上之承認。當時由於十八集團軍從山西大力向察哈爾、河北和山東發展，到是年7月蔣將成立於1939年8月的冀察戰區（與魯蘇戰區同為敵後游擊區）取消，將冀、察兩省和山東省黃河以北併入第二戰區，由第二戰區司令長官閻錫山管轄。是年12月9日，令十八集團軍和新四軍分別於年底前及次年1月底前移至黃河以北。到1941年1月6日，因屬於第三戰區的新四軍襲擊國軍，國軍對新四軍進行反擊，到1月15日新四軍被消滅。2月18日，中共重新成立新四軍，軍部設在蘇北鹽城縣。是年5月，日軍進攻中條山，史稱晉南會戰。晉南會戰，先後三週，國軍失敗。國軍的晉南會戰，由第一戰區司令長官衛立煌負責指揮，衛於事後檢討失敗的原因，未提到中共的因素[70]，前述有學者提到共軍曾趁火打劫，也許影響不大。

　　中共勢力的發展，引起國民黨的憂心，但在日本大敵當前下，與中國並肩作戰的美、英等友邦對國民黨限制共軍發展不以為然。因為友邦所關心的是如何打敗日本，而國民黨所關心的除了打敗日本以外，還要維護自己的政權。從新四軍事件發生以後，中共大力宣傳國民黨不抗日，專搞摩擦。此後美國積極介入中國內政，毛澤東此際非常歡迎美國的介入，而蔣介石則非常反感。1944年2月19日在日記中記云：「最近共黨對美國朝野又大事宣傳，鼓動美國干涉我內政，要求我政府准美國派觀察團到延安，實地調查真相，撤除封鎖，使共黨取得與政府平等的地位。此次共黨政治攻勢內外聯合，可謂最大、最猛之一擊，非取毅然態度，絕對拒絕，乘機予以反擊，絕不能平此風潮，貽患且將無窮，故疑宣布共黨破壞抗戰、危害國家種種不法

---

[70] 呂芳上主編：《蔣中正先生年譜長編》第六冊，第242，352-353，454-455，478，482，498，545，558-559頁。

之事實，以正視聽。」惟蔣仍不願公開與中共決裂，以免友邦不諒解。4月
28日，決定派侍從室第一處主任張治中與參事室主任王世杰飛西安與中共代
表交涉，到5月11日與中共所交換的重要意見是：1.十八集團軍和前新四軍
部隊服從軍委會命令，至少編爲四軍十二師，仍守原地抗戰，但需受所在地
區司令長官之命令。2.陝甘寧邊區改爲陝北行政區，直隸行政院，不得發行
鈔票。此後中共又要求實行憲政、政黨合法等，到8月10日政府答應在抗戰
結束後一年實施憲政，實行憲政後一切政黨合法。當時蔣介石已答應將共軍
編爲四軍十師，乃於此時指斥中共：十八集團軍帶兵官自行擴編軍隊不可
爲訓。11月5日，美國總統羅斯福的私人代表赫爾利赴延安了解國共間的問
題，至11日與中共達成五項協議，要點有二：1.國共合作，迅速擊潰日本。
2.改組國民政府爲聯合政府，容納各黨各派，實行三民主義[71]。其後直到戰
後美國都向國民政府施壓，使組織聯合政府。

　　抗戰勝利後，美國爲續調解國共紛爭，安排毛澤東與蔣介石見面，所
談判的問題，除行憲方式外，毛澤東最重視的還是中共在抗戰期間所擴編的
軍隊能夠保有。毛堅持四十八師，蔣給予的最大限額爲二十師。談判期間，
毛澤東利用中共所辦的《新華日報》，藉路透社記者所提問題之答覆，自我
宣傳，蔣介石爲此大爲不滿，於9月27、28日的日記中，對中共利用抗戰之
機發展壯大的情形有所指斥：「彼要以割據淪陷區爲民主，以敵區爲私有，
此八年以來一面勾結敵軍深入，唯恐抗戰軍政之不速敗，一面爲敵軍保護後
方，深得敵軍信任，掩護其叛國殃民之所爲。以敵軍所賦予之地面爲民主解
放區……此種變相之漢奸，假抗戰之名義以破壞抗戰……如此罪大惡極之禍
首，猶不自悛改悔，而反要求編組一百二十萬軍隊與割據隴海路以北七省市
之地區皆爲其勢力範圍所有，政府一再勸導退讓，而總不能饜其無窮之慾，
如不審治，何以對我爲抗戰而死軍民在天靈也耶？應審愼無忽。」蔣介石此
想，也許想藉毛在重慶談判將其拘捕加以審判，但怕一時動怒鑄成大錯，

---

71 呂芳上主編：《蔣中正先生年譜長編》第七冊，第518-519，642，714-715，773-776
頁。

而毛澤東亦感在重慶不安全，到10月6日蔣即決定讓毛速離重慶，以免其疑慮[72]。前引日記中對毛澤東於抗戰期間的種種，部分是蔣自己的懷疑，但也有不少眞實者，如毛澤東限制國軍在淪陷區發展，爲此國軍在敵後發展的游擊勢力大部爲中共消滅。有些未被消滅的改掛南京政權的旗幟以自保，又被中共指爲漢奸。又如在1939年以後，日軍攻國軍時共軍絕不援救，但國軍一撤退，共軍即來此地區找有利地形建立自己的根據地。又如中共向日方提供國軍的軍事情報，有利於日軍進攻國軍。最鮮明的例子爲抗戰初起時各地共軍不過數萬人，到抗戰結束時已發展到百萬人，故敢向蔣介石要索隴海鐵路以北五省市。

　　中共作爲中國的革命黨，初時難與國民黨爲敵，在共產國際的指導下，黨員以個人名義加入國民黨，但私下仍保有中共的黨團，兩、三年之間勢力大增。嗣以欲篡奪國民黨的黨權、改三民主義革命爲共產主義革命，被蔣介石清理而出。此後中共與國民黨從事十年的軍事鬥爭，最後其主力被趕到陝北，兵力不足三萬人，時毛澤東已爲中共的實際領導人，仍受共產國際的指導。當日本於侵占東北四省、進而推行華北自治運動、引起全國抗日風潮後，共產國際迅速囑令中共推動民族抗日統一戰線，並擁護國民黨抗日，以翼護蘇俄。及抗日戰起，毛澤東一反共產國際的指示，推行獨立自主的敵後游擊戰。由於國軍很快被日軍逐出華北、華中和華南大部分地區，而日軍爲了迫使國民黨屈服，將大軍用在正面戰場，使共軍有機會在日僞占領區迅速發展，終於戰後五年擊敗國民黨，建立中華人民共和國，完成了共產革命的任務。毛澤東也承認，沒有日本侵略中國，他所領導的革命不會這麼快成功。

---

[72] 呂芳上主編：《蔣中正先生年譜長編》第八冊，第148，156，160，176-177，185，191，202頁。

伍、日本侵略是中國革命成功的主因

近代中國革命，與帝國主義國家的關係深厚；帝國主義國家對中國革命，表面看來發生過不少阻力，實際上卻有許多有形無形的助力，特別是日本。對先後領導中國革命的領袖孫中山、蔣介石和毛澤東來說，孫中山立志革命的初意是因為清廷腐敗、不能抵抗帝國主義的侵略，其創建革命組織的導火線則為中國在甲午戰爭中被日本打敗，使堂堂華夏不恥於列邦。孫中山在革命的道途中，認為日本最可能援助他的革命，對日本冀望最深，因為日本為亞洲國家，曾受過西方帝國主義的壓迫，可能會同情中國。但除日本少數志士支持孫中山的理想外，其他都是想藉孫中山的革命之勢向中國發展日本的勢力或分裂中國。孫中山並非不知道，只因為了革命，必須找自己的道路。求日本的援助不成，孫中山不得已找蘇俄援助，但仍希望日本能與蘇俄合作，共同支持中國革命，這當然是不可能的，因為日本與俄國是在中國滿蒙地區爭奪利權的敵國。在孫中山獲得俄國援助以前，大部時間都以日本為基地，日本對其革命事業的發展很有幫助，不然孫中山推動革命更為困難。孫中山革命的首要目標是推翻滿清，協助其推翻滿清的主要動力來自留日學生以及流寓日本的革命黨人；由他們鼓動風潮，造成清帝不得不退位的情勢。孫中山革命道途中的波折雖多，終能推翻滿清、建立中華民國，使中國自是脫離帝制、建立民主體制。民國成立後，孫中山繼續致力於其他革命目標之實現，但打倒軍閥及其所依賴的帝國主義國家以及廢除不平等條約等目標，均屬落空。

蔣介石繼承孫中山的革命志業時，革命任務是打倒軍閥及其所依賴的帝國主義國家以及廢除不平等條約。蔣於北伐途中清共絕俄後，減少了不少來自中俄共的革命阻力，但其他帝國主義國家怕革命政府不承認北京政府所承認的不平等條約，亦對革命軍的行動設法阻撓，特別是日本。日本視山東和東三省為其勢力範圍，不欲革命軍覬覦，並出兵山東以阻之。蔣對日本的阻撓，百般忍讓，終完成北伐大業。結束軍閥割據，初步統一中國，是蔣介石領導革命的第一個成就。之後，革命陣營發生三年動亂，動亂結束後蔣全力

剿共，繼續從事國家統一工作。日本自甲午戰爭勝利，步武西方列強後塵，視中國爲殖民地，阻止中國革命圖強，遂再以武力侵略中國。發動九一八事變，侵占東三省，接著侵占熱河，進欲割裂華北，激起全國的抗日潮，蔣介石的統一工作到西安事變時被迫中斷，蔣介石決定抗日。蔣決定抗日後，立刻受到全國的擁護，國人的團結空前未有，終能獨力抵抗日本侵略四年，於1941年太平洋戰爭爆發後，與美、英等盟軍並肩作戰，共同抵抗日本侵略。其間，在蔣要求下，盟國廢除了與中國的不平等條約，使中國躋於四大強國之林。這不能不說是堅持抵抗日本侵略之賜，也是蔣介石繼承孫中山領導中國革命以來的第二個大成就。第三個大成就就是打倒了日本帝國主義。但抗戰勝利，日本因素消失，國共鬥爭轉劇，國民黨歸於失敗。抗日戰爭爆發前後，日本批評蔣假抗日以爭取國人擁護，實則是日本侵略中國才增加了中國人的團結，幫助了蔣介石完成了孫中山所未能完成的打倒軍閥及其所依賴的帝國主義國家以及廢除不平等條約。

　　毛澤東所領導的共產黨，在蔣介石決定抗日前已面臨滅亡。日本全面侵略中國後，將國民政府的大軍或消滅，或趕到中國西南部，而自己無力有效統治所征服的區域，所扶持的親日政權亦無力有效統治日本所賦予的地區。在這種情形下，共軍乘機潛入，在廣大的山野農村地區網羅仇日群眾，發展組織，擴建軍隊，建立生存發展基地。生活條件雖差，實力得以擴大，意志力得以磨鍊，加以抗戰使國力耗盡帶來的經濟敗壞，人民生活困苦，爲毛澤東的革命奪權帶來大好時機，乃得以完成革命大業。

　　近代中國的革命，與帝國主義國家的關係千絲萬縷，特別是日本。在孫中山領導革命時期，日本基本上是想借助中國的革命勢力在中國獲得更大的利益，但所獲不多。倒是日本對中國的軍事侵略，使蔣介石有機獲得全國擁護，並使中國成爲世界四強之一。對毛澤東來說，日本的侵略使他所領導的革命起死回生、發展壯大，最後完成革命建國。這些都是日本侵略者所始料未及。

　　附帶一提的，孫中山、蔣介石和毛澤東在領導革命的過程中，由於求取外援，或使革命不受帝國主義國家干擾，有時對帝國主義國家妥協，常被

國人詆爲「漢奸」。其中原因有二:其一、歷史有表象有裏象,有虛象有實象,一般人只見表象、虛象,不知裏象、實象。其二、對革命黨的性質缺乏了解。革命黨的國家觀念,在革命成功前,與一般人不同,革命黨將所有革命對象所持有者視爲敵人所有,對敵人所有者可以讓渡於協助革命者,而一般人對國家的領土、主權有較固定的看法。再者,革命手段多端,可以獨立奮鬥,可以受外國扶持,亦可寄生於敵體之內,設法消滅敵人。對革命黨的評價,只能看其革命成功後做了什麼,革命成功以前,只宜探析其手段,其他可以不論。

第二章　超越富國強兵之夢——
近現代東亞的四個「戰後」

村田　雄二郎[*]

壹、戰爭和民主化

　　歷史學家大多喜歡討論戰爭的起因及進程，但從「戰後」這一視角來考察戰爭特色的卻意外少見。其原因主要在歷史學固有的敘述方式，即沿著時間軸線對事件及過程進行敘述。即使將「戰後」轉移至另一新的「戰前」，但前後的時間軸依然是不可逆轉的。但是，現代戰爭中，戰爭的原因和本質往往只有在戰後才能顯露出來。也就是說，戰爭對政治、經濟的影響是在戰後才廣泛滲透到社會的。這裡很重要的一點，即是戰爭的體制變革作用[1]，換句話說，就是戰時體制與戰後體制的連續性問題。

　　環視近現代東亞，今年正值《馬關條約》締結120周年，《二十一條》100周年，以及抗日戰爭結束70周年。這期間，東亞各國及地區經歷了許多由戰爭引發的革命、動亂和占領。雖然戰後將近70年，帝國日本的侵略和殖民統治所帶來的心理創傷至今尚未痊癒，鄰國對當今日本政府的嚴厲目光，也令國民間的和解愈發困難。

　　儘管如此，若從戰後的視角來反觀日本的近現代史，即可發現戰爭與民主化實際上緊密地糾纏在一起[2]。每次戰爭，戰時體制都會形成促進戰後民主化的社會基礎，使「戰後民主」（post-war democracy）制度化。並且對日

---

[*]　日本同志社大學教授、日本東京大學榮休教授。
[1]　三谷太一郎：《近代日本の戰爭と政治》，東京：岩波書店，1997年，第25頁。
[2]　此處所說民主化，是指國民參加政治活動的擴大，具體而言指擁有選舉權人數的增加。

本尤爲重要的是，戰後民主同日本的軍國化及對外膨脹主義形成一體推而進之。唯一的例外是亞洲太平洋戰爭（1937-1945）的「戰後」，在「和平與民主主義」理念下，推行了沒有軍擴、也沒有殖民主義的民主化。

這裡要問的是，1945年以後的「和平與民主主義」，果眞斷絕了從根底上規範了日本政治的民主化與殖民主義的紐帶嗎？答案恐怕即是也不是。日本和鄰國圍繞歷史認識、主權及領土問題的摩擦衝突，在1980年後政治問題化，尤其在近年越來越激化。這種現象說明日本的戰後處理，特別是去殖民地化課題還沒有結束。不僅沒有結束，隨著時間推移，甚至越來越肥大化，越來越複雜化了。

考察這樣複雜並難以解決的問題，單只考察日本的戰後就顯不夠了。意味深長的是，即使曾經作爲帝國日本侵略和統治對象的國家及地區，與日本的戰爭也成了促進體制變革的契機，出現了和日本相似的「戰後民主」。程度雖不相同，但可以說戰爭確實給勝敗雙方都帶來了民主化。

基於上述問題意識，本文擬就日本、朝鮮（韓國）、中國的戰後與民主化、軍國化的關係，勾勒一下縱貫近現代東亞的歷史輪廓。

貳、甲午戰爭的「戰後」

眾所周知，甲午戰爭是中日之間圍繞朝鮮王朝的國際地位而引發的武力衝突事件。戰後簽署的《馬關條約》，第一條規定「中國認明朝鮮國確爲完全無缺之獨立自主國。故凡有虧損其獨立自主體制，即如該國向中國所修貢獻典禮等，嗣後全行廢絕。」由此確認了終止朝鮮對中國的朝貢。以清朝爲宗主國的東亞朝貢冊封體制宣告終結，爲以獨立主權國家爲單位的近代外交制度創造了條件。

但是，這並不意味著立即給該地區帶來對等的國家關係。通過《馬關條約》，日本獲得了從清朝割讓出來的與該戰爭無直接關聯的臺灣及澎湖列

島，開始了向帝國周邊地區的殖民統治[3]。而實現了「完全無缺之獨立自主國」的朝鮮，也受到日本的支配和干涉，日俄戰爭後以「合併」之名而亡國。可以說，甲午戰爭同時也是日本帝國化和殖民統治的開端。

正因如此，甲午戰爭是重新繪製近代東亞政治地圖的巨大轉折點。從日本來看，這場戰爭的目的，動搖了以中國爲中心的東亞國際秩序，確立了自身作爲「文明國家」的霸權。借用福澤諭吉之說，「甲午戰爭是文明與野蠻之間的戰爭」，「是努力文明開化的一方與妨礙其進步一方之間的戰爭[4]」。

另一方面，在戰敗國朝鮮和中國，也因甲午戰爭引發了正負兩面的複雜反映。其中一點就是朝鮮和臺灣的民衆爲抵抗日本軍事統治而展開的抗爭。隨著日本在朝鮮干涉之強化，官民的反日運動不斷激化，民間武裝勢力的抗爭也長時間持續不斷。樺山總督發布《臺灣平定宣言》（1895年11月18日）後，臺灣各地漢族住民紛紛開始武裝抗爭，令日本統治者苦不堪言。

同時，日本的勝利也成爲朝鮮和中國體制改革的契機。朝鮮爲向內外宣示自身獨立，於1897年10月成立大韓帝國，開始實行名爲「光武改革」的系列近代化政策。此外中國戰敗後，變法的呼聲高漲，1898年的戊戌變法令改革熱潮達到頂峰。以全面改變舊體制爲目標，強化君權的自上而下的改革，雖遭到守舊派的干涉而短時間內夭折，卻成了近代國家形成的「原點」。值得關注的是，在19世紀至20世紀初的東亞國際秩序中，出現了類似的君主立憲制的帝國鼎立狀況（大日本帝國、大韓帝國、大清帝國）。1899年9月，大韓帝國和大清帝國簽訂了平等的通商條約，並互派常駐使節，形成了近代條約關係。

3　近年研究中一個有力的觀點是，批准並交換《馬關條約》文書後（1895年5月8日），日本派去占領臺灣的軍隊，與臺灣民主國軍、抗日義勇軍之間發生的「日臺戰爭」也算作甲午戰爭的一部分（大谷正：《日清戰爭》，東京：中央公論新社，2014年，第242—244頁）。

4　福沢諭吉：《日清の戦争は文野の戦争なり》，《時事新報》1894年07月29日。

在此特別一提的是，此期間東亞三國有一個共同現象，就是民主化和軍國化的同時進行。

首先，作為勝方的日本獲得了清國3億日圓賠款，加上贖回遼東半島的3千萬日圓，合計獲取3億3千萬，一舉改善了政府的財政狀況。該數字也遠超過戰爭所花費的2億。日本由此獲得了戰前國家收入（8千萬日圓）的近四倍賠款[5]。不用說，其中的大部分（2億8千萬）都用在軍擴上了。陸軍計畫將6個師團擴充到12個，海軍也開始著手建造基於六六艦隊方案（6艘鐵甲艦，6艘一等巡洋艦）的大型船舶。財源均來自清國的賠款。「戰後」的日本開始以俄國為假想敵，迅速走向軍事大國之路。

同時，政府（藩閥）和政黨（民黨）的關係，也因戰爭發生了很大變化。戰爭以前，政府與占議會多數的在野黨為軍費預算爭論不休，互相對立，經過戰爭中的政治休戰後，彼此的相互依存關係得到增強。結果就是，自由黨等在野黨的參政之路得以開拓，1900年成立了以伊藤博文為黨首的立憲政友會。但這並非意味著政黨政治的實現，政府和政黨的關係依然處於微妙的對立狀態。從藩閥的政黨化和政黨的藩閥化這點來說，甲午戰爭使得日本議會政治的民主化得以先行一步[6]。這種民主化的背後，是國民受勝利刺激後，對政府對外擴張政策的支持。而獲得了擴軍所需的巨額賠款後，藩閥－政黨聯合政權又開始積極地推動軍國化。

那麼，作為戰敗國[7]的朝鮮和中國情形如何呢？

朝鮮方面，原朝鮮國王高宗通過建立大韓帝國，成為皇帝。皇帝是擁有統帥權、立法權、行政權、官吏任命權、外交權、恩赦權等一切權力的獨裁君主，這是因為其在學習國外君主立憲制之體制構想的同時，還繼承了內含

---

[5] 坂野潤治：《日本近代史》，東京：筑摩書房，2013年，第251頁。

[6] 三谷太一郎著前揭書，第36頁。

[7] 如果1894年7月23日，日軍占領朝鮮王宮的戰鬥算做甲午戰爭起點的話，朝鮮也是日本的戰爭對象國，亦是甲午戰爭的戰敗國。（大谷正著前揭書，第242-244頁。）

於儒教中的「一君萬民」思想[8]。

　　這種「一君萬民」的思想，排除了外戚和官僚對君權的掣肘，直接面向民眾。從這個意義而言，和近代民主主義是一脈相承的。當然，由於缺乏議會制和立憲制，其與歐美的民主主義依然存在本質上的差異，或當稱作民本主義。儘管如此，從身分制的解體、重視公論（民意），宣揚君民一體（忠君愛國）的意識型態這些來看，可以將其看做是朝鮮民主化的開端。此外，在大韓帝國成立前的1896年7月，立志於近代立憲改革的政治團體「獨立協會」成立，將機關刊物《獨立新聞》作為言論基地，開始了包括促進設立議會在內的一系列國政改革運動。對開明君主高宗的改革寄予莫大期待的，也是「獨立協會」的知識分子。

　　在軍事化方面，甲午戰爭給朝鮮的影響也非小。光武改革中，財政支出最多的便是軍費，1901年以後，所占比率達到總預算的四成左右[9]。大韓帝國時期進行了大規模的軍政改革，並在中央和地方設置了近代陸軍（後根據1907年《第三次日韓協約》解散）。朝鮮的軍事化一直和獨立、自主的國家目標密切相連，向日本學習「富國強兵」的地方也不少。但是，光武改革的各項政策幾乎沒有實際成效，大韓帝國也遭到日本對其內政的干涉，最終在1910年的《日韓合併條約》中亡國。「戰後」的朝鮮，雖然同時出現了民主化和軍事化的趨勢，但兩者相互作用而展開的環境卻迫於暴力而終止。

　　最後是中國。戰敗的衝擊直接加速了變法運動。其主體力量是雖有資格進入官場、但實際上並未被納入體制之內的中下層人士。戰敗的事實使他們強烈感受到既存體制的不完善和局限，故而提倡要學習日本的變法和維新，在皇帝獨尊的前提下試圖進行自上而下的制度改革。以康有為和梁啟超等人為代表的言論最終得到朝廷和大官們的認可或默認，這直接推動了1898年的戊戌變法。變法派提出的設置議會、成立政黨、廣開言路、喚起輿論、改廢科舉、普及新聞等雖然停留在政策建議的階段，但都是同中國民主化相關的

8　趙景達：《近代朝鮮と日本》，東京：岩波書店，2012年。
9　同上，第151-152頁。

制度上的問題。故儘管變法運動受挫，但將其地位置於20世紀初葉的清末新政和中華民國的民主共和之上，也是理所當然的。

與民主化只停留在紙上空論不同，軍事方面的變化則成了現實上的制度變化。最重要的有李鴻章的淮軍和北洋艦隊，以及作爲軍事戰鬥力產生了取代清朝八旗／綠營的袁世凱的新建陸軍。新建陸軍不僅是袁世凱的權力基礎，在20世紀初葉，隨著「北洋新政」等系列改革，也形成了引領清末中國新興的軍人和官僚的力量。這股力量（一般稱爲「北洋軍閥」）以統帥袁世凱爲首，雖然也有將其看做保守反動勢力的，但我們不能忘記的是，在當時其積極吸取了先進技術和知識，推動了制度變革的事實[10]。正如辛亥革命的主角多爲「新軍」出身一樣，軍人作爲近代的精英階層，在政治、經濟、教育、文化等各方面異常活躍，其活動舞臺便是從甲午戰爭的「戰後」開始的。

與此相表裡的是，「戰後」社會引起了對軍人評價的巨大變化，即一改重文輕武的風氣，開始推崇經由日本的「尚武」思想。這裡引用一段戊戌變法後亡命日本的梁啓超文章：

> 冬臘之間，日本兵營士卒，休憩瓜代之時，余偶信步遊上野。滿街紅白之標幟相接，有題曰「歡迎某師團步兵某君，某隊騎兵某君」者，有題曰「送某步兵某君，某礮兵某君入營」者。蓋兵卒入營出營之時，親友宗族相與迎送之，以為光寵者也。大率每一兵多者十餘標，少者亦四五標。其本人服兵服，昂然行於道，標則先後之，親友宗族從之者率數十人。其為榮耀，則雖我中國入學中舉簪花時不是過也。其標上僅書「歡迎某君」「送某君」等字樣，無甚贊頌祝禱之語。余於就中見二三標，乃送入營者，題曰「祈戰死」三字。余見之矍然肅然，流連而不能去。日

---

[10] 比如，截至1905年廢止科舉時，最有影響力的人物當屬直隸總督、北洋大臣袁世凱和湖廣總督張之洞。

本國俗與中國國俗有大相異者一端，曰尚武與右文是也。中國歷
代詩歌皆言從軍苦，日本之詩歌無不言從軍樂。吾嘗見甲午乙未
間，日本報章所載贈人從軍詩，皆祝其勿生還者也[11]。

　　通過對比中國傳統的「右文」和日本的「尚武」，梁啓超道破中國積弱
的原因在於缺乏「尚武」。梁在同時期還著有《中國之武士道》一書，力說
中國史上並非沒有尚武精神，而對「尚武」的關心，即便是與梁啓超敵對的
革命勢力也不例外。當時，受在日對俄同志會影響，熱衷於打倒清朝的一群
留學生，爲了對抗在「滿洲」的俄國勢力的威脅，組織了「拒俄義勇隊」，
並提倡「軍國民教育」。民間言論如此，清政府自身也受到輿論的感化，
1906年公布的教育宗旨中，除忠君、尊孔外，還加入了宛如梁啓超口吻的
「尚武」一項。

　　如上所述，對當時的中國而言，「戰後」日本的軍國化是值得學習的光
輝典範。「富國」與「強兵」的結合，亦始於此。諷刺的是，與民國以後反
覆批判日本軍國主義相反，此期間多數中國人是從帝國日本的軍人精神和全
民皆兵制度中尋找理想國家形象的。

參、日俄戰爭的「戰後」

　　日俄戰爭是日俄爲爭奪中國東北的霸權而起的戰爭。作爲主戰場的中
國，雖然提出參與戰後講和的要求，但竟未被邀請參加樸茨茅斯和平會議。
決定「戰後」秩序的是日本和俄國（以及從中斡旋的美國）。尤其是戰勝國
日本的存在感，自此戰役後飛速高漲。此後，日本政府和軍隊在民眾的帝國
意識的鼓舞下，進一步鞏固了其在朝鮮和滿蒙的獨占地位。

　　「戰後」出現的東亞新潮流，可概括爲內政與外交的一體化。這可以
說主要是輿論的抬頭和強硬化。具體而言，日俄戰爭後的日本和中國，通過

---

[11] 梁啓超：《祈戰死》，《清議報》第33冊，《飲冰室自由書》欄，1899年12月23日。

議會和媒體發布的輿論（公論），獲得了左右政府所推出的內政、外交諸政策的新的力量，有時甚至還起到先導性作用。沒有民意支撐的政權，其運行也將變得困難。從這個意義上講，重視民意是民主化進展的體現。另外，從其確立了民意是外交的後盾這樣的體制來說，重視民意也可以說是「國民外交」的萌芽。

首先來看日本的案例。對日本而言，日俄戰爭無論從財政還是兵力來看，均非甲午戰爭所能比擬，是負擔沈重的總力戰和消磨戰。無論財力還是兵力，最後都要依賴納稅人即農村地主負擔，徵兵對象也是農民。而且，募集軍費需要不斷的增稅，使得擁有選舉權人數在日俄戰爭期間猛增了四倍。與此相應，隨著社會對普選要求的呼聲漸高，1911年眾議院通過了普通選舉法（貴族院否決），由此可見，國民的政治發言權逐漸增大[12]。這也可以視作由戰爭推動民主化的一個案例。

而且在日本方面，民主化是與帝國對外膨脹的欲望表裡一體的。「對內立憲主義，對外帝國主義」（浮田和民語），這個當時膾炙人口的「大正民主」（Taisho Democracy）綱領，是日俄戰爭後不久，民間團體發出的對外強硬論，它反映了此時期社會意識的巨大變化。

> 支配列國競爭局勢的有兩大潮流。順此者興，逆此者衰。其一是立憲主義，其二則為帝國主義。願國民能認可此兩大主義，建立自信，並發揚光大[13]。

這是日俄戰爭後出現的對外強硬派政治團體的設立宗旨的一部分。像這樣，「戰後」開始抬頭的民眾的對外強硬論，將不被現有政黨接受的龐大城市下層民眾作為「國民」看待，借助其政治能量，開始朝著確立舉國一致的

---

[12] 三谷太一郎著前揭書，第43頁。

[13] 《法律新聞》1905年12月25日。轉引自宮地正人：《日露戰後政治史の研究——帝國主義形成期の都市と農村》，東京：東京大學出版會，1973年，第253-254頁。

立憲制邁進[14]。而且，日比谷燒打事件（1905年9月）所引起的民憤，也和上述對外強硬派所持的國民主義的政治要求連接起來。即圍繞和談問題的強硬言論，不僅停留在批判未能獲得賠款的「軟弱」政府，而且在更大的帝國擴張的目標下，同貧困和失業中掙扎的國民要求參與政治的呼聲產生更深層次的共鳴[15]。

民眾因戰爭勝利開始追求更進一步的對外擴張，並支持發動下一次戰爭。從這層意義而言，日俄戰爭可謂是帝國日本膨脹主義的原型（proto-type）。不僅如此，「對內立憲主義，對外帝國主義」的口號不僅被輿論所認可，更廣為當時政治高層人物所共有。就連桂太郎這樣的藩閥政治家，在「戰後」也決定成立新黨（立憲統一黨），主張應當實現更多的國民參政。此事說明，在日俄戰爭後，上述「對內立憲主義，對外帝國主義」的理念成為了官民共有的、強力的國民目標[16]。此期間，雖有部分有識之士批判領土擴張和殖民統治，並主張「小日本主義」（石橋湛山和三浦銍太郎），但大多數日本人還是積極支持帝國日本的膨脹，甚至有時發出比政府還強硬的輿論。

而朝鮮則迎來了最為殘酷的「戰後」，成為日本的保護國和殖民地。因此，朝鮮的「戰後」不同於當時正在實現民主化的日本和中國。日俄戰爭前後，面對日本對韓國強力的干涉和支配，以儒生和民眾為主要成員的起義不斷發生，並在全國範圍內持續開展遊擊式的抵抗運動。城市的精英階層也提倡「恢復國權」，開展愛國啟蒙運動，普及教育，振興實業等，以積蓄實力。在大韓帝國面臨存亡危機之時，以「愛國啟蒙」為訴求，開始出現了以

14　同上，第250頁。

15　櫻井良樹：《日露戰爭後の日本——「大國民」意識と戰後ナショナリズム》，和田春樹等編：《岩波講座東アジア近現代通史 第2卷 日露戰爭と韓國併合 19世紀末－1900年代》，東京：岩波書店，2010年，第293頁。

16　千葉功：《桂太郎——外に帝國主義，內に立憲主義》，東京：中央公論新社，2012年，第233頁。

檀君神話爲素材的大韓民族主義[17]。意味深長的是，同時期中國的革命派也以黃帝爲主要素材，提倡中華民族主義。

從創造或想像與日本對抗（但也類似）的民族神話及文化象徵這點，可以找出日俄戰爭前後東亞民族主義的諸多共同點。而且通過啓蒙民眾來實現富強（自強）這樣的愛國啓蒙運動提出的政治目標，也與清末中國的改革運動有許多共同之處。朝鮮自主自立的民主化之路雖被中斷，但其以國民爲基礎建立君主立憲政體的構想，仍可視作是「戰後民主」的一個曲折表現。

最後來看中國。日本的勝利，也成爲中國大力鼓舞其民族主義的契機。當時對戰爭結果的看法大體分兩類。一是從人種和民族論而言，是黃種人對白種人取得的光輝勝利；二是從政體進化論而言，是先進的「立憲」制度對落後的「專制」的勝利。

更具政治意義的是後者。經歷了義和團戰爭（1900-01年）後，清朝雖嘗試了局部政治改革，但還是難以抵擋日俄「戰後」來自內外的愈演愈烈的對「專制」的批判。繼1905年廢除科舉制後，1906年宣布「預備立憲」，並誓言將在九年後設立國會制定憲法。其上諭提到的「仿行憲政，大權歸於朝廷，庶政公諸輿論」成爲了地方精英參政的護身符，亦成爲中國憲政和民主化的驅動力[18]。特別是到1909年，各省已設立了地方議會之前身——諮議局，設立早期國會和制定憲法的輿論也空前高漲。

不僅如此，國內的立憲運動同時也和外交層面的大國願望密切聯動。在此時期，清政府開始有意識地修正不平等條約，收回國權，並部分獲得了成功。以民族主義爲後盾的「國權外交」（修約外交），終於開始發揮功效[19]。以下是海牙和平會議上中國外交的具體案例[20]。

---

[17] 趙景達著前揭書，第220頁。

[18] 劉世龍：《白話文と社會動員》，辛亥革命百周年記念論集編集委員會編：《総合研究辛亥革命》，東京：岩波書店，2012年，第485-506頁。

[19] 川島眞：《近代中國外交の形成》，名古屋：名古屋大學出版會，第229頁。

[20] 以下，根據村田雄二郎（張玉萍譯）：「從張謇的立憲運動看晚清中國人的日本觀」（吳偉明編：《在日本尋找中國：現代性及身份認同的中日互動》，香港：香港中文大

　　1907年在荷蘭海牙召開的萬國和平會議（中國稱之爲「保和會」），日韓間的海牙密使事件被廣爲所知，但事實上，中國也非常重視此次會議，提拔陸徵祥爲荷蘭公使並開設公使館，同時任命從義大利公使調任荷蘭公使的錢恂爲會議代表（陸徵祥任海牙會議專使），組織了一個11人的代表團赴會[21]。會議在決定國際司法裁判所的常駐法官人數之際，發現中國實質上被作爲三等國家來對待，這使一直以文明大國自居的官紳和外交官們遭受巨大衝擊[22]。

　　會議閉幕後，陸徵祥和錢恂留在海牙，著手會議條約的翻譯，商討批準通過事項[23]。錢恂考慮到中國的國家利益，認爲不能輕率地批准通過條約。清朝外務部同意了其部分批准條約的想法。在此期間，錢恂爲了第三次會議（由於一戰爆發未能召開），多次與國內聯繫做了許多工作[24]。兩人最警惕的是日本在「滿洲」的動向。中國藉此會議，看到了「日本宣稱中國是非文明之國、野蠻之國，是比南美諸國還要低級的三等國家。日本向各國的宣傳，使我們認識到，比起俄國，日本才是眞正的威脅[25]。」

　　比如，陸徵祥在給本國的上奏文中，提到日本外務大臣林董「以韓事爲中國之鑑」的威脅措辭，毫不掩飾對「野心勃勃」的日本的警戒，建議利用日美間的排斥移民問題來牽制日本[26]。事實上，得知韓國皇帝高宗向海牙派遣的密使未獲准參加會議後，陸徵祥和錢恂向本國發回了「唯有立憲方能獲

　　學出版社，2012年12月，第265-280頁）。

21　唐啓華：《清末民初中國對〈海牙保和會〉之參與》，《國立政治大學歷史學報》第23
　　期，2005年5月，第60頁。

22　同上，第230頁。

23　同上，第63頁。

24　同上，第72頁。

25　川島眞・服部龍二編：《東アジア國際政治史》，名古屋：名古屋大學出版會，2007
　　年，第91頁。

26　《保和會專使大臣陸徵祥奏摺》（1908年1月1日），中國第二歷史檔案館：《陸徵祥出
　　席海牙保和奏摺兩件》，《民國檔案》2000年第2期，第37-42頁。

列強尊敬，方能固邦基」的建議[27]。親眼目睹韓國密使挫敗之後，中國在外使臣更強烈地意識到，唯有導入憲政，整備法制，才能脫離「三等國」的命運，與列強比肩。

當時在國內，以張謇爲中心，開設國會的請願運動正如火如荼，這些立憲派的地方精英，也在密切注視中國代表在海牙會議的一舉一動。同時，日俄戰爭後的「滿洲六案」的處理以及「間島」（即中國延邊地區）的領有權等，成爲中日之間的重大外交問題。特別在領土與主權問題方面，中國政府以不做任何讓步的姿態同日本進行交涉。這些情報通過新聞報刊被一一如實報導。可以說，立憲派在「滿洲案件」和間島問題方面，是對外強硬論的骨幹力量。由此可見，對外危機感促進了國民主義的外交，甚至同改革內政的要求結合起來，構成了清末預備立憲運動的基本圖景。所謂「預備立憲」，即是中國版「戰後民主」的別名。

肆、第一次世界大戰的「戰後」

1914年爆發的世界大戰，是以歐洲爲主戰場的。東亞方面除青島戰役[28]外，並無直接交火。儘管如此，日本和中國均加入協約國參戰，並以戰勝國身分出席和談，在許多「戰後」問題處理上成爲相關主體。

決定東亞「戰後」國際秩序的，是1921-22年的華盛頓會議。會上主要討論裁軍和中國問題，會後締結的《九國公約》中也提出要尊重中國主權及領土完整，並確認了中國市場的門戶開放和機會均等原則。《九國公約》雖然未否定日本在「滿蒙」的特殊權益，但卻牽制了日本在日俄戰爭後日漸加速的對華攻勢。日本被迫將山東半島權益歸還中國，使得列強在國際協調下支援中國發展，成爲「戰後」秩序的基調。此外，爲遏制海軍擴張，各國還締結了主力艦持有比例的《美英法義日五國關於限制海軍軍備條約》，從而

---

[27] 前揭唐論文，第66-67頁。

[28] 日軍英軍對德國租借地膠州灣的攻略戰，1914年1月-11月。

暫時遏止了日俄戰爭後日本追求的軍擴路線。在此會議上，日英於1902年締
結的同盟關係也遭廢棄。由此，東亞和太平洋地區的國際秩序迎來了被稱爲
「華盛頓體系」的安定時期。日本外交亦順應該體制，進入了以國際合作、
重視經濟、不干涉中國爲核心的「幣原外交」時代。

　　第一次世界大戰的體制變革，對日本、中國以及殖民地臺灣和朝鮮都
帶來巨大影響。這不僅體現在戰時體制的繼續和延長，也包括觸動了席捲世
界的新理念和意識型態。具體而言，有威爾遜的《和平條款十四條》和共產
國際提出的《民族和殖民地問題綱領》，包括和平主義、人道主義、世界主
義、民族自決、社會主義、民主主義等，都成爲引導改造國家和解放社會的
新理念，席捲「戰後」東亞。無論是日本的「大正民主」，還是中國的五四
運動，亦或朝鮮的三一獨立運動，以及臺灣的議會設立請願運動等，雖然運
動的意義不盡相同，但都是受這樣的戰後理念驅動而產生的民眾運動。

　　日本「戰前」和「戰後」的最大變化，是甲午戰爭以來民主化與軍事化
相互促進的關係在一戰中中斷，開始了「沒有軍事化的民主化[29]」。華盛頓
體系給日本在中國大陸擴大權益套上了緊箍。另外，在臺灣和朝鮮不斷發生
以民族自決和民族解放爲目的的大規模抗議運動，令日本殖民統治中的「武
斷政治」面臨巨大挑戰。統治者在殖民地言及「自治」和「文治（文化政
治）」等詞，也是直到「戰後」才出現的現象。行使武力和占領殖民地無論
在道義還是法律上，都不再有合法性。在此種世界形勢下，中國和臺灣、朝
鮮的反日民族主義不斷高漲，帝國日本的統治體系面臨根本上的改編。

　　民主化也迎來了全盛期。此處所說的民主，是指普通選舉制、政黨政治
和兩大政黨制。普通選舉制自甲午戰爭後得到提倡，相關法案曾多次在議會
上提出，但馬上又被否決。進入大正時期（1912─1926），隨著吉野作造的
民本主義一時風靡，議會也迎來了將其法制化的機運。受此影響，1925年護
憲三派內閣正式通過普通選舉法，並於28年在眾議院議員選舉中首次實現了
男子普通選舉。此外，大戰中的1918年，以立憲政友會總裁原敬爲首相的首

---

[29]　三谷太一郎著前揭書，第56-59頁。

次政黨內閣正式成立，並在20年代中期左右將政黨政治作爲「憲政的常道」固定下來。這也意味著甲午、日俄戰後，藩閥和政黨的關係由相互緊密依存轉變爲後者開始力壓前者時代的到來。這不但是藩閥政府的消亡，也意味著元老政治的終結。隨著「大正民主」的登場，由明治元勛的「閥族」組建內閣來運營議會的形式手法，也告澈底結束了。

通過實施政黨政治和普選，日本首次通過選舉實現了政權交替。自1920年代至1940年大政翼贊會成立前，主張「和平與民主主義」的憲政會（民政黨）與主張「侵略與天皇主義」的政友會交替掌握政權，使兩黨制發揮功能[30]。當然，兩黨制的形成並不意味著立即帶來政治上的穩定。政權交替帶來的政策搖擺，有時會招致國民的疑惑甚至軍部的批判。作爲「幣原外交」的對華融合政策的反動，田中義一內閣（政友會，1927-29年）積極的對華政策更激活了陸軍內部的「滿蒙」強硬派[31]。此外，裁軍問題、憲法問題以及大恐慌後的經濟等問題上，由於兩大政黨的尖銳對立，招致政權交替後政策上的混亂，成了不僅軍人甚至國民政治不信任的溫床。在確信兩黨制無法解決外交和經濟危機後，部分國民開始轉而被軍部所吸引，相信軍部的非常手段可以解決如上諸多問題。

那麼，「戰後」東亞的國際秩序如何呢？一戰後，確定國際關係基調的，是對戰火所造成的對人對物的巨大創傷的反省，以及基於此種反省的國際協調主義。對新設立的國際聯盟也寄予莫大希望，期待能調整國家間利害衝突。另外，威爾遜總統提出的「新外交」，強調要將公開外交作爲國際規範並提高其比重，並批判了過去的祕密外交。例如，甲午戰爭後締結的以日本爲假想敵的清俄密約（1896年），一直以來都在黑箱之中，但中國代表於華盛頓會議上公開全文後，條約最後被正式廢棄[32]。「新外交」意味著同過

---

[30] 坂野潤治著前揭書，第46頁。

[31] 同上，第347頁。

[32] 村田雄二郎：《非対称な隣國──近代中國の自己像におけるロシア・ファクター》，望月哲男編：《ユーラシア比較地域大國論6 ユーラシア地域大國の文化表象》，京都：ミネルヴァ書房，2014年3月，第105-127頁。

去帝國主義外交的訣別。

　　無須贅言，中國和朝鮮等飽受歐美、日本帝國主義統治和壓迫的國家及人民，對上述「戰後」新潮流是歡迎的。中國在經歷了《二十一條》的國恥後，舉國一致認爲國際聯盟的勝利是公理對強權和武力的勝利[33]。對實現國際正義、廢棄不平等條約以及恢復主權和領土的期待也不斷高漲，最終發展成1919年舉國反對在《凡爾賽和約》上簽字的國民運動。這場空前高漲的城市民衆的反日、反賣國官僚的運動，稱之爲民國版「戰後民主」並不爲過。並且，就由城市民衆示威運動成爲驅動政治的原動力這點看，毫無疑問是與日本的「大正民主」相通之現象。

　　就此點而言，一戰後的中國，開始否定已形式化了的議會政治，開始進行以國民爲基礎的民主政治的摸索。更爲重要的是，「大正民主」時期的日本，以期待和同感的目光來看待鄰國發生的新型民族、民主革命。這正如吉野造作所曾發表的評論一樣，對跨越國境的民主及社會變革寄予了希望。這樣的民衆運動轉化成打倒軍閥的國民革命，其政治結集的核心，即是孫中山的中國國民黨（1919年改組），及其友黨中國共產黨（1921年成立）。1924年國共首次合作，接替孫中山的蔣介石於1926年開始北伐，兩年後再度統一中國。歐美列強和日本對迅猛展開的國民革命和恢復國權的動向感到威脅，但最終還是對中國統一表示歡迎，承認了蔣介石的國民政府，並成功地使中國的民族主義在華盛頓體系內實現軟著陸。

　　但是，日本對「戰後民主」的反動卻出人意料地提前到來。這一方面是由於軍部對華盛頓體系下的裁軍不滿，另一方面是因爲1929年開始的世界經濟大蕭條和經濟的區域化。1931年發生的九一八事變，預示著軍部開始獨立自行其事。1932年「滿洲國」建國宣言，1933年退出國際聯盟等，則明顯違背了一戰後確立的華盛頓體系，是日本「脫離戰後體制」的開端[34]。由此，

---

33 小野寺史郎：《中國ナショナリズムと第一次世界大戰》，山室信一等編：《現代の起點 第一次世界大戰 第1卷 世界戰爭》，東京：岩波書店，2014年，第195頁。

34 三谷太一郎著前揭書，第59頁。

一直作為一戰後體制基調的非軍事化方向開始被完全逆轉。更為重要的是，30年代中期以後，多數國民開始對彷徨不定的政黨政治感到不安，對貧富差距感到不滿，開始偏向對外強硬，並對「暴支膺懲」的呼聲產生共鳴。最後選擇脫離「戰後」的，恰恰是日本國民自己。雖然也有石橋湛山等自由主義者對「滿蒙領有論」提出批判，但在大多數人都支持一舉解決「滿蒙特殊權益」的背景下，前者的聲音則顯得過於弱小。

隨著1937年中日開戰和接下來的國家總動員體制，日本本土和殖民地均開始通過戰時動員推行社會的「兵營化」。在殖民地臺灣和朝鮮，則推進皇民化運動，甚至強行要求和本土一樣的參拜神社和獎勵改名等精神層次的一體化（同化）。「滿洲國」甚至先於日本施行了經濟統制，試圖構建以重化學工業為核心的國防國家體制。

另一方面，同日本侵略行為抗爭的中國則以國民黨＝蔣介石為中心，建立了以「抗戰勝利」為目標的總動員體制，國民政府還於1939年公布了《國民精神總動員綱領》。當然，其效果僅限於國民政府的實際支配地區，由此帶來的徵糧、徵兵也引發了民眾的強烈抵抗。雖然如此，國民總動員的戰時體制，也的確給中國社會的基層帶來了不可逆轉的根本變化。戰時對物資及人員的苛刻統制，導致了民眾的反對和抵抗，富人和權貴非法逃脫這些管制的行為，則進一步加重了弱者的負擔。這樣，貧富差距進一步擴大，「怨恨逐漸在不斷凋零下去的大多數窮人中積累起來，而鎮壓他們的抵抗和不滿的，則是不斷強化的赤裸裸的暴力[35]。」這樣的社會危機，即便在抗戰勝利後也未消除。某種程度上說，「戰後」殘留的多數窮人對少數富人的敵意與怨恨，正為共產黨的社會改革新模式提供切入點，而使共產黨最終掌握全國政權。與日本不同，「戰後」並未帶來和平的中國，反而因朝鮮戰爭爆發而強化了其戰時體制。通過徹底實施計畫管制經濟，急速推進了社會主義化，

---

[35] 笹川裕史・奧村哲：《銃後の中國社會——日中戰爭下の総動員と農村》，東京：岩波書店，2007年，第254頁。

其社會條件正得益於該體制釀成的農村危機狀況[36]。

　　總體而言，總力戰所帶來的戰時動員體制和管制經濟，超越了敵對國家、帝國及殖民地的邊界，將東亞經濟體系和社會結構推到了一個強制性一體化（Gleichschaltung）[37]的新階段。

伍、「戰後」與去殖民地化

　　日本1945年8月接受《波茨坦公告》宣布戰敗，此後六年多的美軍占領迅速推動了日本的非軍事化和民主化。「戰後」日本經過占領期的多項改革，第一次實現了明治以來軍事化和民主化的完全分離（一戰後的裁軍只是局部的非軍事化）。而且是前所未有的完全放棄了殖民地和占領地的非軍事化。可以說，民主化、非軍事化和去殖民地化的同步進行，才是「戰後」日本的出發點。與中國、臺灣及朝鮮不同，「戰後」一詞之所以作為規定自己的認識架構並發揮強力的統合功能，其原因便在此。

　　當然，戰時體制和戰後體制之間也並非沒有任何聯繫。雖然「國體」變成了象徵天皇制，但同時又重新規定天皇是「日本國民的統一象徵」，因此戰前和戰中的權威基本秋毫無損地得到繼承。日本國民也未嚴格追究昭和天皇的戰爭責任（雖說是美國占領政策的考量結果）。另外，作為戰時體制中的一些計畫管制體系，如傾斜生產方式在戰後的經濟復興政策中也得以延續。「1940年體制」論則認為，戰時的勞資關係、金融政策和官僚體系都得以延續下來。但是，戰時體制並非整體上全部過渡到戰後體制。必須要看到的是，戰前和戰後是不連續的，消除戰時體制的努力，在戰後改革的一系列過程中都可以明顯觀察到。

　　轉而看東亞國際關係，其最大問題在於冷戰這一新的戰時體制的出

---

[36] 久保亨：《東アジアの総動員體制》，和田春樹等編：《岩波講座東アジア近現代通史第6卷　アジア太平洋戦争と「大東亜共栄圏」1935-1945年》，東京：岩波書店，2011年，第66-70頁。

[37] 山之內靖等編：《総力戦と現代化》，東京：柏書房，1995年。

現，導致日本原有的「去殖民地化」課題完全在非軍事化過程中被沖淡了[38]。因此，經過戰敗和美軍占領期，1952年日本恢復獨立後，除部分知識分子外，去殖民地化問題對國民而言已擱置起來，漸漸稀釋了。在「和平與民主主義」的新時代，戰後民主在社會深深扎根，使得帝國時代民主化所內含的殖民地主義責任被忘卻。由於此種原因，普通日本人「沒有敗給中國」、「甲級戰犯的責任是戰敗責任（不是戰爭責任）」等歷史觀點難以消除，也給戰後日本的去殖民地化課題帶來了很大的局限[39]。

被封殺的去殖民地化課題，隨著冷戰結束，又作為徘徊在東亞的妖怪復活了。由此帶來的，是冷戰結束這一新的「戰後」。如果說1931年是近代日本「脫離戰後體制」的開端，那麼1989年是不是現代日本「脫離戰後體制」的開端呢？新的「脫離戰後體制」，要走向何方？為了不再讓悲劇和鬧劇反覆重演，我們需要什麼？

二戰中的日本人高唱「東洋和平」，卻陷入了戰爭泥沼。2015年的今天，日本在高唱「國際貢獻」，卻在內閣主導下朝著「積極的和平主義」方向修改憲法解釋。對仿佛再次置身於新的「戰前」之中的日本人來說，重新探究已經歷過的「戰前」和「戰後」關係，在「戰後」七十年之際，其意義變得愈發重大。

---

38 三谷太一郎著前揭書，第76-77頁。

39 劉傑：《終戰と日本の責任認識問題──蔣介石政府と汪兆銘政府をめぐって》，劉傑・川島眞編：《1945年の歷史認識──「終戰」をめぐる日中対話の試み》，東京：東京大學出版會，2009年，第3-29頁。

第一部

明治維新與第一次中日國力消長之影響

第三章　清朝中華世界秩序的建構與崩解

張啟雄*

　　不同的國際體系各有其不同的歷史文化價值，基於不同的歷史文化價值而形成各自不同的國際秩序原理，用以規範其國際秩序，詮釋其國際體系的國家行為。因此，將西方的國際秩序原理強加於東方，必造成東方國際體系之歷史文化價值的錯亂，導致國際秩序無所適從，反之亦然。

　　近代以前，清朝獨富、獨強、獨大、獨尊於東亞，其理由在於中國自古即在創造統合天下之概念與實力的根基上，開拓以儒家文化、文明為中心的中華國際體系，傳承歷兩千年而不衰，不但建構了「中華世界帝國」的天下秩序體制，而且也開創了其規範「中華世界帝國」的《中華世界秩序原理》＝天下秩序原理。

　　惟自近代以降，統治「中華世界帝國」的清朝式微了。相對的，來自西方的歐美列強則因工業革命而日益強盛，遂恃其工業革命後的強大武力屢敗中國，再挾其以基督教文明所建構的《萬國公法》為利器，利用條約體制痛宰清朝，從此西方國際秩序原理遂取代《中華世界秩序原理》，成為規範中國對外交涉的國際秩序原理。

壹、清朝崛起及其天下秩序原理

一、清朝的崛起

　　明清鼎革後，清代明而有天下，其宗藩關係亦上承明制，再經康熙、雍正、乾隆等朝的開拓經營，而達於顛峰。就明清經營邊圉而論，雖各有千

---

* 中央研究院近代史研究所兼任研究員。

秋，然於大陸沿海之海防經營上明遠勝於清，至於在北、西、南大陸之塞防經略上清則遠強於明。明代的海洋經略加上清代的大陸經營，才是中國遏止來自海洋侵略與內陸侵略的最佳組合，故只有海防加陸防才是中國經營國家安全保障之道。

　　清代經營四境之盛衰亦可自《欽定大清會典》中，職掌「四裔職貢封賚」之禮部與職掌「外藩政令，制其爵祿，定其朝會，正其刑罰⋯⋯經其游牧之治」的理藩院等記載，可窺其傳承沿革盛衰。[1]整體而言，除情況特殊的荷蘭、西洋國以及海洋經營等不計外，較諸前朝，清朝在四境之北方、西方以及南方的經略，實有過之而無不及。

　　概括言之，清朝的藩屬土（屬藩與屬土），東起有朝鮮、琉球、臺灣、蘇祿、越南（安南）、南掌（老撾）、蘇祿、暹羅、緬甸；西南有哲孟雄（錫金）、不丹、廓爾喀（尼泊爾）、西藏（前藏、後藏）；至於西域、中亞則有厄魯特、土魯番、哈薩克、布魯特、安集延、瑪爾噶朗、浩（霍）罕、那木干、帕米爾、塔什干、巴（拔）達克山、博羅（洛）爾、愛烏罕（阿富汗）、坎車提、奇齊玉斯、烏爾根齊、布哈拉汗國、乾竺特以及拉達克等皆來朝貢；由西而北，沿大漠，西南有青海蒙古、中有新疆，西北有外蒙古（喀爾喀）、南則有內蒙古，上溯黑龍江以北至外興安嶺、烏蘇里江以東沿海地區和庫頁島等藩屬土，不一而足。[2]於今，僅擇其曾於清末爆發〈以不治治之論〉對〈實效管轄領有論〉的中西國際秩序原理之爭者數處，略加概述，以資對照。塞防地區歸理藩院統轄，海防地區則歸禮部管轄。受理藩院統轄之屬土消極採行〈不完全實效管轄領有論〉的民族自治、汗國自

---

[1]　崑岡等奉敕撰：《欽定大清會典》（光緒25年8月15日），第39卷，第2-3頁、第63卷，第1-13頁。

[2]　崑岡等奉敕撰：《欽定大清會典》（光緒25年8月15日），第39卷，第2-3頁、第63卷，第1-13頁。
　　顧頡剛、史念海：《中國疆域沿革史》，北京：商務印書館，2015年，第205、215頁。
　　尤淑君：《賓禮到禮賓——外使觀見與晚清涉外體制的變化》，北京：社會科學文獻出版社，2013年，第63-64頁。

治政策；受禮部管轄的屬藩則積極採行〈以不治治之論〉的民族自治、王國自治政策。[3]

蒙漢一家關係可溯及於南宋寧宗二年（1206）鐵木眞統一蒙古，即汗位，是爲元太祖成吉思汗。其後滅西夏，經窩闊臺滅金朝，蒙哥汗敗服高麗後，忽必烈於中統元年（1260）繼位，並於至元八年（1271）建國號大元，是爲元朝世祖。忽必烈於至元十三年（1276）又南下滅宋，遂一統中國而有天下。從此，蒙元成爲中國歷代王朝之一。其後，明朝推翻元朝，蒙人北返，回歸蒙古故地，其後又爲清朝所征服，蒙古助滿清爭天下而有中國，蒙古再度列入清朝中國之版圖。

清朝在其統一天下的過程中，一面東征朝鮮以謀安定東方，一面西討內蒙，以謀聯蒙南下代明而有天下。天聰元年（1627），皇太極以朝鮮縱容明軍據朝鮮以攻後金爲名，出兵朝鮮。朝鮮兵敗，遂由貢明受封轉爲朝貢後金，東翼略定。

天聰九年（1635），皇太極敗蒙元正統金帳汗國林丹汗，西翼底定，並獲元朝傳國璽。皇太極以此爲天意，在〈天命論〉[4]下，遂於翌年（1636）稱帝，定國號爲大清，改元崇德元年，旋以朝鮮背盟毀約爲由，親率大軍征討朝鮮，翌年朝鮮兵敗臣服，受冊封行朝貢，列爲清朝藩屬，東翼終告底定。又，因喀爾喀蒙古（外蒙）興兵掠地，皇太極遂親率大軍討伐，喀爾喀蒙古懼而朝清謝罪。崇德三年（1638），喀爾喀三部遣使來朝，遂訂定九白之貢。此即，喀爾喀蒙古與滿清王朝締結宗藩關係之始。從此，滿清全力南

---

3 張啓雄：〈東西國際秩序原理的差異——「宗藩體系」對「殖民體系」〉，《中央研究院近代史研究所集刊》第79期，2013年3月，第47-86頁。
   張啓雄：〈中華世界秩序原理的源起——近代中國外交紛爭中的古典文化價值〉，吳志攀等編撰《東亞的價值》，北京：北京大學出版社，2010年，第120-125頁。
   張啓雄：《中國際秩序原理的轉型——從「以不治治之」到「實效管轄」的清末滿蒙疆藏籌邊論述》，臺北：蒙藏委員會，2015年，第1-157頁。
4 張啓雄撰：〈中華世界秩序原理的源起——近代中國外交紛爭中的古典文化價值〉，吳志攀等編撰：《東亞的價值》，第112-114頁。

下，終於在1644年入主北京，福臨登基，改元爲順治元年，建立滿清王朝。歷經康熙、雍正二朝，迭破噶爾丹與羅卜藏丹津，乾隆繼之，蕩平準噶爾，戡定回部，擁帕米爾高原，領蔥嶺以西諸屬藩。[5]其中，尤以康熙二十七年（1688）喀爾喀蒙古爲厄魯特蒙古準噶爾部噶爾丹所破，喪土失牧，不知何去何從之際，活佛哲布尊丹巴呼圖克圖一世建議率衆投靠宗教信仰、俗尙、語言、生活方式相近的滿清之時，稱：莫若內徙，投誠大皇帝。康熙三十五年，清聖祖終於擊破噶爾丹，光復喀爾喀失土，遂以喀爾喀故土封之，使其復還舊牧。[6]喀爾喀遂入中國版圖，爲屬土，受清朝理藩院統轄，採行「因人制宜、因時制宜、因地制宜、因俗制宜、因教制宜」等「民族自治、汗國自治」的〈不完全實效管轄領有論〉或〈不完全以不治治之論〉等先進的地方自治政策。

　　琉球自明太祖洪武五年（1372）入明朝貢，受冊封爲琉球國中山王，締結宗藩關係，並於清朝取代明朝而有天下之後，世世代代朝貢中國爲君臣之邦，計五百年。按琉球棄明投清，始於明清鼎革之際。順治三年（1646）琉球國王派遣王舅毛泰久爲慶賀使，賀南明隆武帝登基。時值清朝貝勒將軍字羅平定福建，遂隨字羅赴北京朝覲。其後，琉球繳交前朝所頒詔敕、王璽，以示忠誠，清廷始遣冊封使赴琉球冊封王世子爲琉球國王，明琉宗藩關係遂轉爲清琉宗藩關係。[7]

　　關於越南與中國的關係，直到近代而言，約有兩千年的歷史。其中，千年是中國的直轄領土，其後千年則是中國的屬藩。所以中越是〈封貢體制論〉下的君臣之邦，也是構成中國天下的一部分。直轄領土關係，始於始皇元年（前221）秦始皇統一六國後，廢封建改置郡縣，遂於平南越後置南

5　顧頡剛、史念海：《中國疆域沿革史》，第215頁。

6　松筠：〈綏服紀略圖詩注〉，張穆：《蒙古游牧記》第7卷，第5-8頁。
　　張啓雄：《外蒙主權歸屬交涉，1911-1916》，臺北：中央研究院近代史研究所，1995年，第2-3頁。

7　張啓雄：〈琉球棄明投清的認同轉換〉，張啓雄編：《琉球認同與歸屬論爭》，臺北：中央研究院東北亞區域研究，2001年，第1-62頁。

海、桂林以及象郡，並納交阯於象郡。

1644年，清軍入關，福臨於北京登基建政，是爲清世祖順治皇帝。當時，據高平之安南郡統使莫敬耀來歸，惟因未及授爵即告亡故，乃改授其子莫元清爲安南郡統使。順治十七年（1660），又有據安南之黎維祺自稱國王，上表納貢，雖未冊封但勉其永作屏藩。康熙五年（1666），黎維禧繳送故明永曆敕命一道，金印一顆之後，始遣翰林學士程方朝冊封黎維禧爲安南國王，賜鍍金駝鈕銀印，令其統治安南。

乾隆五十三年（1788），安南內訌，國王黎維祁棄印潛逃，越南改朝換代，西山阮文惠（阮光平）遂代黎氏而有天下，乾隆五十五年遂封阮文惠爲安南國王。阮文惠因不遠千里親赴熱河朝覲祝壽，惟溘逝於途中，乃封其世子阮光纘爲安南國王。嘉慶七年（1802），阮福映起兵滅西山安南，建國號南越，遣使朝貢請封。嘉慶帝以南越版圖不過交阯，處兩廣即粵（越）之南，所訂國號南越名實不符，遂改訂其國號爲越南，並冊封阮福映爲越南國王，世代朝貢中國。歸中央政府的禮部管轄，但採行「因人制宜、因時制宜、因地制宜、因俗制宜、因教制宜」等〈以不治治之論〉的積極性「民族自治、王國自治」等先進地方自治政策。

至於西藏與中國之關係，始於唐太宗，因吐蕃贊普松贊干布請求與唐和親，爲唐太宗所拒，遂入侵中國。唐太宗以不敗吐蕃不嫁公主自誓，遂於大敗贊普松贊干布後，許嫁文成公主。當時，唐太宗受西陲內陸諸遊牧汗國尊爲天可汗，合內陸諸屬土與沿海諸屬藩之尊稱爲「皇帝天可汗」。

由於中國自古以來即爲多民族天下國家，絕非近代西方所謂一個民族組成一個國家的「民族國家」（nation state），故其國際關係並非主權對等，而是受《中華世界秩序原理》之〈五倫國際關係論〉的階層倫理規範，形成「君臣之邦、父子之邦、夫婦之邦、兄弟之邦、朋友之邦」。唐朝對吐蕃，因文成公主和親而將吐蕃納入「夫婦之邦」的類翁婿關係，在皇室家族倫理中，翁婿關係被納入類父子關係之「夫婦倫」中的階層倫理之中，後世轉爲舅甥關係。元朝開國之時，蒙元因入主中國，遂成爲中國王朝，並透過薩迦統治西藏。及清朝，康熙帝於康熙五十九年（1720）派軍擊敗準噶爾，並將

其勢力逐出西藏。雍正五年（1727），又派遣副都統駐軍拉薩，保衛西藏安全，並派遣官員爲駐藏大臣，且實際監控西藏政務。乾隆十六年（1751），乾隆帝更頒行《西藏善後章程十三條》，正式設立噶廈地方政府於拉薩，以秉承駐藏大臣、達賴喇嘛旨意辦事。此外，又設金瓶掣簽，用以規範活佛轉世，並派員主持坐床典禮，訂定達賴與班禪活佛入京朝覲體制，清朝統治西藏的體制爲之大備，也是受清朝理藩院統轄，採行「因人制宜、因時制宜、因地制宜、因俗制宜、因教制宜」等「民族自治、宗教自治」的〈不完全實效領有論〉或〈不完全以不治治之論〉等先進的地方自治政策。

　　清朝在清初康雍乾三代的慘澹經營之下，乃能在其東西南北四周建構出有如「活長城」般的宗藩體制環繞中國，是爲「天下」，亦稱「宗藩共同體」或稱「天下共同體」，因而形成了輝煌的中華天下秩序。清朝於建構天下秩序完成後，正值西歐開始走向工業革命，也獲得了震驚世人的成就，並於1840年代憑藉其堅船利炮的威力，掀起販毒的鴉片戰爭，從此以船堅炮利炸開了「中華世界帝國」的大門。

二、規範「中華世界帝國」的《中華世界秩序原理》

　　從過去的歷史來看，天下的邦（國）際關係，屬於階層體制，中國和周邊王國間看不到對等關係，中國總是以主國或上國的地位和周邊藩屬土維持著主權不對等的宗藩、主屬關係。中國的國際關係爲什麼是不對等的階層關係？若先以圖式扼要表示的話，當更易於理解何謂「中華世界帝國」，如次：

　　　天下≒中華世界＝中心＋周邊＝我族＋他族＝華＋夷＝帝國＋王國＝王畿＋封土＝中國＋藩屬＝皇帝＋國王＝上國＋屬藩＝宗主國＋朝貢國≒中央政府＋自治地方政府＝「中華世界帝國」＝宗藩共同體＝「環中國共同體」＝天下共同體。

　　至於規範「中華世界帝國」的天下法或國際秩序原理，則稱之爲《中華

世界秩序原理》，就目前所知，約有如下諸次級原理：

> （1）天朝定制論，（2）王權帝授論，（3）名分秩序論，
> （4）事大交鄰論，（5）封貢體制論，（6）奉正朔論，（7）興
> 滅繼絕論，（8）重層政體論，（9）重層認同論，（10）華夷
> 分治論，（11）王化論，（12）華夷可變論，（13）爭天下論，
> （14）大一統論，（15）正統論，（16）王道政治論，（17）
> 德治論，（18）救濟論，（19）懲罰論，（20）義利之辨論，
> （21）以不治治之論，（22）實效管轄論，（23）五倫國際關係
> 論，（24）天命論，（25）內聖外王論，（26）世界大同論。[8]

　　精要來講，「中華世界帝國」就是「華＋夷＝宗主國＋朝貢國」相當於「天下」的概念，故「天下」的具體化就是「中華世界」，乃是指「中華世界帝國」勢力所及之處，因此「天子」的具體化就是指「中華世界皇帝」，是典型的「中心＋周邊」概念。它可分為華夷二部，華就是王畿，王畿就是中國；夷就是屬藩、封土，也是中國周邊的諸王國、汗國。因此，華＋夷＝王畿＋封土＝中國＋諸王國＝皇帝＋國王＝「中華世界帝國」。據此，華＋夷＝「中華世界帝國」的人民概念，王畿＋封土＝中國＋藩屬＝中國＋諸王國＝「中華世界帝國」的領域概念，皇帝＋國王＝宗主國＋朝貢國＝「中華世界帝國」的主屬權力運作概念。至此，「中華世界帝國」的概念乃告形成。惟「華夷」並非固定的觀念，夷狄進於中國則為華，中國入於夷狄則為夷，乃文化涵養的概念，具有可變性。

　　據此概念，可知與周邊諸王國締結宗藩關係者，實際上並非中國，而是做為其宗藩整體概念的「中華世界帝國」。理由是，它源起於「天子統治天下」的天朝概念。所以，中國乃是「中華世界帝國」皇帝的直轄領域，居

8　張啓雄：《中國國際秩序原理的轉型——從「以不治治之」到「實效管轄」的清末滿蒙疆藏籌邊論述》，臺北：蒙藏委員會，2015年，第26頁。

「上國」或「主國」的地位，統治周邊諸王國；周邊諸王國乃是受「中華世界帝國皇帝」冊封，並向「中華世界帝國」朝貢之民族或王國的「自治領域」，同時也是向中國朝貢，接受中國冊封的屬藩或屬土。以今日政治學的概念來表達的話，扼要言之，將人民概念、領域概念以及主屬權力概念結合起來的話，則「中華世界帝國」就等同於今日的「國家」概念，若再加上權力運作概念的話，那麼中國就是中央政府，周邊諸王國則相當於自治性的地方政府或民族政權，地方政府歸中央政府統轄。所以，皇帝大於國王，帝國大於王國。顯然，這是階層國際秩序體制，與西方近代之主權對等的國際秩序體制完全不同，且是自成一套完整的國際秩序體制。

　　根據傳統之中華世界秩序觀來分析的話，在「天子」基於「天命」統治「天下」的前提下，「中華世界帝國」皇帝，統治「中華世界帝國」。它依據「華夷分治論」，推行「郡國並行制」，於是在其直轄領域的中國設置郡縣實行直接統治，其餘則封爲藩屬土。郡縣實行「實效管轄」的直接統治；海上藩國在〈以不治治之論〉下，實行間接統治的方式，在〈王權帝授論〉和〈封貢體制論〉下，實行民族自治、王國自治、汗國自治或地方自治；屬土則是在內陸邊區冊封「汗國」或「土司」，屬於〈不完全以不治治之論〉或〈不完全實效管轄論〉統治下的地方。

　　據此，中央頒訂天朝體制，明定上國與屬藩間的君臣關係。由於，「中華世界帝國」皇帝，即中國和周邊諸王國的共同皇帝＝天子，在〈帝權天授論〉＋〈王權帝授論〉下，宗藩間實行冊封朝貢體制。因此，皇帝命令禮部或理藩院等屬藩統治機關，管轄屬藩事務，執行冊封朝貢體制，樹立事大交鄰的邦交關係，進而將五倫觀念融入國際體系，形成「君臣之邦、父子之邦、夫婦之邦、兄弟之邦、朋友之邦」等〈五倫國際關係論〉的階層倫理體系，並責成屬藩奉正朔以示臣從，使屬藩遵守〈名分秩序論〉以示帝國之體制倫理，更以〈興滅（國）繼絕（祀）論〉的理念維繫宗藩體制，以王道思想護持中華世界秩序。要言之，「中華世界帝國」以《中華世界秩序原

理》維繫了中華世界的階層秩序。[9]在這種意義之下，其宗藩關係就可視爲中央＋地方＝帝國政府＋王國政府＝宗主國＋朝貢國之政權間的上下主從關係，因而形成〈事大交鄰論〉的聘交（外交）體制，事大乃地方對中央，交鄰就是地方（自治體）對地方（自治體）或王國對王國、汗國對汗國的聘交體制。

由於「宗藩關係」≒「中央政府」對「地方政府」的關係，而這個地方政府則是王國（汗國）自治或民族自治的地方政府。至於中央政府規範自治地方政府的原理，本文稱之爲〈以不治治之論〉。簡單來講，它是國際法上之〈實效管轄領有論〉的相對概念，主要的規範精神則是「因人制宜、因時制宜、因地制宜、因俗制宜、因教制宜」的統治方式。總括來講，這就是中國歷代政府所行，清朝政府經常所言之「屬邦自主」＝「政教禁令聽其自爲」的〈以不治治之論〉。爲什麼實行〈以不治治之論〉的治道來統治天下？蓋因〈五倫國際關係論〉乃是以「義、親、別、序、信」等五種「倫理典範」做爲其規範國際秩序的原理，可見中國的國際關係乃源於家族倫理，再擴大爲國家、社會的倫理，最終則轉化成爲治理天下的華夷共有倫理，遂形成包容華夷的「天下一家」概念，統治天下成爲一家的國際秩序原理。此即，自古以來《禮記》〈大學〉篇所昭示的「修身、齊家、治國、平天下」之道。所以說：修齊治平之道就是《中華世界秩序原理》的根源。

追本溯源的話，「天子」所統治的「天下」，在理論上，是沒有邊界的。管轄力道的強弱，也隨著遠近、親疏而向外擴散關係，並且採用差等方式，由強漸弱，甚至由弱轉無。《中華世界秩序原理》的〈以不治治之論〉，就是在這種由「有」轉「弱」變「無」的過程上，所產生之由「統治」（郡縣）經「半治」（理藩院）到「不治」（禮部）的現象。反之，省縣體制因直接由朝廷派官治理，所以是〈實效管轄論〉。清廷統治藩部則由理藩院派庫倫大臣、駐藏大臣、西寧大臣等監控外蒙、西藏、青海的行政體

9　張啓雄：《海峽兩岸在亞洲開發銀行的中國代表權之爭——名分秩序論觀點的分析》，臺北：中央研究院東北亞區域研究，2001年，第3-6頁。

系。此外，尚有任官、駐軍、徵餉等，所以既是「不完全實效管轄」，也是「不完全以不治治之」；至於禮部對藩國之治，則因不派大臣駐紮諸王國進行監控，也不徵稅、不駐軍，所以是「以不治治之」。這種現象結合了〈華夷分治論〉思想，就衍生成《中華世界秩序原理》之〈以不治治之論〉的理論根源。

　　所以說：〈以不治治之論〉，並不是國家不統治之意，而是中央採用「以不直接統治的方式來管轄自治地方」之意。反之，它是屬藩或屬土或土司透過自己管理自己的自治手段，以實行積極性的「地方自治」、「民族自治」、「汗國自治」或「王國自治」等間接統治的「地方自治理論」，避免多民族國家之異民族間因接觸而引發摩擦或衝突，進而謀求多民族天下國家的內部和諧與安定，用以達成天下的長治久安。

　　清朝入關前，先東征屈服朝鮮，納質以結宗藩關係，又西討內蒙，大敗蒙古後結爲盟友，然後入關，一面征討流寇，平定北方，收服華南，定鼎中原，代明而有中國。不久，又平定三藩，敗明鄭而有臺灣，於是以琉球爲首的東亞諸藩屬先後入貢受封，繼承明朝之宗藩體制而有天下，後因衛拉特的準噶爾侵擾西北邊境，外蒙來歸，大敗準噶爾，滅之，然後揮師平定青海、西藏。在康熙、雍正以及乾隆三帝的慘澹經營下，天下大定，四海來朝，奠定以清朝爲中心的「中華世界帝國」。

　　清朝定鼎北京後，由於幅員不斷擴大，因此各服之王化程度不一。有時候，居於要荒遠處的「化外」蠻夷，較諸居於要荒近處的「化外」戎狄，甚至於較諸居住九州之內的「化內」蠻夷戎狄，王化得更早、更快、更澈底，因而得以搖身一變成爲「小中華」，甚至晉身爲「中華」。相對的，清代曾經將南方各省所屬之苗、番、蠻視爲「化外」之地，屬於文化未開的領域，與「中華」、「小華」（小中華）的文化層次不同，因而實行「因時制宜」、「因地制宜」、因人制宜」、「因俗制宜」、「因教制宜」等「以夷治夷」之制，[10]即爲歷史顯例。

---

[10] 自古以來，中國不介入屬藩內政，稱之爲「以不治治之論」，至於當代仍保有「以不治

　　清初，朝廷在統治理論上，基於〈以不治治之論〉，對境內少數民族和境外屬藩的統治政策，仍因襲前朝之舊制而未改。因此，關於苗人爭訟，仍依照苗人舊慣處理。根據魏源在《雍正西南夷改流記下》所載：「詔盡豁新〔苗〕疆錢糧，永不徵收，以杜官胥之擾。其苗訟仍從苗俗處分，不拘律例⋯⋯夫修其教不易其俗，齊其政不易其宜，此因土之事，非改土歸流之事」。[11] 此即，清代在滇黔，針對苗民，實行的「因土制宜」、「因俗制宜」、「因教制宜」之策。

　　然近代以後，清朝一旦提及：對「化外」實行「以不治治之」（不治之治）的治道或論述，反而變成列強侵占中國屬藩、屬土的最佳藉口。因為列強所持理由，基於中國從未對其藩屬土加以「實效管轄」，所以中國的宗藩關係並沒有主權上的隸屬關係，故所稱屬藩乃領土所繫，無非空談，或僅止於禮儀之儀式而已。殊不知「不同的國際體系，各有不同的國際秩序原理。基於不同的歷史文化價值，各自形成不同的國際秩序原理，以規範其國際秩序，詮釋其國家與國際的行為」。據此，我們對始於近代迄於今日之西方價值中心主義，既不禁感到憂心，更痛感需直搗其謬誤之處，始能加以矯枉、闡釋，並進一步提出《中華世界秩序原理》才是真正規範「中華世界帝國」之國際體系的國際秩序原理。即：唯有「天下秩序原理」＝《中華世界秩序原理》，才是真正規範「天下＝中華世界」的國際秩序原理。

　　由上可知，中國自有其不同於西歐的國際秩序原理做為其統治「天下國家」的治道。「天下國家」，包含「天下」與「國家」。換句話說，「宗」與「藩」都是「華夷中國」的統治領域，「宗」者中國，「藩」者周邊藩屬土，宗既對前者實行「實效管轄」，也對後者分別實行「不完全實效管轄」或「不完全以不治治之」，甚至於實行「以不治治之」的內外有別之治道。

治之論」的治道，蓋鄧小平曾在香港推行「港人治港」的自治政策，即本此《中華世界秩序原理》，為具異曲同工之歷史文化價值。

[11] 魏源：《雍正西南夷改流記下》，《聖武記》，北京：中華書局，1984年，第295-296頁。

因此，對於周邊少數民族的統治方式，歷代大都奉行〈以不治治之論〉的原理，這是根源於《禮記》〈王制〉「修其教不易其俗，齊其政不易其宜」的歷史文化價值。至於它在歷史上的演變，則依〈華夷可變論〉的原則，觀察「夷狄進於中國」的程度，然後再決定是否給予「則中國之」的待遇。一旦決定「進於中國則中國之」，則其統治方式將由間接統治走向直接管轄。因此，「因俗而治」就是在屬藩、屬土或少數民族都承認以中國為共主（主國、上國）的統治前提下，對其採取與統治中國本部有所不同的統治政策，特別是不實行全國一致之政治、法律、經濟、社會等制度。雖允許他們實行高度民族自治、王國自治、汗國自治或地方自治，惟基於〈王化論〉的歷史文化價值，中國仍然會採取雖屬消極但卻漸進的「用夏變夷」之文化性的教化措施，用以完成對夷狄「中國之」的王化任務。

這樣的統治方式，直到近代西力東漸後，因西方帝國主義爆發「工業革命」，得以「堅船利炮」做為侵略手段，再假借《萬國公法》的〈實效管轄領有論〉做為談判利器，雙管齊下以壓制清廷。中國在屢戰屢敗的劣勢下，其國際秩序原理開始面臨「數千年來未有之變局」的衝擊，至此始因亡國滅種的危機而告大夢初醒。由於不同的國際體系，各有不同的國際秩序原理，以規範其國際秩序，解釋其國際行為。是故，強國憑藉武力加諸弱小國家，就是侵略。相同的道理，強將任何一方之國際秩序原理，加諸於他方的國際體系，就是帝國主義的行為。因此，只有站在東西國際秩序原理各有不同的角度分析國際關係，才是客觀而超然的歷史分析，才能呈現出它的時代意義。

貳、工業革命與西方崛起

一、工業革命的爆發

西歐的工業革命，約始於康熙五十二年（1713）老達比（Abraham Darby, Sr.）以煤煉鐵，經雍正、乾隆，到嘉慶十九年（1814）史蒂文生（George Stephenson）發明蒸氣牽引機之百年間的科技革命，稱之為工業革

命或產業革命。由於首先在西歐爆發工業革命，於是機器取代人力，具較高
效能的科技工廠取代較低效率的傳統手工業，開始進行（1）機械化的工業
生產，（2）蒸汽牽引機（引擎）為工業機械化帶來嶄新的動力，（3）將蒸
汽動力應用到火車輪船上，形成大規模的快速運輸。因大規模且快速運輸為
資源搬運、大量生產、成品運輸、大批銷售，遂成為可能。[12]惟當國內資源
匱乏或市場飽和之時，西歐各國急需龐大的海外資源與國際市場。為了保障
原料的來源與銷售的市場，乃以「自由貿易」為藉口，以「武力」為手段，
進而以《萬國公法》為幫兇，利用其在工業革命後，因科技發達所積累的國
富兵強，開始向外侵略。所以列寧說，資本主義發展的最高階段，就是帝國
主義。

　　就工業革命的重大發明過程而言，1733年約翰‧凱（John Kay）發明飛
梭，提升手工織布機的織布效率，因推動產業的生產技術，加速工業的技術
革新，而不斷的推陳出新，讓市場產生物廉價美的價格競爭力，進而引發了
資本主義累積財富的誘因；1769年瓦特（James Watt）發明蒸汽機，並經不
斷的改良，取得劃時代的科技革命，遂將手工製造業推向機械化，此即為
近代西方國力凌駕東方的關鍵性起始點。1789年，蒸汽機開始應用於棉紡織
業，造成棉花原料的大量需求與棉紡織品市場的擴大競爭，日益強烈。工業
革命在歐美如火如荼的展開後，蒸汽機又逐漸與採礦、化工、冶金、機器製
造、機動運輸等各相關領域結合。於是，富爾頓（R. Fulton）於1803年將蒸
汽機應用於航海而發明了輪船，1838年大西洋號蒸汽輪船成功橫渡大西洋，
即已宣告堅船有利於遠端軍事運輸。不久，英法艦隊相繼東來，遂在中國爆
發了1839年鴉片戰爭、在日本也爆發了1853年美國黑船來航等連串洋夷入侵
事件。1814年，史蒂文生（George Stephenson）透過鍋爐熱機的燃燒過程，
利用膨脹的高壓蒸汽，來推動活塞的開閉機制，不斷送汽、供水以做功，而
得以將高壓蒸汽中的動能轉換為功用，因而發明蒸氣牽引機，替各種機械產

---

12 羅傑‧奧斯本（Roger Osborne）著，曹磊譯：《鋼鐵、蒸汽與資本：工業革命的起
　源》，北京：電子工業出版社，2016年，（導言）第4頁。

業提供動力，鐵路火車與輪船遠航於焉誕生，因而帶動了海陸路運輸的飛躍發展。蒸氣牽引機既帶動了海路運輸得以跨越海洋，到達各洲，無遠弗屆；陸路運輸也因之得以跨越崎嶇險要的道路，披荊斬棘，爬山涉水，深入各洲內地。工業國家一旦裝備先進的近代科技武器，從此世界進入強凌弱、眾暴寡的時代。何況近代國際法前身的1648年的西伐利亞條約（Peace Treaty of Westphalia）允許西歐國家，為了國家生存發展可以向外發展，因而既強化了也合法化了近代工業國家走向對外侵略的帝國主義之途。

至於先進武器的開發，首先則有達比父子（Abraham Darby）分別於1713年與1735年先後採用以煤代木煉鐵，進而以焦炭代煤的煉鐵方法，而確立近代煉鐵為鋼的方法。1740年，亨茨曼（Huntsman）發明亨茨曼坩堝煉鋼法，成功精煉出良質鋼，武器開發更進一步開始邁入化鋼鐵為良質鋼的新時代。1811年於是有美國郝式（John H. Hall）發明後膛槍，並且在1819年成為美國的制式武器；另馬克沁（Hiram Stevens Maxim）也於1883年因改良步槍而發明自動步槍，利用子彈於擊發時，因火藥氣體的爆發力，在瞬間完成開鎖、退彈殼、彈夾送彈、閉鎖、重新射擊等系列動作，讓子彈自動且高速連續射擊，經研發改進於是有了自動步槍與機關槍，戰力大為提升，可在壓制敵方火力的戰況下，克敵制勝。

至於近代槍炮命中率的發展，起因於西方冶金技術的突破，因發明鼓風高爐冶鐵的鑄鐵技術與槍炮內膛的來複線（Rifling）螺旋設計，並在準星的瞄準下，讓子彈或炮彈可在內膛裏沿著軸線高速旋轉射出，得以突破風壓阻力，穩定飛行，更易於擊中目標。此外，後膛炮的發明，也讓近代大炮得以快速裝填，發揮攻城掠地的威力，強化了摧毀力量，成為無堅不摧的利器。[13]

---

13 關於工業革命與列強的形成，請參閱：羅傑・奧斯本（Roger Osborne）著，曹磊譯：《鋼鐵、蒸汽與資本：工業革命的起源》。大衛・蘭德斯（David Landes）著，謝懷築譯：《解除束縛的普羅米修士——1750年迄今西歐的技術變革和工業發展》，北京：華夏出版社，2007年。艾瑞克・霍布斯邦（Eric J. Hobsbawm），王章輝等譯：《革命的年代：1789-1848》，臺北：麥田出版，1997年。契波拉（Carlo M. Cipolla）編，張

在近代國際政治上，「堅船」加上「利炮」，形成船堅炮利的炮艦政策，對老弱帝國更具摧枯拉朽的威力。科技革命所帶動的世界情勢，發展至此，工業革命就成爲東西國力強弱盛衰的分水嶺。相對於日益強勢的西方，中國顯然處於弱勢方，當時主宰清末洋務、外交以及國家命運的李鴻章，稱此國際局勢爲：三千年來未有之大變局。

因此，亞、非、拉美、紐澳各洲，一一淪爲西歐列強的殖民地。當然，清朝也因未能參與工業革命，初則科技日漸落後，繼則因國力衰頹而屢戰屢敗，終則被迫依《萬國公法》簽訂城下之盟，一敗塗地。不但割地賠款，國庫空虛，領土淪喪，甚至連規範其「中華世界帝國」之《中華世界秩序原理》亦告消聲匿跡，迄今不可復見。《中華世界秩序原理》正等待有志之士挖掘，庶幾重光。

工業革命昭示我們，因經濟發展而帶動科技研發，因科技研發而帶動科技商品化，又因科技商品化而帶動經濟力的突飛猛進與軍事武器的日新月異。經濟力因突飛猛進，又帶動經濟成長和國庫充實而富國，軍事武器也因日新又新帶動國家進步而走向強兵，國既富兵又強則能制敵於機先，唯有能制敵於機先者可以無敵於天下。然船既堅，炮既利，卻缺乏「義利之辨」的西方，但知「何以利吾國乎」的歷史文化價值下，其炮艦政策由此而生，非西歐世界紛紛淪爲歐美殖民地。

不過，西洋之前車亦可爲東方之鑑誡，列強雖曾在近代無敵於天下，但不能愛殖民地之人如本土之民，終究不免於衆叛親離，殖民地紛告獨立。由此可證，西方以優勢武力「霸天下」，雖可取天下並殖民於一時，甚至比諸蒙古鐵騎也有過之而無不及，惟較諸曾以「倫理」教化而「王天下」，且歷兩千年悠久歷史的東方，其治天下之優劣長短久暫，自不待贅言。

彬村編譯：《歐洲經濟史：工業革命篇》1-2，臺北：允晨文化公司，1984年。〔法〕保爾・芒圖著，楊仁梗等譯：《十八世紀產業革命：英國近代大工業初期的概況》，北京：商務印書館，1983年。

二、西歐國際法的全球化

　　近代歐美的國際法秩序原理，源起於1648年西伐利亞和約（westphalian system），基本上是以基督教文明為中心的價值體系，建立近代西方以國際法人（民族國家）做為國際法主體的概念，用以規範西方世界的國際秩序。國家是由一群人民、在一定領域之內、組織具有主權的政治團體。因此，國家必須包含人民、領土、政府以及主權等四大要素，對內它在領（屬）土內、對人民（屬民）上，擁有最高的統轄權，對外則表現出至高無上的獨立權。總而言之，在國際法上的國家，是主權國家，它是完全的國際法人，具有享受國際權利、負擔國際義務的資格與能力。其中，民族國家（nation state），即指一個民族組成一個國家，就是近代西方對「近代國家」所下的定義。所謂國家，其實就是指民族國家，尤其是在近代，它並不涵蓋多民族的天下國家，諸如羅馬帝國、大清帝國。

　　工業革命後，西歐國家挾帶其堅船利炮，開始向全球擴張勢力的同時，也將民族國家的概念傳播灌輸給殖民地，甚至全世界，最後成為西歐國家界定他國是否為「國家」或「無主地」的判斷基準。情勢發展至此，唯有合乎西歐國際體系所界定下的民族國家（nation state）才算主權國家、近代國家。[14]因此「民族國家」的定義，就成為列強對外擴張、侵略的利器。從此，與西歐界定下之民族國家要素不一致者，都不是國家，而是無主地，兼併之，占有之，列為殖民地，可也。此即，西歐列強為了侵占殖民地，搾取取利益，而為《國際法》創造〈無主地先占〉原則的動機。

　　事實上，在當時，一個非西歐國家，即使具備人民、領土、政府以及主權等四大要素，也不一定就能受到列強承認，而成為西方國際社會的成員。在國際法的發展過程中，原始成員因早即透過交涉往來而相互承認，但是對於新成員的加入則需先經由舊成員的承認始能取得西方國際體系的國際法人地位。結果，造成原屬於西歐國際法體系以外的既存國家，如中國與剛從殖民地獨立的新生國家，都得先經歐美國家的承認後，才能被納入現行國際法

---

14 國際法學會編：《國際法辭典》，東京：鹿島出版會，1975年，第330-331頁。

體系之內，成為國際社會的一員。[15]新國家能否加入此一以歐美國家為主體的國際體系，端視既存列強國家是否給予承認。承認與否的檢驗標準，名義上，在於它是否具備西方核心價值所構成的四大國家要素；惟實際上，西方國家無不將其承認與否的標準設置在是否合乎其「國家利益」的基礎之上。因此，非西方國家在列強承認的關卡前，往往尚需再經一層剝皮手續，始能真正成為西方承認的近代國家，如中華民國成立之初的列強承認外交。

主權的意義，在於它對內表現出對領土與人民的最高管轄權，對外則呈現出獨立權，認為不具領土屬性者不是主權，不具最高管轄權力者（如省縣等行政轄區的領域性自治權力）不是主權，強調主權在國際法上需具有獨立與非從屬性的意義。其中，最高管轄權指的是國家對領土、人民的統治權。獨立權指的是國家在處理其對內、對外事物的國際關係中，擁有獨立自主的權力。因此，本國內政既不容他國干涉，也不干涉他國內政。據此，主權國家可透過條約、國際慣例等國際性法律關係或慣例來設定其國際法關係，以取得權利、負擔義務。[16]

一般而言，根據近代國際法的基本原則，國家在國際法上具有平等權，此即國家地位的平等原則。國際法上，在「主權對等」（sovereign equality）的前提下，國家雖然有大小、強弱之分，也有強凌弱、眾暴寡的侵略事實，但是在形式上其國際地位對等，它的權利、義務也相等。

據此，19世紀的西歐國家，因資本主義經濟日益蓬勃發展，亟需生產資源、勞動力以及市場。於是，不斷向海外擴張以掠奪資源、強占殖民地以獲取勞動力，獨占市場以累積財富，採取害人利己的政策，以達成殖民母國富國強兵的目的。結果，貪得無厭的資本主義經濟，因不斷膨脹，乃逐漸朝向資本主義發展的最高階段邁進，因此西歐國際體系遂伴隨著資本主義最終發展成為帝國主義，進而利用普及全球的殖民侵略，擴張成為全球體系。

總結此一階段，近代歐美國家因產業革命蓬勃發展，亟需原料、勞工

---

[15] 雷崧生：《國際法原理》上冊，臺北：正中書局，1953年，第37-55頁。

[16] 國際法學會編：《國際法辭典》，第331頁。

與市場。可是，其《萬國公法》既缺乏可藏諸久遠的普世價值，也沒有足資傲人的理想，只是為了滿足原料、勞工與市場的需求，以及國家間的爭強鬥勝，於是開始向外擴張，尋找殖民地，並毫不遲疑的走向帝國主義。此後，不論先發或後發的帝國主義，以差距日益懸殊的科技力量，到達亞、非、紐澳、拉美等全球各工業後進地區，一面尋求「通商」，一面開拓「殖民地」，並以西方近代國家的「nation state」為標準，凡不符合西歐定義下「人民、領土、政府、主權」的國家，都將成為西方帝國主義的侵略目標，盡皆名之為「無主地」，先後透過《萬國公法》的「發現」，繼而「占領」原則，並挾其「堅船利炮」，迫訂城下之盟。在贏得武鬥之後，又透過《萬國公法》的條約體制，迫簽不平等條約，利用「法律」形式，但問「合法與否」，不問人性上「合情與否」、道理上「合理與否」，旋即占領其土地，設置總督，管轄殖民地，徵收人頭稅，奴役土人，徵調兵丁，甚至進而收奪利權，榨取資源，並奪占市場，號稱為「實效管轄領有論」。若簡捷歸納近代西方國家在殖民地所實行之「實效管轄領有論」的各種特徵，不外「領其地，理其政，徵其稅，駐其軍」而已。

　　至於後發帝國主義，如：德俄美日，待其強大之時，各大洲已無「無主地」可供「合法」占領，但它們仍然在「文明進化」之後，東施效顰，以「實效管轄領有論」為名，近則四鄰，遠則他洲，肆意侵略拓展，因而產生「國際秩序原理的衝突」。就以中國為中心的國際體系而論，它形成了東方式「以不治治之論」與西方式「實效管轄領有論」之間的國際法理糾葛、摩擦以及衝突，此即《中華世界秩序原理》與《西洋近代國際法秩序原理》之間的國際秩序原理衝突。

　　歸納言之，西力東漸後，東西國際體系的摩擦與衝突，主要呈現在「天下」對「國家」、「多民族」對「單一民族」、「宗藩體系」對「殖民體系」等國家體制、民族體制，以及所屬領土之治道與秩序原理的不同所致：列強為了解決東西紛爭，決定以武力一決勝負，讓勝者生存，敗者毀滅之西方社會進化論法則來決定優生劣敗，適者生存的命運。相對的，在西方武力占絕對優勢的情勢下，東方傳統的《中華世界秩序原理》隨著「天下國

家」的崩解，終於消蹤匿跡，於今仍不知所終。

參、宗藩體制的崩解與轉型

一、屬土臺灣的實效管轄化

1870年代，後發帝國主義日本開始向臺灣、琉球以及朝鮮等中國所屬邦土尋找出路。1874年，日本假藉臺灣牡丹社生番戕害琉球之遇風難民為由，一面高倡「臺灣番地無主論」，一面出兵臺灣，由瑯嶠深入內山，並受困於深山。此時，中國一面駁斥「臺灣番地無主論」，一面準備對日戰爭。日方在進退不得的情勢下，赴北京參加中日和會，雙方展開國際秩序原理的辯論。中方以《臺灣府志》的紀錄為本，強調對臺行「因俗制宜」之政，徵「社餉」為稅，置「社學」為教，並以「州縣分轄」為治。反之，日本則以「因俗制宜」為無律，「社餉」為無稅，「社學」為無教，「州縣分轄」為無官。結果，日本主張此乃「政令有無」之「無」；相對的，清朝則認為這只是「政令異同」之「異」而已。最後，雙方妥協，締結《互換條款》，結束中日紛爭。[17]

因此臺灣重歸清朝中國的懷抱，清朝經此教訓，對臺灣番地施政開始捨棄「以不治治之論」，改行「實效管轄領有論」，不但積極開山撫番、開路墾荒、興學教化、鋪築鐵路、充實防衛，並捨棄原本由福建省分轄臺南府，臺南府下轄臺灣各州縣的傳統地方建制，並於光緒十一年（1885），宣布臺灣建省，直轄中央，並設置巡撫，由清廷任命與本部直轄省同，遂轉型成為中央直轄統治體制，亦符合西方式實效管轄體制。

不過，在1895年，清廷因敗於甲午戰爭，在日本北進、南進戰略要求下，將臺灣割讓給日本。從此，清朝喪失臺灣在東南沿海的屏障，也喪失了海軍東出太平洋的前進基地。相對的，臺灣遂淪為日本「蠍型戰略」下，向

---

[17] 張啓雄：〈「以不治治之論」対「實效管轄領有論」──1874年北京交涉会議から見た日中間国際秩序原理の衝突〉，《社会システム研究》第32号，京都，2016年3月，第127-173頁。

清朝「爭天下」的一環，其後更演變成日本在發動第二次大戰時，進攻南洋之「南進戰略」下的前進基地。

二、屬藩琉球的淪亡

又，1874年，日本明治政府爲了獨吞琉球，罔顧自明太祖以來歷經五百年的「中琉宗藩關係」，企圖終結德川幕府自1609年薩摩島津藩主祕密出兵侵占琉球以來的中日兩屬狀態，陰圖獨占，乃禁止琉球朝貢中國，受中國冊封，因而爆發阻貢事件；1875年，日本更宣布琉球處分，力圖斷絕中琉宗藩關係，進而納琉球於日本實效管轄之下，乃在1872年將中國冊封的「琉球王國」，改爲日本冊封的「琉球藩」，以「領其地」。其次，將屬於「異國」的「琉球藩」管轄權，從「外務省」管轄移往「內務省」，以「理其政」。第三步，乃設「出張所」（稽徵所）於琉球，對琉球課徵稅金，納入「大藏省」（財政部）國庫，以「徵其稅」。至此，明治政府大致已經完成《國際法》「領其地，理其政，徵其稅」的〈實效管轄領有論〉三大原則。[18]1879年更得寸進尺「廢（琉球）藩置（沖繩）縣」，片面將琉球納入日本版圖。至此，中國喪失東海藩屏的屬藩琉球。其後，琉球也淪爲第二次大戰時日本前進南洋的基地，於美國反攻日本時成爲跳島戰術下的犧牲品。

三、屬藩朝鮮的淪亡

另，1868年日本對朝鮮，先則擬利用〈名分秩序論〉假王政復古之名，僭越自居爲朝鮮上國，乃爆發書契事件。1875年，日本又以測量海上航道爲名，製造雲揚號事件，強迫朝鮮簽訂鮮日修好條規（江華島條約）。然後透過條約規定，開始榨取朝鮮，並以開化爲名滲透朝鮮，終於在1882年引發壬午兵變，燒毀日本駐韓公使館。其後，日本除一面剝削朝鮮，一面培養親日派外，並於1884年與親日派共謀發動甲申政變，謀殺親華派官員，然而敗於袁世凱斷然平亂。政變失敗後，日本又策劃挾朝鮮國王與閔妃以制袁世凱之

---

18 張啓雄：〈東西國際秩序原理的差異──「宗藩體系」對「殖民體系」〉，《中央研究院近代史研究所集刊》第79期，2013年3月，第72-73頁。

策,進而積極籌畫以優勢兵力擊敗清軍之戰略。情勢發展至此,甲午戰爭已箭在弦上,旋以不宣而戰的偷襲方式擊沉清朝運兵船高陞號,遂爆發甲午戰爭。1995年,清朝在甲午戰敗後,朝鮮淪爲日本殖民地,至此清朝不但在政治上喪失屬藩朝鮮,在安全保障上京師也因此曝露於敵方的射程下。從此,朝鮮淪爲日本傳統「蠍型戰略」思惟下,向清朝「爭天下」之北進政策的重大基地。

四、屬藩越南的淪亡

至於法國,同樣的,它也無視於中越宗藩關係,在1874年以武力強迫越南簽訂甲戌條約(西貢條約),規定越南爲「獨立自主」之國,並「受法國保護」。從此,法國以此約爲根據,假「獨立自主」之名否認中國的對越「宗主權」,並以越南「受法國保護」之約文爲藉口,以實力斷絕中國之干涉,並置越南於其殖民統治之下。其後,雖經長期交涉而未果,法國更得寸進尺。1883年8月,法國再以武力脅迫阮朝簽訂《順化條約》,承認法國對越保護權。[19] 1884年,中國忍無可忍,終於爆發中法戰爭。

就西方國際秩序原理而言,法國認爲「以不治治之」的宗主權,並不是「實效管轄」;中國既不以實效管轄而領有越南,則越南不歸中國統屬。換句話說,法國爲了從中國奪取越南,乃稱中國對越既不享權利,自無義務負擔可言,既不負擔義務,自無過問法國對越政策之權。這就是法國澈底否認《中華世界秩序原理》的〈宗主權〉,並代之以《萬國公法》之〈保護權〉的道理所在。從此,法國用堅船利炮爲要脅,並以〈實效管轄領有論〉來否定中國採《中華世界秩序原理》之〈以不治治之論〉統治越南的史實。

1885年,中國因屬藩越南遭法國侵占而爆發中法戰爭,清敗而法勝,從此越南淪爲法國殖民地。至此,清朝不但在政治上喪失屬藩越南,同時也在安全保障上喪失了南方藩屛。

---

[19] 張啓雄:〈東西國際秩序原理的差異──「宗藩體系」對「殖民體系」〉,《中央研究院近代史研究所集刊》第79期,第75-79頁。

五、屬土西藏的統一

　　1901年，清廷宣布推行新政。1903年，趙爾巽上〈通籌本計條陳一摺〉，奏請籌邊之治應由軍府改設郡縣，並設省置督，全面實行「實效管轄」的籌邊論述，清廷敕下各路將軍、大臣查奏，因而掀起光緒朝政府官員向清廷提出「籌邊改制論述」的熱潮。因之川邊藏地的設省置縣也成為籌邊論述的焦點，乃有張蔭棠於1906年入藏改革西藏政務。[20]1910年，俄國認為逃亡庫倫的達賴喇嘛奇貨可居，加以禮遇。清廷為防達賴親俄，乃派蒙古王公前往宣慰，除同意恢復其名號外，並送其返回拉薩。惟自清廷廢〈不完全實效管轄論〉，改行中央對地方直接統治的新政後，清廷與西藏的摩擦日益顯現。同年2月，十三世達賴喇嘛因透過亞東英國商務處出走印度，清廷乃再次革奪達賴喇嘛之名號。

　　1911年，辛亥革命爆發，旋肇建中華民國。駐藏清軍雖回應革命，但也引發西藏動亂，形成漢藏對峙局面。此時，藏蒙趁機簽訂《藏蒙條約》，宣布獨立，並互相承認，惟列強均未承認藏蒙兩地為國家。至於在藏清軍則敗於英藏聯軍，遭解除武裝，遣送回國。1913年1月，達賴喇嘛回拉薩重掌政教大權。袁世凱電達賴表示，恢復其封號，惟達賴則重申其西藏獨立的主張。1913-1914年間，中、英、藏三方代表在印度舉行西姆拉會議。1914年，會議中，英國除表示支持藏方的大西藏主張外，並以不承認中國對藏宗主權、拒絕中國駐藏大員回拉薩駐紮，進而協助西藏抵抗中國等做為要脅，中國議約代表陳貽範以不能擅讓領土、改變疆域為由，拒絕簽署。此時，英國面臨歐戰爆發，中國也陷入軍閥割據亂局，中英均無暇理會西藏問題，惟獨西藏則趁機不斷擴軍，暫時取得優勢。相對的，中華民國政府的對藏權力，雖號稱中央對地方，但政令下達西藏並非易事。

---

20 張啓雄：〈東西國際秩序原理的差異——「宗藩體系」對「殖民體系」〉，《中央研究院近代史研究所集刊》第79期，第79-82頁。張啓雄：《中國國際秩序原理的轉型——從「以不治治之」到「實效管轄」的清末滿蒙疆藏籌邊論述》（蒙藏叢書2），臺北：蒙藏委員會，2015年，第99-120頁。

1933年，第十三世達賴喇嘛土登嘉措圓寂於拉薩，終於為中藏關係帶來轉機。1935年，西藏政府遴選出生於青海公繃的拉木登珠為第十三世達賴喇嘛的唯一轉世靈童，報請國民政府特准免予金瓶掣簽，中央並特派大員吳忠信會同熱振呼圖克圖主持坐床典禮。1940年2月22日，在拉薩布達拉宮正殿舉行典禮，拉木登珠繼位為第十四世達賴喇嘛。吳忠信稱：「結果均甚圓滿，從此對藏主權業已恢復」。[21]

就中藏關係而言，清朝或民國政府對達賴喇嘛等蒙藏政教領袖舉行坐床典禮，從〈封貢體制論〉來看，其實就是涵蓋宗教性的封貢體制，故稱之為「政教合一型封貢體制」。在中央掌握宗教性封貢體制的前提下，駐藏大臣既具有監督達賴地方政府之權，噶廈也有秉承駐藏大臣與達賴喇嘛之旨意推行政務的義務而言，這就成為「不完全實效管轄領有論」或「不完全以不治治之論」等主權歸屬理論的根本基礎。

1949年，中華人民共和國在國共內戰中擊敗中華民國政府，並於北京建政。1950年10月，中國人民解放軍兵分八路進攻西藏，藏軍不敵，節節敗退，中國終於統一西藏。1951年5月23日，中央人民政府與西藏地方政府在北京簽訂《關於和平解放辦法的協定》（十七條協議）。雖然達賴喇嘛於1959年3月17日亡命印度，但是中國的對藏主權至此已正式且完全恢復，並轉型成為當代地方政府體制，同時也恢復了掌握高屋建瓴之戰略地勢的在藏領土主權。

六、屬土外蒙的淪喪

在歷史上，沙俄不但對中國的邊疆蠶食鯨吞，而且也對中國所屬藩屬土加以兼併或鼓動獨立。

蒙古地處西北邊陲，以遊牧為生，土廣而人稀，俄羅斯窺伺已久。清末，朝廷因蒙邊空虛，為保疆衛土，清廷決心推動新政，透過移民墾殖以實邊禦外的政策，乃一面向關內各省招募漢人移民以實邊疆，一面施行放墾牧

---

21 中國藏學研究中心、中國第二歷史檔案館合編：《十三世達賴圓寂致祭和十四世達賴轉世坐床檔案選編》，北京：中國藏學出版社，1991年，第314-318頁。

地以籌措蒙古新政的經費。惟於移民日增之後，「旗民分治」政策開始產生
事權不一流弊，乃有不得不設省改制，行直接管轄之勢。於是，施行「實效
管轄」的設省籌邊改制論述，成為清廷壓倒性的主流意見，終於取代「因人
制宜、因時制宜、因地制宜、因俗制宜、因教制宜」的傳統籌邊見解，以符
西方帝國主義者所倡「行實效管轄者有其主權」的主張。此外，中央因賣地
墾殖之所得，仍不足以支應新政開銷，故大多就地增稅。對牧民而言，牧地
日少，雜稅日多，滿蒙雖是昔日戰友，但蒙人已對清朝政府離心離德。[22]

　　1911年冬，沙俄以武器、彈藥、財政以及外交為支持，鼓動喀爾喀脫離
中國，外蒙則以其國家利權做為交換，活佛哲布尊丹巴呼圖克圖乃在沙俄
的支持下宣布獨立。1912年冬，哲布尊丹巴為統一內外蒙古，乃遣五路大軍
進攻內蒙古各旗，企圖建立大蒙古國。[23]1913年，中俄簽訂《聲明文件》與
《聲明附件》，規定俄國承認中國對外蒙擁有宗主權，外蒙土地為中國領土
之一部分，中國則承認外蒙擁有自治權與俄國在《俄蒙協約》中所獲之種種
利權。據此，在西方國際法的法理上，外蒙不但不是獨立國，而且必須遵守
在中國宗主權下，且是中國完整領土之一部分下的規定。1914年，中俄蒙三
方依據《聲明文件》，在恰克圖開會解決蒙古問題，袁世凱派畢桂芳、陳籙
為議約全權專使，並於1915年簽訂《中俄蒙協約》，規定蒙方取消蒙古國的
國號，改稱外蒙古自治官府；哲布尊丹巴也需取消帝號，改稱外蒙古博克多
哲布尊丹巴呼圖克圖汗，並受中華民國大總統冊封；哲布尊丹巴需取消共戴
年號，改奉民國正朔，但得兼用蒙古干支紀年。從此，外蒙不但無法統一全
蒙，即使連蒙古國做為國家的地位也無法維續，甚至連使用中央政府的名義
也都在禁止之列。至此，情勢急轉直下，外蒙的獨立運動與全蒙統一運動，

22 張啓雄：《中國國際秩序原理的轉型——從「以不治治之」到「實效管轄」的清末滿蒙
　　疆藏籌邊論述》，第31-70頁。
23 張啓雄：《全蒙統一運動——喀爾喀獨立的另類觀點》（蒙藏專題研究叢書110），臺
　　北：蒙藏委員會，2001年。

遂告失敗。[24]

　　1917年俄國爆發十月革命，剛成立的蘇維埃政權無暇兼顧外蒙。總統徐世昌與總理段祺瑞決定趁機出兵外蒙，乃派皖系將領徐樹錚爲西北籌邊使率兵入蒙，撕毀陳毅與外蒙王公僧侶間的約定，即外蒙以自動撤治方式換取中央優遇政策。1919年11月徐樹錚更強迫外蒙撤銷自治，回歸中國。11月22日，奉大總統冊令，加封活佛爲「外蒙古翊善輔化博克多哲布尊丹巴呼圖克圖汗」，並特派徐樹錚爲冊封專使，於民國九年元旦舉行冊封典禮，以示外蒙回歸中國。[25]1920年，徐樹錚強求之舉，既引起外蒙王公之不滿，也刺激外蒙民族主義的抬頭。同年，直皖戰爭爆發，徐樹錚乃由庫倫回師參戰，致駐庫倫兵力轉趨單薄，於1921年爲白俄恩琴所敗。3月，蒙古人民黨軍隊在蘇聯紅軍的支持下，攻占買賣城。相對的，此時中國軍閥則忙於內戰。不久，蘇俄紅軍入蒙俘虜恩琴，先假借哲布尊丹巴呼圖克圖之名，扶植君主立憲政府。1924年，哲布尊丹巴活佛逝世，蒙古人民黨旋即宣布廢除君主立憲，成立蒙古人民共和國。外蒙雖名爲脫離中國獨立，實則淪爲蘇聯附庸。北洋政府雖不承認外蒙獨立，但中國再次失去外蒙則是千眞萬確之事，同時也喪失了左宗棠所稱：保蒙古所以衛京師的中蒙戰略連帶關係。

　　相對於歐美的基督教文明，在民國以後的中俄交涉過程之中，看不到基於東正教文明所產生之俄羅斯國際法的論述，它在近代中俄外交談判上，特別是關於主權或宗主權的論述上，所表現出來的國際法秩序原理，仍然是西歐的國際法。反之，從現實面來看，透過精心設計以巧取豪奪鄰國土地與利權，可能才是俄國外交的眞正中心所在。所以說，俄國雖然武力強大，但是並無基於自身歷史文化價值所昇華產生之國際法或國際秩序原理。

---

[24] 張啓雄：《外蒙主權歸屬交涉，1911-1916》（中研院近史所專刊77），臺北：中央研究院近代史研究所，1995年。

[25] 張啓雄：《收復外蒙主權，1917-1920》（蒙藏專題研究叢書86），臺北：蒙藏委員會，1998年。

結論

　　回顧過去，展望未來，才能鑑往知來。過往位居「中華世界帝國」中心的清朝，因革命而宣告崩解，西式共和的中國，自此肇建，但卻陷入了到底應該以東方的歷史文化價值或是以西方的歷史文化價值為主體來重建國家社會的中西論戰，以及傳統與現代能否並行不悖的茫然之中，緩緩前進。

　　自古以來，中國發展出一套以儒家思想為中心的歷史文化價值，經日積月累發展成為一套規範東亞世界的國際秩序原理，並實際規範「中華世界帝國」的國際體系歷兩千年之久，本文稱此國際秩序原理為《中華世界秩序原理》或《天下秩序原理》。根據《中華世界秩序原理》中的〈天命論〉、〈封貢體制論〉、〈以不治治之論〉、〈五倫國際關係論〉、〈名分秩序論〉等各次級理論，維繫「中華世界帝國」國際體系於不墜，並長達兩千年之久。直到近代西力東漸後，始有根本性之國際秩序原理的衝擊、矛盾、衝突以及轉型。

　　近代稍前，西方因工業革命而國富兵強，因科技創新發展而船益堅炮越利。東西方的國力差距日益懸殊，所以說：工業革命是近代以降西強東弱，刀俎與魚肉之別的關鍵，西風壓倒東風的分水嶺。其後，西方又透過大航海而走向世界，為因應工業革命帶來的產業需求而逐漸向外擴張，進而尋求殖民地，以榨取原料來源、能源供應以及市場保障，終於演化成為進軍全球的列強。在船堅炮利下，亞非拉美紐澳各洲紛紛被迫簽訂城下之盟，弱者因割地賠款而淪為殖民地；強者因宰製弱小而淪為帝國主義，進而建構並獨尊西方價值中心主義，全面否定亞非拉美紐澳的異質文化。

　　西力東漸後，歐美列強不只帶來堅船利炮，同時也強迫推銷用來規範西方國際秩序的國際法與國際關係，進而企圖挾此利器宰製非西方世界。查其國際法的內涵先是「民族國家」的概念，凡不合乎此概念所定義的國家皆是「無主地」，對於無主地就可以因「發現」而進行「先占」領有。當全世界都已遭先占瓜分殆盡之時，西方帝國主義若要在已成立國家的「有主地」上擴張勢力，就得一面否認因「發現」即「領有」的說法，一面提出「實效管

轄領有論」的新主張與法理論述。西歐列強對於非西歐世界的國家，尤其是對多民族的天下國家更刻意掃瞄，研究占領對策。於是將中國的領土區分為「實效管轄」、「不完全實效管轄」或「不完全以不治治之」以及「以不治治之」等三領域，再依其對少數民族或地區的統治情況，先進行片面區分為「無主地」（如：臺灣番地）、「宗主權」地區（如：禮部轄下邦國、理藩院管轄地區）以及「主權管轄」領域（如：各直轄省），然後「先兵後禮」＝挾武力以製造既成事實，再利用《國際法》法理，取得或控制該土地以榨取利權。

列強對中國所屬「宗主權地區」所使用的《國際法》利器，其實就是〈實效管轄領有論〉，對凡是宣稱屬國或屬藩的地區，先進行「領其地，理其政，征其稅」之「實效管轄」的深度做調查後，再透過軍事行動，或將之培養成親帝國主義的政權，或加以占領，轉化成為自己的殖民地。

此時，中國仍對屬藩實施《中華世界秩序原理》之〈以不治治之論〉的政策，基於民族自治，實行「屬藩政教禁令自主」的王國自治、汗國自治、宗教自治。相對於列強的優勢武力，處於弱勢的中國，不但無力要求西方入境隨俗，甚至只能屈從於列強，在施行宗藩體制之所屬邦國的對外交涉上，亦需一體適用西方的《國際法》。不過，中國對屬藩或屬藩對中國，卻仍實行傳統舊制。於是，在列強介入的宗藩間，在法理上形成了「兩截體制」的矛盾；[26]在體制上形成了「主權對等」對「階層倫理」的衝突，在管轄交涉上形成了「屬藩」對「自主」的論爭，在國際禮儀上更形成了「賓禮」對「禮賓」的中外差別待遇。從此，在「中華世界帝國」，原本天下一體適用的賓禮體制，至此發生無力規範歐美列強的國力落差，但是對屬藩卻仍率由舊章，照樣實施君對臣的非對等階層體制。當清朝國力無法支撐其「國際秩序原理」的運作之時，也就是中華世界秩序崩解之際。結果，無論在中國境

---

[26] 兩截體制，意指「一個國家，對外適用兩種外交體制或國際秩序原理」的矛盾現象。俞吉濬全書編纂委員會：《西遊見聞》，《俞吉濬全書》（4），漢城：一潮閣，1995年，第116-117頁。

內、在屬藩境內或在歐美境內的外交場合上或國際關係上，都發生「兩截體制」的現象，造成獨厚列強，獨薄屬藩的不平等待遇。再就屬藩立場來看，在外交場合上，它對強大的列強而言，是對等的邦交關係，但對屢戰屢敗的清朝而言，卻是不對等的君臣關係。其後果，就是屬藩開始離心離德，或遭列強吞併成為殖民地，或投靠列強宣告獨立自主，最後仍不能免於淪為殖民地。

最後，宗藩體制在西力撞擊下，因宗藩矛盾而日漸離心離德，於是原屬於「不完全實效管轄」的蒙藏，在英俄的鼓動與援助下宣布獨立；而原屬於「以不治治之」的琉球、朝鮮則為日所併，越南也為法所併；而另屬於「實效管轄」的直轄臺灣，也在「臺灣番地無主論」下的「臺灣番地」，被迫立即開山撫番，改行實效管轄，進而將「全臺」改建為行省，直屬中央管轄。於是，衰微如清朝的多民族天下國家，在力不如人的劣勢下，力圖振作，乃一面推動洋務以求自強，一面則廢棄傳統治道的「以不治治之論」，走向「實效管轄」的統治法理，企圖藉此重整宗藩體制，獲取列強承認。

回顧「天下秩序」與「天下秩序原理」的崩解過程，乃因近代西方爆發工業革命，競相發明改良，結果科技日新月異，因創造出堅船利炮而有國富兵強的體質，這正是清末中國因忽視「雕蟲小技」而錯過「工業革命」，又因錯過而無緣參與的時代轉捩點，從此敵強而我弱。清末在「堅船利炮」的武鬥下和《萬國公法》獨占國際關係的文鬥裏，從此喪失國際舞臺，最終導致《中華世界秩序原理》無法經世致用，從此湮沒不彰，迄今形蹤不明。因此省思《中華世界秩序原理》之內涵，何以鮮為世人所知，何處尋覓，如何尋覓，如何恢復，如何彰顯，如何法典化，如何展開規範等等，在在都是知識分子必須有為的重中之重。

中華體制之所以崩潰，蓋以西力東漸後中華屢戰屢敗，因力不足以自保所致。如今，為了使《中華世界秩序原理》在悠久的歷史進程中再次重現，進而發揚其扮演以原理潤滑國際關係，發揮其所具高瞻遠矚的普世理想，進而探索其曾鞏固「中華世界帝國」長達兩千年之悠久歷史的道理所在，學者與學界的歷史任務除了在浩瀚的文獻之中爬梳史料、發微其原理之外，更

應從中西外交談判的交涉案例中挖掘其國際秩序原理的論述，並對《中華世界秩序原理》與《國際法》的國際交涉提出超然而有據的見解，融合雙方所長，發揮其法理主張與論述，重新提出東方的《天下秩序原理》詮釋。

總之，對中國而言，根本之道還是在於創造獨富、獨強、獨大、獨尊的綜合國力，發揮歷史文化價值，提倡王道的普世價值並賦予「倫理典範」，進而因融合各國際體系的國際秩序原理而創造出適合未來國際社會發展的國際秩序原理，最終則以經過融合創新的新國際秩序原理來規範國際秩序，且在必要之時，起而挺身護持國際秩序，承擔國際權利與義務，提供國際公共財與公共福祉，創造天下為公，共進大同世界，維護世界的和平、進步以及幸福。

最後，我們不可以或忘的，就是工業革命曾在近代帶給非西方世界之國家歷經百年以上國破家亡的慘痛經驗，需從中記取歷史教訓。尤其是，對其所引發的世界科學技術革命，改變了近代以降的全球生態，不但造成既難以彌補，而且一時也無法追平之國家間的權力與幸福差距。何況處在強凌弱、大欺小、眾暴寡之富國榨取窮國、強國壓迫弱國的強權就是公理（power politics）下，因不斷惡性循環，故強者愈強，弱者愈弱，終至淪為文明先進與文明落後的國際象徵，埋下歐美價值中心主義的種子，引發白人歧視有色人種的優越感。「人必自弱而後人侮之」，故中國無須也無暇怨尤，但需自強。自強之道，在於搶先發展人工智能智慧型的新工業革命，「培人才、親研發，揚科技，結經貿，暢流通、拓絲路，聯四鄰，以圖天下共同體之再現」而已。

對中國而言，工業革命為列強帶來壓倒性的武力優勢，差一點就讓非工業革命的中國亡國滅種。我們應該謹記歷史教訓，就是絕對不可輕忽世界科學、科技發展的動向，讓科技日新月異，不但必須要與世界同步發展，而且必須培育技術人才，透過研發、在彎道超越而領袖群倫，隨時保持科學、科技走在時代的尖端，以便為人類創造出偉大的貢獻，也為全球創造幸福的未來，更應該勇於承擔，透過國際秩序原理的融合創造，以為全球千秋萬世開太平的重責大任。

第四章　日本帝國崛起與「日清戰後經營」

馮瑋*

　　中國研究甲午戰爭的泰斗戚其章先生在《中日甲午戰爭史研究的世紀回顧》中寫道，甲午戰爭「還存在許多研究的薄弱環節甚至空白，有待於進一步探索和填補。」[1]受此啓發，我仔細查閱了歷年論文、論著目錄，發現研究甲午戰爭對中國的影響的成果甚爲可觀，但研究這場戰爭對日本的影響的成果卻極爲鮮見。爲了「拾遺補缺」，我利用在日訪問之便查閱資料，草撰此文，以期能引起學界同仁對相關問題的關注和研究。因爲，日本在甲午戰爭後迅即展開的、以擴軍備戰爲核心的「日清戰後經營」（按：日本稱甲午戰爭爲「日清戰爭」），對日本政治、經濟、外交走向產生了具有里程碑意義的影響。通過對甲午戰爭前後的比較，我們不難發現其影響。

壹、發展路線的確定

　　按日本慶應大學教授、日本經濟史學會會長杉山伸也的定義：「所謂『日清戰後經營』，是指日本在強烈意識到『三國干涉還遼』後的國際形勢的前提下，所展開的整體性政策運營。這一運營對日本以後的發展，產生了重大影響。」[1]

　　在日本第一次產業革命最終階段爆發的「日清戰爭」，同時也是日本資本主義確立並向帝國主義轉化的界碑。這場戰爭是此後日本經過日俄戰爭、日韓合併、第一次世界大戰而躋身於世界列強的具有決定性意義的「起

跳板」。這場戰爭也是導致東亞傳統的「華夷秩序」崩潰的轉捩點。正是在「日清戰爭」以後，日本政府對內外政策進行了重大調整，特別在亞洲地區開始了大肆擴張。

「殖產興業」政策以《大日本帝國憲法》頒布告終。在頒布《大日本帝國憲法》的儀式上，總理大臣黑田清隆和樞密院議長伊藤博文發表演說時，均強調將繼續堅持明治維新以後推行的「富國強兵」的「國是」。此後幾年，日本統治階層圍繞方針政策的「鬥爭」，主要就是「兩條路線的鬥爭」：堅持「積極財政」，走「富國強兵」的擴軍路線，還是強調「休養民力」施行「緊縮財政」。歷次議會的衝突和爭論，均圍繞這一問題展開。

自1890年日本帝國議會創設後，根據規定，國家預算必須經由議會審議通過。在第一屆議會，以藩閥勢力為主的明治政府增加年度支出、推行富國強兵路線的要求，即和由「民黨」（相對於「藩閥」的政黨）占多數、強調減輕人民負擔「休養民力」的議會，產生了激烈爭執，形成了「第一次對立」。這次對立，使首次由政府制定、議會審議的1891年度預算案，從8300萬元削減至6500萬元。

翌年，政府提出了總額為8350萬元的1892年度預算案，其中包括陸軍軍備費300萬元、軍艦製造費275萬元、製鐵所創辦費225萬元在內的908萬元新計畫事業費，以及鐵道國有計畫調查費等。但是議會堅持要求將此項預算減至790萬元。由於政府和議會各執己見，互不相下，最後導致該年度預算不成立，迫使首相松方正義解散議會舉行大選，並根據憲法規定執行上年度預算的結果。

值得關注的是，自「第二次對立」開始，雖然國會內的「民黨」不依不讓，但堅持「富國強兵」路線、由藩閥勢力為主導的明治政府的態度，也趨以強硬。據史料記載，在第四屆國會（1892年11月-1893年2月）開會期間，這一情況發生了明顯變化。在這屆議會上，「對政府提出的臨時軍事費1.5億元，無一名議員提出異議，一切議題僅四天即在議員協贊下得以通過，取得結果。明治二十三年（1890年）以來，政府和議會圍繞財政問題展開衝突的歷史，暫時降下了帷幕。自此以後，政府和議會在有關財政問題上的立

場，與以往幾乎迴異奇趣。」²

確實，在編制決定國家發展方向的預算問題上，和第一屆議會政府被迫作出妥協，第二屆議會政府不屈不撓，最後松方正義被迫解散議會施行大選相比，政府和議會衝突的歷史，「暫時降下了帷幕」。對政府議案所以無一名議員提出異議，原因極為簡單：不能因「蚌鷸相爭」而使「漁翁得利」，必須將民族利益置於黨派利益之上。

在日清戰爭爆發前不久，日本政府對產業和事業的發展已有明確軍事構想，其中最明顯的例子是1892年頒布了《鐵道鋪設法》，開始向鐵道國有化方向轉換。所以如此，一是順應軍部的「大陸鐵道構想」，即將日本國內外鐵路聯接，使軍事輸送更加迅疾；二是創造將財閥資本家對鐵道部門的巨額投資，引向重工業和採礦業的條件。這一構想直接影響了產業結構，因此是「日清戰後經營」的重要先決條件之一。

在「日清戰爭」一觸即發時，為了備戰，明治政府開始籌集總計超過2億元，即超過當時經常收入兩倍的龐大的戰爭費用，並主要通過兩個管道籌集了這筆戰爭費用：發行「軍事公債」和向日本銀行借貸。1894年，明治政府頒布了「軍事公債條例」，陸續發行了總額達1.25億元的公債，並向日本銀行借貸了4250萬元資金。

由於「日清戰爭」是在原有財力無法承受的情況下，依靠發行公債和銀行借貸發動的一場冒險的戰爭，戰爭的進行必須依賴軍需相關產業，因此戰局未開，即給「日清戰後經營」留下了三大「遺產」：一是通貨膨脹，並因此使政府不僅再度祭起慣用的法寶——增稅，為國會內衝突再起提供素材，而且為尋求財源進行方針政策調整；二是國家財政和銀行資本的結合進一步緊密，使日本銀行對國家財政的話語權增強，從而不僅為金融寡頭的形成留下隱患，而且為以銀行為媒介的間接金融體制的形成，提供了基本前提；三是依靠民營企業難以滿足軍事需求，因此以陸海軍工廠為首、為推行戰爭提

---

²　大藏省財政史編輯室：《明治財政史綱》，東京：東洋經濟新報社，1911年，第211頁。

供不可或缺的軍需品的官營軍需企業，逐漸在國家經濟結構中占據壓倒性優勢並不斷擴張，從而不僅導致官營企業比例相對民營企業比例的逐漸增大，加劇了日本產業結構的不均衡，而且進一步強化了「官商一體」的趨向。

　　1894年7月，「日清戰爭」爆發。1895年2月，戰爭以清朝敗北結束。同年3月20日，日本全權辦理大臣、首相伊藤博文、外相陸奧宗光，和清朝欽差頭等全權大臣、直隸總督、北洋大臣李鴻章為，在下關春帆樓正式開始進行和談，幾天後簽署了休戰條約。4月1日，雙方開始進行媾和談判。經過約半個月六次會談，雙方於4月17日簽署了和約，史稱《馬關條約》（又稱《春帆樓條約》）。條約共11款，並附有「另約」和「議訂專條」。主要內容有：1．中國承認朝鮮的獨立自主，廢絕中朝宗藩關係。2．中國向日本割讓遼東半島、臺灣及澎湖列島。3．中國賠償日本軍費2億銀兩。4．開放重慶、沙市、蘇州和杭州為商埠。5．日本可以在中國通商口岸開設工廠。

　　4月23日，即簽約後僅六天，德、法、俄三國駐日公使相繼造訪日本外務省，提出：「遼東半島為日本所有，不僅有直接危及清國首府之虞，且將使朝鮮之獨立有名無實，成將來遠東永久和平之障礙。」[3]此即著名的「三國干涉還遼」。面對諸強干涉，5月10日，日本明治天皇頒布詔書，宣布接受三國「忠告」，放棄對遼東半島之永久占領。[4]6月4日，日本內閣會議通過決議：「作為永久放棄遼東半島之補償，要求清國交付贖金，其數量限額為庫平銀1億兩。」後來，此數先減至5000萬兩，再減至3000萬兩。最終，日本實際獲得的「戰爭賠償」為庫平銀2.3億萬兩，其中包括「歸還遼東半島補償金」3000萬兩，約合3.5598億日元。這一數額，相當於當年日本國民總收入的28%。日本方面同時提出，接受賠償的貨幣為英鎊，接受賠償的地點為倫敦。這兩個條件，清政府均予以接受。

　　《馬關條約》和「三國干涉還遼」，構成了我稱之為「必要」和「可能」的「日清戰後經營」的基本前提。

3　陸奧宗光：《蹇蹇錄》，北京：三聯書店，1963年，第250頁。
4　宮內庁：《明治天皇紀》，第8卷，東京：吉川弘文館，1972年，第862頁。

　　所謂「必要」，即「三國干涉還遼」顯示了西方列強劃分在華勢力範圍的露骨的企圖，使早已覬覦中國的日本擴張主義分子心存焦慮，使主張對外推行強硬路線的運動再度興起。例如，在1898年5月14日召開的第12屆議會特別會議上，甚至有議員提出上奏案，要求追究招致「三國干涉還遼」的當事者伊藤內閣的責任。一言以蔽之，「三國干涉還遼」使日本深刻認識到其所處的國際環境，因此開始大規模擴充軍力。擴充軍力，是「日清戰後經營」的主要內容之一。

　　所謂「可能」，即巨額「戰爭賠償」為日本政府推行以軍事擴張為軸心的各項政策，提供了主要財源，另一方面，雖然迫於「三國干涉」，日本無奈放棄了割占中國遼東半島的圖謀，但是獲得了對臺灣的殖民統治權和朝鮮的政治經濟支配權，以及在中國大陸通商的特權，因此極大地拓寬了向海外市場擴張的通道。

　　基於上述「必要」和「可能」，「日清戰爭」之後，日本以軍部提出的「堅忍不拔，臥薪嘗膽，圖軍備之充實和國力之培養，以期捲土重來」為方針，利用和煽動受到「三國干涉還遼」刺激的國民感情，在「大陸政策」方面從以往的「維持主權線」向「擴大利益線」轉變，開始了所謂的「日清戰後經營」。

　　「日清戰後經營」的構想和框架，或曰「日清戰後經營大綱」的正式檔，是《關於財政前途之計畫的提議》。這份檔由時任大藏省主記官的阪谷芳郎起草，由松方正義以藏相的名義於1895年8月15日提交內閣審議。在《關於財政前途之計畫的提議》後，松方正義即辭去了藏相職務，由渡邊國武繼任。經過一番曲折，「歲計約2億元的劃時代的大預算」在帝國議會獲得通過。據當時的《戰後財政始末報告》稱：「這一預算與以往8000萬元左右的年度預算相比，有空前絕後之增加，完全闖入了一個維度不同的新的世界。」[5]如此，「政府制定了所謂『戰後經營』計畫，以軍備擴張為主，求『勸業、教育、金融機關之發達，交通運輸之進步（1896年1月11日渡邊國

---

[5]　大藏省財政史室：《戰後財政始末報告》，東京：經濟新報社，1900年，第1頁。

武藏相的演說），同時以公共投資爲中心，大幅度增加財政支出。」[6]

「日清戰後經營」最值得關注的，無疑是軍費的大幅度增長，以及激勵與之相關的海運、造船、製鐵、鐵道和水上及路上運輸等設施的建設。以下表格反映了戰前戰後有關經濟資料的變化。[7]

「日清戰爭」前後經濟指標的變化　　　　　　　　　　　　　　　　　　比率：%

項目	戰爭前（1890－1893年）	戰爭後（1897－1900年）
中央·地方財政純支出	9.8	17.3
*狹義軍費開支	2.1	5.3
**廣義軍費開支	3.2	6.4
中央政府稅收	5.9	3.0
中央地方稅收	8.7	8.3
進口	8.1	14.0
經常收支差額	0.0	3.7

*狹義軍費開支爲陸、海軍省費
**廣義軍費開支爲常備國防經費+戰爭開支+軍事扶助費+各類津貼+國債利息

另外，就具體數額而言，在19世紀90年代前半期，「狹義軍費開支」爲2000萬元左右，「廣義軍費開支」不足4000萬元，在「日清戰爭」期間，廣義軍費開支爲1.3億元。在1891年至1895年，平均租稅收入爲6279萬元，經常收入8561萬元：1896年至1904年，平均租稅收入1.2725億元，經常收入1.8645億元。

結合上述資料可以發現，「日清戰後經營」有四方面的變化值得關注：

（一）經過戰爭，中央、地方的財政規模都相對擴大，軍費開支也成倍增加，因而形成赤字財政。

（二）和戰前、戰時相比，戰後雖然財政規模擴大、軍費開支增加，但

---

[6] 中村隆英：《明治大正期的經濟》，東京：東京大學出版會，1985年，第85頁。

[7] 大藏省財政史室：《明治大正財政詳覽》，東京：東洋經濟新報社，1927年，第75頁。

是由於獲得了巨額賠償，因此稅收比率反而減少，即人民的稅收負擔反而相對減弱。

（三）由於財政規模的擴大和實質上的減稅的乘數效應，引發經濟景氣，使「日清戰爭」以後「第二次企業勃興期」即「興辦企業熱」，成為現實。

（四）政府的軍費開支中有相當大比重，用於官營軍工企業的設備引進，而民營企業的設備投資也有很多用於輸入，因而引起國際收支赤字，和戰前銀本位體制時期形成鮮明對比。不過，在「戰爭賠償」金額用完之前，國際貿易經常收支的赤字，並未向政府提出轉變政策的強制性要求。

「日清戰後經營」是以「擴軍」為核心的。在此階段，總計5億元歲出中，20%為陸軍擴張費，使陸軍從6個師團增加至12個師團（按：日本的師團相當於集團軍），42%為海軍擴張費，使海軍艦艇噸位數從5萬噸增加至25萬噸。海軍所占比重如此之高，同「日清戰後經營」「計畫大綱」的設計者阪谷芳郎的思想理論有關。後年，阪谷芳郎曾就發展壯大海軍的意義，發表過如此一番議論：「海軍之擴張是關係國家安全之大問題，絕不是財政問題。軍備問題猶如構築堤防。河之彼岸即便加高一寸，則此岸之堤防若不相應提高，一旦遭遇洪水，自己所在之處必洪水氾濫。因此之故，對岸若增加堤岸高度，此岸也必須增加高度。方今列強若擴張海軍，則日本即便存在困難，亦必須相應擴張。」[8]

與此同時，為了盡可能實現兵器、軍艦自給，首先必須實現鋼鐵自給。因此，明治政府制定了官營製鐵所創辦計畫。當年創辦的最典型的代表性企業，就是1897年動工、從中國大冶礦山獲取原料的「八幡製鐵所」。同時，陸軍出於軍事目的制定了《國有鐵道擴張計畫》。1906年，日本實現了鐵道國有化。海軍則從軍備擴張計畫的立場出發，積極推進1896年頒布的《航海獎勵法》和《造船獎勵法》。以下表格，即是有關情況和資料的顯示。

8　阪谷芳郎：《海軍擴張論》，載《東京經濟雜誌》第1550號，1910年，第54頁。

「日清戰後經營」軍事和殖民地經營、擴張費用開支　　　　　　　　　單位：千元

年度	陸軍擴張	海軍擴張	殖民地經營	軍費・殖民地
1896—97	46,810	69,278	5,959	122,047
1898—99	33,270	92,363	10,185	135,818
1900—01	33,980	56,993	15,350	106,323
1902—03	14,564	28,476	14,380	57,420
合計	128,624	247,110	45,874	421,608

資料來源：大藏省編：《明治財政史》、《明治大正財政史》。

「日清戰後經營」基礎設施建設費用　　　　　　　　　　　　　　　單位：千元

年度	土木事業	海運・造船	鐵道建設	電信改良	製鐵設施	產業獎勵
1896—97	9,934	3,155	12,843	4,151	1,289	139
1898—99	12,460	10,268	16,108	3,678	4,758	227
1900—01	8,151	19,529	34,979	4,158	13,302	886
1902—03	10,028	48,414	32,536	3,232	1,481	1,481
合計	40,573	81,366	96,406	15,219	20,830	254,394

資料來源：大藏省編：《明治財政史》、《明治大正財政史》。

　　隨著「日清戰後經營」的推行，日本經濟結構發生了顯著變化。這些變化與現代經濟體制「特徵」的形成直接相關：

　　（一）1894年，日本「會社」總數為2,104家，資本金1.384億元；1895年增至2,458家；資本金1.740億元；1896年增至4,595家，資本金3.975億元；1897年增至6,113家，資本金5.325億元；1898年在增至7,004家，資本金6.217億元。資本金按產業別計，銀行占46%，鐵道占29%。這一時期的工業雖然以紡織業為中心，但是紡織業在這方面所占的比重很小。[9]會社數的擴大和「日清戰後經營」的推進呈正比。這一狀況對勞動人數和雇用狀態的影響，即「企業內部關係」的影響，似毋庸置疑。

---

[9]　日本銀行統計局：《明治以後本邦主要經濟統計》，日本銀行統計局，1966年，第324頁。

　　（二）明治政府以「日清戰爭」獲得的、以英鎊支付的賠償爲準備
金，於1897年頒布了貨幣法，同時修訂了《兌換銀行條例》，確立了金本位
制；通過銀行整頓，強化了普通銀行依存中央銀行——日本銀行，由中央銀
行統制金融市場的結構；創辦了「日本勸業銀行」、「日本興業銀行」等服
從國策、受國家法律和政府保護的政府系「特殊銀行」，而「政府系銀行和
民營銀行並存的金融體制，即使在日清戰後經營期設立的特殊銀行轉換爲普
通銀行的戰後時期，其基本結構也沒有發生變化，並一直延續至20世紀90年
代。」[10]

　　（三）戰前，日本產業是以纖維和鐵道（非財閥系民間資本），以及礦
山（財閥系資本）爲中心發展的。但是戰後，除此之外，「機械、造船、金
屬、化學、海運、礦山等產業部門（國家資本、財閥資本）開始占據中心地
位，這些產業部門和被稱爲『日清戰後經營』的國家政策緊密結合，並取得
了顯著發展。」[11]「在日本經濟活動中，財閥確實具有作爲最現代化的經營
體的側面。但是其活動極大地依存於天皇制絕對主義的國家權力。因此，財
閥不是通過與政治權力對抗爲自己尋找現代化的途徑，而是努力與國家權力
結合，並通過這種方式獲取利益。」[12]一言以蔽之，「日清戰後經營」爲現
代版的官商一體原型「財閥」的問世，提供了重要條件。

貳、財閥的最終形成

　　形成於明治初期的財閥，是日本現代經濟體制中一種較爲獨特的現
象。三井、三菱、三井、住友、安田四大財閥的發展，與「日清戰爭」密切
相關。

　　自江戶元祿時代起，三井家即是以經營金融業和吳服業爲主的豪商和幕
府的御用商人。江戶末期，三井家和「親幕派」和「倒幕派」均有聯繫。但

[10] 杉山伸也：《「帝國」的經濟學》，東京：岩波書店，2006年，第5頁。
[11] 山本義彥：《近代日本經濟史——國家和經濟》，密涅瓦書房，1992年，第45頁。
[12] 須江國雄：《日本財閥史入門》，東京：文堂出版社，1996年，第63頁。

是，由於在「討幕派」取得決定性勝利的鳥羽伏見之戰前夜，三井向討幕重鎮薩摩藩捐獻了軍費，故在明治元年即1868年2月，即和小野、島田兩家一起，被新政府任命為「金谷出納所為替方」，協助管理國庫貨幣收支、「太政官劄」（紙幣）發行、通商、籌建「為替會社」等，依靠其資金和信用，幫助政府財政籌措資金，克服財政困難，因此獲得了運營政府資金的特權，成為名副其實的「政商」並獲得了巨大利益。

但是，在三井家資本形成方面更具有重要意義的，是1871年6月被維新政府任命為「新貨幣御用為替方」（新貨幣發行管理機構）。1874年10月，日本出兵臺灣後，與清朝關係極度緊張，戰爭一觸即發。為了籌措軍費，明治政府頒發了《抵當增額令》，讓各資金運營機構拿出與其運作的政府資金等額的資金作為抵當，小野、島田因不堪承受而倒閉。三井卻因事先獲得情報未雨綢繆，不僅躲過一劫，而且在小野、島田倒閉後，與政府的財政經濟政策關係更加緊密，在金融界確立了壟斷地位，使之政商的地位愈益不可撼動。

1876年7月，三井如願以償設立了三井銀行（資本金200萬）。由於其從原先的三井金融機構承襲下來的大阪、京都、橫濱、神戶4家分店和26個「出張所」（派出機構）基本上覆蓋了整個日本，因此在當時陸續設立的諸銀行中可謂「鶴立雞群」，占據了銀行業的中心位置，對日本資本主義的展開起了積極推動作用。由於三井積極配合明治維新政府推行「新政」，為之作出了很大貢獻，因此也相應獲得了各種利益。特別是三井銀行接受國庫金存儲，不僅是享有的一大特權，同時也是進一步開展業務的「利器」。

三井物產國內外商業貿易情況構成表　　　　　　　（單位：千萬日元／份額）

年份	出口	進口	外國間貿易	國內貿易	合計
1879.9—12	57（10%）	239（44%）	0（0%）	249（46%）	545（100%）
1897	10,432（19%）	33,540（62%）	179（1%）	9,579（18%）	53,730（100%）
1898	13,404（22%）	38,788（62%）	761（1%）	9,610（15%）	62,653（100%）
1899	25,439（33%）	40,016（53%）	731（1%）	10,034（13%）	66,230（100%）

資料來源：柴垣和夫：《日本金融資本分析》，東京大學出版會，1965年，第118頁。

　　在明治初期和中期，排斥外商參與、開展「直接貿易」，是日本「官商一體」的要求，因此日本官商聯手，竭力抑制和排斥外商插手貿易，其專橫達到「令人切齒扼腕難以忍受」的程度。例如，三井物產開業後即獲得了官營的三池煤炭的販賣權。「日清戰爭」以後，1895年，三井家事業組織已經形成了以三井家同族會、三井（大）元方為中心的康采恩形態的原型。1896年，三井設置了三井商店理事會，1900年，三井制定了《三井家憲》，強化了同族結合趨向。按照松本宏的觀點，在這一過程中三井完成了從政商資本向財閥資本的轉化。[13]

　　三菱沒有像三井和住友那樣具有悠久的歷史，因此三菱的「發家」更主要歸因於當時日本發展資本主義所面臨的環境，以及日本政府的「偏袒」。明治維新之前，日本的對外貿易主要由外商控制。這一局面的形成同日本周邊的海上運輸由外國海運公司支配，具有直接關聯性。進入明治時代後，為了不再讓外商充任「仲介」，實現「直接貿易」，提高自身海上運輸能力，取得海上運輸支配權，日益成為日本必須解決的緊迫課題。三菱就是順應這一要求而以海上運輸業為起點，不斷發展並逐漸後來居上，最終與三井並駕齊驅。

　　1874年，三菱商會將本店從大阪遷移至東京，並在同年9月改稱「三菱蒸汽船會社」。同月，日本出兵侵略臺灣，已在沿海航路的運輸方面不斷取得發展的三菱會社，依靠政府租給的13艘汽船（131萬噸）承擔了軍事運輸任務，以此為契機，三菱正式開始作為政商獲得政府保護並享有特權。在「臺灣問題」上日本和清朝政府議和後，翌年1月，明治政府命令三菱開闢通往上海的航路。同年5月，內務卿大久保利通提出了著名的放任、補助、官營「海運三策」，正式確定了保護三菱的政策。9月，三菱會社無償獲得了上述13艘汽船，並自當年起獲得了每年25萬日圓的政府補助金。在政府的保護和援助下，三菱在橫濱和上海之間的航路上，同美國太平洋輪船公司、

---

[13] 松本宏：〈日本帝國主義成立期財閥資本的形成〉，載（日）歷史學研究別冊《歷史中的民族和民族主義》，1973年，第118頁。

英國太古輪船公司展開了激烈競爭，並在競爭中勝出。1877年，日本最後一場內戰西南戰爭爆發後，三菱以政府借貸的80萬美元購置了一批船舶，承擔政府軍和軍需品的運輸，不僅爲政府軍的勝利立下汗馬功勞，而且因此獲得了300萬日元的收入，堪稱「名利雙收」。由於歷史的機遇、政府的扶持和自身的努力，至1885年，即岩崎彌太郎去世的一年，三菱在海運領域已完全確立了壟斷地位，其船舶數即運力在以下表格中可以得到了解。

三菱所有船舶數（明治15年—明治18年）   按：（ ）中爲租用船

年份	汽船	帆船	倉儲船	小蒸汽船	合計
1882	37	5	9	10	61
1883	30	9	9	9	57
1884	30	6	8	11（5）	51
1885	28	5	6	13（3）	55

資料來源：旗手勳：《三菱生成期資本蓄積和土地所有》（上），載《歷史學研究》325號，1967年。

　　1886年3月，「三菱商社」更名爲「三菱社」，其經營路線開始「從海上轉向陸上」。此後的收益亦主要來自於陸地而非大海。同時，三菱開始努力脫離「政商路線」，通過收購官營企業轉變爲財閥。1896年2月，根據「日清戰爭」後煤炭市場擴大的行情，三菱設置了作爲進入「商事」領域之端緒的煤炭銷售部。1899年，「三菱合資會社」改組爲銀行、營業、礦山、庶務、檢查「5部制」，取得了顯著發展。按照石井寬治的說法：「這一時期，同國家權力的結合，對三菱財閥的發展具有不可或缺的重要性。」[14]

　　住友家的歷史比三井家還要悠久，但其迅速發展則是在「日清戰爭」以後。1895年（明治28年），住友在原來「併合業」的基礎上設立了住友銀行。1897年，住友收購了日本制銅安治川工廠，將其改爲住友伸銅所，並在1900年開始經營日本最初的現代平爐鑄銅工廠，向銅加工業挺進。翌年，住友又接收了日本鑄鋼所，設立了作爲住友金屬工業的母體的住友鑄鋼廠，開

---

[14] 石井寬治：《日本經濟史》，東京：東京大學出版會，1991年，第250頁。

展包括從銅精煉到金屬加工的多種經營，還因金屬工業和軍工廠、鐵路建設關係密切而同政府建立起了密切關係。住友通過以銀行爲中心的多種經營，確立了財閥地位。

安田的迅速發展同樣也是在「日清戰爭」以後。1895年，安田設立了日本商業銀行，一年後設立了明治商業銀行，並通過對經營困難的地方銀行的「救濟和整理」，使安田系銀行的店鋪網路遍布全國，成爲最大的銀行集團。除了銀行業之外，安田在「日清戰後經營」的背景下也開展了多種經營，於1897年設立了深川制釘所（後改名安田制釘所），1900年收購了天滿鐵工所。爲了統轄各項事業，1899年，安田設立了安田商事合名會社（資本金100萬）。在這一時期，安田以銀行業爲中心，確立了安田財閥的地位。

不可否認，沒有三井物產、三菱會社和共同運輸會社經過激烈競爭後合併組建的巨型企業「日本郵船」——其本質是三菱會社的延伸，當難以想像日本資本主義如何確立。同樣不可否認，在日本產業革命中扮演了中心角色的紡織業，也是在「日本郵船」確保了日本與亞洲各國通航的順暢、三井物產確保了亞洲市場這些前提條件下發展起來的。也就是說，雖然日本部分產業得到了迅速發展並具有了較強的國際競爭力，但是這種競爭力的取得，絕不是紡織產業單獨努力的結果。毋庸置疑，如果僅僅依靠紡織產業「單打獨鬥」，很難想像日本的紡織產業當年能夠和歐美資本主義相關產業抗衡。事實上，日本紡織業的發展是因爲依靠了一種「合力」，即依靠與具有出色的國際競爭力的三井物產和日本郵船的「協同努力」，才取得了甚至能夠凌駕於歐美相關產業之上的業績。另外不可忽略的是，如果要「論功行賞」，還必須將銀行的作用算上。因爲，凡是在貿易商社設有海外支店的地方，都設有橫濱正金銀行支店。商社正是因爲獲得了金融貿易方面的便利，才能順利開展業務活動並取得成效，而其背後則離不開政府的支持。三井、三菱所以能作爲「政商」登上歷史舞臺，如上所述，一個很重要的原因是日本明治新政府爲發展資本主義向它們發出了「請柬」。對三井和三菱而言，這一「請柬」使其有機會參加大規模蓄積資本的「盛宴」。就這個意義而言，日本資本主義的成功首先是三井、三菱的成功。因爲對外競爭的需要而賦予這兩大

巨頭的壟斷地位，使之依靠因此聚斂的巨大的資本，在國內經濟領域也獲得了無與倫比的競爭力，並陸續向其他產業部門挺進，不斷創建具有支配地位的企業，不斷擴張壟斷勢力範圍

隨著財閥勢力的不斷擴張，對日後成為日本經濟體制一個重要特徵的「政府和企業的關係而言」，明治年代「官商一體」的一個重要動向，是中小企業的聯合並與政府建立了一定聯繫。1878年，企業經營者在東京、大阪、神戶建立了日本最初的經濟團體「商法會議所」。之後，商法會議所於1890年根據「商業會議所條例」改名為「商業會議所」。1892年，商業會議所形成了作為全國性聯合組織的「全國商業會議所聯合會」。該聯合會就是今日四大經營者團體之一「日本商工會議所」的前身，是欲與大企業並駕齊驅的組織。按菊池信輝的觀點：「該商業會議所，第一，就其是明治政府為了便於推行產業政策而自上而下建立的官制組織這個意義而言；第二，就其是名符其實的工商業者，而且只是中小企業的團體而言，它大致屬於匯總整個經濟界的意願以促動政府、與政府保持一定距離的組織。所以如此，是因為隨著日本經濟的發展，大工業經營者日趨獨立，『財閥』勢力已經增強。」[15]

參、再興辦企業熱潮

「日清戰爭」以後，以獲取巨額戰爭「賠償」為前提，日本銀行在1895年6月發表了「充分融通生產必要之資本的方針」。[16]以此為契機，日本迎來了第二次興辦企業熱潮。此後至1899年的五年間，銀行投資額增加最為顯著，儲蓄增加也很明顯，接進投資額的兩倍。在各企業中，鐵路為最，占三分之一強，其次是水運，占10%，再次是紡織，占8%。以下表格反映了這三大領域的投資情況。

---

[15] 菊池信輝：《何謂財界》，東京：平凡社，2005年，第90頁。

[16] 日本銀行調查局編：《日本金融史資料・明治大正編局》第19卷，東京：大藏省印刷局，1957年，第201頁。

會社資本金動向　　　　　　　　　　　　　　　　　　　　　　單位：千元

領域	資本金		投資額		
	1885年底	1889年底	1889年底	1894年底	1899年底
鐵道	*6948	44,683	17,849	65,973	156,967
水運	14,593	17,553	15,564	13,887	38,684
紡織	905	12,616	7,500	14,338	35,509
繰絲	985	4,865	3,472	2,064	4,547
織物	397	4,967	2,576	3,916	9,124
合計					

*爲投資資金

資料來源：內閣統計局《日本帝國統計年鑑》。

轉引自高村直助：《再發現明治的經濟》，塙書房，1995年，第126頁。

　　以上統計資料顯示，三個領域的投資均有大幅度增長。所以如此，可分別作如下分析：

　　鐵道領域。1897年「私鐵」的運營里程爲「官鐵」的三倍。第二次企業勃興期新建鐵道會社多在地方，以中小企業居多，「日清戰爭」結束至1899年底，新增投資額的60%爲「五大私鐵」所占（包括合併增資），至1899年底「五大私鐵」占了鐵路投資額的66%。各鐵路公司都奉行「紅利優先主義」，試圖以此吸引投資，實現鐵道鋪設目標，並因此使鐵道運力大增，從而在商品流通領域形成了列車和蒸汽船既分庭抗禮，又分工合作的態勢。「股份」的力量，由此可見一斑。

　　水運領域。「日清戰爭」以後，1896年至1900年的產業補助金的81%投向了海運，另外1896年後因獲得「航海獎勵金」、「特定航路助成金」的扶持，「日本郵船」開通了至歐洲、北美、澳洲的航線。新建立的「東洋汽船」也開通了至北美的航線。受上述因素推動，至1899年，日本船舶貿易貨物裝載率由戰前的10%增至30%以上。

　　紡織領域，尤其是棉紡織業，在「日清戰爭」以後不斷有新建企業問世。特別在1894年和1896年政府先後免除棉紗輸出稅和棉花輸入稅後，棉紗輸出大幅增長，至1897年超過了輸入。各企業爲了在生產率和市場占有率兩

方面占據優勢，均奉行「紅利優先主義」，以此增加資金實現大規模生產。因此至1899年，整個行業紗錠數的63%集中於擁有超過20000個紗錠的24家企業，其中擁有超過30000個紗錠數的11家企業，有10家是在第一次興辦企業熱之前已經建立、以後迅速擴大的。所以如此，受「紅利優先主義」誘惑的「股東」，顯然是一大功臣。

19世紀90年代末既是日本資本主義的確立期，同時也是「株式會社型」企業的「扎根」期。判定株式會社是否「扎根」的一個重要指標，是視其如何籌措企業的中長期再生產所需要的固定資產折舊資金，因爲這是企業的重要財務基礎。在此，我們仍通過對日本產業革命的先行產業紡織、海運、鐵道的考察，審視「株式」在這一問題上所扮演的角色。

棉紡織業在19世紀90年代所面臨的緊迫課題，是如何使企業迅速擴大規模。毋庸贅言，僅靠企業自身盈利顯然難以迅速實現這個目標。因此作爲「株式會社」，各企業均奉行了「紅利優先主義」，以高額紅利作爲槓桿，迅速實現了增資、擴大規模的目標。但是，由此必然產生一個棘手的難題，即如何籌措設備折舊資金。事實上，當時即便紗錠數達20000以上的17家會社（1898年上半年統計），盈餘資金也只有27%用於投資。因此，設備折舊所需要的經費相當緊張。所幸的是，這一問題因政府的援助和規定而得以緩解：1898年，即「日清戰爭」後第一次「經濟恐慌」時期，日本勸業銀行向企業提供了救濟貸款，其中總額占75%以上的162.8萬元資金貸給了21家棉紡織企業，條件主要有兩個，一是受貸企業以土地、建築、機械作爲擔保，二是受貸企業每年必須將相當於機器原價1.5%的資金留作折舊基金。以此爲契機，留存折舊基金成爲紡織企業必須履行的一項義務。

海運業在獲取貸款時，同樣必須以留存資產折舊基金作爲義務。但是自19世紀90年代末，由於社船三社即日本郵船、大阪商船、東洋汽船，在和外國海運勢力抗衡中所扮演的角色不同，強化自身實力的迫切性不同，因此在解決「自身留存」和「紅利派發」這對矛盾時的表現也不同。

「日本郵船」由於「身負重任」，因此「自我強化」的要求最爲迫切。作爲對日本政府提供補助金時所附的「遞信大臣命令書」的回應，「日

本郵船」修改了企業章程，每年將總船價的5%作爲「折舊基金」、3%作爲「大修基金」蓄積，並照此施行。以後，「日本郵船」雖然對此數額進行了幾次修訂，但蓄積基金作爲一項原則，始終未變。1901年9月，日本郵船經營者向股東大會發出提案，建議將部分利潤作爲「航路擴張和船舶改良資金」積存。近藤廉平社長對何以發出這一提案進行說明時指出，爲了維持航路，日本郵船至1907年必須新建16艘船舶。如果每年蓄積50萬資金，那麼和折舊基金合在一起，可獲得1000萬元資金，從而能滿足這一要求。[17]雖然部分股東反對積存這筆資金，要求增發紅利，但提案最終仍獲得通過。至1903年9月，這筆資金的累積已經達到350萬元。由此可以看出，日本郵船通過強化「折舊基金」的積存而將更多利潤留存企業內部，強化了自身實力。這一舉措超出了政府要求，。

「大阪商船」由於對股東依賴性相對較強，因此儘管想盡可能將較多的錢存入「小金庫」，但最終仍迫於股東壓力而不得不妥協。在接受「船舶改良助成金」後，同樣作爲對「遞信大臣命令書」的回應，「大阪商船」在1887年修改了企業章程，規定以總船價180萬元爲標準，每年至少留存4%利潤作爲「船舶折舊基金」。由於其實際船價僅爲130萬元，積存資金負擔較重，因此1888至1889年，大阪商船沒有派發紅利。在「日清戰爭」後經營業績一度惡化的1897年，大阪商船在企業章程中增加了附加條款，規定：「船舶折舊基金在股東紅利不滿年利10%時，可按照總船價1%的標準留存。」[18]不難發現，「紅利優先主義」在大阪商船仍有較強烈影響。

「東洋汽船」在1898年12月開通桑港線運輸後，在1898年10月至1899年6月的最初結算時也留出了「船價折舊基金」和「船舶大修基金」。1900年1月獲得「特定航路助成金」後至翌年下半年，東洋汽船「折舊基金」的留存

---

[17] 日本郵船株式會社：《日本郵船百年史資料》，東京：日本郵船株式會社，1988年，第301頁。

[18] 神田外茂夫編：《大阪商船株式會社五十年史》，大阪：大阪商船株式會社，1934年，第619頁。

率為全部船舶價格的2.5%，且未見較多矛盾發生。

鐵道方面，日本政府1887年制定的《私設鐵道條例》第33條規定，企業會計計算分「資本計算」和「收益計算」。這一規定為1900年制定的《私設鐵道株式會社會計準則》所繼承，即固定資產維持原價，設備修繕、更新等均由「收益計算」項支出。因此，在資金運作層面，「企業留存」和「紅利派發」之間必然存在矛盾。這一矛盾在日本鐵道、九州鐵道、山陽鐵道、關西鐵道、北海道碳礦鐵道「五大私鐵」均不同程度存在，尤以九州鐵道為甚，並因此發生了著名的「九鐵紛爭」。

九州鐵道是在1890年恐慌發生後資金籌措困難時強行「上馬」的，設備原本就差，而且受「紅利優先主義」影響，設備維修資金不足，因此1898年4月在幸袋車站發生了「機車發出如萬雷齊鳴的響聲並破裂」的事故。「由於此次這輛發生破裂的機車的緣故，前此已經發生了五、六次軋死負傷等事故……在九州鐵道，近來各種事故幾乎每天都有發生。」如此狀態，設備維護更新已迫在眉睫。因此「九鐵」方面準備增加這方面開支。但是在1899年7月，「以投機為目的的『株屋』（按：日語中『株屋』意為專以投機股票為職業者）和熊本的銀行家等」，掀起了以要求增發紅利為內容的所謂「九鐵改革」運動，對「近期突然增加營業費，並因此使紅利派發暴減」表示強烈不滿並進行猛烈攻擊。由於九州鐵道的紅利派發率確實跌幅甚大，從1897年的10%跌至當時的7%左右，因此股東和會社之間產生了尖銳矛盾，最後由大藏大臣井上馨出面「仲裁」。1900年2月，井上馨提出的「仲裁意見」對「九鐵」會社方提出的舉措沒有表示異議，三菱、三井等大股東也對此表示支持，「九鐵紛爭」遂宣告平息。

以19世紀90年代末為界，鐵道企業通過增加營業費支出強化設備維護、改善的動向在「五大私鐵」均有出現。這種動向所以能夠在一定程度上抑制「紅利優先主義」，主要與下列因素有關：1.各「鐵道」株式會社開業已有十年左右，即便不重視設備維護保養的會社，亦無法對設備和線路的日益老朽熟視無睹，任期「一命嗚呼」；2.原定計畫建設的線路已基本竣工，通過「高紅利」增資，為鐵道線的延長提供「枕木」和「鋪路石」的需求不再強

烈；3.如在「九鐵紛爭」中所顯示的，掌握實權的會社經營者和具有長期眼光、以投資而不是投機為目的希望企業穩定的大股東之間，在為了維護、改善設備而增加必要的支出方面達成了共識。4.政府管理部門鐵道局開始通過規定和引導，推進這種動向。如1900年頒布的《私設鐵道法》和《鐵道建設規程》等相關法規，對線路、設備等提出了明確規定和要求。

肆、金融體制的變革

　　杉山伸也在《『帝國』日本的學知》第2卷《『帝國』的經濟學》的序言中寫道：「日清戰後經營」的經濟構想，不僅成為決定日本（二戰）戰敗前的發展方向的原型，而且政府系銀行和民營銀行並存的金融體制，即使在日清戰後經營期設立的特殊銀行轉換為普通銀行的戰後時期，其基本結構也沒有發生變化並一直持續至20世紀90年代。」[19]佐藤正則教授也寫道：「相當於日本金融體制形成期的明治金融機構的構建，大致可劃分為兩個時期。第一期是至1890年形成骨骼的金融機關的設立，以國立銀行條例（1872年）、銀行條例（1890年）頒布，普通銀行業務開始展開，以及日本銀行（1882年）和作為貿易金融機構的橫濱正金銀行（1880年）開業、作為大眾儲蓄專門機構的儲蓄銀行的設立（1890年），金融基礎設施得以構建。第二時期則是日清戰後經營時期。」[20]

　　早在1868年2月後，明治政府已沿襲江戶幕府慣例，在開港地區將墨西哥銀幣作為正式結算貨幣。1870年秋，前往美國視察銀行制度的大藏少輔（相當於大藏省次官）伊藤博文從當地致函大藏省，建議仿效美國銀行制度和採取金本位制。伊藤博文的信於1871年春抵達大藏省。此前，政府已決定採用銀本位制，收到伊藤博文的建議後，大藏省於當年4月決定採用金本位制，1871年4月，「大阪造幣寮」舉行了落成儀式，硬貨統一正式揭幕。

19　杉山伸也編著：《「帝國」的經濟學》，東京：岩波書店，2006年，第5頁。
20　杉山伸也編著：《「帝國」的經濟學》，東京：岩波書店，2006年，第72-73頁。

　　1871年6月，大藏省制定了《新貨幣條例》。根據這一條例，日本通貨採用金本位制，通貨的稱呼以元、錢、厘的10進位法換算，但此條例顯然是一紙空文。日本金本位制的遲遲建立，反映了日本資本主義在「後發國家」中的後發性。因爲，在當時的世界，德國以獲取1871年普法戰爭的賠償爲基礎，將通貨稱爲「馬克」並在1873年施行了金本位制；早在19世紀60年代前半的南北戰爭之前，美國已經採取了金本位制，並在1879年進一步採取了強化金本位制的措施。1883年，義大利也採取了金本位制。在此背景下，日本所以堅持「後進」，原因不難尋找：1882年後，日本對外商品貿易收支所以持續呈現黑字，有兩大互爲關聯的原因，一個原因是日本輕工業發展迅速，另一個原因是在國際匯兌市場，銀價的持續走低使採取銀本位制的日本貨幣貶值，從而刺激了日本的出口貿易。資料顯示，原先大致在1：15.5上下浮動的金銀比價，自19世紀70年代歐美各國相繼施行金本位制後，銀價大幅度下跌，在1893年6月世界上最大的銀本位制國家印度採取金本位制後，1894年金銀比價更是跌至1：32.56。另一方面，日本國內的金銀比價在19世紀80年代後半基本維持在1：20的水準。歷經1871年新貨幣條例頒布施行「金名銀實」雙本位制、不換紙幣的增發和整理等彷徨，日本金融體制因爲銀本位制的採用而具有了制度性穩定。

　　但是，面對國際金融時局的變化，在印度施行金本位制4個月後，日本政府成立了「貨幣制度調查會」，令其進行通貨本位的調查並提供諮詢報告。調查會以第一屆伊藤內閣農商務相谷幹成爲會長，以大藏、外務兩省和日本銀行、橫濱正金銀行、三井銀行、三菱銀行，以及學界、政界、新聞界的「有識者」22人組成。在10月25日舉行的全體大會上，成立了由橫濱正金銀行「頭取」園田孝吉爲委員長，大藏省主記官阪谷芳郎、書記官添田壽一、帝國大學教授今井延、《東京經濟新聞》主幹田口卯吉爲委員的「特別委員會」，負責撰寫提出有關諮詢的調查報告。至1895年3月，該委員會在17個月裡召開了37次會議。

　　在是否「棄銀從金」問題上，調查會成員意見相左，爭辯激烈。以實業界代表澀澤榮一、益田孝等爲一方的「保守派」認爲，日本國際競爭力較

弱，現行銀本位制有助於促進日本對外貿易出口，如果放棄銀本位制，將使日本貨幣貶值所具有的優勢蕩然無存，有造成國際收支逆轉的危險，因此必須維持銀本位制。以大藏卿松方正義和大藏省書記官阪谷芳郎等為另一方的「改革派」則認為，為了強化軍事實力，充實產業基礎特別是加強重工業和化學工業，必須從歐美諸國大批輸入武器和機械，導入外國資本，必須採用金本位制。阪谷芳郎對為何當採用金本位制，有一番耐人尋味的陳述：「今日各國或採用金本位制，或採用銀本位制，或採用金銀雙本位制。無奈我國採其任何一制均難免價格波動。因此在確定本位制時，當選最有利於國內通用之便利和對外貿易之便利者。我國自古即有長期通用金之傳統，且我國和諸外國交易大多採用金本位，故採用金本位之利毋庸置疑。疑之所存，唯今日能否無有損失地從銀本位移轉為金本位，以及即便能作此移轉，將來能否維持金本位者。」[21] 不難發現，雖然阪谷芳郎持「改制論」，但他對「移轉」是否遭損表示擔憂，對「維持」有無「將來」缺乏信心。

就在激辯正酣時，1894年7月，「日清戰爭」爆發。戰爭以清朝敗北結束。根據翌年4月17日雙方簽署的《馬關條約》，日本不僅獲得了總計達3.5598億日元的巨額賠償，而且獲得了向臺灣、朝鮮等地擴張的機會。在上述背景下展開的所謂「日清戰後經營」，使日本金融業產生了以下幾項重大變化，形成了「持續至20世紀90年代」的日本金融業基本結構：

第一，為日本施行金本位制增添了一個決定性砝碼。「日清戰爭」獲得巨額賠償，對「改制派」無疑是極大的利好消息。因此，原先對「改制」表現出一定擔憂和缺乏自信的阪谷芳郎，頓時頗具代表性的成了「即行論者」，認為越晚施行金本位制，則成本將越高。阪谷芳郎表示：「銀價之下落和日清戰爭，使我們看到了使財政計畫完全一新之必要和緊迫。」「一方面推行金本位，一方面斷然施行增稅，盡力擴大帝國財政即經濟之規模。」[22]

---

21 阪谷芳郎：《關於貨幣制度》載《東京經濟雜誌》第541號，1890年，第447頁。
22 故阪穀子爵紀念事業會編：《阪谷芳郎傳》，東京：故阪穀子爵紀念事業會，1951年，第203頁。

恰在此時，第二屆伊藤博文內閣進行了「閣內人事調整」，請1892年辭去首相兼藏相的松方正義「重新出山」擔任藏相，從而構成了將貨幣改制為金本位的主要人事格局。

松方正義就任藏相兩周後，即著手推進「改制」。1895年7月，貨幣制度調查會最後一次全體會議通過了兩點作為向政府提供諮詢的決議：（一）有必要改正現行通貨本位；（二）新採用的貨幣本位制，應是金本位制。

1896年9月，松方正義再次拜受「下命」（天皇的任命），組成了第二屆松方正義內閣，親自兼任藏相，並以大藏省書記官添田壽一起草的《金本位制施行方法》為藍本，將制定貨幣法的議案提交內閣會議討論。經內閣決議、帝國議會決議兩大程式後，1897年3月，日本政府頒布了決定施行金本位的貨幣法，規定1日圓＝純金750毫克，同年10月實施。「向金本位制的轉變，是為了脫離亞洲銀幣圈、安定與歐美主要國家的貿易、金融關係的舉措，堪稱『脫亞入歐』的經濟象徵。」[23]

第二，原國立銀行轉為私立銀行即現在所謂的「普通銀行」（商業銀行），也在「日清戰爭」後的1896年正式啟動。最初轉為普通銀行的，是歷史最悠久，因而也是最早觸及「20年營業期限」的第一國立銀行。同年，該行更名為「第一銀行」。之後，至1899年2月，所有原國立銀行全部轉為普通銀行。在極盛時期曾多達153家的國立銀行，此後有122家作為普通銀行仍繼續生存，有16家被其他銀行吸收、兼併，有9家自行清算，有6家被大藏省強令關閉，並由此形成了政府系銀行和民營銀行並存的金融體制。

第三，1896年4月，日本政府頒布了《銀行合併法》，推進銀行合併和兼併。如前面所述，由於1893年實施的《銀行條例》撤銷了最低資本金限制，因此普通銀行數在1893年一年間即實現倍增，達到545家。三年後再次倍增，超過了1000家。《銀行合併法》就是為促進合併、兼併而出臺的。但是此法收效甚微。日本「銀行多於米鋪」的現象，此時已「原形畢露」。

---

[23] 山本義彥編著：《近代日本經濟史——國家和經濟》，東京：密涅瓦書房，1992年，第41頁。

　　第四，「日清戰爭」以後，日本金融業開始進入「特殊銀行時代」。「特殊銀行」是民間商業銀行被稱為普通銀行後人們對政府系銀行的俗稱。若按照官方定義，特殊銀行是指根據特殊法律設立、規定，受國家特別保護並開展相應的「國策金融」業務的銀行，其高層管理人員均由政府任命。按此定義，二戰前日本的「特殊銀行」共有以下幾家：日本銀行、橫濱正金銀行、日本勸業銀行、日本興業銀行、北海道拓殖銀行、臺灣銀行、朝鮮銀行、朝鮮殖產銀行。其中日本銀行和橫濱正金銀行設立於日清戰爭前，且其「特殊性」早已昭然若揭，一般不被包括在內。

　　顧名思義，作為一個「時代」的「特殊銀行時代」，是「日清戰後經營」的重要組成部分，設立各銀行的目的和形成順序依次是：「以為農工業的改良、發達提供資金援助為目的」成立的「勸業銀行」（1896年4月）；「為有效運營農工業金融、作為勸業銀行之手足機構」與勸業銀行同一天成立的「農工銀行」；「以證券流動化和引進外資為目的」成立的興業銀行（1900年3月）；「以專門為北海道地區的開發事業提供長期信貸為目的」成立的北海道拓殖銀行（1899年3月）。另三個銀行均是日本政府根據「日清戰爭後的需求」相繼成立的殖民地銀行：臺灣銀行（1900年4月）、朝鮮銀行（1911年3月）、朝鮮殖產銀行（1918年）。

　　第五，使早已存在的郵政儲蓄迅猛發展。在現代銀行業最先發達的英國，saving和deposit是有明確區別的。在日語中，「貯蓄」對應前者，「預金」對應後者。這一區別在明治初年已經出現。當時，日本銀行家和大藏省均將零星儲蓄稱為「貯蓄」和「貯金」，以區別於「銀行預金」（儲蓄）。1875年，時屬內務省的「駅遞寮」（遞信所）以東京為中心，設立了19家「貯金預所」（儲蓄所），受理10錢至100元的小額儲蓄。1880年，「駅遞寮」改為「駅遞局」（遞信局），「貯金預所」也隨之更名為「駅遞局貯金」。1885年，日本政府將「駅遞局」劃歸當年成立的「遞信省」（郵政省）管轄，同時在大藏省設立了「預金局」（儲蓄局），作為郵政儲蓄的最終收藏所。1887年，「駅遞局」更名為「郵便局」（郵政局），「駅遞局貯金」亦因此更名為「郵便局貯金」（郵政儲蓄）並延續至今。從「貯金」

到「郵便局貯金」，郵政儲蓄增長迅猛：1875年為1.5萬元；1885年為905萬元；1896年為2.8千萬元，為普通銀行儲蓄的20%，占全國銀行儲蓄的12%。

另一方面，繼明治5年（1872年）「國立銀行條例」制定、採取股份制形式的國立銀行成立後，股票買賣開始出現。順應這一要求，日本政府於1878年5月和7月先後設立了同樣作為股份制企業的東京交易所和大阪股票交易所，制定了股票交易條例。當時採取的交易形式是，在股票交割後允許在一定時限內延期交付，並可以在這一時限內進行「反向交易」，即變買主為賣主，最後結算。最初上市交易的大部分是公債。「日清戰爭」結束後的1886年後，隨著鐵道、紡織會社巨額股票的發行，股票市場急劇擴大。但是，大部分交易仍是以賺取差價為目的的投機性交易。因此，日本政府在1887年頒布了「股票交易所條例」，欲將股票交易所轉為會員制組織，對轉賣、折扣交易進行了限制。但是，因遭到交易所的強烈反對而作罷。事實上，「根據大藏省調查，在東京股票交易所上市的「株式會社」總資本金的73%是股東直接投入的資金。與此相比，在1888年至1890年企業創辦熱時期建立的上市和非上市株式會社的總資本金實際投入資金，僅占29%，而這一不到30%的投資金額，也是從銀行借貸的，並且作為抵押，這些股份歸銀行持有。」「日清戰爭」以後，以「會社創辦熱」為背景，大藏省採取了鼓勵地方城市建立股票交易所的政策。1893年，日本政府再度根據以往的制度制定了交易所法，欲將交易所從營利組織改組為中立的會員組織，試圖改變偏向於投機的交易狀態，使股票體現公正的價格。但是在經歷幾度挫折後，仍無法改變以賺取「差價」為目的的交易狀態。儘管「至1898年，日本全國有46個股票交易所發揮著功能。大藏當局期待這些股票交易所開展公債和會社股票的上市和交易，但是股票交易未見發展。」「極端地說，可以認為明治末期的證券市場的發展，是通過銀行強烈依存於日本銀行的信用。」[24]由此可見，日本早期資本市場與其說是融資市場，毋寧說是賭場。早在明治年代尚未形成間接金融體制時，日本的銀行已為充當企業主要融資者塗脂抹粉，

---

[24] 玉置紀夫：《日本金融史》，東京：有斐閣，1994年，第70、126、127頁。

準備「粉墨登場」。

　　承擔爲產業發展提供長期資金之使命的特殊銀行中的興業銀行，有一項很重要的業務——社債（公司債券）發行信託業務並爲之提供擔保，即受託爲特定、重要產業的社債發行提供擔保，以提高社債的信用度。附有擔保的社債自1906年至1911年發行總額爲3716萬日圓，其中77%由興業銀行發行。這一情況也是在日本金融體制中證券市場尚未發達的佐證。

　　自「日清戰爭」以後，日本證券市場取得了切實發展。據統計，1897年至1911年，上市證券品種從121種發展爲241種，翻了一番，發行總額從5.6425億元上升至20.095億元，增加了3.5倍。至1911年，證券的發行總額和全國銀行貸出總額基本相同，但是後者在同一時期增長了5.1倍。以此比較，可見證券市場的發展落後於銀行業的發展。就上市證券構成比率的變化而言，1897年至1911年，在上市證券總額中，國債從61%降爲55%，減少了六個百分點；股票從39%降爲38%，減少了一個百分點，這七個百分點由社債填補。1911年，社債在上市證券總額中的占有額有所升上，共占七個百分點。總之，在因特殊銀行的設立而得以強化的金融體制中，證券市場仍主要是國債流通市場。

結束語

　　綜上所述，「日清戰後經營」爲日本以後的對外侵略擴張，奠定了重要基礎。這一基礎對日本取得日俄戰爭的勝利，具有不可忽略的作用，而日俄戰爭所產生的結果，直接關聯日本此後對中國東北地區的侵略擴張，直接關聯其登堂入室進一步向中國華北地區擴張，發動全面侵華戰爭和太平洋戰爭。總之，「日清戰後經營」既是日本帝國崛起的里程碑，也是其走向滅亡的起點。

第五章 近代中日兩國民族主義的「血緣」關係

王柯*

　　近代以來中國主流社會的民族主義思潮，具有一個極其重要但是又常常被疏忽的特點，那就是同時具有對外的排外意識和對內的民族歧視兩個側面。從這一點上來看，多民族國家中國的近代民族主義，與高度單一民族化之日本的民族主義之間，好像有著很大的差異，但其實不然。近代中國的民族主義之所以同時具有這樣兩個側面，同樣與接受了日本的單一民族國家思想之間有著直接的關係。關於這一點，筆者已經有過諸多分析。本文則試圖從解釋近代中國民族主義的兩個側面之間的互動關係入手，分析日中兩國的民族主義思想之間的共性和獨自特點。眾所周知，中國近代民族主義的最鮮明的表徵符號就是「中華民族」。而中日戰爭時期的「中華民族論」，又將民族主義對外與對內的兩個側面緊密地聯繫在了一起。因此，本文將從這個時期的「中華民族論」談起。

壹、蔣介石的「中華民族論」中的「民族融和論」

　　1943年3月，以時任國民政府行政院長、中國國民黨總裁、國防最高委員會委員長蔣介石名義而做的著名的《中國之命運》一書出版發行，其中第一章〈中華民族的成長與發展〉中對「中華民族」的解讀，尤其引起了時人以及後人的極大關注。[1] 從該書書名中即可以看出，蔣介石之所以此時大談

---

* 日本神戶大學教授。

[1] 較近的研究可見吳啓訥：〈蔣介石的中華民族論述與國民政府的邊疆自治實踐〉，周惠民主編：《中國民族觀的摶成政大出版社》，2013年12月，第239-287頁；陳進金：〈現代中國的建構：蔣介石及其《中國之命運》〉《國史館館刊》第42期，2014年12

「中華民族」，就是爲了將所有的國人都強有力地統合在國民政府的領導下之下，以便取得抗日戰爭的勝利。所以毫無疑問，該書所表象的「中華民族」其實就是「國族」。然而，蔣介石的這種「中華民族」＝「國族」的思想隨即招致中共的批評，指責它是「大漢族主義」思想的表現，背離了孫中山的民族思想。中國學界也一直沒有忘記這個話題。但孫中山的民族主義思想，在近代中國形成「中華民族」＝「國族」的思想脈絡中的地位也逐漸得到認識。隨著近年來中國國內民族問題的凸顯，反而有人批評《中國之命運》不僅繼承了孫中山的「同化」（即主張或希望將各個不同的「少數民族」，「同化」於「漢族」）思想，而且在此基礎上進一步提出了主張「漢」與「少數民族」來自於一個共同的祖先的「同祖」思想。

　　但是筆者認爲，在理解蔣介石關於「中華民族」＝「國族」思想的問題上，應該尊重一個事實，這就是蔣介石在對《中國之命運》進行修訂時，已經全部刪除了「同化」一詞。這個事實說明，蔣介石當時已經明白：在處理國內各個民族間關係的問題上，「同化」是一種帶有歧視意義的話語。僅僅在這個問題上，我們就可以證明，蔣介石的中華民族思想已經在很大程度上修正或者說是脫離了孫中山的民族主義，包括之後被解釋爲早年「消極的」＝只包括漢族的，和晚年「積極的」＝接受其他民族集團進入中國的「中華民族」思想。

　　事實上，直到其晚年，孫中山先生都是一個「民族同化論」者，他一直沒有放棄將其他的少數民族「同化」到「漢族」中來的思想。1920年11月，孫中山在其〈修改章程之說明〉中談到：「從前滿虜盤踞中原的時候，一般革命家只知道致力於民族主義……現在滿虜雖然推翻，漢族是光復了，但是我們民族還沒有完全自由。此中原因，是由於本黨只作了消極的工夫，沒有做到積極的工夫……（中國）幅員雖大，人民雖衆，只可稱是一個半獨立國罷了！這是什麼原故呢？就是漢族光復了之後，把所有世襲的官僚頑固的舊

月，第36-62頁；黃克武：〈民族主義的再發現：抗戰時期中國朝野對「中華民族」的討論〉，《近代史研究》第4期，2016年，第4-26頁。

黨和復辟的宗社黨,都湊合一起,叫做五族共和。豈知根本的錯誤,就在這個地方。講到五族的人數,藏人不過四、五百萬,蒙古人不到百萬,滿人只數百萬,回教雖眾,大多數都是漢人……漢人向來號稱是四萬萬,或者不止此數。用這樣多的民族,還不能夠真正獨立,組織一個漢族的國家,這實在是我們漢族莫大的羞恥!這就是本黨的民族主義還沒有澈底的大成功!由此可知本黨還要在民族主義上做工夫!必要滿、蒙、回、藏,都同化於我們漢族,成一個大民族主義的國家!」[2]

民國十年六月在廣州中國國民黨特設辦事處講演〈三民主義之具體辦法〉中,孫中山又提出:「我們在今日講中國的民族主義,不能籠統講五族的民族主義,應該講漢族的民族主義……(如果有人說)此時單講漢族的民族主義不怕滿、蒙、回、藏、四族的人不願意嗎……兄弟現在想的一個調和的方法,就是拿漢族來做中心,使滿、蒙、回、藏、四族都來同化於我們,並且讓那四種民族能夠加入我們,有建國的機會……」

孫中山先生在其晚年發表了一系列關於建設一個統一的中華民族的言論。從表面上來看,其「把漢、滿、蒙、回、藏、五族,同化成一個中華民族」的議論,符合「漢族十滿族十蒙古族十回族十藏族=中華民族」的模式,好像是受到了美國的熔爐論的影響,然而這只是一種表述的形式。筆者已多次指出,上述「把滿、蒙、回、藏同化到漢族中來」、「任何加入中國的民族都必須同化於漢族中來」、「組織一個漢族的國家」等,具實質性、政策性的言論中所表達出來的「同化論」思想,則證明孫中山先生後期的民族主義思想,從性質上來說就是一種鮮明、強烈的「漢族主體論」或「漢族中心論」,是一種「A+B+C+D+E=A」的模式。換言之,對於孫中山而言,最理想的「中華民族」,自始至終不過是一個改名換姓的「漢族」而已。

而《中國之命運》一書,卻沒有一處提到要將其他「宗族」(即少數民族)同化於「漢」;它關於「中華民族」的形成方法,基本上是使用了「融

2　孫中山:〈修改章程之說明〉,1920年11月4日在上海中國國民黨本部會議席上演講。

和」、「融合」和「融化」來進行表述的。「我們中華民族是由多數宗族融和而成的……他們各依其地理環境的差距，而有不同的文化。由於文化的不同，而啓族姓的分別。然而五千年來，他們彼此之間，隨接觸機會之多，與遷徙往復之繁，乃不斷相與融和而成爲一個民族，但融和的動力是文化而不是武力，融和的方法是扶持而不是征服。自五帝以後，文字記載繁多，宗族的組織，更斑斑可考。四海之內，各地的宗族，若非同源於一個始祖，即是相結以累世的婚姻。《詩經》上說：『文王孫子，本支百世』，就是說同一血統的大小宗支。《詩經》上又說：『豈伊異人，昆弟甥舅』，就是說各宗族之間，血統相維之外，還有婚姻的繫屬。」[3]

　　事實上，即使增訂之前的《中國之命運》就已很少使用「同化」一詞，而是大量使用了「融和」、「融合」或「融化」等表現。「同化論」與「融和論」二者，在其原意上就有很大的差別。[4]「同化，指某個人口集團與具有異質的文化和言語的人口集團接觸，造成在學習和接受異質的文化和言語的同時，丟棄自己的文化和語言的過程。」「同化政策，一般指統治民族的統治階級強制推行的消滅被統治民族的民族特點的政策。」[5]而人類學家和社會學家則根據他們的調查得出：「同化主義催生民族分裂主義，而多文化主義似乎更能夠促進民族融合」的結論。[6]

　　實際上，如果眞正實行多文化主義，無論是「民族同化論」還是「民族融合論」，都要受到批判。但是在當年處於近代國家形成的階段上，許多國家都選擇了通過「民族同化」或者「民族融合論」爲實現「國民統合」的

---

[3] 蔣中正：《中國之命運》，臺北：正中書局，1960年1月，第2頁。

[4] 融和、融合有使用integration的例子，但日本人類學家綾部恒雄在分析美國民族問題的〈「民族集団」の形成と多文化主義——二つの多文化主義と「るつぼ」化〉一文中以同化論爲assimilation theory，以融和論爲amalgamation theory。參見《五十嵐武士編，アメリカの多民族体制——「民族」の創出》，東京：東京大學出版會、2000年，第29-32頁。

[5] 《漢語大詞典》第二冊，上海：漢語大詞典出版社，1993年，102頁。

[6] 關根政美：「人口センサス Population census」，《世界民族問題事典》，東京：平凡社，第539頁。

道路。例如，作爲移民國家的美國，一直具有一個如何使新移民「美國化」的問題。[7]在19世紀時，所謂的WASP（White Anglo-Saxon Protestant）提出了「同化論」，即要讓移民放棄自己的文化而「同化於美利堅文化」；但是到了20世紀初期，美國出現了「融合論」，指的是「讓多種多樣的民族平等地融合成爲新的美國人」。[8]而這種「民族融合」national amalgamation，則正是蔣介石所選擇的道路，讓「所有全領域內的宗教、哲理、文學、藝術、天文、術數、法律、制度、風俗、民情，亦已網絡綜合而冶於一爐。」[9]從這裡可以看出，蔣介石的中華民族思想所嚮往的，正是將中國變爲一個類似美國那樣的一個各民族的大熔爐（melting pot），通過融合而建立的美國式的「民族」。也就是說，在關於民族形成的問題上，比起表面上稱道美國製造「美利堅人」之方法的孫中山來說，其實只有蔣介石的民族融和論才眞正接近美國的熔爐論。

　　與孫中山中華民族思想另一點不同的是，蔣介石筆下的「中華民族」的形成過程，並未與近代國家的形成連接在一起。換言之，融合而成的「中華民族」是一個歷史的產物，也是一個歷史過程，它的形成上限，甚至可以追溯到秦漢時期。「秦漢時代，中國的武力彪炳於史冊，而跡其武功，在北方則是爲民族生存求保障，在南方則是爲民族生活求開發……由於生活的互賴，與文化的交流，各地的多數宗族，到此早已融和爲一個中華大民族了。」[10]「隋唐大一統的局面，實爲魏晉南北朝四百年間民族融和的總收穫。這個時期，民族之內，宗支之繁多，文化之豐盛，舉蔥嶺以東，黃海以西，沙漠以南，南海以北，所有全領域內的宗教、哲理、文學、藝術、天文、術數、法律、制度、風俗、民情，亦已網絡綜合而冶於一爐。」[11]「契

---

[7]　「アメリカ化、Americanization」《世界民族問題事典》，東京：平凡社，第74頁。

[8]　「美國人American」，石川榮吉等編：《文化人類學事典》，東京：弘文堂，1987年，第25頁。

[9]　蔣中正：《中國之命運》，臺北：正中書局，1960年1月，第2頁。

[10]　蔣中正：《中國之命運》，臺北：正中書局，1960年1月，第3頁。

[11]　蔣中正：《中國之命運》，臺北：正中書局，1960年1月，第2頁。

丹（遼）與女眞（金）……雖先後入據中原，然他們仍先後浸潤於中原的文化之中。蒙古……忽必烈以下的宗支，獨融化於中華民族之內。滿族入據中原，其宗族的融化，與金代相同。故辛亥革命以後，滿族與漢族，實已融爲一體，更沒有歧異的痕跡。」[12]「迄於清代，則農工商業的經營，更全賴漢族的努力，即滿族亦融化於中華民族之中。總之，中國五千年的歷史，即爲各宗族共同的命運的紀錄。此共同之紀錄，構成了各宗族融合爲中華民族，更由中華民族，爲共禦外侮以保障其生存而造成中國國家悠久的歷史。」[13] 蔣介石的這種「民族融和論」的思想，應該與其關於「民族」性質的認識有關：「我們知道：民族是自然成長的，國家是群力造成的。」[14]

　　如果按照今日國際社會對多文化主義的定義，那麼無論是「民族同化論」還是「民族融合論」，其實都具有抹殺民族文化特質的性質，都應該受到嚴厲的批評。但是當年在各個國家都追求近代國家的時期中，能夠放棄「民族同化論」而提出「民族融合論」，而且並不要求在「國族」建構中一定要以主要民族集團爲主，處於少數地位之民族集團爲從，不能不承認是一種開明的和進步的民族思想。

貳、《中國之命運》中的文化民族論與血緣民族論

　　《中國之命運》在敘述「各宗族融合爲中華民族」之歷史過程的時候，有時也會使用「他們」和「我們」。這種寫法不免讓人懷疑：蔣介石在執筆《中國之命運》時是否還是站在「漢」的立場上談論「中華民族論」？對於這個疑問，中共的回答當然是肯定的。但事實上，蔣介石在書中並沒有直接做出這種表達。相反，如果我們進行客觀的分析就不能不承認：《中國之命運》中的「我」或「我們」，其實不是站在「漢」之立場，而是站在中

---

12 蔣中正：《中國之命運》，臺北，正中書局，1960年1月，第4頁。

13 蔣中正：《中國之命運》，臺北，正中書局，1960年1月，第8頁。

14 蔣中正：《中國之命運》，臺北，正中書局，1960年1月，第1頁。

國近代以後被想像出來的「中華民族」之立場上使用的：

「可知中華民族意識的堅強，民族力量的彈韌，民族文化的悠久博大，使中華民族不受侵侮，亦不侵侮他族。惟其不受侵侮，故遇有異族入據中原，中華民族必共同起而驅除之，以光復我固有的河山。惟其不侵侮他族，故中華民族接觸他族互相軋礫、互相侵陵的痛苦與禍患的同時，能以我悠久博大的文化，融和四鄰的宗族，成為我們整個民族的宗支。簡言之，我們中華民族對於異族，抵抗其武力，而不施以武力，吸收其文化，而廣被以文化。這就是我們民族生存與發展過程裡面，最為顯著的特質與文化。」[15]

「吸收其文化，而廣被以文化」，這一表述畫龍點睛地表現了蔣介石所理解的「中華民族」之特質。也就是說，「中華民族」是一種文化和一個文化過程，這種文化是吸收各個民族的文化而成，這個過程又讓這種文化的吸收永遠是一種現在進行式。如果看到這一點，也許就能夠理解蔣介石在1944年增訂《中國之命運》時何以爽快、澈底地放棄了「同化論」而使用了「融合論」。如果換個角度來看，「吸收其文化，而廣被以文化」的表述，又可以清楚地證明《中國之命運》一書所表象出的「中華民族」說，並沒有「漢族主體論」或「漢族中心論」的成分。因此，該書在第七章的最後部分更是直接指出：「日本帝國主義者倡導所謂『大日本主義』，與納粹主義者所謂『日耳曼種族優越論』，同為破壞世界的和平的思想。自今以後，文化優越、種族優越的理論必須永絕於世界。」[16]

蔣介石這一關於中華民族的文化民族論的思想，與其說是接受了孫中山的影響，不如說是與著名史學家顧頡剛在1937年1月10日《申報》「星期論壇」欄（第7頁）上發表的〈中華民族的團結〉，及1939年2月13日在《益世報》「邊疆周刊」第9期上發表的〈中華民族是一個〉中所表達的中華民族論最為接近。

首先當然就是明言中國只有一個「民族」，而其他的民族集團不應該

---

[15] 蔣中正：《中國之命運》，臺北，正中書局，1960年1月，第4-5頁。
[16] 蔣中正：《中國之命運》，臺北，正中書局，1960年1月，第218頁。

稱爲「民族」。顧頡剛的意見是：「血統相同的集團，叫做種族。有共同的歷史背景，生活方式，而又有團結一致的民族情緒的集團，叫做民族。在我們的國家裡，大家久已熟知可以分爲五族，……我們暫不妨循著一般人的觀念，說中國有五個種族；但我們確實認定，在中國的版圖裡只有一個中華民族。在這個民族裡的種族，他們的利害無疑是一致的。我們要使中國成爲一個獨立自由的國家，非先從團結國內各種族入手不可。」[17]

其次就是力圖說明「中華民族」是一個歷史的過程。顧頡剛先生談到：

「現在所認五個種族的人們及其居住的疆域，我們應當知道是清代形成的。在清代以前，爲了戰爭，征服，轉移和同化，血統已不知混合了多少次，疆域也不知遷動了多少次。所以漢族裡早已加入了其他各族的血液，而其他各族之中也都有漢族的血液，純粹的種族是找不到了。尤其是漢族，相傳孔子作春秋時，『諸侯用夷禮則夷之，夷狄而適於中國則中國之，』他只認文化之同而不認血統之異。後人也都接受了這種見解，所以只要願意加入的就可以收容，其血統尤爲複雜。因此，我們可以進一步說：我們只有民族文化的自覺而沒有種族血統的偏見，我們早有很高的民族主義。」[18]「就因爲我們從來沒有種族的成見，只要能在中國疆域之內受一個政府的統治，就會彼此承認都是同等一體的人民。『中華民族是一個』，這話固然到了現在才說出口來，但默默地實行卻已有了兩千數百年的歷史了。」[19]

從以上我們還可以看出，顧頡剛筆下的「中華民族」的歷史過程，實際上就是一個文化進行相互吸收和融合的歷史過程。也就是說，顧頡剛所理解

---

[17] 顧頡剛：〈中華民族的團結〉，《申報》，1937年1月10日「星期論壇」欄（第7頁）。因該文照相版難以辨識，本文可能有文字錯植之處。大成申報數據庫，http, //img. dachengdata.com/n/dcjour/jour/dacheng/21400583/fc3b00c4ff7f43a8be848cb3588834b0/db5 30fa41ca0ba0a8ddf2846c664dc27.shtml

[18] 同前，顧頡剛：〈中華民族的團結〉。

[19] 顧頡剛：〈中華民族是一個〉，《益世報》，1939年2月13日，《邊疆周刊》第9期。馬戎主編：《民族社會學研究通訊》第122期，民國民族史研究專輯之三， 1939年「中華民族是一個」討論專輯，2012年10月31日。

的構成「中華民族」的最主要的元素就是共同的文化。但是，顧頡剛眼目中的「中華民族」的文化卻不是「漢人」的文化，而是一種「現有的漢人的文化是和非漢的人共同使用的」的文化，即使只有「漢人」使用的文化，也是一種融合型的文化：「現在漢人的文化，大家說來，似乎還是承接商周的文化，其實也不對，它早因各種各族的混合而漸漸捨短取長成為一種混合的文化了。」「漢人為什麼肯接受非漢人的文化而且用得這樣的自然，那就為了他們沒有種族的成見，他們不嫌棄異種的人們，也不嫌棄異種的文化，他們覺得那一種生活比舊有的舒服時就會把舊有的丟了而採取新進來的了。所以現有的漢人的文化是和非漢的人共同使用的，這不能稱為漢人的文化，而只能稱為『中華民族的文化』。」[20]這一點，也與《中國之命運》中關於「吸收其文化，而廣被以文化」之說有異曲同工之妙。

　　與蔣介石的思想之共通，並不僅僅限於以上關於「中華民族」之內涵。在關於今天為什麼需要建設一個超越中國內部各民族之間界限的「中華民族」意識的問題上，顧頡剛的思想也是與蔣介石一脈相通的。在1937年1月的〈中華民族的團結〉一文中，他也從妨礙了民族融合的角度對清王朝的政治體制進行了深刻的批判，然後談到：「民國成立，該有融合的機會了。然而因為一般人受兩百年來之影響，對於這個問題太過漠視」，「而政府則忙於對付內憂外患，也不能在這一方面特別在意。直到今天，彼此的隔閡和猜疑還未去除。然而邊疆的蠶食鯨吞已不容我們再漠視了。我們要提倡民族主義，便不能不使國內各種族團結到通力合作的境界。」關於建設「中華民族」意識與反對侵略之關係，寫作於抗日戰爭開始之後僅僅一年半的〈中華民族是一個〉（1939年2月）當然表現得更為直接，分析得也更為深刻。當然，它對蔣介石《中國之命運》中的「中華民族論」思想發生了影響的痕跡也更為清晰。

　　最為重要的是，蔣介石與顧頡剛的中華民族論，都是出於把其他非漢民族集團與漢民族集團解釋成為同屬一個「民族」、一個中國的「國族」的目

---

[20] 同前，顧頡剛：〈中華民族是一個〉。

的出發的。而清朝末年的「中華民族論」卻是爲了對漢人反滿的民族主義進行正當化而橫空出世，民國建立後孫中山提倡的中華民族論中所反映出來的民族同化思想，也完全是站在漢人立場上的。但接受了顧頡剛的中華民族論思想的蔣介石《中國之命運》中的「中華民族論」，卻是在努力說服非漢民族集團認同中國爲自己的國家。

　　當然，蔣介石並非全盤照搬地接受了顧頡剛的中華民族論思想。二者之間有著一個很大的不同，就是蔣介石將構成「中華民族」的各個民族集團，不是按照顧頡剛的說法稱其爲「種族」而是稱其爲「宗族」：

　　　「在三千年前，我們黃河、長江、黑龍江、珠江諸流域，有多數宗族分布於其間。自五帝以後，文字記載較多，宗族的組織，更斑斑可考。四海之內，各地的宗族，若非同源於一個始祖，即是相結以累世的婚姻。詩經上說：『文王孫子，本支百世，』就是說同一血統之內而有大小宗支之分。詩經上又說：『豈伊異人，昆弟甥舅』，就是說各宗族之間，血統相維之外，還有婚姻的繫屬。古代中國的民族就是這樣構成的。」[21]

　　毋庸贅言，顧頡剛的「種族說」可能起到反證原來互爲他者的作用，而「宗族說」則更強調了相互之間在血緣上的關係性。這種不同說明，比起作爲一位文人的顧頡剛來，作爲國民政府領袖的蔣介石有著更爲強烈的、通過鼓吹和強調「中華民族」意識，將各個民族集團更加緊密地統合在一起的、「我們中華民族要結成堅固石頭一樣的國防的組織體」[22]的願望。

　　關於《中國之命運》一書作者，有陶希聖說，也有蔣介石、陶希聖共著之說等。[23]但是我們看到，早在1942年8月27日，蔣介石在西寧對著漢、滿、蒙、回、藏各族士紳、王公、活佛、阿訇、王公、千百戶所作的題爲〈中華民族整個共同的責任〉的演講中，已經有過類似的言論：「各位需

21　蔣中正：《中國之命運》，臺北，正中書局，1960年1月，第2頁。

22　蔣中正：《中國之命運》，臺北，正中書局，1960年1月，第192頁。

23　婁貴品：〈陶希聖與《中國之命運》中的「中華民族」論述〉，《二十一世紀》2012年6月號，第65-72頁。

知：我們中華民國，是由整個中華民族所建立的，而我們中華民族乃是聯合我們漢、滿、蒙、回、藏五個宗族組成一個整體的總名詞。我說我們是五個宗族而不是五個民族，就是說我們都是構成中華民族的分子，像兄弟組成家庭一樣。《詩經》上說：『本支百世』，又說『豈伊異人，昆弟甥舅』，最足以說明我們中華民族各單位融合一體的性質和關係。我們集許多家族而成宗族，更由宗族合成為整個中華民族。國父孫先生說『結合四萬萬人為一個堅固的民族』。所以我們只有一個中華民族，而其中單位最確當的名稱，實在應稱為宗族。」[24]由此可以看出，「中華民族」由漢、滿、蒙、回、藏等五大「宗族」構成、五個「宗族」之間在歷史上就具有血緣聯繫的說法，毫無問題是蔣介石本人也積極認同的。

關於蔣介石所提出的「中華民族」由五大「宗族」構成之說，既有學者認為它是「以漢文化體系為中心」，也有學者認定它是鼓吹「民族同源說」。這些學者的視野，其實都沒有超過當年中共所設定的批判框架。蔣介石《中國之命運》的發表，引起了中國社會各方面的關注，而中共看到了這一點，則是馬上組織文章開始進行攻擊。1943年7月21日，陳伯達發表〈評《中國之命運》〉：「蔣先生此書對於中華民族的了解，和本來的歷史真實情況不相符合。此書說『我們中華民族是多數宗族融合而成的』，是『同一血統的大小宗支』。民族血統論，本來是德、義、日法西斯主義的糟粕……作者以中山先生信徒自命，但卻別開生面，承認中國只有一個民族，這是很可駭怪的意見。」[25]「中國大地主大資產階級之所以要捏造這種單一民族論，其目的就在於提倡大漢族主義，欺壓國內弱小民族。」[26]然而不得不指出的是，如果說到中華民族單一民族國家論，其始作俑者根本不是蔣介石，

---

[24] 蔣介石：〈中華民族整個共同的責任〉，張其昀主編《蔣總統集》第二冊，國防研究院、中華大典編印會，1961年，第1422頁。

[25] 陳伯達：〈評《中國之命運》〉（1943年7月21日），中共中央統戰部：《民族問題文獻彙編 1921年7月－1949年9月》，北京：中共中央黨校出版社，1991年，第945頁。

[26] 陳伯達：〈評《中國之命運》〉，同前《民族問題文獻彙編 1921年7月－1949年9月》，第946-947頁。

而是孫中山，其代表之作就是著名的「驅除韃虜，恢復中華」的口號。而從血緣關係的角度來力求說明「中華民族」的一體性，更是當年以孫文為首的革命家們所熱衷的論法。

中共對《中國之命運》的另一個攻擊重點是認定其中體現了大漢族主義的思想。到了8月16日，周恩來在其〈論中國的法西斯主義——新專制主義〉中又寫到：「等到現在，他（蔣介石——筆者）的抗戰作用日益減少，反動方面日益擴大，並且著書立說，出了《中國之命運》一書。這樣下去，必然導致抗戰失敗，內戰再起……至於他對國內各小民族，還不是充滿了大漢族主義的民族優越感和傳統的理藩政策的思想麼？」[27]其實，這完全是一種「欲加之罪」。首先，在蔣介石提出的「中華民族」的五大「宗族」中，「漢」也只不過是其中之一而已，五個宗族處於平等的地位。即使是各個宗族的文化，其地位亦是平等的：「在中國領域之內，各宗族的習俗，各區域的生活，互有不同。然而合各宗族的習俗，以構成中國的民族文化，合各區域的生活，以構成中國的民族生存，為中國歷史上顯明的事實。」[28]在這個問題上，蔣介石明顯是受到了顧頡剛關於「現有的漢人的文化是和非漢的人共同使用的，這不能稱為漢人的文化，而只能稱為『中華民族的文化』」之思想邏輯的影響。如果說從《中國之命運》之「中華民族宗族說」中可以讀出其中存在著「大漢族主義的錯誤的民族思想」，那其實是因為「中華民族論」是建立在單一民族國家思想構造上的，這種與生俱來的特點，使它從誕生的那一天起就無法甩掉「漢族中心主義」的陰影。[29]

---

[27] 周恩來：〈論中國的法西斯主義——新專制主義〉（1943年8月16日），同前《民族問題文獻彙編 1921年7月－1949年9月》，第723-724頁。

[28] 蔣中正：《中國之命運》，臺北：正中書局，1960年1月，第5頁。

[29] 參見拙著：『日中関係の旋回——民族国家の軛を超えて』（《盤旋的中日關係——「民族國家」之軛》），東京：藤原書店，2015年；《民族主義與中日關係——「民族國家」‧「邊疆」‧歷史認識》，香港：中文大學出版社，2015年。

參、從漢人的始祖到中華民族的共祖的黃帝

毫無疑問，蔣介石在解釋「中華民族」之形成時也表現出了發現「同源」的強烈願望。他清楚地表明：「在此悠久的歷史過程中，各宗族往往在文化交融之際，各回溯其世系而發見其同源。即如蒙古是匈奴的後裔，而史記漢書考其遠祖實出於夏后氏。東北的女眞與西藏的吐蕃，是鮮卑的子孫，而晉書魏書考其遠祖皆出於黃帝軒轅氏，我們再考周書、遼史及文獻通考以爲推求，則今日之滿族與藏族即由此流衍而來。至於我國今日之所謂回族，其實大多數皆爲漢族信仰『伊斯蘭』教之回教徒，故漢回之間其實只有宗教信仰之分，與生活習慣之別而已……簡言之，我們中國五族的區分，乃是由於地域的和宗教的，而不是由於種族和血系的關係。」[30]

但是前文已經述及，蔣介石在《中國之命運》中同時也認定，「中華民族」是一種文化和一個歷史文化過程、即經過長期的歷史過程中的文化融合而成。也就是說，蔣介石的「中華民族論」中既有文化民族論、也有血緣民族論的成分。出現這種各種元素摻雜的現象，自然與蔣介石在抗戰時期中拉攏非漢民族集團的強烈願望有關。儘管蔣介石此時將「滿」也稱爲黃帝的後人，但以黃帝爲中華民族共祖的說法，恰恰證明了他並未完全擺脫當年反滿民族革命興起之時的中華民族血緣民族論的影響。下文將會證明，蔣介石在這個特殊時期對中華民族血緣民族論表現出來的興趣，其實是與孫中山在進入民國時期以後力圖通過文化同化的手法整合「中華民族」的大方向，背道而馳的。

眾所周知，以「中華民族」爲「黃帝子孫」，這其實也是孫中山等國民黨人當年推崇的思想。通過國立國父紀念館・中山學術資料庫之「國父全集全文檢索系統」[31]進行檢索，在所有號稱作者爲中華民國國父孫中山的著作

---

[30] 蔣中正：《中國之命運》，臺北：正中書局，1960年1月，第8-9頁。

[31] 國立國父紀念館・中山學術資料庫之「國父全集全文檢索系統」，http，//sunology.
culture.tw/cgi-bin/gs32/gsweb.cgi/login?o=dwebmge&cache=1479246256296

之中可看到，他一生曾經九次提及「黃帝」（另外還有一次「黃祖」）、六次提及「軒轅」、四次提及「炎黃」。

1907年4月，孫中山明確提出「中華國民」為「黃帝之子」：「昔我皇祖黃帝軒轅氏，與炎皇同出於少典之裔，實建國於茲土，上法乾坤，乃作冠帶，弧矢之利，以威不庭，南剪蚩尤，北逐葷粥，封國萬區，九有九截……嗚呼！我中華國民伯叔兄弟諸姑姊妹，誰無父母，誰非同氣，以東胡羣獸，盜我息壤，我先帝先王，亦既喪其血食，在帝左右，旁皇無依，我伯叔兄弟諸姑姊妹，亦既降為臺隸，與牛駒同受笞箠之毒，有不寢苦枕塊挾弓而鬥者，當何以為黃帝之子？」[32]

但是在1908的「同盟會革命方略」（軍政府宣言）中，孫中山又說道：「漢族神靈，久焜燿於四海，比遭邦家多難，困苦百折。今際光復時代，其人人各發揚其精色。我漢人同為軒轅之子孫，國人相視，皆伯叔兄弟諸姑姊妹，一切平等，無有貴賤之差，貧富之別，休戚與共，患難相救，同心同德，以衛國保種自任。」[33]也就是說，他所說的「中華國民」其實就是「漢族」、「漢人」，而這種「漢人同為軒轅之子孫」之說的實質，就是「衛國」即「保種」的中華國家與漢民族二者同體的思想。

直至民國前一年武昌起義之後，孫中山在「布告全國同胞書」中仍然使用「黃帝子孫」來表達中華國家與漢民族二者同體的思想：「中華民國軍政府大總統孫，為布告大漢同胞事：昔我皇祖黃帝軒轅氏，奄有中土，建國萬區，必先南討蚩尤，北逐獫狁，作弧矢以威四裔，用能保我子孫黎民；……胡元乘間，於是我中國始為亡國之礎墟矣！嗟夫！我黃帝子孫何罪，竟令彼時受異族之荼虐，……曾不幾時，民族主義之進步，日速一日，今則統中國皆國民矣；我鄂軍代表竟首舉義旗矣；我各省同胞竟同聲響附，殆無不認革命為現今必要之舉動矣。同胞！同胞！何幸而文明若此也？此必我黃帝列聖在天之靈，佑助我同胞，故能成此興漢之奇功，蓋可以決滿虜之必無噍類

---

[32] 〈中華國民軍政府討滿洲檄〉，民前5年3月13日（1907年4月25日）。

[33] 〈同盟會革命方略、軍政府宣言〉，1908年。

矣。」[34]

　　民國建立以前孫中山通過使用「黃帝」、「軒轅」來強調「漢族」、「漢人」為具有血緣關係之「同胞」的論述，都是出現在直接鼓吹對於清王朝的「民族革命」的場合。因為是在強調漢族具有同一個共同的祖先，因此有時即直接稱「黃帝」為「黃祖」：「維我黃祖，桓桓武烈，戡定禍亂，寔肇中邦，以遺孫子。……淪衣冠於豕鹿，夷華胄為輿臺，徧綠水青山，盡獸蹄鳥跡，蓋吾族之不獲見天日者兩百六十餘年。故老遺民如史可法、黃道周、倪元璐、顧炎武、黃宗羲、王夫之諸人，嚴春秋夷夏之防，抱冠帶沉淪之隱，孤軍一旅，修戈矛於同仇，下筆千言，傳楮墨於來世。」[35]也就是說目的在於強調漢族是一個由同一血緣關係建立起來的團體，為此他甚至斥責歷史上有人將黃帝也看作是異族的祖先為「姦言」：「崔浩魏收，騰其姦言，明朔方之族出於黃帝；……」[36]

　　在這種鼓吹對於清王朝之「民族革命」的場合，孫中山還數次使用黃帝紀年。1907年1月時他說道：「本總統自提倡大義以來，專以驅除胡虜、恢復中華、建立民國、平均地權為宗旨。幸我海內外同胞，咸知滿人為我漢族不共戴天之讎，各抱熱誠，共張撻伐。或同盟起義，或歃血誓師，如風之行，如響斯應。……黃帝紀元四千六百〇四年。」[37]但是我們注意到，一旦民國建立，孫中山立即放棄了黃帝紀年。「各省都督鑑：中華民國改用陽曆，以黃帝紀元四千六百九年十一月十三日為中華民國元年元旦，……」[38]可見孫中山已經知道，建設「中華民國」的過程已經不能再用「民族革命」的理論。反言之，孫中山關於「黃帝」、「軒轅」的論述就是為了因為發動對清王朝之「民族革命」而來的。

---

[34] 〈布告全國同胞書〉，民前1年（1911年）。

[35] 〈中國同盟會本部宣言〉，民前1年11月5日（1911年12月24日）。

[36] 〈中華國民軍政府討滿洲檄〉，民前5年3月13日（1907年4月25日）。

[37] 〈丙午萍鄉之役致革命軍首領照會〉，民前6年11月26日（1907年1月10日）。

[38] 〈臨時大總統改曆改元通電〉，民國元年（1912年）1月2日。

　　但是民國建立以後，孫中山提起「黃帝」、「軒轅」的次數大減，而提及「黃帝子孫」的地方只有一次：「可見中國若強，高麗、安南一定會要求我們准伊們加入中國，到那時日本也不欺負我們了。大家知道日本強了，我們爲甚麼不能強呢？學生諸君切勿自餒！我們是黃帝的子孫，要素強大，行乎強大。」[39]

　　更重要的是，民國建立以後，孫中山筆下的「黃帝」、「軒轅」的性質發生了根本性的變化。孫中山1912年1月1日在南京宣誓就任中華民國臨時大統領以後，3月裡委派由15人組成的代表團前往陝西省黃陵橋山致祭軒轅黃帝陵，並親筆寫下了《祭黃帝陵詞》：「中華開國五千年，神州軒轅自古傳。他造指南車，平定蚩尤亂。世界文明，唯有我先。」但是在分析孫中山先生的這段文字時，我們必須考慮到清帝遜位以後中國國內政治局勢之變化，對身爲中華民國臨時大總統的孫中山先生所產生的影響。因爲這種視黃帝爲「開國始祖」的思想，與他當年在東京開始鼓吹民族主義時視黃帝爲「中華民族始祖」的思想已經相去甚遠。

　　但孫中山這種以「黃帝」、「軒轅」爲中華文明象徵的論述，實際上又延續了孫中山在發動革命以前就有的思想，這也應該是當時中國社會一般認同的黃帝形象：「余念上世善治兵者，若神農、軒轅、伊尹、曹孟德諸公，皆以善解醫方，拊循其衆，故其士氣壯盛而無夭札，師旅輯和，威謀靡亢。」[40]進入民國時期以後，孫中山多次重複這種思想：「古籍所載指南車，有謂創於黃帝者，有謂創於周公者，莫衷一是，然中國發明磁石性質而製爲指南針，由來甚古，可無疑義。」[41]「又像中國的指南針也有電的道理，用過了的時代和數目，不知有多少了。這個東西有的說是黃帝發明的，有的說是周公發明的，無論是哪一個發明的，都是在外國人發明電之先，…

---

[39]〈學生要努力宣傳擔當革命重任〉，民國12年（1923年）8月19日在廣州全國學生總會評議會演講。

[40]〈赤十字會救傷第一法〉，民前15年5月（1897年6月），赤十字救傷第一法再版序。

[41]〈建國方略〉，《孫文學說》〈行易知難〉第四章〈以七事爲證〉，1919年6月。

…」[42]「嘗百草是甚麼人的事呢？就是醫生的事，所以神農由於嘗百草便做皇帝，就可以說醫生做皇帝。更推到軒轅氏教民做衣服也是做皇帝，那就是裁縫做皇帝。有巢氏教民營宮室，也做皇帝，那就是木匠做皇帝。」[43]

從以上例證可以看出，孫中山當年將「黃帝」、「軒轅」視爲「漢族始祖」、「中華民族始祖」的論述，都是爲了發動和進行「民族革命」而發生的。而從孫中山民國九年寫給合肥闞氏的〈重修譜牒序〉中，又可以看出孫中山在民國建立以後爲何放棄將「黃帝」、「軒轅」視爲「漢族始祖」說的原因：「合肥闞氏，古蚩尤之後裔也。蚩尤姓闞，爲中國第一革命家，首創開礦鑄械之法。因軒轅氏奪其祖神農氏之天下，乃集其黨徒八十一人，精究戰術，能爲風雨霧霾以助戰，與軒轅氏血戰多年，至死不屈。軒轅氏既滅蚩尤，實行帝制，稱蚩尤爲亂民，加以不道德之諡號。然心畏蚩尤之神異，民心之思念，乃令人圖畫其像，建祠祀之。」[44]此時孫中山的筆下，不僅「黃帝」、「軒轅」被與「不道德」連接在一起，而與軒轅黃帝爭天下的蚩尤則成了贏得「民心之思念」的「中國第一革命家」。也就是說，當有了領導「中國」的經歷之後，孫文已經放棄了「黃帝」爲「中華國民」始祖之說，承認並不是所有的「中國人」都是「黃帝」、「軒轅」的子孫，承認「中國」是一個由具有多種血緣來源的人們所組成的。

在全面抗戰即將全面爆發的前夕，國民政府已經不再刻意強調血緣民族論，其標誌就是不再刻意「黃帝中華民族共祖論」。例如，1937年4月國民政府主持祭祀黃帝陵活動，國民黨中央執行委員會的祭文爲：「維中華民國二十六年民族掃墓之期，追懷先民功烈，欲使來者知所紹述，以煥發我民族之精神，馳抵陵寢，代表致祭於我開國始祖軒轅黃帝之陵前曰：粵稽遐古，世屬洪荒；天造草昧，民乏典章。維我黃帝，受命於天：開國建極，臨治黎

---

[42] 〈知難行易〉，民國11年（1922年）1月22日在桂林學界歡迎會演講。

[43] 〈三民主義〉，民權主義，第五講，1924年4月20日。

[44] 〈合肥闞氏重修譜牒序〉，民國9年（1920年）4月上旬。

元。始作制度，規距百工，諸侯仰化，咸與賓從。置曆紀時，造字紀事；宮室衣裳，文物大備。醜虜蚩尤，梗化作亂；愛誅不庭，華夷永判……」可以看出，國民政府在這裡是以黃帝爲「開國始祖」、一個政治共同體的領導人，所強調的黃帝對國家的貢獻，也主要是在建立文化制度方面的貢獻。國民黨這種通過將黃帝視爲「開國始祖」而非「民族始祖」，從而證明其對整個中國的統治正當性的傳統，自然也是始於孫中山。

　　相反地，之後攻擊蔣介石鼓吹單一民族國家論的中國共產黨（以下爲「中共」），此時卻在祭詞中以黃帝爲「中華民族始祖」：「維中華民國二十六年四月五日，蘇維埃政府主席毛澤東、人民抗日紅軍總司令朱德敬派代表林祖涵，以鮮花時果之儀致祭於我中華民族始祖軒轅黃帝之陵。而致詞曰：赫赫始祖，吾華肇造，冑衍祀綿，嶽峨河浩。聰明睿知，光被遐荒，建此偉業，雄立東方……」值得注意的是，中共祭文將自己過去進行內戰的經歷改造爲抵抗外敵之歷史。[45] 國共兩黨的祭文，無疑都是在製造自己才是「中流砥柱」的印象。但從對「黃帝」的認同上來看，二者的區別在於，國民黨立腳於國家，而中共則立腳於民族。

　　黃帝是「開國始祖」還是「中華民族始祖」？兩種不同性質的看法，其實也代表了兩種不同的對中國這個政治共同體性質的認識。認黃帝爲「開國始祖」，其實是說「中國」根基於一個共同的文化制度，而以黃帝爲「中華民族始祖」，也就是說構成中國的國民的「中華民族」是一個由黃帝而來的，具有共同血緣關係的「同源」、「同宗」、「同祖」集團。也就是說，此時中共的中華民族思想，其實更加具備血緣民族論的性質。「琉臺不守，三韓爲墟，遼海燕冀，漢奸何多！」從這篇由毛澤東和朱德兩人署名的祭文中的又可以看出，以「中華民族」爲「黃帝子孫」的思想基礎，就是不分

45　「懿維我祖，命世之英，涿鹿奮戰，區宇以寧。豈其苗裔，不武如斯，泱泱大國，讓其淪胥。東等不才，劍屨俱奮，萬里崎嶇，爲國效命。頻年苦鬥，備歷險夷，匈奴未滅，何以家爲……」

「中國」與「漢」二者。[46]

其實，甚至到了1943年7月陳伯達執筆〈評《中國之命運》〉時，中共仍然沒有從理論上理清「中國」與「漢民族」之間的關係。陳在文中這樣寫道：如果按照蔣介石的「中華民族宗族說」，那麼「漢時代漢民族和匈奴的戰爭」、「五胡亂華、南北朝那時代漢民族與各民族的戰爭」、「唐時代漢民族和回紇、吐蕃、沙陀的戰爭」、「武漢時漢民族和契丹的戰爭」、「宋時代漢民族和契丹、西夏、女眞、蒙古的戰爭」、「明時代和蒙古、滿洲的戰爭」、「太平天國和同盟會反滿的戰爭，也就都不是民族的戰爭，而只是一個民族內部的戰爭了。若然，則岳飛、文天祥、陸秀夫、朱元璋、徐達、袁崇煥、史可法、鄭成功、李定國、洪秀全、李秀成、黃花崗七十二烈士以及孫中山先生，……這一切在漢民族史上可歌可泣、而爲漢民族和中國河山生色的歷史人物，不就都成爲一批毫無意義而死去的愚夫愚婦嗎……按照作者關於民族的解釋和歷史的渲染，則全部中國歷史必須完全推翻，而我們民族也寄託於烏有。」[47]

但是，文天祥、陸秀夫、朱元璋、徐達面對的敵人是蒙古，岳飛、袁崇煥、史可法、鄭成功、李定國、洪秀全、李秀成、黃花崗七十二烈士以及孫中山面對的敵人則是滿族，而中共在這裡所說的「我們民族」，顯然就是「漢族」。用這種自己代表漢族、漢族中心的歷史代表「全部中國歷史」的話語，來批評蔣介石中華民族論中具有大漢族中心主義的論法，其實是根本站不住腳的。因爲它只能說明中共甚至沒有超越當年反滿民族主義的境界，具有更加強烈的漢族中心主義，因此對蔣的批評簡直就是百步笑五十步。這一現象也能夠證明，「中華民族論」無論是出自何人之口，其實質都是單一民族國家論，因此必然帶有無視其他民族集團的特點，甚至無視其他民族集

---

[46] 參見拙文：〈「漢奸」考〉《中國近代民族史研究文選》（上），陳理等編中國社會科學文獻出版社，2013年12月，第268-290頁。

[47] 陳伯達：〈評《中國之命運》〉（1943年7月21日），同前《民族問題文獻彙編 1921年7月－1949年9月》，第945-946頁。

團之存在的特徵。

肆、「中華民族論」與「日本民族論」

　　眾所周知，「中華民族」的概念，當年就是處於一個以追求驅除異族、建立漢民族的單一民族國家的目的，而被發明出來的，這也是中國近代國族思想的源頭。但是通過以上分析可以看出，「中華民族論」其實是一個四層構造的話語體系。首先，不論中華民族的內涵是漢一個民族集團還是發展到了包括其他民族集團，只要是以中華民族的概念來表示構成中國國家的構成主體，那麼從性質上來說，中華民族國家一直就是單一民族國家。第二，但是追求單一民族國家的思想，不過是中華民族論的表相。在這個表相下面，爲了證明單一民族國家的正當性，首先就要構築一個作爲民族共同體的中華民族（或漢民族）與作爲政治共同體的中國，國家二者自古以來即爲一體的歷史學學說。第三，要證明民族與國家二者一體性的最理想形式，就是「發現」一個同時具備了創建政治共同體（最初可能並非爲國家形式）的英雄和民族共同體的始祖兩種性質的人物；通過近代以來的黃帝說可以看到，要想證明這種英雄祖先的存在，就必須建立一套血緣民族論的民族學說。最後，當在理論上將政治共同體和民族共同體高度疊合在一起時，自然出現了通過包括考古學在內的各種手法來證明共同體範圍的需要；而受血緣民族論的影響，當中華民族國家的範圍被界定於漢族時，其他民族集團的存在就會遭到無視；當中華民族國家的範圍被界定於包括了其他民族集團時，其他民族集團的獨自特徵又會遭到輕視；總之，中華民族國家的共同體思想，從構造上必然是以對少數民族集團的無視、輕視和歧視爲基礎的。

　　這種爲了證明單一民族國家的正當性，而被創造出來的中華民族話語構造和構造各層次之間的關係可以清楚地證明，以「中華民族論」爲代表的中國的近代民族主義思想，受到了以「日本民族論」爲代表的日本近代民族主義思想的全面影響，甚至可以說具有明顯的師承關係。而鏈接起這種師承關係的，自然就是當時身處於形成近代中國民族主義思想的場域——20世紀初

頭日本社會的清國留日學生們。例如，劉師培在〈黃帝紀年論〉中就明確談到：「夫用黃帝紀年，其善有三。……日本立國，以神武天皇紀年，所以溯立國之始也。中國帝王，雖屢易姓，與日本萬世不易之君統不同；然由古迄今，凡漢族之主中國者，孰非黃帝之苗裔乎？古中國之有黃帝，猶日本之有神武天皇也。取法日本，擇善而從，其善二。」[48]也就是說，中國應該學習日本，爲中國之民的漢族找到一個像神武天皇這樣的民族始祖。

近代日本關於國家和民族之間關係思想的形成，起因於近代日本積極追求建設一個具有凝聚力的、可以用來保證日本維護「獨立」的「國民」。這種民族主義的思想，始於幕府時代末期由於外國勢力的壓迫而形成的攘夷思想。但是，「作爲封建統治者，維持其封建統治的排外運動的攘夷論以及攘夷運動」，最初「即使有攘夷派的煽動，排外運動也無法動員下級武士、鄉士階層，或者說是豪農、商業資本家階層，以及其下的勞動大眾，因而始終是一個根基很淺的運動。所謂勞動大眾，在這個時點上當然是以耕作的農民階層爲中心，這些佃農們並沒有鮮明的國民意識。」[49]隨著時間的推移，最後「日本民族主義的形成，無疑與自由民權運動之間有關。」[50]

一般認爲，日本的自由民權運動，始於1874年板垣退助和後藤象二郎等人提出民選議院建白書，而止於1890年帝國議會的建立。遠山茂樹是日本歷史學研究會（The Historical Science Society of Japan）的重要人物，是一位信奉唯物史觀的著名歷史學家。他在1950年代初就曾經非常清晰地梳理了近代日本社會中的「民權」思想與「國權」思想之間的互動關係（包括如何被統治階層所利用三者之間的互動關係），及其在近代民族主義之形成過程中所發生的重要作用。「外壓是我國絕對主義形成的重要契機，同樣這一力量在自由民權運動中也發揮了極大的作用。也就是說，（自由民權運動）在最初

---

[48] 劉師培：〈黃帝紀年論〉，第721-722頁。

[49] 遠山茂樹：〈日本のナショナリズム〉，《歷史における民族の問題——歷史研究會 1951年度大會報告》，東京：岩波書店，1951年12月，第104頁。

[50] 遠山茂樹：〈日本のナショナリズム〉，第106頁。

就已經具備了在達成民權的同時達成國權的目標……自由民權運動中的國權論即民族主義（nationalism, 筆者）的思想也具有雙重的性格。其第一為從攘夷論延續下來的絕對主義的富國強兵論，第二為自下而來的國民統合，及在此基礎上要求實現對外自主的近代民族主義。自由民權運動中國權論與民權論的結合，使運動具有了二重的性格。第一是從富國強兵的角度，出現了實行作為實現富國強兵之國民基礎之手段的立憲制的要求，這是上流社會的民權說。第二是與此相對從近代民族主義的角度，自下而上地出現了實行作為實現國民統合前提的民主制的要求，這是下流社會的民權說。」[51]

「自由民權派，通過強調緊張的國際局勢和國家獨立的緊迫性，宣稱在野的民眾才是真正的愛國者，促使民眾的國民政治意識迅速覺醒，支持具有國民政治意識的民眾與政府權力進行鬥爭，攻擊政府屈從於歐美列強壓力和表現軟弱，鼓勵國民堅持對外保持獨立不羈的精神……」[52]由於自由民權派在動員民眾時使用了鼓吹「國權」的手法，「下流社會的民權最終沒有和上流社會的民權說分道揚鑣，而其連接點，就是沒有從富國強兵論中完全脫身出來的國權論。」[53]「當年的自由民權派與國粹主義派，具有共同的社會思想基礎，這就是國權論。在這時的國權論中，已經沒有了革命的民族解放、獨立的要求，只有富國強兵論。」[54]「民權」與「國權」的一體化，導致了以富國強兵論，其實就是國權論為主體的民族主義思想蔓延於整個日本社會。

由於維護「國權」首先需要說明「維護」的意義，所以日本社會中頌揚日本文化之優秀的國粹論，和天皇萬世一系的日本國家體制之優秀的國體論也就應運而生。國粹主義雖然批判政府不顧日本的實際情況而盲目歐化，但是在強調天皇萬世一系及日本國家體制的優秀及永久性上，與「國體論」一

---

[51] 遠山茂樹：〈日本のナショナリズム〉，第110頁。
[52] 遠山茂樹：〈日本のナショナリズム〉，第110-111頁。
[53] 遠山茂樹：〈日本のナショナリズム〉，第111頁。
[54] 遠山茂樹：〈日本のナショナリズム〉，第112頁。

脈相承，在攻擊天賦人權論上與「國權論」毫無二致。「1880年代，也是以鹿鳴館爲代表的歐化，與因對其反感而起的國粹論互相交錯的時代。日本民族論同樣處於這一潮流之中。」[55]而日本國體論開始盛行，是在1890年的教育敕語發表之後。「國體論是爲了打破（江戶時代幕府體制的）封建體制而形成國民國家」所製造出來的意識型態，因爲，「爲了讓吸收歐美文明與走富國強兵之路二者相統一，需要近代的國家統合理念，與執迷不悟的中國學者的尊王攘夷論劃清界限也需要近代的粉飾。」[56]

　　值得注意的是，在這個過程中，許多當年留學德國的日本思想家和法學家，都逐漸變成了國體論者、單一民族論者，甚至是血緣民族論者。其中最著名者，除了常常被提及的留學德國五年、回國成爲「明治法學界之重鎮」，官至東京帝國大學法科大學校長的穗積八束之外，[57]還有曾經留學德國六年（1884-1890），後官至東京帝國大學文科大學校長的井上哲次郎。井上1898年在其《敕語衍義》增訂版中專門增加了以下文字：「日本民族爲來自於同一古代傳說的系譜、建國以來居住在同一國土上、具有同一語言、習慣、風俗、歷史，從未被其他民族所征服過的、在蜻蜓洲首尾盤踞一團的一大血族」，「就這樣將明治國家的天皇統治，解釋爲不是權力統治而是通過同民族之人的自然結合而形成的。」[58]於是，在「以帝國臣民均爲以天皇爲祖先的一大家族的國體論」的語境中，以「帝國臣民是具有純粹單一的起源的民族」[59]，日本自始至終一直是一個「單一民族國家」的思想，在日本社會中迅速得到普及，一個作爲民族共同體的日本民族與作爲政治共同體的日本國家二者，自古以來即爲一體的歷史學學說、即「國史學」迅速形成。值得注意的是，正如可以從日後中國革命家們關於黃帝的歷史描寫中所看到

[55] 小熊英二：《単一民族神話の起源──〈日本人〉の自画像の系譜》，第31頁。

[56] 小熊英二：《単一民族神話の起源──〈日本人〉の自画像の系譜》，第50頁。

[57] 拙著：『民族主義与日中関係──「民族國家」・「边疆」・歴史認識』、香港：中文大學出版社，2015年9月，第66頁。

[58] 小熊英二：《単一民族神話の起源──〈日本人〉の自画像の系譜》，第52-54頁。

[59] 小熊英二：《単一民族神話の起源──〈日本人〉の自画像の系譜》，第49頁。

的一樣，近代日本以主張國體論爲目的的國史學，正是將歷史和神話的要素摻雜在一起的。

國史學中的神話要素基本上來自於《日本書紀》。[60]其中被稱爲「建國神話」的內容大致如下：神代之前並無日本列島和日本人，諸神住在高天原，「神代」第七世即最後一代的伊弉諾與伊弉冉二神兄妹結婚生產日本列島及諸神，其子之一爲天照大神，另一子素戔男尊因惹父怒被流放至人間而開始營造葦原中國，但因高天原諸神認爲葦原中國應爲天照大神子孫統治，故天照大神之孫瓊瓊杵尊降臨人間，而神武天皇即瓊瓊杵尊之孫。

法學家穗積重遠（穗積八束之兄穗積陳重的長子）認爲：「日本建國神話的一大特徵，是治國主權者與國土的同時誕生。」[61]「日本皇室的祖先天照大神與日本國爲同胞兄弟。因此日本從建國之日起就與皇室具有無法切割的關係。……日本往日的幸福的根本原因就在於，具有這個皇室國土二者爲同胞的傳說。」[62]但是值得注意的是，儘管在日本神話中，作爲國土的日本和作爲這篇國土的統治者的日本天皇二者出處一致，具有血緣關係，但是並沒有將日本天皇與日本民族的形成直接連在一起，而做到了這一點的則是日後國史學的功績。

早在1781年儒學者藤貞幹著《衝口發》一書，該書雖只有短短的31頁，但是分門別類，有皇統、語言、姓氏、國號、神璽、年號、容貌裝飾、衣服、喪葬、祭祀、拍手合掌、和歌、詩賦、國史、制度等綱目，日後日本著名民族學家鳥居龍藏對其在日本學術史上的價值大加讚揚。[63]該書「與本居宣長等國學派的觀點大爲不同」，[64]認爲《日本書紀》中所記日本的皇統、

---

[60] 《日本書紀》爲奈良時代天武天皇命其子舍人親王紀元720年主持編撰的日本編年史，分爲「紀」30卷和系圖1卷。「紀」之卷1卷2的內容是關於「神代」的日本歷史，卷3-30是關於從神武天皇至持統天皇的「人代」的日本歷史。

[61] 穗積重遠：《日本の過去現在及び未来》，東京：協和書院，1935年5月，第17頁。

[62] 穗積重遠：《日本の過去現在及び未来》，東京：協和書院，1935年5月，第18頁。

[63] 鳥居龍藏：《極東民族》，東京：文化生活研究會，1926年1月，第60-76頁。

[64] 鳥居龍藏：《極東民族》，東京：文化生活研究會，1926年1月，第61頁。

言語、姓氏和風俗，大多與大陸尤其是與朝鮮半島有關。[65]但是四年後本居宣長著《鉗狂人》，批評藤貞幹爲「狂人之說」。本居宣長以後，國學流派逐漸興起，以《日本書紀》所記載的皇國紀年和日本爲神國的國體論逐漸成爲歷史學的主流。於是，在國史學的推理和加工描述之下，「日本國體在民族形成的過程中成型，日本民族在國體形成的過程中與其同時結合成型」，[66]天皇皇室開始「成爲」所有日本人的本家，即共同祖先的直系後裔。

按照國史學的解釋，天皇皇室和日本民眾之間完全是一種血親關係。「根據這些神話和史實，我國是由皇祖神生成，皇室與國土與臣民之間關係爲不離合一的關係，皇室爲臣民的總本家，因此皇室與臣民之間關係爲君臣之義兼父子之情。」[67]「就這樣在家族制基礎上成立的我國，由身爲族長的萬世一系的天皇進行統治，……形成了全國上下一致、全國一體、永久發展和完全普及的鞏固的統一格局，使國家成爲一個完全的統一體形式。」[68]值得注意的是，這個由血緣關係連接在一起的「統一體」之所以被想像出來，其實是爲了說明「日本民族」是一個以天皇爲中心的「血族集團」：「這個統一體是一個實現了以天皇爲中心的血族團體的統一體，是體現了君臣之間親善不離的統一體，是日本民族的自覺，是一個偉大的民族的自我完成。」[69]「日本民族以立足於君國的大我，包容立足於一身一家的小我。」[70]

---

65 工藤雅樹：《研究史，日本人種論》，吉川弘文館，1979年12月，第7頁。

66 永井亨：《日本民族論》，東京：日本評論社，1928年8月，第191-192頁。

67 高木武：〈我が肇国の本義〉，伊藤千眞三：《日本精神史論》，東京：進教社，1937年8月，第4頁。

68 高木武：〈我が肇国の本義〉，伊藤千眞三：《日本精神史論》，東京：進教社，1937年8月，第4頁。

69 高木武：〈我が肇国の本義〉，伊藤千眞三：《日本精神史論》，東京：進教社，1937年8月，第5頁。

70 高木武：〈我が肇国の本義〉，伊藤千眞三：《日本精神史論》，東京：進教社，1937年8月，第6頁。

在構建了「日本民族」是一個以天皇為中心的「血族集團」的基礎上，日本民族和日本國家二者就變成了一個事物的兩個側面：「日本民族既是日本國體的母胎又是其產物。研究日本民族既是研究日本國體的前提又是其結論。因此要將日本民族論和日本國體論放在一起論述，方能夠搞清日本民族的性質和搞清日本國體的眞相。」[71]在近代國史學的敘述中，民族和國家二者一體成爲日本的歷史傳統，日本國民因此應該具有更加強烈的愛國精神，更容易被凝聚在一起：「正如國史所示，日本民族在其形成過程中日本的國體同時形成，二者並且結合在一起同時又形成支持這一形式的心理。日本的國體就建立在這種將日本民族作爲本體的社會基盤上，成爲凝聚國民的傳統。這種完全以種族的結合爲民族統一基礎的國度，在世界估計除了日本之外再無二者。因此隨時代變遷社會組織無論發生任何變化，國體從來沒有改變過。維新之後國家能夠很快實現統一的原因也正在於此。」[72]

爲了進一步證明民族與國家之間的二者一體性，近代日本國史學所「發現」的同時具備創建政治共同體的指導者，和民族共同體的始祖兩種性質的人物，就是以上劉師培所說的作爲「現人神」的神武天皇：「進入人皇時代以後，神武天皇作爲第一代天皇即位，建立國家體制做出德治榜樣，之後歷代天皇仿效之。」[73]「日本民族的生成及發展過程，可以大化改新與明治維新爲界分爲三個階段。從大化改新到明治維新時期的一千兩百餘年爲出現民族自覺和形成民族統一的時期……從神武建國至大化改新約有一千三百餘年，這一時期是日本民族形成的時期。而明治維新後至今日僅僅六十餘年，但是在這半個多世紀中日本民族從社會上、心理上異常迅速地發展。」[74]

因爲證明了這種英雄祖先與日本民族生成之間存在著直接的關係，日本

---

[71] 永井亨：《日本民族論》，東京：日本評論社，1928年8月，第5頁。

[72] 永井亨：《日本民族論》，東京：日本評論社，1928年8月，第4頁。

[73] 高木武：〈我が肇国の本義〉，伊藤千眞三：《日本精神史論》，東京：進教社，1937年8月，第4頁。

[74] 永井亨：《日本民族論》，東京：日本評論社，1928年8月，第2-3頁。

天皇皇室與日本國民之間的關係，在日本國史學的描述中就完全變成了一種血緣民族論。「我國國體既是日本文化的精髓，同時也是我們民族的最大的創造……我國國體的根本特質有三點，即皇運無窮、天皇神聖和忠孝一體。而三者有相互關聯，所謂三位一體是也。皇運無窮故天皇神聖，因此而得以忠孝一體。因此日本民族性最主要的部分就是血族性，由血族性而國成，由血族性而得有皇運無窮、忠孝一體。」[75]「國爲家的擴大，君民關係爲父子關係的延長」[76]，「我國的國土和人民均出生於皇室祖先的天照大神，與皇室由血緣關係連接在一起」[77]。「皇室和國民由血族關係結合，皇室爲國民的總本家，而國家因此得以擴大的理由，在於社會由具有最爲樸素、自然和非人爲的血族關係的國民結合而成，而皇室居於核心，國家因而是一個民族國家……構成血族關係根本的父子關係，是非人爲的且不變易的關係。」[78]「我國皇室正是國民的大本家，國民爲其分家，因此天皇即爲大家長。原本國家是由血族集團發展而來，因此一國上下保持大家族主義和衷協同。」[79]

值得注意的是，近代日本的「日本民族論」，其實也是以對國內其他民族集團的歧視爲基礎而形成的。爲了確認「日本民族」的範圍，日本民族論強調日本人才是日本島最早的居民，而抹殺了日本島最早的居民爲阿伊努人的歷史事實。最早談及「日本民族」起源的，可以追溯到1823年來到日本的德國醫生和博物學家菲利普·弗蘭茲·馮·西博爾德（Philipp Franz von Siebold，1796年2月17日－1866年10月18日）和1877年來日本東京的帝國大學擔任教授的原哈佛大學生物學助教的愛德華·S. 莫爾斯（Edward Sylvester Morse）等歐美人類學家的研究。他們根據考古發現的人骨和石器文化等，並參考了日本神話傳說，提出了日本最初的原住民爲阿伊努人，今天的日本

---

[75] 栗田元次：《史的研究 日本の特性》、東京：賢文館，1937年11月，第140-141頁
[76] 栗田元次：《史的研究 日本の特性》、東京：賢文館，1937年11月，第142頁。
[77] 栗田元次：《史的研究 日本の特性》、東京：賢文館，1937年11月，第143頁。
[78] 栗田元次：《史的研究 日本の特性》、東京：賢文館，1937年11月，第144頁。
[79] 野村八良：《武家時代文學に現れた日本精神》，東京：大岡山書店，1934年10月，第72-73頁。

民族爲「由原住民與渡海而來的征服民族」混合而成，即「現代日本民族是亞洲多種民族的混合」的觀點。[80]到了1880年代中期以後，日本人類學學科逐漸形成，最初大多日本學者也接受了日本混合民族說，但是很快就有人開始對日本混合民族說提出了質疑。他們主張日本的原住民並不是阿伊努人即神話中的蝦夷，1892年黑川眞賴提出，蝦夷只不過是因反抗天皇家的統治而被流放到了北海道的那些日本人的後裔，因爲與地理上的隔絕日後沒有像本州的日本人那樣得到進化而已。

也就是說，反對日本混合民族說的日本學者認爲，日本列島上在古時期就只有日本人居住在這裡，並沒有異民族的存在。到了1888年，國體論者的內藤恥叟更提出：「在這個國家的人種中，沒有一個人不是大神的後裔子孫。」[81]按照小熊英二的分析，在這些主張「日本人從太古起即集結在天皇之下」的日本人看來，在文學、軍事力量、建築、技術、經濟及工藝等各個領域，都無法與歐美對抗之時，日本有的只是「集結在天皇周圍的國民＝民族的團結力」。而此時，「如果容忍歐美人類學者的主張，將日本民族視爲征服者與原住民的混合體，就等於是放棄了最後的認同意識，就會瓦解日本維持獨立所必不可缺的國民的團結」。[82]與以中華民族論爲代表的中國近代民族主義不同，近代日本的單一民族國家思想，不是通過血緣關係發現和排除「異種」，而是努力證明國家政治共同體的所有成員之間都具有血緣的關係，其方法就是將即使具有不同特徵的人們，也統統說成是具有同一個遠古祖先血統的「日本民族」集團的成員。但是這種完全無視考古學和人類學的成果，主觀強硬地斷定阿伊努人就是「日本民族」的一部分的單一民族國家思想，無疑地同樣無視弱者的獨立意志，建立在無視、輕視和歧視少數民族

80　小熊英二：《単一民族神話の起源——〈日本人〉の自画像の系譜》，東京：新曜社，1995年，第22頁。

81　小熊英二：《単一民族神話の起源——〈日本人〉の自画像の系譜》，東京：新曜社，1995年，第26-27頁。

82　小熊英二：《単一民族神話の起源——〈日本人〉の自画像の系譜》，東京：新曜社，第29頁。

集團的基礎上。

結語

　　中國近代民族主義的最鮮明的表徵符號就是「中華民族論」。這種中國民族主義的形成，究竟是受到了「美利堅民族」的影響，還是受到了日本「單一民族國家」思想的影響？要想明確回答這個問題的方法其實極為簡單，那就是看「中華民族論」是不是一種血緣型民族主義的話語？「美利堅民族」不可能追求共同的民族始祖，西方對nation的理解也沒有要求共同血緣來源的成分。而本文通過以上論述力求說明，「中華民族同源論」證明，蔣介石《中國之命運》中的中華民族論中具有血緣民族論的成分，而中共的「中華民族始祖黃帝說」證明中共的中華民族論更是一個血緣民族論。近代中國的「中華民族」思想，就是一種血緣型民族主義。儘管在不同階段上包含對象也曾經有過不同，而將中國的國民都視為「中華民族」的思想，顯然就是受到了日本「單一民族國家」思想的影響。其原因，自然與近代中國的民族主義思想是在日本、由清國留日學生為主體而形成的中國近代國家思想輿論界的這個場域中形成有關。

　　通過以上分析可以看出，「中華民族論」其實是一個四層構造的話語體系。但是這種為了證明單一民族國家的正當性，而被創造出來的中華民族話語構造和構造各層次之間的關係，可以清楚地證明，以「中華民族論」為代表的中國的近代民族主義思想，受到了以「日本民族論」為代表的日本近代民族主義思想的全面影響，甚至可以說具有明顯的師承關係。然而這個學習的過程並不由他人所強加，而是中國的革命家和思想家們主動、自願和自覺推進的。通過這種血緣民族論對「中華」和「中華民族」的闡釋，革命家們從民族上和文化上徹底否定了滿漢之間的同質性，將中國社會的主要矛盾對立描繪成「中華」、即「漢人」與「滿人」之間的對抗。換言之，為了喚起「漢人」的民族同仇敵愾之心，為了發動民族革命，為了取得政權，革命

派對「中華」的改造，使原本爲地理和文化意義上的「中華」[83]，失去了它原有的開放性，不可避免地成爲了一個構成單一民族國家的血緣民族論的話語。從上述陳伯達通過批判「單一民族論」來批判蔣介石的「中華民族宗族說」[84]一事來看，中共其實也清楚地知道，近代之「中華民族」思想與日本「單一民族國家思想」之間的師承關係。

　　而受血緣民族論的影響，當中華民族國家的範圍被界定於漢族時，其他民族集團的存在就會遭到無視；當中華民族國家的範圍，被界定於包括了其他民族集團時，其他民族集團的獨自特徵又會遭到輕視；總之，中華民族國家的共同體思想，從構造上必然是以對少數民族集團的無視、輕視和歧視爲基礎的。而關於這一點，同樣可以在近代日本民族論形成過程中看到它的影子。也就是說，追求單一民族國家形式的近代民族主義，不僅必然帶有對外的排他意識，同時必然帶有對內的民族歧視，這是由它必須按照血緣民族論進行理論編制的構造特徵所決定的。

---

[83] 參見拙著：《中國，從天下到民族國家》，第二章〈文明論的華夷觀——中國民族思想的起源〉等，臺北，政大出版社，2014年。

[84] 陳伯達：〈評《中國之命運》〉（1943年7月21日），同前《民族問題文獻彙編 1921年7月－1949年9月》：第946-947頁。

第六章　甲午戰敗對近代中國革命的影響

王文隆*

　　清末雖列強侵凌，但就結構上來看，多爲歐美列強對東亞秩序的介入，然而被學習西方的東亞國家徹底擊敗，在甲午戰爭時才是首次。甲午戰爭是中日兩國維新成果的檢驗，中國以失敗告終，北洋艦隊幾乎全毀，海防實力大受影響，連陸防都有危機，中日兩國的國力發生了第一次的翻轉。戰敗必將帶來自省，這個自省除了在朝者之外，更多是一般知識分子爲中國找出路、尋未來的省思，年輕人對於投身清廷或是另樹一幟，有不同的反思與考慮，基於對中國未來想像的不同，便有了不同的舉措。有的青年人呼應勤王爲名的保皇運動，投身康有爲、梁啓超爲首的保皇黨旗下，力求統治中心的穩定以求發展；有的年輕人投身革命運動，直接否定清廷統治的正當性與合法性，要另闢蹊徑，別樹政體以挽頹勢。

　　無論當前學者對於19世紀中期至下半葉，中國與西方接觸時的狀態，是西方衝擊、東方回應，亦或是東西秩序的衝突，還是西方加進了東方的秩序進而推倒了原有的平衡的說法，都不能否認這段期間的中國，的確受到相當大的影響，甚至潛在地有著亡國的風險與危機。

　　對於長久以來屹立於東亞的中國來說，清末變局所帶來的影響很大。中國傳統觀念裡，瀰漫「溥天之下，莫非王土；率土之濱，莫非王臣」的絕對概念，中國的天子爲人世間的共主。然而，隨著西力東漸，這些天子曾視爲蠻夷的諸邦國不僅在軍事上打擊天子的威權，也在經濟上侵凌天子的領域，更衝擊著天子所代表的無上形象。西方列強不僅要求與清帝國間劃定清楚的

---

* 中國南開大學歷史學院副教授。

國界，限制其「王土」的界線，也要求以國籍爲據，區隔其「王臣」的範圍。部分在「王土」之外生養的華人，便成了華僑；入了他國國籍的華人，更有相當大一部分不再是「王臣」，而僅是血統源自於中國的華裔。中國在這段期間裡，學習著怎麼成爲一個適用於西方國際法規範的國家，而拋棄原本習慣的東方式秩序。

受到西方衝擊的，不僅是中國而已，鄰近周邊的幾個區域，也多受到西方列強不同程度的壓力，如日本、朝鮮、越南、泰國、馬來西亞等地皆然，時至20世紀，僅中國、日本與泰國三地沒有淪爲殖民地，而其中更只有日本在20世紀初，成爲能夠力敵俄國，結盟英國的強權，甚至還將鄰近的朝鮮吞併，使之成爲殖民地，更進一步地在東亞擴張，終於在20世紀30年代，投入軸心國陣營，不僅發起對中國的戰爭，也在偷襲珍珠港之後，發動太平洋戰爭，其勢力最廣時西起緬甸、東至馬歇爾群島，北起阿留申群島、南至印尼。

日本帝國擴張的起點，一般都認爲自明治維新時期開始，除了內部的明治維新帶來的現代化與進步之外，在其擴張階段，不斷嘗試向外拓展影響，往北開拓北海道，往南經略琉球，並出兵臺灣，逐漸成爲帝國主義國家。爾後，因不斷擴張的結果，使得日本的勢力開始與周邊的國家接觸，觸碰了兩千年來以東亞爲核心發展的中國、由歐洲向西伯利亞擴張的俄國，並以武力擊敗了他們，成功地在勢力的推擠中，獲得了更大的空間。

相對來說，同一時期的中國承受著各列強施予的龐大壓力，雖力圖振作，但成效不若鄰近的日本，當權的清廷所面對的除了內部頻繁的動亂之外，更有外在列強以戰逼迫的壓力，中國大有崩壞消亡的可能。因而多有知識分子開始考慮中國應該從何而去，其中，推翻滿清的革命便是清末眾多選項之一，而甲午戰爭期間就是革命運動第一次嘗試的時點。

壹、關於甲午戰爭與中國革命的研究

甲午戰爭或能視爲中日兩方勢力在東亞的翻轉，這一重大變點頗受史學

家的關注，因此關於甲午戰爭的研究能說是汗牛充棟。就以往的研究來說，或許能區分爲針對戰爭的研究，以及討論戰爭之影響兩大部分。

就戰爭的研究來看，主要是戰史的研究以及對戰爭的回憶，這包括了幕末三俊之一的川崎三郎，以身爲隨軍記者見聞所撰的名著《日清戰史》，以及日本參謀本部與海軍軍令部，以所藏資料分別編纂的《明治二十七八年日清戰史》與《明治二十七八年海戰史》。早期以英文撰寫的，以1896年由義大利學者Zenone Volpicelli出版的*China-Japan War, London, Marston and Company*一書最爲重要，除了對戰爭的描述之外，所附的附件包括文件與書信，頗具參考價值。中文的著作裡，以姚錫光所著、以史料收錄爲長的《東方兵事紀略》最爲重要。或因此時距離戰爭爆發的時間較近，相關的出版品以資料的彙整與見聞較多，還沒有開始討論事件的分析以及之後的衝擊。

1930年代之後，日本方面對甲午戰爭的研究有了新的突破。如京城帝國大學教授田保橋潔，因鑽研中日朝關係而撰寫的《近代日支鮮関係の研究 天津条約より日支開戰に至る》以及日後他結集研究成果，於1951年出版的《日清戦役外交史の研究》，討論中日間孰挑起戰端的問題，認爲由中國方面開釁的可能性並不高，挑戰了當時日本一般對甲午戰爭開戰是日本受迫出兵的觀點，自此除了戰爭本身的研究外，逐漸有對戰爭影響的客觀評價產生。中國方面則是因爲中日關係逐漸緊張，出現了像是王芸生所寫的《六十年來中國與日本》的作品，談及甲午戰爭等關鍵的中日事件，要喚醒國人對於日本對華野心的重視。或也因爲這樣的背景，許多學界的前輩開始將甲午戰爭做爲討論中日關係的重要事例，出現了張其昀、張忠紱、左舜生、陳烈甫、王信忠等人的論文，進一步討論甲午戰爭對中日關係的影響，將甲午戰爭放在清末對外戰爭的脈絡下來看，作爲中日關係衝突的重大案例。[1]然而，上述文章中，對於甲午戰爭與革命運動的關聯，幾乎沒有觸及。

將甲午戰爭與革命運動創造時間上的連結，使甲午戰爭成爲革命史的一個拼圖的，是中國國民黨黨人爲主的學者。如親身參與革命事業的馮自由，

---

[1] 戚其章：〈中日甲午戰爭史研究的世紀回顧〉，《歷史研究》2000:1，第148-165頁。

在1928年出版了《中華民國開國前革命史（上編）》一書中，開篇提到，太平軍興，種族思潮蔓延全國，而反清復漢在祕密會社間早已留存，加上清廷1884年中法戰爭與1894年甲午戰爭的失敗，方使有識之士看清非變法不足以圖強，非革命不可以救國的道理。變法爲康梁最重要的手段，而革命則以孫中山、楊衢雲組織的團體爲主要力量。[2]1939年馮自由復出版《革命逸史》第一集，或因該書是以各種小短文結集，有提到甲午戰爭前後有革命運動，但並未特別強調甲午戰爭對革命運動的興起帶來如何影響。[3]鄒魯在1929年出版的《中國國民黨史稿》以及1939年出版的《中國國民黨概史》中，也僅提及甲午戰爭這個時間段，因人心激憤，正好是孫中山能趁機發起革命的時點，此一說法比較接近是「趁勢而起」，而非將甲午戰爭視爲革命運動的起點。[4]

　　臺海兩岸分治之後，1980年代之前，臺灣在中國國民黨治下，針對孫中山投身革命的論述，延續鄒魯、馮自由的理路，雖把甲午戰爭跟第一次廣州起義做了連結，但對於甲午戰爭對於革命運動的揚起，卻沒有太多的說明，僅以簡單的隻字片語帶過，所重視的是此後革命組織的發展。在歷史教科書中，對於甲午戰爭造就孫中山革命運動，也只在時間上加以敘述。1968年由國立編譯館印行的版本僅稱「甲午戰起，〔孫中山〕再赴檀香山，創立興中會，革命組織於是誕生」。[5]至國編本行將結束前，1998年國立編譯館所發行的版本也只談到孫中山「乃去北京以觀虛實，並游武漢，觀察長江形勢。時中日戰爭已起，清陸、海軍均失利，以爲時機可乘，乃再赴檀香山」。[6]張玉法院士在他出版的《清季的革命團體》一書中，解釋孫中山先生革命思

2　馮自由：《中華民國開國前革命史（上編）》，上海：良友圖書印刷公司，1928年，第1-2頁。

3　馮自由：《革命逸史（第一集）》，上海：商務印書館，1939年，第1-17頁。

4　鄒魯：《中國國民黨史稿》，上海：民智出版社，1929年，第11-12頁；鄒魯：《中國國民黨概史》，長沙：商務印書館，1939年，第7頁。

5　國立編譯館（編）：《高中歷史（第二冊）》，臺北：國立編譯館，1968年。

6　國立編譯館（編）：《高中歷史（第三冊）》，臺北：國立編譯館，1998年。

想的淵源,也不特別強調甲午戰爭對於中國革命興起的作用,只說甲午戰爭期間孫中山見有機可乘,才發起第一次廣州起事。[7]在中國大陸的中共政權治下,因承認孫中山爲革命的先行者,在政治的考慮下,關於甲午戰爭的討論,多圍繞於帝國主義鬥爭與矛盾的關懷上,對於革命運動與甲午戰爭間的關聯著墨也不多。甲午戰爭與革命運動間的關聯,或能說是一個時間錨的功能,因果關係並不強烈。

　　臺海兩岸學者在政治的籠罩下,雖然不得不應付政治的要求,但也盡可能利用學術的中立性所保有的空間從事甲午戰爭的研究。在中國大陸,最具代表性的研究者大概要屬戚其章的作品,重要的研究成果包括:《中日甲午威海之戰》、《甲午戰爭史》、《晚清海軍興衰史》、《走近甲午》、《甲午戰爭新講》等書,能說是甲午戰爭史研究的權威,研究成果鉅細靡遺,舉凡北洋海軍、戰爭影響等,涉及海防與海軍等議題,皆爲佳作。相對來說,這段期間臺灣學者在這方面的研究成績,就不若中國大陸學者多,但是因爲甲午戰爭造成了《馬關條約》的簽署,導致日後清廷割臺以及臺澎受日本半世紀統治的結果,使得討論臺灣民主國、丘逢甲、乙未抗日的論文,在臺灣學界關注於本土化的氣氛下也陸續出現,投身其中的學者包括黃秀政、黃昭堂等。1980年代末期起,恰又逢臺灣地區政局的民主化運動,對於本土意識的關懷形成一時風潮,重構臺灣本土歷史脈絡的期盼,添補了甲午戰爭對臺灣影響的研究。[8]

7　張玉法:《清季的革命團體》,臺北:中央研究院近代史研究所,1972年,第141-150頁。

8　相關的研究如:黃秀政:《臺灣割讓與乙未抗日運動》,臺北:臺灣商務印書館,1992年;黃昭堂:《台灣民主國の研究:台灣獨立運動史の一斷章》,東京:東京大學出版會,1970年。黃書的中文版在動員戡亂時期結束之後翻譯出版,出版項:黃昭堂,廖爲智(譯):《台灣民主國之研究》,臺北:臺灣現代學術研究會、稻香出版社,1993年。甚至進而討論武裝抗日等議題,能參考林玉茹、李毓中(編):《戰後臺灣的歷史學研究(1945-2000年)》第七冊 臺灣史,臺北:國家科學委員會,2004年,第221-226頁。

　　甲午戰爭與中國革命運動的關聯，在中國國民黨建黨百年時，由當時黨史編纂委員會主任委員李雲漢所著《中國國民黨史述》中，承繼鄒魯與馮自由的觀點，將甲午戰爭視為孫中山趁機起事的背景，雖他的研究中也提到，甲午戰爭之後革命行動已經展開，但實際上要劃分革命團體成立時段時，應要以庚子拳亂為界，在此之前應屬於興中會獨立奮鬥的時期，庚子拳亂之後，才是國內外各式革命團體紛起組織的階段。[9]

　　自上所述，或能注意到，甲午戰爭與中國革命運動的因果關聯並不特別強，或許是因為孫中山當時的確想利用清廷忙著應付日本，無暇顧及南方的機會發起第一次起事，因而在中國國民黨黨史的論述中，添上了一筆，使得甲午戰爭成為革命史論述中非得被提到的背景。本文無意挑戰前輩們對於甲午戰爭與中國革命運動的看法，僅是將孫中山所倡革命運動的思想源頭稍作探訪，並試圖以甲午戰爭前後，孫中山與其他革命同志所參與的革命運動為焦點，找尋在此期間革命運動推展的脈絡與過程。

貳、「救中國」的想像與實踐

　　據傳，孫中山在北京協和醫院彌留之際，口中仍不斷唸著「和平、奮鬥、救中國」。這大概是孫中山臨死之前仍掛念不下的，也是他覺得中國國民黨諸同志應該持續下去的目標。「救中國」這三個字，大概就是清末諸多有識之士拚搏的目標與理想，要達到這一個目標的手法可能有許多，如以清末的幾個脈絡來看，或許能看出一些端倪。

　　滿清帝國到了19世紀下半葉，境內爆發多場反亂，包括了捻亂、回變、太平天國等諸多不同的亂事。捻、回的動亂，與太平天國一般，都再再證明清廷原屬的武裝已無壓制功能，必須仰賴曾國藩所屬的湘軍、李鴻章所屬的淮軍，這也逐漸造就了地方軍系的成形。這些反亂的目的，並不是為了「救

---

[9]　李雲漢：《中國國民黨史述：第一編 黨的建立與發展》，臺北：中國國民黨黨史編纂委員會，1994年，第37頁。

中國」，更多的可能是自救，他們圖的多是一己的生存，即使如太平天國有著民族革命的色彩，但仍難以挽救中國於危亡。而中國是否危亡，或許也不是太平徒眾所關心的重點。

以曾國藩、李鴻章爲首的清朝官僚，在掌握了清廷實權之後，雖推動新政，要學習西洋的船堅炮利，推展自強運動，而爲了說服以舊學爲底的人能接納新學，乃有「中體西用」的論說爲理論的基礎。「中體西用」一說通常認爲出於張之洞所撰《勸學篇》中「舊學爲體，新學爲用」一句，認爲西學不過是手段，應以中學爲核心方能富強，這或許是西學引入中土之後，因清末一連串對外挫折，而引發中西學間難以調和的紛爭，因而有學者提出此說，藉以避免兩者間的衝突擴大。

然而，在張之洞提出此說之前，已然有一些學者提出相類似的見解。馮桂芬便在《校邠盧抗議》提及，要以中國之倫常名教爲本，輔以西方之術。王韜在《弢園尺牘》中亦提及，「形而上者中國也，以道勝；形而下者西人也，以器勝。如徒頌西人，而貶己所守，未窺爲治之本源也。」在《弢園文錄外編》也提過「器則取諸西國，道則備自當躬。」鄭觀應在《盛世危言》中也提到「中學其本也，西學其末也。」陳熾在《庸書內篇》中也提到「廣儲經籍，延聘師儒，以正人心，以維風俗……並請洋師，兼攻西學，體用兼備。」因爲相似概念甚多，因此在長慶所撰《戊戌變法檔案史料》中提到「說者謂中學爲體，西學爲用。」提及這是一個言者爲何人並不能確知的流行論說。

張之洞當初提倡「中體西用」的出發點，是因爲他觀察到「新學舊學，互相訾謷，……舊學惡新學，新學輕舊學」，定義「四書、五經、中國政治、史事、政書、地圖爲舊學，西政、西藝、西史爲新學」，因而提出「中學爲內學，西學爲外學；中學治身心，西學應世變」的說法。「中體西用」之說，雖也招致不少批評，甚至各人的理解與認知也不盡相同，但的確是當時能調和新舊學的一套說辭。

此一理論基礎的背後，因「中體西用」仍持舊學爲本，僅求技藝突破，要追求船堅炮利，但對於涉及舊學核心的「齊家、治國、平天下」攸關

的政治經濟等制度興革，卻沒有任何引進的規劃。換言之，便是不去挑戰清王室及傳統文化中牽涉統治正當性與統治秩序的核心問題，仍以清王室爲中國的統治者，維持舊有的統治結構，也不去變革政治的體制，知識分子僅在原有的規範限制下，尋求達致國富民強的出路，以抵禦帝國主義國家在中國的擴張，甚至也冀望能透過自強運動，使得中國成爲能與帝國主義國家站在同一地位的國度。不過長年的對外戰爭失敗，以及國內的動盪不斷，拖延了中國的富強之路。

既然連國之重臣，或許都沒有能力扭轉頹勢，有一些知識分子便將希望寄託在國家的領導人，亦即是國君的身上，在清末此類知識分子中最具代表性的大概要屬康有爲了。

繼琉球與緬甸淪亡，中法戰爭後，中國又失去了藩屬越南。眼見中法戰爭失敗，自強運動成效有限，康有爲乃於1888年第一次上書，陳說國際大勢，各列強環伺，呼籲清帝「變成法、通下情、愼左右」[10]，並舉日本爲例，說明變法之必要性，可惜這一次的上書並未送達。爾後康有爲在廣州長興里設萬木草堂講學，「與諸子日夕講業，大發求仁之義，而講中外之故，救中國之法。」[11]

康有爲在科考的路上並不順遂，或因如此，他無法成爲能有權柄的舊官僚，因而「救中國」在康有爲的考慮，是要繞過舊有官僚，盼皇帝能聽取他的建言來領導改革，對於皇帝的直接效忠，也使得康有爲及其弟子梁啓超，在這段期間成爲死忠的保皇派。

參、甲午戰前的孫中山與「救中國」

有些微妙地，與康梁兩人亟思中國出路的時點相近，孫中山萌發革命念

[10] 康有爲：〈上清帝第一書〉；湯志鈞：《康有爲傳》，臺北：臺灣商務印書館，1994年，第35-36頁。
[11] 康有爲：〈長興學記〉，收於湯志鈞（編）：《康有爲政論集》，北京：中華書局，1981年，第91頁。

頭的起點,也要拉回到中法戰爭。

中法戰爭爆發的時候,孫中山人在香港,眼見香港的碼頭工人為了民族大義,拒絕為攻擊臺灣受損的法國軍艦維修,香港居民也拒絕販賣東西給法國人,船夫拒絕法國人運貨的需求,表現出同仇敵愾的氣勢,讓孫中山相當感動。[12]當時,孫中山剛從檀香山返國,相當關注時事,但卻見到清廷內外措置失當,不僅奉命守備福州船廠的張佩綸在法軍來攻時棄部潛逃;在諒山大捷之後,清廷居然放棄主動追擊的機會,反而向法國求和,致失越南於法人之手。凡此種種,都讓孫中山覺得清廷已經無藥可救,因而萌發革命、推翻滿清的念頭。[13]孫中山回顧自己投身革命的起點,也曾經寫道:「予自乙酉中法戰敗之年,始決傾覆清廷、創建民國之志,由是以學堂為鼓吹之地,借醫術為入世之媒,十年如一日。」[14]

中法戰爭結束後,孫中山先到廣州博濟醫院(Canton Hospital)一年,接著到香港雅禮士醫院(The College of Medicine for Chinese, Hong Kong),亦即是西醫書院學習,一待就是五年。[15]除了原本同鄉的陸皓東、鄭士良之外,孫中山在西醫書院求學期間,對於時事依然關心,並透過區鳳墀等人的引介,結識了陳少白、尤列、楊鶴齡等人,1892年之後,更結識了楊衢雲、左斗山、尹文楷、周昭岳、魏友琴、程耀宸、程奎光等同志,爾後更是因為經常與陳少白、尤列、楊鶴齡等人高論時政,而與這三人合稱為「四大寇」。[16]

或因孫中山曾經到過檀香山,也在香港西醫書院學習,每當他返回距離

---

[12] 吳相湘:《孫逸仙先生傳(上)》,臺北:遠東圖書公司,1982年,第46-49頁。

[13] 程全生:〈孫中山先生的國民革命思想〉,《三民主義學報》11,1987年7月,第33頁。

[14] 〈第八章 有志竟成〉(1919年6月),收於國父全集編纂委員會(編):《國父全集(第一集)》,臺北:近代中國出版社,1989年,第409-410頁。

[15] 〈非學問無以建設〉(1912年5月7日),收於國父全集編纂委員會(編):《國父全集(第三集)》,臺北:近代中國出版社,1989年,第49-50頁。

[16] 李雲漢:《中國國民黨史述:第一編 黨的建立與發展》,第28頁。

香港不遠的故鄉香山縣翠亨村時，便能明顯地自香港與香山兩地的發展中體察不同。同樣是華人為主體的社會，但在英人治下的香港市街整潔、建築宏美，秩序安穩，但香山卻連一般的社會秩序都不好維持。孫中山試圖在鄉里推動小規模的改良工作，想要修路造橋，但因為牽涉私產與鄰村土地，計畫遂罷。[17]

在張玉法院士的分析中，也認為孫中山之所以投身革命，與他所受的教育關連不大，求學階段所建立的應該是他的見聞與交往。其一是因為廣州一帶對外開埠較早。其二是孫中山故鄉香山在清初因海禁關係，使當地百姓與滿人衝突，諸多鄉人加入祕密會社，對於清廷本無多大好感，幼時的孫中山即使沒加入會黨，對會黨也不會不熟悉，而與孫中山往來的鄭士良、尤列都是會黨人士，能說會黨人士就是在孫中山身邊經常出現的。其三是太平天國期間，香山鄉人也不乏參與起事者，參與者的口說敘述，使幼時的孫中山受到影響。其四是孫中山在檀香山期間，正逢美國準備併吞夏威夷時，眼見當地諸多不平與反抗。其五是孫中山自檀香山返國時，遭逢胥吏敲詐，相較於他在海外看到官吏奉公守法的情況，因而對清廷的腐敗產生反感。最末是孫中山對清廷處置中法戰爭的方式相當不滿，才動念要推倒滿清。[18]在馮自由所撰的回顧裡也曾經提及，孫中山於1893年將中西藥局自澳門遷往廣州之後，便與之前所交結的同志們彼此聯繫，甚至還有討論到革命組織的架構，但這一些談論或許都僅止於構想，沒有付諸實施。[19]

孫中山投身命事業之前，對清廷仍曾抱期待，他在1894年6月間曾寫過一封上李鴻章書，分享自己在西方受教育與觀察的心得，暢談治國理念，希望能打動李鴻章。[20]但此時，清廷陷入東學黨之亂後，中日間為了雙方自朝

[17] 〈革命思想之產生〉，1923年2月20日，收於國父全集編纂委員會（編）：《國父全集（第三集）》，第323-324頁。

[18] 張玉法：《清季的革命團體》，第144-146頁。

[19] 馮自由：《中華民國開國前革命史（上編）》，第3頁。

[20] 〈上李鴻章陳救國大計書〉（1894年6月），收於國父全集編纂委員會（編）：《國父全集（第四集）》，臺北：近代中國出版社，1989年，第3-11頁。

鮮撤兵所爆發的衝突中，李鴻章急著調兵遣將，要馳援朝鮮清軍，無暇關照他事。故雖孫中山偕同陸皓東經天津轉往北京，透過鄭觀應、盛宙懷、盛宣懷等管道引薦，仍無法見到李鴻章一面。不久後，中日海軍在東海爆發衝突，緊接著陸上衝突也跟著爆發，戰爭一發不可收拾。

　　1894年8月1日，中日雙方宣戰，甲午戰爭正式展開。孫中山眼看清廷攻守失據，加上李鴻章根本無意接見，遂決意出洋，第三度前往檀香山，鼓吹革命，在其長兄孫眉（德彰）的支持下，籌措革命所需的部分經費，於同年11月24日在檀香山成立興中會，糾集革命同志。實際上，興中會是否眞的是在這一天成立，並沒有確鑿的證據，目前所依據的，僅是一張〈興中會收入會銀時日與進支表〉上所出現的最早日期。[21]但能肯定的是，甲午戰爭期間，孫中山將他構思的革命組織眞正地落實下來。

　　興中會一開始在檀香山建立時，參與的人實際上相當少，就馮自由追述，當時華僑風氣尚極封閉，聞孫中山有作亂謀反言論，咸謂足以破家滅族，故雖親戚故舊，亦多掩耳避走。[22]因而一開始在檀香山參加興中會的，多爲從事基層工作的華僑，人數大約二十餘人，以香山籍人爲多，成立大會在卑涉銀行（Bank of Bishop and Co., Ltd.）華人經理何寬住所，一同推舉的首任主席是擔任銀行出納的永和泰商號經理劉祥，副主席則是何寬。第一年內，會員成長至120人左右，成員的職業包括農人、畜牧、公務人員、報刊編輯、教員、譯者、商人、木工、蔗工等各界人士。[23]經費除了會員繳納會費之外，主要收入是由商人鄧蔭南與孫眉所捐，得款1,380銀元。[24]

　　興中會在檀香山成立後，孫中山本擬前往美洲，擴大興中會組織，但因清廷在甲午戰爭大敗，實施自強新政的成果毀於一旦，國內民心浮動，人在

---

[21] 中國國民黨黨史編纂委員會（編）：《革命文獻：興中會史料》，臺北：中國國民黨黨史編纂委員會，1984年，影印再版，插圖3。

[22] 馮自由：《華僑革命組織史話》，臺北：正中書局，1954年，第22頁。

[23] 李雲漢：《中國國民黨史述：第一編 黨的建立與發展》，第45頁。

[24] 中國國民黨黨史編纂委員會（編）：《革命文獻：興中會史料》，第15頁。

上海的宋耀如去信孫中山，要他藉此時機返國發展組織。孫中山乃放棄前往美洲的計畫，轉回香港，邀集陸皓東、陳少白、鄭士良、楊鶴齡等同志，租了香港中環士丹頓街13號成立總會所，託名為「乾亨行」，以避警探耳目。另併入楊衢雲領導的輔仁文社，勢力漸眾。次年2月21日開成立會，會名仍稱「興中會」。

　　輔仁文社是一支與興中會不同脈絡的革命團體，其主要幹部為楊衢雲、謝纘泰。楊衢雲，名飛鴻，字肇春，號衢雲，原籍福建漳州海澄，1861年生於香港，原在香港國家船廠學習製輪，但因工傷斷了三根指頭，乃改習英文，後擔任香港灣仔國家書院教員，後又擔任新沙宣洋行副總經理。[25]1887年，楊衢雲結識了時年16歲的謝纘泰，於1892年3月與其他志同道合者，共同組織學術性團體輔仁文社，設置地點在香港百子里1號2樓。楊衢雲為其中年紀最長者，因而被眾人推舉擔任社長。該機構成立初起，大概與革命的關連並不是太大，主要的功能在於智識的交換以及學術的研究。[26]之後或許因為輔仁文社的主要成員參與了興中會的組織，因此開始有一些研究追溯其革命淵源，而有了該機構自成立時便有密謀革命的說法，但這點實際上值得商榷。[27]

　　孫中山與輔仁文社的接觸，可能在1892年左右，介紹人是尤列，而尤列則是因為與輔仁文社成員羅文玉為舊，因此才搭上了線。孫中山與楊衢雲第一次見面的地點在楊鶴齡寓所內，兩人暢談國政大計，一見如故。或因如此，孫中山在檀香山建立興中會時，便也考慮利用地利之便，將總部移往故鄉廣東周遭的香港時，便找上了楊衢雲。[28]孫中山與楊衢雲的結合，是興中會與輔仁文社的結合，輔仁文社中有一部分人支持，並同意將原社名取消，

25　鄒魯：《中國國民黨史稿》，第1226頁。

26　張玉法：《清季的革命團體》，第142-143頁，第164頁。

27　李雲漢：《中國國民黨史述：第一編 黨的建立與發展》，第50-51頁。

28　馮自由：《中華民國開國前革命史（上編）》，第5-6頁。

併入興中會。[29]就謝纘泰日後所撰寫的回憶來看，楊衢雲做此決定時，確實跟輔仁文社內的社員商量過。[30]但或許是因爲輔仁文社的基底在香港，且其組成分子在社會的階層也稍高，加上楊衢雲的年紀稍長於孫中山，因而當輔仁文社與興中會併合時，興中會的首任會長並不由創立興中會的孫中山擔任，而是由楊衢雲接下首任興中會會長的職務。合併了輔仁文社的興中會，凡入會者需一律舉右手向天宣誓：「驅除韃虜，恢復中華，創立合衆政府。倘有貳心，神明鑑察。」同時，發布宣言書如下：

> 中國積弱，至今極矣！上則因循苟且，粉飾虛張；下則蒙昧無知，鮮能遠慮。堂堂華國，不齒於列邦；濟濟衣冠，被輕於異族。有志之士，能不痛心！夫以四百兆人民之衆，數萬里土地之饒，本可發奮為雄，無敵於天下。乃以政治不修，綱維敗壞，朝廷則鬻爵賣官，公然賄賂，官府則剝民刮地，暴過虎狼。賊盜橫行，饑饉交集；哀鴻遍野，民不聊生。嗚呼慘矣！方今強鄰環列，虎視鷹瞵，久垂涎我中華五金之富，物產之多。蠶食鯨吞，已見效於踵接；瓜分豆剖，實堪慮於目前。嗚呼危哉！有心人不禁大聲疾呼，亟拯斯民於水火，切扶大廈之將傾！庶我子子孫孫，或免奴於他族。用特集志士以興中，協賢豪而共濟，仰諸同志，盍自勉旃！

此次併合，亦將檀香山所定興中會章程修正爲十條，規定總會與支會之權限。[31]曾任職中國國民黨黨史委員會主委的李雲漢，針對這一份新修訂的總章，有很細緻的分析，他認爲興中會遷至香港之後，有著全民革命的意味，不僅要全面地成立分支機構，也同意各地有志之士能比照章程自行組

---

[29] 馮自由：《中華民國開國前革命史（上編）》，第7頁。

[30] 謝纘泰：《中華民國革命祕史》，第10-11頁。

[31] 馮自由：《中華民國開國前革命史（上編）》，第8-11頁。

織，且不分中外人士都能參與，是一種廣納百川的寬宏。此外，也明確標示：「設報館以開民智，立學校以育人才，興大力以厚民生，除積弊以培國脈」四端，成為興中會日後發展的重要準繩。[32]

　　孫中山將革命力量擺回地近中國的香港時，正逢清廷派遣總理衙門大臣張蔭桓、湖南巡撫邵友濂前往日本廣島，與首相伊藤博文和外務大臣陸奧宗光會談之時。日方藉口張、邵兩人的全權不足，拒絕談判，趁機將北洋水師在威海衛的基地澈底摧毀。清廷手中籌碼散盡，只好由李鴻章於1895年3月19日，帶著全權前往馬關（現為山口縣下關市），與日方的伊藤博文會談。終於1895年4月17日簽署《馬關條約》，中日雙方停戰，清廷割讓臺灣、澎湖以及北緯41度以南的遼東半島、開放通商口岸、賠款2萬萬兩，朝鮮亦因該約為清廷承認為獨立國。後雖有俄、德、法三國干涉還遼，使得遼東半島不失，但卻增加了3,000萬兩的賠款，使得清廷的賠款總數達到2.3億兩。

　　李鴻章前往馬關談判期間，孫中山正預擬在中國南方起事，除了募集資金與人員之外，也試著聯合正與清廷打仗的日本，與日本駐香港領事中川恆次郎會晤，要求日方援助步槍2.5萬支，手槍1千支，一則企圖達成革命的目的，一則也盼此一提案能讓日方認為革命黨人能作為策應甲午戰爭的力量，進而給予清廷更多的壓力。然而中川領事並未答應，但孫中山的革命計畫卻仍持續推動，計畫在廣州發起第一次軍事革命。[33]

肆、甲午戰爭揚起的革命運動

　　孫中山所規劃的起事，地點在廣州，除尋求日本的協助之外，香港興中會會眾也決議分工，推舉孫中山進駐廣州專任軍務，由鄭士良、陸皓東、鄧蔭南、陳少白等人輔佐；楊衢雲在香港專司後勤與接應，由黃詠商與謝纘泰

---

[32] 李雲漢：《中國國民黨史述：第一編 黨的建立與發展》，第52-55頁。

[33] 中國國民黨黨史委員會（編）：《國父年譜（上冊）》，臺北：近代中國出版社，1994年，增訂版，第84-85頁。

輔佐。就這樣的分工看來，大抵是以孫中山自己原本交結的班底爲衝鋒的第一線，而原屬輔仁文社的成員則作爲後勤人員參與起事。[34]

　　協助推動孫中山革命事業的，還有他在西醫書院求學時的院長何啓。何啓是廣東人，早歲留學英國，娶英籍雅麗氏（Alice Walkden）爲妻。歸國後，任香港議政局議員，兼執律師業務。雅麗氏於1880年病歿，他爲了紀念亡妻，乃於香港荷李活道（Hollywood Road）捐資興辦醫院，稱雅麗氏醫院（Alice Memorial Hospital），是年1月落成。他爲造就醫術與科學人才計，同時創辦香港西醫書院（The College of Medicine for Chinese, Hong Kong），即假雅麗氏醫院內分班上課，以醫院爲實習之所。該書院師資設備俱臻完善，用英文直接教學，雖是全科教育，但尤注重外科。孫中山因就讀西醫書院而與何啓結緣。當孫中山於1895年年初在香港成立機關時，何啓便於1895年3月12日在香港的西文報刊《德臣西報》（China Mail）發表〈改造〉一文，鼓吹革命。這大概是中國的革命呼聲第一次見諸報端的開始。[35]與宣傳搭配的是實際的行動。同年3月13日，孫中山與楊衢雲、謝纘泰、黃詠商等會議，作襲取廣州之計畫。其中，黃詠商爲港紳黃勝之子，與何啓有戚誼，加入興中會也是由何啓介紹的，他爲了力助革命軍需，將持有的蘇杭街洋樓賣去，得款8,000元作爲革命的資金。[36]3月16日，孫中山與陸皓東、陳少白、楊衢雲、謝纘泰等在乾亨行舉行重要幹部會議，決定襲取廣州爲革命根據地，會中議定挑選健兒3,000人，由香港乘船至廣州起事。陸皓東提議以其所製之青天白日旗式作革命軍旗。[37]何啓作爲同盟會的對外發言人，還協助同盟會擬定英文宣言，作爲對國際發聲的渠道。然就在革命黨人規劃起事後不久，《馬關條約》簽了，藉著清廷忙於對外戰爭而起事的機會不再，但國內因李鴻章割地賠款所產生的負面情緒卻不停蔓延，蔓延的有反對朝廷的

---

[34] 馮自由：《革命逸史（第四集）》，上海：商務印書館，1946年，第9頁。

[35] 中國國民黨黨史委員會（編）：《國父年譜（上冊）》，第85頁。

[36] 鄒魯：《中國國民黨史稿》，第1229頁。

[37] 中國國民黨黨史委員會（編）：《國父年譜（上冊）》，第86頁。

氣氛，也有反日的情緒，民怨四起。因而雖然革命黨人未能趁著戰爭期間，清廷無暇他顧的機會起事，但也還能乘反清民氣發起運動，然而整個起事的規劃便需重訂，因而革命黨人起事的時間向後拖延。[38]甲午戰爭既然結束，原本孫中山寄望獲得日方協助的可能，也大幅下降。

孫中山重定的起事時間，在1895年的下半年，這和當時粵局有關。甲午戰爭期間，李鴻章的弟弟兩廣總督李瀚章，積極在兩廣招募兵丁，準備北上救援，但未及出發，戰爭便告結束，所募兵丁只好解散，這使得兩廣一帶散兵游勇的數量大為增加。而甲午戰爭期間，李瀚章倡議復徵地方稅捐，用於增益海防，輿論譁然，因而託病返鄉，不在廣州，粵局一時無人控制。而孫中山也藉著在廣州成立農學會的方式，掩護革命組織在廣州活動，並密集地在廣州一帶布置。爾後，孫中山決定在九九重陽起事，託辭省墓以避懷疑，就當時的陽曆看來是1895年10月26日，所規劃的作戰方式是採多點向廣州合圍的作法，自北江、西江、汕頭、順德、香山等地出發的兵丁，編組戰鬥序列，與潛伏在廣州城中的內應合作，以「除暴安良」為口號，肩綁紅臂章，揚起青天白日旗為信。駐粵的鎮濤軍艦管帶香山人程奎光（程璧光之弟）也加入興中會，並表示願意策應，更使起事的成功機率大增。[39]

可惜因為槍枝配置出了問題，孫中山雖欲延期起事，卻不幸事洩，加上香港接濟不及趕到，使得陸皓東等人被捕犧牲，最終第一次廣州起事成了有策劃但沒有實施的革命運動。事洩的主因，在李雲漢教授所彙整的因素中提及三點。一是興中會成員朱淇之兄清平局紳朱湘，為了挽救朱淇的性命，以其弟的名義向官府通報，希望能將功贖罪；二是謝纘泰所稱，在香港有叛徒將細節洩漏給廣州當局，因而使得廣州方面能掌握軍火運販的情況，並使得粵府加強戒備。最後，則是因為局勢變換，廣州與香港間的聯繫又不是相當順暢，對於是否延期起事或是按期進行，都沒有個主意，因而產生混亂，香港方面因廣州一地已經開始搜捕同志，孫中山乃電在港的楊衢雲不再遣人進

38　鄒魯：《中國國民黨史稿》，第656頁。

39　鄒魯：《中國國民黨史稿》，第657-658頁。

粵,但楊衢雲似乎沒有接受,仍遣人械進城,致使被捕者更多,包括了率員自香港出發的丘四(亦有寫爲丘泗)與朱貴全,終而失敗坐收。[40]

　　1895年10月26日及27日,粵府四出搜捕革命黨人,被捕者有四十餘人。然遭殺害者僅有四人,這包括了設計青天白日旗的陸皓東、以軍人身分參與起事的程奎光、丘四與朱貴全。陸皓東被捕後,移交南海縣審訊,雖經嚴刑逼供,但都不屈,且拒絕供出同黨,甚而向審官陳述大義,認爲「今日非廢滅滿清,絕不足以光復漢族;非誅滅漢奸,又不足以廢滅滿清。」又云:「但一我可殺,而繼我而起者不可盡殺!」[41]大有犧牲自己,喚醒國人的大氣。程奎光遭捕時,身患痔疾,不便移動,遂以馬桶爲座,搭肩輿而行,抵達營務處時,痔瘡破裂,血崩腸出,渾身染血。清吏因其身任職官,便仗刑逼供,仗至六百,程奎光氣絕身死。當時,其兄程璧光已經先一步離開廣東前往檳城,因而免除刑禍。[42]關於丘四與朱貴全的事蹟暫無訊息,然對孫中山的革命陣營來說,陸皓東與程奎光被捕犧牲影響極大。

　　陸皓東是孫中山相當仰賴的左右手,除了與孫中山一同長大、思想相近之外,他們也一同策劃諸多工作,許多實務上的安排都假陸皓東之手。而程奎光則是孫中山最早吸收的軍事人才,具有軍事上的專業,可惜沒來得及參與起事便殞命。孫中山聽聞起事事洩之後,先請主要幹部避去,自己帶著鄭士良趕緊將相關的文件燒毀,並巡視藏身之處,確認文書盡毀才離開,因而鄭士良、尤列、陳少白等主要幹部皆倖免於難。[43]

　　孫中山於1895年10月底,經澳門潛遁至香港,東渡日本,後轉往檳香山,徐圖再舉。[44]清廷獲知孫中山等人脫逃後,張貼公告,懸賞緝拿,其中

---

[40] 李雲漢:《中國國民黨史述:第一編 黨的建立與發展》,第64頁。

[41] 中國國民黨黨史史料編纂委員會(編):《革命人物誌(第四集)》,臺北:中央文物供應社,1970年,第489頁。

[42] 鄒魯:《中國國民黨史稿》,第1230-1231頁。

[43] 李雲漢:《中國國民黨史述:第一編 黨的建立與發展》,第65頁。

[44] 中國國民黨黨史委員會(編):《國父年譜(上冊)》,第90-92頁。

以孫中山與楊衢雲爲首謀，賞銀一千。[45]甚至因清廷對香港提出了引渡的要求，也使得孫中山等人在香港也無法立足，只好東渡日本，另於1985年11月在日本橫濱成立興中會分會，推選馮鏡如爲會長，吸收成員約二十多人。[46]馮鏡如對革命事業的支持，不僅表現在他提供了場所予革命黨人利用，也將他年僅14歲的兒子馮懋龍引介進了興中會。[47]馮懋龍爾後更名爲馮自由，因爲他參與革命工作早，又接觸得多，因此往後他憑藉記憶留下了諸多論著，諸如《革命逸史》、《中華民國開國前革命史》、《華僑革命史話》、《華僑革命開國史》、《中國革命運動二十六年組織史》等，都是日後學者研究革命時期相當重要的回憶材料，填補了革命黨人在策劃革命時初期，資料存留不全，或是爲了避禍銷毀文書，而使得史實無從稽考的遺憾。

甲午戰爭是孫中山落實革命意圖的起點，這一點在各說都沒有爭議，這也是甲午戰敗，中日兩國間實力翻轉時，對中國革命運動最深刻的影響。自1895年孫中山策劃了第一次廣州起事，到他第二次於八國聯軍期間發起革命運動，期間經歷了五年。這五年來，孫中山作爲一個被清廷拏緝的重犯，只能在海外奔走，爲了躲避清廷透過引渡的追緝，不斷變換居留地點。雖說，孫中山仍有陳少白、鄭士良等幹部協助革命事業，但在張玉法院士的研究卻也明白指出，孫中山在第一次起事失敗後，孫中山在組織的發展上並沒有很大的成就，不僅革命幹部跟國內的祕密會社間沒有多少聯繫，也沒有比較穩固的地方基礎，加以主要幹部流落海外，彼此聯繫溝通不易，原本就不甚緊實的革命組織就顯得更爲鬆散。再則，革命對當時大多數的華僑華人來說，仍是一個相當前衛、顛覆的概念，敢言革命者相當稀少，相應的保皇勢力卻因爲直接擁護皇權，因而比較能被當時的人們所接受，使得保皇黨的力量在1895年之後有著比較顯著的成長。其三，興中會因爲成立初期多以廣東人爲主，雖說甲午戰爭之後陸續有留學生出洋學習，但仍慣於區分省籍交結往

45 鄒魯：《中國國民黨史稿》，第661-662頁。

46 張玉法：《清季的革命團體》，第172頁。

47 馮自由：《革命逸史（第四集）》，第47頁。

來，興中會像似廣東人的組織，不易爲其他省籍青年接納。其四，孫中山雖有組織，但發展其實比較仰賴他的個人魅力，實際上各地組織也不盡相似，優點是能因地制宜，但缺點就是鬆散而不易整合管理。這段期間，孫中山並未銳意於組織的發展，反而是忙著網羅可能的同志、資金的募集以及革命理論的建構。甚至孫中山自己也不常利用興中會爲名活動，因此張玉法院士便認爲，自1895年至1900年間，興中會幾乎成爲一個有名無實的團體。[48]

雖說這段期間興中會的活動相對沉寂，因而革命黨人的組織與活動，除了以興中會爲名之外，也採其他名稱交結志士。革命黨人活動的區域，在庚子拳亂爆發之前，以東亞爲主，尤以日本爲最重要的發展核心。1895年11月成立的興中會橫濱分會，在馮自由的追記中，仍是一個有所活動的組織，其成員也一度擴張至一百餘人，並認爲這是繼檀香山、香港之後，興中會最重要的一個分支機關。[49]在橫濱，另有由陳少白擔任顧問成立的「忠和堂」，崇奉關公，後改稱爲「中和堂」。同樣名爲「中和堂」的，還有一個，是由尤列所創的。尤列在1895年第一次起事失敗之後，倖免於被通緝的命運，藉著在香港居留的機會，於1897年3月時假九龍成立「中和堂」，以濟興中會之不逮，而尤列因爲也曾東渡日本，前往橫濱協助整頓當地中和堂組織，因而也被視爲是橫濱中和堂的創立者之一。1900年之後，尤列繼續使用中和堂的名義，在南洋各埠成立組織，與保皇黨相抗，雖名稱上並非興中會的組織，但實際上與興中會能相互呼應。[50]就尤列自己的說法也認爲，中和堂之與興中會是「分而合、二而一」者也。[51]

興中會在1895年之後的發展，有一段與臺灣有關。這是1897年11月，由陳少白在臺灣所創的興中會分會，找上的是同爲香山人、1893年便來臺發展的楊心如，此人是楊鶴齡的族弟，甲午戰爭期間一度返回廣東參加革命起

[48] 張玉法：《清季的革命團體》，第174-175頁。

[49] 馮自由：《中華民國開國前革命史（上編）》，第41頁。

[50] 李雲漢：《中國國民黨史述：第一編 黨的建立與發展》，第71-72頁。

[51] 馮自由：《革命逸史》1，第55-60頁。

事，起事失敗之後又返回臺灣，在吳文秀所開設的良德洋行擔任司帳。陳少白到臺灣找到了楊心如，一同在臺灣創立了興中會分會，吳文秀也加入該會，不過興中會在臺灣發展組織的情況不是太理想，不僅會員人數不多，連募集的義款也數額不大，可能僅有兩三千元。[52]

在東亞以外的區域，就現在能找到的記載，僅有英屬南非曾經出現過革命組織。興中會會長楊衢雲因與孫中山被視為首謀一同被通緝，在香港也無法立足，因而南渡西貢，轉往南非。當時在南非的華人並不多，楊衢雲雖在當地試圖發展興中會組織，分設機關於約翰尼斯堡（Johannesburg）與彼得馬仕堡（Pietermaritzburg），但參加的人數甚少，就日後馮自由所撰述的追憶裡，也僅12人具名參加，且全為廣東籍，當地有無革命相關的活動，在史料上都沒有任何記述可稽。[53]

在1895到1900年間，對孫中山來說，除了爆發了倫敦蒙難因而使得他聲名大噪之外，最重要的，大概是他沉潛於大英帝國圖書館中，透過對於圖書與思想的大量攝取，逐漸構思、建構自己的一套理論基礎。這段期間的沉澱，對孫中山往後的革命事業來說相當重要。革命除了仰賴經費、人力，更需要一個願景，一個思想的核心。

無論如何，應該要留意到的是，甲午戰敗對於革命運動來說只是一個起點，實際上此時革命運動的聲勢與規模都不大，反而是保皇派的力量在海內外擴張的遠比革命黨要來的大。即使是與孫中山齊名的革命黨人黃興，也都曾經透過兩湖總督張之洞的引薦，獲取兩湖官費，前往日本留學，一開始走的也並非革命的道路。革命力量要到庚子拳亂之後，才會有比較大規模的「遍地開花」，知識分子才逐漸意識到，推翻滿清或許也是另外一條能拯救中國於水火的選擇，如光復會、華興會等組織，才逐漸組建成立，終而有在1905年成立同盟會，整合革命力量的需求。

---

[52] 李雲漢：《中國國民黨史述：第一編 黨的建立與發展》，第79-80頁。

[53] 張玉法：《清季的革命團體》，第173頁；馮自由：《革命逸史（第三集）》，上海：商務印書館，1945年，第37-38頁。

伍、結語

本文對於甲午戰爭前後,中國知識分子對於「救中國」的實踐,做一個概括式的觀察。簡單地說,或許能依時序粗分為三種不同的選擇,第一種選擇,也是最早出現的第一項方案,是由經常接觸西方知識、略識西方的沿海知識分子,以及朝廷中的官僚為主力,它們透過翻譯西書、接觸外人,拓增對於西方體制、知識的認識,進而襄贊自強運動,在無法顛覆傳統體制的情況下,採取不更變傳統體制,僅以精進器械的作法,採行「中體西用」的策略引進部分西方的觀念來「救中國」。第二種選擇大概要屬康梁他們所推動的保皇體制,「救中國」就他們的實踐上來說,或因他們不走舊官僚的系統,因而盼望明君排除原本官僚體制的成員,採納他們的建議,在甲午戰爭爆發之前,他們便已經開始推動相關的措置,並以公車上書的方式創造了一波知識分子的輿論。第三種選擇,才是孫中山所鼓吹的革命運動,他要把仍維持傳統統治體制的第一種選擇跟第二種選擇一概拋棄,推展推翻帝制的革命運動,事後黨史學者的說法,大多是以孫中山眼見清廷在甲午戰爭期間的表現,深知不可為,乃決定推翻滿清建立民國。但在孫中山全心全意投入革命之前,也曾經嘗試過採行第一種選擇,試著與舊官僚接觸,但並沒有結果,直到甲午戰爭爆發,才使他興起趁勢而起的念頭。

然而,或因19世紀末,孫中山想要推翻滿清的思想對於當時來說過於前衛,因而使得願意親身參與孫中山所倡之革命運動的有識之士並不多,或也因為孫中山在甲午戰爭之前僅以一己之力,影響身邊的幾個同志,並沒有一個思想指導作為宣揚理念的思想武器,因而雖然有推倒滿清的雄心壯志,但對於推倒滿清之後,中國要如何再起、國家應該如何治理,沒有太多的想法與主張。簡單說,除了破壞之外,對於如何重建、復興,還沒有一套能依循的辦法。甲午戰爭的爆發,導致了第一次革命活動的發起,雖說功敗垂成,也使得興中會的活動暫時沉寂了下來,但也因為這一段時間的沉澱,一則使孫中山在思想的摸索與建構有了更深的嘗試,一則也使其他分散於各地躲避清廷追緝的同志,有了在其他地方試著撒下革命種子的機會,讓革命有可能

在未來成爲眾人的選項之一，這是一段沉潛與醞釀的時間。

　　雖說一開始的成績並不盡理想，但到了庚子拳亂爆發之後，推翻滿清的想法逐漸爲國人所接受時，已經先在思想準備以及組織準備嘗試過的孫中山及其組織興中會，終而與其他1900年之後，藉著遍地開花的革命組織興起，使得革命思想由海外蔓延至國內，進而在1905年組織各個革命團體成爲更強大的同盟會，進一步有了扳倒清廷的可能。這一切的源頭，都與甲午戰爭前後，因中日間國力翻轉，促成了興中會的醞釀，以及發起的第一次起事有關。

參考書目

（一）專書

馮自由：《中華民國開國前革命史》（上編），上海：良友圖書印刷公司，1928年。

馮自由：《革命逸史》（第一集），上海：商務印書館，1939年。

鄒魯：《中國國民黨史稿》，上海：民智出版社，1929年。

鄒魯：《中國國民黨概史》，長沙：商務印書館，1939年。

國立編譯館：《高中歷史》（第二冊），臺北：國立編譯館，1968年。

國立編譯館：《高中歷史》（第三冊），臺北：國立編譯館，1998年。

張玉法：《清季的革命團體》，臺北：中央研究院近代史研究所，1972年。

黃秀政：《臺灣割讓與乙未抗日運動》，臺北：臺灣商務印書館，1992年。

黃昭堂：《台灣民主國の研究：臺灣獨立運動史の一斷章》，東京：東京大學出版會，1970年。

黃昭堂、廖為智譯：《台灣民主國之研究》，臺北：臺灣現代學術研究會、稻香出版社，1993年。

林玉茹、李毓中編：《戰後臺灣的歷史學研究（1945-2000）》第七冊　臺灣史，臺北：國家科學委員會，2004年。

李雲漢：《中國國民黨史述：第一編　黨的建立與發展》，臺北：中國國民黨黨史編纂委員會，1994年。

湯志鈞：《康有為傳》，臺北：臺灣商務印書館，1994年。

馮自由：《革命逸史》（第三集），上海：商務印書館，1945年。

湯志鈞編：《康有為政論集》，北京：中華書局，1981年。

吳相湘：《孫逸仙先生傳》（上），臺北：遠東圖書公司，1982年。

馮自由：《華僑革命組織史話》，臺北：正中書局，1954年。

馮自由：《革命逸史》（第四集），上海：商務印書館，1946年。

（二）年譜、史料集、工具書

中國國民黨黨史史料編纂委員會編：《革命人物誌》（第四集），臺北：中央文物供應社，
　　1970年。

中國國民黨黨史委員會編：《國父年譜》（上冊），臺北：近代中國出版社，1994年。

國父全集編纂委員會編：《國父全集》（第一集），臺北：近代中國出版社，1989年。

國父全集編纂委員會編：《國父全集》（第三集），臺北：近代中國出版社，1989年。

國父全集編纂委員會編：《國父全集》（第四集），臺北：近代中國出版社，1989年。

中國國民黨黨史編纂委員會編：《革命文獻：興中會史料》（影印再版），臺北：中國國民
　　黨黨史編纂委員會，1984年。

（三）期刊論文、專書論文

戚其章：〈中日甲午戰爭史研究的世紀回顧〉，歷史研究2000:1，2000年。

程全生：〈孫中山先生的國民革命思想〉，三民主義學報11，1987年。

第七章　脫中入日後臺灣地方施政與新領導階層之形成

吳文星[*]

　　1895年4月中日簽訂《馬關條約》，中國將臺灣、澎湖列島割讓予日本，臺灣進入日本殖民統治時期，直至1945年8月日本戰敗投降爲止，爲期長達五十年。日治時期，在臺灣總督府具現代化取向的同化政策下，臺灣社會產生具特殊色彩的社會變遷。社會學者陳紹馨指出，日治時期臺灣傳統社會漸次向現代殖民社會變遷，亦即是具有同化意義的現代化取向的社會，其主要特徵乃是統治者與被統治者明顯的區分、高人口增加率、俗民社會（folk society）逐漸崩潰、族長權威式的家族形態逐漸解體、都市化、臺灣人社會階級分化逐漸平等化、現代的民間團體勃興、職業專業化傾向等。[1]近年，另有學者指出，此一變遷是一種「重層、壓縮型近代化」。[2]質言之，此一時期臺灣社會變遷的本質顯然具有現代化意義。

　　筆者曾專題探討日治時期臺人社會階層結構和功能之變遷，指出殖民政府對社會領導階層採籠絡利用政策，其結果，臺人新、舊社會領導階層的遞嬗和流動十分緩慢。然而，一時限於資料，只究明日治初期總督府的政策和施政對社會領導階層結構之影響，並以近代精英教育爲指標闡明新、舊社會領導階層的關係和遞嬗大勢，至於總督府長期的政策和施政之變化與社會領導階層之關係，仍有待具體究明。用是，本章擬究明總督府地方施政對社會

---

[*] 國立臺灣師範大學歷史學系名譽教授。

[1] 陳紹馨：《臺灣的人口變遷與社會變遷》，臺北：聯經出版公司，1979年，第495-520頁。

[2] 若林正丈、吳密察主編：《臺灣重層近代化論文集》，臺北：播種者文化公司，2000年，第11-12頁。

領導階層的作用和影響，作爲補白。

壹、地方制度之建立與新領導階層之建構

　　日治之初，臺灣總督府一面鎮壓臺人的武裝反抗運動，一面對臺灣各地社會領導階層採籠絡和利用政策。1895年6月，總督府參酌清代舊制，設3縣1廳12支廳，支廳長抵任後，旋即召集轄區內原爲堡長、總理、街長、庄正、紳士、耆老、澳甲、地保、頭人、社長等地方有力人士，向其布達政令，查詢舊法慣行及街庄社狀況，命其調查戶口、協助徵集人夫及告發「匪類」等，並透過紳商代表所組成的保良局、士商公會等機關，以協助維持社會秩序及保護良民。[3] 1897年5月，總督府修訂地方機關組織規程，改全臺爲6縣3廳，縣、廳之下設86個辦務署，辦務署之下設街、庄、社等，作爲其行政事務的輔助機關。由辦務署長遴選地方上有身分、財產之臺人擔任街、庄、社長，無固定俸給，只發給每月15圓以內的事務費，承辦務署長之指揮命令，協助辦理行政事務。[4] 同時，縣（廳）、辦務署各置名譽職的參事5人以內，縣參事係由總督遴選該縣內有學識名望之臺人，呈報內閣總理核可，享奏任官待遇，爲知事有關地方行政事務之顧問，或承知事之命處理事務。辦務署參事由知事、廳長就署內有學識名望之臺人任命之，享判任官待遇，爲署長之顧問或在其指揮下辦事。縣（廳）參事每月津貼50圓以內，辦務署參事每月津貼20圓以內。[5] 於是，各地具「學識資望」的舊社會精英紛紛被

3　參閱拙著：《日治時期臺灣的社會領導階層》，臺北：五南圖書公司，2008年，第43-58頁。

4　〈街庄社ニ長ヲ置ク〉，臺灣總督府臺灣史料編纂委員會：《臺灣史料稿本》，明治30年5月3日，第262-263頁。〈街庄社長設置規程〉，《臺灣總督府府報》第109號，明治30年6月27日，第48頁。〈街庄長の任命に就て〉，《臺灣日日新報》第307號，明治30年9月16日，2版。

5　〈勅令第152號臺灣總督府地方官官制〉，《臺灣總督府府報》號外，明治30年6月10日，第5-6頁。〈勅令第108號臺灣總督府地方官官制〉，《臺灣總督府府報》第317號，明治31年6月30日，第89-91頁。

選任為參事、街庄長，至1898年，計任命縣參事26人、辦務署參事79人[6]、街庄長985人[7]。

　　總督府制定殖民基層行政組織的同時，為了分別賢愚良否，開啓優遇具學識資望的臺人之途徑。1896年10月，發布「臺灣紳章條規」，據之頒授紳章給具有科舉功名、有學問、資產或名望之臺人。[8]翌（1897）年初，指示各縣廳進行調查，將轄區內獲有科舉功名之紳士及有資產且具鄉望者造冊推薦給總督審核，通過審核者即授予紳章，以示尊崇和表彰。[9]4月，總督府首次頒授紳章，獲得紳章者計有336人。[10]據報導，一般民眾反應甚佳，蓋因過去總督府採用為通譯或偵探之臺人，狐假虎威、欺凌民眾者為數不少，造成一般民眾對總督府的施政抱懷疑態度；紳章的授與除了證明紳士之資格外，並表示總督府崇文尙德之意，結果，接受紳章者感到光榮，民眾則頌揚此一美舉，始信總督府過去採用通譯、偵探係因應需要的一時權宜之舉，並非重視此輩。[11]

　　1898年8月，總督府公布「保甲條例」，利用中國傳統的地方自衛組織──保甲制度──作為警察的輔助機關。其制大抵以十戶為甲，十甲為保；甲有甲長，保置保正，由保甲中的戶長推選，經地方官認可後出任，任期2年，係無給的名譽職，未另設事務所而在自宅處理保甲事務。保甲之任務為調查戶口、監視出入者、警戒風水火災、搜查「土匪」、戒除吸食鴉片、預

6　參閱前引拙著：《日治時期臺灣的社會領導階層》，第72-82頁。

7　臺灣總督府官房文書課：《臺灣十年間之進步》，臺北：該課，1906年，第72頁。

8　〈臺灣紳章條規を定む〉，《臺灣史料稿本》第11卷，明治29年10月23日，第242-247頁。

9　〈紳章條規ニ関スル件〉，《臺灣總督府公文類纂》，冊號：211號，文號：52號，明治30年2月17日。

10　〈臺灣紳章條規ニ據リ紳章ヲ附與セシモノ三百三十六人〉，《臺灣史料稿本》，第12卷，明治30年5月是月，第614頁。

11　〈紳章授与ニ付臺北庁一般人民ノ感情〉，《臺灣史料稿本》第12卷，明治30年5月是月，第614-616頁。〈紳章授与に付ての感情〉，《臺灣新報》第216號，明治30年5月30日，2版。

防傳染病、修橋鋪路、義務勞動、預防蟲害獸疫等。爲使保甲制度發揮作用，規約中訂有「刑罰連坐責任」及「保甲規約連座責任」等規定。同時，爲鎮壓「匪徒」及防範天災，由保甲中17-40歲的男子組成「壯丁團」，推選團長、副團長出任領導。「壯丁團」成立後，成爲協助總督府鎮壓武裝抗日的重要工具。保甲及壯丁團經費均由保甲內各戶負擔，保正、甲長、團長、副團長等均係義務職，總督府因此節省巨額的行政經費。[12]保正雖係名譽職，惟地方當局具體規定推舉條件爲具有名望、財產、才幹，以及其子弟可以任事者。[13]保民所推舉的人選必須合乎規定條件，方可望獲得地方當局的認可。

1898年7月，總督府頒布「臺灣公學校令」，以地方經費設立六年制公學校。鑑於漢文仍是臺灣社會日常生活不可或缺的語文工具，乃特設漢文科目。各地公學校延聘學區內具學識資望之臺人擔任學務委員，[14]並聘請地方上受尊敬的書房教師及儒者擔任漢文教席。[15]除此之外，1900年初，總督府標榜「集合臺灣科舉俊秀之學士，徵求其平生所撰議論性文章，作爲治臺資料，並藉以振興文運而馴致同化」，邀請全臺士紳72人集會臺北，成立「揚文會」。會後，部分官紳集議，改設該會爲永久性團體，設總會於臺北，並在臺北、臺中、臺南、宜蘭、澎湖等地設置五支會。[16]各辦務署特命各地街庄長詳細調查境內得有進士、舉人、貢生、生員及監生等功名者，並將其姓

[12] Chen Ching-chih, 'The Japanese Adaptation of the Pao-chia System in Taiwan, 1895-1954,' Journal of Asian Studies, XXXIV, No.2,(1975,2), pp. 395-406.

[13] 〈選舉保正〉，《臺灣日日新報》第1530號，明治36年6月7日，5版。

[14] 臺灣教育會：《臺灣教育沿革誌》，臺北：該會，1939年，第239頁。

[15] Lamley, H. J., The Taiwan Literati and Early Japanese Rule, 1895-1915, Ph. D., Dissertation, University of Washington,1964 (Unpublished), pp.433-436.

[16] 〈科舉俊秀の學士を會合し揚文會發會式を舉行す〉，《臺灣史料稿本》第17卷，明治33年3月15日，第108-125頁。臺灣總督府：《臺灣揚文會策議》，臺北，1901年，第一上一三下頁。

名、年齡、住址等造冊呈報。[17]揚文會支會在各地成立後，幾乎網羅全臺有科舉功名的士紳，其會員狀況分別是臺北支會145人、臺中支會236人、臺南支會376人、宜蘭支會46人、澎湖支會42人，合計845人。[18]

　　透過上述種種措施和制度，總督府漸將臺人舊社會精英悉數納入基層行政和治安組織中，或給予表彰和禮遇，而建構臺灣社會新領導階層，亦即是當時日人所稱的「上流社會」。其構成分子，據總督府表示：「本島上流社會係指縣、廳及辨務署參事、官衙任職者、區街庄長、保甲局長、保正、壯丁團長、甲長、牌長、教師、具秀才以上功名者、得有紳章者及讀書人等。」1901年之際，其人數分別是參事112人、官衙任職者1,404人、區街庄長628人、保甲局長與保正3,259人、壯丁團團長3,127人、甲長與牌長36,321人、教師1,441人、具秀才以上功名者808人、得有紳章者239人、讀書人1,835人，合計49,174人。[19]

貳、廢縣置廳與新領導階層地位之鞏固

　　1901年11月廢縣置廳，全臺分設20廳，廳設參事5人以內，由廳長就廳內有學識名望之臺人任命之，給予判任官待遇，係一名譽職，為廳長之顧問或承其命辦事。街庄社制則一仍其舊。[20]廳參事每月給予津貼30圓以內。[21]街庄社長改由廳長選任，其職務為協助傳達政令、轉呈人民請願書、報告轄

---

17 〈維持名教〉，《臺灣日日新報》第587號，明治33年4月19日，3版。

18 臺灣總督府：《臺灣揚文會策議》附錄，按：會員名簿中，臺北、宜蘭等支會會員數累計錯誤，分別載為111人、45人，本文加以更正。

19 臺灣總督府：《臺灣總督府民政事務成績提要》第7編，明治34年分，臺北：該府，1904年，第90-91頁。

20 《臺灣總督府府報》第1059號，明治34年11月19日，第50-51頁，勅令第202號。20廳為臺北、基隆、宜蘭、深坑、桃園、新竹、苗栗、臺中、彰化、南投、斗六、嘉義、鹽水港、臺南、鳳山、蕃薯寮、阿猴、恆春、臺東、澎湖等。

21 〈臺灣總督府廳參事ニ月手當支給ノ件〉，《臺灣總督府府報》第1060號，明治34年11月20日，第58頁。

區內各種狀況及戶口異動、協助徵收租稅、收支公費、鼓勵兒童入學、勸獎農工商業、修繕道路橋樑、注意公共衛生，以及廳長特別命令之事項。[22]縣、廳及辦務署參事、區街庄長、保甲局長、壯丁團長等職位係屬名譽職，並無任期規定，總督府採久任不替之政策，並常使其身兼多職。1901年4月，《臺灣日日新報》報導指出，雖然街庄長的一般事務已甚繁忙，但大多兼任其他公職，臺北縣街庄長138人中，兼任公職146個，平均一人兼職一個以上，有一人兼二、三職者，這些兼職者雖每月領有職務津貼，但為數不多，幾乎可說是名譽職。[23]1902年，《臺灣總督府民政事務成績提要》表示，領臺之初雖然街庄長有未能任用第一流人物之嫌，但一般已漸次了解其地位之重要，目前各廳均以第一流人物擔任街庄長，而在行政上有不少便利。又，街庄長除了因死亡等事故外，甚少更迭，本年街庄長548人中因死亡或其他事故而新任用者分別為臺北廳5人、基隆廳1人、深坑廳1人、新竹廳1人、苗栗廳16人（因調整街庄轄區而任用新街庄長）、南投廳1人、斗六廳8人、嘉義廳4人、鹽水港廳6人、臺南廳4人、蕃薯寮廳3人，以及阿猴、恆春、澎湖廳各1人。[24]顯示全臺街庄長人事十分固定，鮮少異動，新人只占極少數，蓋總督府認為街庄長選任得宜，均是地方上最具代表性人物，而頗有助於各項施政之推動，因此，不輕易更換，只在必要時才任用新人。

1909年10月，總督府以治安已漸寧靖，地方政務有長足進步，產業勃興，交通發達，小區制的地方廳已無必要，乃併20廳為12廳，各廳參事增為10人以內，資格和職務不變。[25]同時，廢街庄社長制，以原街庄社或合數街

---

22 〈街庄社長ノ職務ヲ規定ス〉，臺灣總督府臺灣史料編纂委員會：《臺灣史料稿本》，明治35年5月30日，第139-140頁。

23 〈街庄長の兼職〉，《臺灣日日新報》第886號，明治34年4月19日，2版。

24 臺灣總督府：《臺灣總督府民政事務成蹟提要》第八編，明治35年分，臺北：該府，1902年，第157-159頁。

25 《臺灣總督府府報》第2824號，明治42年11月3日，第5頁，勅令第282號。《臺灣總督府府報》第2819號，明治43年10月25日，第69-70頁，府令第75號。12廳為臺北、宜蘭、桃園、新竹、臺中、南投、嘉義、臺南、阿猴、臺東、花蓮港、澎湖等。

庄社設區，區設區長1人及書記若干人。區長由廳長就轄內有資產名望、年齡30歲以上、六年制公學校畢業以上程度且熟諳日語者任命之，給予判任官待遇，無固定俸給，僅支給事務費，職務與街庄社長大同小異，亦是在廳長的指揮監督下協助執行行政事務。區書記亦由廳長任命，享判任官待遇，承區長之命處理庶務。[26]儘管規定熟諳日語為區長的選任條件之一，但實際上不然，總督府辯稱衡量臺灣的民情和知識程度而暫時無法依規定辦理，只能選用適任者。結果，「新區長大多仍採自舊街庄長」。[27]臺北廳管內53區，僅錫口、新庄仔2區原街庄長因病辭職而任命新人之外，其餘51人均以原街庄長續任。[28]而新竹廳管內41區之區長「皆以舊時街庄長充當，未有改易之者」。[29]據1916年12月調查，全臺區長432人中，熟諳日語者68人、略通者83人、能讀日文者64人、不通者217人。另據翌（1917）年底調查，全臺區長438人中，完全不懂日本語文者有201人、略通者153人、懂日語者僅84人。[30]顯示由於總督府長期固守延攬地方縉紳富豪之政策，大多數區長仍是臺人舊社會精英，總督府只透過鼓勵舊社會精英以身作則參加短期的「國語普及會」，習得簡易日語。[31]

縣（廳）參事幾乎悉數久任不替，且兼職十分普遍，以臺北縣（辦務署、廳）參事為例，1897-1920年間擔任參事者及其任職起訖分別為李春生：1897-1902年、王慶忠：1897-1920年、李秉鈞：1897-1904年、吳

---

26 《臺灣總督府府報》第2798號，明治42年9月24日，第44-45頁，勅令第217號。

27 〈就任用區長言〉，《漢文臺灣日日新報》第3435號，明治42年10月9日，2版。〈區制實施〉，《漢文臺灣日日新報》第3515號，明治43年1月18日，2版。〈新區制及區長〉，《漢文臺灣日日新報》第3530號，明治43年2月4日，2版。〈社說：希望於各區長者〉，《漢文臺灣日日新報》第3515號，明治43年1月18日，2版。

28 〈任命區長〉，《漢文臺灣日日新報》第3528號，明治43年2月2日，5版。

29 〈新竹通信：區長任命〉，《漢文臺灣日日新報》第3533號，明治43年2月8日，4版。

30 藤田捨次郎：〈本島人の讀書能力〉，《臺灣時報》第95號，大正6年8月15日，第38頁。水越幸一：〈臺灣地方自治制の話〉，《臺灣經濟叢書》四，臺北：臺灣經濟研究會，1936年，第151頁。

31 參閱前引拙著：《日治時期臺灣的社會領導階層》，第271-275頁。

輔卿：1897-1920年、蔡達卿：1897-1903年、葉爲圭：1897-1904年、洪以南：1897-1920年、何慶熙：1897-1901年、蔡天培：1897-1919年、李樹華：1898-1901年、李祖訓：1898-1903年、游世清：1899-1919年、陳瑞彩：1900-1912年、莊廷燦：1906-1919年、劉廷玉：1907-1910年、李景盛：1907-1920年、林熊徵：1919-1920年、顏雲年：1919-1920年、吳昌才：1920年8-11月。[32]其中，李春生、何慶熙、李樹華3人辭任，李秉鈞、蔡達卿、葉爲圭、李祖訓、蔡天培、游世清、陳瑞彩、莊廷燦、劉廷玉9人歿於任上，[33]有人辭任或死亡，當局始補人繼任，繼任人選率均所謂具「學識資望」的舊社會精英。1920年10月，廢廳制改行州市街庄制，仍在任的參事王慶忠轉任臺北州協議會員，洪以南轉任臺北州協議會員兼淡水街長，李景盛轉任臺北市協議會員、翌年轉任臺北州協議會員，林熊徵轉任臺北州協議會員、翌年轉任臺灣總督府評議會員，吳昌才轉任臺北市協議會員，顏雲年轉任臺北州協議會員、翌年轉任臺灣總督府評議會員；此外，1925年吳輔卿繼洪以南擔任淡水街長。[34]至於參事兼職情況，王慶忠兼任高等土地調查委員、臺灣舊慣調查會囑託、臺北辨務署第三區街庄長、高等林野調查委員、地方稅委員、臺北市學務及土木委員等職。[35]李秉鈞兼任國語學校囑託、舊

---

[32] 參閱臺灣總督府：《臺灣總督府職員錄》明治30-大正9年。

[33] 〈李秉氏訃聞〉，《漢文臺灣日日新報》第1896號，明治37年8月25日，3版。〈葉爲圭氏死す〉，《臺灣日日新報》第1663號，明治38年2月7日，5版。〈元艋舺區長の自殺〉，《臺灣日日新報》第1700號，明治36年12月30日，5版。〈新竹通信 參事改命〉，《漢文臺灣日日新報》第1663號，明治36年11月15日，6版。〈哲人其萎〉，《漢文臺灣日日新報》第3634號，明治43年6月8日，5版。〈陳瑞彩氏（臺北廳參事）〉，《臺灣日日新報》第4350號，明治45年7月10月，2版。〈蔡參事逝矣〉，《臺灣日日新報》第6478號，大正7年7月5日，6版。〈莊氏追悼會〉，《臺灣日日新報》第6789號，大正8年5月12日，6版。〈參事再弱一個〉，《臺灣日日新報》第7000號，大正9年12月9日，6版。

[34] 參閱臺灣總督府：《臺灣總督府職員錄》大正9-14年。

[35] 參閱臺灣總督府：《臺灣總督府職員錄》明治30-大正13年。〈故王慶忠氏略歷〉，《臺灣日日新報》第8937號，大正14年3月29日，4版。

慣調查會第一部囑託等職。[36]吳輔卿兼任淡水公學校學務委員、愛國婦人會臺灣支部委員。[37]葉為圭兼任大稻埕區長。[38]莊廷燦兼任雙溪區長。[39]蔡達卿自1900年起兼任臺北辦務署第一區街庄長、游世清1910年起兼新店區長、洪以南自1915年起兼淡水區長、李景盛自1917年起兼大稻埕區長、林熊徵兼任大稻埕區區長、顏雲年兼任瑞芳區長。[40]

　　綜上可知，日治初期總督府對地方縉紳、富豪等臺人舊社會精英採安撫籠絡的政策，利用其擔任顧問性質的參事及街庄區長等基層行政吏員，而且一旦任用即久任不替，因此，臺人舊社會精英遂得以延續其社會地位和影響力。當時，參事及街庄區長乃是臺人社會精英所能擔任的最高職位，並無固定任期，通常只是隨行政區劃分之變更而作裁併，或當事人辭職或死亡時方才更換新人，一旦出缺，每有不少人爭取遞補，例如臺南縣參事蔡夢熊於1900年7月去世，當地方當局遴選繼任者時，據報載：「該地紳商聞謀爭此席者，實繁有徒。」[41]又如1901年6月嘉義西區街長黃毓元因該區營業家屋稅增加遭區民責怪，憤而向辦務署長提出辭呈，尚未獲批准，但「事為該區人眾所聞，一時營鑽請託者實繁有徒，近日當道之家門限幾為之穿」；輿論認為「街庄長關係非輕，銀錢交接必須富裕之家、品望兼優者方勝其任」，乃呼籲當局必須慎重遴選。[42]另如1909年臺南市合併為東、西兩區，出現數人有意角逐區長，甚至有人請託有力人士代為說項，結果，楊鵬博、陳修五兩人獲得選任。[43]由上一則顯示總督府藉名位以籠絡臺人社會精英之政策已

36 參閱臺灣總督府：《臺灣總督府職員錄》，明治30-37年。
37 參閱大園市藏：《臺灣人物誌》，臺北：谷澤書店，1916年，第103頁。
38 鷹取田一郎：《臺灣列紳轉》，臺北：臺灣總督府，1916年，第12頁。
39 簡萬火：《基隆誌》，基隆：基隆圖書出版協會，1931年，第32頁。
40 參閱臺灣總督府：《臺灣總督府職員錄》，明治33-大正9年。
41 〈選補參事〉，《臺灣日日新報》第715號，明治33年9月16日，3版。
42 〈嘉義瑣聞　有利必爭〉，《臺灣日日新報》第944號，明治34年6月27日，4版。
43 〈臺南の新區長〉，《臺灣日日新報》第3312號，明治42年5月16日，2版。〈崁城片帆：爭奪區長〉，《漢文臺灣日日新報》第3312號，明治42年5月16日，6版。

收到相當的效果，一則顯示臺人社會精英在基層行政之地位和角色極其固定。非但如此，總督府給予他們公營事業的一些特權作爲酬勞，例如樟腦製造權、鹽、煙草及鴉片批售權等即是。藉這些特權，他們因此鞏固其經濟基礎，更提高其社會勢力和聲望，而成爲所謂「特種臺灣人」[44]。

參、地方制度改革與新領導階層地位之延續

1920年10月，廢廳制改行州市街庄制，全臺設5州、2廳、47郡、3市、5支廳、263街庄、18區等，州、市、街庄不僅是行政區劃分，同時亦是地方公共團體；據街庄制規定，街庄長爲名譽職，任期四年，經州知事、廳長核可，可領30-50圓之津貼；街庄設協議會員7-20人，由州知事、廳長遴選具學識名望之街庄住民擔任之，爲名譽職。[45]新制實施之前，輿論紛紛對街庄長、協議會員人選表示意見，提醒官方對於人選務必採審慎的態度，指定符合民意的街庄長、協議會員。[46]有日人投書報紙，表示日本領有臺灣已滿25年，臺灣的文化程度已非昔日可比，但因行政制度固守舊態，向來區長大多數不懂日語及日文法令、公文書，以致無法善盡區長之職責處理事務；此次行政大改革，新制街庄之事務大爲擴張，街庄長負有代表街庄處理基層行政事務之重責大任，若仍採用向來只具名望者，對地方行政將產生不良的影響，因此，務必大淘汰向來臺人街庄長，挑選理想且適當的人才。認爲當時在一地方挑選具學識名望且熟諳日本語文者並非難事，乃具體建議宜挑選具學識名望且熟諳日本語文者爲街庄長，責令其擔負地方基層行政的重任，依法令處理街庄事務。至於被淘汰的優秀參事、區長，則任命其擔任州、市、街庄之協議會員，因協議會每年只召開一、兩次諮詢會議，協議會員即使不

---

44 柴山愛藏：〈特種本島人の過去と現在〉，《筆の跡を顧みて》，臺北：讀賣新聞臺灣支局，1931年，第34-35頁。

45 河野道忠：《臺灣地方制度要覽》，臺北：臺灣日日新報社，1920年，第33-37、96-187頁。王添灯：《市街庄の實際》，臺北：臺灣日日新報社，1937年，第631-635頁。

46 〈日日小筆〉，《臺灣日日新報》第7246號，大正9年8月11日，3版。

諳日語，亦不致有不利的影響。[47]另有日人投書支持上述建議，指出由於區長的任命規定已不符合時勢進步的要求，以致出現任命半身不遂或不諳日語而如啞巴之區長；臺灣統治之一大目標為同化，普及日語為貫徹同化之手段，街庄長熟諳日語必有助於普及日語，故擔任街庄長之首要條件為熟諳日語，否則，不但將是總督府治臺之一大恥辱，亦可說是其所代表的街庄民之不名譽。[48]由上顯示，在臺日人基於本身及統治者的立場，無不希望總督府利用制度改革之機，配合統治政策改變向來籠絡利用臺灣舊社會精英的策略，延攬任用符合施政實際需要的人才。

新街庄制實施後，首屆街長35人中，臺人22人、日人13人，庄長228人中，臺人220人、日人8人。[49]雖然日人街長占1/3，但臺人街長22人分別是臺北州汐止街陳定國、淡水街洪以南、新庄街林明德、羅東街陳純精4人，新竹州桃園街簡朗山、大溪街江健臣2人，臺中州豐原街廖西東、清水街楊肇嘉、梧棲街林嘉興、彰化街楊吉臣、鹿港街陳懷澄、員林街張清華、北斗街陳章琪7人，臺南州新化街梁道、麻豆街林欽、鹽水街鄭朝梱、斗六街鄭沙棠、西螺街廖化金、北港街蘇顯藜、朴子街黃媽典7人，高雄州旗山街陳順和、東港街黃景謨2人；其中，洪以南、林明德、陳純精、簡朗山、江健臣、廖西東、林嘉興、楊吉臣、陳懷澄、張清華、陳章琪、林欽、鄭朝梱、鄭沙棠、陳順和、黃景謨等16人，原是區長，隨著區改制為街而轉為街長，可知續任者高占七成以上。[50]新人為陳定國、楊肇嘉、梁道、廖化金、蘇顯藜、黃媽典6人，只占不足3成。

關於新街長之出身和經歷，陳定國，父陳文遠原為水返腳（汐止）辦務署石碇堡第一區街庄長，畢業於總督府國語傳習所甲科，擔任通譯，1907

[47] 岩崎松雄：〈公開欄投書 街庄長の選擇學識名望を有する者にして且つ國語を解する者〉，《臺灣日日新報》第7237號，大正9年8月2日，6版。

[48] M.S.生：〈街庄長の選擇〉，《臺灣日日新報》第7237號，大正9年8月2日，6版。

[49] 〈街庄長及其協議員の種族〉，《統計週報》第34號，大正10年5月13日，第3-4頁。

[50] 參閱臺灣總督府：《臺灣總督府職員錄》，大正9年8、12月，第239-243、251-252、149-153頁。

年通過教員資格檢定，擔任水返腳公學校訓導，其後，歷任日本赤十字社特別社員、公共埤圳組合議員等職。[51]楊肇嘉，父楊澄若為牛罵頭（清水）區長，畢業於東京京華商業學校，歷任牛罵頭公學校代用教員、訓導。[52]梁道，父梁天賜為大目降街（新化）鹹榮豆油製造商，畢業於總督府醫學校，歷任臺北赤十字社醫院、博愛醫院醫師、新化街開業醫、總督府警務局衛生課技師。[53]廖化金畢業於名古屋農林學校，返臺後歷任嘉義廳農會技手、臺南長老教中學校教師。[54]蘇顯藜，家道殷富，畢業於總督府醫學校，歷任臺南醫院雇、北港街開業醫、北港興業會社長、北港興業信託會社長、北港信用組合監事等職，1912年獲頒紳章。[55]黃媽典畢業於臺灣總督府醫學校，為朴子街開業醫，歷任嘉義同風會朴仔腳支會理事長、嘉朴拓殖公司理事兼公司長、朴子街信用組合專務理事、朴子公學校學務委員等職。[56]上述新人大多係街庄長、區長，或地方富豪的第二代，畢業於醫學校或日本國內中等學校，具備較優越的教育資格，熟諳日語，曾任公職，或活躍於地方實業、金融業，與日人關係良好，遂得以繼其父兄獲選任為街長，並因而延續其家族在基層行政機關之角色，維繫其家族的社會地位。

　　至於臺人庄長之情況，茲以臺北州為例，臺人庄長共有32人，分別是士林何慶熙、北投潘光楷、松山陳茂松、內湖郭華讓、平溪潘炳燭、八里劉秋江、三芝戴賢挺、石門潘迺明、萬里呂允生、金山賴崇璧、七堵王式金、貢寮呂來傳、雙溪曹田、礁溪林元弼、頭圍林纘武、壯圍莊贊勳、員山黃鳳鳴、五結蔡士添、三星潘豐灶、冬山藍廷珪、新店劉建勳、深坑張德明、石碇陳捷陞、坪林陳巖、板橋林清山、中和俞英、鶯歌黃純青、三峽陳佛齊、土城簡鴻黎、鷺洲蔡雍、五股林知義、林口黃委。其中，原為區長者21人，

---

[51] 內藤素生：《南國之人士》，臺北：臺灣人物社，1922年，第25頁。

[52] 臺灣新民報社：《臺灣人士鑑》，臺北：該社，1937年，第180頁。

[53] 臺灣新民報社：《臺灣人士鑑》，第208頁。

[54] 〈轉勤中學〉，《臺灣日日新報》第6511號，大正7年8月7日，6版。

[55] 內藤素生：《南國之人士》，第278頁。

[56] 唐澤信夫：《臺灣紳士名鑑》，臺北：新高新報社，1937年，第223頁。

占2/3：新人有郭華讓、劉秋江、戴賢挺、呂來傳、林元弼、莊贊勳、黃鳳鳴、潘豐灶、藍廷珪、陳巖、黃委11人，占1/3。[57]由上可知，無論街長或庄長，多數舊區長均獲得選任，繼續擔任基層行政機關之首長，反映出總督府當局籠絡利用舊社會精英的政策不變。

　　關於新庄長之出身和經歷，郭華讓，父郭章龍為內湖區長，畢業於國語學校國語部，歷任錫口公學校內湖分校雇教員、臺北埤圳聯合委員、內湖信用組合專務理事等職。[58]劉秋江原係臺北廳海墘厝（八里）公學校雇教員。[59]戴賢挺畢業於總督府醫學校，歷任花蓮港醫院雇、臺北廳公醫、小基隆同風會幹事長。[60]呂來傳畢業於總督府農事試驗場講習生乙科，歷任臺北廳頂雙溪公學校雇、1917-1920年臺北廳槓仔藔區（貢寮）書記。[61]林元弼畢業於國語傳習所，歷任宜蘭廳警務課雇通譯，繼承父業經營和洋雜貨商、宜蘭實業會社社長，為宜蘭廳特許酒保及煙草批發商、地方富豪。[62]莊贊勳，父兄清季皆有科舉功名，幼習儒學，清季獲授五品同知，日治初擔任法院或日軍通譯、公學校教師，1905年獲頒紳章，1909年起擔任宜蘭廳參事兼警務課雇。[63]黃鳳鳴，父黃廷勳為宿儒，畢業於宜蘭國語傳習所甲科，歷任法院通譯、臨時臺灣土地調查局測量課技手、宜蘭廳稅務課技手，先後擔任宜蘭興殖組合長、宜蘭振拓產業會社長、宜蘭產業會社長，為地方實業界重

---

57 參閱臺灣總督府：《臺灣總督府職員錄》，大正9年8、12月，第239-243、251-252、149-153頁。

58 林進發：《臺灣官紳年鑑》，臺北：新高新報社，1933年，第58頁。臺灣新民報社：《臺灣人士鑑》，第52頁。

59 臺灣總督府：《臺灣總督府職員錄》，明治43-大正3年。

60 〈小基隆同風會〉，《臺灣日日新報》第7211號，大正9年7月7日，5版。林進發：《臺灣官紳年鑑》，第97頁。

61 〈農業卒業〉，《臺灣日日新報》第6511號，明治42年6月23日，5版。

62 內藤素生：《南國之人士》，第27頁。

63 臺灣總督府：《臺灣總督府職員錄》，明治42-大正9年。鷹取田一郎：《臺灣列紳傳》，臺北：臺灣總督府，1916年，第71頁。遠藤克巳：《人文薈萃》，臺北：遠藤寫眞館，1921年，無頁碼。

鎮。[64]潘豐灶歷任宜蘭廳羅東區、叭哩沙區區書記。[65]藍廷珪,為參事藍新之姪,畢業於總督府國語學校師範部,原係宜蘭廳羅東公學校訓導。[66]黃委畢業於山腳公學校,自1909年起擔任臺北廳樹林口區(林口)書記,曾代理樹林口信用組合長。[67]顯然的,新庄長的出身和經歷亦與新街長相似,大多係街庄長、區長,或地方富豪的第二代,畢業於醫學校、國語學校、公學校等,具備新教育資格,熟諳日語,曾任公學校教職、公醫、通譯、區書記等公職,或活躍於地方實業、金融業,與日人關係良好,因而得以繼其父兄獲選任為庄長。

1920年10月州市街庄制實施時,明文規定州、市、街、庄協議會員宜以「國語」為會議用語。惟鑑於當時臺灣社會大眾多數仍不諳日語,一時實無法強制,乃附加「經議長許可時,則不在此限」之但書。以此為契機,其後,各市、街、庄等地方公共團體紛紛編列經費,直接開辦或補助同風會、興風會、青年會、戶主會、壯丁會等民間團體經常開辦「國語普及會」。[68]1922年據總督府調查,全臺街庄長239人中,熟諳日語者141人、略通者56人、全然不通者42人;助役198人中,熟諳日語者134人、略通者33人、全然不通者22人。[69]此一結果若與前述區長之情況相較,全然不通日語的街庄長、助役比例已明顯下降,然而,正因為大多數街庄長是舊社會精英,其年齡較長而不易勉強學會日語。

關於首屆臺人州、市、街庄協議會員之情況,以臺北州為例,州協議會議員日人24人、臺人為林熊徵、顏雲年、洪以南、林明德、許梓桑、張德明、林吳庚、陳純精、黃純青、王慶忠、陳朝駿11人;市協議會議員日人19

---

[64] 遠藤克巳:《人文薈萃》,臺北:遠藤寫眞館,1921年,無頁碼。

[65] 臺灣總督府:《臺灣總督府職員錄》,大正5-9年。

[66] 臺灣總督府:《臺灣總督府職員錄》,明治42-大正9年。

[67] 臺灣總督府:《臺灣總督府職員錄》,明治42-大正9年。〈山腳信組總會〉,《臺灣日日新報》第6684號,大正9年1月27日,3版。

[68] 詳閱前引拙著,第275-276頁。

[69] 〈国語を解する街庄長〉,《臺灣日日新報》第7956號,大正11年7月22日,7版。

人、臺人爲吳昌才、陳天來、李景盛、謝汝銓（亦作詮）、葉清耀、歐陽光輝、陳智貴、郭廷俊、楊潤波、林清月、許丙11人。[70]所有州協議會員及市協議會員吳昌才、李景盛等人均是長期擔任參事、街長、區長等職，積極參與各項公共事務，經營實業、金融業，爲地方上舉足輕重之人物。[71]市協議會員雖然大多是新人，惟或係臺北市實業界重要人物，向來即積極參與公共事務，或係地方縉紳富豪的第二代，畢業於醫學校、國語學校，或留學日本等，具備新教育資格，熟諳日語，與日人關係良好。諸人之出身及經歷如下：陳天來，清季即是大稻埕著名茶商，曾任臨時臺灣土地調查局雇，歷任臺灣金紙會社長、臺北茶商公會理事、永和興公司常務取締役、永成公司總經理。[72]歐陽光輝，父歐陽長庚歷任保甲局副長、保正總代、臺北地方法院囑託等，總督府國語學校國語部肄業，繼掌家業，歷任南華錫箔製造公司長、萬華信用組合副組合長、煙草賣捌人等。陳智貴，畢業於臺北國語傳習所，曾任臨時臺灣土地調查局通譯、臺北廳通譯，歷任林本源第一房庶務課長、有恒產業株式會社長、株式會社宏文社長等。許丙，父許松麟爲滬尾（淡水）勞働組合長（苦力頭），畢業於總督府國語學校國語部，歷任林本源第一房庶務課長、臺灣土地開拓會社、高砂興業製粉會社、有恒信話株式會社、臺灣商事株式會社、株式會社宏文社等取締役。[73]謝汝銓係前清秀才，畢業於總督府國語學校國語部，歷任警察官及司獄官練習所囑託教師、臺灣日日新報記者、稻江信用組合副組合長、臺灣興業信託會社取締役、東瀛藥種貿易公司長等職。[74]葉清耀，畢業於臺中師範學校、明治大學專門部

70 參閱臺灣總督府：《臺灣總督府職員錄》，大正9年12月，第147-148頁。

71 內藤素生：《南國之人士》，第1-5、8-11、356頁。遠藤克已：《人文薈萃》，臺北：遠藤寫眞館，1921年。

72 遠藤克已：《人文薈萃》，臺北：遠藤寫眞館，1921年，無頁碼。

73 內藤素生：《南國之人士》，第8、11頁。鷹取田一郎：《臺灣列紳傳》，第18頁。

74 〈稻江信用組合總會〉，《臺灣日日新報》第6215號，大正6年10月15日，2版。林進發：《臺灣人物評》，臺北：赤陽社，1929年，第140頁。謝汝銓：〈自敍〉，《奎府樓詩草》，臺北：謝師熊，1931年，第1頁。

法科,普通文官考試、辯護士考試及格,歷任公學校教師、臺中地方法院書記,為執業律師。[75]郭廷俊,出身士林富家,畢業於芝山巖學堂、總督府國語學校國語部、東京專修大學經濟科,歷任臨時臺灣土地調查局雇、基隆廳雇、東洋協會專門學校講師、臺灣商工學校講師、臺灣合同電氣會社取締役、臺灣軌道株式會社取締役等職。[76]楊潤波,父楊克彰為貢生宿儒,家道殷富,畢業於總督府國語學校師範科、明治大學法科,歷任國語學校教師、臺北地方法院通譯、林本源第三房庶務課長等職,經營泰豐行大貿易商。[77]林清月畢業於總督府醫學校,曾任臺南醫院雇、總督府醫學校囑託,為大稻埕宏濟醫院主。[78]

首屆街協議會員520人中,臺人264人、日人256人;庄協議會員2,589人中,臺人2,115人、日人474人。[79]顯示來臺日人大多居住在市街,因此,街協議會員日人約占半數,而庄協議會員臺人高達82%,占絕大多數,日人協議會員僅占18%。關於臺人街庄協議會員之情況,以臺中州為例,臺人市街庄協議會員561人中,熟諳日語者176人、略通者113人、不通者272人。[80]顯然的,總督府仍繼續選任向來已擔任街庄長、區長、保正等職位之舊社會精英。當時,輿論批評指出由於臺人街庄協議會員之人才難以物色,「故多有以舊經驗及老功者而被選出者,此等人既無學問,不知眼中有官長先輩在座,出言要謹慎」,以致往往發言不當。[81]亦有人批評協議會上「本島人協議員發言殆無」。[82]易言之,這些長年受到總督府當局籠絡利用而成為臺人

---

[75] 興南新聞社:《臺灣人士鑑》,臺北:該社,1943年,第422頁。

[76] 臺灣新民報社:《臺灣人士鑑》,第25頁。

[77] 林進發:《臺灣官紳年鑑》,第97頁。

[78] 〈有志醫學〉,《臺灣日日新報》第632號,明治33年6月12日,3版。〈開設醫院〉,《漢文臺灣日日新報》第3304號,明治42年5月7日,5版。

[79] 〈街庄長及其協議員の種族〉,《統計週報》第34號,大正10年5月13日,第5-6頁。

[80] 〈協議員と國語〉,《臺灣日日新報》第7327號,大正9年10月31日,2版。

[81] 〈協議員要有學識者〉,《臺灣日日新報》第7445號,大正10年2月26日,6版。

[82] 平民評:〈是是非非〉,《臺灣日日新報》第7777號,大正11年1月24日,6版。

社會新領導階層者只繼續確保其政治和社會地位，在協議會開會時往往未能發揮其角色。

即令如此，1922年第一屆協議會員任期屆滿時，各州知事或廳長仍從現任者及地方上所謂「有學識名望者」選任新協議會員。[83]因此，第二、三屆協議會員成分改變有限，例如高雄州第二屆臺人街、庄協議會員458人中，連任者309人、新任者149人，其中，熟諳日語者115人、略通者83人、不通者260人；[84]第三屆臺人街、庄協議會員447人中，熟諳日語者152人、略通者97人、不通者228人，年齡最高者75歲、最低者25歲。[85]由上可知，舊人的替換十分緩慢，可以說總督府始終固守以財富和門望作為選任的主要依據，同時，將街庄長及各級協議會員當作酬庸的工具，遴選時不問學識和能力是否適任，只憑其財富之多寡、門望之高低及其與日人合作的程度，作為選任的主要依據，凡合乎上述條件之臺人大多久任不替。

1920年代初期，臺人有識之士掀起社會運動，作為運動喉舌的《臺灣青年》、《臺灣》、《臺灣民報》，對上述有別於日本國內的地方制度改革不斷地加以批評，要求實施完全的地方自治，指出臺灣的「自治制」採官選而非民選，違背地方自治的精神，並未開啓人才登用之途，官選的人物未必具代表性，且其表現未必代表民意和地方利益。例如責問奔走官府尋求獲選者是否想藉以滿足其虛榮心或取得某些特權。[86]支持各地民眾起而排斥不適任的街庄長。[87]1926年之際《臺灣民報》的評論，指出當局向來「誤重於名望而輕識見」，將「門戶大的」、「有錢的」，便說是有名望而選任代表街庄民，由於不諳日語，結果每次開會都是「終日裝成木偶」。[88]1927年1

83　〈協議員及新任命〉，《臺灣日日新報》第7945號，大正11年7月11日，6版。

84　〈高雄州下の協議員顏觸〉，《臺灣日日新報》第8033號，大正11年10月7日，1版。

85　〈高雄協議員觀〉，《臺灣日日新報》第8766號，大正14年10月9日，4版。

86　〈時事短評：運動公職的人有覺悟嗎？〉，《臺灣民報》第2卷19號，大正13年10月1日，7版。

87　〈時事短評：臺人自覺的現象〉，《臺灣民報》第2卷22號，大正13年11月1日，7版。

88　〈論評：街莊協議會員的人選〉，《臺灣民報》第123號，大正15年9月19日，2版。

月2日,該報評論指出:「表面上似乎有看重被選舉者的品行學識,而其內容老實是專注重在富有金錢和奴隸根性的二大要件。」[89]接著,1月9日該報以〈奉行官命的協議會〉一文,批評:「協議員係是官選的,所以大部分不是御用紳士,便是平生有依靠官廳的勢力的事業家……臺南州的協議員35名中,臺灣人只有14名,內中會懂得日本語的不上一半。換句話說,臺灣人的協議會員一半是偶像,那裡會得代表民意呢?」[90]

另一方面,當街庄長及協議會員改選時,《臺灣民報》代表臺人輿論提出建言,例如1928年街庄長及協議會員改選前夕,該報特撰社論質疑總督府向來所謂「學識名望」之標準,指出「目前各協議會員大多單是以地方名望家之資格加以選任,傾向於與其重實力和內容,不如重頭銜和形式,亦有除了充數外幾不具任何意義者。此種遴選方式,作為總督政治諮詢機關的唯一民意機關,實毫無意義」。建議宜慎選人才,「新遴選者係有才能、有人望之士。」[91]當10月1日總督府公布選任者名單後,該報著論深表失望,強烈地抨擊道:「名雖說是新改選,而其實卻是依樣畫葫蘆,十中的八九仍是舊御用者的重任了。」[92]

1930年,改選協議會員前,總督府宣稱今後將選任熟諳日語者為主,《臺灣民報》著論表示只要總督府的籠絡利用政策一日不變,所選任者無論是否懂日語,同是一丘之貉,不過是御用工具罷了。[93]儘管如此,總督府並未改變籠絡富豪之政策,以臺北市為例,是年新任命的市協議會員即多係與

---

89 〈論評:地方自治制的考察〉,《臺灣民報》第138號,昭和2年1月2日,4版。

90 《臺灣民報》第139號,昭和2年1月9日,3版。

91 〈社說:各種協議會員の更改——人選上に新味が是非欲し〉,《臺灣日日新報》第10187號,昭和3年8月30日,2版。

92 〈社說:協議員及街庄長的改選——假自治再延長,無批評的價值〉,《臺灣民報》第229號,昭和3年10月7日,2版。

93 〈社說:協議員的人選——非改革制度不可,粉飾的手段無用〉,《臺灣新民報》第328號,昭和7年8月20日,2版。〈社說:無用長物的協議員改選——紳士學賣笑,細民不聊生〉,《臺灣新民報》第333號,昭和5年10月4日,2版。

林本源家族之企業有關係者，因而頗遭非議，臺北市協議會遂被譏之爲「林本源協議會」。[94]1932年協議會改選，據載，繼續連任者約占80%，新任約占20%，新任者大多是遞補已移居轄區外或死亡者之缺。就學歷觀之，公學校畢業者占21.5%、中學13.2%、專科7%、大學1.4%、漢學56.9%。其中，納稅50圓以上者約占半數。[95]足見獲選者大多係富家、舊學出身及久任等特色並未改變。當時，此種籠絡利用政策徒然造成「唯金權」及所謂「灣製人望」之流弊。[96]由於街庄長及協議會員大多久任不替，因此被譏之爲「永年選任」。[97]

　　事實上，各地富豪及有力人士，往往將街庄長及協議會員職位視之爲榮銜或取得特殊權益的媒介。爲了能獲選及保有該頭銜，於是平常即奉承、逢迎、巴結日人官吏不遺餘力，每當任期屆滿改選之際，更是極力奔走鑽營以自薦，或不擇手段打擊、排斥競爭者，時人或稱之爲「運動公職的人」，[98]或稱之爲「街庄長運動」，[99]而將他們之獲選諷之爲「以金錢換取地位」。[100]時論認爲上述惡風之出現率因官選所導致，因此，建議總督府順應民意確實實施自治，改官選爲民選。[101]

　　概言之，1920年代是殖民統治體制開始面臨臺人新社會精英挑戰的時代；同時，亦是臺灣新、舊社會精英交替遞嬗的紀元。新知識分子倡導社會運動，要求澈底改革殖民政經體制，公平且合理地擴大臺人參與的管道，可說試圖打破總督府所建構的新社會領導階層結構。相反的，總督府則固守其

---

[94]　唐澤信夫：《臺灣島民に訴ふ》，臺北：新高新報社，1935年，第259頁。

[95]　小濱淨鑛：《臺灣の地方制度》，出版社不詳，1934年，第11頁。

[96]　吉崎勝雄：《時局を射る》，臺北：新高新報社，1935年，第6頁。

[97]　唐澤信夫：《明日の臺灣》，基隆：新高新報社，1929年，第32頁。

[98]　〈運動公職的人有覺悟嗎？〉，《臺灣民報》第2卷第19號，大正13年10月1日，7版。

[99]　〈街庄長運動の種種相〉，《臺灣民報》第226號，昭和3年9月16日，12版。

[100]彭永海：〈臺灣協議會員に對する希望〉，《臺灣》第4年第1號，大正12年1月1日，第46-53頁。

[101]〈漢文部，無腔笛〉，《臺灣日日新報》第9491號，大正15年10月4日，4版。

籠絡利用政策和做法，仍繼續拉攏向來較與之合作的社會精英及其第二代；同時，這些社會精英則爲了保持其地位和維護其既得利益，大多較爲保守，而未能積極參與或響應社會運動。此由臺灣議會設置請願運動及地方自治改革運動中，街庄長和協議會員參加者始終爲數不多，可略窺其概。[102]正因爲如此，他們逐被新知識分子批評爲「御用紳士」或「灣製紳士」。而較富自由主義思想的日人亦勸「永年選任」的州市街庄協議會員自動辭職，並建議總督府與其操縱少數御用紳士，實宜指導臺灣青年。[103]甚至有日人呼籲若當局果眞愛臺灣，宜讓年輕人參與政治，不可再任命「特種臺灣人」當州、市協議會員。[104]1934年州、市協議會員改選之際，時論批評指出，向來協議會員不當的詮選方式，選出虛有其名的議員，而讓民眾覺得協議會純然只是御用紳士的集合，使民眾輕視民意機關的價值，造成今日民眾對協議會全然無所關心和期待，只是協議會員的頭銜散發著象徵「灣製紳士」的魅力罷了。由是呼籲總督府必須揚棄向來的詮選方式。[105]

要之，由於總督府長期固守以街庄長、各級協議會員等頭銜作爲籠絡利用政策之手段，以致滋生不少弊端，擔任街庄長、協議會員者未必能代表民意，亦未必能對行政機關發揮實質的監督功能，而徒流於滿足議員個人的虛榮心、名譽慾和特權心理罷了。影響所及，許多新社會精英參與無門，又不滿既得利益者之表現，於是起而長期扮演社會運動者和批判者的角色。

肆、地方制度再改革與新領導階層地位之傳承

1935年4月，臺灣總督府正式發布地方制度改革的新法令，明定州、市、街庄爲法人及其公共事務之範圍；擴大自治立法權，將街庄長和助役由名譽職改爲有給職，廢除州、市協議會，改設州、市會作爲議決機關；確立

---

[102]臺灣史料保存會：《日本統治下の民族運動》中卷，東京：風林書房，1969年，第324頁。
[103]唐澤信夫：《明日の臺灣》，第32-35頁。
[104]柴山愛藏：〈州市協議會員の任命〉，《筆の跡を顧みて》，第51-53頁。
[105]吉崎勝雄：〈臺北州市協議會員の改選に際して〉，《時局を射る》，第50-52頁。

選舉制度，規定市會議員、街庄協議會員中半數由州知事官選、半數民選，選舉方式採有限制選舉，凡年齡滿25歲以上男子、營獨立生計、居住該市街庄六個月以上、年納市街庄稅5圓以上者，即具有選舉權和被選舉權；州會議員半數由臺灣總督任命，半數由市會議員及街庄協議會員行使間接選舉選出；州、市會員及街庄協議會員任期4年。[106]

是年11月，全臺街庄長274人中，臺人154人、日人120人，臺人占56%，略多於日人。以臺北州為例，街庄長39人中，臺人有汐止街李朝芳、士林街潘光楷、內湖庄郭華讓、三芝庄盧根德、石門庄江文通、金山庄盧田俊、萬里庄黃棟卿、壯圍庄吳焰樹、羅東街陳純精、五結庄林維、深坑庄張福堂、石碇庄陳捷陞、坪林庄鐘榮富、三峽庄陳佛齊、土城庄簡鴻藜、林口庄吳培標16人。[107]上述街庄長悉數是改制之前即已擔任街庄長，尤其是潘光楷、江文通、郭華讓、黃棟卿、陳純精、林維、陳捷陞、陳佛齊等人乃是1920年代以來長期連任者。通常是原街庄長辭職、升遷或死亡時，總督府當局才更換新人，例如汐止街長陳定國於1928年辭職，遂改任李朝芳；[108]壯圍庄長張振茂於1930年辭職，乃改任吳焰樹。[109]林口庄長林進富於1932年辭職，乃改任庄協議會員吳培標；[110]三芝庄長曾石岳於1932年12月28日以74歲高齡去世，[111]翌年改任盧根德；[112]金山庄長賴崇璧於1933年因案去職，

[106] 參閱拙文：〈日據時期地方自治改革運動之探討〉，《臺灣史研究暨史料發掘研討會論文集》，中華民國臺灣史蹟研究中心，1986年，第299頁。〈臺灣街庄制改正の件〉，《臺灣總督府府報》號外，昭和10年4月1日，第8頁。

[107] 田中一二：《臺灣年鑑》昭和11年，臺北：臺灣通信社，昭和10年，第380-385頁。

[108] 〈汐止陳街長辭職　運動候補者眾〉，《漢文臺灣日日新報》第10282號，昭和3年12月4日，4版。

[109] 〈宜蘭：祝新庄長〉，《臺灣日日新報》第10946號，昭和5年10月5日，4版。

[110] 〈林口庄長任吳培標氏　助役尚想像中〉，《漢文臺灣日日新報》第11508號，昭和7年4月24日，4版。

[111] 〈淡水郡三芝庄〉，《臺灣日日新報》第11757號，昭和7年12月30日，4版。

[112] 〈豐原／業佃講演〉，《漢文臺灣日日新報》第12014號，昭和8年9月15日，8版。

乃改任盧田俊。[113]

上述街庄長大多係地方士紳、望族、富豪的第二代。潘光楷、郭華讓、陳純精、陳捷陞、陳佛齊、簡鴻藜等人之出身和資歷已見於前節。至於其餘諸人，盧根德出生三芝富豪之家，畢業於國語學校師範部乙科，歷任公學校訓導、三芝庄助役等職。[114]江文通出生石門名望富家，畢業於書房、老梅公學校，歷任保正、區總代、土地整理委員、庄協議會員、林野調查委員、石崩山茶業公司長、石門同風會石門支部長、老梅信用組合理事、國勢調查委員等職。[115]黃棟卿畢業於國語學校國語部，歷任區長、地方稅調查委員、金包里漁業組合長。[116]李朝芳畢業於臺灣總督府醫學校，歷任臺灣總督府雇、汐止仁濟醫院主、汐止街協議會員、汐止街助役、汐止信用組合理事長等職。[117]林維畢業於東京帝大農學實科，歷任宜蘭廳殖產事務囑託、宜蘭廳利澤簡區書記、區長、宜蘭廳農會技手、五結庄協議會員等職。[118]張福堂，父張德明為深坑庄長、區長，畢業於臺灣總督府醫學校，歷任臺北醫院雇、基隆炭礦株式會社社醫、深坑庄協議會員、木柵茶業公司長、木柵信用組合長等職。[119]鍾榮富，父鍾豆翁為地方名望家，畢業於臺灣總督府師範學校講習科，歷任公學校教員、坪林畜產組合長、坪林庄助

---

[113]〈礦溪河岸不正工事獲利凡二萬圓　賴前庄長馬腳至是畢露〉，《漢文臺灣日日新報》第12027號，昭和8年9月29日，4版。

[114]原幹洲：《南進日本之第一線に起つ新臺灣之人物》，臺北：拓務評論社臺灣支社，1936年，第163頁。

[115]原幹洲：《南進日本之第一線に起つ新臺灣之人物》，第168頁。

[116]〈新舊區長の送迎會〉，《臺灣日日新報》第2161號，明治38年6月16日，5版；〈基隆地方稅調查委員〉，《臺灣日日新報》第2681號，明治40年4月13日，3版；〈基隆漁業組合の設立〉，《臺灣日日新報》第2709號，明治40年5月17日，4版。

[117]原幹洲：《南進日本之第一線に起つ新臺灣之人物》，第663頁。

[118]參閱臺灣總督府：《臺灣總督府職員錄》，明治39-昭和10年。唐澤信夫：《臺灣紳士名鑑》，第74頁。

[119]唐澤信夫：《臺灣紳士名鑑》，第50頁。

役、坪林信用組合長等職。[120]吳培標爲新莊街望族富豪，畢業於國語學校國語部，歷任山腳信用組合理事及專務理事、新莊街助役兼會計役、五股庄長、新莊街協議會員等職。[121]吳焰樹爲吳沙之後裔，畢業於公學校，歷任宜蘭廳公共埤圳聯合會雇及書記、宜蘭廳書記、水利組合書記及庶務主任等職。[122]由上可知，他們也都具備較優越的教育資格，熟諳日語，曾任公職，積極參與地方公共事務，或活耀於地方實業、金融業，且與日人關係良好。

　　概言之，此一時期街庄長幾乎都是第二代的社會精英，其可說是總督府藉著1920年代地方制度改革之機而加以延攬進入基層地方行政體制，其出身可說與日治初期以來總督府所建構的新社會領導階層之關係十分密切。值得注意的是，此一時期街庄長中尚有屬於第一代社會精英的新竹州香山庄長陳雲如、臺中州潭子庄長傅錫祺繼續留任，陳雲如生於1875年，曾爲書房教師，畢業於新竹國語傳習所，歷任辦務署雇員、保甲局長，1910年擔任庄長，1920年獲選任庄協議會員，1931年轉任庄長；傅錫祺生於1872年，漢學造詣深，爲府學附生，歷任辦務署雇員、臺灣新聞社編輯員，自1920年起任區長、庄長，1925年辭任，1929年再度獲選任。[123]

　　關於州會議員之情況，筆者過去的研究發現，由於民選州會議員是實施間接選舉，故民選與官選議員的年齡、學歷、經歷等特徵均相似，年齡以40-49歲者最多，幾占1/2，惟官選議員50歲以上者占1/3，一則顯示州協議會員與街庄長相似，幾乎都是第二代的社會精英；一則顯示總督府並未全然放棄向來的久任政策。學歷方面，新式「精英教育」出身者占大多數，尤其是國語學校、醫學校及留日法政科班出身者構成議會的中堅，舊學出身者已無足輕重。經歷方面，值得注意的是，當選者均有相當的資產，而且多數均曾

[120]林進發：《臺灣官紳年鑑》，第175頁。
[121]原幹洲：《南進日本之第一線に起つ新臺灣之人物》，第577頁。
[122]唐澤信夫：《臺灣紳士名鑑》，第216頁。
[123]臺灣新民報社：《臺灣人士鑑》，第327、243頁。

任助役、街庄長、協議會員等職，具有參與殖民基層政治之經驗，顯示州會議員實質的政治參與管道開放有限。

至於市會議員，年齡方面，直接民選的市會議員明顯的較爲年輕，30-39歲者最多，占半數，40-49歲者又占1/3，易言之，4/5的議員年齡在50歲以下；官選市會議員則以40-49歲者最多，約占半數，30-39歲者居次，約占1/3，甚至仍有60歲以上者，因此，其平均年齡較民選議員高出許多。學歷方面，無論官、民選議員，其特色均與州會議員相似，尤其是留日法政科班出身者紛紛進入議會，誠是新「地方自治」值得注意的現象。經歷方面，官、民選議員最大的不同，乃是官選議員幾乎均有參與殖民基層政治之經驗，而民選議員則多數是首次參與，且有不少是向來政治運動的主要領導人。資產背景方面，則官、民選議員均相似，亦即是均係擁有相當資產者。[124]

當時，論者認爲「大體並無素質甚差者當選」，乃是值得選民欣慰的。[125]惟另有論者指出，由候選人觀之，其中大部分均是花得起選舉費用的人物，殆無中產階級以下者，因此少有代表占市街庄民最大比例的中產階級之候選人，其結果，造成上流階級議員永遠壟斷議會，眞正能傳達民眾心聲的議員很少。如此，將使中產階級以下者感到迷惑。[126]

要之，日治初期臺灣總督府籠絡利用清季舊社會精英，將其納入殖民基層政治體制中，而建構臺灣社會新領導階層，並長期加以鞏固；迨至1920年代進一步延攬其第二代加入地方基層政治體制，扮演輔助殖民施政和安定地方之角色，兩代間的政治角色和地位可說十分固定。1930年代中期，隨著民選協議會員制度之實施，新社會精英參與地方政治之管道漸次開啓，然而，

---

[124]參閱前引拙著：《日治時期臺灣的社會領導階層》，第199-207頁。

[125]蒲田丈夫：〈官選議員の撤廢を提倡する〉，《臺灣》第7卷第1號，昭和11年1月1日，第38頁。

[126]南嶽生：〈臺灣の處女選擧で學ぶもの〉，《臺灣自治評論》第1卷第1號，昭和11年1月1日，第25頁。

僅1935、1939年兩度辦理選舉，因此，對總督府所建構的新社會領導階層結構之影響似乎有限。

伍、結論

　　總括而言，臺灣總督府長期透過地方施政籠絡利用舊社會精英及其第二代，延攬其擔任參事、街庄長、區長，以及各級協議會員，在地方官僚的指揮監督下，負責協辦或執行上級行政單位所交辦的業務，成為遂行殖民行政任務的輔助工具，從而建構臺灣社會新領導階層。就社會結構觀之，清季臺灣社會領導階層的地位和影響力得以延續，未因政權更迭而產生重大的變動，可說是近代臺灣社會變遷的特殊現象。

　　然而，由於總督府始終未完全開放參政權給臺人社會精英，因此，新社會領導階層的第一代和第二代在殖民政治體制中之地位和角色無甚殊異，絕大多數僅能擔任街庄長、區長、助役、書記等基層行政吏員，或無議決權和立法權的各級協議會員，並不因第二代的教育資格改變而有所轉變。同時，值得注意的，1920年以前，上述基層行政職位並無任期規定，因此一旦被選任後即長年久任，鮮少更換，即使有所更易，亦往往只是改任命其子姪或族人接替；1920年地方制度改革後，雖有任期規定，仍然是徒具虛文，久任不替者為數甚多，一家一族常任街庄長及各級協議會員者比比皆是。其結果，固然限制了社會領導階層個人及家族的政途發展，惟亦無異於保障其在地方的政治特權和利益。尤有甚者，造成地方政治參與的壟斷和地方派系的形成。戰後初期，許多地方公職人員和民意代表係日治時期長期擔任殖民基層行政吏員或各級協議會員者之本人或其家族成員，正是此一傳統的延續。顯然的，對戰後臺灣地方政治生態及地方自治之發展有舉足輕重的影響。

第八章　近代韓國「脫中」與對中日權力轉移思維

朴炳培[*]

　　1401年朝鮮代韓國參與明朝中國主導的朝貢體系，從那時起到19世紀後半部，韓國在東亞國際秩序中保持著中國王朝的藩國地位。直到甲午戰爭結束後，韓國在「文明論」的洗禮之下，將「朝鮮」國號改為「大韓帝國」，從而展現出自主獨立國家的姿態，並致力於近代化。然而，從現代韓國人的角度來看，可以發現十分詭異的一點：即，大韓帝國高舉自主獨立國家的旗號，並標榜「文明開化」，但其皇帝卻展現出「中華文明」繼承者的姿態。其實，在當代韓國社會受到文明論影響之下，部分儒教菁英將中華傳統文明和西方近代文明劃上等號，從而主張保存中華文化的朝鮮能與近代西方文明國並肩而立。在此立基點上，大韓帝國皇帝自詡為「中華文明」繼承者。

　　以上的情況，顯露出19世紀後半部韓國人對「中國」有多種認知。也就是說，19世紀後半部韓國對「中國」的認知可分為三：「作為地區霸權的中國」（清朝）、「作為政權正當性的基礎之中國」（明朝），以及「作為文化體系的中國」（小中華意識）。甲午戰爭結束後，韓國雖然「脫離清朝的朝貢體系」，卻脫離不了明朝的遺產與小中華意識。

　　本文的目的是，透過探求朝鮮對「中國」認知的轉變過程，解釋為何19世紀後半部韓國對「中國」有三種認知，並進一步探討這種對中國的認知，對於「脫中」與中日權力轉移的思維造成何種影響。這是一個非常重要的課題。明清兩朝均為東亞強權，其皇帝在東亞朝貢體系上占有最頂端的地位，

* 國立政治大學政治學研究所博士候選人。

同時擁有皇權極強的政治體制與儒教政治理念，不僅如此，明清兩朝均與朝鮮代韓國（1392-1910年）在表面上長期維持禮節性的往來，學術界甚至將明清兩朝與朝鮮關係稱爲最典型的宗藩關係。然而，明清兩朝與朝鮮融洽程度恰好相反，明朝與朝鮮建立高度融洽的關係，清朝與朝鮮則不像表面顯示般融洽。透過本研究的成果，我們可以更精確地解釋明清中國與朝鮮之間關係的發展軌跡。

　　本文分成五個部分。第一部分敘述在朝鮮代韓國形成並強化「作爲政權正當性的基礎之中國」認知的歷史背景。第二部分敘述朝鮮代韓國發展出「作爲文化體系的中國」認知的歷史軌距。第三部分敘述滿清入關以後清朝與朝鮮關係的演變。第四部分則檢討19世紀後半部韓國對於中日權力轉移的複雜思維。第五部分爲結語。

壹、朝鮮代韓國強化「作爲政權正當性的基礎之中國」認知的歷史背景

　　西伐利亞體系中的國家、國家體系與國際關係的概念是歐洲歷史演變的結果。隨著19世紀歐美列強勢力擴張到東亞地區後，東亞諸國才接受了「萬國公法」，從而轉變成基於西伐利亞體系的主權國家。相反地，前近代的東亞只有以中國天子爲中心的「天下」，沒有基於西伐利亞體系的「國際」。即使前近代東亞歷史上存在著與中國交往的諸國，但這些諸國都以朝貢、冊封等形式接受了「天子居中國治天下」的天下秩序觀念。詳細來說，過去歷史學界過度受現代的國家體系學說的影響，總認爲冊封是表現國與國的關係，其實是「治天下」的中國天子所決定的不是外夷諸國的承認與否，而是決定被冊封的政治單位（「國」、「家」）首長與天子的關係，以及在天下首長之間的政治關係和位階，而其方式就是冊封。在此我們必須關注這一點，天下秩序之說意味著東亞存在著中國王權（皇帝制度）所形成的一元政治秩序，這個秩序表現爲「天子居中國治天下」。但是，由於中國皇帝冊封複數的「國」，天下秩序不是以中國皇帝制度爲中心的一元政治體系，而是

東亞諸國之間存在著多元的國際關係的「列國並立」狀態。當然，這種狀態下的「國」，不是具有社會科學意義的英文中的state、nation或nation-state，而是儒教學說與皇帝制度政論中的「國」。[1]

　　隨著元朝對外投射的影響力涵蓋大部分東亞地區，「天子居中國治天下」的天下秩序觀念，遠不止停留在單純的理念上，而是進入現實可行的階段。到了明代，明朝認爲，在中華與夷狄不分的一視同仁之下，中國天子可以透過「禮制」支配天下。[2]也就是說，明皇帝透過朝貢制度讓周邊國家承認中國的最崇高地位，並建構以明朝爲中心的東亞國際秩序；朝鮮國王則參與朝貢體系而確保政權正當性。[3]然而，明清朝與朝鮮關係並不是典型的宗藩關係，而是前近代東亞國際關係史上極爲特異的例子。[4]其實，諸他民族對朝貢體系參與並不一定代表其承認中國的優越地位，更不代表中國對諸

---

[1] 甘懷眞：〈從天下到地上：天下學說與東亞國際關係的檢討〉，《臺大東亞文化研究》，第5期（2018年04月），第289~317頁。

[2] 參見최종석（崔鐘奭）：〈여말선초 명의 예제와 지방 성황제 재편〉（麗末鮮宣初明的禮制與地方城隍祭的再編），《역사와 현실》（歷史與現實），第72號（2009年6月），第207~251頁。

[3] 參見Hae-jong Chun, "Sino-Korea Tributary Relations in the Ch'ing Period" in John K. Fairbank, ed., *The Chinese World Order: Traditional China's Foreign Relations* (Cambridge: Harvard University Press, 1968), pp. 110~111; Donald Neil Clark, *Autonomy, Legitimacy, and Tributary Politics: Sino-Korean Relations in the Fall of Koryŏ and the Founding of the Yi*, Doctoral dissertation, Harvard University, 1978, pp.2~3; 전해종（全海宗）：〈韓中朝貢關係考〉，《東洋史學研究》，第1輯（1966年），第40頁；전해종（全海宗）：〈清代韓中朝貢關係宗考〉，《震檀學報》，第29、30輯（1966年），第274頁；정용화（鄭容和）：〈주변에서 본 조공체제〉（從周邊看的朝貢體制），收入白永瑞等編：《동아시아의 지역질서: 제국을 넘어 공동체로》（東亞的地域秩序：超越帝國到共同體），首爾：창작과 비평사（創作與批評社），2005年，第79~120頁。

[4] Peter Yun強調，朝貢體制是明朝初期的制度改革和體系化的產物，進而明清與朝鮮之間理想的關係是歷史上極爲特異的例子。因此，將它看作前近代國際關係的典型，這種視角是西方學界「中國中心的文化論」的產物。（Peter Yun，〈서구 학계 조공제도 이론의 중국 중심적 문화론 비판〉（西歐學界朝貢制度理論的中國中心的文化論批判），《亞細亞研究》，第45券3號（2002年9月），第269~290頁）。

他民族而言有宗主國之地位，其代表例子爲游牧民族和日本。這些政治單位參與朝貢體系的動機是經濟利益。中國在朝貢體系框架內提供物資給游牧民族，草原帝國才得以依此維持其政治結構[5]，再者，游牧民族複雜的政治結構並不是爲了處理內部問題所形成的，而是因應對付中國的一環發展出來的。於是，游牧民族並不想直接統治中國而使用所謂的「外部邊疆政策（outer frontier strategy）」強求朝貢和貿易。[6]這樣來看，利用朝貢制度方式與中國交流，就是經濟利益追求的機會，而且朝貢制度的形式是獲得中國物資的手段。另一方面，日本的濱下武志試圖擺脫「停滯不動的中國形象」而關注亞洲傳統通商體系，提出「朝貢貿易體系」的概念。對於朝貢國而言，只要成爲朝貢國，就會在朝貢體系中與其他的朝貢地域發生接觸。這同時也就意味著中國在實際上扮演著異質之間交流的媒介要素。到16世紀，由於朝貢貿易崩潰而造成私貿易，然而私貿易的發展及擴大都是依靠著朝貢貿易經濟圈而產生的，所以濱下武志將這樣現象看作朝貢貿易體系的增長。[7]簡單而言，中國能夠引誘朝貢國的理由，就是來自於「富裕的中國」。

與其相反，朝鮮採取嚴禁對外貿易的政策。具體來說，雖然明朝允許朝鮮使行團的境內貿易活動，但朝鮮卻想以國內法律嚴屬控管使行團的貿易活動。朝鮮朝廷只允許通過朝鮮使行團購買軍事用物資和與儒教相關的書籍等，不僅如此，朝鮮朝廷基本上並不考慮以經貿利益擴充國庫，澈底依賴國內農業生產力而彌補國庫虧空。因此，貿易利益在國家整體經濟或財政上未能發揮有意義的影響力。[8]

在此值得一提的是，對於草原帝國的統治者來說，與中國朝貢貿易有利

---

[5]　Thomas Barfield, *The Perilous Frontier : Nomadic Empires and China, 221 BC to AD 1757* (Cambridge MA & Oxford UK : Blackwell, 1989).

[6]　Thomas Barfield, *The Perilous Frontier : Nomadic Empires and China, 221 BC to AD 1757* (Cambridge MA & Oxford UK : Blackwell, 1989), p. 91.

[7]　濱下武志：《近代中国の国際的契機——朝貢貿易システムと近代アジア》，東京：東京大學出版會，1990年。

[8]　參見구도영（具都暎）：《16世紀韓中貿易研究》，京畿道坡州市：太學社，2018年。

於國內統治，相反地，朝鮮的政治精英認為，與中國朝貢貿易不利於國內統治。即，在元朝掌握東亞國際秩序的霸權之際，高麗特權階層（高麗國王和王室成員、及佛教寺院等）主導對外貿易，在此過程中，高麗特權階層為了追求私利而搜刮民財，造成了國家農業經濟的崩潰。除此之外，因對外貿易活躍而崛起的大商階級，動搖原有的身分制秩序。此就是朝鮮初期儒教政治精英描述的因對外貿易活性化而產生的高麗末期社會的弊端。因此，朝鮮開國後，朝鮮把抑制對外貿易作為主要國家施政方針。特別是，朝鮮太宗和朝鮮世宗積極抑制對外貿易，致力於在國內建立以儒教理念和農業經濟為基礎的統治體制，這一切有利於將農田作為經濟基礎的朝鮮士大夫階層，也能抑制國內挑戰勢力的成長。[9]

另外，早期朝鮮國王在君臣權力分配上面臨一大困境。即，朝鮮開國並不是征服或國內革命的結果，而是前朝（高麗，918-1392年）中央政治菁英推進政治改革的過程中所產生的結果。就這一點而言，高麗與朝鮮的交替只限於王室的交替，前朝的中央政治菁英依然是早期朝鮮朝廷的主要政治菁英，也擁有鞏固的實力。[10]

在這種政治環境之下，為鞏固君權與朝鮮王室的正當性，朝鮮太宗（第3代國王，在位：1400-1408年）與朝鮮世宗（第4代國王，在位：1418-1450年）運用雙重戰略：首先，這兩位國王展現出優勢的個人實力（武力或政績），以牽制臣權；而另一方面，透過與明朝皇帝深厚的君臣關係，致力

---

9 關於朝鮮朝廷對於對外貿易的看法和相關政策，參見박평식（朴平植）：〈조선초기의 대외무역정책〉（朝鮮初期的對外貿易政策），《韓國史研究》，第125號（2004年6月），第71~118頁。

10 John B. Duncan指出，高麗末期的高位朝臣與朝鮮早期高位朝臣的各處背景相同。參見John B. Duncan, *The Origins of the Chosŏn Dynasty* (Seattle: University of Washington Press, 1989). 而韓國學者鄭杜熙認為，朝鮮初期的開國功臣皆是前朝的高麗政治菁英，參見정두희（鄭杜熙）：《朝鮮初期政治支配勢力研究》，首爾：一潮閣，1983年，第7~56頁。

於確保朝鮮新生王朝的國際地位和王室的正統性。[11]

　　進一步說，朝鮮太宗與朝鮮世宗試圖把這種階層化的國際體系擴展到國內政治體系內，確立明朝天子—朝鮮國王—國內士大夫之階層化的政治體系。例如，早期朝鮮王室的禮制基本上繼承了前朝高麗的「天子之禮」，不過朝鮮太宗與朝鮮世宗根據《春秋》，卻十分積極地將各種禮制降為「公侯之禮」。[12]這種制度改革，有助於確立明朝天子—朝鮮國王之間階層化的政治體系，從而制定高於國內政治精英（士大夫）之朝鮮國王的特殊地位。

　　綜合而言，朝鮮參與由明朝來主導的朝貢體系的最大動機就是政治利益。尤其是，朝鮮國王將階層化的國際體系擴展到國內政治體系內，確立明朝天子—朝鮮國王—國內士大夫之階層化的政治體系，從而制定高於國內政治精英（士大夫）之朝鮮國王的特殊地位。在這種歷史背景之下，朝鮮發展出「作為政權正當性的基礎之中國」認知。

貳、朝鮮代韓國發展出「作為文化體系的中國」認知的歷史軌跡

　　朝鮮由於以程朱理學立國，認同華夷觀與儒家正統論，所以像朝貢體系

---

[11] 在靖難之役期間中，對明永樂帝來說，後方的穩定是在與建文帝決戰上重要的因素。這樣來看，由於朝鮮太宗停止遼東征伐計畫，導致促使明永樂帝與朝鮮太宗之間的密切關係。相關內容，可以參見Donald N. Clark, "Sino-Korean Tributary Relations under the Ming" in *The Cambridge History of China*, Vol. 8 (New York: Cambridge University Press, 1998), p.278; 박원호（朴元熇）：《明初朝鮮關係史研究》，首爾：一潮閣，2002年，第117~166頁。另一方面，關於在以明朝為中心的東亞國際秩序下朝鮮國王所占的地位，參見Kenneth R. Robinson, "Centering the King of Chosŏn: Aspect of Korean Maritime Diplomacy, 1392~1592." *Journal of Asian Studies*, Vol. 59, no. 1(Feb 2000), pp. 109~125; 정동훈（鄭東勳）：〈명대의 예제 질서에서 조선국왕의 위상〉（在明代禮制秩序下朝鮮國王的位相），《역사와 현실》（歷史與現實），第84號（2012年6月），第251~292頁。

[12] Seung B. Kye, "The Posthumous Image and Role of Ming Taizu in Korean Politics," *Ming Studies*, Vol. 50 (2004 issue1), pp. 107~130.

這種階層化的政治體系對朝鮮政治菁英具有一定的說服力，從而加強了國內政權穩定。[13]然而，在此值得一提的是，階層化政治體系不僅僅侷限於君臣關係，而是擴大到整個朝鮮身分制度。朝鮮太宗和朝鮮世宗在位期間，朝鮮國王即便掌握國政的主導權，還要經過與大臣們協調後，才能制定具體的國家禮儀和法律規範。在確立國家禮儀和統治制度的過程中，國王和大臣之間並不一定持有一致的意見，不少禮儀和制度都是在君臣之間經過相當長的協調後才能確定。[14]換句話說，階層化的政治體系不僅保證了君臣關係中君主的優越權威，而且有利於鞏固中央政治菁英階層的政治、經濟基礎。

另一方面，早期朝鮮為了本國邊界的穩定，對女真勢力和倭寇展開了軍事外交的努力[15]，進一步與琉球和日本地方勢力及女真等建構了將朝鮮國王作為最頂端地位的朝鮮式朝貢制度。[16]在此基礎上，朝鮮政治精英將朝鮮視

---

13 朝鮮開國之後，由國家來主導儒教書籍的普及，以推動深化儒教化的政策。相關內容，參見Marttina Deuchler, *The Confucian Transformation of Korea: A Study of Society and Ideology* (Cambridge: Council on East Asian Studies, Harvard university, 1992), pp. 111~118; 최승희（崔承熙）：《조선초기 정치문화의 이해》（朝鮮初期政治文化的理解），首爾：知識產業社，2005年，第85~151頁。

14 參見한형주（韓亨周）：〈허조와 태종~세종대 국가의례의 정비〉（許稠與太宗~世宗代國家儀禮的整備），《民族文化研究》，第44號（2006年6月），第271~321頁；최종석（崔鐘奭）：〈조선초기 '시왕지제' 논의 구조의 특징과 중화 보편의 추구〉（朝鮮初期「時王之制」論述結構的特徵與中華普遍的追求），《朝鮮時代史學報》，第52輯（2010年3月），第5~49頁。

15 박정민（朴正珉）：〈조선초기의 여진 관계와 여진인식의 고착화: 태조~세종대를 중심으로〉（朝鮮初期的女眞關係與女眞認識的固定化：以太祖~世宗代為中心），《韓日關係史研究》，第35號（2010年4月），第89~121頁；김보한（金普漢）：〈고려·조선의 대일본 외교와 왜구: 13~15세기 금구 외교와 그 성과를 중심으로〉（高麗·朝鮮的對日本外交與倭寇：以13~15世紀禁寇外交與其成果為中心），《韓日關係史研究》，第47輯（2014年4月），第3~34頁；장준혁（張俊赫）：〈여말선초 동아시아 국제정세 속의 대마도 정벌〉（麗末鮮初東亞國際情勢下對馬島征伐），《歷史와 實學》（歷史與實學），第53輯（2014年4月），第51~85頁。

16 박정민（朴正珉）：〈연산군~명종대 여진인 내조의 재검토〉（燕山君~明宗代女眞人來朝之再檢討），《歷史學報》，第222輯（2014年6月），第37~65頁；한성주（韓成

爲小中華的現象尤爲突出。尤其是，進入16世紀以後，朝鮮國內的儒教化更加深化，朝鮮政治精英對於承認明天子賦予了更重要的政治意義。

　　值得注意的是，這種小中華意識並非只是朝鮮單方面的想法，還得到了明朝方面的肯定。例如：自從16世紀以來，造訪朝鮮的明朝使節將朝鮮描述成小中華[17]，不僅如此，明朝萬曆年間嚴從簡所纂述的《殊域周咨錄》，此書中表揚朝鮮時，經常留下如「其俗自箕子施八條之約，乃邑無淫盜，柔謹成風」、「朝鮮素秉禮教，有箕子謨範之遺化」等作爲結語。[18]特別是，朝鮮對中國儒教文化、制度以及思想吸取之情況，讓明朝官僚對「箕子朝鮮說」倍加關注，從而形成「深受儒教文化的朝鮮」形象。[19]

周），〈조선전기 '자소'에 대한 고찰: 대마도 왜인 및 여진 세력을 중심으로〉（朝鮮前期對「字小」的考察：以對馬島倭人及女眞勢力爲中心），《韓日關係史研究》，第33輯（2009年8月），第203~236頁；Kenneth R. Robinson, "Centering the King of Chosŏn: Aspect of Korean Maritime Diplomacy, 1392~1592." *Journal of Asian Studies*, Vol. 59, no. 1(Feb 2000), pp. 121~122. 在此不可忽略的一點是，參與以中國爲中心的朝貢體系的周邊國家，也與本國的周邊勢力形成了小規模的朝貢體系，日本、越南等也不例外。如濱下武志所言，在朝貢體制框架下，朝鮮、日本、越南等與它的周邊國之間形成了「小朝貢體制」。古田博司則指出，被中國看成夷狄的周圍國家，對它反撥而學中華思想，因而中國和周圍國家之間形成了「中華思想共有圈」。此外，韓國學者閔斗基認爲，在中華（或中國）中心的秩序裡存在（朝鮮、日本、越南等的）「小中心」秩序，因而將前近代東亞地域的多層的秩序看作在「中心」和「周邊」之間能動的互相轉換下產生出來。以上論述參見濱下武志：《朝貢システと近代アジア》（東京：岩波書店，1997）；古田博司：「東アジア中華思想共有圈の形成」，收入駒井洋編，《脫オリエンタリズムとしての社会知—社会科学の非西欧的パラダイムの可能性》（京都：ミネルヴァ書房，1998年）；민두기（閔斗基）：〈동아시아의 실체와 그 전망〉（東亞的實體與其展望），《시간과의 경쟁》（與時間的競爭）（首爾：延世大學校出版部，2001年）。

[17] 義州宣慰使李克墩啓曰：「去年天使祁順初到，我國禮遇甚倨。其還也，言曰：『朝鮮實是知禮之國，其稱小中華，非虛語也。』稱嘆不已」。（參見《朝鮮成宗實錄》208卷，18年（1487年）10月12日（戊寅））。

[18] 參見〔明〕嚴從簡著：《殊域周咨錄》〈朝鮮〉，余思黎點校，第46頁。

[19] 大學士李東陽贈順詩曰：聖代山川盡海隔，朝鮮東面一藩如。冠裳舊入周王制，文字全

在這種情況之下，朝鮮政治精英雖然面臨明清交替的對外環境變化，卻難以與明朝絕緣。滿清入主中原之後，雖然清朝在東亞朝貢體系取代明朝，而清朝與朝鮮的宗藩關係在表面上長期維持禮節性的往來，但朝鮮政治菁英仍把清朝視爲夷狄，因此朝鮮不能接受清朝的正統性，更無法從清朝的朝貢體系中獲得政權的正當性。

直到明朝滅亡周甲之際的1704年，清朝正是進入康乾盛世，朝鮮不能完全忽視這種現實，但依然需要加強政權正當性的方案。因此，朝鮮肅宗（第19代國王，在位：1674-1720年）高舉尊周思明的旗號，向朝臣表示爲明神宗建廟祭祀的方案。[20]其實，對於朝鮮國王而言，祭祀明朝皇帝是相當有效的戰略。具體而言，在1704年1月7日，西人黨基層士大夫已於華陽洞（位於忠清北道清州）建成「萬東廟」，開始崇祀明神宗萬曆皇帝、明毅宗崇禎皇帝。由此可知，明神宗立廟是可以廣泛獲得當代朝鮮士大夫的方案。在這種情況之下，朝鮮肅宗積極興建「大報壇」（俗稱「皇壇」）而祭祀明朝皇帝。到朝鮮英祖（第21代國王，在位：1724-1776年）將明太祖高皇帝、明毅宗崇禎皇帝列入大報壇祭祀中，並擴展爲三皇併祀。到1762年，英祖又加入了徐達、李如松、范景文從祀三帝。朝鮮正祖（第22代國王，在位：1776-1800年）時，由將英祖修建的供奉明朝遺物的敬奉閣移入大報壇內，更加突顯大報壇尊周思明的意義。不僅如此，朝鮮正祖將明末時期對抗日本和清朝的朝鮮忠臣列入大報壇祭祀中，甚至下令把這些忠臣的後裔參與祭祀，展現出保存中國文化的中華繼承者姿態，從而加強國王的權威與君權。[21]

通漢詔書。……祁順序曰：余仕中朝，聞外國之有文獻者，以朝鮮爲稱首。其人業儒通經，尊崇孔聖之道，匪直守箕子遺教而已。參見〔明〕嚴從簡著：《殊域周咨錄》〈朝鮮〉，余思黎點校，第22頁。

[20] 《朝鮮肅宗實錄》39卷，30年（1704年）1月10日（庚戌）。

[21] 關於大報壇興建過程，參見孫衛國：《大明旗號與小中華意識：朝鮮王朝尊周思明思想研究》，北京：商務印書館，2007年，第99~146頁；계승범（桂勝範）：《정지된 시간: 조선의 대보단과 근대의 문턱》（停止的時間：朝鮮的大報壇與近代的門檻），首爾：西江大學校出版部，2011年。

　　綜合而言，朝鮮政治菁英無法從以清朝為中心的朝貢體系中獲得政權的正當性，所以朝鮮朝廷崇祀明朝三皇帝（明太祖高皇帝、明神宗萬曆皇帝、明毅宗崇禎皇帝）自任為保存中國文化（即儒教文化）的中華繼承者──「小中華」，以修補朝鮮政權正當性的缺陷。

參、清朝與朝鮮關係的演變

　　朝鮮基於華夷觀與儒家正統論，不但將女真視為夷狄，而且不把清朝視為正統中國王朝。在這樣情況之下，朝鮮絕對不能接受以清朝為中心的秩序而產生了排清意識。如此的意識形態，從明清二代的朝鮮使節所留下的「使行記」名稱變化上也可以窺見。所謂「使行記」，是朝鮮使節在中國見聞、紀行和創作的文獻，值得注意的是，在明代朝鮮使節留下的「使行記」大多稱為《朝天祿》，這名稱意味著朝鮮使節將明朝是為「天朝」的意識與心態，但是到了清代，「使行記」則多稱之為《燕行錄》，意即往來於「燕京」（「北京」此地名的別稱）的紀錄。這象徵性地表明朝鮮政治菁英對滿洲族統治的清朝文物以及制度維持批判的態度。[22]

　　然而，朝鮮朝廷崇祀明朝三皇帝之際，清朝正是進入康乾盛世，朝鮮社會也不能完全忽視這種現實。例如：居住朝鮮首都漢城的基層士大夫開始認同清朝文物的先進性而提倡學習清朝的文物（即「北學論」）。不過，如此意識形態的變化，很容易造成與以往認知的「小中華意識」衝突。於是，集18世紀朝鮮儒學大成的丁若鏞（1762-1836年），因重新看到「小中華意識」而提出了以「東夷」為軸心的「小中華主義」，其內容如下所言：

---

[22] 可參민두기（閔斗基）：〈열하일기에 비친 청조통치의 제양상〉（熱河日記所反映的清朝統治的諸樣相），《中國近代史研究》，首爾：一潮閣，1973年；對於朝鮮《燕行錄》的概括性介紹，可以參照최소자（崔韶子）：〈18세기 후반 『연행록』을 통해 본조선지식인들의 대중국인식〉（透過18世紀後半期的《燕行錄》看的朝鮮知識人的中國認識），《國史館論叢》，第76輯（1997年10月），第191~223頁。

陸象山曰：「東海西海心同理同。」，此儒者之言。雖然風
氣所鍾，其氣質之性，有大不同者。北方之人，大抵強悍，故匈
奴突厥蒙古之屬，莫不嗜殺戮習殘暴。而西羌，亦詐薄多變。獨
夷狄之在東方者，皆仁厚愿謹，有足稱者。拓跋魏，鮮卑也。其
入中國也，崇禮樂，獎文學，制作粲然。契丹東胡也。阿保機
（原註：遼太祖），敦於天倫，刺葛三叛而三釋之，此虞舜以
來，所未有也。其制治之盛，歷年之久（原註：二百餘年），實
中國之所董獲也。女真，再主中國，而其在金也，虜宋之二帝，
而終不加害。將相和附，規模宏遠，非海陵之狂昏，未易亡也。
清之得國也，兵不血刃，市不易肆。而貴盈哥（指的是多爾袞）
以來，有泰伯仲雍之風者數人，不亦韙哉。史稱東夷，為仁善，
真有以哉。況朝鮮處正東之地，故其俗好，禮而賤武，寧弱而不
暴，君子之邦也。嗟乎，即不能生乎中國，其唯東夷哉。[23]

　　從上可知，丁若鏞以「東夷」的「仁厚愿謹」之氣質與「仁善」來作為
認同屬於「東夷」的清朝主導秩序的正當化基礎，並肯定朝鮮在諸東夷中保
有地理優越性（即正東之地）的存在價值，也因而表現出了朝鮮文明的優越
性（即君子之邦）。但如此一來，似乎即否定了以地理位置（中原）與種族
（漢族）作為華夷區別唯一標準的思考方式。如此脫離現成「華夷觀」的思
考方式，在丁若鏞的〈拓跋魏論〉更顯而易見。他否決了以地理位置為華夷
區別的唯一標準思考模式，轉而肯定以道與政為華夷區別的標準，並進而嚴
厲批判現有正統論而認同北魏的正統性。[24]

23　丁若鏞：〈東胡論〉，收入朴錫武、丁海廉編譯：《茶山論說選集》，首爾：現代實學
　　社，1996年，第396頁。
24　聖人之法，以中國而夷狄，則夷狄之，以夷狄而中國，則中國之。中國與夷狄，在其道
　　與政，不在乎疆域也。……跋其本末，何遽不若牛金之子（原註：東晉實牛氏），一隅
　　偏安，終為強臣所簒者哉。何不進之為中國，而必擯斥而不予統也。史家之偏隘如是，
　　故後世自外國而入主中國者，無所勸焉。服胡服，言胡語曰：「汝既不欲中國我，寧我

不僅如此，若把上述丁若鏞的視角擴展到對日本的認識尚且適用。雖然，丁若鏞似乎不把日本看作保有「仁厚愿謹」與「仁善」氣質的「東夷」成員，但他肯定伊藤仁齋（1627-1705年）、荻生徂徠（1666-1728年）及太宰純（1680-1747年）等日本古學派學者的貢獻，並根據當代日本儒學興起，丁若鏞確信日本不再侵略朝鮮。其所述內容如下：

> 日本，今無憂也。余讀其所謂古學先生伊藤氏所為文，及荻先生、太宰純等，所論經義，皆燦然以文。由是知日本，今無憂也。雖其議論，間有迂曲，其文勝則已甚矣。夫夷狄之所以難禦者，以無文也。無文則無禮義廉恥，以愧其奮發鷙悍之心者也，無長慮遠計，以格其貪心婪攫取之欲者也。如虎豹狼，怒則之齧之，饑則啗之，復安有商度可否於其間哉，斯所以為難禦也。斯其所以可畏也。[25]

要言之，按照丁若鏞的解釋來說，朝鮮、清朝以及日本曾經歷過「用夏變夷」，因此，丁若鏞的這種視角解釋是把這些國家看作連帶或合作對象的可能性，而19世紀中半部的朝鮮似乎曾試探其可能性。即，19世紀初在朝鮮海岸有「夷洋船」出沒以來，朝鮮朝廷對清朝禮府報告情況，並通過東來（現在韓國釜山市境內）倭官（擔當對日本關係的行政機關）對日本幕府發出書契，來展現出企圖共同對抗「夷洋船」的姿態。[26]朝鮮朝廷如此的積極

夷狄汝矣。」，率堯舜禹湯之遺民，而夷狄汝矣。其故何也？有慕中國為中國，如拓跋氏，而史家，猶不肯中國之故也。雖然拓跋氏，自中國矣。彼區區史筆之予奪，何足輕重於我哉。唯魏有二疵焉。方伐宋之時，嬰兒貫槊，而世宗之時，佛法再行，已矣。何國無此疵哉。（丁若鏞：〈拓跋魏論〉，收入朴錫武、丁海廉編譯，《茶山論說選集》，第395頁。）

[25] 丁若鏞：〈日本論〉，收入朴錫武、丁海廉編譯：《茶山論說選集》，第392頁。

[26] 《朝鮮純祖實錄》32卷，32年（1832年）7月21日（乙丑）；《朝鮮憲宗實錄》12卷，11年（1845年）9月15日（癸酉）。

對應態度，乃因朝鮮朝廷的危機意識而造成。[27]雖然因未收到日本幕府的回覆，而導致連帶構想失敗的結果，可是朝鮮這般提議，從以中國爲中心的秩序裡的周邊國家所展現的積極對應態度來看，實具有重大意義。同時，對西方勢力挑戰依靠東亞地域秩序來對付的姿態來說，亦具有其不小的意義存在。

肆、19世紀後半部韓國對中日權力轉移的思維

一、萬國公法體系下清朝與朝鮮關係的轉變

在19世紀後半部面臨西勢東漸的危機之下，朝鮮朝廷對清朝採取「戰略的事大」政策並企圖維持西方列強跟清朝之間的自主權。[28]朝鮮朝廷的這種戰略，在清朝也要在現有的朝貢體系框架內保持與朝鮮維持關係的情況下才能成功。

然而，中英戰爭之後，清朝對朝鮮認知上，顯示出些許變化。1843年徐繼畬所纂述的《瀛寰志略》，此書中，將朝鮮與新疆、青海、西藏、內外蒙古這些地區看作同屬於「皇清一統輿地全圖」的地區，意圖把朝鮮以及清朝中國的直接支配地區等同歸位。與此相比，中國則把日本和琉球國視爲「東洋二國」；把越南視做「東南亞諸國」。清朝對朝鮮以如此視角看待，以致於東亞地域秩序框架從「以禮爲基礎的朝貢體制」變成爲「以公法爲基礎的條約體制」之過程中，彰顯出要把朝鮮作爲清朝殖民地的姿態。[29]

---

[27] 可參박현모（朴賢謨）：〈세도정치기（1800~1863）조선의 대외정책 연구〉（勢道政治期（1800-1863）朝鮮的鎖國政策研究），《國際政治論叢》，第44輯4號（2004年12月），第7~26頁。

[28] 정용화（鄭容和）：〈사대·중화질서 관념의 해체과정: 박규수를 중심으로〉（事大·中華秩序觀念的解體過程：以朴珪壽爲中心），《國際政治論叢》，第44輯1號（2004年4月），第95~115頁。

[29] 차태근（車泰根）：〈『중국』의 시각: 조선, 대학제국, 그리고 『일본의 조선』：1870년부터 1919년까지 신문, 잡지 등 언론매체를 중심으로〉（「中國」的視角：朝鮮、大韓帝國還有「日本的朝鮮」：從1870年到1919年，以新聞、雜誌等言論媒體爲中心），

　　進入1880年代後，俄羅斯、英國及法國等西方列強及日本開始露骨地表現出對中國和韓半島的勢力擴張意圖。正是在這種情況下，以1882年壬午軍亂爲契機，清朝對朝鮮推行屬國化政策。[30]例如：在朝鮮發生任午軍亂（1882年）時，帶清軍進入漢城的馬建忠綁架了（朝鮮高宗的生父）興宣大院君，並解送天津。[31]此事件破壞了傳統朝貢關係上的內政不干涉原則。清軍進入朝鮮以後，朝鮮的財政與海關以及外交部分決定權被清朝控制，在這樣情況下，1882年清朝與朝鮮締結了宗主國與藩屬國之間的《朝清水陸商民貿易章程》（以下簡稱「章程」），而其並非屬於平等國家間締結的條約。基本上清朝在此章程中對朝鮮闡明了清朝的宗主地位，並包括對朝鮮有關經濟的、戰略的、外交的特權條款。[32]因而有些韓國學者將如此的清朝行爲看作「亞流帝國主義」[33]或「正統帝國主義」[34]。在如此的情形之下，甲午戰爭結束之後，朝鮮朝廷毫無猶豫地拋棄朝貢體系框架並對外表示自主獨立的地位。

《中國學論叢》，第16集（2003年），第141~142頁。

[30] 김현철（金顯哲）：〈개항기 청의 대조선 정책〉（開港期清的對朝鮮政策），《現代史廣場》，8卷（2016年12月），第10~28頁。

[31] 詳細內容可參권석봉（權錫奉）：《清末對朝鮮政策史研究》，首爾：一潮閣，1986年，第211~245頁。

[32] 有的韓國學者，以《朝清水陸商民貿易章程》爲研究對象，針對清朝《章程》的特權條款內容和西方列強的特權條款內容做了比較分析。將這分析的要點概括起來，西方列強與清朝的特權條款內容差別甚微。詳細內容，參見김정기（金正起）：〈청의 조선 종주권 문제와 내정 간섭〉（清的朝鮮宗主權問題與內政干涉），《歷史批評》，季刊3號，首爾，1988年冬季號，第111-112頁。

[33] 김기혁（金基赫）：〈이홍장과 청일전쟁 – 외교적 배경의 고찰〉（李鴻章與清日戰爭-外交的背景之考察），收入柳永益等編：《청일전쟁의 재조명》（清日戰爭的再照明），春川：翰林大學亞洲文化研究所，1996年，第48頁。

[34] 유장근（柳長根）：〈동아시아 근대사와 중국의 위상〉（東亞近代史與中國之位相），收入白永瑞等編：《주변에서 본 동아시아》（從周邊看的東亞），首爾：문학과 지성사（文學與知性社），2004年，第49頁。

二、大韓帝國的成立與稱帝之議

甲午戰爭結束後，韓國將「朝鮮」國號改為「大韓帝國」，稱帝改元，表示脫離清朝獨立。但是，在此過程中，大韓帝國的不少政治菁英依然維持小中華意識與明朝權威，顯示自任為中華正統的姿態。例如：在1897年5月，朝鮮朝廷進行稱帝之議。斯時主導稱帝之議階層為居住漢城的基層士大夫，我們從他們的提議中可以發現贊成稱帝的三項邏輯：第一，將稱帝視為自主獨立國家的權利[35]；第二，透過稱帝向他國闡明自主獨立國家的姿態[36]；第三，將朝鮮視為保存中國文化的中華繼承者，從這種小中華意識出發，主張朝鮮具有稱帝資格的文明國。[37]

從現代人的角度來看，前兩項贊同稱帝的邏輯是可以理解的，而且當時激進開化派發行的《獨立新聞》對於朝鮮高宗（第26代國王，在位：1863-

---

[35] 前承旨李㝡榮等疏略：「……以陛下之盛德弘業，值今日自主獨立。以詔以勅，既行皇帝之制，而尙居君主之位。君主與皇帝，方今天下通行之例，而其揆則一也，以若本國臣民之膠見咸願，莫如稱帝也……」（見《朝鮮高宗實錄》35卷，34年（1897年）5月1日。）；幼學權達燮等疏略：「……建陽元皇家之號，堂簾有級。凡在臣民苦心衷懇，咸願聖意之轉回也。竊伏惟陛下時雍之治，文明之德，可質於神人，而今於自立之位，詔勅命令，建元月日，已行皇家之制。而尙居君主之位，君主與皇帝，方今一世觀之，則其義一也，以若本國臣民之管測膠見，莫如乎稱帝也。蓋自主『自』字，獨立『獨』字之義，專在於自意獨擅，不在於諉此依彼也……」（見《朝鮮高宗實錄》35卷，34年（1897年）5月9日）。

[36] 幼學姜懋馨疏略：「今泰西各國曰『皇帝』，曰『大君主』。曰『大伯理』之稱，雖曰無等第於其間，惟亞細亞東洋一局，歷代帝王之別，果有高下之殊。……伏願陛下，特副萬黎之望，亟進大寶之位，以繫邦命，以鎭衆志焉。」（見《朝鮮高宗實錄》35卷，34年（1897年）5月26日）。

[37] 議官任商準疏略：「惟我東邦，自箕聖以後，禮樂文物，典章法度，燦然具備，猗歟盛哉！……咸出我聖上功德，而以是之功之德，未進帝號，豈出於異謙而未遑矣。今天下友邦咸服我聖上功德，聘弊相繼，梯航竝臻。是天下友邦之所以尊我聖上而自主獨立。」（見《朝鮮高宗實錄》35卷，34年（1897年）5月16日。）；幼學姜懋馨疏略：「……我邦雖疆域不大，羲、黃以來，五千餘年正統相傳之禮樂文物，豈在於是。……伏願陛下，特副萬黎之望，亟進大寶之位，以繫邦命，以鎭衆志焉。」（見《朝鮮高宗實錄》35卷，34年（1897年）5月26日）。

1907年）的稱帝一事，如此寫道：「數百年來，朝鮮人只視清國皇帝爲唯一皇帝予以尊奉，然而此時朝鮮的忠臣們開始認爲朝鮮大君主陛下實乃與清國皇帝地位同等，這的確是朝鮮已經得到自主獨立的表徵。」[38]

　　至於贊同稱帝的第三項邏輯，我們必須先了解時代背景。即，1880、90年代韓國經由日本思想文化界的媒介，受到「文明論」影響。根據文明論的邏輯而言，文明開化程度將按照時間的先後順序被加以縱向排列，從而形成差別的階序格局。因此，從西方文明論框架來看，歐美爲「文明／先進」，東亞則爲「野蠻／後進」。然而，上述的第三項稱帝的邏輯，將中華傳統文明和西方近代文明劃上等號，從而主張保存中華文明的朝鮮能與近代西方文明國並肩而立。

　　直到1897年9月以後，時任議政府議政（相當於國務總理）沈舜澤[39]和宮內府特進官（相當於總統府祕書長）趙秉世[40]等朝鮮朝廷高官主導稱帝議

---

[38]　《獨立新聞》（漢城），1897年10月2日。

[39]　……舜澤曰：「帝王之稱，有不同者。以其功業之不同，而制度文章，截然不同。夫帝業者，大一統之謂也。一統者，自古帝王禮樂政，有以承之，有以傳之也。有是業，則必得其位，有其位，則必得其名。……惟我邦，自檀、箕以來，服襲堯、舜，至於本朝，炳焉與三代同風。……惟我陛下挺上聖之姿，啓必興之運，舊邦重恢，天命維新。……建獨立之基，行自主之權。漢、唐、宋、明典憲規模，金石在府，使萬國取法焉。天下文明在我，而帝皇之統，實在於我矣。天之所命，人之所歸，時則然矣，禮則然矣。……各國約章，有各國帝號認之之說。此謂國小兵弱，不足與方駕者及俚俗醜陋不能進步於開明者，則各國未必認之而通行也。惟我幅圓四千里，堂堂萬乘之國，可以養百萬之衆，禮樂文物，表準於天下。……」（見《朝鮮高宗實錄》35卷，34年（1897年）9月30日）。

[40]　……秉世曰：「……自古受命之君，必得其位號。位者，大寶也。號者，曰皇曰帝是也。此天所以授之也，非有以人力而致之也。陛下巍勳洪烈，邁於古先，必有位號。……且國家禮樂法度，損益乎漢、唐、宋、明。今環瀛以內，祖述堯、舜，而承其統，惟我邦爲然。夫承其統，則必定其名位。夫子曰『必也正名乎』，名位未定，不足以承其統而行其事矣。自昔聖哲，有不得以揖讓而退遜。……而夫帝統者，以傳其禮樂法度也。自三代以後，守其禮樂法度，至于今日，而文明之化垂于萬世者，實惟我邦也。帝統在我，曆數在我，而適當一元開泰之會。苟不有眞定大號，不足以明接其傳而

題。[41]不過,他們所指出的稱帝邏輯不僅僅單純地強調小中華意識,還將保存中國文化的中華繼承者角色作爲繼承明朝皇統的根據。此時,朝鮮朝廷爲了將圓丘壇的設立和祭天儀式的舉行合理化,以1704年以來朝鮮國王崇祀明朝三皇帝之事(大報壇祭祀)爲根據,指出朝鮮爲明朝皇統的繼承者的說法。尤其是,當代韓國人將大報壇與圓丘壇皆稱「皇壇」,卻沒有詳細區分,從而衍生出設立圓丘壇的邏輯。[42]例如:明朝遺民後裔六品官員片相薰上疏:「我邦衣冠文物典章制度,悉遵皇明遺制,燦然具備。而設壇追享,闡大義於天下,茲豈非溯其源而接其統者乎?」[43],大力支持大韓帝國繼承

承其統矣。伏願陛下勉回沖謙,俯循輿情,以重帝統,以承天位焉。臣等不勝激切顒祝之矣。……」(見《朝鮮高宗實錄》35卷,34年(1897年)9月30日)。

[41] 1897年9月30日以後的相關內容,參見《朝鮮高宗實錄》35卷,34年(1897年)10月1日~3日。

[42] 參見계승범(桂勝範):《정지된 시간: 조선의 대보단과 근대의 문턱》(停止的時間:朝鮮的大報壇與近代的門檻),首爾:西江大學校出版部,2011年,第221~249頁。

[43] 其全文如下:六品片相薰疏略:「臣竊惟陛下,以聰明睿智之聖,膺無上至尊之號。乃於大臣庭請之日,俯循仰察,兪音繼降,典禮克定。凡在陛下臣民者,孰不擎誦攢祝,獲覩今日之誕舉也?伏念臣以皇朝遺裔,夙抱尊周之大義,深感正統之靡定,而皇風不振,只激志士之憤,燕雲相接,徒切一國之慟,于茲二百有餘年。何圖今日進大號而即寶位?應行節目,復覩皇明舊制,其所欣感慶忭之心,惟均。嗚呼,至哉!臣敢以大一統之義,仰陳之。堯之所以傳舜,舜之所以傳禹,禹之所以傳湯,湯之所以傳于文、武,以及於漢、唐、宋、明,莫不尊其號而正其統。尊其號者,即三皇五帝之合以稱之是也。正其統者,即唐承漢統,明承宋統是也。故正統尊號,自漢以來相承之大典,無可容措於其間。猗!我邦衣冠文物典章制度,悉遵皇明遺制,燦然具備。而設壇追享,闡大義於天下,茲豈非溯其源而接其統者乎?祖宗朝聖繼神承,重熙累洽,式至于今。使之對揚天心、標準斯民,亦不越乎此矣。今我陛下洪功盛烈,卓冠古今,承神明之佑,恢中興之基,梯航交聘,萬國同列,實天命人心將有待於今日也。伏願陛下順天人之義,即帝位之日,望拜北苑,受禪明統,誕敷文德,克光前烈。則列聖在天之靈,亦當陰騭默佑於冥冥之中。而昊天眷宥密景命迓續之會耳。伏乞聖明俯垂鑑諒,正大統合尊號,亟臻受禪之儀。則非但臣一人之言,其將永有辭於天下萬國矣。臣迹本疏逖,參在縉紳之末,猥敢仰瀆,勿以臣人微而廢棄焉。」批曰「惟爾宜有此言也。」(見《朝

明朝皇統的說法。於是，在1897年10月12日，朝鮮高宗依據《大明集禮》和《大明會典》的圖式在圜丘壇舉行祭天儀式並登基爲皇帝，以展現出繼承中華文明與明朝皇統的姿態。[44]同時，宣布改「朝鮮」國號爲「大韓帝國」，改元光武，並推動以「舊本新參」爲理念的光武改革。

　　要而言之，甲午戰爭結束後，韓國稱帝改元，表示脫離以清朝爲中心的朝貢體系。在此環節上，當時韓國各界毫無猶豫之處，韓國十分乾脆地「脫離清朝」，但卻脫離不了「中國」，並由此產生韓國對於中日權力轉移的複雜思維。

三、韓國對於中日權力轉移的複雜思維

　　日本在甲午戰爭中獲勝之後，韓國高度關注日本明治維新後的興起，並且依據進化論的文明觀念而重新看到中國與日本，因而韓國社會內中國地位急轉直下[45]，反而將日本視爲是與西方相提並論的文明國家。[46]

鮮高宗實錄》36卷，34年（1897年）10月10日。）。

[44] 參見계승범（桂勝範）：《정지된 시간: 조선의 대보단과 근대의 문턱》（停止的時間：朝鮮的大報壇與近代的門檻），首爾：西江大學校出版部，2011年，第241頁。

[45] 關於19、20之交韓國知識分子對中國否定態度，可參이완재（李完宰）：《初期開化思想研究》，首爾：民族文化社，1989，第145-177頁。另外，研究19、20世紀之交韓國民族主義的金珉煥，以《漢城旬報》（發行期間：1883-1884）、《獨立新聞》（發行期間：1896-1899）、《皇城新聞》（發行期間：1898-1910）、《大韓每日申報》（發行期間：1904-1910）等報刊社論爲研究對象，針對社論中對主要強國的態度做了計量分析。將這些分析的要點概括起來，當時這些報紙對中國大體上持否定態度，這主要是受到中國國力衰退和不積極文明開化的影響。即，甲午戰爭之前發行的官報《漢城旬報》對中國多少還持正向看法，然而，甲午戰爭之後所發行的《獨立新聞》和《皇城新聞》則表明更加強烈的否定傾向，後來在俄日戰爭中獲勝的日本，企圖對韓國進行保護國化的情況下發行的《大韓每日申報》，雖然對中國的關注程度大大降低，但是卻相對持有比較均衡的態度。參見김민환（金珉煥）：《개화기 민족지의 사회사상》（開化期民族紙的社會思想），首爾：羅南，1988，第375-412頁。

[46] 將日本視爲是與西方相提並論的文明國家之韓國言論的報導，參見《獨立新聞》（漢城），1897年12月6日；《獨立新聞》（漢城），1899年1月17日；《皇城新聞》（漢城），1899年2月17日；《皇城新聞》（漢城），1906年9月27日。

　　激進開化派在韓國社會主導這種新潮流。他們從小接受程朱理學的教育，但在1880、90年代，經由日本思想文化界的媒介，受到「文明論」的洗禮。尤其是甲午戰爭結束後，激進開化派高度關注日本的勝利和清軍敗北的原因，從此開始質疑以中國為中心的東亞地域秩序，甚至非常露骨的顯示出蔑視中國的論述態度。例如：激進開化派發行的《獨立新聞》，在發行刊物中如此批判中國文化的有害性，其部分內容如下：

　　　　所謂漢文書籍，大部分是清國所出版的書籍，已經經過數百年，雖然這些書籍在當時對清國百姓有益，但其學問現在則不僅對朝鮮人民來說有害無益，而且對清國人民來說也是貽害無窮，看看今天的清國就可以明白了。[47]

　　此文可反映韓國知識界對「文明」的概念意識乃從此時期開始產生根本的變化：甲午戰爭以前，「作為文化體系的中國」為天下文明中心的意識成為韓國人自我言詮的特色，韓國人廣泛地認為中國文明（或稱為「中華」的文明體）為教化和「華」的標竿，只有朝鮮王朝是中國以外可以被視為是相提並論的社會。在這種自我認識之下，韓國不只以它的價值觀和精神氣質與中韓兩國以外的文明有所區別，尤其是「倭」（日本）和非儒教文明圈，而是這些價值觀在朝鮮代韓國人的眼中體現了中韓兩國或中華文明的顯著優勢。然而，激進開化派發行的《獨立新聞》並沒有把清朝與「作為文化體系的中國」之間劃清界線，卻正面質疑中國文明的優勢，進一步將清朝（以及中國文化）視為阻礙韓國文明開化之傳統象徵。

　　接著，《獨立新聞》將西方文明視為標竿，開始從世界各國中判別出文明國和野蠻國，並將開放港口以前的韓國比喻成「井底之蛙」，悲嘆地訴說：

---

47 《獨立新聞》（漢城），1896年4月25日。

　　大韓雄據在偏蔽的東海，數千年閉關鎖國。因此，韓國不僅僅因為不知世界情勢，而不知文明國如何運用法律，才會只知道仰望中國與蔑視倭國，甚至把其他諸國家稱為夷狄。然而，開放港口十餘年以來，我們可以迎接來自世界各國的來賓，此時才得知西洋各國習俗如何。從此可以推見，哪國是文明國，哪國是野蠻。[48]

　　由此觀之，《獨立新聞》把日本看作具有與西方同樣的「文明」氣質之「文明國」成員，因此，《獨立新聞》將日本在甲午戰爭中獲勝的主要原因，視為日本文明開化的成功。從這樣觀點出發，中國傳統文明也澈底被視為毫無用處的東西而加以排斥[49]，並加以提倡（脫離中國的）自主的學問。[50]

　　值得注目的是，在西方和中國對比之下，如此將中國視為野蠻的說法，對激進開化派很有吸引力，進而使韓國似乎表現出以中國和西方之間作為中間者的角色——「半開化」。這種「半開化」的角色引起兩種反應：首先，以韓國對中國占有文明上的優勢作為理由，強化韓國具有獨立地位的正當性；其次，以將來達成文明開化為前提，企圖使帝國主義正當化。例如：清朝在甲午戰爭後，由於三國干涉處於被瓜分的境地，朝鮮在實現了文明化後曾堅決地希望能夠參與瓜分，「朝鮮亦能打敗清國，占領遼東和滿州，得8億元賠償金，但願朝鮮人下定決心，十年後占領遼東及滿州」。[51]

　　在這種情況之下，激進開化派所指出的「黃種三國共榮體制」的構想中，關於日本的角色激速提高，相對於中國的角色反而呈現相當的衰退。比如，《獨立新聞》認同韓中日東亞三國之間的關聯性，便說：「韓日清三國

---

48 《獨立新聞》（漢城），1899年6月5日。

49 《獨立新聞》（漢城），1896年12月12日；《獨立新聞》（漢城），1898年4月12日。

50 《獨立新聞》（漢城），1898年1月28日；《獨立新聞》（漢城），1898年3月8日。

51 《獨立新聞》（漢城），1896年8月4日。

人同住在亞洲，因為同屬黃人種，所以（三國人的）身體和毛髮極為近似。使用同文，甚至擁有多數的共同的文化習俗」[52]，可是在文明論上又添加了對抗白色人種的人種論，並依此出發來重新看到日本，提倡以日本為東亞盟主的亞洲連帶論。於是說：「今天的日本是走在黃色人種的前列之（文明的）萌芽，對內政治法律修明，對外是抵禦強盜的長城」[53]，因此展望日本「在東洋諸國中可以為盟主」[54]，期待日本「早定大計，保護這一（文明的）種子，維持東洋大局之和平」[55]。由此可見，在《獨立新聞》的亞洲連帶論中，中國的角色顯然相當薄弱。

　　然而，《皇城新聞》與《獨立新聞》相比，還略微有關注到中國改革的可能性，所以提出了韓中日作為共同命運的「三國共榮體」，此理論大體上是在各國自主權基礎上聯合起來共同對抗白色人種的黃色人種共榮論。因此，《皇城新聞》對中國的論調，與《獨立新聞》相比，可說對中國內部改革的可能性所抱持的強烈同情心。[56]不僅如此，代表穩健開化派的《皇城新聞》在西方文明和東洋文明的價值觀之間儘量保持中立，在「小中華意識」的歷史經驗上添加了「文明論」，從而指出「東洋」概念。即，《獨立新聞》所指出的「半開化」角色，至於西方帝國主義和日本擴張主義卻行不通，因為以文明開化的觀點來看，韓國是個還比他們落後的國家，因而加強西方和日本對韓國殖民化的正當性。在這樣情況之下，《皇城新聞》的東洋論者為了消除與先進帝國主義國家之間產生的危機感，以及表現對實現文明開化的自信，作為整體性的一環而創作了「東洋」的概念。然而，這一概念指的並不是像日本知識界所提出那樣「地理上與日本位於同一地域但文明上

---

[52] 《獨立新聞》（漢城），1898年4月7日。

[53] 《獨立新聞》（漢城），1899年11月9日。

[54] 《獨立新聞》（漢城），1899年6月19日。

[55] 《獨立新聞》（漢城），1899年3月5日。

[56] 萬一當年與日本一樣遵行新法，其間三十年，何事不成？即使是雄健猛戾的英法俄諸國也必然畏伏清國的威力，怎會在日本面前連戰速敗，遭受羞恥？可是雖然清國行西法有百利而無一弊，清國卻事事不然。（參見《皇城新聞》（漢城），1898年9月17日）。

較爲落後的地區」，而是包括韓中日三國的儒教文化圈。這種思路在東亞社會盛行亞洲主義論述時，可以讓韓國在中日兩大國之間表現出獨立空間。

　　進一步說，《皇城新聞》經常將這些過去東洋開化思想家所施行的「文明開化」與西方的「文明開化」劃上等號。比如，《皇城新聞》即主張西方文明國的統治體制基本上與堯舜三代差別甚微。[57]在如此的論調之下，發行初期的《皇城新聞》，爲了讓讀者（大部分是儒教知識階層）容易理解「文明開化」的概念，引用中國經典的故事來說明其概念，甚至在這樣過程中擁護改革的儒教面貌。以伏羲、神農、唐堯、虞舜以及孔子的故事爲例，強調他們都是過去東洋的開化思想家。[58]進而，以15世紀發明韓文的朝鮮世宗和16世紀發明「龜船」對抗日本侵略的海軍提督李舜臣爲例，強調過去韓國開化思想家的業績。[59]甚至，在批判國內反改革的保守儒教知識分子時，依然承認「在過去韓國也存在（以儒教爲基礎的）優良的制度和作風」。[60]

　　在如此的觀點之下，穩健開化派所指出的「黃種三國共榮體制」的構想中，雖然高度評價日本明治維新的成功，可是在韓中日作爲共同命運體構想的同時，亦顯現出絕不應忽略中國在東亞地域安全保障上尚處重要角色的看法，因而把東亞描述成「四萬萬中國人、兩千萬韓國人以及四千萬日本人同住，而且（三國人）作爲同種，享受同文的地區」。[61]於是，以「現今，東洋三國，互相顧恤，互相保護，乃可存全一局，稍有知覺，所共確信者」爲立場，指出：「向日，日本以目前之利，以失東洋大局之權，此吾所長嘆者

---

[57] 嗚呼！堯舜三代致治之道，誠不外乎信，今列強做治之術，其本文，亦不外乎信而已矣。治本，豈有二道乎哉！（參見《皇城新聞》（漢城），1903年4月3日）。與此類似的社論，可參《皇城新聞》（漢城），1898年10月27日；《皇城新聞》（漢城），1902年7月17日。

[58] 《皇城新聞》（漢城），1898年9月23日。

[59] 《皇城新聞》（漢城），1899年4月28日。

[60] 《皇城新聞》（漢城），1899年6月28日。

[61] 《獨立新聞》（漢城），1899年5月24日。

也」。[62]再者,《皇城新聞》非常嚴厲地批判只關心自國安全卻不關心東洋
鄰國安全的日本態度,[63]再度強調中國瓜分危機:「現今必須扶回東洋之勢
才能並立於世界者,一則清國,二則清國,若清國瓜分之日,雖日本之十倍
強力,尚難之保」。[64]由此可見,《皇城新聞》的東洋主義者對中國還持有
十分確信的態度,與此相反的,其對日本往往表現出曖昧游移的猶豫態度。
其實,以人種主義的觀點看來,日本是屬於東洋的黃種民族,但從文明論的
角度來看,日本是與西方列強對等的國家,而且有時候日本對東洋諸國的行
為與西方列強差別甚微。在這樣情況之下,《皇城新聞》希望日本對東洋諸
國發揮領導力:

> 因為天運欲復東洋微勢,幸虧日本最先文明開化,以一小島
> 國不受列強控制,兀然立於東洋一隅。所以,萬一日本自驕此稍
> 勝之力,對待韓清兩國不善或對韓清兩國普及文明開化感到厭
> 倦,火勢延燒到自己家時,極難單獨急救,因此日本該深思脣亡
> 齒寒之道。[65]

尤其在因俄國擴張而感到不安的1903年,在《皇城新聞》〈閱韓日清三
國地圖有感〉的社論中,回顧韓中日三國之間長久糾紛的歷史,而號召韓中
日三國要併力合心。[66]直到俄日戰爭劇烈時期,《皇城新聞》不但將日本視
為東洋的守護神,更甚而將日本的勝利與東洋、黃種、國家的安全保障劃上
等號,其如此評論道:「萬一俄國獲勝,而日本打敗,東洋將來被(西方列
強)瓜分,黃人種命運,尚難之保」。[67]

---

62 《皇城新聞》(漢城),1898年12月24日。
63 《獨立新聞》(漢城),1899年5月17日。
64 《獨立新聞》(漢城),1899年6月13日。
65 《皇城新聞》(漢城),1899年4月12日。
66 《皇城新聞》(漢城),1903年8月12日。
67 《皇城新聞》(漢城),1904年2月12日。

　　要言之，《皇城新聞》的穩健開化派並把清朝與「作爲文化體系的中國」之間劃清界線，而將「作爲文化體系的中國」的傳統文化作爲具有普遍性意識的文明──「東洋」文明。這種視角以高度抽象的方式把韓國、中國和日本通過「東洋」的地域性框架統一爲一個整體；另一方面，高度關注明治維新以來日本的文明開化，展開了以日本爲東洋盟主，並試圖以此克服西方帝國主義侵略的論調。這種包括黃人種連帶意識的論述，對當時的韓國人很有吸引力。所以，1904年俄日戰爭爆發後，在韓國社會出現了支援日本的舉動。[68]

　　大韓帝國的外交政策基於這種《皇城新聞》的東洋論述，因而在1899年，俄羅斯策劃逼迫韓國把咸鏡道租給俄羅斯的傳聞傳出時，大韓帝國高宗皇帝將此視爲擾亂東洋和平的行爲，請求日本公使予以協助，並試圖對三國的相互聯繫予以應對。[69]然而，俄日戰爭之後，對於從俄日戰爭中奪得勝利的日本來說，東亞三國的共榮遠遠不如將韓國納爲保護更有吸引力，而這樣的看法使得亞洲連帶論走入了歧路。其一，放棄把亞洲看作一個單位的勢力均衡論而改向追求民族主義。[70]另一種方式則是利用促使反覆強調東洋共榮

---

[68] 關於朝鮮國內出現支援日本的動向詳細內容，參見이광린（李光麟）：〈개화기 한국인의 아시아연대론〉（開化時期韓國人的亞洲聯帶論），《韓國史研究》，第61、62合輯，首爾，1998年10月，第294-295頁。

[69] 無論與歐美國家的交往多麼親密，但從根本上看，由於人種和宗教信仰不同，當與任何一國產生嫌隙時，在人種、宗教的關係下做出決定是自然而然的趨勢，怎能不去深究呢？即使國家弱小，只要互相合作就能對抗強大國家，反之，作爲弱小國家各自孤立無援時，其勢力更加脆弱，最終逃脫不了被強國併吞。凡屬東方國家，唯一能保持獨立的是日本、清國、韓國三個國家。因爲日本其中是最強國，所以如果以日本爲盟主，與清韓合作，就可以充分預防列強的侵略。既然如此，現在的當務之急，則是三國各自維持和平，謀求和平與和諧。（見外務省編纂：《日本外交文書》第32卷（自1899年1月至1899年12月），機密第71號（1899年7月26日），第942-943頁）。

[70] 況國家爲主，東洋爲客。然而，今日東洋主義提倡者，卻國家爲客，東洋爲主。……韓國永亡，韓族永滅，但此國土歸黃種所有則樂觀其變，豈可如此？嗚呼，不可！（見《皇城新聞》（漢城），1909年8月8日）。

的本意，以達到使日本人覺醒其破壞東洋和平的意圖。用實際行動力來顯示這條路的正是1909年擊斃了伊藤博文的安重根。他被日本逮捕之後，在旅順監獄裡寫下〈東洋和平論〉一文（韓譯：〈東洋平和論〉）。在此文中，我們可以知道他擊斃伊藤博文的原因：安重根基本上推崇日本明治維新的成功，並將俄日戰爭看作黃白二種的戰爭。日本天皇還開展布告中宣言要「維持東洋和平，堅固韓國獨立」，韓國與清國兩國人民都曾予以支援。然而，日本卻不信守諾言，不僅將朝鮮納爲殖民地，還要將中國納爲殖民地，這是破壞東洋和平的行爲，而導致結果如此的犯人不是別人，正是伊藤博文，所以安重根從國際法所保障（獨立）戰爭的層次上將其刺殺，藉以警告破壞東洋和平的日本人。[71]

伍、結語

19世紀後半部韓國對「中國」的認知可分爲三：「作爲地區霸權的中國」（清朝）、「作爲政權正當性的基礎之中國」（明朝），以及「作爲文化體系的中國」（小中華意識）。在如此的認知之下，朝鮮朝廷對清朝採取「戰略的事大」政策並企圖維持西方列強跟清朝之間的自主權。然而，清朝破壞了傳統朝貢關係上的內政不干涉原則，卻對韓國採取屬國化政策。因爲這樣，甲午戰爭結束之後，朝鮮朝廷毫無猶豫地拋棄朝貢體系框架並對外表示自主獨立的地位。然而，朝鮮即便對外展現出主權國家的姿態，但在「脫離中國」問題上仍有分歧。

具體而言，1880、90年代韓國經由日本思想文化界的媒介，受到「文明論」影響。根據文明論的邏輯而言，文明開化程度將按照時間的先後順序被加以縱向排列，從而形成差別的階序格局。因此，從西方文明論框架來看，

---

[71] 本文參考的是，안중근（安重根）：〈동양평화론〉（東洋和平論），收入白永瑞、崔元植編：《동아시아인의 '동양'인식: 19-20세기》（東亞人的「東洋」認識：19、20世紀），首爾：문학과 지성사（文學與知性社），1997年。

歐美爲「文明／先進」，東亞則爲「野蠻／後進」。尤其是，甲午戰爭結束之後，韓國知識界對「文明」的概念意識開始產生　根本的變化：甲午戰爭以前，中國爲天下文明中心的意識成爲韓國人自我言詮的特色，韓國人廣泛地認爲中國文明（或稱爲「中華」的文明體）爲教化和「華」的標竿，只有韓國是中國以外可以被視爲能相提並論的社會。在這種自我認識之下，韓國不只以它的價值觀和精神氣質與中韓兩國以外的文明有所區別，特別是「倭」（日本）和非儒教文明圈，而是這些價值觀在韓國人的眼中體現了中韓兩國或中華文明的顯著優勢。然而，甲午戰爭結束後，韓國知識社會高度關注日本明治維新後的興起，並且依據進化論的文明觀念而重新看到中國與日本，致使韓國社會內中國地位急轉直下，反而將日本視爲是與西方相提並論的文明國家。

首先，激進開化派依據進化論的文明觀念，正面質疑中國文明的優勢，並沒有把清朝與「作爲文化體系的中國」之間劃清界線，進一步將清朝（以及中國文化）視爲阻礙韓國文明開化之傳統象徵，從而主張全面脫離「中國」，甚至非常露骨的顯示出蔑視中國的論述態度。激進開化派將西方文明視爲標竿，開始從世界各國中判別出文明國和野蠻國，同時把日本看作具有與西方同樣的「文明」氣質之「文明國」成員，因此，激進開化派將日本在甲午戰爭中獲勝的主要原因，視爲日本文明開化的成功。在這種情況之下，激進開化派所指出的「黃種三國共榮體制」的構想中，關於日本角色的重要性激速提高，相對於中國的角色反而呈現相當的衰退。

其次，穩健開化派把清朝與「作爲文化體系的中國」之間劃清界線，而將「作爲文化體系的中國」的傳統文化作爲具有普遍性意識的文明——「東洋」文明。這種思路在東亞社會盛行亞洲主義論述時，可以讓韓國在中日兩大國之間表現出獨立空間。這種視角以高度抽象的方式把韓國、中國和日本通過「東洋」的地域性框架統一爲一個整體；另一方面，穩健開化派所指出的「黃種三國共榮體制」的構想中，雖然高度評價日本明治維新的成功，可是在韓中日作爲共同命運體構想的同時，亦顯現出絕不應忽略中國在東亞地域安全保障上尚處重要角色的看法。

　　綜合而言，甲午戰爭結束後，韓國雖然對外展現出主權國家的姿態，並受到「文明論」的影響，但以小中華傳統思維爲基礎的韓國內部菁英勢力和社會秩序依然穩固，從而衍生出對於中日權力轉移的複雜思維。也就是說，韓國即便加入以主權國家爲主的國際體系，但國內菁英依然根據本國的過去經驗，將西方帝國主義列強視爲比日本更具有威脅本國安全的強勁對手，因此提倡三國的相互聯繫予以應對西方帝國主義的東亞三國共榮論，以期盼能重現過去的東洋文明繁榮的景象。*

---

* 本文改寫自朴炳培，〈十九世紀末朝鮮的中國認識之背景與「脫中」問題〉，《政治科學論叢》第82期，頁39至80。

參考書目

一、中文部分

甘懷真：〈從天下到地上：天下學說與東亞國際關係的檢討〉，《臺大東亞文化研究》5：
　　289-317，2018年。

孫衛國：《大明旗號與小中華意識：朝鮮王朝尊周思明思想研究》，北京：商務印書館，
　　2007年。

〔明〕嚴從簡著：《殊域周咨錄》，余思黎點校，北京：中華書局，1993年。

二、日文部分

外務省編：《日本外交文書》，第32卷（自1899年1月至1899年12月），東京：日本外交文
　　書頒布會，1955年。

古田博司：〈東アジア中華思想共有圈の形成〉，駒井洋（編）：《脱オリエンタリズム
　　としての社会知—社会科学の非西欧的パラダイムの可能性》，京都：ミネルヴァ書
　　房，1998年。

濱下武志：《近代中国の国際的契機—朝貢貿易システムと近代アジア》，東京：東京大學
　　出版會，1990年。

濱下武志：《朝貢システと近代アジア》，東京：岩波書店，1997年。

三、韓文部分

《獨立新聞》（漢城），發行期間：1896年4月7日-1899年12月4日。

《皇城新聞》（漢城），發行期間：1898年9月5日-1910年9月15日。

구도영（具都暎）：《16世紀韓中貿易研究》，京畿道坡州市：太學社，2018年。

권석봉（權錫奉）：《清末對朝鮮政策史研究》，首爾：一潮閣，1986年。

계승범（桂勝範）：《정지된 시간: 조선의 대보단과 근대의 문턱》（停止的時間：朝鮮的
　　大報壇與近代的門檻），首爾：西江大學校出版部，2011年。

김기혁（金基赫）：〈이홍장과 청일전쟁-외교적 배경의 고찰〉（李鴻章與清日戰爭—外
　　交的背景之考察），김기혁（金基赫）等（著）：《청일전쟁의 재조명》（清日戰爭
　　的再照明），春川：翰林大學亞洲文化研究所，1996年。

김민환（金珉煥）：《개화기 민족지의 사회사상》（開化期民族紙的社會思想），首爾：
　　羅南，1988年。

김보한（金普漢）：〈고려・조선의 대일본 외교와 왜구: 13~15세기 금구 외교와 그 성과를 중심으로〉（高麗・朝鮮的對日本外交與倭寇：以13~15世紀禁寇外交與其成果為中心），《韓日關係史研究》47：3-34，2014年。

김정기（金正起）：〈청의 조선 종주권 문제와 내정 간섭〉（清的朝鮮宗主權問題與内政干涉），《歷史批評》3：105-119，1988年。

김현철（金顯哲）：〈개항기 청의 대조선 정책〉（開港期清的對朝鮮政策），《現代史廣場》8：10-28，2016年。

민두기（閔斗基）：〈열하일기에 비친 청조통치의 제양상〉（熱河日記所反映的清朝統治的諸樣相）：《中國近代史研究》，首爾：一潮閣，1973年。

민두기（閔斗基）：〈동아시아의 실체와 그 전망〉（東亞的實體與其展望），《시간과의 경쟁》（與時間的競爭），首爾：延世大學校出版部，2001年。

박원호（朴元熇）：《明初朝鮮關係史研究》，首爾：一潮閣，2002年。

박정민（朴正珉）：〈조선초기의 여진 관계와 여진인식의 고착화：태조~세종대를 중심으로〉（朝鮮初期的女真關係與女真認識的固定化：以太祖~世宗代為中心），《韓日關係史研究》35：89-121，2010年。

박정민（朴正珉）：〈연산군~명종대 여진인 내조의 재검토〉（燕山君~明宗代女真人來朝之再檢討），《歷史學報》222：37-65，2014年。

박평식（朴平植）：〈조선초기의 대외무역정책〉（朝鮮初期的對外貿易政策），《韓國史研究》125：71-118，2004年。

박현모（朴賢謨）：〈세도정치기(1800~1863) 조선의 대외정책 연구〉（勢道政治期（1800-1863）朝鮮的鎖國政策研究）《國際政治論叢》44(4)：7-26，2004年。

백영서（白永瑞）、최원식（崔元植）（編），안중근（安重根）（原著）：《동양평화론》（東洋和平論），《동아시아인의 '동양' 인식：19-20세기》（東亞人的「東洋」認識：19、20世紀），首爾：문학과 지성사（文學與知性社），第205-215頁，1997年。

유장근（柳長根）：〈동아시아 근대사와 중국의 위상〉（東亞近代史與中國之位相），白永瑞（編）：《주변에서 본 동아시아》（從周邊看的東亞），首爾：문학과 지성사（文學與知性社），2004年。

윤영인（尹榮寅）：〈서구 학계 조공제도 이론의 중국 중심적 문화론 비판〉（西歐學界朝貢制度理論的中國中心的文化論批判），《亞細亞研究》45(3)：269-290，2002年。

이광린（李光麟）：〈개화기 한국인의 아시아연대론〉（開化期韓國人的亞洲聯帶論），《韓國史研究》，61、62：285-299，1998年。

이완재（李完宰）：《初期開化思想研究》，首爾：民族文化社，1989年。

장준혁（張俊赫）：〈여말선초 동아시아 국제정세 속의 대마도 정벌〉（麗末鮮初東亞國際情勢下對馬島征伐），《역사와 실학》（歷史與實學）53：51-85，2014年。

전해종（全海宗）：〈韓中朝貢關係考〉，《東洋史學研究》1：10-41，1966年。

전해종（全海宗）：〈清代韓中朝貢關係宗考〉，《震檀學報》29、30：435-480，1966年。

정동훈（鄭東勳）：〈명대의 예제 질서에서 조선국왕의 위상〉（在明代禮制秩序下朝鮮國王的位相）：《역사와 현실》（歷史與現實）84：251-292，2012年。

정두희（鄭杜熙）：《朝鮮初期政治支配勢力研究》，首爾：一潮閣，1983年。

박석무（朴錫武）、정해렴（丁海廉）（編譯），정약용（丁若鏞）（原著）：《茶山論說選集》，首爾：現代實學社，1996年。

정용화（鄭容和）：〈사대·중화질서 관념의 해체과정：박규수를 중심으로〉（事大·中華秩序觀念的解體過程：以朴珪壽為中心），《國際政治論叢》44(1)：95-115，2004年。

정용화（鄭容和），〈주변에서 본 조공체제〉（從周邊看的朝貢體制），백영서（白永瑞）等（編）：《동아시아의 지역질서：제국을 넘어 공동체로》（東亞的地域秩序：超越帝國到共同體），首爾：창작과 비평사（創作與批評社），第79-120頁，2005年。

차태근（車泰根）：〈『중국』의 시각：조선, 대학제국, 그리고 『일본의 조선』：1870년부터 1919년까지 신문, 잡지 등 언론매체를 중심으로〉（「中國」的視角：朝鮮、大韓帝國，以及「日本的朝鮮」：從1870年到1919年，以新聞、雜誌等言論媒體為中心），《中國學論叢》16：131-161，2003年。

최소자（崔韶子）：〈18세기 후반 『연행록』을 통해 본 조선지식인들의 대중국인식〉（透過18世紀後半期的《燕行錄》看的朝鮮知識人的中國認識），《國史館論叢》76：191-223，1997年。

최승희（崔承熙）：《조선초기 정치문화의 이해》（朝鮮初期政治文化的理解），首爾：知識產業社，2005年。

최종석（崔鐘奭）：〈여말선초 명의 예제와 지방 성황제 재편〉（麗末鮮宣初明的禮制與地方城隍祭的再編），《역사와 현실》（歷史與現實）72：207-251，2009年。

최종석（崔鐘奭）：〈조선초기 '시왕지제' 논의 구조의 특징과 중화 보편의 추구〉（朝鮮初期「時王之制」論述結構的特徵與中華普遍的追求），《朝鮮時代史學報》52：5-49，2010年。

한성주（韓成周）：〈조선전기 '자소'에 대한 고찰：대마도 왜인 및 여진 세력을 중심으로〉（朝鮮前期對「字小」的考察：以對馬島倭人及女真勢力為中心），《韓日關係史研究》33：203-236，2009年。

한형주（韓亨周）：〈허조와 태종~세종대 국가의례의 정비〉（許稠與太宗~世宗代國家儀禮的整備），《民族文化研究》44：271-321，2006年。

四、英文部分

Barfield, Thomas. *The Perilous Frontier : Nomadic Empires and China, 221 BC to AD 1757* (Cambridge MA & Oxford UK : Blackwell, 1989).

Clark, Donald Neil. 1978. *Autonomy, Legitimacy, and Tributary Politics: Sino-Korean Relations in the Fall of Koryŏ and the Founding of the Yi*. Ph.D. dissertation, Harvard University.

Clark, Donald N. 1998. "Sino-Korean Tributary Relations under the Ming" In Denis C. Twitchett and Frederick W. Mote, eds., *The Cambridge History of China*, Vol. 8: The Ming Dynasty, 1368-1644, Part2 (1st Ed.). New York: Cambridge University Press, pp. 272-300.

Chun, Hae-jong. 1968. "Sino-Korea Tributary Relations in the Ch'ing Period" In John K. Fairbank, ed., *The Chinese World Order: Traditional China's Foreign Relations* (1st Ed.). Cambridge: Harvard University Press, pp. 90-111.

Duncan, John B. 2000. *The Origins of the Chosŏn Dynasty* (1st Ed.). Seattle: University of Washington Press.

Deuchler, Marttina. 1992. *The Confucian Transformation of Korea: A Study of Society and Ideology* (1st Ed.). Cambridge: Council on East Asian Studies, Harvard University.

Kye, Seung B. 2004. "The Posthumous Image and Role of Ming Taizu in Korean Politics," *Ming Studies* 50: 107-130.

Robinson, Kenneth R. 2000. "Centering the King of Chosŏn: Aspect of Korean Maritime Diplomacy, 1392~1592." *Journal of Asian Studies* 59(1): 109-125.

五、網站部分

《朝鮮王朝實錄》服務系統，http://sillok.history.go.kr/main/main.do。

第二部

兩次「中心」更替期間東亞秩序的摸索

第九章　日本帝國區域戰略與「大東亞共榮圈」

許育銘*

壹、從「滿洲事變」到「東亞新秩序」

　　日本讀賣新聞在20世紀即將結束前，特別在1997年12月到1999年12月連載「20世紀是怎麼樣的時代？」的專題報導，負責撰文的讀賣新聞20世紀取材班，在回顧20世紀的大東亞共榮圈時，開頭是這樣寫到：「在任何的時代或戰爭，理念與大義名分都有其必要，太平洋戰爭也不例外。英美在『自由與民族主義』的旗幟下，與『軍國主義』日本用軍事力量進行戰鬥。相對地，日本揭櫫的則是『大東亞共榮圈』」。[1]大東亞共榮圈一詞被當作日本在第二次世界大戰時對抗英美列強、解放亞洲的理念與大義名分，用來從事一場自認正義的「聖戰」。事實上大東亞共榮圈話語的誕生，本來是日本對德外交，預想軸心國勝利，牽制德國對於東南亞區域勢力範圍的一個外交口號，結果此一口號不斷地被賦予思想內容，迎合社會氛圍所喜的如「八紘一宇」、「亞洲解放」等概念，雖然內容有許多矛盾存在，但此一區域戰略基本上已呈現近代日本對東亞認識的內在。

　　在從戰後迄今的東亞發展去追溯大東亞共榮圈時期所造就之影響的同時，從大東亞共榮圈的建立追溯日本帝國的擴張過程的視點亦同樣受重視。大東亞共榮圈是近代日本國家在明治維新以來在國際社會參與過程中，構築國際關係到達一個頂點。這個頂點，也是日本打破自己所參與的以西洋為中

---

* 國立東華大學歷史學系副教授。

[1] 讀賣新聞20世紀取材班編：《20世紀大東亞共榮圈》，東京：中央公論社，2001，第17頁。

心的國際秩序，而在亞洲重新建設一個新的秩序，也是日本帝國的區域戰略的體現。

　　日本帝國的區域戰略是帝國在一定時期內對區域發展方面的選擇、規劃及策略。大東亞共榮圈作為區域戰略有兩個特點：第一，它是「機會型擴張戰略」的選擇，一方面是日本希望占領東亞區域市場與資源，不考慮得失，而是先考慮日本支配勢力的點、線、面建設，排斥競爭對手的進入；另一方面是希望避開強大競爭對手，先求生存，再求發展。第二，它是採用「區域相對壟斷策略」，區域相對壟斷策略就是日本通過外交談判、武力進駐等手段，形成對東南亞區域市場與資源的有效控制，從而形成相對壟斷地位。此外，加入強者或形成戰略聯盟（日德義三國同盟）等亦是區域相對壟斷方式之一。

　　從歷史過程追溯，日本陸軍自1871年創立以來，對外的發展關心就是集中往大陸發展，「北進論」儼然成為其基本主張，一直沿續到1930年代。1931年4月參謀本部第二部長建川美次在師團長會議中的演說，便明確地表示，縱使蘇聯不斷充實軍事力量，但觀察國際形勢，日本帝國對「滿蒙」積極進出，迅速地決行仍是對日本有利。[2]在這種積極的北進論思想下，日本關東軍在同年9月策動「滿洲事變」（九一八事變），數月之內侵占了中國東北三省，翌年還成立滿洲國。[3]滿洲事變不僅是日本陸軍昭和時期北進論的一個高峰，也成為之後日本對外擴張政策的一種行動模式，持續發酵延伸到後來的大東亞新秩序。在「滿洲事變十周年」的紀念演講上，當時的陸相東條英機即言：「無庸置疑，滿洲事變正是皇國的大使命，大東亞新秩序建設的先驅。」[4]

---

[2]　山室信一：《キメラ─滿洲國の肖像》，東京：中央公論社，1993年，第43頁。

[3]　參閱拙著：〈石原莞爾與九一八事變〉，《中華軍史學會會刊》第8期（2003年4月），第131-160頁。

[4]　ピーター・ドゥス、小林英夫編：《帝國という幻想》，東京：青木書店，1998年，第253頁。

　　滿洲事變無疑是日本對第一次世界大戰後東亞國際秩序的重大挑戰,日本公然違背國際承諾,企圖通過非和平手段謀求獨占利益,不僅違反了《九國公約》和《巴黎非戰公約》,而且違背華盛頓會議代表的國際協調主義精神。如前人所言:「儘管在1931年人們還未能清楚了解九一八事變的全部意義,但是人們普遍認識到,東亞和太平洋地區未來的穩定,取決於華盛頓體系在多大程度上能渡過這場危機。事實上,九一八事變後,中、日、美都沒有簡單地把九一八事變看作是一場局部衝突,而是把這場衝突與整個一戰後的東亞國際秩序聯繫起來;各方關注的不僅僅是衝突本身如何解決,而是戰後整個東亞國際秩序的有效性與權威性,只是各自的立場大不相同。」[5]

　　所以從1932年到1938年,日本的對外政策往相對立的兩個方向展開。一個是尋求日本可以接受的國際秩序構想,嘗試在其中看到日本應有的地位;另一個是日本在國際社會的角色,一方面仍嘗試用華盛頓會議體制規範進行,一方面是不斷地朝華盛頓會議體制貼上「舊秩序」的標籤。例如1932年滿洲國的成立與日本的承認,用的便是民族自決權的術語。日本向國際社會宣言,滿洲國的成立以及日本的承認並不違反《九國公約》,因為只有企圖侵犯中國的主權、獨立及領土與行政之完整才算是違反《九國公約》。所以當國際聯盟調查團團長李頓爵士訪晤內田外相,詢問日本對有關滿洲問題是否會同九國公約其他簽字國進行協商時,內田答覆是:「滿洲國是通過當地人民自決而建立的一個新國家,九國公約對之不適用。因此對於承認滿洲國一事,日本不認為是違反了該條約,並無意與其他簽字國進行磋商。」[6]

　　日本在退出國際聯盟時還是堅持認為,日本退出國聯的理由是它與國聯在有關條約和協定上觀點嚴重分歧。換言之:日本仍然認為這些條約是有效的,日本的所做所為只是闡明了這一論點:日本對條約的解釋與李頓調查團

[5]　祁懷高、梅毅:〈華盛頓體系與大東亞新秩序比較研究〉,《東南亞研究》,2008年,第1期,第62頁。

[6]　臼井勝美:〈日本在30年代的對華政策〉,入江昭、孔華潤編:《巨大的轉變:美國與東亞》,上海:復旦大學出版社,1997年,第92頁。

的不相一致。雖然如此，另外一類想法很快在日本成爲主流。它們認爲現存的各項公約和條約，其本身是不完整和不健全的，日本是絕對正確的，而國際聯盟是完全錯誤的，經濟封鎖無礙於這個國家的生存，而日本的退出將削弱國聯。[7]這種思考表明，當日本在全世界處於孤立時，需要在國際關係中推出一種新觀念，從而擺脫由凡爾賽、華盛頓體制所形成西洋主導的國際秩序，從理論來爲日本的行動辯護。世界經濟大恐慌帶來了國際貿易的障礙與關稅壁壘，1932年9月英國與聯邦成員國在渥太華決定建立相互特惠關稅制度，以排除聯邦成員國以外國家的產品進入市場。渥太華會議形成了大英帝國特惠關稅圈的樣式，也帶動美國等列強國家的保護主義升高，促使世界經濟走向區劃經濟。日本對此極爲關心，在短時間內，日本的經濟雜誌等與知識分子都認爲區劃經濟會是將來的經濟支配型態。[8]正在追求大國地位的日本，對於自己在亞洲的境遇，相信採用區劃經濟的理論是有利的，對此開始展開熱烈議論，認爲此說法將可以有效合理說明日本在中國大陸的膨脹，並排除歐美在中國的權益。因此到了1937年6月，被認爲是排斥英美的亞洲主義者的近衛文麿，在就任首相後提出的想法，便是創設一個包含日本、滿洲與中國（特別是華北，北支）的經濟圈，是日本帝國生存的固有權利，日本的大陸政策，就是爲了確保日本的生存權。列強之間必須要將世界公平地重新再分配，才能眞正實踐國際正義。近衛將日本在中國華北對領土、資源的獨占，用普遍的詞彙予以正當化。但是這種獨善其身說法，並不能得到英、美甚至中國的認可。在主張積極北進的陸軍強硬派的挾持下，近衛無法堅持蘆溝橋事變初起的不擴大事態方針，諷刺的是原本被外界視爲能有辦法解決中國問題的近衛，才當上首相不久，中國問題就從小規模的衝突釀成中日全面戰爭。

　　日本陸軍原本對蘆溝橋事變也是主張不擴大事態，但後來轉爲積極介

7　同前註書，第94頁。

8　佐藤誠三郎、R.ディングマン編：《近代日本の対外態度》，東京：東京大學出版會，1974年，第200頁。

入論，戰爭被迫陷入長期化，戰事的稱謂，從「北支事變」變成了「支那事變」。在這過程中有兩個背景：一是義大利參加日德防共協定（1937年11月6日），形成與英美對峙的軸心國體制；二是派遣到中國的軍隊在北平建立以王克敏爲首的中華民國臨時政府（1937年12月13日），之後更在華中建立維新政府。這兩個因素使中日間的和平愈來愈難實現。[9]

1938年1月16日，日本內閣首相近衛文麿發表《第一次近衛聲明》說：「帝國政府今後不以國民政府爲對手，期待建立一個足以與帝國能眞正相提攜的新興支那政權，以調整兩國之國交，共同協力新生支那之建設。」[10]18日，又發表了一項《補充聲明》，聲稱「所謂今後不以國民政府爲對手，較之否認該政府更爲強硬……這次開國際法上的新例，在否認國民政府的同時，把它澈底拋棄……不需要發布宣戰布告。」[11]

第一次近衛聲明，反映了1938年1月11日御前會議所決定的處理「支那事變」方針。這次的御前會議是中日戰爭與大東亞戰爭時期總計十四次御前會議的第一次，會議中決定的《處理支那事變的根本方針》成爲最高國策。隨著對中日戰爭的長期化，日本在擬定處理「支那事變」的相關政策同時，也在考慮今後的對外問題。近衛內閣發布上述聲明後不久，於1月20日閣議決定了一份《國策大綱》。它將今後數年（大約到1941年）定爲日本的「非常」時期，並決定日本在這一時期的對外與對內國策大綱。關於日本的基本對外國策是：「實現日、滿、支的鞏固合作，確立東亞的永遠和平，對世界的和平做出貢獻。」具體而言就是：「堅持日滿兩國密不可分的關係，完成對滿重要政策；積極努力實現對華政策；努力發展南方經濟。」22日廣田外相在第73次帝國議會上發表演說，更進一步闡明：「我希望有關各國，正視中國的新局面，並與此相適應，理解帝國當前正在或者今後將要進行的合理

---

[9] 宇治敏彥編著，潘昊譯：《日本首相列傳——從伊藤博文到福田糾夫》，北京：中國文聯出版社，2008年，第229頁。

[10] 外務省編：《日本外交年表並主要文書》下卷，東京：原書房，1966年，第386頁。

[11] 臧運祜：《近代日本亞太政策的演變》，北京：北京大學出版社，2009年，第213頁。

調整的要求，共同建設東亞新秩序。」這是廣田在「支那事變」後第一次議
會上，第一次公開提出了建設東亞新秩序的目標。根據新的研究表示此乃表
明，日本在第一次御前會議決定了處理「支那事變」的根本方針之後不久，
「日本當局已經決定在繼續處理『支那事變』的同時，考慮1941年之前的日
本對外國策，這就是：實現日、滿、支合作的『東亞新秩序』，並向南方發
展。在20世紀30年代日本亞代政策發展史上，這是具有轉折意義的。」[12]

　　事實上在1937年11月11日，近衛首相在招待滿洲國總理張景惠的宴席
上，就已經有如下的表示：「在東洋完全實現對赤化威脅的防衛，樹立眞實
的國際正義並建設新文化，在這一使命上，日滿兩國無疑有共通同責……在
此，我衷心祝願盟邦滿洲帝國作爲東亞新秩序建設的分擔者，能夠日益取得
健全的發展。」[13]因此可以說在第二次近衛聲明（1938年11月3日）發布的
前一年，近衛內閣的首相、外相等就已經有「東亞新秩序」此一政治外交構
想。而中日戰爭爆發後，建設以「日、滿、支」爲核心的「東亞新秩序」，
逐漸成爲戰爭的目的。

　　在「東亞新秩序」外交背後有明顯的地域主義色彩，在華盛頓體制代表
的國際主義、普遍主義的對待下，日本的知識分子在「滿洲事變」後便努力
地想要解釋日本與滿洲、中國的「特殊關係」與「特殊地位」，依靠的便是
地域主義的說法。在1930年代日本代表的地域主義論學者，以蠟山政道最爲
知名，他更是近衛文麿極爲親近的幕僚，1934年5月近衛被派往美國當親善
大使，蠟山還一起陪同。蠟山後來提出「東亞協同體」的說理，被認爲與近
衛的《東亞新秩序》是一體兩面。蠟山認爲中日戰爭，是東亞各民族爲了構
築基於協同關係上的地域協同體而進行的戰爭。[14]蠟山的論理是用來克服歐

---

[12] 同前註書，第214頁。
[13] 庄司潤一郎：〈日中戰爭の勃發と近衛文麿「国際正義」論——東亜新秩序への道
　　程〉，《國際政治》第91號，1989年5月，第41頁。
[14] 波多野澄雄：〈「地域主義」をめぐる日本外交とアジア〉，《國際問題》578期，
　　2009年1、2月，第10頁。

美的帝國主義，但並不排斥英美在東亞的投資與貿易，蠟山所參加的昭和研究會（近衛的幕僚組織團體），所做的區劃經濟研究，也同樣認為利用外國資本有其必要。也就是經濟開放主義是後來《東亞新秩序》外交的基礎，但是這個基礎在日本向中國大陸的軍事進攻與對英美協調不能兩立的情況下發生了改變。有學者認為，這種政治、經濟開放的《地域主義》構想，後來大轉變成為閉鎖且獨善的主張，特別是「日本盟主論」的強調，其原因是日本接受了德國地緣政治學（Geopolitik）與生存圈（Lebensraum）的思想，當時這種思想風靡了日本的學界與官界。[15]當1940年夏天，南方進出慢慢浮上成為現實的國策時，外相松岡洋右提倡「大東亞共榮圈」，地緣政治學的地理決定論，有效地將「南方」與「東亞」結合為一體，包含在「大東亞共榮圈」中，原本日本的經濟活動中心的「東亞」是指的「日、滿、支」，後來便成為一個單位，當成共榮圈的核心圈。

事實上，類似的地緣政治學的說法，在滿洲問題上就已經出現過，從關東軍對蘇戰略發展出來的「滿蒙生命線論」，其代表者為1920年代後半的石原莞爾的滿蒙領有論，與松岡洋右在滿洲事變前後關於滿蒙的言詞。[16]例如1931年春，松岡在名為《動盪之滿蒙》小冊子中提到：「今天滿蒙之地位，對我國說來，不僅在國防上十分重要，而且對國民經濟也是不可缺少的。換句話說，作為一個現實問題來看，不僅在我國的國防上，就是在經濟上，也可以說是我國的生命線……我國要牢固地確保和死守這條生命線，而不必害怕任何國家和任何人。」[17]松岡自認「滿蒙生命線論」是他創造出來的詞彙，如同「大東亞共榮圈」一詞，當時都立刻流行起來，讓日本民眾耳熟能詳。而「滿蒙生命線」這樣的說法能夠毫無批判地被民眾接受，跟滲透民眾

---

[15] 波多野澄雄：〈「地域主義」をめぐる日本外交とアジア〉，第11頁。

[16] 姜克實：〈滿州幻想の成立過程──いわゆる『特殊感情』について〉，《日本研究》第32卷，2006年3月，第106頁。

[17] 粟屋憲太郎：《ドキュメント昭和史（2）滿州事変と二・二六》，東京：平凡社，1975年，第67-8頁。

深層的「生存權」意識有關。而這生存權的意識，正是支撐明治時代開始日本帝國主義膨脹思想的大眾思想基礎。[18]

貳、「大東亞共榮圈」的提出

自從近衛第一次聲明發布後，日本各方勢力都想推動修正，因為就算如何地不以國民政府為對手，若想要媾和但卻無法進入談判階段過程的話，也勢必無法結束戰爭。日本在1938年11月3日發表了蔣介石亦可以成為對手的第二次近衛聲明（東亞新秩序聲明），公開提出了「東亞新秩序」的主張。它聲稱：

> 帝國海陸軍已將廣東、廣州、武漢占領，支那之主要地區亦戡定。國民政府已成一地方政權，雖然如此，仍堅持抗日容共政策。帝國至擊潰該政府時為止，絕對不止戈收兵。帝國所希求的是：確保東亞永久之安定，建設東亞新秩序。（中略）這新秩序的建設是：日滿支三國相提攜，樹立政治、經濟、文化等各方面的互相關聯關係。以此為根幹，以期確立東亞的國際正義，完成共同防共，創造新文化，實現經濟合作。此實為安定亞洲，貢獻世界進展之良策也。[19]

聲明亦要求各國「正確認識帝國的意圖，適應東亞的新形勢」。隨後日本外相有田八郎在11月18日給美國的照會中，又進一步宣布日本不再堅守門戶開放的原則。日本御前會議並於11月30日決定《日支新關係調整方針》，在強調日中軍事上共同防衛的同時，並強調要限制第三國在華的經濟活動，並通過日中經濟全面合作，控制中國的資源和產業，以獲得足夠的龐大總體

---

[18] 姜克實：〈満州幻想の成立過程──いわゆる『特殊感情』について〉，第110頁。

[19] 日本外務省編：《日本外交年表並主要文書》下卷，第436-7頁。

戰實力。

但從《東亞新秩序聲明》及《日支新關係調整方針》的政策推移過程來看，原本在於8月16日閣議中對《日支新關係調整方針》立案時，是規定日滿支三國要以再建東洋文化為共同目標，但到了東亞新秩序聲明發表前的10月29日，陸海外藏四省主任者案時，由海軍省主任者修正為「在東亞新秩序建設的理想下」，這大概是事務當局首次在文件上使用「東亞新秩序」的開始。這樣的改變背後，正是《日支新關係調整方針》等中出現的要以「南支」沿岸特定島嶼為據點，海軍等主張的南進要求。等到1939年2月日軍登陸海南島，3月宣布南沙群島為日本領土，東亞新秩序論已經有推進南進國策的義涵。也因此可以將上述要點視為東亞新秩序聲明往大東亞共榮圈論，具連續性發展的代表象徵。

另一方面，1939年9月陸軍省軍務局長武藤章就任後，便積極主張建設「國防國家」，根據其建議，政府委託國策研究會著手研究《綜合國策十年計畫》，後又轉交企劃院繼續研究，並在1940年6月完成制訂。此計畫由四個部分構成，即第一、基本國策；第二、外交及國防；第三、內政事項；第四、日滿支事項。特別在第一項基本國策中，計畫明確提出目標內容為：「佈皇道於八紘，通過民族共榮，萬邦共和，求得人類福祉的增進和世界新文化的生成發展。此乃肇國之理想，我民族擔負之使命。」緊接地表示日本的最高國策是，「以帝國為核心，以日滿支的牢固結合為主幹，建設大東亞協同經濟圈，以達到國力的綜合發展。」其中並規定日本協同經濟圈的範圍是，「東西伯利亞、內外蒙古、滿洲、支那、東南亞細亞諸邦和印度及太平洋島嶼。」[20]換言之，就是將最高國策規定為日本、滿洲、中國的結合下，建設「包容大東亞的經濟圈」，期待國力的充實發展。此外為圖求日滿支的強化，要將「日、滿、北支、滿疆」建設為「大和民族的自衛的生活圈」。而為了遂行此國策，除了必須充實必要的陸海軍軍備外，在內政上為因應新

---

[20] 防衛庁防衛研修所戰史室編：《大本營陸軍部大東亞戰爭開戰經緯》，東京：朝日新聞社，1973年，第335-8頁。

事態，也要確立強固的政治指導力，在解消既有政黨的同時，強化國家統制。

　　1940年6月24日，近衛文麿辭去樞密院議長。次日武藤章到華族會館訪晤近衛，表示軍部期待出現近衛內閣。待陸軍迫使米內內閣下臺之後，7月17日近衛受命組閣。武藤再次夜訪近衛，向他面交上述計畫，表示如果他能接受作爲政綱的基礎，軍方將全力協助新內閣。近衛則表示，對綱要總體上無異議，願意接受。因此後來近衛內閣的《基本國策綱要》除了個別文字刪改外，幾乎就是完全接受《綜合國策十年計畫》基本綱要。值的注意的是，從資源自給自足的觀點當作爲「協同經濟圈」的範圍，不是只有中國，還包括現在的東南亞範圍地區，顯然就是爲了要從南方獲得資源，自給自足的構想配上之後的戰爭形態的變化而發展出來的「協同經濟圈」，又被稱爲「大東亞生存圈」，與「大東亞新秩序」連結到後來的「大東亞共榮圈」論。此時所謂「協同經濟圈」，已經具有含義特定的「大東亞共榮圈」雛形。

　　在第二次近衛內閣成立的前夕，即7月19日，近衛在東京荻窪的私邸與已預定的陸軍大臣東條英機、海軍大臣吉田善吾、外務大臣松岡洋右，舉行四者會議，討論建立東亞新秩序，加強日、德、義三國的「樞軸」關係，並將亞洲的英、美、法、荷、葡諸國的殖民地放在東亞新秩序內處理，如美國出面干涉，將堅決以實力排除。[21]在「荻窪會談」就日本基本國策達成共識後，22日近衛內閣便正式宣告成立。26日內閣會議根據《綜合國策十年計畫》和荻窪會談的精神，制定《基本國策綱要》。[22]首先規定日本基本國策的根本方針，「皇國的國是乃是基於八紘一宇的建國大精神，以確立世界和平爲根本，首先要建立以皇國爲核心、以日滿支結合爲基礎的大東亞新秩序」，明確提出建設以日本爲核心的「大東亞新秩序」的國策。並且規定當

---

21 伊原澤周：〈「大東亞共榮圈」論的成立及其構想〉，中央研究院近代史研究所編：《第三屆近百年中日關係研討會論文集》，臺北：中央研究院近代史研究所，1996年，第775-6頁。

22 日本外務省編：《日本外交年表並主要文書》下卷，第436-7頁。

前外交方針係「以建設大東亞新秩序爲根本，首先將重點放在結束支那事變上，並要認清國際大變局，採取建設性的、富有彈性的施策」。跟著在27日召開大本營、政府聯絡會議，隨即決定《伴隨世界形勢推移的時局處理綱要》，作爲對近衛內閣《基本國策綱要》之補充。

《伴隨世界形勢推移的時局處理綱要》規定日本爲適應新的世界形勢採取方針爲，在促進迅速解決支那事變的同時解決南方問題。同時還規定在支那事變尚未解決之時，要考慮內外各種情勢，來確定重點轉向南方施策的態勢。因而在「要領」部分中，第一條簡單規定處理支那事變的政策，第二條則詳細規定日本對南方政策，對外施策要以解決南方問題爲主。第三條中則又規定「對南方行使武力」的方針，指出「在支那事變尚未解決之時，在不與第三國開戰的前提下，如果內外各種形勢及內容沒有表現在字面上，但卻決定了伴隨著行使武力的南方政策」。[23]換言之，此綱要的根本方針便是迅速解決支那事變，並以武力解決南方問題，「武力南進」便成爲日本在世界形勢，特別是歐洲戰局新形勢下，確立的對外政策核心。

檢視近衛內閣制定的《基本國策綱要》，從冒頭所提到「世界如今在歷史大轉機的際會，將可見有數個國家群的生成發展，與新的政治經濟文化創成。」去推測近衛內閣在1940年7月底所預見的國際的大變局爲何？其實與「大東亞共榮圈」構想的浮出有密切的關係。當中日戰爭陷於泥沼狀態的1939年9月3日，英法兩國對德宣戰，第二次歐洲大戰爆發。1940年4月以後，德軍先後相繼占領荷、比、法三國，6月義大利也協助德國參戰，於是日本與德、義結爲軍事同盟之聲，日益高揚起來。另一方面，由於荷、法的敗北，如何對應荷屬殖民地印尼與法屬殖民地越南的歸屬，成爲日本關心的緊急課題。負責的日本外務省預期歐洲將很快有講和的會議，德國的勝利將會造成重劃戰後世界的新秩序。已有學者透過外務省的資料發現，幾乎與《基本國策綱要》做成的同時，日本外務省在7月24日起草，26、27日修正的《帝國外交方針案》中，就已經出現「東亞共榮圈」的用語。也就是說，

---

23 矢部貞治：《近衛文麿》，東京：讀賣新聞社，1976年，第473-4頁。

在松岡洋右發表「大東亞共榮圈」之前，公文書中已首次有使用「共榮圈」的字眼。並提到「對南方各地方要確保我政治經濟上的指導權，同時將各民族從歐美勢力的殖民地式榨取中解放出來，扶持其自主獨立確立包含南洋的東亞共榮圈，係爲我南方政策的目標。」[24]

之後在8月1日，外相松岡洋右發表公開談話表示：

> 近來，我認爲向世界宣布「皇道」，就是我們皇國的使命，從國際關係上來看皇道，總而言之，要使各個民族各得其所。那就是：當前我國的外交方針要根據我們皇道的偉大精神，必須首先建立以日滿支三國爲一環的「大東亞共榮圈」。然後宣布強有力的皇道，以貢獻於公正的世界和平的樹立。[25]

「大東亞共榮圈」用詞提起，之後陸續出現於各種文件，或許不是完全歸因於外相松岡的發言，而是外務省內部已有此構想。例如，在同年8月27日的內閣會議上擬定的《小林特派使節攜行對荷屬印度交涉方針案》，以及在同年10月3日的內閣會議上通過的《日滿支經濟建設綱要》中，均明確寫道，要「確立以日滿支爲中心，有南洋加入的大東亞共榮圈」；「迅速發展以日滿支經濟的綜合增長爲基礎的大東亞共榮圈」。[26]

值得注意的是，與「大東亞共榮圈」並行的構想是日德義三國同盟條約，經過9月19日的御前會議，27日正式簽字。條約從開頭便提到，德國、義大利和日本的政府認爲世界一切國家各據有應有的空間，是任何持久和平的先決條件，決定在致力於大東亞以及歐洲各區域方面互相援助和合作，其

---

[24] 河西晃祐：《帝国日本の拡張と崩壊：「大東亜共栄圏」への歴史的展開》，東京：法政大学出版局，2012年，第133頁。

[25] 松岡洋右傳記刊行會編：《松岡洋右一其人及生涯》，東京：講談社，1974年，第765頁。

[26] 馮瑋：〈從「滿蒙領有論」到「大東亞共榮圈」──對日本殖民擴張主義的再認識〉，《抗日戰爭研究》，2002年第2期，第123頁。

首要目的爲在各該區域建立並維持事物的新秩序。雙方同意第一條爲日本承認並尊重德國和義大利在歐洲建立新秩序的領導權。相對地，第二條德國和義大利承認並尊重日本在大東亞建立新秩序的領導權。

　　從條約的第一、二條，便可以看出雙方承認在各自的權益圈的指導地位，也可以視爲日本要求德、義承認「大東亞共榮圈」予以明文化。另一方面，日德義三國同盟條約的目的從另外一個角度看，日本是要牽制德國，松岡之所以急忙地要締結三國同盟，是因爲他設想歐戰最壞的場合是英國向德義投降，德國組成歐洲聯邦與美國妥協，使得英、法、荷在南洋的殖民地，日本都難以染指。[27]

參、「大東亞共榮圈」的範圍、構成與治理

　　1941年12月8日，早已在印度支那半島集結的日軍，一部分越過柬埔寨的國境通過泰國境內入侵英國所殖民的緬甸，另外一部分日軍，從暹羅灣登陸馬來亞半島。從臺灣出擊的日軍則於同日登陸菲律賓，香港也同樣遭到攻擊。在之後數個月間，馬來亞、新加坡、菲律賓、印尼、緬甸等地的歐美的殖民地政權，皆被勢如破竹的日軍摧毀，日本開始進行占領統治。另一方面，法屬印度支那（今越南、寮國、柬埔寨），早在開戰前，被日軍和平進駐，法國的殖民地政府與日本達成合作協議，直到1945年3月被日軍驅離爲止，雙方共同管理此地。而東南亞唯一的獨立國——泰國，日本介入1940年至41年其與法屬印度支那的領土紛爭問題，確立對泰國的影響力。兩國簽訂日泰軍事同盟條約之後，泰國於1942年1月向英美宣戰，日軍也常駐泰國。在1942年6月時，幾乎整個東南亞都置於日本的支配之下，展開所謂的「軍政」。在軍政下，各個占領地的行政、經濟活動等主要職務都委由日本人掌控。但是日本也對各個占領地，依其歷史淵源、民族組成、生產資源或勞動力、當地政治有力者或民族主義分子等等問題不同，政策也變化多樣。

---

[27] 河西晃祐：《帝国日本の拡張と崩壊：「大東亜共栄圈」への歴史的展開》，第138頁。

日本陸軍與海軍關於軍政的分擔，是根據1941年11月26日的「關於占領地軍政實施陸海軍中央協定」，及1942年6月12日的追加協定來決定。經過整理後，大概如下所示，顯示「大東亞共榮圈」最大的版圖的輪廓。

一、陸軍的主擔任區域（海軍爲副擔任）

香港、菲律賓、英領馬來、蘇門答臘、爪哇、英領婆羅洲、緬甸、斐濟群島、薩摩亞、新喀里多尼亞。

二、海軍的主擔任區域（陸軍爲副擔任）

蘭領婆羅洲、蘇拉威西、摩鹿加群島、小巽他群島、新幾內亞、俾斯麥群島、關島、安達曼群島、尼科巴群島、聖誕島、索羅門群島、諾魯島、吉爾伯特群島。

三、陸軍主擔任區域中以下各地區設定爲海軍根據地

香港、馬尼拉、新加坡、檳榔嶼、泗水、納卯。[28]

日本在怎樣的秩序意識下將東南亞編入大東亞共榮圈的底下，也是常被提起的思考問題，日本學者後藤乾一，曾經藉由一份日本海軍省調查課在1942年9月1日做成的文件「大東亞共榮圈論」來檢討。後藤認爲這個文件的重要性是第一、它代表了當時軍部、政府指導層的基本的秩序意識；第二、是在此提示的構想被認爲影響了之後的「大東亞政略指導大綱」（1943年5月）及大東亞會議（1943年11月）。[29]

如圖1左所示大東亞共榮圈的政治結構，是分成五個部分，第一是指導國日本，第二是獨立國，第三是獨立保護國，第四部分是直轄領，第五部分是圈外國主權下的殖民地（法屬印度支那、萄屬帝汶等等）。「獨立國」是不保持絕對主權原理而順服指導國的指導媒介（內面指導），中華民國（汪

---

28 古屋哲夫、山室信一編：《近代日本における東アジア問題》，東京：吉川弘文，2001年，第302頁。

29 土屋健治編：《講座現代アジア1 ナショナリズムと国民国家》，東京：東京大學出版会，1994年，第38-9頁。

政權）、滿州國、泰國都屬於這個範疇。「獨立保護國」在宣傳上被允許稱為「獨立國」，但嚴格而言與第二部分的「獨立國」不同，是放在服膺指導國的宗主權，不完全獨立國的位置上。這個範疇是以到1943年被承認獨立的緬甸、菲律賓、爪哇為對象。第一、二、三部分之外的「直轄領」，顧名思義是作為指導國直接統治的領土地區，對象為作為大東亞防衛的重要戰略據點及其後方。

　　至於大東亞共榮圈的內部關係，如圖1右所示，基本上是「帝國與多邊的個別關係」，各個構成部分並沒有相互的直接關係，而是以日本作為中樞，通過日本的指導媒介建立連繫，日本的盟主性極為明確，同時各國要有大東亞以日本為核心的一體性自覺，在適當的時機，各邦代表組織共同的會議體，在帝國的主宰下慎重地準備一定的議案進行議決。從日本海軍的此文件也可以看出，海軍內部已經存在與之後的「大東亞會議」類似構想。[30] 在這樣的秩序位階下，強調的是要與指導國日本建立一體性，從內心與日本統合才能真正的解放，而非用西方概念式認為解放等同獨立，因為那只會造成各民族離心的分裂，更不會認可歐美的平等與自由，取而代之的是在帝國的指導下，賦予各個構成部分符合其能力、價值的地位，將全體作機能的統一。

---

[30] 同前註書，第39頁。

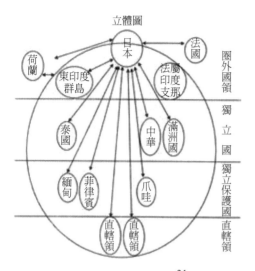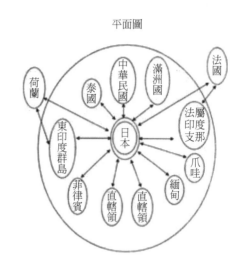

圖1　大東亞共榮圈的政治構圖[31]

　　1942年初，日本首相東條英機在第79次國會上的演說，提到香港、馬來半島的直轄化與菲律賓、緬甸的獨立。後來根據1943年1月14日大本營政府聯絡會議決定的「占領地歸屬腹案」，作爲讓菲律賓、緬甸獨立的基準。但是日本所謂的獨立是名義上的，實質上則對緬甸提出，軍事上依共同防衛的約定日本得派駐兵力，使用軍事基地等，外交上日、緬「緊密提攜」，經濟上則「緊密協力」等等作爲條件。對於菲律賓，也是幾乎要求同樣的條件。簡而言之，即外交、經濟的實質仍由日本掌握，軍事上也要確保日本的自由進出。1943年2月1日眾議院祕密會議中，東條的親信佐藤賢了陸軍少將說明南方軍政情況時，表示即便獨立，實際還是在日本軍政控制之下。在1943年5月31日御前會議中決定的「大東亞政略指導大綱」中，加速讓緬甸、菲律賓獨立外，對其他區域的處理原則是決定將馬來亞、蘇門答臘、爪哇、婆羅洲、蘇拉威西作爲日本領土，作爲重要資源供給地，極力開發並努力把握當

---

31 古屋哲夫、山室信一：《近代日本における東アジア問題》，東京：吉川弘文，2001
　年，第304頁。祁懷高、梅毅：〈華盛頓體系與大東亞新秩序比較研究〉，《東南亞研
　究》2008年第1期，第65頁。

地民心。而新幾內亞等其他地區則作爲準直轄領，而這些地區都繼續實施軍
政統治。表面上視大東亞各國爲日本的夥伴，但對於擁有石油等重要資源的
供給源或軍事戰略要地，始終視爲自己的領土，日本無異取代歐美成爲新的
支配者。

　　日本在占領東南亞的目的，在表面上是要解放歐美殖民支配下的亞洲人
民，構築以日本爲盟主的共榮圈。但是在開戰前夕的1941年11月20日決定的
「南方占領地行政實施要領」中，所決定軍政的基本三點爲治安確保、獲得
重要資源與現地自活。[32]意即是在確保當地治安後，獲得戰爭遂行必要的資
源，以供應日本國內及前線日軍之所需，而且各占領地必須「現地自活」，
負責占領與防衛的日本軍民所需的糧食與生活必需品都必須在當地籌措。爲
了籌措物資，日本甚至發行軍票流通，並沒收農園、礦山、工廠等交由日系
企業經營。糧食的生產流通完全遭日本管制，採取強制徵收，加上地域之間
的物資無法自由流通，使得某些地區因而發生飢饉。流通的管制與物資的徵
調，使各地住民受到深刻的影響，戰爭也導致原本的輸出入無法維持正常，
導致占領地的生產結構變化，而有物資不足與物價上漲的情形。也是因此，
「共榮圈」便有「共貧圈」、「己榮圈」的譏諷。

　　日軍暴行更是「大東亞共榮圈」裏頭極不光彩的一面，在新加坡，因華
僑支持中國的抗戰，日軍司令官山下奉文把新加坡的華僑視爲眼中釘，殘害
敵視日軍的華人。日軍在1942年2月21-25日間，檢舉新加坡在住的18至50歲
的華僑約20萬人，其中被處死者便達數萬人。[33]在菲律賓，1942年1月2日日
軍占領馬尼拉後，美軍1.2萬人與菲律賓軍6.4萬人被俘，並受到極苛刻的虐
待，死亡者數千人。在印尼，僅被強制抓去的勞工死亡達23萬人。在泰國和
緬甸，僅在1942年1月至1943年10月間，採取人海戰術強制修築415公里的泰
緬鐵路的這一暴行中，被徵用的勞動者約10萬人，勞工和戰俘大批死亡，死
亡戰俘1.3萬人，南方地域的勞工3.3萬人，總計3.7-4.7萬餘名，由於這條鐵

---

[32] 歷史学研究会編：《太平洋戰爭史》第四卷，東京：青木書店，1972年，第182頁。
[33] 伊原澤周：〈「大東亞共榮圈」論的成立及其構想〉，第785頁。

路犧牲了無數珍貴的性命才得以完成，故有「死亡鐵路」之稱。[34]

肆、建設「大東亞共榮圈」的「五本矢」

以日軍在1941年12月7日成功偷襲珍珠港作爲背景，1942年1月21日舉行的帝國議會上，首相東條英機以《大東亞戰爭指導要締》爲題的施政方針演說上，明確提出大東亞戰爭的目的是爲建設大東亞共榮圈，根本方針則是使大東亞各個國家及民族各得其所，確立以日本爲核心，以道義爲基礎的共存共容的秩序。根據這一方針，日本政府決定設立調查審議有關大東亞建設之重要事項（除軍事和外交事項）的大東亞建設審議會。

1942年2月1日，日本政府公布大東亞建設審議會官制，7日大東亞建設審議會正式宣告成立。該審議會由總理大臣任會長並兼任第一部會長，由天皇任命40名官員和專家擔任委員（人數之後略有變動）。審議會還設置了八個部會，分管和審議具體政策諮詢問題，提供決策方案。除第一部會外，各部會皆由相關的國務大臣任部會長。[35]經過半年的討論，針對（一）大東亞建設相關基礎要件；（二）文教政策；（三）人口及民族政策；（四）經濟建設的基本方策；（五）大東亞的礦業、工業與電力；（六）大東亞的農業、水產業及畜牧業；（七）大東亞的貿易與金融；（八）大東亞的交通。此八大諮詢議題討論後，以幹事長談的方式發表。[36]

在大東亞建設審議會各部會擬定的方案中，由首相東條英機任部會長的第一部會方案《關於大東亞建設的基本要點》，是提出基本理念的總論。這

---

[34] 小林英夫：《「大東亞共榮圈」の的形成と崩壞》，東京：御茶の水書房，1975年，第486頁。

[35] 石川準吉：《國家總動員史，資料編第四》，東京：國家總動員史刊行會，1976年，第1335頁。

[36] 井上縫三郎著（昭和17年10月）：〔共榮圈建設と大東亞省設置の意義〕，「數位典藏與數位學習聯合目錄」，http://catalog.digitalarchives.tw/item/00/61/0f/3f.html（2016/12/10瀏覽）。

份文件概要地重複東條英機在議會所作的施政演說宗旨，提出「大東亞建設的基本理念源於我國體的本義，即八紘一宇之大義的弘揚和大東亞的顯現。爲此，要在皇國的指導和統治下，使圈內各國及各民族各得其所，確立以道義爲基礎的新秩序」。[37]

但是雖然將共榮圈建設的根本指標對內外宣示，但在什樣的機構下進行長久的建設成爲問題？因此有了單一統合組織設立構想，以便在建立大東亞新秩序的旗幟下，對占領區在政治與行政方面加強全面的控制。經日本陸海軍、興亞院和企劃院聯合研究「關於規劃和實施對大東亞各國及各地區的各項政策的綜合責任官廳」的準備，9月1日內閣會議通過《大東亞省設置案》，其宗旨規定便是要集中發揮大東亞全區的總體力量，以增強戰鬥力遂行戰爭，將大東亞戰爭與建設一體化。

9月11日內閣會議通過《大東亞省官制要綱》後，11月1日被視爲打破從來的內外地觀念，國家總力戰體制飛躍性增強的大東亞省正式成立。其下設總務、滿洲事務、支那事務、南方事務四個局。將過去的拓務省、興亞院、對滿事務局、外務省東亞局與南洋局加以統合，大東亞建設審議會也隨之劃歸大東亞省具體領導，以便「內外地行政一元化」，並且化解軍部與內閣的對立。大東亞大臣由文官擔任，其第1條規定職權範圍：「大東亞大臣負責實施有關大東亞地區（日本本土、朝鮮臺灣及樺太除外）之諸般政務（純外交除外），保護帝國在該地區內對各國的商事，並管理有關在該地區各外國僑民與帝國臣民有關事務，以及關係到該地區的移民、海外拓殖事業和對外文化事業等有關事務。」[38]按上述規定，除少數「純外交」之外，外務省不再擔負上述大東亞地區內的外交政務，與東條意見相左的外相東鄉茂德，便認爲權力被削弱而辭職表示反對。對於外界批判大東亞省的設置宛如「植民

[37] 山本有造：《「大東亞共榮圈」經濟史研究》，名古屋：名古屋大大學出版會，2011年，第79頁。

[38] 外務省百年史編纂委員会編：《外務省の百年》下冊，東京：原書房，1969年，第726-729頁。

省」，造成大東亞「外交」的消滅，東條出面辯解表示，這是仿照儒教的家父長制度，兄弟國之間不需要外交禮儀。此外，大東亞省實際也並未能完全掌握應規定地區內之政務，按官制第19條規定：「大東亞省應同陸海軍策應合作，執行有關大東亞地區內占領地行政事務。」所以大東亞省的設置，反而實質上是加強了軍部的行政權力。

　　大東亞省設置之時，戰爭態勢進一步惡化，1942年底到1943年2月德軍在史達林格勒會戰慘敗，歐洲戰局上同盟國取代軸心國掌握了攻勢，同時期日軍奪回瓜達爾卡納爾島的作戰也失敗，太平洋戰局的主導權也變成掌握在美國手裏。在同盟國進入戰略反攻階段後，日本對外的政戰略不能不作出調整。如何解決中日戰爭導向和平？如何使日本在這次大戰中取得有利的立場後結束？然後在戰後世界中日本該如何自存？戰後大東亞共榮圈內的經濟關係如何維持？等等問題都在日本政府內部內認眞地被討論。

　　繼任外相的重光葵對於戰後日本的生存發展之道，而有大東亞同盟構想。[39]在這個構想中便有大東亞地域的各國代表定期或不定期聚會，不只協議戰時中甚至到戰後，以「平等互惠」爲基礎的「自主發展」、「和平安定的維持與防衛」、「共同建設」等各事項。而東條英機雖然與重光的著眼點不同，但是要建立必勝不敗的長期體制，遂行完成大東亞戰爭，必須集結大東亞的總力，此爲其大東亞政略施行之目的，伴隨著大東亞會議的構想，東條急忙著手。1943年5月29日大本營政府聯絡會議和5月31日御前會議制定《大東亞政略指導大綱》，進一步整備和強化政略態勢，堅持戰爭指導的主動性，以適應世界形勢變化。強調「整備政略態勢，應以強化諸國家諸民族對於帝國的戰爭合作，尤以支那問題的解決爲基本著眼點。」[40]指導大綱中決定要在10月下旬，邀請大東亞各國的指導者聚集東京，向中外宣示堅固完成戰爭的決心與大東亞共榮圈的確立。

---

39 安田利枝：〈大東亞會議と大東亞共同宣言をめぐって〉，《法學研究：法律、政治、社會》第63卷第2期，1990年2月，第372頁。
40 日本外務省編：《日本外交年表並主要文書》下卷，第583頁。

1943年11月5日，東條在東京的國會議事堂主持召開大東亞會議，出席的各國代表有與滿洲國（代表：首相張景惠）、南京汪精衛政府（代表：行政院長汪精衛）、泰國（皇室王子旺威泰耶康·瓦拉旺）、菲律賓（總統勞威爾）、緬甸（總理巴莫）、自由印度臨時政府（首席代表錢德拉·鮑斯）等，並在會後發表《大東亞共同宣言》揭櫫其目標如下：

> 美英為本國的繁榮，壓迫其他國家和其他民族，尤其對大東亞進行貪得無厭的侵略與剝削，逞其奴役大東亞的野心，終於從根本上破壞了大東亞的安定，大東亞戰爭的原因就在於此。大東亞各國相互合作，完成大東亞戰爭，使大東亞從美英的桎梏下解放出來，保全其自存自衛，根據下述綱領建設大東亞，以期為確立世界和平作出貢獻。
>
> 一、大東亞各國同心協力，確保大東亞的安定，以道義為基礎建設共存共榮的秩序。
>
> 二、大東亞各國相互尊重自主獨立，以實現互助敦睦，確立大東亞的親睦友誼。
>
> 三、大東亞各國相互尊重各自的傳統，發揮各民族的創造性，以提高大東亞的文化。
>
> 四、大東亞各國在互惠原則下緊密合作，以求發展經濟，增進大東亞的繁榮。
>
> 五、大東亞各國敦篤同世界各國的友好交往，消除人種差別，普遍交流文化，進而開放資源，為世界的進步作出貢獻。[41]

宣言中羅列很多理想主義的口號，如「相互尊重各自的獨立自主」、「實現互助敦睦」、「親睦友誼」、「消滅人種差別」等，同時強調各國

---

41 服部卓四郎著，張玉祥等譯：《大東亞戰爭全史》第二冊，北京：商務印書館，1897年，第817頁。

「同心協力」、「緊密合作」以「完成大東亞戰爭，使大東亞從美英的桎梏下解放出來」。但是宣言中無法看到現實政治中日本與各國政治、經濟關係如何調整，也完全沒有預想敗戰的情況，而且這個宣言對日本的行動更是毫無約束的能力。正如同情報局總裁天羽英二的說明，大東亞會議與大東亞宣言，是置於幫助完成戰爭的重點上，其價值爲百分之一百的宣傳。[42]

在1941年8月15日，美國總統羅斯福與英國首相邱吉爾決定的「大西洋憲章」，成爲英美對戰後國際秩序建設的基本政策綱領，其中的民族自決原則條項也觸動東南亞各國的神經。高揭「解放東亞、復興亞洲」的日本，爲了對抗大西洋憲章所代表的聯合國方面的戰爭目的與戰後理念，日本並沒有成立表現相對價值觀的大東亞憲章，而是用大東亞共同宣言來充當。宣言中確實有一些先進的概念，甚至外相重光葵自己都意識到，在某些部分精神上與大西洋憲章一樣具有共通的思想。[43]也因此大東亞會議議決的大東亞共同宣言，常被當作爲大東亞戰爭具有正當性的根據。

建設大東亞共榮圈作爲日本對外擴張區域戰略體現的同時，背後隱藏著日本對亞洲各國進行侵略滲透的意識型態，而這個意識型態匯集多種思潮與理念，如同當初大政翼贊會所做關於大東亞共榮圈建設理念說明的報告所示，極爲複雜。[44]總而言之，其中有源自八紘一宇的皇國思想，平田篤胤及本居宣長的世界觀、幕末以來的南進論、日本海外移民引起的種族歧視等等印象，再加上及一些長年傳統的信念，明治以來的亞細亞主義也是眾多信念的其中之一。亞細亞主義標榜亞洲解放，代表的如果不是「正義」，就無法形成日本人的「聖戰」意識。中日戰爭泥沼化後，陷入苦悶的日本的國民與知識人，在大東亞開戰時突然有種解放感，激起國民戰鬥意欲，很多的知識

---

[42] 安田利枝：〈大東亞會議と大東亞共同宣言をめぐって〉，第405頁。

[43] 重光葵：《重光葵著作集〈1〉昭和の動亂》（東京：原書房，1978年），第233頁。

[44] 大政翼贊會第十次委員會昭和十八年三月編：《大東亞共榮圈建設理念ノ闡明ニ關スル調查報告書》，載《大政翼贊運動關係一件・第一卷》，外務省外交史料館藏。轉引自雷國山：《日本侵華決策史研究1937-1945》，上海：學林出版社，2006年，第254頁。

分子也通過言論來協助戰爭，都是因為被「聖戰」所動員，其心情背後或許可以說就是對亞細亞主義的共鳴。從這個角度來看，1943年的大東亞政略，可以說是充滿亞細亞主義色彩的國策，而且在這年，日本歸還租界給汪精衛的南京國民政府，廢除治外法權，修改不平等條約，此外也給予緬甸、菲律賓獨立。而整個大東亞政略的完成，就是上述的大東亞會議召開與大東亞共同宣言的發布。[45]

但隨之而來的是現實的戰局惡化，1944年是同盟國陣營相繼對德、日發動全面戰略進攻的一年。在太平洋戰場上，盟軍順利進行跳島戰略反攻，突破日本的內層防禦圈。占領了馬紹爾群島和馬利安納群島，並在菲律賓登陸，日軍完全喪失海、空控制權。在東南亞戰場中，中英美聯軍發動緬甸反攻作戰。在盟軍的海空封鎖下，日本的海上航運幾乎斷絕，其國內的經濟和政治狀況急劇惡化。1944年7月，東條英機內閣終於垮臺。繼任的小磯國昭內閣，企圖利用日本同蘇聯仍有外交關係，請蘇聯調停謀求與美英妥協，但未能成功。在此期間日本通過各種管道試探同中國蔣介石政府單獨媾和，同樣也沒有結果。

1945年春，日本已經處於絕望的境地。盟軍相繼攻占硫磺島和沖繩，取得直接進攻日本本土的前進基地，並對日本本土加強戰略轟炸與封鎖。日本的小磯國昭內閣於4月倒臺，在內外交困的絕境下，只能由年近八十高齡的鈴木貫太郎組閣。當時歐洲戰局，德國已面臨崩潰，日本最高戰爭指導會議已預期德國戰敗情況，在4月20日制定的《德國屈服時措施綱要》中便要求當德國一旦屈服，必須採取措施抑止國內動搖情緒，對大東亞各國也要採取一切手段防止動搖，確保其對日的軍事合作。[46]對內政策除貫徹一億國民敢死決戰的同時，闡明帝國一定會根據大東亞戰爭的本來目的，團結大東亞各國，把戰爭進行到底。1945年5月，德國戰敗，希特勒自殺的消息傳來後，

---

[45] 安田利枝：〈大東亞會議と大東亞共同宣言をめぐって〉，第370頁。

[46] 服部卓四郎著，張玉祥等譯：《大東亞戰爭全史》第四冊，北京：商務印書館，1897年，第1570-1頁。

日本便廢棄包括防共協定及三國同盟條約在內的日德義的一切協議。

　　在6月6日的最高戰爭指導會議中，對世界形勢演變的分析，認爲「大東亞各國，隨著大東亞戰局的發展，及敵方政治策劃的加緊，對日不合作態度將逐漸表面化，有的終將轉化爲敵對態度。」[47]天皇裕仁暗示鈴木內閣著手結束戰爭的使命，鈴木表示當前帝國的形勢確實是危急，全體閣員當下定必死的決心。波茨坦宣言宣布後，裕仁認爲要效法明治天皇忍氣吞聲斷然決定接受三國干涉的案例，8月14日發表停戰聖諭，8月15日皇族內閣產生，由重光葵外務大臣兼大東亞大臣，負責料理「大東亞共榮圈」事務。9月2日日本簽字投降，也是「大東亞共榮圈」澈底垮臺的時日。

　　戰後，大東亞共榮圈成爲歷史記憶，提起過往十分戒愼，成爲日本對外區域戰略，甚至是國際統合中，一個負面的名詞。大東亞共榮圈的構想，實態上是隨著情勢的展開，便宜行事的形成，有些是文字空談、畫餅充飢的理念。但是作爲日本對外區域戰略而言，仍是有探討的價值。大東亞共榮圈作爲區域戰略有兩個特點：一是「機會型擴張戰略」的選擇、二是採用「區域相對壟斷策略」，此兩點的歷史過程分析已在文中鋪陳論述。戰前日本的對外擴張不斷地進行，區域戰略存在著變與不變，例如變化明顯的是大陸政策從北進轉換到南進，但帝國膨脹主義的發展仍是一成不變，至於將「南方」（東南亞）納入東亞的範圍，則又是戰略的一大變化。

---

47 同前註書，第1596頁。

第十章 戰時中日地緣政治與族群政治資源的角力

吳啓訥*

　　兩次世界大戰期間，地緣政治是國際政治、國際關係和戰爭實務之中的關鍵元素。以往對這段時期地緣政治史的研究，基本上建立在麥金德地緣政治理論的基礎之上，聚焦於對特定時期傳統政治與軍事戰略與地球表面的地理型態之間的關係的研究，相關研究結果尚未充分講述出20世紀前期國際政治史、外交史的全部故事。世紀之交，地緣政治研究界引進後結構主義與後現代主義視角，反省傳統的地緣政治研究，發展出「批判性地緣政治」（critical geopolitics）理論，認為地緣政治是更寬廣的文化現象，應以國家的空間實務（practices）來理解，研究國家的地緣政治想像（geopolitical imagination）、國家的基礎神話與國家特殊人士的傳說（national exceptionalist lore），進而嘗試在傳統地緣政治文本的歷史、地理、科技與社會脈絡下，探索其背後的歷史與意識型態，藉以呈現地緣政治的本質。[1]「批判性地緣政治」理論，為現代國際政治史和外交史研究提供了一項新的選擇，讓近代史研究界有機會重新梳理兩次世界大戰之間，大國在地緣政治議題上的互動與角力，對於麥金德理論難以詮釋的現象做出另一角度的思考和解釋。日本和中國這樣的「非典型例證」，或許正好適合作為實驗的樣本。

　　16世紀後半期，日本即有意挑戰中國王朝主導的東亞傳統政治秩序，一度在朝鮮失利，後來透過介入琉球事務，逐漸在東亞局部區域造成與中國對

---

[1] 莫大華：〈批判性地緣政治戰略之研究〉，刊於《問題與研究》第47卷第2期，2008年，第57-83頁。

崎的「雙峰」局面；19世紀末，經過西化「維新」洗禮的日本，再度推動由豐臣秀吉所勾勒的「大陸經略」政策，並在東亞成功轉換了與中國間的力量和權力對比。然而，日本在這時發現，中國不僅僅是一個東亞國家，同時還是一個中亞國家：清朝對內陸亞洲的經營，使得中國擁有廣闊的戰略後方，其所擁有的地緣政治優勢仍超過日本。直到1930年代，作為亞洲唯一的現代化國家，日本同時仍舊未能擺脫其作為島國在地緣政治上的弱點。為破除自身在地緣政治上的天然困境，日本一度遵奉麥金德理論和德國地緣政治學說，將「大陸政策」具體化為包圍中國，削弱中國的地緣政治優勢，將中國傳統地緣政治資源轉化為日本地緣政治優勢的戰略。然而，面對日本國力的極限，日本學界和政界、軍界不得不在地緣政治議題上作出另類思考，有意藉由放大日本的「軟實力」，彌補其「硬實力」的不足。

壹、日本地緣政治學的兩種取向

　　1920年代，日本學者飯本信之引進「地緣政治學」的概念，於1929年將1925年以來在日本地理學雜誌上介紹的有關德國地緣政治的各種學說，集結到《政治地理學》一書中。該書開宗明義，宣示其「在地緣政治的觀察中應用理論上具有嚴格意義的政治地理學理論，完全出於實際的目的」。[2]該書從地表空間關係的角度審視國家，推動地理學向權勢政治學方向傾斜。1930年代以後，伴隨德國地緣政治學理論在日本的流行，日本本土的地緣政治學研究，也朝向訴求「擴大生存空間」的擴張主義理論傾斜。1933年，阿部市五郎發表系統研究德國地緣政治理論的《地緣政治學入門》一書，強調以往和未來一切自給自足，卻無力訴求其生存空間的民族，均無法擺脫淪為強國犧牲品的命運；德國和日本均屬因人口膨脹而致生存空間狹小的民族，皆有權利為國家繁榮擴展空間、擁有殖民地。此後，將德國地緣政治學視為日本擴張的理論依據，逐漸成為日本學界的主流見解，這一見解發展成為日本地

2　飯本信之：《政治地理學》，東京：改造社，1929年，第38頁。

緣政治學界的「日本地緣政治協會」派，在軍界有大量擁躉。[3]

與此同時，以京都帝國大學文學部地理學教室主任小牧實繁爲代表的「京都學派」，卻另闢蹊徑，檢討德國地緣政治理論的歐洲霸權傾向，有意依據日本歷史傳統「八紘一宇」和「皇道」精神建構「日本地緣政治學」、「皇道地緣政治學」。「京都學派」譴責歐洲殖民主義對亞洲的侵略，主張代之以以「皇道」爲核心的「八紘一宇」論，爲日本取代歐洲人統治亞洲建立合法性論述。[4]策劃滿洲事變的石原莞爾的日本戰略觀和亞洲觀，即與「京都學派」的主張不謀而合。

此後，日本的地緣政治決策在很大程度上參照了「皇道地緣政治學」的核心理念，將以「皇道」爲中心的意識型態置於其地緣政治戰略和戰術的重要位置，意圖型構一個在文化和政治層面對抗中國、蘇聯乃至歐美的無形壁壘。

貳、日本的地緣政治處境、改善路徑和限制

「維新」後的日本將自己比做遠東不列顛，但其地緣政治處境卻遠遜於獨立於中型國家並立而均勢的歐陸之外的英國，不唯夾在中、俄、美等大型國家之間，且未曾有過長期主導東亞政治的歷史。日本欲迅速改變這一處境，唯一的辦法是肢解中國和俄國，從一個方向突破中、俄、美三國的三角形包圍結構。日本透過吞併琉球，進而侵吞臺灣，將福建納入其勢力範圍，開啓進入南中國海的大門，啓動了從海上封鎖中國的進程；再透過擊敗清朝，吞併朝鮮，進而擊潰俄國在東北亞的海上、陸上力量，又啓動了從陸上肢解中國、遏制俄國的進程。

1914年，日本利用對德宣戰，接手德屬馬里亞納群島、加羅林群島和馬

3　程銘：〈試析二戰時期日本的地緣政治學研究〉，刊於《學術研究》2012年第6期，第190-194頁。

4　程銘：〈試析二戰時期日本的地緣政治學研究〉，刊於《學術研究》2012年第6期，第190-194頁。

紹爾群島，盡顯其在海上控制整個西太平洋的目標，已進逼美國的海上勢力範圍，達到美國默認的極限。而在陸上，其控制滿洲、東蒙古和華北的目標也已十分明確，這樣的態勢，也引發中國和俄—蘇的強烈危機感。1931年9月，日本向中國東北全境發動進攻並迅速占領之。面對中、蘇和國際的壓力，日本仍不得不採取扶植傀儡政權的方式，於1932年在東北成立「滿洲國」，稍後侵占熱河，並全力推動「華北自治運動」。

從「滿洲事變」到「七七事變」間的事態演變，是日本領悟到其國力和軍事手段的限制後，以政治手段彌補其實力限制的結果。與此同時，日本重新審視中國的內部政治生態，意識到中國在地緣政治上的優勢，也可能正是它脆弱的一環：中國的內陸亞洲部分和南部丘陵地帶的多數居民，與組成中國人口的主體部分的漢人，在文化乃至血緣上有諸多差異，在中國的近代轉型過程中，也尚未完成其國族化的進程，這一現象為日本肢解中國的目標提供了機會。

儘管日本國內幾乎不存在複雜的族群現象，但卻對鄰國中國的族群現象中所隱含的政治資源產生興趣。今天看來，中國是一個多民族國家，而日本是一個單一民族國家，但是近代中國的少數民族議題，卻在一定程度上是近代日本提出的。清末民初的「五族共和」，嚴格意義上仍是挽救清朝特殊族群政治殘局的一項政治行動，它與後來我們所討論的民族或族群議題，不完全是一回事。日本於此際捨棄了它在德川時期質疑清朝不是真正的華夏，而自命為「中國」的思考和論述方式，改宗近代西方民族國家概念，質疑「滿蒙非中國」；質疑中國境內的非漢人族群，都不是天然的「中國人」，這樣將中國境內的非漢人族群，視為拆解中國的因素，視為日本的潛在的同盟。

參、「滿洲國」：以「民族協和」對抗「中華民族」論述

20世紀初，日本基於拆解中國的政治動機，對於鄰近內陸亞洲的中國西北、西南邊疆展開考察，從中體悟到「五族共和」論述在近代中國族群政治中的意義，乃於其此後炮製的「滿洲國」中，模仿「五族共和」的外貌，設

計出一個名爲「五族協和」的政治架構，藉以動員中國東北的族群政治資源。

面對族群生態複雜的中國東北，日本放棄簡單的殖民同化政策，改採在帝國體制內，考慮殖民地的文化、政治傳統，制訂符合殖民地現實條件的特殊政策。1930年代初，由滿鐵青年組成的右翼團體「滿洲青年聯盟」揭櫫「以日本民族爲中核」的「民族協和」的構想。[5] 1932年3月，日本利用前清宣統遜帝，在清朝的「龍興之地」，製造了傀儡政權「滿洲國」，[6]年號「大同」，揭櫫「王道樂土」和「五族協和」的口號，將代表日、朝、滿、蒙、漢五個民族的五色旗定爲國旗。〈滿洲國建國宣言〉聲稱將在「新國家」內推行種族平等。[7]

「五族協和」政策在形式上具備各族平等的設計，但其實質內容，是「以日本民族爲中核」，確立日本人的統治地位；[8]在此之下，再建立圍繞中核—頂端的金字塔形族群政治地位架構。「五族協和」的直接政治目標，是將原本並不是滿洲住民的日本人與在日本殖民政治之下大量移入滿洲的朝鮮人，納入滿洲國的族群體系之中。日本人是「五族」享有一切優先權的統

---

[5] 「九一八」前夕，「滿洲青年聯盟」草擬〈實現滿蒙現住諸民族協和之件〉滿洲青年聯盟史刊行委員會，《滿洲青年聯盟史》，東京：原書房，1933年。

[6] 「滿洲國」以清末設置的東三省、民國前期業已步入行省化軌道的內蒙古東部盟旗和民初曾短暫獨立的東蒙古，爲其「國境」範圍，這一範圍內原本即存在多樣的原始族群生態，19世紀後半期以來，漢人與朝鮮人大量移入；20世紀以來，日本的移民也日漸增加，族群生態出現更爲複雜的變化。

[7] 〈滿洲國建國宣言〉稱：「新國家建設之旨，一順天安民爲主，施政必循真正之民意，不容私見之或存，凡在新國家領土內居住者，皆無種族之歧視，尊卑之分別。除原有之漢族、滿族、蒙族及日本、朝鮮各族外，即其他國人，願長久居留者，亦得享平等之待遇，保障其應得之權力，不使其有絲毫之侵損。」鄭孝胥、鹽谷溫等撰：〈滿洲國建國宣言〉，收入鄭孝胥等撰：《王道政治的原理：孔教新編釋義》，東京：深川母子園出版部，1934年，第91-95頁。

[8] 「九一八」前夕，「滿洲青年聯盟」草擬〈實現滿蒙現住諸民族協和之件〉滿洲青年聯盟史刊行委員會，《滿洲青年聯盟史》，東京：原書房，1933年。

治民族；[9]朝鮮人則被設定爲日本人的「協力者」（夥伴）；滿人、蒙古人也可參與「協力」；而人口最多但政治上最不可靠的漢人，則處在金字塔的最底部。在此，非漢人族群地位的提升和利益的保障，是與日本壓制東北和全中國抗日的政治利益連結在一起的。針對朝鮮、滿、蒙古和其他非漢人族群，日本分別採取優待與利用結合的策略，鞏固「滿洲國」的族群政治整體結構。

　　針對朝鮮裔的策略是，推動其「皇民化」，冀其成爲日本政治力量的延伸。[10]針對滿人的策略是，許以建國美景，但不放棄操控。[11]針對蒙古人的

---

[9]　日本統治當局將日本民族置於其他民族之上，宣稱日本民族是世界上最優秀的民族，是滿洲國各民族中的「中核分子」，是五族中的「先進者」和「領導者」。在關東軍發給任職「滿洲國」各級官府之日本官吏的《日本人服務須知》祕密手冊中，直指「日本人在滿洲的地位，不是僑民而是主人。雖具有日本與滿洲的二重國籍，但不是要使『日本人滿洲化』，而是要使『滿洲人日本化』」。在這個政策核心下，日本人獨攬「滿洲國」政治、軍事、經濟、文化等方面的大權，還享有諸多特權、利益和優厚待遇。如日本人的土地占有權、開辦、經營企業商業權、開採礦山權、教育權等都高於東北其他族群；日本移民往往經由低價收購、強行圈占等方式強占「滿洲人」的土地；日本移民還享有日本政府和「滿洲國」政府的雙重補貼，免徵「出荷糧」，生活水準遠高於當地中國人。連關押日本罪犯的監獄也另行開設，所涉案件必須由日籍司法人員審理，「滿洲國」官吏無權過問。日本人和其他「滿洲國國民」在薪資待遇、納稅比例等方面也有很大差別。日本人官吏的薪金較同級「滿洲系」官吏高出3倍至11倍。據《滿洲經濟年報》調查：「日滿人勞動者的薪資比率雖因匯率的變動、供給關係的差異、勞動者的素質、調查時期的差異而發生變化，但大體上還是相當於4：1以至3：1之間」。

[10]　日本占領東北之初，作爲「五族」領導者的日本人僅居東北人口的1%，迫切需要可靠的羽翼，較早成爲「舊本國臣民」的朝鮮人，乃成爲日本政策的首選。日本在中國東北製造「內鮮一體」、「鮮滿一如」的理論，論證自古朝鮮人與日本人同根同祖，現在都是天皇的子民；在政策上更讓在中國東北的朝鮮裔成爲擁有日本和「滿洲國」雙重國籍的「民族」，成爲僅次於日本人的「准高等」族群。在朝鮮裔內部，以教育手段強化忠君（日本天皇）愛國（日本）觀念，引導朝鮮人體會日韓合併的宗旨，與內地（日本）同胞互敬互愛。日本推動「內鮮融合」，實現「鮮人」日本化的具體措施，則包括以日語爲國語，限制朝鮮語文的學習和使用；強力推動「創氏改名」，要求朝鮮裔放棄朝鮮式姓名，改用日式的複姓；鼓勵「內鮮通婚」等。隨著東北抗日武裝蜂起，1938年

策略，是利用與控制並舉，從支持內蒙古「獨立」、「自治」的態度轉爲廢除盟旗。[12]對滿、蒙以外，錫伯、達斡爾、鄂溫克、鄂倫春和赫哲等等其他

9月，任滿洲國間島省省長的朝鮮裔人士李範益主張招募朝鮮青年，組成討伐抗聯的特設部隊。特設部隊從成立到解散期間，朝鮮裔官兵一馬當先，「討伐」抗日分子百次以上。

[11] 20世紀初，中國革命派倡導漢民族主義，標舉「驅除韃虜，恢復中華」的口號，煽動漢人將滿人視爲異族、仇敵，這種情緒在辛亥事變中得到發洩，但民國建立後，以漢人爲主體的社會依舊延續了排斥滿人的態度，這種態度刺激滿人上層產生「獨立滿洲」的想像。貴族出身的滿人熙恰，即將提倡「滿洲民族主義」視爲恢復清朝的必要步驟。1932年3月，日本方面推出前清宣統遜帝在滿人「祖先的發祥地」建立「滿洲國」，鼓勵以推動「滿洲民族復興」爲目標的「滿洲民族主義」，但並不願意配合熙恰有關建立龐大的滿洲國武力的設想，僅在規模有限的「滿洲國軍」中設置由滿人士兵組成的警衛連，用以監視漢人士兵。而且，在「滿洲國軍」中，日系軍官和滿系軍官的待遇殊異，前清遜帝和他領導的政府更已注定傀儡的角色。以日本人爲長官的總務廳實質上是處理國家行政事務的最高機關，「滿洲國國務院」只能執行總務廳的政策和政令。

[12] 九一八事變後，日本曾以「內蒙古獨立」爲誘餌，支持蒙古貴族甘珠爾扎布和正珠爾扎布建立「蒙古自治軍」，指揮其鎮壓東北的抗日武裝。「滿洲國」建立，將東蒙古與內蒙古東部盟旗納入「國境」，日本不再樂見「內蒙古獨立」或「內蒙古自治」，更擔憂東蒙古、內蒙古與外蒙古的血緣、文化關係，乃轉而加強對蒙古人的控制。日本人透過「滿洲國國務院」宣布廢除原有盟旗之部，代之以在「國務院」內設立的行政機構「興安局」，下轄興安東、興安南、興安北三個分省；將「蒙古自治軍」餘部改編爲「滿洲國興安軍」。「滿洲國興安軍」下轄興安東、南、西、北四個警備軍。1938年多，日滿當局再設立「興安軍管區司令部」，統一指揮四個警備軍；同時設立培訓蒙古裔軍官的「興安陸軍軍官學校」，作爲興安軍的儲備力量。同時，爲確立日本人對蒙古人部隊的有效指揮，興安軍的口令、公文、命令、報告和軍事用語，一律使用日文、日語；蒙古軍人之間，也需用日語對話。興安軍就此成爲鎮壓東北抗日武裝的前鋒。1941年德國進攻蘇聯，爲與德國形成對蘇聯的東西夾擊之勢，日本也在尋找襲擾蘇聯西伯利亞和外蒙古的機會，除擴充關東軍的兵員和裝備外，也籌建能與關東軍協同作戰的機動小隊，以便在對蘇開戰後挺進外蒙古，在側翼或敵後截斷蘇軍補給。日本人選派熟悉蒙古地區情勢的日本軍官和蒙古裔軍官從科爾沁左翼中旗、科爾沁左翼右旗的興安軍退役士兵，與通遼、開魯、巴林左旗等旗縣受過軍事訓練或有戰場經驗的退役、預備役蒙古裔軍人中，招募到400多人組成「滿洲第53部隊」，接受遊擊戰戰術、滑雪、游泳等訓練，於1944年夏正式編入關東軍序列，更名爲「滿洲第二遊擊隊」。

少數族群上層以及流亡在東北的白俄，也實行懷柔與驅使並行的政策。[13]

肆、「滿蒙」、「內蒙古工作」：拒蘇制華

日俄戰爭後，日本攫取了南滿的權益，並三度與俄國劃分各自在中國東北和內蒙古地區的勢力範圍。「滿蒙」這一政治地理名詞，是日本於1912年7月與俄國簽訂第三次密約時形成的，當時僅指涉日本分到的東北南部與內蒙古東部，但在日本日益擴張的過程中，其內含逐漸擴大爲整個東北和曾被視作「北滿」一部分的哲里木盟北半部與呼倫貝爾，最終還含括內蒙古中、西部盟旗。[14] 1912年到1915年期間，日本曾兩度策劃「滿蒙獨立」，均告流產。[15] 國民革命軍北伐期間，日本擴張派對中國統一的前景感到憂懼，更急於加速推動其「滿蒙計畫」。[16]

---

[13] 1936年，日滿當局籠絡鄂倫春首領，組織熟悉山林、精於騎射的全部鄂倫春青壯年獵民，依照地區編成鄂倫春山林隊，共在「黑河省」建立了十數個「山林隊」，各山林隊皆設一名鄂倫春人隊長，但服從日本指導官的指揮。在指導官運籌下，鄂倫春山林隊數度襲擊、重創抗聯三支隊。除鄂倫春部落外，日滿當局也在赫哲、鄂溫克等部落中組建了一些「員警隊」、「狩獵隊」等等民兵武力，協助關東軍和「滿洲國軍」維持地方秩序，防杜抗日反滿活動。

[14] 同期，日本派出情報人員到內蒙古從事情報與政治活動，與蒙古王公聯絡，聲言願協助「復興蒙古民族」，向王公出售武器。庚子之變期間，日本軍隊以不觸犯蒙古王公利益的行動，得到蒙古王公的好感，進而派遣情報人士前往蒙古王公家中擔任家教、興辦學校，邀請王公訪問日本，爲王公提供借款，與王公合作興辦企業。

[15] 1912年，日本利用中國內部革命之機，試圖在檯面上推出由滿洲貴族組成的「宗社黨」和卓索圖盟喀喇沁右旗扎薩克貢桑諾爾布等蒙古王公，在東北建立「滿蒙獨立王國」，川島浪速等人策劃的這一行動，由於種種原因流產。1915年，川島浪速再度與肅親王和卓索圖盟叛軍首領巴布扎布合作，策劃第二次滿蒙獨立運動，也以失敗告終。巴布扎布死後，日本則繼續扶持其子甘珠爾扎布和正珠爾扎布。

[16] 1927年4月，在「南京事件」中後執行「不干涉外交」憲政會內閣受到政友會、軍部和輿論的抨擊而下臺，田中義一領導的政友會登臺執政，祭出「滿蒙領有」的主張，強調「滿蒙」具有不可替代的戰略價值，是日本的「生命線」，否定中國對「滿蒙」的主權，確立當北伐波及「滿蒙」時，日本將以「自衛」的名義出兵阻止中國統一。植原悅二郎：《日本與支那》，東京：國際知識，1928年，第591-593頁。

「九一八」事變後，日本占據了東三省和內蒙古東部，1932年扶植傀儡，在這一範圍內建立「滿洲國」。事變之初，日方曾設想建立一個獨立的內蒙古，但評量短期內看不到控制內蒙古西部地區的前景，乃決定先將內蒙古東部建置為隸屬於滿洲國之下的一個「自治區域」──興安局；於此同時積極推動「內蒙古工作」。「內蒙古工作」由日本陸軍與日本政府直接指導，由關東軍負責推動，其目標是向內蒙古中西部地區推展日本的政治影響力，建立「蒙古國」。[17]德高望重的錫林郭勒盟盟長、西烏珠穆沁旗劄薩克索王受到日本重視，但索王對日方的企圖未做任何回應，日本才將「工作」目標轉向年輕幹練、充滿政治企圖心的錫林郭勒盟副盟長德穆楚克棟魯普（德王）。德王揭櫫「復興蒙古民族」的口號，並於1933年7月發動「百靈廟（貝勒廟）高度自治運動」，成為內蒙古自治運動領袖，受到日方的關注。德王向國民政府要求內蒙古自治的主張遭受挫折，為日方的介入提供了契機。

1936年，德王在日本全力支持下成立「蒙古軍總司令部」；同年4月底，召開「蒙古大會」，決定成立「蒙古軍政府」，以「整軍經武，收復蒙古國固有疆土」，建立以內外蒙古和青海為一體的蒙古國。七七事變後，日本占領包頭以東的內蒙古廣大區域，乃扶植德王的「蒙古聯盟自治政府」、于品卿的「察南自治政府」和夏恭的「晉北自治政府」，再於1939年9月1日合併三個政權，成立「蒙古聯合自治政府」（「蒙疆政府」）。[18]

---

17 關東軍司令本庄繁和板垣征四郎邀請甘珠爾扎布前來瀋陽，商議內蒙古獨立事宜，甘珠爾扎布主張建立內蒙古獨立軍，由關東軍提供槍枝彈藥，板垣答應提供步槍3,000支、子彈60萬發，由甘珠爾扎布擔任內蒙古獨立軍總司令。1932年10月，關東軍駐熱河特務機關長松室孝良向東京提交〈有關建設蒙古國的意義〉一文，歷數蒙古國的歷史和疆域、建設蒙古國的可能、時間與經費、蒙古國組織大綱，謀劃建立「蒙古國」的藍圖。松室孝良並開立一份「蒙古實權者名單」，分別詳列在南京、察哈爾、北平和其他地方的蒙古人士共約50人，以便從中挑選支持對象。

18 金海：〈從地域概念看日本「滿蒙政策」的演變及其實質〉，刊於《內蒙古大學學報（人文社會科學版）》，1997年第2期，第14-21頁。

　　值得注意的是，日本統治東北三省與內蒙古部分區域期間，為適應其統治需要，複製並實施清末以來中國政府幾項重要的邊疆和族群政策。包括：

　　一、在「滿洲國」實行滿、蒙、日、鮮（朝鮮）、華（漢）「五族協和」；在「蒙古聯合自治政府」轄境實行「蒙、回、日、華（漢）」的「民族協和」。[19]

　　二、在「滿洲國」範圍內的內蒙古東部盟旗與呼倫貝爾（東蒙古）地區，實行「廢盟部、設行省」政策，廢除「旗縣並存」制和王公制度；

　　三、在西部「蒙疆政府」控制區，則實行北京政府和國民政府於1920年代末在東部盟旗實施過的盟旗與省、廳、縣並行的政策；

　　四、對藏傳佛教實行去政治化改革；

　　五、推行近代文化教育，而其中的殖民色彩遠超過清末以來中國政府的漢化政策。[20]這一切，更呼應了日本基於與汪政權合作和減輕站在外蒙古背後的蘇聯的疑慮，對內蒙古民族運動由支持改為抑制的整體政策方向。[21]

　　日本「滿蒙工作」的轉向，昭示出外來勢力介入中國族群政治的根本限制，即當外來政治生態侵入現代中國境內原生性的族群政治生態系統時，勢必面臨的原生生態系統的反抗；中國族群現象的多元性，並未改變中國族群政治強烈的本土特性和傳統特性。

---

[19] 盧明輝：《德王「蒙古自治」始末》（下），呼和浩特：內蒙古語文歷史研究所，1977年，第276-277頁。

[20] 相關研究，可參考阿拉騰達來（金海）：《日本與內蒙古》，蒙古文版，呼和浩特：內蒙古教育出版社，2004年；金海：《日本在內蒙古統治政策研究》，北京：社會科學文獻出版社，2009年。

[21] 當日方於1939年主導三個內蒙古傀儡政府整合，成立「蒙疆聯合委員會」時，德王即感受到日人工具性利用內蒙古民族運動的本質，明瞭日本並不樂見一個獨立的「蒙古國」，只得於1941年8月在蒙疆政權內部改稱「蒙古自治邦」。德穆楚克棟魯普：《德穆楚克棟魯普自述》，中國人民政治協商會議內蒙古自治區委員會文史資料委員會，1984年，第79-82；112頁。

伍、遙望新疆

從傳統地緣政治學的角度看，新疆更處於日本戰略計畫的中心位置。新疆於地理上位於東亞、中亞與南亞的交接區域，同時又處在亞洲、歐洲和非洲大陸之間，與蘇聯和英國在亞洲的勢力範圍相接。以麥金德的「陸權論」視之，這裡正與東歐的「心臟地帶」性質類似，如麥金德所言：「誰控制了東歐，誰就控制了心臟地帶；誰控制了心臟地帶，誰就控制了世界島；誰控制了世界島；誰就控制了全世界」。日本如能在實體上控制新疆，自然就從空間上阻絕了蘇聯、英國這兩個戰略競爭者與中國之間的連結，大致完成中國的戰略包圍。然而，在實力尚不足以控制內蒙古西部的情形下，控制新疆當然是奢望。日本所能做的，是一方面從「阿爾泰」的角度，發掘與新疆多數住民——突厥語穆斯林之間的共同歷史文化連結；另一方面從意識型態的角度，建立伊斯蘭和「皇道」共同對抗共產主義的共同利益連結。

針對前一方面，日本從20世紀初開始，以近代語言學、人類學方法，結合其熟知中國史籍的特長，展開「東洋學」之下的「西域」研究，取得了一些領先世界的學術成就，[22]確立了日本與中亞之間共同的歷史文化連結。

針對後一方面，19世紀末，日本即對作為其地緣政治競爭者的俄國勢力深入新疆頗為警覺，曾嘗試遊說新疆當局排拒俄國的影響。[23]楊增新、金樹仁相繼主政時期，日本進一步派出情報人員，如滲透到馬仲英部隊的大西忠，試圖介入新疆的政治，包括接觸由突厥穆斯林右翼民族主義者於1933年在喀什建立的「東突厥斯坦共和國」。短命的喀什政權結束後，奉命皈依伊斯蘭教的日本情報人員鈴木佳子，嫁給右翼民族主義者奧斯曼，負責協助並監視其夫的政治活動。[24]日本明瞭自身實力的局限，其控制新疆的設想僅停

---

[22] Umemura Hiroshi, *Japanese Studies on Inner Asian History 1973-1983* (Tokyo: The Centre for East Asian Cultural Studies,1987).

[23] 房建昌：〈近代日本滲透新疆述論〉，刊於《西域研究》，2000年第4期，第46-53頁。

[24] 朱永彪、楊恕：〈二戰結束前日本地緣政治視野中的新疆，刊於《新疆大學學報》（哲學人文社會科學版），2006年第3期，第59-62頁。

留在藍圖階段，但仍對新疆的穆斯林成爲包圍蘇聯的一環抱持期待。

陸、「西藏工作」：放大對中國的包圍圈

　　儘管在地緣上，日本與西藏相距遙遠，但日本與滿蒙的關係，以及日本的密宗佛教傳統，拉近了日本與西藏間的心理距離。1930年代日本與中國政府間敵對的政治關係，促使日本將同樣排斥中國中央政府的西藏地方置於其分化中國的大戰略之下。

　　早在明治時期，日本外務省與軍方即已派遣間諜潛入西藏，搜集西藏政治情報，並試圖藉日藏間的佛教淵源，達成「日藏邦交」的目標。[25]中華民國建立初期，日方基於維繫與英國關係的考慮，僅默默致力經營與西藏間的民間關係。[26]「九一八」事變和蘆溝橋事變相繼爆發後，西藏在日本對華戰略中的戰略地位日益升高，除了它在地理上扼制著中國的戰略後方之外，西藏佛教上層在滿蒙的影響力更是不可忽視的資源，日本軍政系統乃重回明治時代政策軌道，擴大對西藏的滲透。日本情報機關多次派遣情報人員潛入青康藏語區和西藏，其中特別針對親中央並流亡內地的九世班禪集團多方籠絡。[27]外務省專門成立「西藏工作」，負責蒐集西藏政治情報，並推動西藏地方政府代表、內地藏傳佛教政教高層於中日戰爭激烈進行中的1942年夏初

---

[25] 參見木村肥佐生：〈成田安輝西藏探險行經緯〉，收入《亞細亞大學アジア研究所紀要》第8號，1981年12月，第33-38頁；第9號，1982年12月，第139-192頁；第10號，1983年12月，第183-238頁；秦永章：〈近代日本滲透西藏述論〉，刊於（北京）《近代史研究》2005年第3期，第144-169頁；Wilhelm Filcher, *Sturmüber Asien: Erlebnisseeines Diplomatischen Geheimagenten* (Berlin: Neufeld & Henius, 1924), Kapitel 10.

[26] 秦永章：〈近代日本滲透西藏述論〉，刊於（北京）《近代史研究》，2005年第3期，第144-169頁。

[27] 〈蒙藏委員會爲轉難民陳宗敬函稱京中班禪辦事處有人爲日本人工作事與軍政委員會等來往函電〉；〈國民政府軍事委員會爲告知班禪行轅卓尼堪布覆桑登與日本人夙有勾結事致蒙藏委員會代電〉，（南京）中國第二歷史檔案館藏，藏事檔案。

以「觀光」名義訪日。西藏政教高層訪日期間發表的言論顯示，日方在一定程度上達成了它所期待的政治目標。[28]但對藏漢、藏英關係、中英在第二次世界大戰當中的結盟關係，對西藏地緣政治利益的影響和西藏政治傳統有複雜考慮的熱振攝政當局，並不願冒險站在日本一邊。相反，拉薩選擇鄰近的重慶作為（至少是形式上的）效忠對象，安全係數仍超過靠近東京。

柒、「回教工作」：中心滲透

除極少數皈依伊斯蘭教的個人外，日本境內並不存在穆斯林社群。但基於解構中國的政治企圖，日本於20世紀初即對中國內部的伊斯蘭社群表達出高度興趣。1910-20年代，日本外交、軍事與情報部門，以及大連「關東都督府」殖民當局，即廣泛搜集中國各地漢語穆斯林社區和新疆突厥語穆斯林社區的情報，達成一致的結論：中國回教是中國的一個分裂因素，有必要加以積極利用。而日本還有更進一步的內陸亞細亞戰略，即一方面隔斷蘇聯援助中國的路徑，另一方面對蘇聯形成戰略包圍，也需要聯絡整個中亞和西亞的穆斯林。基於此一政治目的，由軍部、外務省等機構派遣若干名負有政治使命的日本人皈依伊斯蘭教，成為「政策上的信徒」。這些「政策上的信徒」幾乎全部投入包括組織成立以「回教」為名目的各類團體在內，種種滲透、影響中國伊斯蘭教和穆斯林社會的工作之中。[29]蘆溝橋事變後，整個「回教工作」是由東京最高層級軍政機構直接督導的要務，日本在其控制區成立的「回教」團體所舉辦的活動，都密切配合日本的軍事、政治行動，在中國穆斯林當中厚植親日觀念，實質上成為日本情報機關和軍部的派出單位。[30]

---

[28] 可參考秦永章：〈近代日本滲透西藏述論〉，刊於（北京）《近代史研究》，2005年第3期，第144-169頁。

[29] 王柯：〈日本侵華戰爭與「回教工作」〉，刊於（北京）《歷史研究》，2009年第5期。

[30] 1937年11月22日在察哈爾省會張家口成立的「西北回教民族文化協會」；1938年2月7

　　「九一八」前後，日本的滿、蒙、回、藏政策和其他針對中國境內非漢人的政策，已成為日本整體戰略計畫的一部分，目的在於分化中國、包圍中國。日本針對國民政府的「北方封鎖」計畫，內容是在東起察（哈爾）、綏（遠），經寧夏、甘肅、青海，西至新疆的地帶建立一個親日，或至少中立的地帶，隔絕中蘇之間的陸上聯繫。在日本軍部的成功運作下，西蒙古阿拉善旗、額濟納旗地區進入日本的勢力範圍。但綏遠傅作義部的敵對態度，讓日本的封鎖戰略受阻，日方乃尋求與寧夏馬鴻逵、青海馬步芳和河西馬步青勢力的政治合作，冀形成夾擊傅部、貫通西部封鎖鏈的局面。與掌控青海、甘肅、寧夏三省的穆斯林地方軍政勢力（「五馬」）建立有效的聯繫，遂成為「回教工作」的另一個核心。「九一八」後，日方派遣情報人員進入綏遠、寧夏、河西與青海，在馬鴻逵、馬步芳、馬步青的勢力範圍內從事情報活動，包括設立情報據點、運輸機構和車隊等，同時也將觸角伸到新疆。[31]

　　日本軍方規劃在甘肅、寧夏、青海，甚至包括新疆在內的穆斯林聚居地區，建立類似「滿洲國」和「蒙古自治聯合政府」那樣的「回回國」；但軍中較為務實的一派，主張在寧夏、綏西一帶先行建立「回回國」，再伺機擴展，決定從緊鄰「蒙疆」額濟納、阿拉善二旗的寧夏省軍政首腦馬鴻逵處入手。但從1935年到1939初，日本方面屢敗屢試，多次籠絡馬鴻逵皆功虧一簣，最後只能派飛機轟炸寧夏省城。馬鴻賓與馬鴻逵出兵綏西抗日，標誌對馬鴻逵的策反企圖最終流產。

　　日本當然注意1,000萬穆斯林分布在中國各地的這一事實背後的意味，軍方和外交、情報機構，也針對普通穆斯林民眾下了一番功夫。軍方透過公開管道和耳語傳播，將日本描述為伊斯蘭教和穆斯林的保護者，幫助回民自

日，在北平（日軍於蘆溝橋事變占領北平後，更名「北京」）成立的「中國回教總聯合會」；1938年5月7日在熱河省省會承德成立的「防共回教徒同盟」。中生勝美編：《植民地人類學の展望》，東京：風聲社，2000年，第230-240頁。

[31] 劉景華：〈抗戰時期的西北諸馬〉，刊於《青海社會科學》，1995年增刊，第94-100頁。

治的盟友；在回民中建立對抗日本人是「替漢人賣命」的印象。[32]

　　七七事變後，日軍在部分軍事和非軍事行動中，也會有意顧及穆斯林社區，或者故意製造回、漢之間的猜疑與衝突。1938年秋，駐北平日軍計畫修建市區通向西郊山區的公路，規劃路線經過阜成門外回民公墓，北平回民聞訊聚眾阻擾測量人員的行動，並在牛街清眞寺等處集會抗議，日本軍方很快向回民妥協，放棄原定路線。[33] 1938年7月，日軍士兵在察哈爾多倫掘毀回民墓地，也在回民抗爭下，以日方妥協、賠償告終。[34]

　　囿於諸多客觀條件的限制，日本軍政上層所從事的「回教工作」，無法迅速改善日軍中下階軍官與士兵對伊斯蘭的極度無知。

捌、面對陌生世界——日本對中國南方少數族群的分化與動員

　　1940年代初，日本將戰火延燒到擁有人類學博物館之稱的中南半島，這裡的族群政治現象更爲多元複雜。爲了從西南方向進一步包圍、裂解中國，

---

[32] 據1930年代研究甘青回藏歷史與文化互動的美國學者記述：「日本在滿洲發動政變後，西北的穆斯林中開始盛傳一個流言，說奧圖曼蘇丹阿卜都·哈米德二世（Abdul Hamid II）的一個姪子已得到東京的支持，日本將藉復甦泛伊斯蘭思想之名，培養親日情感，讓日本而不是德國扮演穆斯林保護者的角色。但是當穆斯林將軍馬占山拚死抵抗日本軍隊並成爲民族英雄時，幸運再次落入中國政府手中。這不僅因爲馬占山身爲穆斯林這一事實使得中央政府重新審視不可靠的穆斯林，而且也因爲他的浴血奮戰，使穆斯林再也無法贊同日本人」。Robert B. Ekvall, *Cultural Exchanges between Tibetans and other Ethnic Groups*，中文譯本由蘇發祥、洛賽編譯：《藏族與周邊民族文化交流研究》，北京：中央民族大學出版社，2013年，第38頁。

[33] 汪梅琪：〈抗戰時期少數民族的英勇鬥爭〉，刊於（北京）《近代史研究》，1988年第3期。

[34] 張瑞祥：〈多倫回族抗戰史話〉，刊於《回族文學》，2012年第4期，第58-62頁。

日本祭出其盟友泰國[35]的泛泰主義主張，[36]質疑中國統治西南、華南非漢人聚居區域的合法性，為其入侵廣西、雲南等地的行動尋求政治支持。然而中國的傣、僮等「侗臺語族」族群，對於虛構的「泛泰記憶」缺乏直接感受，也缺乏政治興趣。

　　日軍在1942年至1945年占領滇西期間，也對士兵和民眾雙方宣示「不殺戴包頭、戴大耳環、嚼煙染牙齒、穿籠箕」者，只殺支那漢人，[37]也未能達成有效動員滇西各族群民眾反對中國統治的目標。

玖、中國國民政府少數族群政策的調整與抗日動員

　　直到北伐前夕，國民黨仍未萌生動員非漢族群參與國民革命或共同抵抗外國侵略的自覺意識。國民政府奠都南京之初，面臨國土完整與國家整合方面的挑戰。在邊疆非漢人聚居區域，外國勢力仍然基於從中國攫取利益、資源的目的，以不同的方式介入中國邊疆的政治之中，威脅著中國的國家整合。然而，此時國民政府的政治軍事實力，仍不足以驅逐外國勢力，消除國內地方勢力和非漢人族群離心傾向。國民政府的族群政治設計與執行，是在

---

[35] 近代泰國長期抱持親日的姿態。國際聯盟就「九一八事變」提出譴責日本之議時，唯一棄權的國家就是泰國；太平洋戰爭爆發後，日本即與曼谷當局簽訂〈日暹同盟條約〉。

[36] 泛泰主義是20世紀前半期興起於泰國的泛民族運動，它借用語言學對漢藏語系內部語族劃分的研究，將其中使用「侗臺語族」語言的群體，如泰國的泰人、寮國的老人、英屬緬甸的撣人、英屬印度阿薩姆邦的阿洪人、法屬印度支那的儂人、岱人、越南泰人和中國雲南的儸儸（傣人），中國廣西、貴州、湖南的僮人、布依人、水人、侗人、仫佬人、毛南人，乃至海南島上的黎人、臨高人等一律視作「泛泰民族」；有些泛泰主義者還將歷史上的南詔、大理國視為泰人國家。陳呂範：〈中泰關係若干問題研究課題小結〉，《泰族起源與南詔國研究文集》代序（北京：中國書籍出版社，2005年）第2-4頁。泛泰主義的政治目標是將一切「泛泰民族」及其居住地「重新」納入「泰人國家」的領土範圍，這意味著，泰國質疑中國統治非漢人族群聚居的西南、華南地區的合法性，宣示對中國西南、華南的大片國土的領土主張。

[37] 中國人民政治協商會議雲南省德宏傣族景頗族自治州委員會文史資料研究委員會編：《德宏州文史資料選輯》第1輯，芒市：德宏民族出版社，1987年，第142-150頁。

不斷適應內外局勢變遷之下中，不斷進行調整、妥協的過程。

「九一八」事變後，面對日本利用少數族群民族意識和民族主義運動的局勢，更令蔣介石一度萌生建立「五族聯邦」的設想，準備於十年之內在滿、蒙、藏地區展開自治實驗。1932年4月，前清宗室，奕山玄孫恒鈞（字詩峰）在洛陽國難會議上提交「為欲抵抗外侮必先團結內部，應使滿蒙回藏在政治經濟教育上一切平等案」，直指「民族不能協調」是邊疆危機的一大根源。恒鈞以滿族代表的身分建議，國民會議宜仿蘇維埃之例，讓各民族在國會中都有自己的代表。[38]恒鈞的提案也得到與會代表和國民政府的正面回應。

七七事變後，國民政府族群政治設計與執行的重點，轉向與日本競爭邊疆和少數族群民眾的政治資源，動員少數族群民眾投入中華民族共同抗戰的行列之中。

日本利用或挑動少數族群民族主義情緒的論述與政治行動，尤其是「滿洲國」的建立，給中國學界和國民政府帶來相當大的震撼。面對國家淪亡的危機，有識之士一方面強調「凡中國人都是中華民族」[39]的「國族」論，另一方面強烈主張不再區分「漢、滿、蒙、回、藏、苗、夷、蠻、番、猺、玀、獞」等，至少必須改定對少數族群以「犬」做部首的侮辱性稱謂。在抗戰的特殊環境下，國民政府接納了有關改、廢對邊疆同胞侮辱性族稱的建議，以國家行政命令的形式，規定在學術研究中，更改對邊疆同胞侮辱性族稱；在其他文獻、媒體和出版品中，對邊疆同胞僅區分地域，不區分族別，並將「回族」一詞正名為「回教徒」。[40]

---

[38] 國難會議祕書處編：《國難會議紀錄》，沈雲龍主編：《近代中國史料叢刊》續編第49輯，臺北：文海，1977年影印，第120頁。

[39] 顧頡剛：〈中華民族是一個〉，刊於《益世報》（昆明）〈邊疆週刊〉第9期，1939年2月13日，版4。

[40] 婁貴品：〈國民政府改廢少數民族稱謂的歷史考察〉，刊於《貴州民族研究》，2013年第3期，第134-137頁。

拾、國民政府對蒙、藏的妥協與互動

　　針對日本對中國邊疆非漢人聚居區的軍事和政治威脅，「九一八」事變前，國民政府邊疆政策的主要方向，是致力推動針對內蒙古地區和藏語區東部推動行省化進程。具體設計是，將蒙古各盟旗分別劃入省、縣轄下；將藏語區東部劃入新建的青海與西康二省。內蒙古和藏語區東部的行省化，以及針對西部山區少數族群的改土歸流，招致蒙、藏和西南少數族群的非議和反彈：熱河、察哈爾、綏遠三省的設立，加劇了內蒙古利益與國家權力之間的衝突。1931年「九一八」事變後，「勢單力孤」[41]的東蒙古和內蒙古東部盟旗很快被納入「滿洲國」的範圍，日本勢力大有將勢力伸向內蒙古中西部之勢。國民政府針對內蒙古的行省化政策，等於對蒙古人做了反動員。內蒙古王公和上層菁英在時任內蒙古錫林郭勒盟副盟長，錫林郭勒盟蘇尼特右旗扎薩克郡王（後晉升親王）德穆楚克棟魯普（時人稱之為「德王」）的率領下，對此展開抵制，於1933年起，發起「民族自治」運動，杯葛國民政府針對內蒙古的行省化政策。一部分非傳統貴族出身，業已躋身革命的新菁英步上南京、北平的政治舞臺後，也與各盟旗的地方菁英結盟，反對國民政府的行省化政策。[42]這些行動，迫使南京做出修正與妥協，中斷將盟、旗全部納入省、縣行政體制的進程，承認內蒙古和青海等地蒙古人的有限自治。

　　清末在西藏的新政，在尚未達成提升清朝權威，強化直接統治的目標之際，即伴隨中國的革命一起殉葬。十三世達賴喇嘛乘機靠近英國，並宣布西藏斷絕與中國的政治關係，等於在事實上宣布西藏獨立。但英國人基於其整體利益的考慮，對西藏的支持有其底線，西藏的國家地位依然無法得到任何國家的承認。國民政府建立後，國家統一的程度有所提升，十三世達賴必須面對這一現實，與南京的新政府維持一定的互動。[43]

41　徐世昌撰：《東三省政略》，臺北：文海出版社，依宣統三年刊本影印，1965年第2卷〈蒙務下・籌蒙篇〉。

42　黃奮生：《蒙藏新志》下，上海：中華書局，1938年，第525頁。

43　1928年，西藏政教當局駐五臺山的堪布羅桑巴桑前往南京拜見蔣介石，面呈十三世達賴

　　「九一八」事變發生之際，九世班禪、十三世達賴駐京駐京代表等都表達了支持中央政府抗日的立場。[44]刻在東北，憂心日本控制內蒙古東部的九世班禪，於1931年10月11日從海拉爾趕赴錫林郭勒，向蒙古信眾揭露日人圖謀，警示蒙古人向日人妥協的危險，[45]並拒絕日人籠絡，再通電全國，呼籲中央安撫蒙民。[46]

　　1932年1月「一二八」事變發生，十三世達賴喇嘛下令西藏各大寺廟數十萬僧人誦經「冀中央政府取得最後勝利」。九世班禪則在巡視上海、北平、察哈爾、綏遠、甘肅、青海等地的過程中，一路號召僧俗民眾抗日救國，並強烈要求親赴熱河蒙民中宣導抗日。自此到七七事變前後，九世班禪在內地舉辦多次抗戰宣導活動，也直接捐贈金錢財物資助抗戰。[47] 1933年

的親筆信函；稍後，又派特使向國民政府表達「達賴不親英人，不背中央，願迎班禪回藏」的新立場。1929年，十三世達賴再度致函國民政府，表達服從新的、穩固的中央政府，願與中央間建立有效聯繫的意向。國民政府把握機會，於1930年派員赴拉薩宣慰，十三世達賴方面則在南京、北平與康定三地設立辦事處，負責西藏與中央之間的聯繫事宜，並於1931年派6名代表出席在南京召開的國民會議，正式承認「中藏一家，恢復舊制」。

[44] 1931年10月7日，十三世達賴駐京總代表、雍和宮堪布貢覺仲尼、九世班禪額爾德尼駐京辦事處處長羅桑堅贊，與西康諾那活佛、松朋活佛等藏傳佛教高僧，在南京發起「康藏旅京同鄉會抗日就國會」，十三世達賴及九世班禪駐京代表及辦事處長、藏族旅京人士等即組成「康藏旅京同鄉抗日救國會」，作出一致抗日的決議，並發表〈告全國同胞書〉，表示「與我全國同胞同立一條戰線，赴湯蹈火，在所不辭」。中國國民黨中央宣傳委員會主辦：《蒙藏旬刊》（民國20年9月20日改版）第3期。11月，業已加入國民黨的西藏駐京辦事處主要官員出席國民黨第四次全國代表大會，在會議期間表達抗日決心，同時提交「改善蒙藏軍事政務、宗教、教育以禦外侮案」。會後，貢覺仲尼、阿旺堅贊等集結在京藏族人士，集會表達對政府抵抗日本行動的支持。喜饒尼瑪：〈民國時期出席全國性政治會議的西藏地方代表〉，刊於《中國藏學》，1989年第2期。

[45] 中國國民黨中央宣傳委員會主辦：《蒙藏旬刊》（民國20年9月20日改版）第1期。

[46] 《九世班禪內地活動及返藏受阻檔案選編》，北京：中國藏學出版社，1990年，第38頁。

[47] 喜饒尼瑪：〈論戰時藏傳佛教僧人的抗日活動〉，刊於《抗日戰爭研究》，2003年第2期，第65-86頁。

10月18日，國民政府頒布褒揚令，推崇九世班禪對號召蒙古民眾抗戰的貢獻。[48] 1933年12月27日，十三世達賴喇嘛圓寂，西藏地方攝政熱振活佛依其遺願舉辦三次祈禱法會，祈求中國軍隊獲勝。[49] 熱振又於1939年7月7日致電蔣介石，表達支持抗戰的意願，通報當年在拉薩舉辦的抗戰祈禱法會過程與內容。[50]

有必要指出，從國民政府建立到抗戰爆發，正值中央政府積極尋求與此前具有分離傾向的十三世達賴喇嘛重建關係之際，南京盱衡達賴與班禪間實力的明顯差距，對在日本威脅之下維持西藏這個後方中的後方的穩定抱持如履薄冰的心情，有意阻滯親漢、親中央，但與達賴不合的九世班禪返回西藏，致使九世班禪直到圓寂都未達成他後半生最大的心願。[51]

1938年12月，拉薩哲蚌寺僧眾表達願在國家需要兵員時持槍從軍的意願。1939年5月，西藏僧民代表團到達重慶，向蔣介石獻旗，立誓繼承班禪遺願，實行抗戰建國綱領，盡藏族一分子天職。四川松潘藏人土司聯名具呈政府，表示「願率夷兵馳赴前線殺敵」。川康青邊土官、活佛等紛紛捐獻財物表達抗日決心。甘肅拉卜楞地區土司間保安司令黃正清於1938年8月召集各寺僧官及頭人，要求與會者發動所屬支持抗戰。[52] 1944年10月，西藏僧俗民眾捐獻國幣500萬圓，這筆款項可購買25架飛機。四川、西康、青海、甘肅、五臺山的僧俗民眾，在抗戰期間更捐獻了可觀的財物。

48　《蒙藏旬刊》，1932年第46期。

49　《蒙藏旬刊》，1934年第5期。

50　喜饒尼瑪：〈論戰時藏傳佛教僧人的抗日活動〉，刊於《抗日戰爭研究》，2003年第2期，第65-86頁。

51　林孝庭：〈國民政府與九世班禪喇嘛———一個近代中國漢藏政教權立關係之剖面〉，刊於《傳記文學》，2010年第2期（總第573期），第4-22頁。

52　周正龍：〈略論西南少數民族上層人士的武裝抗日活動〉，刊於《樂山師範學院學報》第22卷第6期，2007年6月，第99-101頁。

拾壹、國民政府對西南地區少數族群的動員

　　1937年「七七事變」後，中國賴以進出口的東南沿海遭到日本全面控制，海上對外交通斷絕，位居西南的雲南省，因可連接英屬殖民地緬甸的對外口岸，成爲國民政府國際運輸線的替代選擇。爲保障作戰物資的運輸，國民政府接受雲南省主席龍雲的建議，先後規劃修建滇緬公路與滇緬鐵路，雲南西部各族民衆在動員之下幾乎都參與了修築公路[53]和鐵路的工程。[54]

---

[53] 滇緬公路由雲南昆明通往緬甸臘戌，自下關逸西，經漾濞、永平、保山、龍陵、潞西，再由瑞麗、畹町出境，接緬甸境內的臘戌，與緬甸中央鐵路相接。沿途翻越雲嶺、怒山、高黎貢山、漾濞江、瀾滄江與怒江，沿線彝（儸儸）、白（民家）、傣（擺夷）、苗等族民衆自備糧食、被服和最原始的工具，參加人數近30萬人，有時全路段每日即有20萬人同時施工。日夜趕工下，於1937年12月至1938年8月短短八個月間築成包括惠通、功果、漾濞三座大橋和其他533座橋樑、3,292孔涵隧在內，中國境內長960公里，全長1,146公里的戰時交通大動脈。日軍爲破壞滇緬公路，從1940年10月下旬開始對沿線橋樑、渡口實施大規模轟炸；1941年初，更建立「滇緬路封鎖委員會」，以100餘架飛機日以繼夜輪番轟炸、破壞公路。滇緬公路養護工、橋工和各族民工在炸彈威脅下冒險搶修路面，艱難維持運輸暢通。

[54] 1939年，國民政府進一步決定，修建滇緬鐵路，計畫由昆明向西南延伸，經祥雲、孟定出境緬甸接到臘戌，再通往仰光。這條計畫中的鐵路在雲南境內長886公里。末段100餘公里經過阿佤山區，僅臨滄阿佤山區一地投入修築作業的阿佤等族民工即達數萬人。周家瑜：〈簡論佤族在抗日戰爭中的貢獻〉，刊於《臨滄教育學院學報》，2005年第3期。滇緬鐵路橫跨中、緬境內，在緬甸境內的一段，經外交協議，由當時英屬緬甸當局的負責修築，1940年，英國尋求與日本修好，下令關閉滇緬公路，滇緬鐵路也延宕不願動工，國民政府只好暫停修築滇緬鐵路，將人力轉用於連接四川、西康與雲南的西祥公路。1941年4月，英方態度轉變，滇緬鐵路復工，1942年春季完成部分鋪軌與土石整建。日本偷襲珍珠港後，美國對日宣戰，1942年1月24日，雲南省主席龍雲致電蔣介石建議，「國際情勢劇變，滇緬鐵路似可停修」。不到兩個月後，日軍攻陷緬甸首都仰光，存放於此的滇緬鐵路器材隨之失陷，日軍並繼續向北推進，國民政府除先行派遣中國遠征軍，進入緬甸境內協助英軍作戰，也於同年3月中旬，宣布滇緬鐵路全線停工。由於日軍進展迅速，占領緬甸全境，並於1942年5月間，進逼中緬邊境上的惠通橋，爲了避免滇緬鐵路遭敵人利用，蔣中正於是下令自行破壞滇緬鐵路，除保留昆明到平浪一段以外，滇緬鐵路其餘完工的工程，全部以炸藥爆破。

　　1940年9月日軍占領法屬印度支那後，地處廣西、雲南境內中越、中寮邊境地帶的哈尼、彝（羅羅）、僮、苗、傜、漢人社區，出動數千民工，在邊境構築了183公里的國防工事；紅河哈尼人和彝人（羅羅）群體也組建邊防遊擊隊，擔任救護與蒐集情報的工作，配合中國軍隊正規部隊修築戰壕、橋樑、隧道。[55]抗戰爆發後，中國空軍僅存的少許實力撤往大後方，隨後，美國志願飛行隊來華助戰，基地也設在四川。因應這一局面，國民政府在四川建立33處機場。四川境內土家、苗、藏等少數族群民眾是修建機場的主力。

　　珍珠港事變爆發後，日軍更迫切地尋求封鎖滇緬通道，遂將戰火擴大到緬甸。中國遠征軍入緬作戰失利，日軍進一步向雲南方向推進，於1942年5月攻入滇西。[56]

　　滇西淪陷地帶多數居民分屬傣（擺夷）、阿昌、彝（羅羅）、白（民家）、苗、哈尼、景頗（山頭）、佤、怒、獨龍、拉祜等等三十多個族群，人口100多萬，分別由24家「世襲其職、世守其土、世長其民」的土司統轄。民初，中華民國北京政府延續清朝的「改土歸流」政策，有意進一步推動對西部山區部落、土司政治的改革；國民政府完成全國統一初期，更規劃在十年左右的時間內，澈底廢除中國西部殘留的土司制度。但西部土司等地方傳統政治勢力並不甘於自動讓出權力和利益。[57]。

---

55 卓人政：《中共中央南方局的群眾工作》，北京：中共黨史出版社，2009年，第144-145頁。

56 1942年5月3日，日軍第56師團侵入雲南，以裝甲部隊為前驅，沿滇緬公路直驅滇西，連陷德宏、畹町、遮放、芒市、龍陵、騰衝等地，砲擊怒江東岸村落，從空中轟炸滇緬公路向東的路段和下關、保山、祥雲、昆明等城市。

57 以雲南潞江傣人線氏土司為例，1913年，雲南省尊奉北京政府的政治設計，在潞江壩設立潞江縣佐，隸屬於龍陵縣，這是國家在潞江設立流官之始。當時的潞江安撫司司官線慶祥表面上欣然接受，但在檯面下架空縣佐的權力，再以縣佐不諳擺夷習俗，不能適應邊寨生活為由，將其禮送到龍陵居住，實質維持獨自統治潞江壩的狀態。省政府欲在南甸設立彈壓委員之際，線慶祥強烈反彈，待任彈壓委員也憚於潞江壩生活條件惡劣，不願赴任，設彈壓委員之議遂告流產。1930年代初，國民政府在設立設治局時，潞江壩歸

　　日軍入侵，怒江兩岸各族民眾成為滇西抗戰的主要後援力量，面對大敵當前，日人對土司威逼利誘的危局，出身騰衝的雲貴監察使李根源接受蔣介石之命，親赴前線協助宋希濂部第11集團軍組織民眾抗戰。在動員滇西民眾加入牽制日軍行動的迫切需要面前，李根源體悟到當地少數族群政治資源的價值，「若不及時體察土司意圖，示以殊恩，發其忠義，誠恐被敵利誘威脅，則心志稍移，凝結無術」。[58]基於抗戰的需要，國民政府悄然中止了以緩進方式推動改土歸流的進程，甚至重新恢復了土司封委承襲制度。[59]李根源遂於6月1日發出《告滇西父老書》，號召滇西民眾投身抗戰，[60]繼而派出同樣出身滇緬邊境地帶的外交部專員尹明德深入滇西各土司駐所，向各土司頒發國民政府委任狀，得到土司輸誠效力的承諾。[61]日軍逼近雲南之際，阿佤山區部落首領也標舉「抗日保土」、「抗日守衛阿佤山」的口號，動員阿

入蓮山設治局。設治局在滇西土司地區開始清丈土地，準備直接徵收賦稅，遭到線家以外其他土司的抗拒。

[58] 李根源感到，龍潞邊區及滇西各土司「自原明清迄今，歷數百年，其為勢根底盤深，當此時局，豈可置而不用？！」李根源輯：《永昌府文徵》（重排點校本），昆明：雲南美術出版社，2008年，〈文錄〉第6冊，第30卷。

[59] 王文成：〈滇西抗戰與龍潞邊區土司制度的延續〉，刊於《抗日戰爭研究》，1994年第2期。

[60] 《告滇西父老書》號召民眾「抱定決心，驅逐敵人退出騰衝、龍陵國境以外，退出緬甸，甚至退出暹邏、安南及南洋群島」，遞送給各土司。1942年7月，宋希濂也親筆致函線光天，鼓勵他投身抗日。常紹群：〈滇西敵後軍民抗戰紀實〉，收入中國人民政治協商會議雲南省委員會文史資料研究委員會編：《雲南文史資料選輯》第25輯，昆明：雲南人民出版社，1985年。

[61] 尹明德到達騰衝、南甸、干崖、盞達各土司駐所，向潞江安撫使線光天、南甸宣撫使龔綏、干崖宣撫使刀京版等人一一頒授委員長玉照、電文、函件、委任令、匾額等。此後，「南甸、干崖、盞達、戶撒、臘撒、潞江、猛卯、隴川、江內、耿馬、孟定、猛角董、灣甸、老窩、六庫、魯掌、卯照、登埂諸土司函寄李監察使，輸誠效力；芒市、遮放、猛板三土司，雖在敵寇威脅之下，亦密遣人與內地聯繫，雖不能自拔，亦不昧大義從逆也」。常紹群：〈滇西敵後軍民抗戰紀實〉，收入中國人民政治協商會議雲南省委員會文史資料研究委員會編：《雲南文史資料選輯》第25輯，昆明：雲南人民出版社，1985年。

佤山區民眾配合國軍抵擋日軍的進攻。[62]

　　滇西土司主動參與抗戰，有出於愛國意識的一面，也有維護自身世有之地傳統利益的考量。國民政府重新肯定土司制度的合法性，消除了土司對自身權利存續的憂慮，使政府得以順利動員、組織邊疆各族民眾投入抗戰；國民政府對土司參與抗日的表彰與嘉獎，也提升了土司的威望。抗戰勝利後，很多邊民「只知昔日之土司衙署，而不知有縣局政府者」。土司制度意外得以延續。不過，在土司制度繼續沿襲的同時，土司內部的政治制度正隨著時勢的演變趨向流官化。很多土司司官及司署官吏被軍事委員會和第11集團軍授予「自衛軍」、「遊擊隊」指揮職務及軍階，所統轄的遊擊部隊也接受國軍的指揮，並向國民政府提出裝備補給的要求。[63]如此一來，土兵制度與國軍軍政制度相互交迭，使土司封委、承襲制度與土兵制度開始轉型。

拾貳、少數族群與中華民族、抗戰建立連結

　　日本侵華，也讓中國少數族群中的部分菁英敏感地體認到其身分、權力、利益與「中華民族」的關聯，一些人把握這一政治機運，爲族群生存和前途做出重大的選擇。

---

[62] 勐角、勐董土司張萬美即聯絡阿佤山區部分土司頭人遠赴大理，請求11集團軍總司令宋希濂協助建立阿佤抗日武裝。宋希濂派下屬前往耿馬，將耿馬、滄源兩地的土司兵合組爲「耿滄抗日支隊」，又在滄源縣境的勐董永和地區建立「阿佤山區游擊支隊」，縣境的南臘建立「阿佤山特區自衛支隊」，幾支武裝總人數超過2,200人。1944年10月，班洪土司胡忠華也在龍雲的支持下，集結阿佤青年，建立「班洪抗日自衛支隊」。滇緬抗戰開始後，阿佤山區部落首領集會成立「大中華民國雲南省接緬邊區卡佤山十七頭目聯防協會」，再度歃血盟誓，宣示「我卡佤山諸頭目，務各本良心，竭誠服從政府法令、委員長指示，大家聯合起來……聯合禦侮，始終在祖國領導之下，鞏固邊防，使我國家領土主權得以完整」。〈大中華民國雲南省接緬邊區卡佤山十七頭目聯防協會立盟書〉，見雲南省西盟佤族自治縣縣志編纂委員會編：《西盟佤族自治縣志》，昆明：雲南人民出版社，1997年，第419頁。

[63] 尹明德：〈抗日戰爭時期日記片段〉，收入《德宏史志資料》第2輯。

一、漢語穆斯林的族群動員與地方軍政實力派的抗日行動

　　儘管咸同之際漢語穆斯林（回民）與清朝朝廷之間的衝突，牽涉到宗教、族群方面複雜的因素，但回民在19世紀「爭教不爭國」，無意脫離清朝國家統治的範圍自立門戶，在20世紀前半期同樣正面響應了中華民族國族建構的目標和進程。一如回民知識分子丁竹園在民初所言「保國即是保教，愛國即是愛身」；[64]白崇禧在抗戰時所言「爭教必爭國，國存教乃存」。[65]同治回民事變後崛起於西北的回民軍政勢力，仍然要依靠清朝朝廷的政治授權，才能維持統治地方的合法性，此一模式延續到回民與中華民國政府的關係和互動中。

　　抗戰爆發後，回民紛紛成立包括「中國回民救國協會」在內的諸多全國性[66]和地方性[67]抗日救國團體，透過多樣的宣傳、服務行動支援抗戰。伊斯蘭宗教人士面對信徒，也強調「國家興亡，穆民有責」的伊斯蘭教義，在宗

64　《正宗愛國報》，民國元年正月初六日。

65　白崇禧：〈要用殉教精神挽救中國民族的淪亡〉，刊於《回教大眾》創刊號，1938年2月。

66　針對日軍在其占領區建立「中華回教聯合總會」的舉動，1938年1月全國性的穆斯林抗日團體「中國回民救國協會」在漢口預備成立，發表動員全國回民救亡的宣言。〈中國回民救國協會宣言〉，刊於《新華日報》，1938年1月16日，版1。同年5月，協會正式成立，理事長白崇禧發表〈敬告全國回教同胞書〉，激勵回民救國的決心。白崇禧：〈敬告全國回教同胞書〉，收入《回民言論》創刊號，1939年1月。協會隨即在陝西、甘肅、青海、寧夏和新疆等17個省分成立分會，分會下以縣、區為單位再成立支會。孫穎慧：〈中國回教救國協會寧夏分會述評〉，刊於《回族研究》，2005年第4期，第54-60頁。並協助各地成立穆斯林青年抗日團體，透過包括動員穆斯林青年從軍在內，大量、多樣的宣傳、服務行動，支援抗戰。白友濤、柴靜：〈中國回教救國協會述論〉，刊於《回族研究》，1995年第4期，第48-55頁。經白崇禧建議，該會於1938年10月改名為「中國回教救國協會」，1943年又改稱「中國回教協會」。

67　「七七事變」後的7月29日，北平的漢語穆斯林組建「北平回民抗敵守土後援會」，通電全國。通電刊登於《北平晨報》，民國二十六年七月二十九日。綏遠包頭的回民公會動員穆斯林市民組成「西北回民救國會」，發表〈告西北回民書〉。回民公會負責人、回民小學校長等捐款支援抗戰。

教儀式中爲抗戰祈禱。[68]

抗戰期間，回民菁英最重要的貢獻之一，是利用宗教交流、民間外交的管道，對抗日本在阿拉伯世界的輿論宣傳，在中東、北非和東南亞伊斯蘭世界展示日本侵華對於中國穆斯林與世界穆斯林的危害，推動伊斯蘭世界抗日聯盟的形成。面臨對日本抱有好感的印度抗英運動，回民菁英促成其中的印度穆斯林對中日戰爭採取了不同的態度。由王曾善等人組成的「中國回教近東訪問團」和維吾爾人艾沙‧阿爾普特勤、新疆漢語穆斯林人士馬賦良的「中國國際聯盟同志會」於1938年訪問中東各國後，國民政府陸續與土耳其、伊朗、沙烏地阿拉伯、伊拉克等國建立了外交關係，民間外交乃上升爲國家外交。[69]

分別實質統治青海、甘肅部分地區和寧夏的漢語穆斯林地方軍政勢力，權衡日本方面的實力、自身權力的來源與其地緣限制，以及未來的政治前景後，決意投入抗戰的軍事行動之中。

抗戰軍興，穆斯林軍政領袖馬步芳以青海省代主席的名義向中央請纓殺敵。軍事委員會委員長即命馬步芳、馬步青部出省參戰。正有意擴編部隊的馬步芳，乃組成暫編騎兵第1師，於1937年9月開赴陝西，突襲晉南豫西一帶的日軍與附日地方民團。[70] 1938年7月，暫編騎1師奉調河南黃泛區尉氏、扶溝、鄢陵和西華一帶，[71] 1939年8月，暫編騎1師移防河南周口到界首一帶，

---

68 朱楊桂、高新生：〈新疆各族人民在抗日戰爭中的貢獻〉，刊於《新疆大學學報》，1985年第3期，第4-11頁。

69 〈吉達設領與近東外交〉，刊於《中國回教協會會刊》第1卷第6期；〈本會理事艾沙馬賦良訪問近東各國報告〉，刊於《中國回教協會會刊》第1卷第10期。

70 馬步芳以青海南部邊區警備司令部轄第1旅爲基礎，徵調大通、互助、湟源三縣民團，加上原駐河西馬步青部100師一部，於1937年8月由軍事委員會頒授暫編騎兵第1師的番號，馬彪任師長。這支由各穆斯林群體與漢、藏等族官兵組成的部隊，於9月初開赴陝西，至1938年秋爲止，多次奇襲山西芮城一帶的日軍，掃蕩晉南晉西附日的白蓮教武裝，保障隴海鐵路運輸暢通，受到西安行營傳令嘉獎。馬有光：〈青海騎兵師參加抗日戰爭前後紀略〉，《青海文史資料》第12輯，第68-74頁。

71 暫騎1師2旅3團1營1連排長馬元林與河東僞軍約定，擊殺本團一位營長，率數十名士兵

進擊淮陽方面的日軍。[72]暫編騎1師戰鬥減員嚴重，1940年5月，經過補充兵員，擴編為騎兵第8師，於當年8月移防安徽北部渦陽、蒙城、懷遠一帶，負責牽制津浦鐵路蚌埠段的日軍。[73] 1943年末至1944年初，日軍在攻占洛陽後，轉攻阜陽。騎8師加入阜陽保衛戰，從潁上一帶迂迴攻擊日軍側翼。[74]

蘆溝橋事變後，國民政府將甘肅、寧夏、青海三省劃定為第八戰區，寧夏軍政實力派馬鴻逵的15路軍和馬鴻賓的35師組成第17集團軍。1938年，馬鴻賓率81軍暨馬鴻逵部三個旅開往綏西，守禦由內蒙古通往西北的門戶。1939年夏，81軍在烏拉腦抵禦日軍板垣師團的進攻，初戰告捷。1940年1月中，日軍集中晉、察、綏附近兵力約4萬人，對綏西展開陸空聯合攻擊，甚至施放毒氣，於2月初突破馬鴻賓部防線，攻占五原。是役，40集團軍頑強

投日，引日偽軍千餘人攻打暫編騎1師駐地。師長馬彪決趁風雪追擊，連續收復日偽軍所占村莊，殲滅駐守敵軍，擒殺馬元林。馬有光：〈青海騎兵師參加抗日戰爭前後紀略〉，《青海文史資料》第12輯，第68-74頁。

[72] 1939年8月，暫編騎1師移防周口到界首一帶，師部駐項城，任務為進擊淮陽方面的日軍。暫編騎1師馬秉忠旅全員渡過潁河圍困淮陽城，又進占西關；日軍從開封調集援軍，分乘100輛大型軍車，與淮陽日軍步、砲、裝甲部隊配合夾擊馬秉忠旅。雙方戰至白刃格鬥，旅長馬秉忠、營長李國勛、連長趙清心等中彈殉國，人馬傷亡慘重。馬彪師長派兵增援，日軍方退。據國軍方面統計，是役暫編騎1師傷亡逾2,000人，消滅日軍1,000人，生俘數十人。淮陽戰役結束後，軍事委員會、第一戰區長官部暨青海省政府致電弔唁陣亡將士。暫編騎1師在此後的幾次戰役中更傳忠勇事蹟，日軍加強攻勢，寶塔一役，100餘名馬家軍士兵背水而戰，彈盡援絕，為免被俘受辱，投水自溺，日軍乃射殺暫編騎1師拴在樹樁上的200餘匹戰馬洩憤。馬有光：〈青海騎兵師參加抗日戰爭前後紀略〉，《青海文史資料》第12輯，第68-74頁。

[73] 1940年9月，騎8師工兵連與一個步兵加強連進駐懷遠縣境渦河北岸的龍崗鎮，於修築公路、敷設地雷之際，與日軍正面交火，致日軍陣亡數百人。騎8師經常對日偽軍發動突襲，破壞敵占鐵路、公路、橋樑等。抗戰期間，暫編騎1師—騎8師轉戰千里，傷亡近萬人，豫皖地帶的日偽軍對其頑強印象深刻，呼之為「馬回子軍」或「馬鬍子軍」。馬有光：〈青海騎兵師參加抗日戰爭前後紀略〉，《青海文史資料》第12輯，第68-74頁。

[74] 馬有光：〈青海騎兵師參加抗日戰爭前後紀略〉，《青海文史資料》第12輯，第76-77頁。

抵抗日軍，付出重大傷亡。[75]從1938年5月到1943年間，17集團軍在沙漠地帶長期堅持與日軍周旋。1942年5月的五原之戰中，馬鴻賓部81軍與傅作義配合，最終收復伊克昭盟東北部地區。

　　西北的漢語穆斯林（回民）地方軍政勢力在抗戰中的選擇，在很大程度上肇因於他們權力的來源與結構。崛起於咸同回民事變中的回民軍政家族，在事變中是先反叛朝廷，後接受招安，取得依附於中央政府的「獨立」。甘肅、青海、寧夏等地的經濟不僅與內地相較相對落後，也不像新疆那樣可以依託於控制中亞的俄國和殖民南亞的英國，要豢養一支可以維持一定戰力的軍隊，必須依賴中央政府的財政補助。青馬與寧馬早在排拒馮玉祥、孫殿英勢力掌控西北的意圖上，即與中央利益一致，立場自然相同。如此，掌控青海、寧夏省政的回民地方軍政勢力必須與中央政府維持密切的關係，日本人的利誘顯然仍不足以打破這種關係模式。

二、南方和西南少數族群：族群利益與抗戰的連結

　　20世紀初中國西南的非漢人群體，為了在宣示「五族共和」的民族國家內獲得承認，並取得與「五族」平等的政治地位，多數主動參與了現代中國的國族建構，具體而言，是將本族群的身分建構和本族群與國家的整合連結在一起。[76]

---

[75] 被俘的該部傷兵面對日軍嘲笑國軍漢陽造步槍，聲言，武器粗劣，甚至赤手空拳，「照樣可以打倒你們」。西北回教救國會：〈綏西前線的回回軍〉，《中國回教協會會刊》第1期；西北回教救國會：〈綏西穆斯林的愛國動態〉，《中國回教協會會刊》第2期。

[76] 與蒙古人、藏人和新疆突厥語穆斯林相較，20世紀初中國西南的非漢人群體的知識菁英，為了在新的、以漢人為主體，但宣示漢滿蒙回藏「五族共和」的民族國家內獲得承認，並取得與「五族」平等的政治地位，多數主動參與了現代中國的國族建構，具體而言，是將本族群的身分建構和本族群與國家的整合連結在一起。清朝在中國西部推行「改土歸流」（化間接統治為直接統治）與「化夷為漢」（族群同化）兩項政策，除畬、土家、白、僮、納西等在清初業已相當漢化的族群外，苗、彝、黎、傜、哈尼等族群的漢化程度也逐漸增加。更令人訝異的是，自19世紀後期起，天主教、新教教會勢力漸次進入中國西南省分，影響日增，傳教士在針對「苗」等族群的啟蒙教育中，一方面透過提升族群內部成員對本族語文的運用能力，間接促成「在上帝面前人人平等」的

1936年至1938年，湖南西部的「革屯」運動，即致力營造自身與抗戰的連結。1936年，包含永綏、鳳凰、乾城在內的湘西「屯田」7縣苗人社群，展開以抗繳「屯租」、革除剝削苗民的「屯田」制度爲訴求的「革屯」運動。1937年8月以後，湘、川、黔邊「革屯」運動紛紛打出「抗日革屯」軍的旗號，[77] 1938年2月，湖南省政府會議決議廢止屯租。3月，以湘西苗人爲主體的「革屯」軍8,000人全數改編爲湖南省新編保安部隊，1939年在桃源擴編爲國軍暫編第6師，開赴抗日前線，此後六年間，參與了十餘次大小戰役。[78]

弔詭的是，對於國民政府和「革屯」苗民雙方而言，「抗日」在很大程度上都成爲工具和籌碼。「革屯」苗民本來有意利用「抗日」的名義，強化政治運動和武裝抗爭的正當性，化解省軍軍事鎮壓的力道。國民政府則借用苗民表達的意圖，藉由「改編」和移出湘西直接參與抗日，一面根除苗人區域草根抗爭的隱患，一面運用了苗民武裝增加抗日力量，同時又假戰爭過程削弱苗民武裝的實力。「革屯」運動的領袖對此也了然於心，如梁明元即直

個人意識和族群意識；另一方面，爲了淡化各族群原始信仰體系中原初的祖先意識，竟也致力將「中華民族」意識注入其中。可參考張坦：《「窄門」前的石門坎——基督教文化與川滇黔邊苗族社會》，昆明：雲南教育出版社，1992年；Siu-woo Cheung（張兆和），"Appropriating Otherness and the Contention of Miao Ethnic identity in Southwest China", in *The Asia Pacific Journal of Anthropology*, Vol.13, No.2, pp. 142-169.

[77] 「革屯」運動領袖龍雲飛祭出「革屯抗日救國軍」的旗號；同年9月，苗民武裝抗爭達到顛峰，另一領袖梁明元也將所部正名爲「湘西苗民革屯抗日軍」；稍後，四川東部的苗民武裝也組建「革屯抗日軍」，幾支武裝又合併整編爲「湘川黔革屯抗日軍」，並吸納了保靖土家人的「革屯」武裝。是年底，國民政府任命張治中代替何鍵主持的湖南省政，張確定了針對苗民武裝「勸撫兼施」的策略，與「革屯」軍方面談判達成「廢屯升科」和「收編抗日」兩項共識。

[78] 1937年初，和平訴願轉變爲遍及湘西和湘、川、黔交界地帶的武裝抗爭，由何鍵主持的湖南省政府派軍鎮壓。但當年7月抗戰爆發，省軍迫於輿論對於何鍵對內用兵多所非議的壓力，撤出湘西；相關研究可參考伍新福：〈湘西「革屯」運動述評〉，收入陳理、彭武麟主編：《中國近代民族史研究文選》中冊，北京：社會科學文獻出版社，2013年，第842-858頁。

指官方玩弄「陰謀詭計」，「假借抗日名義，有意將革屯隊伍搞垮」，並曾拒不接受移防離開湘西的命令。

　　抗戰期間，不同程度漢化的族群，如以龍雲爲首的彝人領袖階層，充分展現出認同華夏文化和近代中華民族的姿態；[79]較漢人更早接觸到列強擴張，但基本未漢化的族群，如阿佤部落，也出現了國家意識。[80] 1926年，英軍侵入滇緬邊界雲南一側時，即引誘當地土司前往倫敦，但眾多土司頭人出示元、明、清時代中國朝廷頒發的委牌，聲言只知孔明而不知耶穌。1934年初，長期覬覦阿佤山礦產資源的緬甸英國殖民當局出動軍隊，占領雲南省滄

---

[79] 1927年至1949年間，出身滇川黔邊區彝人社區的地方政治勢力，掌控了雲南省的軍政大權，相關研究，可參考潘先林：《民國雲南彝族官僚統治集團研究》（昆明：雲南大學出版社，1999）。受到這一局面鼓舞的四川、貴州的彝人社區，紛紛尋求龍雲彝人軍政大員的支持或庇護，在強調本族群尊嚴的同時，也與漢人通婚，與「苗」一樣，執掌雲南省政的彝人上層建立「竹王會」、「佉盧學會」，意在將彝人的祖先追溯到傳說中來自楚國的「竹王」，更將彝人的文化追溯到傳說中與倉頡同時代的佉盧。安恩溥，〈我所了解的龍雲統治集團中的部分彝族上層人士的活動情況〉，中國人民政治協商會議雲南省委員會文史資料研究委員會：《雲南文史資料選輯》第11輯（昆明：雲南人民出版社，1989年）。並鼓勵彝民加速漢化，林耀華：《涼山彝家》（上海：商務印書館，1947年），第120-121頁；邵獻書、劉苗生等：〈鎮雄縣塘房區涼水井鄉和平溝下寨彝族社會調查〉，收入中國少數民族社會歷史調查資料叢刊雲南省編輯組：《雲南彝族社會歷史調查》，昆明：雲南人民出版社，1986年，相關內容見第222-224頁。甚至刻意將家族的源頭追溯到先秦的華夏。龍雲輯：《貞孝褒揚錄》第1冊（石印，1936年）。

[80] 雲南西南阿佤山區的阿佤部落（1950年代中共「民族識別」後，稱爲「佤族」），是近代中國邊疆少數族群中，保持原生狀態最完整的族群之一。然而，與內陸農村的多數漢人相較，沿邊的少數族群民眾，更早接觸到列強的擴張。阿佤部落更是首當其衝。明清之際數百年來，人口爆炸的華中甚至華南的漢人，移往西南非漢人族群聚居地帶的趨勢加快。在地勢較爲平緩、宜農的地帶，漢人人口居相對優勢，但在靠近邊境地區的丘陵、山地，漢人移民在人數上仍居相對弱勢，在與當地非漢人群通婚數代後，即融入當地人群中。這樣反覆頻繁的文化交流與族群融合現象，強化了族群間的紐帶，也有助於在邊境地帶非漢人群體中原型國家意識的形塑。可參考李誠：《國家建構與邊疆穩定──基於中緬邊境阿佤山區的實證研究》，昆明：雲南人民出版社，2013年，第120-124頁。

源縣境內班洪、班老的銀礦。班洪王胡玉山乃於1月間召集阿佤山17個部落的首領齊聚班洪，建立由佤、漢、擺夷（傣）人組成的武裝力量，並與當年6月間由滇西南地區佤、拉祜、布朗、傣、漢等族群民間人士組成的「西南邊防民眾義勇軍」合力將英軍逐出班洪、班老，是為「班洪抗英事件」，國民政府則迫於英國的壓力，命義勇軍撤出班洪。班洪事件令中英雙方都感受到界務問題的壓力，1935年，由瑞士軍官伊斯蘭上校擔任中立委員，中英二度會勘滇緬邊界，英軍同時進占阿佤山芒國部落。班洪王乃再度聯絡阿佤山17個部落的首領，領銜向英緬當局、國民政府與國內各界宣示：「佧佤山為中國土地、卡佤山民為中華民族之一部分」、「佧佤山地與中國為一體，不能分割」。[81]「我佧佤十七王地……自昔遠祖，世受中國撫綏，固守邊疆，迄今千數百年。世傳弗替，不但載諸史冊，並發現尚有歷朝印信可資憑證。我佧佤人民，雖屬雲南極邊夷族，未受中國文化教育之薰陶，致語言文字殊異各類，但男勤耕耘，女重紡織，日夜作息，則與漢人大同而小異……英帝逞其野心，步步壓迫，種種手段無所不用其極。我佧佤山數十萬戶，雖血流成河，斷不作英國之奴隸。今者，中英會勘緬甸界務，我佧佤山百姓，請願我委員，保全我佧佤地。若以我佧佤讓與英人，雖則我委員迫於威勢，隱忍退讓，然我全佧佤山民眾，絕不願聽英帝之驅使，願斷頭顱，不願為英帝之牛馬。」[82]班老、班洪的阿佤部落首領，拿出歷代王朝頒發的印信、命服等，舉證阿佤山區向屬中國；數百名阿佤民眾聚集在勘界委員會駐地猛梭，高舉青天白日滿地紅國旗抗議英國的侵略，讓參與勘界的中立國代表與中華民國代表為之動容，紛紛停止與英人合作，勘界之議，遂無疾而終。

　　滇西抗戰開始後，雲貴監察使李根源有感於滇西土司對抗戰動員的正面響應，慨歎說，「目今敵軍壓境，人心易惑，而各土司同仇敵愾，得來請

---

[81] 〈告祖國同胞書〉，段世琳主編：《班洪抗英紀實》，昆明：雲南人民出版社，2013年，第362-366頁。

[82] 〈告祖國同胞書〉，段世琳主編：《班洪抗英紀實》，昆明：雲南人民出版社，2013年，第362-366頁。

命，數百年懷柔撫綏之德，效忠明恥之教，事效已見」。南甸土司龔綬強調因家族「世效誠節」，才得到政府「如此恩賜銘鼎」，故不論日寇如何利誘，終能不失民族氣節。當年31歲的潞江土司線光天，幼年受業於騰衝王舉人，及長又畢業於實施近代教育的騰衝縣立中學，在他的觀念中，傳統漢文化中的儒家忠孝意識和近代的國族意識合為一體。干崖土司刀京版之父刀安仁則曾參加辛亥起事，讓他的家族與中華民國建立了直接的淵源。抗日國軍將領在致書各土司時，也把握這一連結，以王朝時代土司保國保境的事蹟激勵當代土司參與對抗外敵入侵的行動，宋希濂在致線光天的信函中即謂，「執事世受國恩，誼同休戚，亟盼領導邊民與國軍切取聯絡，起而殺敵，共策殊勳。昔石柱司官女將秦良玉，為國殺敵立功，今平四川營，赫然有駐兵遺跡，史冊流傳，勳名不朽。執事宏識遠略，萬流仰鏡，當能紹此前徽而發揚光大之也」。南甸土司龔綬在呈蔣介石的電文中說，「職司世受國恩，同仇敵愾，當仰體德意，誓死抗戰，與疆土共存亡」。線光天還提出策略說：「抗戰期間，軍食為重，騰龍沿邊各土司地產米最豐，如國軍能迅速將騰龍克復，驅敵境外，將豐富米糧內移，以助軍食，於抗戰裨益甚大」。[83]

拾參、結語

　　有意將中國的地緣政治資源轉化為自身地緣政治優勢的日本，在清末即有意利用漢民族主義革命，促成清朝崩解，順勢奪取滿蒙。辛亥變局發生後，革命派與立憲派達成妥協，放棄了狹隘的漢民族主義，改宗包容性較高的中華民族主義，嘗試以「五族共和」的模式，維護王朝留下來的廣袤領土與多元族群人民的遺產，將漢人以外其他族群的政治資源整合到以漢人為核心的民族國家政治體系之內，一時阻斷了日本的地緣政治擴張路徑；日本也改變了它的地緣政治方略，有意展開針對中國內亞和南部丘陵地帶非漢人族

83　王文成：〈滇西抗戰與雲南龍潞邊土司制度的延續〉，刊於《抗日戰爭研究》1994年第2期，第146-160頁。

群的文化和意識型態動員，試圖複製西方列強利用非突厥人群體的民族主義肢解奧圖曼帝國的模式，拆解中國。九一八事變，是20世紀日本將其地緣政治設計推進到實踐階段的標誌。

抗日戰爭前後的中國，則致力於強化其政治、經濟核心區域與「邊疆」的紐帶，將非漢族群納入與漢人「同血緣、共命運」的「中華民族」想像中，發展族群政治和地緣政治中的中華民族論述。然而，國民黨和國民政府的政治、軍事實力不足，組織效能和動員能力不足，或者需要透過與清末民初以來形成的地方軍政勢力的利益交換，來編織黨國的權力網路；或者需要借用傳統資源，一定程度上感化、羈縻那些無法直接控制的政治勢力；或者，無法將少數群體利益的論述與中華民族國族論述作出有說服力的連結，只能期待戰爭狀態下少數族群的利益與國家整體利益的權宜結合。這樣，間接面對邊疆非漢少數族群，國民黨未能充分激發民眾的國族意識，未能有效地將少數族群的政治資源轉化為對自身的長期支持。

無論從結果還是從過程來看，日本針對中國少數族群所從事的「工作」都歸於失敗。究其原因，首要在於，日本人並未在日本的利益與漢人以外的中國少數族群民眾的利益間做出有效連結；而儘管國民政府的動員力和影響，在某種程度上小於日本甚至中共，但古代王朝中國的多元族群、多元文化遺產、近代初步國族建構過程中龐大的慣性，都是阻礙日本與中國少數族群之間建立共同立場的障礙，而列強等外來勢力的威脅，又催生出少數族群與中國國家之間共同利益的紐帶。

經由戰爭，中日雙方更新了各自的地理想像。但戰後亞洲民族國家體系當中，依舊殘留了中日在地緣政治與族群政治資源方面角力的遺緒。

第十一章 《外交事務》與美國中日戰爭觀

李朝津*

　　美國外交關係協會（Council on Foreign Relations）爲美國重要民間機構，除反映美國民間之對外態度外，對美國政府外交決策亦有相當重要影響。本文以其機關刊物《外交事務》爲分析對象，試圖了解在中日戰爭中，它如何觀察中日兩國之戰爭力量。美國爲二次大戰參戰主要國家，而且與太平洋之關係甚深，不過在二戰以前，美國仍未著力參加太平洋事務，故它的觀察可以說較爲客觀，能一定程度反映當時中日兩國之戰爭實況與及太平洋各國勢力之消長。

　　文中會先介紹外交協會在二次世界大戰中所成立之和平及戰爭研究小組過程，它與美國政界及國務院的關係，說明外交關係協會在當時的影響力。其次會以珍珠港事變爲界，分兩階討討論《外交事務》之內容。大概在事變以前，美國仍是旁觀者，主要論述戰爭發生問題、分析中日戰爭中兩國之戰力及美國應採取之遠東政策。到戰爭爆發以後，則著重在擊敗日本之戰略，同時討論戰後東亞國際秩如何重新安排，當然亦涉及中日兩國之地位之變化，亦爲本次大會論述之主題，希望有關《外交事務》言論的分析有助了解二戰時期中日國力消長的情況。

壹、外交關係協會的成立與作用

　　外交關係協會成立於1921年，它的起源可追溯至第一次世界大戰時，威

---

* 香港樹仁大學歷史學系教授兼系主任，曾任教國立臺北大學歷史學系、文化大學史學系，專攻中國近代思想及中國對外關係，出版《中國近代民族史學探源》等著作。

爾遜總統顧問豪斯（Edward M. House）組織一個名爲探索組群，以外交政策爲目的。它是非正式團體，每月聚會一次，討論戰時及戰後美國外交政策，推美動國積極參與世界事務。戰爭結束後，民主黨競選總統失利，威爾遜總統去世，豪斯退出政壇，探索更名爲外交關係協會，改由共和黨前任國務卿魯特（Elihu Root）領導，但民主黨黨員亦有參加，成爲一個跨黨派組織。同時另一股力量亦加入外交關係協會，他們是隨威爾遜總統出席巴黎和會的美國人士，部分是探索組群成員，他們不滿威爾遜總統在巴黎和會的妥協，一度計畫與英國有關人士合組國際事務研究所，但並不成功，回國後便與外交關係協會合流，1921年外交關係協會正始開始。故外交關係協會一開始便是個超越黨派組織，與國外人士有相深入的聯繫，亦強烈推動美國參加國際事務，是美國在戰間期推動國際主義（internationalism）重要代表團體。[1]

《外交事務》是1922年正式出版，編輯名義上是柯立芝（Archibald C. Coolidge），柯立芝在哈佛大學教書，不可能常到紐約市處理出版業務，故執行編輯阿姆史特朗（Hamilton Armstrong）便成爲眞正實行編輯，阿姆史特朗亦成爲推銷國際主義最重要人物。[2]外交關係協會的立場在《外交事務》創刊號便反映出來，首先刊登了榮譽主席魯特文章，認爲一戰以後外交新時代已經來臨，新時代外交有兩大特點，首先是人民外交，戰後是民主世界，故人民必須積極參與世界事務，無法置身事外；其次美國人民也應了解國際社會已經形成，它由各個文化不同的國家組成，由於差異大，要溝通並不容易，英美兩國有國際法傳統，故尚可相安無事，其他國家則不一，故要靠外交溝通，故參加國際社會是爲自保，沒有一個國家能逃避。[3]柯立芝則

[1] Laurence H. Shoup and William Minter, *Imperial Brain Trust: The Council on Foreign Relations and United States Foreign Policy* (New York: Monthly Review Press, 1977), pp. 11-9.

[2] Willliam G. Hyland, "*Foreign Affairs* at 70," *Foreign Affairs* 71: 4(Fall 1992): 171-93.

[3] Elihu Root, "A Requisite for the Success of Popular D," *Foreign Affairs* 1: 1(Sept. 1922): 3-10.

以筆名K發表文章，有點類似喬治‧肯楠在1947年《外交事務》以筆名X發表文章，但立場剛好相反，肯楠在1947年提出圍堵蘇聯政策，柯立芝則反對孤立俄國，他雖然認為共產主義為俄國帶來災難性結果，但主張要與俄國保持接觸，特別對其人民應實行人道救援。[4]《外交事務》創刊號首次列出國際主義之基本觀點，主張國際社會是國內社會之延伸，國內講求民主，國際社會亦同樣由不同主權獨立之國家組成，是一個多元組織，差別是國內可以有一定法律共識，國際則沒有，但可以透過外交手段溝通。國際主義者有點過分樂觀，假如外交手段窮盡而又無法處理國家間的矛盾，則應如何解決，這點是他們沒有想到，亦是三十年國際局勢所面臨的難題。然無論如何，外交關係協會是跨黨派，亦即表示它代表當時美國主流想法，故近年有學者認為，美國在20年代是沒有所謂孤立主義的存在。[5]

　　孤立主義出現最重要的因素是經濟大恐慌，國際主義亦因此受到重大挫折，但1937年後國際緊張局勢，又給與外交關係協會一個更好的發展機會。1939年9月歐爆發後，外交關係協會認為美國應該積極介入，以維持和平，9月中旬前後，亞姆史特朗便到華府與新任助理國務卿米薩史密斯（George S. Messersmith）見面，米薩史密斯也是外交關係協會會員，兩人商量兩機構間更密切合作，最後決定由協會成立專責小組研究戰爭及和平各種長期問題，其結果提供總統及國務院參考。協會當時的主席是戴維斯（Norman H. Davis, 1878-1944），為羅斯福總統及赫爾國務卿好友，亦得赫爾同意派國務院代表出席小組活動。1939年12月6日，洛克斐勒基金同意撥出44,500美元給外交關係協會成立戰爭與和平研究計畫，計畫下面分六個小組，程序、經濟金融、政治、軍備、領土及和平目的，而由程序小組分配各小組研究課

---

[4] K, "Russia after Genoa and the Hague," *Foreign Affairs* 1: 1(Sept. 1922): 133-55.

[5] 有關這方研究可以參考Emily S. Rosenberg, *Spreading American Dream: American Economic and Cultural Expansion, 1890-1945* (New York: Hill and Wang, 1982); Warren I. Cohen, *Empire without Tears: America's Foreign Relations, 1921-1933* (New York: Knopf, 1987); Bear F. Baumoeller, "the Myth of American Isolationism," *Foreign Policy Analysis* 6: 4(Oct 2010): 349-371

題。[6]

　　戰爭與和平問題不只為民間的外交關係協會所關注，亦同時是羅斯福政府對外政策思考重點。1939年9月16日，國務卿赫爾任命柏斯華爾斯基（Leo Pasvolsky, 1893-1953）為特別助理，處理和平問題，到27日決定成立和平問題及重建委員會，到翌年1月，更名為外交問題諮詢委員會（Advisory Committee on Problems of Foreign Relations），下分政治、裁軍及經濟三個小組。但當時國務院人力不足，在九百多名工作人員中，多半是事務人員，外交專業者只有兩百人，三個小組，裁軍小組只開過一次會，其他兩個小組，亦只能應付當前問題，無法作較為宏觀的規劃。[7]但反觀外交關係協會，在其五個小組中，在1940年到1945年中，每一小組都有十個到十五個人工作，包括各大學知名學者，總共召開362次會議，提出682份文件給總統、國務院以至其他部門作為政策參考文件。對美國決策有相當多直接影響，例如在1940年初，德國占領丹麥，羅斯福總統便收到外交協會的一份文件，建議宣布格陵蘭為美洲的一部分，納入美國的保護範圍，在4月18日羅斯福便在記者招待會中宣布格陵蘭屬於美洲範圍，事實上羅氏本人事後亦承認其決策是受到該份報告影響。[8]

　　在戰爭及和平研究群組中的討論，很多時會反映到《外交事務》上。例如在1940年11月23日經濟金融小組討論日本侵略東南亞問題，建議援助中國或經濟制裁日本以阻止日本侵略，並提出〈美國對日本制裁的要害〉報告書，其中詳列日本與各國貿易情況，結論認為經濟制裁對日本是致命行動，另一個同類報告則討論日本有沒有可能由拉丁美洲輸入資源，並對美國進行反制裁，其結論則認為對美國傷害有限，美國可以事前聯絡拉丁美洲，防

---

[6] Laurence H. Shoup and William Minter, *Imperial Brain Trust: The Council on Foreign Relations and United States Foreign Policy*, pp. 118-22.

[7] Harley A. Notter, *Postwar Foreign Policy Preparation, 1939-1945* (Washington, D.C.: Department of State, 1959), pp. 20-1.

[8] Laurence H. Shoup and William Minter, pp. 121-3.

止制裁，日本對美國出口影響則有限。報告寫成後，戰爭與和平研究群12月14日召開一個特別會議，政府及有關人員亦有出席。會議中，中國問題專家拉鐵摩爾（Owen Lattimore）認為制裁並非當務之急，主張積極援助中國，因為中國作戰能力愈強，日本侵略東南亞能力愈弱，制裁反而可以緩步實行。[9]拉鐵摩爾此種主張亦在《外交事務》季刊中有所反映，他在1941年4月便在此發表一篇名為〈中國的僵局〉文章，認為有三個戰略要地反映日本無力西進，首先日本無法占領山西全省；其次是無法越過潼關；第三無法入侵漢水，他認為由中國歷史看，無法突破上述三地，不足以言征服中國。至於中國雖失去大量地方，但大後方其實有充足資源供應，只要增加工業生產能力，仍足以抗衡日本，換言之，拉鐵摩爾文章是為其會上發言提供進一步的論據。[10]

貳、珍珠港事變前《外交事務》的言論內容

《外交事務》有關中日戰爭的評論，最早見於馬洛理（Walter H. Mallory, 1892-1980）文章，[11]首先就盧溝橋事變的緣由，他當時並不十分確定，但由於九一八事變前車之鑑，他認為也許是日本人事先有詳細規劃，不過也不能排除是偶發事件，而日軍為了維護名譽，最後發動還擊。不過更重要是日軍以此為理由發動全面攻勢，一面沿平漢線及津浦線南下，另一面由平綏線越過長城。他認為日本行動迅速原因，是因為各國行動消極，日本得以為所欲為。其次是中國內部日趨團結，促使日本加快行動。[12]在戰爭進入第三

---

[9] Laurence H. Shoup and William Minter, pp. 131-3.

[10] Owen Lattimore, "Stalmate in China," *Foreign Affairs* 19: 3(Apr 1941): 621-32.

[11] 馬洛理是研究中國災荒的專家，1920年代曾擔任中國國際災荒救濟委員會祕書，並在1926年寫成"*China: Land of Famine*"一書，由American Geographical Society出版。並由1927年開始擔任外交關係協會執行主任一職，直到1959年為止，在1939年12月，他曾與阿姆史特朗一同往國務院，商談與外交關係協會合作事情。

[12] Walter H. Mallory, "Japan Attacks: China Resists," *Foreign Affairs* 16: 1(Oct 1937): 129-134.

年時，馬洛理則肯定七七事變是個偶發事件，因爲日本在整個戰爭中缺乏明確戰爭目標，很多時就一時優勢，窮追猛打，最後泥足深陷，無法自拔。例如開始時，他們的目的只限於華北，接著攻擊上海及長江流域。到今天則取得整個沿海地區，以至南中國海水域。所以原來只打算攻取中國一小塊土地，最後卻要稱霸整個東亞。[13]有關盧溝橋事變的起因，過去一直有很多爭論，或說是日本蓄意計畫事件，或說是偶發事件，直到最近才有較明確論斷，它是個偶發事件，但被當時日本軍人拿作爲解決華北以至中國問題的手段。然在八十年前的外人論述中，已經根據當時環境提出頗有說服力看法。

然在這場戰爭中，勝負應歸向方何？馬洛理認爲中國在物質上與日本差上一大截，他比較中日兩國狀況，中國之利點是人多，在1937年中國之軍隊估計約有160萬，再加上城市警及各地部隊，約可至200萬，這個數字與戰後官方資料頗爲接近。[14]但據當時外國軍事專家推估，在這200萬軍隊中大約只有12師是水準以上，其他之戰鬥力頗成疑問，缺乏步兵與砲兵之合作訓練。野戰砲有1900門，但可用者不超過1000門。步兵之槍械種類及年份不一，士兵都是自行帶領彈藥，沒有後備供應，而國內製造武器也不足供應戰場上使用。中國雖在各地設立軍火工廠，但眞正能算爲軍火工廠全國應約只有30家，而能夠供應戰爭需要則只有15家，全部生產總量並不足供應所有軍隊使用，只能說達到打游擊戰的供應水平。[15]

中國的經濟力量也不足夠支持大型戰爭，工業落後，農業雖可以自足，但無法有效供應，幸而中國人習慣饑荒，故不需充足供應。故糧食暫不構成問題。運輸也不足夠，1936年全國鐵路共7500哩，半數是一戰前建造，另外在30年代建造約2000哩鐵路，換言之鐵路運輸系統亦相當老舊。[16]

---

[13] Walter H. Mallory, "The Strategy of Chiang Kai-shek," *Foreign Affairs* 17: 4(July 1939): 699.

[14] 據何應欽列出，開戰時全國陸軍爲182師及46獨立旅，合計170餘萬人，見何應欽：〈抗戰八年之經過〉，《近代中國史料叢刊》第79輯，臺北：文海出版社，第3頁。

[15] Walter H. Mallory, "Japan Attacks: China Resists," pp. 135-8.

[16] Walter H. Mallory, "Japan Attacks: China Resists," pp. 138-40.

　　然在中日戰爭中,中國之優勢在民心士氣。一名德國出身的記者施菲爾
(Paul Scheffer, 1883-1963) 在盧溝橋事變後訪問遠東,[17]在談及他在中國的
感受,感覺到整個社會對戰爭的關注,中國一般老百姓向來不關心世事,但
現在都緊跟千里以外的戰事,社會沒有西方式的民族主義運動,沒有歌曲,
沒有旗幟,但連人力車伕的群眾都會聚精神聚集在報館前的告示板前,了解
戰事的最新情況,仿佛與自己的生存分不開;知識分子同樣敵愾同仇,但與
普通老百姓比較,他們較為西方式,用民族存亡作為號召,當然這些西式民
族主義與歐美仍有不同。只有資產階級,他們都擔心戰爭會帶來損失,希望
兩國能達成妥協。[18]

　　日本雖然同樣以思想動員人民,但效果不算成功。事實上日本在七七
事變後,社會及經濟秩序仍能維持戰前水平,沒有影響民生生活太大。1939
年,美國記者張伯倫 (William H. Chamberlin, 1897-1968) 訪問日本,他的印
象是戰爭對日本日常生活影響不大,東京市面平靜,一如往昔,也許進口外
國貨較難找,但本地食物供應如常,因為戰爭需要,某些工業產品會缺貨。
至於東京外面農村,農夫如常耕作,只有進入屋子裡才找到戰爭痕跡,一個
4500人的農村地區,有150人被征調當兵,農夫也抱怨農產品被限價徵收,
作為軍糧之用,但總的來說,看不到太多戰爭氣息。[19]日本政府亦曾使用各
種理由號召人民,其中第一個理由是中國政府冥頑不靈,堅決拒絕和談,日
本已數次派代表與他們接觸,均沒有結果;其次是中國使用以夷制夷政策,
誘使英國政府介入,偏幫中國;第三是指稱這次戰爭目的,主要在幫助中國
改革,使之走向正確道路。作者認為自由民主在日本仍有作用,一般日本知
識分子不會完全相信政府宣傳。雖然如此,由於日本傳統文化習慣,他們仍

---

[17] 施菲爾出身德國,是新聞記者,1920年代曾外派至蘇聯及美國,1933年調回德國,在柏
林擔任編輯,由於不接受希特勒統治,決定移居美國,1937年經中國日本到美國,定居
芝加哥,也許因為其納粹經歷,對西方民族主義感受特深,見Henry Regnery, *Memoirs
of a Dissident Publisher* (New York: Harcourt Brace J., 1979), 60-2.

[18] Paul Scheffer, "Far Eastern Antipathies," *Foreign Affairs* 16: 2(Jan 1938): 197-209.

[19] William H. Chamberlin, "Japan at War," *Foreign Affairs* 17: 3(Apr 1939): 477-8.

會按照政府之指令去做，這是一種責任感使然，但基本上只是遵從形式，行禮如儀，並沒有眞正參與。[20]

　　除了在士氣上日本難以優勝中國外，在資源上亦不容易維持占領中國。吉爾伯特（Rodney Gilbert, 1889-1968）便在認爲日本雖然在頭一年半很快占領沿海地區及華北，但愈深入內陸，日本在戰爭中所消耗之人力及物力便愈大，到1938年10月武漢會戰結束後，作者估計最少要50萬日軍駐守中國大陸才能維持日本影響力，爲了進口戰爭所需物資，日本到武漢會戰結束時已快耗盡現存黃金，要動用貨幣儲備黃金。故若要全面占領中國，日本所需資源會更大。另一方面，中國亦不容易戰勝日本，其沿海通商口岸已被封鎖，難以輸入外國物資。其軍隊裝備差，雖然不需要太多補給，只能實行小型武器作戰，要把日軍趕出中國亦十分困難，形成相峙不下的局面。[21]

　　資源是一戰以後國際政治一個新課題。根據李斯（Charles K. Leith, 1875-1956）分析，[22]資源爭奪問題起於近代，主要是工業化之出現，要足夠原料才能生產市場需要。但眞正爲各國關注則要等到第一次世界大戰，因爲戰爭中航道受阻，各國意識到國際上必須切實掌握資源來源，它的供給才有保障。故戰後工業國首次對自身所掌控的礦物做明確統計，並尋求實質掌控來源。李斯指出當今缺乏資源的主要國家包括德、義、日三國，擁有足夠資源國家則爲括英、美。李斯認爲德、日、義要追求自給自足是不切實際，日本向中國擴張，希望攫取鐵及煤資源，但最後仍需由國外輸入，故唯一方法是透過自由貿易制度，才能保證資源充足供應。李斯認爲若日本不肯接受自由貿易制度，則經濟制裁亦是另一迫使日本就範的辦法。[23]這是《外交事務》首次提及用經濟制裁對付日本，以後有關這方面的討論便愈來愈多，並成爲美國解決中日戰爭以至太平洋問題一個重要方法。

[20] Paul Scheffer, "Far Eastern Antipathies," *Foreign Affairs* 16: 2(Jan 1938): 202-8.

[21] Rodney Gilbert, "The War in China Continues," *Foreign Affairs* 17: 2(Jan 1939): 321-35.

[22] 李斯爲美國地質學家，執教威斯康辛大學麥迪遜校區。

[23] Charles K. Leith, "Mineral Resources and Peace," *Foreign Affairs* 16: 3(Apr 1938): 517-22.

　　日本資源不足夠，美國在中日開戰之初便認識到。柏法爾（Nathaniel Peffer, 1890-1964）認爲日本缺乏資源在九一八事變後便出現，[24]在1930-31年，日本之軍費是4.7億日元，到1937年軍費達14億，是九一八事變前的三倍。作者承認軍費增加，不完全是九一八事變問題，是當時世界性情況。但日本問題不止於此，隨之而來是稅項增加、國際貿易赤字及財政負債上升，最後日本不得不逐步擴張，結果反而更泥足深陷。他認爲日本如果有英國或美國的資源，侵華戰爭也許有成功希望，但日本先天缺乏條件，最後只能失敗。[25]不過中日戰爭最初階段，美國仍未確定戰爭對其遠東利益有何重大影響，故只在旁靜觀，未採取行動。

　　然隨著時間推移，日本要獨占中國市場野心逐漸披露。奧查（John E. Orchard）認爲中日兩國目前雖正在對峙局面，[26]但長期對立下，日本會逐步控制中國資源。他反對日本勝利無害論，指出有人主張東亞經濟在日本掌握下更有秩序，對美國與東亞貿易反而有幫助。奧查表示在1939年曾到中國及日本考察，認爲中國在日本掌控以後，日本不斷收編淪陷區公司，中國商人遭到排斥，故在日本統治下的中國，美國也不可能會有太多發展空間。因此建議美國介入，並建議三種方法促使日本退兵，第一是由第三國給予中國幫助；其次爲西方各國給予日本經濟壓力；第三是日本自承無法繼續戰爭而退兵。奧查認爲軍方不會自認失敗退兵，因爲政治上代價太大。換言之，直接資助中國或是使用經濟制裁，是迫使日本退兵最有效方法。[27]

---

[24] "In Memoriam: Nathaniel Peffer," *Political Science Quarterly* 79: 3(Sep 1964).柏法爾1911年芝加哥大學畢業後，即以記者身分派駐中國，在華居留二十五年，對中國抱同情態度。1937年回美國任教哥倫比亞大學國際關係課程，至1962年退休。

[25] Nathaniel Peffer, "The Price of Japanese Imperialism," *Foreign Affairs* 16: 1(Oct 1937): 29-33.

[26] 哈佛大學博士，經濟地理學專家，1920入哥倫比亞大學教書，二戰時擔任生產管理辦公室(office of production management)及租借工作。

[27] John E. Orchard, "Japan's Economic Invasion of China," *Foreign Affairs* 18: 3(Apr 1940): 464-76.

　　亦有對經濟制裁抱懷疑態度，張伯倫認爲日本經濟尚能維持安定，最大問題是負債及國際收支不平衡，負債主要爲日本政府向國內所借債項，尚可調控，雖然銀行的購買國債限額已到極限，還沒有引起高通脹。比較嚴重是國際收支失衡，主要原因是出口都減少，進口增加。出口減少是因爲不少出口設備改用作軍用品生產，進口增加亦因爲戰爭關係而需要輸入原料，造成國際收支失衡。但日本經濟目前仍可應付戰爭需求，故經濟制裁對日本雖造成壓力，但日本仍有其他應付方法，包括出售外國證券以換回外匯，或由私人手中回收黃金。驟然施加壓力，可能招至日本軍方反彈，攻擊西方國家在東亞的殖民地。[28]

　　透過經濟制裁方式以壓迫日本就範想法，到珍珠港事變前夕達到最高峰。史德利（Eugene Staley）便指出日本最大錯誤在加入軸心國，與海洋國家英、美、蘇、中、荷等國對峙，陷入孤立局面，失去海洋通道。目前日本只有兩個選擇，一是與上述國家開戰，另一種選擇爲在保持面子下商談和平。因爲日本被圍堵後，無法對外進行交通，其賴以爲生各種工業原料自然無法進口，只能坐以待斃，若冒險突破，北有蘇聯，南有西方各國，其要赴代價是相當大，唯一選擇只有商討和平。史德利認爲和平之基本條件，首先爲一個自由獨立的中國，包括由中國撤兵，放棄日本在中國之政治特權，兩國和平合作；其次爲解除所有南進基地武裝。日本所換取的好處是當中國工業化後，在中國保證下，可取得一定之原料及訂單；中國以至東南亞市場亦向日本開放；日本亦可與西方各國簽訂雙邊貿易協定。[29]

　　史德利的文章，可以說是美日談判終結的註腳。1941年春天以來，美日兩國進行就中國與亞洲問題的最後談判。1941年11月26日，國務卿赫爾交給日本駐美大使野村吉三郎備忘錄，提出美國最後看法，史稱其爲美國之最後通牒，其內容可要約爲：（一）承認門戶開放原則，即尊重各國主權，商業機會均等；（二）日本軍隊由中國及印支半島完全撤出；（三）美日進行商

---

[28] William H. Chamberlin, "Japan at War," *Foreign Affairs* 17: 3(Apr 1939): 482-8.

[29] Eugene Staley, "Let Japan Choose," *Foreign Affairs* 20: 1(Oct 1941): 61-72.

約談判。[30]戰後有人解釋爲迫使日本發動珍珠港事變最後一根稻草,珍珠港事件究竟由哪一國引發,暫時無法在此討論,但由史德利文章所引述論據,則美國非常了解日本在當時正陷於窘境,無法由中國戰場的泥沼中擺脫出來,美國試圖藉此建立它的太平洋新秩序,亦即國際主義者所支持的門戶開放政策,包括尊重各國自主權利及商業機會均等,其目的是達成一個自由貿易的世界秩序,對美國而言,這是一個理所當然的雙贏秩序。

參、珍珠港事變後《外交事務》的言論內容

珍珠港事變後,《外交事務》文章涉及中日兩國在戰後新世界中所扮演角色並不太多,究其原因大約有二:首先是戰後世界的安排是美國國內一個敏感問題,主要是鑑於第一次世界大戰結束後參加國際聯盟過程中,觸發威爾遜與參議院間的激烈衝突,最後參議院否決美國加入國際聯盟提案,不少人認爲30年代的國際糾紛,主要是美國無法直接參與國聯。《外交事務》編輯阿姆史特朗便在戰爭結束前夕發表文章,認爲美國人在上次大戰中拒絕加入國際聯盟,錯失機會,希望在這次大戰能吸取教訓,能夠建立一個永久和平的機制。[31]故美國政壇對此問題小心翼翼,不肯輕易公開,1944年8月召開敦巴頓橡園會議,討論成立聯合國方案,主辦單位是國務院,對會議過程便異常保密,文件列爲機密,原來連記者招待會也沒有,最後在新聞界抗議下才召開。[32]由於問題敏感,自然影響公開討論。

第二個原因是外交關係協會在珍珠港事變後其功能減弱,外交建言受到

---

[30] "Outline of Proposed Basis for Agreement between the United States and Japan," *Papers Relating to the Foreign Relations of the United States, Japan: 1931-1941* (Washington: United States Government Printing Office, 1943), Vol. 2, pp. 768-70.

[31] Hamilton F. Armstrong, "Last Time," *Foreign Affairs* 23: 3(Apr 1945): 377.

[32] Robert C. Hilderbrand, *Dumbarton Oak: The Origins of the United Nations and the Search for Postwar Security* (Chapel Hill, N.C.: the University of North Carolina Press, 1990), pp. 75-84.

影響。在歐戰爆發之初，國務院即成立外交問題諮詢委員會，以處理國際局勢之宏觀問題，但由於國務院人力有限，政策研究工作大多委任外交關係協會之戰爭與和平研究群。到珍珠港事變後，外交問題諮詢委員會改組，成立新的戰後外交政策諮詢委員會，成員結構也改變。外交問題諮委會的成員多半為國務院官員，而新成立的戰後外交政策諮委會則安排不少外交關係協會的人，民間在外交決策的角色大為加強。戰後外交政策諮委會是在1942年春天開展工作，但國務院官員不滿諮委會之權力過重，自行安排人事，而且有洩密之嫌，[33]因此只召開四次會議便中止。此後政策研究工作，主要由國務院內部安排，故《外交事務》之功能亦因而減少，影響到其言論。

在珍珠港事變後這段時期，《外交事務》談及有關亞洲地區的主題，多半集中在戰後殖民地的處理問題。殖民地問題是無法迴避，不但因為大東亞概念是日本賴以號召的概念，最終要把白人驅逐出亞洲以外，並要瓦解歐洲帝國主義所建立之殖民地，它的確引起部分亞洲人的響應；更重要是民族自決以至獨立，亦是美國門戶開放政策的支柱，故如何處理戰後亞洲殖民地，不能不提出一個政策。事實上在珍珠港事變前已有人在《外交事務》談及這問題，作者是著名的文學作家賽珍珠（Pearl Buck），她指出白人在遠東的地位已岌岌可危。第一次世界大戰前，東方人對白人奉若神明，但經過第一次世界大戰歐洲各國的自相殘殺，白人開始失去東方人的尊敬，然在一戰結束後，白人間的廝殺仍沒有停止，再加上美國不願介入遠東事務，更增添對白人惡感，故白人被趕出東方的日子不遠。這篇文章在《外交事務》出，反映出美國外交界對殖民地問題有一定關注，事實上美國社會一向採取同情殖民地態度，但由於各種原因，並沒有進入政治層面。

珍珠港事變後，《外交事務》對殖民地看法，大概可以分為三種。第一種是樂觀型，認為殖民地制度的被消滅，是理所必然的結果。柏菲爾認為殖民地發展有三時期，第一期是征服，結束於19世紀末，接著是矛盾期，到一

[33] Notter to Pasvolsky note, Advisory Committee on Postwar Foreign Policy, National Archive (Washington, D.C.), RG no. 59, Entry number 498, Box 54, File 2.

戰時達到高潮，第三期是反抗，到現在仍未完成。柏菲爾認為西方列強再無力量鎮壓，不如及早退出為上，其中東南亞是最明顯例子。不過柏菲爾認為東南亞非一整體，各地均有其特點。其中菲律賓及泰國在戰後獨立是沒有問題，緬甸與香港則各要看印度及中國的情況，印度能否獨立尚在未知數，緬甸無法確認，至於香港，可以中英先共同管治，再逐步交還中國。越南與馬來亞則應讓其自治，印尼則仍未成熟，仍應讓荷人管治，只是荷人政策要改善。[34]

　　第二個談東南亞殖民地問題是拉鐵摩爾（Owen Lattimore），他是美國著名中國問題專家，但長期對東亞的關注，讓他發展出一套更複雜的理論。他認為工業革命出現以後，歐洲各國一面對外擴張發展殖民地，另一面則國內亦出現革命，發展民主，造成又民主又殖民的矛盾現象。美國因為國家大，才避免國內革命，建立一個民主模式，但它仍是歐洲擴張的一部分。至於中國與日本，同時引進歐洲的工業革命與民主，而日本走向歐洲舊有模式，成為帝國主義。中國在引進近代工業革命中，並未能建立民主制度，在這次戰爭能否建立民主，擺脫帝國主義，否定殖民地，正是觀察這次中日戰爭的意義所在。[35]

　　拉鐵摩爾這個理論相當有趣，他不像柏菲爾那樣樂觀，認為殖民地必然消失，他指出工業化、民主與殖民地三者間有許多既矛盾但又相輔相成的關係，但這種複雜性亦帶來許多問題，有待拉鐵摩爾進一步解釋。首先有關民主的概念，他似乎有意區分歐洲式及美國式兩種民主，歐洲式民主隱藏民主與殖民地的矛盾，而對美國式民主則似乎有所期待，但沒有進一步說明美式民主是甚麼，同時也沒有解釋美國式民主如何跳脫殖民地陷阱。其次是他對中國的看法，拉鐵摩爾自1920年代開始便長期研究中國邊疆民族，他原來觀點是中國邊疆政策是殖民地式的擴張，然中日戰爭似乎改變了這個性質，它

---

[34] Nathaniel Peffer, "Southeastern Asia in Escrow," *Foreign Affairs* 20: 3(Apr 1942): 503-16.

[35] Owen Lattimore, "The Fight for Democracy in Asia," *Foreign Affairs* 20: 4(July 1942): 694-704.

可以拋棄過去的殖民地政策，但爲何會改變？是否朝美國式民的方向改變？他並沒有解釋。然無論如何，拉鐵摩爾肯定殖民地問題是評價這次戰爭的重大指標。

第三個對待殖民地問題方式則是採取正面態度。談及這問題的兩位都是外國學者，首先是克勞瑟（Geoffrey Crowther, 1907-1972），他是英國經濟學者，曾擔任《經濟學人》編輯。克勞瑟認爲所謂民族自決、集體安全是國際聯盟時代所遺留下來的產品，它其實是19世紀的想法，到20世紀整個環境都有變動，才產生30年代的變動：由民主走向極權、由自由經濟走向國家統制、由民族自決走向強國主導，二次大戰在結束以後，並不代表存在上述因素的環境會消失，因此變動是必然，不能墨守過去的觀念。[36]克勞瑟是由整個大環境論說殖民地制度，歸結出獨立並非必然道路。另一位荷蘭學者克萊芬斯（Eelco Nicolaas van Kleffens, 1894-1983）則由實際論證，以荷蘭統治印尼爲例，他認爲荷蘭在1922年已經爲印尼訂定憲法，並普及教育，印尼人民對荷蘭人統治非常滿意，但聯合國爲了把印尼拉到自己陣營中，片面宣揚自決，而民主本身在西方便一直有爭議，強要輸入，反而造成印尼更大混亂。[37]

第四種對待殖民地的態度是以國家利益爲依歸，亦即如何處理日本在太平洋原來所掌控的島嶼。在珍珠港事變以前，美國在太平洋的國防線是以夏威夷西面之子午線爲界，亦即要確保東太平洋地區在美國軍事監控之中，以確保國家安全。但珍珠港事變以後，美國即要把國防線推至西太平洋，最重要當然是接收日本原來在太平洋之島嶼。吉爾克里斯特（Huntington Gilchrist）對上述島嶼提出三個處理方法，第一個由美國直接併吞，1944年3月海軍部長諾斯（Frank Knox）在參議院作證，便直接了當說太平洋島嶼與美國國防有關，應直接交給美國管理，外國應該沒有異議。但吉爾克里斯特認

---

[36] Geoffrey Crowther, "Freedom and Control," *Foreign Affairs* 22: 2(Jan 1944): 175-80.

[37] Eelco N van Kleffens, "The Democratic Future of the Netherlands Indies," *Foreign Affairs* 21: 1(Oct 1942): 87-102.

為這方法違背大西洋憲章及開羅宣言中不作領土擴張條文。第二個方法是由國際監管，美國雖不反對，但必須確保於中國菲律賓與美國西岸間海域，不會落到敵對國家手中。但作者並沒有詳細列出如何確保方法，顯然對這一條興趣不是太高。第三個方法是託管，即修正舊國聯的委任方法，把西太平洋所有島嶼交美國託管，不過有趣的是作者聲明西太平洋島嶼不包括前中國所屬島嶼。[38]

肆、總結

透過《外交事務》的文字，我們由當時一群美國旁觀者重新進入中日戰爭，他們對中日戰爭客觀冷靜的分析，的確能夠把當時的實際情況介紹出來。例如盧溝橋事變是預謀或是偶發，雖然無法參考今天能讀到的檔案資料，他們親自感受當時的氛圍，可以判斷出是件偶發事件，問題只在政府用甚麼政策去應付而已；對中日兩國人民對戰爭的反應，亦可以切實描繪出來，讓讀者可以重回到當日的時空。我們今日讀歷史，太多時候用自己所處的境遇出發，反而無法真正認識歷史，蘭克所說的歷史自明道理當然無法達到，但克羅齊倡導的所有歷史都是當代史亦容易陷入主觀，故重返史料，實際上有其必要。當然，在珍珠港事變以前，美國沒有太多的利益的介入，論述當然十分客觀。但美國參戰後，便會涉及到自身利益，文字不免帶有本國立場，殖民地問題便是個例子，一方面要捍衛美國在西太平洋的利益，另一方面又要不違背美國原來門戶開放原則，其矛盾地方並不容易處理。殖民地解放與民主發展亦是問題，理論上殖民地獨立與民主是相輔相成，但睽之於實際，兩者不但不一定有相關發展，有時甚至是相互衝突，拉鐵摩爾就此點語焉不詳，反映出要解決這問題並不容易，此點亦反映於美國的戰後政策。

至於就中日兩國在第二次世界大戰中國力逆轉問題，中國是勝利國，日

---

[38] Huntington Gilchrist, "The Japanese Islands: Annexation or Trusteeship?" *Foreign Affairs* 22: 4(Jul 1944): 641-2.

本是戰敗國,與甲午戰爭剛好相反。但談到這段時間中日兩國關係,必須放在美國框架中談,否則會失去意義。20世紀是美國世紀,尤其在二戰,它是美國在國際政治上崛起時期。日本在二戰中爲甚麼失敗?因爲美國嚴格限制太平洋中另一強國的崛起。它看準日本資源不足夠,並以此爲手段。由《外交事務》文章看,它對中日戰爭非常關注。由1938年開始,美國便了解日本要掌控中國戰場不難,但取勝卻並不容易。同時日本正擴大在中國的影響力,壟斷中國市場,威脅到美國利益。美國的回應方式有兩個選擇:援助中國,抵抗日本擴張,或採取經濟封鎖手段,最後如拉鐵摩爾所建議,援助中國比較省事,亦能避免正面與日本衝突,以後對日本制裁步步升高,究竟是美國或是日本的過失,在歷史界有一定爭議,要論斷並不容易。但直到珍珠港事變前,美國仍未關閉談判大門,但重點是必要在美國框架下談,美國認爲這是雙贏,而日本認爲無法接受,最後導致珍珠港事變,責任不在誰,而是國際政治冷酷的現實,由於日本先天上資源的缺陷,日本只能選擇屈服或冒險一拚,而珍珠港則是其最後的抉擇。

中國的勝利亦在美國框架下得到,而美國在戰時政策亦是扶助中國爲四強之一。學術界一直在爭議美國爲甚麼要扶助中國,有人認爲是美國美麗的誤解,同情中國的落伍,希望施加援手;有人亦認爲是對中國未來市場的憧憬;亦有人認爲美國頗內疚於其先歐後亞政策,置中國戰場於次要地位,故特加以補償。而最受到忽略的是美國對戰後世界的布局,扶助中國成爲四強是其政策使然。美國的戰後政策以門戶開放原則爲基礎,支持各國主權獨立,維持自由通商制度。而戰爭中新的動向是殖民地國家紛紛要求獨立,如何把殖民地問題納進美國的世界政策中是其重要思考方向。中國在其政策下扮演兩個角色,首先是作爲其殖民地政策的一個試點,正如《外交事務》文章所顯示,美國各方面對殖民地仍有不同看法,中國正好是一個試點場所;其次是以中國爲範例,收編殖民地國家到它的國際框架中,增加美國掌控國際局勢的合法性。這是美國加保中國爲四強之主要因素。

第十二章　美國與軍事占領下的日本去帝國化[*]

馬修‧R‧奧古斯丁（Matthew R. Augustine）[**]

1945年9月的同盟國對日本實行軍事占領（Allied Occupation of Japan），隨後日本帝國瓦解，這兩件事澈底重塑了第二次世界大戰戰後的東亞區域秩序。對日本及其諸多鄰國而言，1945年象徵著「戰後元年」（Year Zero），是歷史的分水嶺，一刀劃開了匆匆結束的二戰與新時代的開端。近年來一份研究指出，1945年標誌著舊世界的結束，而一個動盪的新世界亦正方興未艾。亞洲乃至整個歐洲大陸的政權更迭就是這個新世界的標誌。[1]放眼東亞，「戰後元年」則是許多新興後殖民國家取代日本統治體制之肇始，而日本也從一個大帝國澈底轉型為後帝國（post-imperial）國家。歷史學者羅納德‧斯貝克特（Ronald Spector）提醒著我們，這段轉變於世間眾生之壯烈。1945年宣布停戰之後，多少仇恨，多少衝突，在亞洲的土地上瞬間爆發：「在二戰中獲勝的同盟國占領之下，世界的這一角陷入新的權力爭奪中，或重回某種程度上比戰爭本身更糟的古老世仇裡。」[2]斯貝克特將多數戰後動盪，歸咎於同盟國根據戰時協定與各種突發事件占領、分割亞洲的做

---

[*] 原文題為"The United States and the De-Imperialization of Occupied Japan"。2016年至2017年，我在中央研究院近代史研究所擔任一年期的訪問學人。我想向林泉忠博士表達由衷的謝意，謝謝他接待我作研究，並邀請我參加〈中日國力消長下東亞秩序的重構——近現代二度「中心」更替及其影響〉研討會。我也想感謝馮奕達將本文由英文如實翻譯為中文，以及上海交通大學張志雲博士慷慨應允審閱本文。

[**] 日本九州大學比較社會文化研究院副教授。

[1] Ian Buruma, *Year Zero: A History of 1945* (New York: Penguin Books, 2014).

[2] 引文來自Ronald H. Spector, *In the Ruins of Empire: The Japanese Surrender and the Battle for Postwar Asia* (New York: Random House, 2007)一書封面。

法。事實證明，這類安排對大多數地區而言，都可謂暗礁險灘、火上燒油，只有日本例外——為確保情勢穩定，日本與美國占領者間形成了密切的合作關係。雖然美軍也同時重掌菲律賓，並占領南韓與琉球群島，但軍事占領日本才是美國在戰後東亞的核心戰略方針。故而，為滿足美國在東亞地區的利益，將日本從棘手的二戰宿敵轉變為忠貞不二的盟友，就成為軍事占領日本的長期目標。

鮮少有人能在1941年12月日本攻擊珍珠港前後，想像到美軍對日本的占領，可以將戰後日本從集權軍事國家轉變為熱愛和平的民主國家，甚至是超過半個世紀的美國忠實盟友。對於許多美國的政策制定者——包括2003年伊拉克入侵行動前的喬治‧布希（George W. Bush）當局來說，第二次世界大戰後的日本，為實施軍事占領的推供了最佳方略。但美國駐日占領人員（連同南韓與琉球群島的占領人員）卻把本來由日本帝國統治下的東亞秩序，轉變成以新興美國霸權主導的地區秩序，這樣的轉型都被隱藏在美國的官方論調之中。[3]伴隨著日本帝國的瓦解，大日本帝國陸軍官兵、憲兵隊、殖民地政治人物與官僚、財閥高層與職員，以及為數眾多的移民，於在殖民地與侵占領土上被驅趕殆盡。繼而，美軍占領部隊，軍事政府官員，情報、內政專家，以及與華爾街關係密切的政界人士接踵而至並取而代之。於美國當局與各個團體而言，軍事占領地實為沒有界線的領域，可任由無拘無束地自由活動。他們還同時促成美國公民、商品、價值觀與文化的穩定流入，協助日本由過去放眼亞洲的日本帝國，轉變為心嚮美國的合作夥伴。

有關軍事占領下日本的研究，早可謂成篇連牘。然而，直至今日，學者們才開始就美國主導下的軍事占領行動，如何自日本帝國的內核瓦解日本帝

3　我採用基歐漢（Robert Keohane）與約瑟夫‧奈爾（Joseph Nye）對霸權的定義。擁有霸權，意味著「一國足夠強大，得以掌握能控制國與國關係的基本規則。」Robert Keohane and Joseph Nye, *Power and Interdependence* (Boston: Little, Brown and Company, 1977), p. 44.本文所採用的「霸權」一詞，用以描述第二次世界大戰之後，美國對其東亞與其他地方的盟友訂下這類規則、主導外交關係的過程，並與其他更露骨的殖民主義與帝國主義做法相區別。

國的問題展開研究。[4]這股潮流源自於1990年代學者所做之嘗試。當時，以三谷太一郎為首的日本歷史學家與社會科學家體認到，長期為眾人所忽略的去殖民議題也是其後帝國時期史的一部分，有必要加以研究。修正後的研究取徑隨之扎根，而駒込武等其他學者則進一步主張去研究殖民對日本所代表的意義。[5]值此期間，東亞各領域的學者也針對第二次世界大戰之後，美國在日本、南韓與琉球群島的軍事占領三例合一，展開跨國界的研究，凸顯其中的諸多共同點與關聯。故而，近年來的學術研究開始探討去殖民期間的政治與社會史，將之視為某種相互影響的過程，重塑了美國軍事占領下的朝鮮與日本。[6]本文所探討的則是去殖民化的另一端──亦即川島眞所說的「去帝國化」，[7]研究焦點集中於美國軍事占領人員，以及他們在舊時日本帝國

---

[4]　有關日本軍事占領時期的全面性史學論文，可見Carol Gluck, "Entangling Illusions- Japanese and American Views of the Occupation," in Warren I. Cohen (ed.), *New Frontiers in American-East Asian Relations: Essays Presented to Dorothy Borg* (New York: Columbia University Press, 1983): pp. 169-236.時間更晚一點，有約翰・道爾（John Dower）談日本受軍事占領的書，本書贏得2000年普立茲獎（Pulitzer Prize）：John W. Dower, *Embracing Defeat: Japan in the Wake of World War II* (New York: W. W. Norton & Company, 1999). 竹前栄治：〈総合解説：占領とGHQ〉，收入天川晃等編：《GHQ日本占領史序説》（東京：日本図書センター，1996年）是一份傑出的綜述，全面探討了涉及軍事占領的日文文獻。

[5]　三谷太一郎：〈まえがき〉，收入大江志乃夫等編：《岩波講座近代日本と植民地8 アジアの冷戦と脱植民地化》（東京：岩波書店，1993年）。駒込武：〈日本の植民地支配と近代折り重なる暴力〉，《トレイシーズ》別冊思想，號2（2001年）。

[6]　見Deokhyo Choi, "Crucible of the Post-Empire: Decolonization, Race, and Cold War Politics in U.S.-Japan-Korea Relations, 1945-1952" (Doctoral dissertation, Cornell University, 2013); Lori Watt, "Embracing Defeat in Seoul: Rethinking Decolonization in Korea, 1945," *The Journal of Asian Studies* 74: 1 (February 2015), pp. 153-174.

[7]　川島眞以深具說服力的方式，主張有必要重新檢視長期遭受忽略的去帝國化（脱帝国化）議題。這是日本戰後史與後帝國時期史中很重要的一部分。例見〈東アジアの脱植民地化・脱帝国化〉，收入川島眞、服部龍二編：《東アジア国際政治史》，名古屋：名古屋大学出版会，2007年，第208-209頁；川島眞：〈戦後初期日本の制度的「脱帝

本土之上,促成日本帝國瓦解的歷史過程。筆者並不拘泥於拆解日本帝國主義這段歷史中的意識型態與文化層次——如廢止近代天皇體制及其價值觀,以及這些做法對日本平民的影響等——而是將目光投向去帝國化過程的政治史。這些重要的課題仍有待未來進一步研究。

這段歷史進程所涉及的主要研究議題爲何者?美國當局試圖消除日本帝國體制痕跡時,有多少行爲屬於刻意爲之?這些舉措如何在六年八個月的軍事占領期間逐漸成形,又帶來什麼影響——不僅僅是對日本的影響,還包括對整個東亞的影響?上述問題與其他相關問題的答案均表明,單從一國或兩國的角度入手,是無法對日本去帝國化過程中蔚爲特色的複雜影響力,進行全面而綜合性闡釋的。情況的複雜性實則緣自:日本與東亞各國當局從未就各國殖民時代結束後,諸多事宜的處置需要進行直接磋商,而這多半得歸因於美國的軍事占領政策。因此,推動東亞秩序重建進程之主要動力,並非過去的殖民者與被殖民者之間的協商,而是該地區新的占領國與被占領國的斡旋。爲進一步了解日本帝國被冷戰期間,乃至此後更久的美國霸權所取代的具體歷史過程,本文將回到東亞地區戰後的去殖民脈絡中,重新審視戰後軍事占領下的日本歷史。

壹、在非軍事化的陰影下

對於軍事占領下的日本,傳統歷史敘述通常以美國主導的「非軍事化」(demilitarization)懲罰性改革措施起頭,該「非軍事化」則爲推動「民主化」發展的積極方針掃清了障礙。誠然,計畫性的日本非軍事化與民主化過程,構成戰後美國軍事占領政策的雙重目標,爲時將近兩年。但這類歷史敘述卻常常忽略了同等重要的「去帝國化」元素。美方占領人員究竟如何瓦解日本帝國,並瓦解那些支持日本帝國海外擴張的政府體制與國內社經

国化」と歷史認識問題—台湾を中心に〉,收入永原陽子編:《「植民地責任」論—脱植民地化の比較史》,東京:青木書店,2009年,第393-417頁。

網絡？此間，美國軍事占領官員究竟投入幾何，在軍事占領的早期階段，清除日本帝國體制諸行動之成效又幾何？這一節將對上述問題展開探討，其重點則放在1945年至1947年間，非軍事化與去帝國化措施之間的密切關係上。

　　「去殖民化」一詞並未出現在軍事占領文獻記載中。美國駐日官員或華府人士也都從未使用過該辭令。至於「去帝國化」一詞就更不用說了。這或許並不奇怪，畢竟直到1950年代，歐美政界人士才開始吞吞吐吐地提及「去殖民化」，用以描述發生在特定地區主權行使上的特定轉變——例如爆發了反法獨立戰爭的阿爾及利亞。[8]但更重要的是，軍事占領日本過程中從未提及去殖民化或去帝國化，實非無意的疏忽，而是反映了於終結殖民體制的歷史任務中所扮演的角色上，美國自身的矛盾心態。一方面，美國總統富蘭克林・D・羅斯福（Franklin D. Roosevelt）明確提倡反殖民主義（anti-colonialism），並向英國首相溫斯頓・邱吉爾（Winston Churchill）施壓，提出將民族自決（self-determination）作為戰後國際秩序的重要基礎性原則——1941年的《大西洋憲章》（Atlantic Charter）就曾明確提及於此。等到美國在簽署《大西洋憲章》後四個月投身第二次世界大戰時，美方官員也一再批判帝國主義，以此作為解釋與軸心國作戰原因之關鍵，並強調反對一切形式的海外殖民體制——包括其盟國在內。[9]另一方面，美國以國際託管作為取代殖民統治的解決方案，即等同於擁護新殖民主義（neocolonialism）。羅斯福總統在德黑蘭會議（Teheran Conference）上與約瑟夫・史達林（Joseph Stalin）討論託管安排時曾明確表示，根據美國在菲律賓的殖民經驗，「朝鮮人還沒有能力獨立行使、維持政府職能，故而應該應於此後四十年期間處於託管狀況之下。」[10]這種戰後秩序願景的衝突，凸顯出美國政策制定人士對於去殖

8　Todd Shepard, *Voices of Decolonization: A Brief History with Documents* (Boston and New York: Bedford/St. Martin's, 2015), pp. 8-9.

9　*Ibid.*, pp. 20-21.

10　United States Department of State, *Foreign Relations of the United States (FRUS) Diplomatic Papers: The Conferences of Cairo and Tehran, 1943* (Washington, DC: US Government Printing Office, 1961), p. 556.

民化的舉棋不定，也成了戰後美國對日本及其東亞前殖民地占領方針之特色。

　　即便美國人對去殖民化持猶疑態度，以至於美國政府並未將其視爲戰後軍事占領的主要目標，但它卻被納入更廣爲人知的目標——非軍事化之中。1945年7月26日的《波茨坦宣言》（Potsdam Proclamation）表示要永遠剔除「欺騙及錯誤領導日本人民使其妄欲征服世界」的威權及勢力，並承諾驅除「不負責任之窮兵黷武主義」。文中進一步聲明盟國將占領日本領土，直到日本挑起戰爭之力量業已毀滅方休。[11]日本政府無條件投降後，美國國務戰爭海軍協調委員會（State-War-Navy Coordinating Committee，SWNCC）旋即發表〈美國對降後日本初步政策〉（"US Initial Post-Surrender Policy for Japan"），重申軍事占領的主要目的之一，即確保日本再也無法成爲對世界和平與安全之威脅。此份政策檔同時指派盟軍最高司令官總司令部（Supreme Commander for the Allied Powers, SCAP，由美軍將領道格拉斯·麥克亞瑟〔Douglas MacArthur〕擔任總司令一職）負責將日本主權限縮至本土四島，並完全解除日本武裝。[12]針對軍事占領日本一事，美國最初的政策同時深受日本殘酷的戰爭罪行，以及將帝國擴張正當化的政治體制之影響。去殖民化與非軍事化，故而息息相關，只是人們對後者所投注的更多注意力，很快掩蓋了前者而已。

　　勢在必行的非軍事化行動，爲麥克亞瑟將軍底下的盟軍最高司令部（General Headquarters, GHQ）賦予龐大而沉重的工作——包括將日本帝國去殖民化、摧毀軍事物資並索取賠款、解除日本本土與海外的日本帝國部隊武裝與部隊復員，以及遣返居住於海外的日本人與住在日本的外國國民。歷史學者竹前榮治一針見血地指出，這些任務中的頭一件——去殖民化，實

---

[11] "Proclamation Defining Terms for Japanese Surrender" (Potsdam Proclamation), July 26, 1946.

[12] State-War-Navy Coordinating Committee, "US Initial Post-Surrender Policy for Japan" (SWNCC-150/4), August 29, 1945.

質上已然透過盟軍對日本前日本殖民與託管地的占領而完成。[13]從行政角度來看，去殖民化則是透過一系列由SCAP發布的特別指令所完成的。這些命令不僅將日本與過去的海外領土澈底切斷，還同時終結了東京方面與其他國家的外交關係。麥克亞瑟的第一道正式指令——也就是1945年9月2日公布的〈一般命令第一號〉（General Order No. 1），命令國內外所有日本帝國部隊的高階司令官，向帝國各地的盟軍司令官投降。隔日，又發布了第二號一般命令。出於監督與檢查之所需，該命令指示日本官員維持海內外的所有通訊設施運作，以便SCAP代表使用。軍事占領的最早階段，占領人員利用這些設施，對解放後的日本殖民地與占領地的日本軍事、民事官員傳達指令，並從他們身上獲得情報。雖然地方盟軍當局迫不及待地想將舊殖民地日本官員趕下擁有實權的位子，但此過程仍得花上些時間。畢竟這些官員在政權移交與遣返日人的初期準備上仍有利用價值。[14]

　　停戰後旋即出現的這類情勢動盪，導致某些日本官員起初並不清楚自己對前殖民地與占領地究竟有多少權力。比方說，1945年9月下旬，GHQ得知日本政府將若干仍在朝鮮的日本官員列入文官晉升名單中。為了立刻停止這項舉動，SCAP在1945年10月2日對日本政府提交一份簡短的備忘錄，告訴日方（一）美國軍政府（United States Military Government）全權掌管朝鮮；（二）日本政府切勿試圖在朝鮮行使任何行政權力；（三）前稱所有日本駐朝鮮官員的晉升皆不具效力。[15] SCAP的民政局（Government Section, GS）也在同一天設立了朝鮮課（Korean Division），負責主導對美國占領的朝鮮半島南部所採取的政策。此後，民政局與駐朝鮮美國陸軍司令部軍政廳（US Army Military Government in Korea, USAMGIK）就裁撤日本帝國政府

---

[13] Takemae Eiji, *Inside GHQ: The Allied Occupation of Japan and Its Legacy* (London: Continuum, 2002), p. 106.

[14] Government Section, SCAP, *The Political Reorientation of Japan, September 1945 to September 1948, Vol. 1* (Washington, DC: US Government Printing Office, 1949), pp. 2-3.

[15] "Promotions of Civil Service Officials in Korea" (SCAPIN 88), October 2, 1945. *Ibid.*, p. 3.

機構展開密切合作。[16]同時，民政局的外務單位（External Affairs Unit）全權負責取締日本對過去帝國殖民地與占領地區行使的行政管理權力。

　　1945年年底，去殖民化的硬體設施構建已然大致完成。然而，檢查機構所攔截的消息顯示，日本政府仍在試圖對駐在舊外地的官員行使行政管理權。如是所暴露的問題，意味著占領人員有必要採取明確而全面的指示，將日本與過去的殖民帝國領土在行政管理上澈底分割。SCAP詳細徵詢GHQ的行政人員之後，在1946年1月29日對日本政府發布一份備忘錄，指示日本政府停止向日本以外的一切人員行使權力，或採取類似嘗試。此後，除已獲得授權的日常航運、通訊與天氣預報之外，日本政府皆不得出於任何原因與海外的日本人聯繫，除非得到GHQ允許。該份備忘錄將日本的領土範圍限縮到北海道、本州、九州、四國等四大島與近海小島，並明確將「日本自1914年世界大戰爆發以來，所占有、以託管或其他名義占領之所有太平洋島嶼，以及滿洲、福爾摩沙與澎湖群島、朝鮮與樺太島」排除在外。[17]為取締直接涉及海外帝國領土管理的日本政府部門，備忘錄最後還要求日本政府提供一份報告，詳述所有這類機構的功能、組織與人員編制。

　　上述備忘錄的最後一部分間接表示，SCAP正準備展開另一階段的去殖民措施，更準確的說法或許是「去帝國措施」——即裁撤或重組那些支撐著日本海外擴張行動的政府機構。在這類政府機構的組織結構變動裡，有一些是SCAP指示的直接結果，但大多數案例實為日方所採取措施之結果。1945年8月26日——也就是正式投降儀式前一周，日方以一份敕令廢止了大東亞省，亦即直接主導中國、東南亞與南太平洋島嶼等占領地政策的機構。與此同時，大東亞省官員的絕大部分的權責，也都移交給剛剛設立的外務省管理局。就在前述SCAP發布備忘錄，命令即刻將日本與過去帝國殖民領土澈底

---

[16] 朝鮮課後來在1947年2月被裁撤，有關駐朝鮮軍事政府的權責下放給朝鮮—琉球局（Korean-Ryukyus Division），隸屬於SCAP參謀副長。Takemae, *Inside GHQ*, p. 153.

[17] "Governmental and Administrative Separation of Certain Outlying Areas from Japan" (SCAPIN 677), January 29, 1946.

分離的兩天後，1946年1月31日，另一份敕令則更是命令外務省進行進一步重組。這回則輪到政務局與經濟局被裁撤，由總務局取而代之，以確保外務省在日本受軍事占領期間絕對無法主導外交事務。[18] GHQ的外交局（Diplomatic Section）旋即開始處理軍事占領期間的日本外交關係。

　　雖然軍事占領的若干官方說法表示，這類組織改造是根據SCAP的建議與指示而執行並完成的，但這些說法卻未能提及日本政府仍持續任用殖民地官員的事實。臺灣總督府與朝鮮總督府一經裁撤，府內行政人員遭遣返日本後，許多官員便調任至主管這兩個殖民地行政機構的內務省。起初，SCAP並未見得注意到了此事，但正是內務省與外務省遵照前述SCAP備忘錄改組當日，日本內閣決定將殖民地行政人員留用於兩省內。至此，SCAP必然已得知此事。內閣作出這項決定的目的，即把清理臺灣與朝鮮殖民統治的工作，指派給這兩省處理。內閣明確指示內務省與外務省，要調任或雇用那些遭遣返日本官員中有能力與經驗者，支付與其職級與手腕相符的薪水與津貼，確保其得以全職任用。[19]以從臺灣遣返的殖民地行政人員為例，截至1946年年底，已有一百三十九名官員就任於外務省行政權轄下，位於東京的臺灣總督府殘務整理事務所。殘務整理事務所得負責諸多業務之一，即讓從臺灣遣返回來的三萬兩千五百四十名殖民地官員得到晉升、加薪，並授與其他褒獎，而不僅僅是支付薪水與津貼。這項工作持續了好幾年。[20]日本殖民

---

[18] Government Section, SCAP, *The Political Reorientation of Japan, September 1945 to September 1948, Vol. 1* (Washington, DC: US Government Printing Office, 1949), p. 128. 並見GHQ/SCAP, "National Administrative Reorganization," *History of the Nonmilitary Activities of the Occupation of Japan, 1945 through 1951*, Vol. XIV (Tokyo: SCAP, 1952).

[19] 〈外地（含樺太）官廳職員等ノ措置ニ関スル件〉（昭和21年1月31日）。在河原功編：《資料集終戰直後の台湾第1卷》，東京：不二出版，2015年裡有原始文件的翻印本。

[20] 所有遭到遣返的官員都繼續領著薪水，其中甚至有百分之六十的人同時領得退撫金。此外，根據殘務整理事務所鉅細靡遺整理的紀錄，另有為這些官員安排的各種其他財務報酬。進一步細節可見台灣總督府殘務整理事務所：〈事務引繼報告書〉（昭和24年6月1日）。這份原始文件的翻印本，收錄在加藤聖文編：《海外引揚関係史料集成（国外

帝國遭到瓦解的數年之後，美國當局不太可能以讚許的態度看待這種讓殖民地官僚留在政府發薪名單上的做法。不過，SCAP也未明確禁止。只要這些官僚過去服務的殖民地機構，澈澈底底地得以永久裁撤就好。

華盛頓方面也在同一時間，開始著手打碎曾支撐日本擴張行動的經濟結構。這跟政府組織的去帝國化過程也有著密切關係。其中，要求戰爭賠償與瓦解財閥的做法就是例證。鑑於《波茨坦宣言》決議對日本「索取合理之賠款」，1945年11月，埃德溫・W・鮑萊（Edwin W. Pauley）以新任賠款委員的身分抵日。鮑萊代表團於隔月將建議書提交給美國總統哈利・杜魯門（Harry S. Truman），呼籲讓日本的生產活動退回1930年代早期的戰前水準，並同時建請將日本產業結構導向農業與有限的輕工業，藉以讓其他亞洲國家的工業更具競爭力。[21]易言之，責令日本支付戰爭賠款，實為一種強力的經濟去帝國化措施，意在促進東亞區域經濟的再分配與再平衡。鮑萊也提議將日本首要的財閥控股公司解體，重新分配其資產，而杜魯門政府對實施該項建議大有興趣。華盛頓不只打算摧毀所謂的「四巨頭」——三菱、三井、住友與安田，連那些在近年來的軍事行動中主動與軍方合作、獲得暴利的「新」財閥亦在其列。當局認為終結這種高度凝聚的經濟力量，並瓦解在其背後支持的軍事工業，是使得日本經濟非軍事化、民主化的先決條件。[22]

在去帝國化行動的組織層面上，還有另一項直接涉及非軍事化的措施，也就是廢除日本軍事組織，並整肅相應的高階軍官。《波茨坦宣言》承諾要將日本軍國體制從政治權力上拔除，而SCAP實踐諾言的第一步，就是

編）第31卷台湾篇「台湾統治終末報告書」／「台湾省接収委員会日産処理委員会結束総報告書」他》，東京：株式会社ゆまに書房，2002年，第152-164頁。

[21] 例見Theodore Cohen, *Remaking Japan: The American Occupation as New Deal* (New York: The Free Press, 1987), pp. 146-149;以及George H. Blakeslee, *The Far Eastern Commission: A Study of International Cooperation-1945-1952* (Washington, DC: US Government Printing Office, 1953), pp. 123-130.

[22] Thomas A. Bisson, *Zaibatsu Dissolution in Japan* (Berkeley: University of California Press, 1954), pp. 69-71.

在1945年9月13日裁撤大本營。日本帝國陸軍與海軍據估計有七百萬人，其中半數部屬在本土四島；面對將這七百萬人解除武裝並復員的場面，SCAP採取的下一步，則是安排讓陸軍省與海軍省負責執行這項龐大的工作。根據其安排，日本內閣需規劃、執行基本的行動計畫，而SCAP的參謀二部（G-2 Section）則監督、協調所有階段的工作。值此期間，民政局也承擔起推動公務體系非軍事化，並且將軍國主義者與極端民族主義者——包括日本殖民地與占領地的前任總督——從政府部門中撤職的責任。這時，SCAP開始接獲線報，指出陸軍省與海軍省正採取堅決措施以保存其組織，藉復員工作需要為理由，大量任用職業軍官。SCAP於是將這兩個省縮編為第一復員省與第二復員省，交由文官大臣管理。這或多或少展現了將日本非軍事化的決心。[23]1946年，兩省進一步裁員，並於1947年10月遭到裁撤，其部分職能則移交給厚生省復員局。

　　據估計，在軍事占領期間，約六百六十萬海外日本人被從日本龐大的亞洲帝國遣返回國，而在海外復員的日本陸軍與海軍就占了超過一半。SCAP的大規模遣返計畫是去帝國化行動在人員層面上最顯著的措施，值得特別關注。在戰後初期餘波中，非軍事化的強制行動一開始僅限於遣返海外的日本軍事人員。《波茨坦宣言》第九條表示「日本軍隊在完全解除武裝以後，將獲准返其家鄉，得以和平及生產生活之機會」。由於遣返事宜的安排被視作軍事行動範疇，故SCAP的參謀三部（G-3 Section）負起全責，著手安排將大約三百七十萬陸海軍部隊調回日本。而在日本先前占領的土地上，總督府與其他機構中的高階官員緊跟著軍事人員回到日本，但困在當地的日本公民卻是前途未卜。日本政府一開始指示其公民留在當地，表示他們或許能歸化其所在國家的公民，其背後意味即希望這些散落在戰後亞洲各地的日本公民，能夠於未來對日本的利益有所幫助。[24]另一方面，SCAP希望防止過去

---

[23] GHQ/CAP, *The Political Reorientation of Japan*, p. 139.

[24] 浅野豊美：《帝国日本の植民地法制：法域統合と帝国秩序》，名古屋：名古屋大学出版会，2008年，第578-579頁。

的殖民統治者對戰後亞洲施加影響力。何況亞洲人遭受戰禍與殖民體制折磨多年，SCAP也意欲避免日本國民在這些亞洲人手上慘遭屠殺。[25]雖然美方文獻強調了美國遣返日本公民的動機中的這種戰略與人道的雙重考量，但遣返行動顯然跟心照不宣的去殖民化政策有關。

　　從反面來看，SCAP對仍在日本的前殖民地人民的遣返政策導致了複雜的後果，這也進一步體現出美方對去帝國化態度的模糊性。最早從日本遣送回國的非日本本國人是中國與朝鮮奴工，不再需要其勞力的日本公司將他們釋放回國。至於其他仍在北海道與常磐等煤田工作的工人則隨即開始騷動。美軍占領部隊獲派前去鎮壓這類動亂，並著手解決涉及奴工的爭議。但美軍在多數事件中所造成的影響，僅是讓衝突惡化。因為SCAP一開始的政策，跟日本政府試圖讓礦工（尤其為數眾多的在日朝鮮人）留在崗位上的作法是一致的。一項文獻指出，煤礦開採不單是為了滿足日本方面的迫切需求，也是為了滿足南韓最起碼的需求。[26]軍事占領時期持續使用朝鮮奴工的政策，是以工人願與盟軍合作為前提的。但這項政策卻錯估了工人內心難以遏止，想即刻重獲自由、遣返回國的渴望。例如1945年10月18日，來自駐紮於福島縣的美國第八軍團（US Eighth Army）一〇五步兵團（105th Infantry Regiment）的軍事占領人員進入常磐煤田，明確地向當地的朝鮮礦工表示拒絕上工將被視作違抗SCAP的命令。十一天後，一〇五步兵團指揮官向大批抗議的朝鮮罷工工人發放薪水，並告誡他們不可以心不在焉，要盡可能多開採煤礦。[27]朝鮮礦工在常磐與北海道地區其他煤田持續罷工，最終迫使SCAP體認到遣返的必要，隨後將朝鮮人盡速送回他們解放後的祖國。11月的SCAP

---

[25] Supreme Commander for the Allied Powers, *Reports of General MacArthur, Vol. 1, MacArthur in Japan: The Occupation, Military Phase* (Washington, DC: Government Printing Office, 1950), p. 149.

[26] Edward W. Wagner, *The Korean Minority in Japan, 1904-1950* (New York: Institute of Pacific Relations, 1951), p. 49.

[27] 金太基：《戰後日本政治と在日朝鮮人問題—SCAPの対朝鮮人政策一九四五～一九五二年》，東京：勁草書房，1997年，第147-148頁。

非軍事活動月匯報（Monthly Summation of Non-Military Activities）中記載，約估十三萬名朝鮮與中國礦工得到遣返。1946年1月的匯報則表明礦工遣返工作已大致完成。[28]

　　但與此同時，直到1945年11月，美國國務戰爭海軍協調委員會向SCAP發布其〈降後初期基本訓令〉（"Basic Initial Post-Surrender Directive"）為止，軍事占領當局卻沒有直接提出針對在日前殖民地國民的政策。這份檔案指示SCAP將朝鮮人與臺灣人視為「被解放人民」（liberated peoples），規定「只要他們願意，就能根據貴處所應制訂之辦法獲得遣返」。[29]因此，SCAP的參謀三部才會在日本投降超過三個月後，姍姍來遲地開始為超過兩百萬重獲自由的朝鮮人與臺灣人制定組織性遣返計畫，而不是繼續靠日本當局來完成這項艱鉅的任務。作為SCAP大規模遣返計畫的一部分，經濟科學局（Economic and Scientific Section，ESS）祭出海關規定，禁止被遣返者（無論是日本人還是非日本人）攜帶超過一千日圓的現金，藉以控制通貨膨脹程度。根據一項估計，這個金額的購買力相當於二十包香菸，幾乎無法在當時深陷通貨膨脹泥沼的朝鮮，支撐一家人一星期的生計。[30]如此緊縮的海關規定，導致從日本離境的非日籍受遣返者人數遽降。SCAP公眾衛生福祉局（Public Health and Welfare Section）覺察到這股意料之外的趨勢，於是在1946年2月中旬指示日本厚生省登記所有在日朝鮮人、臺灣人與琉球人，以評估他們對獲得遣返的意願。[31]儘管將近百分之八十的朝鮮人與臺灣人起先

[28] General Headquarters, Supreme Commander for the Allied Powers, *Monthly Summation of Non-Military Activities in Japan and Korea*, No. 2 (November 1945); No. 4 (January 1946).

[29] "Basic Initial Post-Surrender Directive to Supreme Commander for the Allied Powers for the Occupation and Control of Japan," 1 November 1945 (SWNCC 52/7), in SCAP, *Political Reorientation of Japan*, pp. 428-429.

[30] Herbert P. Bix, "Regional Integration: Japan and South Korea in America's Asian Policy," Frank Baldwin (ed.), *Without Parallel: The American-Korean Relationship Since 1945* (New York: Pantheon Books, 1973), pp. 185-186.

[31] "Registration of Koreans, Chinese, Ryukyuans and Formosans" (SCAPIN 746), February 17, 1946.

流露出遣返的渴望，但最終絕大多數仍選擇留在日本；解放後的故土充滿經濟與政治的不確定性，他們不願意冒著生命危險回到本國。到了這個時候，SCAP逐漸不再將在日前殖民地國民視爲被解放人民，而是難民或「美國被監護人」（"wards of the United States"）。[32]軍事占領當局與日方認爲他們會妨礙軍事占領之成效。因此爲減輕負擔，他們打算盡可能遣返朝鮮人與臺灣人。

1947年5月3日，日本頒布新的民主憲法，以取代《大日本帝國憲法》（明治憲法）。這也象徵了日本帝國名實均告正式終結。日本帝國實質上已完成去殖民化，過去支持海外擴張的政府組織業已廢除或改組，而帝國體制下的社經網絡也藉由遣返而瓦解──軍事占領頭一階段所採取的去帝國化措施，已然成功到如此地步。值此期間，歸類爲軍國主義者和極端民主主義者的日裔個人，已經被當局從有實權的職位上拔除，但那些支持日本帝國主義的人卻不是清洗行動的明確目標。教育與社會改革的過程也從未激起殖民責任歸屬的複雜議題，這不啻於宣告日本平民狂熱支持其亞洲帝國的舉動無罪。不過，SCAP之所以採取其懲罰性改革，主要是非軍事化之緣故，並未意圖解決日本帝國體制殘存之痕跡所帶來的其他各式問題。更有甚者，海外的去殖民化行動與本土的去帝國化措施，導致軍事占領下的日本，割裂、孤立於過去稱爲大東亞共榮圈的其他東亞地區。日本在軍事占領下的孤立，即將爲日本與亞洲鄰國的戰後關係帶來深遠的影響。這是美國當局在無意間所促就之問題。

---

[32] GHQ/SCAP, "Treatment of Foreign Nationals," *History of the Nonmilitary Activities of the Occupation of Japan, 1945 through 1951*, Vol. VI, Part 4 (Tokyo: SCAP, 1952), p. 103. 1946年3月18日時，646,711名在日朝鮮人中的百分之七十九、200,784名在日琉球人中的百分之七十、15,883名在日臺灣人中的百分之八十，以及15,926名在日中國人中的百分之十六已經登記其遣返意願。*Ibid.*, p. 17.

貳、日本帝國主義遺緒

　　1947年3月，在非軍事化與民主化這兩個政策目標大致完成的情況下，麥克亞瑟表示，通過展開和談處置、結束對日軍事占領的時刻已經來臨。是月，美國國務院著手準備第一份和約草案，並且在7月時正式提議召開籌備會議，就可能的條約內容交換意見。然而初步講和之大勢卻隨著華盛頓方面政策的大逆轉而土崩瓦解，並引致一系列諸如延長軍事占領期等徹底改變和約性質的政策。而這次的重大政策轉變也反映出美國與蘇聯在全球與區域層級上，關係緊張程度的不斷升級，導致對日本懲罰性肅清與賠償要求之擱置，改以恢復經濟為優先，將更多權力集中在日本政府手中，並意圖重建日本軍備。該重大政策轉型究竟如何影響SCAP的日本去帝國化措施？而日本帝國體制的痕跡，對於美國對日本在戰後東亞秩序中位置之安排所發展出來的戰略計畫而言，又造成何等程度的影響？本節中，我將1947年至1950年間冷戰早期階段，視為日本帝國瓦解與美國在東亞霸權鞏固之間關鍵的轉變期，藉此對上述問題展開深入探討。

　　雖然在對日軍事占領的研究領域，針對這一系列被廣泛稱為「逆轉方針」（"reverse course"）的政策的論戰可謂波瀾壯闊，但鮮少有研究深入審視這些歷史性轉折事件與去帝國化措施之間的關係。[33]美國的反殖民態度——羅斯福過去大力強調、美國外交人士在聯合國裡或面對盟友時所堅決主張的反殖民態度，在第二次世界大戰結束後不到兩年間就迅速告吹。冷戰局

---

33 「逆轉方針」（逆コース）是個日語詞彙，它因為一系列出現在《讀賣新聞》的文章而人盡皆知。這個詞原先是用來指代1951年6月極端民族主義者追放解除，後來則擴大到將日本恢復獨立將近時，大眾文化中軍國思想主題的復興以及重振傳統價值觀與風俗的作法都包括進來。這種表達方式不僅傳達出許多經歷過這些年的日本人所感到的深刻背叛感，另在1960年代晚期、年輕一輩的美國學者借用這個詞來批評美國對亞洲外交政策強硬起來的做法時，點燃了一波國際性的論辯。關於「逆轉方針」一詞的起源與演變，以及後來圍繞其歷史詮釋的論戰，可見高野和基：〈日本占領研究における「逆コース」〉，《中央大學大學院研究年報I法學研究科篇》第15號（1986年3月），第105-116頁。

勢在1947年後浮現，導致美國政策制定者將重心放在增強盟國於占領地力量上，以對抗蘇聯入侵與國內共產思想的危險。這股潮流在軍事占領下的日本亦清晰可見，美方對於「日本與東亞地區擴散的共產思想是對美國利益的全新威脅」的看法日益堅決，並取代了對於日本去帝國化的矛盾心態。民政局一開始的民主改革帶有羅斯福新政的理想主義特色，但華盛頓方面對此已經失去好感。反倒是SCAP的情報部門參謀二部，靠著一心一意鎮壓任何支持或同情共產主義的人，迅速站上檯面。由於冷戰的全球與區域衝突日益嚴重，SCAP便積極地想方設法與日本反共人士組成緊密的同盟關係，即便這意味著與剛剛遭到整肅的軍國主義者、帝國主義者合作，卻也無妨。

美日聯手反共的起源可以回溯到1918年至1922年的西伯利亞干涉行動（Siberian Intervention）。時至冷戰時期，如是關係得以重生。常常有人批評美日反共同盟對威權主義，甚至是帝國主義的提倡與支持。歷史學者約翰·道爾（John Dower）曾表示麥克亞瑟（是位積極的反共派）和他部屬統治軍事占領下日本的方式，就彷彿「新殖民主義的太上皇，不容挑戰或批評，如同過去的天皇及其大臣那樣不可侵犯。」[34]領導參謀二部的人是另一位反共思想家，查爾斯·A. 威洛比（Charles A. Willoughby）少將。他利用自己與麥克亞瑟密切的私人關係來強化轄下單位，使之變成人們所描述的「情報沙皇帝國」（empire of the intelligence Tsar）。[35]在威洛比的堅持下，麥克亞瑟設立參謀二部民間諜報局（Civil Intelligence Division, CID）——包括防諜隊（Counter-Intelligence Corps）、民間檢閱支隊（Civil Censorship Detachment）與公安課（Public Safety Division）——作為擴張中情報組織的一部分，擔負起了打擊在日散播的共產主義之任務。用一位前任軍事占領人員的話來說，威洛比適才所掌握的CID，讓他成為麥克亞瑟之後的「在日美國人中的第二號人物」。[36]無論如何，威洛比就是一位靠著反對整肅，促

---

[34] Dower, *Embracing Defeat*, p. 27.

[35] Takemae, *Inside GHQ*, p. 161.

[36] Robert B. Textor, *Failure in Japan: With Keystones for a Positive Policy* (Westport,

使SCAP重新任用那些在占領時期頭幾個月遭到清算的日本軍事與政治領導人，從而在冷戰所引起的政策逆轉期間發跡的美國大員。

參謀二部任用大批日本前軍官——這個不見於公眾視線範圍、不太體面的事實——則顯示出非軍事化進程遠沒有SCAP所宣稱的那般澈底。參謀二部雇來的日本人中，有曾效力於參謀本部、軍情部門、憲兵隊的人，甚至還有特別高等員警。比方說，日本正式投降儀式後不久，威洛比少將便祕密吸收日本陸軍情報頭子有末精三中將來效力。有末精三迅速在參謀二部中建立祕密部門，運用自己對朝鮮與滿洲這兩塊前日本帝國領土的知識與專業，監控當地的共產政權。除了威洛比和他最信任的左右手之外，GHQ上下沒有人知道這件事。有末精三還設立了一支國內監控小組，記錄日本共產黨與朝鮮民族主義者（其中有許多人支持共產運動）的行動。[37]參謀二部裡這個由十五名日本高階軍官組成核心的部門，不僅為美國與日本情報機構提供不可或缺的聯繫，亦於後來成為威洛比重建日本軍隊計畫的重要基礎。這些免於整肅的高級軍官得到高薪，享有盟軍軍事占領人員獨有的特權，也招致了同盟國管制委員會（Allied Council）中的蘇聯代表，抗議這種選擇性整肅前軍官的做法。[38]

如果說非軍事化不如宣傳所言那般澈底，那麼非軍事化那更不為人知的私生子——去帝國化行動——就更是如此。在日本投降前對殖民地人民行使管轄權的內務省警保局，算是日本帝國體制中最不顯眼的幾個殘餘機構之一。儘管內務省本身終究在1947年廢止，其中許多職員仍然像總督府中的殖民地行政人員一樣，被調任到其他政府機構。例如原任職於內務省的朝鮮專家，就和前思想員警與反共官僚一併迅速調動到法務省特別審查局（Special Investigation Bureau, SIB）。前特高官員吉河光貞領導特別審查局及其成員，逐漸成為與SCAP民政局課長傑克・P・納皮爾（Jack P. Napier）有直接

Connecticut: Greenwood Press, 1972), p. 190.

[37] Takemae, *Inside GHQ*, pp. 165-166.

[38] 參見Mark Gayn, *Japan Diary* (New York: W. Sloane Associates, 1948), pp. 445-446.

聯繫的強大國內情報組織。1949年4月初，納皮爾與吉河光貞共同起草了一份特別條例，將宣告煽動性組織——在當時指的多半是支持共產思想的組織——違法的權力授予政府。三個月後，日本內閣總理大臣吉田茂開始援引新實施的〈團體等規正令〉，不動聲色地將「共產黨員及其同路人」從政府機構中撤職。[39]這份法令代表軍事占領下的日本展開了所謂的「赤色清洗」（Red Purge），接著吉田茂與SCAP達成協議，解除對上萬名極端民族主義與帝國主義軍官的整肅，再次將他們投入到對抗共產主義的共同陣線中。

在日前殖民地人民構成了日本殖民體制在人口數據上留下來最明顯的痕跡。談到他們的待遇時，SCAP的政策轉變其實是早於方針逆轉發生之前的。中國外交代表團堅持要求SCAP將軍事占領下的在日臺灣人作為盟國國民對待，而在日臺灣人再怎麼樣都能從中得到益處。但直到1948年為止，朝鮮人在日本都沒有外交代表，導致他們不得不更加仰賴美方的善意。然而，等到從日本離境的朝鮮人人數在1946年春天明顯急遽下降之後，SCAP便決定於日朝鮮人「被解放人民」的名分之外，加上一條但書。5月21日這天，SCAP傳了一份報告給國務院，建議將持續居留日本的朝鮮人「推定為以得到其日本國籍之保有為目的」。[40]國務院同意了這份建議——包括建議中將在日朝鮮人當成日本國民對待，直到正式的朝鮮政府成立，認可在日朝鮮人朝鮮國民身分的措施。由於認為大規模遣返計畫是解決日本「朝鮮問題」最好的方法，故而SCAP選擇先不要公開這個剛確立的方針，以免對遣返計畫造成任何負面影響。等到遣返計畫即將結束，卻仍未能達到預期之成效時，SCAP終於11月5日當天以及一周後，兩度宣布未遣返的朝鮮人將被視為日本國民的政策決定。這些聲明進一步指出，所有這類放棄遣返特權的朝鮮人，

---

[39] 關於特別審查局更多細節，可見吉河光貞的報告「法務省特別審查局」，複印版收入竹前栄治：《戰後勞働改革—GHQ勞働政策史》，東京：東京大学出版会，1982年，第421-438頁。並參見Jack Napier, "Counter-Measures Against the Subversive Potential in Japan, 1946 to 1951 Inclusive," no date. [National Archives and Records Administration (hereafter NARA), Record Group 331, Box 8497]

[40] Outgoing Message from GHQ/SCAP to WARCOS, 21 May 1946. [GHQ/SCAP Records, National Diet Library (hereafter NDL) in Japan, CIE-04143]

都不能得到任何相關的權利，此後將成爲受日本法律管轄的對象。[41]也就是說，SCAP這時已經決定：在日朝鮮人所擁有的唯一一種保證其得以從殖民統治下獲得解放的方法，就是接受遣返。

由於日本政府試圖將前殖民地人民排除在日本國民之外，故而SCAP這項否定朝鮮人爲被解放人民的新政策，受到日本政府熱烈歡迎。日本當局在1945年12月剝奪朝鮮裔與臺裔居民的選舉權，將他們排除在1946年11月採用的民主憲法之外，並向SCAP施壓，勒令其不要將他們視爲日本人。等到1946年12月，SCAP的大規模遣返計畫結束後，仍有五十三萬兩千名朝鮮人與八千名臺灣人滯留日本，[42]儘管他們名義上還有日本國籍，美日雙方同意將他們註記爲外國人。經過民政局與內務省之間的密切磋商後，日本政府在1947年5月2日頒布法令，要求所有外籍居民接受正式登記，並攜帶登錄證明書。這道〈外國人登錄令〉（Alien Registration Ordinance, ARO）跟遣返登記不同，它結合了戰時日本與美國的法律模式，特別用以進一步監控、逮捕違法與煽動顛覆的外國人。一方面，登錄證明書的格式，與1936年至1945年間協和會（日本政府掌控少數民族的一部分措施）所發放的證明書一模一樣；另一方面，1940年美國〈外國人登記法〉（Alien Registration Act，又名史密斯法〔Smith Act〕），也成了制定〈外國人登錄令〉的另一個構想來源，有著美國法律條文的影子。[43]爲了避開國會辯論而以敕令的方式生效，〈外國

---

[41] Press Release, "Koreans must report to Reception Center when called or forfeit recognition as Korean nationals," 12 November 1946. [CIE-04145, NDL]

[42] 軍事占領當局紀錄顯示，在1946年12月31日時，仍有532,850名朝鮮人、8,121名臺灣人、14,174名中國人，以及62,202名琉球人滯留日本。GHQ/SCAP, "Treatment of Foreign Nationals," *History of the Nonmilitary Activities of the Occupation of Japan*, p. 35.這些官方數字無法準確反映出在日「非日本人」的人數，畢竟其中不包括大量未登記遣返，以及在戰爭結束後非法進入日本的人士。

[43] 比方說，滿十四歲的朝鮮人與臺灣人必須登記，並攜帶登錄證明書；不符規定者可以處以遣返。〈外國人登錄令〉源起的進一步細節，可見大沼保昭：《単一民族社会の神話を超えて：在日韓国・朝鮮人と出入国管理体制》，東京：東信堂，1986年，第25-77頁。

人登錄令〉是《大日本帝國憲法》下實施的最後一道同類型敕令。對於抗議登錄的朝鮮人與臺灣人來說，這種刺人的嘲弄尤其令人難以接受。

在日前殖民地人民待遇問題中固然充斥著不可調和的矛盾與衝突，而屬於先前受遣返者的金融資產賠償事宜，則是日本帝國體制遺留下來的深受SCAP政策之逆轉所害的另一方面。已遣返回中國與朝鮮的工人要求拿到尚未支付給自己的薪水，而SCAP面對日益高漲的呼籲聲浪，決定開始徵集他們應有的資產，供支付之用。1946年3月1日，美國軍事占領當局在位於東京的日本銀行開立了「盟軍最高司令官總司令部託管帳戶」（Custody Account of the Supreme Commander for the Allied Powers），並下令日本企業開始將尚未支付的款項存入該戶頭。[44]託管帳戶的管理則交給民間財產管理局（Civil Property Custodian〔CPC〕Section），其主要職責就是針對同盟國、日本敵對國家，以及前日本殖民地在日動產與不動產的運用，向SCAP提供建議。5月上旬，第七十四軍政中隊（74th Military Government Company）總部向第八軍團指揮官提交了一份報告，內容關係到從北海道遣返朝鮮工人的未結清戶頭。報告提到，北海道十萬零八千四百名朝鮮人裡的大多數有多麼像「奴工」，他們受到遣返時，「心裡認為這些款項之後會透過朝鮮政府的代表來轉交」。[45]報告還附上一份二十一張票據的詳細清單，均從那些在北海道雇用朝鮮工人的公司與政府單位依法扣押而來。第七十四軍政中隊繼續徵收積欠受徵召朝鮮工人的款項，直到總金額在8月時達到超過兩百五十萬日圓為止。[46]SCAP與USAMGIK的民政官員也與此時就資金轉到首爾一事全面達成共識。[47] SCAP根據是項協議，在5月31日指示USAMGIK，將徵集而來的全

---

[44] SCAP, "Summation of Nonmilitary Activities in Japan, No. 6," March 1946.

[45] 74th Military Government Company to Commanding General, Eighth Army, "Funds Consisting of or Pertaining to the Unsettled Accounts of Koreans who have been Repatriated from Hokkaido," 5 May 1946, p. 2. [Record Group 331, Box 3713, NARA]

[46] 1946年8月過後的總金額為2,554,427.81日圓，這個數字列在一份CPC文件中，見"SCAP Custody Account-Bank of Japan, Koreans (Repatriated)." [CPC-17939, NDL].

[47] Memo for the record regarding subject, "Funds Consisting of or Pertaining to the Unsettled

部積欠款項支付給已遣返的朝鮮工人。

　　然而，在將這筆專款發放給人在朝鮮的應受款人的過程中，卻遇到了始料未及的困難，並最終導致SCAP改變了主意，決定不發放賠償。1947年年中，也就是SCAP指示發放賠償超過一年之後，一名CPC外事資產組（External Assets Branch）官員造訪朝鮮，與USAMGIK的代表討論發放問題。USAMGIK日本事務局（Japanese Affairs Section）顧問愛德華・華格納（Edward Wagner）承諾會調查這筆朝鮮工人基金的支付爲何還沒在朝鮮兌現。華格納後來在一封信裡提出了個簡單但關鍵的問題，點出了賠償發放的最大阻礙：在尚未完全確定其他上百件性質相同的索賠是否能得到批准以前，處理北海道遣返朝鮮人賠償問題的做法到底是否明智呢？[48]華格納其實是在以另一種方式警告CPC，發放北海道款項可能會爲個別索賠打開大門，而USAMGIK還沒有作好準備去處理這一切。[49]同樣，CPC並沒有強迫其他日本都府道縣作出賠償的立場，何況日本政府後來的確成功避免北海道的事件成爲擴及全國的先例。日本政府的辦法是，命令日本企業將屬於朝鮮與中國工人的未支付薪水與其他金融資產，全數存入由各都府道縣政府檢察長辦公室管理的銀行帳戶。靠著把這些資金打散到地方銀行帳戶，日本政府就能避免這些資金落入集中的SCAP託管帳戶，最後發放給朝鮮的後果。[50]而朝鮮受徵召工人尚未得到的薪水、存款與津貼也就留在SCAP託管帳戶。

Accounts of Koreans Who Have Been Repatriated from Hokkaido." Undated. [CPC-08855, NDL]

[48] CPC External Assets Branch, "Conference Report," 22 September 1947. [CPC-08856, NDL].

[49] 美軍第二十四兵團（XXIV Corps）根據日本礦場經營者提供的報告於朝鮮尋找受款人的過程中，同樣碰上相當大的麻煩。見CPC memo for the record, subject: "Deposits of Korean Coal Miners in the Bank of Japan," 6 December 1946. [Record Group 331, Box 3660, NARA]

[50] SCAP託管帳戶中朝鮮人款項的進一步細節，見Matthew R. Augustine, "Restitution for Reconciliation: The US, Japan, and the Unpaid Assets of Asian Forced Mobilization Victims," *The Journal of Northeast Asian History*, 8: 1 (2011), pp. 5-37.

　　1947年至1949年之間，日本戰爭賠償演變爲重要的外交議題，這也令個人資產補償事宜蒙上陰影。[51]1947年8月，名義上負責監督軍事占領日本的盟軍代議機構——遠東委員會（Far Eastern Commission, FEC）決定，只有同盟國成員才能得到賠償。由於朝鮮並非FEC成員，這項決定意味著朝鮮不會分得戰爭賠款。另外，FEC認定朝鮮應滿足於戰後留在朝鮮的日人資產。[52]美國也在這時單方面翻轉了本國對日本戰爭賠款的政策。1948年3月，美國國務院政策規劃主任喬治‧肯南（George Kennan）結束出訪日本行程返國，開始著手策劃，試圖扭轉以賠款與解散財閥爲特色的SCAP初期經濟計畫的方向。美國國家安全會議（National Security Council）將肯南的一系列建議整理成〈NSC-13/2〉建議書。這份檔代表了一套以防堵共產主義在日本擴散爲目標的冷戰新政策。根據約翰‧道爾的看法，美國從1949年開始遵循一項「強硬的」冷戰政策，不僅打算讓日本處於蘇聯勢力範圍之外，還要使日本成爲達成美國全球目標的積極夥伴。[53]完全放棄懲罰性賠償的做法，是這項政策的重要內容。隨著〈NSC-13/3〉建議書在1949年5月通過之後，美國單方面撤銷了之前已經開始預先移轉的日本戰爭賠款。而基礎戰備設施亦於此後得以保留，供經濟復甦之用。美國對來自FEC的反對不加理會，並遭到國民政府代表李惟果博士對該做法的強烈譴責。他表示美方的轉變對日本

---

[51] 戰爭賠款（reparations）主要是指戰敗國對戰爭所造成的損害交付的賠款，而賠償（restitution）則是定義爲將合法擁有者被奪走、失去或被迫交出的事物物歸原主的舉動。埃拉札‧巴坎（Elazar Barkan）清楚表示，與戰爭賠款這種強制懲罰的做法相比，賠償——包括試圖以法律、政治與文化行動來糾正歷史上的不公義——可說是個非常有用的概念。Elazar Barkan, *The Guilt of Nations: Restitution and Negotiating Historical Injustices* (New York: W.W. Norton & Company, 2000), pp. xviii-xxvi.

[52] Sung-Hwa Cheong, *The Politics of Anti-Japanese Sentiment in Korea: Japanese-South Korean Relations under American Occupation, 1945-52* (Westport, CT: Greenwood Press, 1991), p. 55.

[53] John Dower, "Occupied Japan and the Cold War in Asia," *Japan in War and Peace* (New York: The New Press, 1993), pp. 179-189.

侵略行徑的受害者來說是「嚴重的不義」。[54]

　　賠款與補償的相關政策逆轉，使SCAP起初對日本經濟方面帝國主義實施清算的腳步停了下來，也深刻地影響了美國為戰後東亞秩序中日本地位所作之戰略規劃。華盛頓的政策制定者體認到，若持續孤立軍事占領下的日本，會對戰後的經濟復甦產生負面衝擊，於是開始提倡區域再整合的政策修正。但他們重新審視對日經濟方針之時，恰逢美國官員對東北亞政經潮流態度的日益悲觀化。共產政權在中國內戰中勝利，導致國務院自1949年末起逐漸將目光從中國投向東南亞，把東南亞當成日本未來經濟擴張的關鍵區域。政策檔清楚顯示東南亞正準備發揮原物料市場與產地的功能──不僅對日本如此，對於為了保有自己在該地區殖民地的西歐國家來說也是如此。喬治‧坎南以遏止共產主義擴張作為這類經濟擴張主義與帝國主義的理由，他聲稱日本非常脆弱，「除非他們能再度南向重新開闢某種帝國」。[55]與此同時，其他的美國官員也正計畫補助日本投資人與貿易公司重返東南亞，他們為日本帝國身先士卒的經驗能在當地給他們不少幫助。

　　這類重振日本帝國主義的論調有點過於誇張，但更重要的或許是這種論調底下掩蓋的目標──讓日本成為美國霸權在東亞的重要基地。最能清楚顯示這個目的的，莫過於美國參謀長聯席會議（Joint Chiefs of Staff）在1949年6月提交給國家安全會議的〈美國對日安全需求戰略評估〉（"Strategic Evaluation of United States Security Needs in Japan"〔NSC 49〕）。具體而言，〈NSC 49〉主張美國對從阿留申群島延伸至菲律賓的一連串「近海島鏈」實施戰略掌控，而美國在沖繩與日本本土四島的基地，則在其中扮演關鍵角色「中轉地區，由此將我國軍事力量投射到亞洲大陸地區」。文中還呼籲建立日本軍備，這在與美國的安全同盟中將扮演不可或缺的角色。東亞冷戰局

---

[54] Takemae, *Inside GHQ*, p. 475.

[55] Bruce Cumings, "The Origins and Development of the Northeast Asian Economy: Industrial Sector, Produce Cycles, and Political Consequences," *International Organization,* 38: 1 (1984), p. 18.

勢惡化，導致參謀長聯席會議認為要支持美軍在軍事占領體制的掌控條件下持續駐紮日本，並反對任何可能限制駐日美軍部署的和談方案。換句話說，除非日本建立起自衛所需的武裝力量，並允許美國有不受限制、無限期設置基地的權利，否則參謀長聯席會議不希望開啓和談。[56]因此，〈NSC 49〉不僅是非軍事化政策逆轉的結果，更象徵著從「瓦解日本帝國」向「鞏固美國在東亞地區的支配權」的重大政策性轉折。

參、鞏固美國霸權

美方與日方官員在1950年6月展開了懸宕已久的和約談判，這也為後帝國時代的日本與冷戰所破壞的全球與區域秩序之間，重新整合的過程定下基調。人們將談判所派生的和約──也就是1951年9月8日，日本與四十八個國家在舊金山簽訂的和約，稱為「分歧的和局」。這種稱謂反映出亞洲主要共產國家沒有參與和平協議的事實。[57]兩國在同一天簽訂的《日美安全保障條約》（Treaty of Mutual Cooperation and Security）與美國的冷戰政策保持同步，將日本納入後來所謂的舊金山體系（San Francisco System）。批評與支援舊金山體系的兩類聲音，都認為在整個冷戰期間乃至冷戰後，日本的行動始終維持在該體系的特定戰略框架之中。[58]但是，後殖民議題在1950年至1952年間──亦即軍事占領日本最後一段、也是非常關鍵的一段時期裡所採取的方式，卻鮮見於這類歷史分析之中。對日本帝國殘餘體制一息尚存的擔

---

[56] United States Department of State, *FRUS, 1949, Vol. VII, Part 2: The Far East and Australasia* (Washington, DC: US Government Printing Office, 1949), pp. 775-777.

[57] 竹前榮治寫道，「分歧和局」的概念，同樣可指日本國內支持條約的保守派與反對條約的自由派之間的分歧。Takemae, *Inside GHQ*, p. 510.

[58] 關於所謂的「舊金山體系」與該體系在1951年後日本外交政策中扮演的關鍵角色，可見John W. Dower, "Peace and Democracy in Two Systems: External Policy and Internal Conflict," in Andrew Gordon (ed.), *Postwar Japan as History* (Berkeley, California: University of California Press, 1993), pp. 3-33.

憂，與美國冷戰方針中的戰略優先考量有多大的衝突？美國官員究竟如何協調一致，使日本成爲鞏固美國東亞霸權的重要基地？這些問題的答案，能夠幫助我們對1952年4月28日、日本重獲主權的時間點之前，美國霸權的擴張將日本帝國完全吞沒的始末產生進一步的了解。

　　爲了探討日本帝國體制遺緒對和約協商的影響程度，幾項關鍵因素需謹記在心。首先，美國談判人士的首腦——約翰・福斯特・杜勒斯（John Foster Dulles）絕非受壓迫殖民地人民的捍衛者。他反倒頗爲認同日本人對殖民地人民的歧視。事實上，他在自己第一份談美國對日政策的備忘錄中，就曾寫道爲了共同的反共目標，美國或許可以「利用日本人針對中國人〔與〕朝鮮人的種族與社會優越感」。[59]再者，朝鮮也爲美國帶來一點麻煩——畢竟朝鮮是唯一一個明確向日本施壓，要求日本對其人民在殖民統治下遭受的損失與傷害，做出賠償的日本前殖民地。中華民國雖然也堅持要求日本支付戰爭賠償，但來到臺灣的中國當局已經對島上的日人資產進行清算，故而未就進一步的殖民賠償進行施壓。最後一點是，任職於USAMGIK的美國官員的確曾寫過一份三十頁的研究，討論處理朝鮮人對日索賠的最佳方法，並提議美國斡旋出後殖民時期的和解方式。[60]但SCAP不願意就USAMGIK對於償還朝鮮人索賠一事的要求而有所妥協，因爲重建日本經濟是華盛頓政策逆轉後訂定的新目標，而償還朝鮮方面索賠會影響對此的投入。1950年6月25日韓戰爆發，摧毀了所有賠款與補償的殘存希望，杜勒斯與美方談判人士的支援團隊直接把注意力放在擊敗共產主義，而不是消滅日本帝國體制上。

　　美日之間的外交磋商不僅巧妙打造出這一分歧的和局，而且還刻意拋棄了所有爲平息東亞後殖民爭端所做的努力。1951年4月，杜勒斯與日本總

---

[59] Frederick S. Dunn, *Peace-Making and the Settlement with Japan* (Princeton University Press, 1963), pp. 99-100.

[60] "Claims of the Korean Government, Government Departments, Bureaus and Agencies, Korean Individuals and Juridical Persons Against the Japanese Government, Japanese Individuals and Juridical Persons." [Record Group 332 Box 34, NARA]

理吉田茂會面，商討和談過程參與對象的問題。大韓民國總統李承晚則強烈堅持其新建的國家能出席和會。要曉得，杜勒斯一開始同意李承晚，認為首爾方面的參與，是日本與南韓之間關係邁向正常化的第一步。但吉田茂強烈反對，表示韓國並非同盟國的一員，在任何情況下都不能參與。他主張若南韓成為締約國，日本國內龐大的朝鮮群體（據他說，其中大半都是共產主義者）將會得到同盟國國民理應獲得的所有賠償與財產權。吉田茂還進一步指出，他的政府希望將這些前殖民地人民驅逐出境，但麥克亞瑟反對將他們大批遣送回南韓，理由是這些跟共產主義者有瓜葛的人「會因此掉腦袋」。[61] 迫於吉田茂的強烈言詞，杜勒斯最後同意將大韓民國從會議代表名單中劃掉。

將韓國與中國排除在和會以外的結果，即舊金山的協議完全避開了有關在日前殖民地人民的爭議問題。兩個月後，外務省官員西村熊雄告訴日本國會，執政當局有意不在和約中為前殖民地人民提供選擇國籍的條款。[62] 隨著軍事占領期的行將結束，日本主權的完全恢復指日可待，日本政府也悄悄策畫著政府版本的去殖民化行動。1952年4月28日，也就是《舊金山和約》生效的同一天，法務省單方面剝奪了朝鮮人與臺灣人的日本國籍。[63] 新通過的〈出入國管理令〉，以及更強硬的〈外國人登錄法〉都隨著和約的生效一同生效。身為外國人的朝鮮人與臺灣人，馬上就成了這些法令的管轄對象。日本政府同時通過了一項法律，允許1945年9月2日至1952年4月28日之間連續居住於日本的朝鮮人與臺灣人，「暫時」留在日本，有關其法律地位的最終決定則遭到懸置。一瞬之間，這些身在後帝國日本的前殖民地人民，實實在

---

61 United States Department of State, *FRUS, 1951, Vol. VI, Part 1: Asia and the Pacific* (Washington, DC: US Government Printing Office, 1951), pp. 1006-1008.

62 田中宏：《在日外国人：法の壁、心の溝》，東京：岩波書店，1995年，第70-71頁。

63 這次去國籍行動的授權，來自一份部會內的指示──4月10日的〈法務府民事甲第四三八號〉通達，上面只說「隨和約即將生效，朝鮮人與臺灣人將失去其日本國籍」。進一步細節可見松本邦彥：〈在日朝鮮人の日本国籍剥奪〉，《法学》，第52卷第4號（1988年10月），第645-679頁。

在地從日本國民變成無國籍人士。[64]

　　如果說去國籍化是日本版的去殖民化，那凍結前殖民地人民在日本的金融資產，就能稱得上是美方有意滿足日方利益而為的解決方法。美國與日本政府在整個冷戰期間，始終認為《舊金山和約》已經妥善處理了日本支付戰爭賠償與個別補償要求的責任問題。然而，在日本帝國戰時動員計畫下所積欠的、尚未支付給亞洲各地受害者的金融資產，其實並未得到妥善處理，而是遭到忽視。當中華民國與日本在1952年恢復正常關係時，兩國政府同意忽略郵政儲蓄支付與臺籍日本兵退撫金等問題。接著在1965年，大韓民國在美國政府沉重壓力下，不顧國內的強烈抗議，同意與日本關係正常化。雙邊的和約不僅有助於鞏固美國在東北亞領導的冷戰集團，也為大韓民國提供可觀的日本經濟援助，儘管日本方面表示經濟援助並非戰爭賠款。渴望將日本經濟復甦與東南亞發展捆綁一道的美國政策制定者們，是最早提出用提供經濟援助取代戰爭賠償的人。後來，這種做法於1972年，日本與中華人民共和國在關係正常化後再次出現。與此同時，中國被徵召工人的合理索賠也跟朝鮮工人一樣完全遭到忽略。每一起事件裡的歷史正義，都在重申《舊金山和約》放棄戰爭賠償的聲音中遭到忽視。這種作法同樣也破滅了歸還日本戰時動員計畫受害者遭凍結資產的可能性。[65]

　　雖然美國支持放棄戰爭賠款與索賠權利的做法，有助於日本重新成為東亞經濟的發動機，但美國官員也能靠這種保證日本經濟成長的安全保障，來

---

[64] 要曉得的是，1952年4月28日在臺北簽訂的《中日和平條約》授與在日臺灣人中華民國國籍之後，其國籍地位問題就馬上化解了。而另一方面，直到1965年日本與大韓民國簽訂條約，關係正常化之前，無國籍朝鮮人的地位始終懸而未決。根據該條約規定，殖民時期移民日本的朝鮮人及其子嗣，可以獲得「條約規定之永久居民」的特別資格。進一步細節可參考金日化：〈在日朝鮮人の法的地位〉，收入朴鐘鳴編：《在日朝鮮人：歷史、現狀、展望》，東京：明石書店，1995年，第210頁。

[65] Augustine, "Restitution for Reconciliation," p. 29.至於美國在促成歷史和解時扮演的角色，可以從Gi-Wook Shin, "Historical Disputes and Reconciliation in Northeast Asia: The US Role?" *Pacific Affairs*, 83: 4 (2010), pp. 663-673了解更多。

索取高昂的代價，而這一切不外乎是透過無限期延長美軍駐紮日本國內與周遭地區的時間，來鞏固美國霸權。日本、南韓與琉球群島上的美國軍事占領當局，早已為這股第二次世界大戰戰後霸權打下了基礎。此後依靠著將美國軍事顧問派駐到菲律賓、臺灣等地，霸權又得以進一步擴張。國際法規定外國占領部隊不受受占領地方司法權所管轄，除此之外，美國官員更在世界各地為美國軍事顧問協商，並爭得類似的司法豁免身分。美軍顧問的外交豁免權隨後也擴及至人數不斷增加的美軍身上。這種法律身分的擴張，也在1950年代美國政府與冷戰盟友所簽訂的一連串雙邊安全協議中，凝固為一項固定的內容。上述安保協議不僅同意租借領土作為美軍基地，而後的軍隊地位協定（Status of Forces Agreement, SOFA）更是進一步授予其司法豁免權。整套協議皆有助於確保美國在整個冷戰時代與冷戰結束後的主導權。美軍基地因此成為在一國之內實施「軍事占領」的禁區，而地主國雖然在法律上對領土擁有主權，但實際上對租借領土行使的主權實由美國掌控。這等安排的實質，即以不平等的安保條約為基礎，建立新形態的治外法權，而東亞國家為換取美國在遏止共產政權上的軍事協助，勉強接受這些條約。

　　法外權利與特權條款（包含賦與美軍人員外交豁免權在內）自一開始便是個備受爭議的構想。日本外務省條約局長西村熊雄強烈反對對這類權利做出保證。他警告說，列出司法豁免項目等同於允許軍事占領結束後的日本領土上出現「美國治外法權」。[66]在1890年代治外法權廢除之前，日本的民族恥辱延續了四十餘年。這樣的記憶縈繞於西村熊雄與同僚的心頭，因此他們對美方恢復治外權的要求非常敏感。他們擔心詳細列舉美軍的權利會帶來不良的政治後果，畢竟日本民眾與政治人物，必定會反對讓擁有特殊權利與待遇的占領部隊繼續駐軍。約翰・艾禮遜（John Allison）則在回應中提議將這些爭議性權利降格為祕密行政協定，與和約分開處理。由於安保條約需經由

---

[66] 這一句與接下來所引用的西村熊雄言談，主要都是以麥可・吉津（Michael Yoshitsu）在1977年所進行的個人專訪為本。見Michael M. Yoshitsu, *Japan and the San Francisco Peace Settlement* (New York: Columbia University Press, 1983), p. 83.

國會通過，而行政協定僅需內閣核可，這麼一來，就可避免在安保條約通過以前公開這些爭議點。[67]美方迅速準備極密行政協定的草案，日方也不顧其他反對意見核可了。

　　即便在美日雙方展開磋商之前，認為這種等同於授予治外法權的行政協定，會導致嚴重問題的批駁論調便已廣泛存在。同時，不止日方，連美方官員也這麼認為。1951年8月，當參謀長聯席會議起草自己版本的行政協議，明訂出極為詳盡的條文，確保對基地與人員行使的單方面控制得以持續下去時，一場重大的部會間糾紛也隨之爆發。[68]國務院馬上標出許多爭議性的條款，尤其是那些要求在日本使用美國軍法與軍規的條文。約翰・艾禮遜鞭辟入裡，指出要日方放棄對美軍人員的刑事管轄權，其效果等同於19世紀的不平等條約體系，日方會對此深惡痛絕。約翰・福斯特・杜勒斯也堅持，這種尋求「詳盡法外特權」的做法，有可能會導致許多美國大兵繼續把日本人看得「低人一等」，加深日人的反感，造成適得其反的結果。[69]雖然國務院官員後來在五角大廈的行政協定草案上做了一系列的折衷修訂，但他們未能刪掉治外法權的若干條款。當他們把注意力放在與日方官員協商之時，這些條款也使他們步履維艱。

　　正當此時，1951年6月誕生的《北約軍隊地位協定》（NATO SOFA）亦立即引發了相關的尖銳問題：這個西歐新框架是否可以拿來與東亞地區類似的軍事協定相比？該軍隊地位協定是否有透過地主國與美國共有對美軍人員的司法管轄，從而在地主國與美國的安全關係之間建立起實質上的平等？[70]

[67] United States Department of State, *FRUS, 1951, Vol. VI, Part 1: Asia and the Pacific*, p. 863.
[68] *Ibid.*, pp. 1282-84.
[69] Howard B. Schonberger, *Aftermath of War: Americans and the Remaking of Japan, 1945-1952* (Kent, OH: The Kent State University Press, 1989), p. 265-6.
[70] 1948年《布魯塞爾條約》（Treaty of Brussels）承認領土主權原則，美國政府作為條約簽字國，是透過與地主國協商，得出部分共同擁有對駐歐美軍管轄權的條款。《北約軍隊地位協議》第七條是根據互惠基礎來分配行使管轄權的權利。深入細節見Richard J. Erickson, "Status of Forces Agreements: A Sharing of Sovereign Prerogative," *Air Force Law Review*, 37 (1994), pp. 137-141.

倘若如此，那這種實質平等難道不適用於雙邊安全關係嗎？日本官員認為適用是必然的。他們堅信，如果要日本像西歐國家一樣，同意在軍事占領期後接受美國軍事人員駐紮，那日本至少也有權利得到互惠的軍隊地位協定。日方期望獲得與北約類似的軍隊地位協定，但狄恩‧魯斯克（Dean Rusk）領軍的美國代表團卻粉碎了他們的希望。魯斯克堅決捍衛五角大廈對於保持單邊掌控駐日美軍人員的要求。美方在1952年1月提交給日本官員的行政協定草案與《北約軍隊地位協定》有明顯的不同，它不僅賦予美國當局對美方人員的專屬管轄權，甚至連美軍在軍事基地外所犯下的罪刑也囊括在內。日本外務大臣岡崎勝男旋即對美方要求的專屬管轄權提出抗議，認為這違反了歐洲軍隊地位協定所確立的平等原則，而雙邊軍隊地位協定也應該納入這種平等原則。[71]魯斯克之所以進行反擊，主張歐洲那種軍隊地位協定不適用於日本，原因有三：（一）日本與北約成員國不同，並非某個集體安全組織的一部分；（二）只要日本維持非軍事化，集體防衛就不會是可行選項；（三）由於美國國會仍然在進行討論，北約軍隊地位協定的通過仍然懸置。[72]也就是說，魯斯克依靠技術性論點，否定岡崎勝男期盼的平等安保關係與共同管理美軍的做法。

　　等到1952年2月28日，行政協定的完整內容在簽訂當日公諸於世後，日本社會各界立即對赤裸裸的不平等條款表示強烈抗議。媒體提早披露了祕密協商的過程，導致日本國會主要政黨代表聯手，促請內閣總理大臣吉田茂公開聲明反對在日本恢復治外法權。最後的協定讓反對黨大失所望，發動遊行抗議，並發表共同聲明譴責吉田政府無法保障日本主權與基本人權。[73]整體

---

71 西村熊雄：《日本外交史27　サンフランシスコ平和条約》，東京：鹿島研究所出版会，1970年，第349-350頁。

72 Yoshitsu, *Japan and the San Francisco Peace Settlement*, p. 95.並參見西村熊雄：《シリーズ戦後史の証言、占領と講和7：サンフランシスコ平和条約‧日米安保条約》，東京：中央公論新社，1999年，第103頁。

73 United States Department of State, *FRUS, 1952-1954, Vol. XIV, Part 2: China and Japan* (Washington, DC: US Government Printing Office, 1952-1954), p. 1208.

而言，日本報界同樣非難日本的新不平等條約，表示人們長久期待獨立能在軍事占領結束後降臨於世，但這獨立的承諾卻落了空。[74]公眾對協定的譴責始終無所不在，持續了很長的時間，畢竟無論是日方或美方官員，都無法否認美軍在占領期結束後的日本得到治外法權的事實。事實上，行政協定與更高層的安全保障條約，始終是美日關係在整個1950年代的衝突來源。等到1960年修正這些協定時，充斥著火藥味的國會辯論與暴力示威更是達到高潮。[75]

如果說《日美安全保障條約》與伴隨而來的行政協定，代表著不平等的同盟關係，那麼美國與大韓民國之間關係的不平等程度，只能說是有過之而無不及。就在日本官員簽訂爭議性行政協定時，朝鮮戰爭正戰至白熱化。為對抗北韓入侵，南韓官員迎回了美國部隊。1950年7月12日，雙方在大田達成協議，給予美國對駐韓軍事人員的專屬管轄權。等到美日間的行政協定公開後不久，韓國官員便施壓美方，要求簽訂類似的全面協議。美國軍方與政府顯然都不願放棄韓戰時在韓國獲得的治外法權，即便1953年7月簽訂停戰協議，結束敵對狀態後亦然。三個月後簽訂的《美韓共同防禦條約》（US-ROK Mutual Defense Treaty）跟《日美安全保障條約》不同，它甚至連決定駐韓美軍地位安排的行政協定都沒有提供。即使大韓民國外交部多次要求，美國國務院仍拖延時間，不去進行達成這類協定的外交磋商。[76]待到韓國履

---

74 日本民眾對行政協定的態度反映在當時主流報刊上，關於其例證，可見於日本外務省的報告，外務省情報文化局：〈行政協定をめぐる世論〉（昭和27年3月12日）。影印本收錄於外務省：〈日米安全保障条約関係一件、第三条に基づく行政協定関係〉，《外交記録：二国間条約・協定（政治）第4巻》（東京：外務省外交資料館），第162-171頁。

75 1960年，國務卿克里斯蒂安・赫脫（Christian Herter）在為修改條約舉行的國會聽證會期間坦承，原始條約中有若干條文「從兩個主權國家間協定的角度來看，是相當苛刻的。」Schonberger, *Aftermath of War*, p. 237.

76 Soon Sung Chung, "Status of Forces Agreement Between the Republic of Korea and the United States: Problems of Due Process and Fair Trial of U.S. Military Personnel," *Occasional Papers/Reprints Series in Contemporary Asian Studies, No. 7* (Baltimore: School

約,在越戰時派遣軍隊援助美軍,美國才最終同意在1966年7月與韓國協商軍隊地位協定,限制駐韓美軍的治外法權。

　　1954年12月簽訂的《中美共同防禦條約》(US-Republic of China 〔ROC〕Mutual Defense Treaty)——美國東亞雙邊安全同盟網絡的最後一塊拼圖——也等於又一份的不平等條約。《中美共同防禦條約》第七條沿用了過去與日本和韓國簽訂的條約文字,給予美國政府「依共同協議之決定,在臺灣澎湖及其附近,為其防衛所需而部署美國陸海空軍之權利。」[77]然而條約中沒有明確的行政協定條文,駐臺美軍部隊大致就像駐韓美軍一樣,享有對中方管轄權的完全豁免。甚至連其犯下重罪、導致反美示威時,中華民國法院也無法對美軍人員行使司法管轄權。民眾對於這樣的現實感到失望,一再呼籲結束美國的治外法權。[78]華人對這種濫用權力的做法非常敏感,這也不難理解。特別是,美國國會直到第二次世界大戰期間才終於廢止美方的治外法權,孰料戰後又在美軍人員身上恢復之。治外法權、不平等條約與西方帝國主義,危害中國超過一個世紀。深受其後遺症影響的中華民國與大韓民國的命運頗為類似。直到1966年,管理駐臺美軍法律地位的軍隊地位協定才終於得以實施。

肆、結論

　　美國霸權浮現於第二次世界大戰餘波中,鞏固於冷戰的高峰,並促使過去的日本帝國將目光從亞洲轉向美國。雖然後帝國時代的日本國界在軍事占領期間對美國開放,但對於出身該地區其他地方,亦即此前日本所謂大東

---

of Law, University of Maryland, 1979), pp. 50-51.

[77] Mutual Defense Treaty between the United States and the Republic of China, Dec. 2, 1954. 6 U.S.T. 433, T.I.A.S. No. 3178.

[78] Hungdah Chiu, "The United States Status of Forces Agreement With the Republic of China: Some Criminal Case Studies," *Boston College International and Comparative Law Review*, 3: 1 (1979), p. 70.

亞共榮圈裡的人來說，日本國界卻是封閉的。馬里烏斯‧詹森（Marius Jansen）提到，日本帝國終結之後，居然沒有出現日本—亞洲國家間的互動。據他觀察，第二次世界大戰戰後的日本完全孤立於東亞與大半個西方世界，為期超過五、六年以上。他以歷史上的德川幕府時代來做對比，準確地將這種戰後的孤立情勢，歸結於突然施加在日本人身上的旅行限制；不久之前，日本人還四散於亞洲各地。[79]約翰‧道爾還將德川日本時期長達兩世紀之久的鎖國，與軍事占領下日本的「不尋常的鎖國」相比較——脫離全世界的同時，卻緊緊擁抱自己的美國征服者。[80]雖然軍事占領下的日本對美國當局來說，是個行動自由、不受限制的無國界國度，但直到軍事占領行將結束以前，除非有特別許可，否則日本人不得前往海外，亞洲人也無法進入日本。等到1952年4月，日本從這種占領下的孤立境地脫身時，東亞秩序早已改頭換面了。

　　深入探討二戰後美國在東亞瓦解日本帝國的作法，我們可以體會到一種戰後歷史與後殖民史之間獨特的關鍵性交疊。與歐洲的情況一比，其獨特之處就更是明顯。美國針對那些歸屬於難民類別的人所採取的政策，就是個絕佳的例子。美國官員所不得不面對的情況是——亞洲的難民與歐洲不同，他們不單純是因為戰爭之故才流離失所，一系列長達數十年之久的日本殖民政策也讓他們遠離家鄉。這也導致戰後遣返工作變得更加複雜。前殖民地人民身分的不確定性隨之而來，這也正是造成SCAP政策之模糊性的原因——要用被解放人民或敵國國民來對待朝鮮人與臺灣人，得根據個別情況而定。無論是什麼時候碰上這種政策所造成的問題，駐日軍事占領人員抱持的普遍看法，就是所有這類問題最好都用遣返來解決。於是乎，東亞地區的盟國部隊便開始將SCAP精心設計的計畫付諸實施，將所有日本人與非日本人各自送

---

[79] 詹森寫道，這種孤立「發生在日本朝亞洲發展數十年後，顯得更不尋常、更決絕。」 Marius B. Jansen, *Japan and China: From War to Peace, 1894-1972* (Chicago: Rand McNally College Publishing Company, 1975), p. 453.
[80] Dower, *Embracing Defeat*, pp. 22-23.

回他們的故鄉。這種做法也反映了將日本與其過去在亞洲的殖民帝國分割開來的目標。盟國在瓦解日本帝國版圖的過程中，把自己擺在戰敗的日本人與得到解放的亞洲人之間，成為第三個端點，蘿莉・瓦特（Lori Watt）稱之為「第三方去殖民」（third party decolonization）——從這種角度來看，遣返行動的確扮演著相當重要的角色。[81]

從實際做法的角度講，東亞的去殖民運動等同於移除日本殖民制度、法律與政府機構，用盟國軍事占領官員謹慎揀選的當地元素取而代之，以建立後殖民國家。儘管在清除日本殖民體制的步驟細節上各有所異同，端視盟國的優先政策為何，但過程中也很快浮現出共識，亦即認為遷走所有日本殖民者方對他們最為有利。國民政府在臺灣、滿洲與中國其他地方留下了一小批日本技術人員與軍人，協助建立工業化、反共的國家，並仰賴美國協助遣返其他所有的日本人。[82]許多美國當權者都和他們的中國夥伴有一先入為主的想法，認為亞洲各地的日本移民，常常以日本帝國殖民擴張代言人的身分活動。將這些移民從日本殖民地或占領地送回日本的遣返做法，成了戰後去殖民化的重要手段。SCAP禁止日本國民前往海外旅遊或移民，同樣也促成了東亞的去殖民化，這和亞洲與非洲其他地方的後殖民國家對歐洲人所實施的類似禁令有點相似，但又有所不同。

不過，駐紮東亞的美國當局，從未正式採納去殖民與去帝國為主要政策目標，使用這些詞彙的情況則更少，而歐洲官員倒是被迫承認第二次世界大戰之後全球的去殖民化潮流。東亞地區的美國占領者偏好的政策目標是建立

---

[81] Lori Watt, *When Empire Comes Home: Repatriation and Reintegration in Postwar Japan* (Cambridge, MA: Harvard University Asia Center, 2009), pp. 12, 200. 自從若林正丈使用了「代為去殖民地化」（代行された脱植民地化）一詞後，這個類似的概念就在日本學術圈中得到關注。見若林正丈〈台湾の重層的脱植民地化と多文化主義〉，收入鈴木正崇編：《東アジアの近代と日本》，東京：慶應義塾大学東アジア研究所，2007年，第207-221頁。

[82] 例證可見於Barak Kushner, *Men to Devils, Devils to Men: Japanese War Crimes and Chinese Justice* (Harvard University Press, 2015).

國家，可就連這種政策目標也不是一概用在所有美國占領的土地，美軍延長在琉球群島的軍事管理就是個例子。由於目標在於建國，故而在所有涉及日本帝國殘餘體制的問題上，SCAP都維持應根據雙邊基礎、以外交方式解決的立場。準此，美國身為協力廠商，不會介入這類事務。這就是SCAP仰賴遣返與驅逐出境背後的理論原則，遣返與驅逐被當成避免捲入複雜後殖民議題的尚佳工具。這種對去殖民化的逃避，能用以解釋SCAP一開始將尚未支付的薪水與其他資產集中到SCAP託管帳戶，卻又無法成功強制日本當局將之歸還給受徵召朝鮮工人的歷史原因。同樣，這種逃避的做法，也可以解釋SCAP為什麼這麼晚才宣布在日前殖民地人民可以保留其日本國籍，並藉此施壓，迫使維持被解放人民身分的朝鮮人與臺灣人接受遣返。東亞地區的美國當局最終定調，認為澈底去殖民以解決後殖民問題的做法不符合美方利益——美國的注意力都集中在遏止該地區的共產政權上了。然而，冷戰期間凍結去殖民所造成的長遠結果，未來還會繼續干擾1965年日本與南韓雙邊關係正常化之後，美方意圖居中促成兩國關係所做的更進一步的努力。後來，這種影響又在1980年代所謂的「歷史問題」中再度浮現。

參考書目

一、檔案資料

Civil Property Custodian, "Deposits of Korean Coal Miners in the Bank of Japan," 6 December 1946. Record Group 331, Box 3660, National Archives and Records Administration （NARA） in the United States of America.

74th Military Government Company, "Funds Consisting of or Pertaining to the Unsettled Accounts of Koreans who have been Repatriated from Hokkaido," 5 May 1946. Record Group 331, Box 3713, NARA.

Jack Napier, "Counter-Measures Against the Subversive Potential in Japan, 1946 to 1951 Inclusive." Record Group 331, Box 8497, NARA.

"Claims of the Korean Government, Government Departments, Bureaus and Agencies, Korean Individuals and Juridical Persons Against the Japanese Government, Japanese Individuals and Juridical Persons." Record Group 332, Box 34, NARA.

"Outgoing Message from GHQ/SCAP to WARCOS," 21 May 1946. CIE 04143, GHQ/SCAP Records, National Diet Library （NDL） in Japan.

Civil Information and Education, "Koreans must report to Reception Center when called or forfeit recognition as Korean nationals," 12 November 1946. CIE 04145, NDL.

Civil Property Custodian, "Funds Consisting of or Pertaining to the Unsettled Accounts of Koreans Who Have Been Repatriated from Hokkaido." CPC 08855, NDL.

CPC External Assets Branch, "Conference Report," 22 September 1947. CPC 08856, NDL.

Civil Property Custodian, "SCAP Custody Account-Bank of Japan, Koreans （Repatriated）." CPC 17939, NDL.

二、史料

General Headquarters, Supreme Commander for the Allied Powers. *Monthly Summation of Non-Military Activities in Japan and Korea*. No. 1-35. Tokyo: SCAP, 1945-1948.

General Headquarters, Supreme Commander for the Allied Powers. *History of the Nonmilitary Activities of the Occupation of Japan, 1945 through 1951*. Tokyo: SCAP, 1952.

Government Section, Supreme Commander for the Allied Powers. *The Political Reorientation of Japan, September 1945 to September 1948, Vol. 1*. Washington, DC: US Government Printing Office, 1949.

Supreme Commander for the Allied Powers. *Reports of General MacArthur, Vol. 1, MacArthur in Japan: The Occupation, Military Phase*. Washington, DC: Government Printing Office, 1950.

United States Department of State. *Foreign Relations of the United States (FRUS) Diplomatic Papers: The Conferences of Cairo and Tehran, 1943*. Washington, DC: US Government Printing Office, 1961.

United States Department of State. *FRUS, 1949, Vol. VII, Part 2: The Far East and Australasia*. Washington, DC: US Government Printing Office, 1949.

United States Department of State. *FRUS, 1951, Vol. VI, Part 1: Asia and the Pacific*. Washington, DC: US Government Printing Office, 1951.

United States Department of State. *FRUS, 1952-1954, Vol. XIV, Part 2: China and Japan*. Washington, DC: US Government Printing Office, 1952-1954.

加藤聖文編集：《海外引揚関係史料集成（國外編）》第31巻台湾篇「台湾統治終末報告書」／「台湾省接收委員會日産処理委員會結末総報告書」他》，東京：株式会社ゆ

まに書房，2002年。

河原功編集：《資料集終戦直後の台湾第１巻》，東京：不二出版，2015年。

三、專著

Barkan, Elazar. *The Guilt of Nations: Restitution and Negotiating Historical Injustices*. New York: W.W. Norton & Company, 2000.

Bisson, Thomas A. *Zaibatsu Dissolution in Japan*. Berkeley: University of California Press, 1954.

Blakeslee, George H. *The Far Eastern Commission: A Study of International Coopera-tion-1945-1952*. Washington, DC: US Government Printing Office, 1953.

Buruma, Ian. *Year Zero: A History of 1945*. New York: Penguin Books, 2014.

Cheong, Sung-Hwa. *The Politics of Anti-Japanese Sentiment in Korea: Japanese-South Korean Relations under American Occupation, 1945-52*. Westport, Connecticut: Greenwood Press, 1991.

Cohen, Theodore. *Remaking Japan: The American Occupation as New Deal*. New York: The Free Press, 1987.

Dower, John W. *Embracing Defeat: Japan in the Wake of World War II*. New York: W. W. Norton & Company, 1999.

Dunn, Frederick S. *Peace-Making and the Settlement with Japan*. Princeton, New Jersey: Princeton University Press, 1963.

Gayn, Mark. *Japan Diary*. New York: W. Sloane Associates, 1948.

Jansen, Marius B. *Japan and China: From War to Peace, 1894-1972*. Chicago: Rand McNally Col-lege Publishing Company, 1975.

Keohane, Robert and Nye, Joseph. *Power and Interdependence*. Boston: Little, Brown and Com-pany, 1977.

Kushner, Barak. *Men to Devils, Devils to Men: Japanese War Crimes and Chinese Justice*. Cam-bridge, Massachusetts: Harvard University Press, 2015.

Schonberger, Howard B. *Aftermath of War: Americans and the Remaking of Japan, 1945-1952*. Kent, Ohio: The Kent State University Press, 1989.

Shepard, Todd. *Voices of Decolonization: A Brief History with Documents*. Boston and New York: Bedford/St. Martin's, 2015.

Spector, Ronald H. *In the Ruins of Empire: The Japanese Surrender and the Battle for Postwar Asia*. New York: Random House, 2007.

Takemae, Eiji, *Inside GHQ: The Allied Occupation of Japan and Its Legacy*. London: Continuum,

2002.

Textor, Robert B. *Failure in Japan: With Keystones for a Positive Policy*. Westport, Connecticut: Greenwood Press, 1972.

Wagner, Edward W. *The Korean Minority in Japan, 1904-1950*. New York: Institute of Pacific Relations, 1951.

Watt, Lori. *When Empire Comes Home: Repatriation and Reintegration in Postwar Japan*. Cambridge, Massachusetts: Harvard University Asia Center, 2009.

Yoshitsu, Michael M. *Japan and the San Francisco Peace Settlement*. New York: Columbia University Press, 1983.

淺野豐美：《帝國日本の植民地法制：法域統合と帝國秩序》，名古屋：名古屋大學出版會，2008年。

大沼保昭：《単一民族社会の神話を超えて：在日韓國・朝鮮人と出入國管理體制》，東京：東信堂，1986年。

金太基：《戰後日本政治と在日朝鮮人問題——SCAPの対朝鮮人政策一九四五〜一九五二年》，東京：勁草書房，1997年。

田中宏：《在日外國人：法の壁、心の溝》，東京：岩波書店，1995年。

西村熊雄：《日本外交史27　サンフランシスコ平和条約》，東京：鹿島研究所出版會，1970年。

西村熊雄：《シリーズ戰後史の証言、占領と講和7：サンフランシスコ平和条約・日米安保条約》，東京：中央公論新社，1999年。

四、論文

Augustine, Matthew R. "Restitution for Reconciliation: The US, Japan, and the Unpaid Assets of Asian Forced Mobilization Victims." *The Journal of Northeast Asian History*, 8: 1 (2011), pp. 5-37.

Bix, Herbert P. "Regional Integration: Japan and South Korea in America's Asian Policy." In Frank Baldwin, ed., *Without Parallel: The American-Korean Relationship Since 1945*. New York: Pantheon Books, 1973, pp. 179-232.

Chiu, Hungdah. "The United States Status of Forces Agreement With the Republic of China: Some Criminal Case Studies." *Boston College International and Comparative Law Review*, 3: 1 (1979), pp. 67-88.

Choi, Deokhyo. "Crucible of the Post-Empire: Decolonization, Race, and Cold War Politics in U.S.-Japan-Korea Relations, 1945-1952." Doctoral dissertation, Cornell University, 2013.

Chung, Soon Sung. "Status of Forces Agreement Between the Republic of Korea and the United States: Problems of Due Process and Fair Trial of U.S. Military Personnel." *Occasional Papers/Reprints Series in Contemporary Asian Studies*, 7. Baltimore, Md.: School of Law, University of Maryland, 1979, pp. 49-62.

Cumings, Bruce. "The Origins and Development of the Northeast Asian Economy: Industrial Sector, Produce Cycles, and Political Consequences." *International Organization,* 38: 1 (1984), pp 1-40.

Dower, John W. "Occupied Japan and the Cold War in Asia." In *Japan in War and Peace*. New York: The New Press, 1993, pp. 155-207.

Dower, John W. "Peace and Democracy in Two Systems: External Policy and Internal Conflict." In Andrew Gordon, ed., *Postwar Japan as History*. Berkeley, California: University of California Press, 1993, pp. 3-33.

Erickson, Richard J. "Status of Forces Agreements: A Sharing of Sovereign Prerogative." *Air Force Law Review*, 37 (1994), pp. 137-153.

Gluck, Carol. "Entangling Illusions-Japanese and American Views of the Occupation." In Warren I. Cohen, ed., *New Frontiers in American-East Asian Relations: Essays Presented to Dorothy Borg*. New York: Columbia University Press, 1983, pp. 169-236.

Shin, Gi-Wook. "Historical Disputes and Reconciliation in Northeast Asia: The US Role?" *Pacific Affairs*, 83: 4 (2010), pp. 663-673.

Watt, Lori. "Embracing Defeat in Seoul: Rethinking Decolonization in Korea, 1945." *The Journal of Asian Studies*, 74: 1 (2015), pp. 153-174.

川島真：〈東アジアの脱植民地化・脱帝國化〉，收入川島真、服部龍二編：《東アジア國際政治史》，名古屋：名古屋大學出版會，2007年，第208-209頁。

川島真：〈戰後初期日本の制度的「脱帝國化」と歷史認識問題──台湾を中心に〉，收入永原陽子編：《「植民地責任」論──脱植民地化の比較史》，東京：青木書店，2009年，第393-417頁。

金日化：〈在日朝鮮人の法的地位〉，收入朴鐘鳴編：《在日朝鮮人：歷史、現狀、展望》，東京：明石書店，1995年，第189-232頁。

駒込武：〈日本の植民地支配と近代折り重なる暴力〉，《トレイシーズ》別冊思想第2號（2001年8月）第159-197頁。

高野和基：〈日本占領研究における「逆コース」〉，收入《中央大学大学院研究年報I法学研究科篇》第15號（1986年3月），第105-116頁。

竹前栄治：〈総合解説：占領とGHQ〉，收入《GHQ日本占領史序說》，東京：日本図書

センター，1996年。

松本邦彦：〈在日朝鮮人の日本國籍剝奪〉，《法学》第52卷第4號，1988年10月，第645-679頁。

三谷太一郎：〈まえがき〉，收入大江志乃夫等編：《岩波講座近代日本と植民地8 アジアの冷戦と脱植民地化》，東京：岩波書店，1993年。

若林正丈：〈台湾の重層的脱植民地化と多文化主義〉，收入鈴木正崇編，《東アジアの近代と日本》，東京：慶應義塾大学東アジア研究所，2007年，第207-221頁。

第三部

中國崛起與第二次中日國力消長之影響

第十三章 東亞權力中心移轉？——中國崛起的虛與實

董立文*

壹、中國崛起是什麼意思

從安全、政治、經濟與文化的多樣性來說，東亞堪稱是當今全球最複雜的區域，即便如此，冷戰結束後，以美國爲主導所建立的東亞秩序，成爲維持本區域穩定的重要架構。1996年臺灣第一次舉行總統大選，中共以武力威脅一個即將全面民主化的國家，臺海危機引發東亞地區的震盪，中國崛起的第一步，是以中國威脅之姿態走進世界舞臺。

至今，中國崛起已成爲國際社會的共識。但是，中國崛起仍是一個非常含混的概念。首先，中國崛起似乎是指中國已經成爲能跟美國對抗的超級強國（superpower）或霸權（hegemony）。其次，根據習近平「中國夢」的兩個一百年計畫，中國要在2021年實現「全面建成小康社會的目標」，這是指中國要成爲一個中等國家；2049年實現「富強、民主、文明、和諧的社會主義現代化國家」[1]，看起來這像是指中國將成爲一個強國（power）。換言之，中共官方的規劃也清楚的講明要在2049年後才成爲強國。那麼，現在所說的中國崛起是什麼意思？

爲解答此問題，本文將分三個部分來探討，分別爲一、超級強國或霸權的理論定義；二、從「中國威脅論」走到「中國崛起論」的歷程；三、中

---

* 中央警察大學公共安全系教授。

[1] 對習近平「中國夢」最完整的官方說明，可參閱中共中央文獻研究室編：《習近平關於實現中華民族偉大復興的中國夢論述摘編》，北京：中央文獻出版社，2013年12月。

國的自我認知矛盾。本文認爲，當前，所謂的中國崛起，是美國所創造的形容詞，主要是指中國能夠挑戰美國的亞洲利益，或是中國有能力衝擊（impact）世界秩序。其次，是指中國更強勢的（assertive）主張與維護自己在海外的國家利益。然而，能挑戰霸權、衝擊世界秩序或強勢維權，並不等於她就是一個強國，更別提超強了。北韓的作爲，就是一個典型的例子。

　　判斷國家之間的權力比較或是綜合國力評比，是一非常龐大且複雜的系統工程，不是筆者一人或靠一篇文章所能完成，因此本文的目的主要在於，今天大家所熟知的「中國崛起論」是如何形成的？美國與中國又是如何解釋與看待「中國崛起」？它存在哪些問題？

貳、超級強國或霸權的理論定義

　　一般比較國家權力的強弱，可以分成四類，分別爲：超級強國、強國（power）、中等國家（middle state）與弱小國家（weak state）。目前國內外學術界在討論中國的權力強弱時，絕大多數都把「中國崛起爲一強權／霸權」做爲一個不證自明的前提而進行辯論，常見的方式是列舉一些事實或對未來的預測，據之論證；部分質疑「中國崛起爲一強權／霸權」論者，同樣是列舉一些事實或對未來的預測而據之辯論。二者都缺乏理論的指導，而使這種辯論各說各話缺少交集，讓知識無法有效累積。

　　因此，回歸理論的探討，有助於吾人釐清中國崛起的虛與實[2]。科學的國際關係理論是一種明確的理論，「不管這個理論是言詞陳述或是數學模型，只要它是奠基在自明的邏輯上，同時它的假設是從經驗事實導引而來，有嚴格的經驗分析、明確的描述推論過程，並且注意變數之間必要、充分、充要等可能的關係」[3]，那麼它就是一個好的知識工具。此外，國際關係理

2　筆者過去曾探討此一議題，現在承襲過去的研究進一步申論，參閱董立文：〈從韜光養晦到奮發圖強：處於十字路口的中共全球戰略〉，香港《中國與世界》，1997年第6期。

3　Bruce Bueno de Mesquita, "Toward a Scientific Understanding of International Conflict: A

論本身就是處理複雜性事物的手段,在建立假設時,世界會被簡化、現實會被扭曲,但是沒有任何一個理論可以直接適用於現實。理論除了具有了解、解釋與預測的功能外,它還有助於我們了解一個既存的系統如何運作[4]。

霸權理論(hegemony theory),或是說霸權穩定論(hegemonic stability),就是這樣的一種明確的國際政治理論。奧蘭斯基(A.F.K.Organski)與吉爾平(Robert Gilpin)主張當某一國家建立起優越的權力時,和平才得以維持,這是因為霸權國家沒有需要去戰鬥;其他國家則缺乏能力去戰鬥[5]。法國學者阿隆(Raymond Aron)使用「霸權戰爭」(hegemonic war)一詞來描述冷戰時期美、蘇兩超強相互對抗的國際關係[6]。

後冷戰時期美國成為世界上唯一的超強以後,霸權理論在國際關係學界受到更多的關注,霸權理論也因而得到新的補充與修正。從後冷戰的國際體系結構著手,新現實主義者華茲(Kenneth N. Waltz)認為霸權與和平的關係沒有那麼單純,他說:「當霸權國家衰弱時,某些國家有可能挑戰霸權國家的地位。另一方面,當霸權國家衰弱且伴隨著國內不穩定時,它有可能發動對外戰爭以分散國內人民的注意力;或是它可能發動最後的軍事出擊,希望能補償國家的財富。目前日本、中共與德國是正在崛起的強國,而俄羅斯則正衰弱中,但是就算他們想要爭霸或孤注一擲,也不能夠使用軍事手段來達到他們的政治與經濟目的,在核子武器的時代中,任何對霸權的挑戰,或是對霸權衰弱的扭轉,都必須依賴政治與經濟的手段」[7]。

Personal View", *International Studies Quarterly*, (1985), 29, p.121.

[4] Kenneth N. Waltz, "Realist Thought and Neorealist Theory", in Robert L.Rothstein [eds.], *The Evolution of Theory in International Relations*, (University of South Carolina Press, 1992), pp.23-24.

[5] A.F.K. Organski, World Politics, (New York:Knopf Press, 1958); Robert Gilpin, *War and Change in World Politics*, Cambridge: Cambridge University Press, 1981.

[6] Raymond Aron, "War and Industrial Society", in Leon Branason and George W.Goethals [eds.], *War Studies from Psychology, Sociology, Anthropology*, New York:Basic Books, 1968, p.367.

[7] Kenneth N. Waltz, "The Emerging Structure of International Politics", *International Security*,

　　此外，華茲還認為和平有時候跟霸權的出現有關聯，有時候則是因為權力平衡的結果，重點不在於哪一種觀點是正確的，重點在於其他國家對霸權國家的反應方式，其他國家去追求權力的目的是為了平衡霸權。霸權導致平衡，這在歷史上與理論上都是顯而易見的，而這正是當前所發生的情況[8]。顯然的，華茲經由他的國際體系結構論述所分析出來的結果，對霸權與和平關係也是持正面的看法。

　　另一方面，基於冷戰結束，西方最終贏得意識型態的鬥爭，學者們開始重視意識型態與文化價值觀的力量，在客觀上則補充了霸權理論。例如，霍夫曼（Stanley Hoffmann）提出「合作權力」（co-optive power）的看法，它是指「一國有能力建構一種情境，讓他國能根據我們的喜好來發展他的價值偏好，根據我們的利益來界定他的利益……這種建構依賴他的文化與意識型態的吸引力，以及各種國際準則的制度與規範」[9]。

　　奈伊（Joseph S. Nye. Jr.）則把權力的觀點更加精緻化，首先，他認為有五個因素造成了當前國際體系的權力分散（diffusion of power）：經濟互賴、跨國角色的增加、弱國民族主義的增強、科技的普遍化、政治議題的改變。這些因素使得國際益加複雜，越來越需各國的合作方能遂行一國的政策，因而權力的義涵也跟著轉變，權力的強制性降低[10]。奈伊跟提出「軟性權力」（soft power）的看法，它是指凝聚各方力量共同建構國際體制的力量，它包括：市場的競爭能力、長期提升技術的能力、對國際輿論與分析觀點的影響能力、協調國際合作共謀解決方案的能力[11]。根據這些定義，資訊＝知識＝輿論＝權力這個公式可以成立。而柔性權力五大手段為文化（Culture）、價值觀（Values）、理想（Ideas）、聲望（Reputation）、媒體

　　Vol.18, No.2(Fall 1993), p.76.

[8]　Ibid., p.77.

[9]　Stanley Hoffmann, *Gulliver's Troubles*, McGraw-Hall, 1968, p.31.

[10]　Joseph S. Nye, *Bound to Lead*, New York:Basic Books, 1990, pp.182-188.

[11]　Ibid., pp.201-237.

（Media）。

從霍夫曼與奈伊對權力所作的論述看來，霸權理論的內容在後冷戰時期逐漸的集中在對國際體制（International Regime）的討論上，尤其是霸權穩定論與國際體制論更是息息相關。國際體制一般是在霸權存在的情形下，為實現該國的目的或在霸權影響力的行使下創立和維持，例如自由貿易體制[12]。

反過來說，基於國際政治經濟學中的自由主義，認為公開自由的世界經濟體系需要一個支配性的權力維繫，此一支配性的權力有利於國際體制的建立，而自由市場體系的出現與擴充，仰賴三個條件：霸權、自由主義意識型態、國際成員間的共同利益[13]，進一步的推論，國際秩序需要霸權維繫的原因就是基於公共財貨（public goods）觀念，公共財貨主要有三種：基於最惠國待遇的自由貿易體系、穩定的國際通貨、國際安全的提供[14]。這麼看來，霸權國家所扮演的角色有[15]：一、國際體制的建立者；二、國際安全、秩序、規範的穩定者；三、國際金融體系、外匯兌換率結構的管理者；四、調節世界經濟之領導協調者；五、帶動世界經濟成長。

從上述霸權理論的討論看來，可以獲得以下發現：一、國際政治權力的內容似乎逐漸的從莫根索（Hans J. Morgenthau）所列的基本要素——地理、天然資源、工業能力、軍事準備、人口、國民性格、國民士氣、外交素質、政府素質[16]——轉向側重於對經濟、科技、輿論、文化、組織協調能力的強調。

---

[12] Robert O.Keohane and Joseph S. Nye, *Power and Inderpendence:World Politics in Transition*, Boston:Little, Brown and Company, 1977, pp.42-49.

[13] Robert Keohane, *After Hegemony*, Princeton:Princeton University Press, 1984, pp.66-78.

[14] Ibid.pp.24-31.

[15] Keohane, Ibid.pp.33-46。與趙建明：「自霸權穩定理論看美國與中共關係」，《美國月刊》，第7卷第1期，1992年1月，第35頁。

[16] Hans J. Morgenthau, *Politics Among Nations*, The University of Chicago:Knopf Press, Second Edition, 1956, pp.102-138.

　　二、當前國際關係的許多特徵是符合霸權理論的描述，意即杭廷頓（Samuel P. Huntington）所說的單極多元國際體系（the unimultipolar system）[17]，無論如何，任何的國際政治學學者不能忽視美國是當今世界上唯一的超強此一事實，至於美國是否正在衰弱中，這是另外一個問題了。

　　三、霸權在當今世界的表現形式，越來越少是以一種美國獨霸而用軍事實力的方式來呈現；反而越來越多是透過國際體制的方式，使用經濟、科技、文化、規範等集體行動來表現。在這個意義上，以美國爲首的西方先進工業資本主義國家漸漸形成了「霸權集團」，因而後冷戰時期的「爭霸」問題，帶有東、西方對抗的意義。

　　四、霸權思想的本質不僅僅是對現存秩序的辯護，在這個地方可以看出，霸權的出現意味著國際秩序的穩定與和平；更重要的是它包含了對未來國家利益、民族生存空間的規劃及預作部署，而這卻是衝突的根源，衝突是來自於國家之間對國家利益、生存空間的預先計算，這屬於假想敵的問題。因而霸權的出現對國際秩序而言，帶有穩定與衝突兩種性質。

　　莫根索早已說過權力平衡作爲一種指導原則，是不確定、不眞實、不適當[18]，那麼相對而言，霸權理論作爲一種國際政治學理論是比較確定、眞實與適當的。對霸權理論的批評主要是來自兩個方面：一個是從道德的立場出發，認爲霸權理論是霸權國家謀求獨霸的藉口，使之合理化，對如何確保霸權的正義的性質、始何使之不變成惡性霸權，則全無交待[19]。對於這個問題，吉爾（E. H. Carr）早在1939年就提出了答案，筆者以爲這個答案至今仍然有效，他說[20]：「『把屬於凱撒的還給凱撒；屬於上帝的還給上帝』……『讓每個靈魂從屬於在上的權力，權力則受上帝的管轄』，因而我們得知政

---

[17] 杭廷頓雖然提出「單極多元體系」，但對這個體系的內容與特徵卻少有陳述，See Samuel P. Huntington, "American's Changing Strategic Interests", *Survival*, Vol.XXXⅢ, No.1, January/February 1991, p.6.

[18] Morgenthau, op.cit., pp184-194.

[19] 趙建民：「自霸權穩定理論看美國與中共關係」前揭文，第35-36頁。

[20] E.H.Carr, *The Twenty Years 'Crisis 1919-1939*, London: MacMilln Published, 1981, p.99.

治是非道德的必要」。

因此,筆者認為儘管霸權理論有可能是為霸權國家講理的,它帶有西方中心主義甚或美國中心主義的傾向,但是學術研究必須先區分事物的實然與應然層面,弄清楚實際的事物是什麼後,才有可能去談該如何的問題。

另外一種批評是認為霸權理論與現實不符,蘇聯的崩潰對於霸權理論提供了一個很好的參照系,列勃(Richard Ned Lebow)引用蘇聯崩潰的過程以及比較布里茲涅夫(Brezhnev)與戈巴契夫(Gorbachev)處於相似的內外環境卻有相反的東歐政策,尤其是戈巴契夫無條件的從東歐撤出此一事實,反駁霸權理論的多項前提與推論與事實不符[21]。但同樣的對蘇聯崩潰的觀察,也有相反的論斷,主張由蘇聯與南斯拉夫解體後引發的嚴重區域衝突和內戰情形觀之,霸權與安定顯然有密切的關連,因此,單極體系可能是最有助於國際安定的一種體系[22]。顯然的,觀察角度的不同所得的結論自然不同,端賴討論重點放在霸權衰弱的過程,還是放在霸權衰弱的結果。

從中國的角度來說,判斷一個國家權力強弱的概念是「綜合國力」。鄧小平說過:「衡量一個國家的國力,要綜合的看,全面的看」[23],江澤民則強調:「從世界範圍看,各國之間的競爭,說到底是綜合國力的較量」[24],因此,中共的國家戰略設計是從「綜合國力」這個概念出發的,所謂的「綜合國力競爭戰略」,是指一個主權國家在國際事務中,指導國家發展綜合國力以實現國家利益和目標的方略,它的目標體系包括以下幾個方面[25]:一、捍衛國家的性質、政治制度。二、維護國家的獨立、主權和安全。三、保衛和促進國家經濟、科技的持續發展。四、創造一種有利於本國政治、經濟、

---

[21] Richard Ned Lebow, "The Long Peace, the End of the Cold War, and the Failure of Realism", *International Organization* Vol .48, No.2, Spring, 1994, pp.249-277.

[22] 周煦:〈全球情勢的評估與展望〉,《兩岸關係再突破學術研討會》論文,1996年4月27日,臺北,第3頁。

[23] 《人民日報》,北京:1990年2月26日第2版。

[24] 江澤民:〈高度重視和大力發展科學技術〉,《人民日報》,北京:1991年第1版。

[25] 黃碩風:《綜合國力論》,北京:中國社會科學出版社,1992年,第299-304頁。

社會發展的國際環境。五、對來自國外的威脅、衝突和挑戰作出有效的反應。六、避免和遏止國內和國際間的戰爭。七、維護和提高國家在國際上的地位和威望。由此觀之，「綜合國力競爭戰略」的內容與「霸權理論」的內容，可謂不謀而合，驚人的相似。

　　事實上，1997-2000年間中共的「中國現代國際關係研究所」（2003年改制爲「中國現代國際關係研究院」）曾經召集了50多位學者來對綜合國力進行研究，並對美、日、中、俄、德、法、英七個國家進行評比。如同該計畫所說的：「在實際衡量中國的國際地位的時候，由於沒有對世界的主要國家綜合國力測算出比較可信的值，特別是沒有比較權威性的機構對世界主要國家的綜合國力進行連續測算，使得很多專家學者更傾向於用國內生產總值等單一指標，或者少數幾個基本指標進行簡單的合成，來分析中國的國家地位，這常常導致不應有的低估或高估，這對於進行相關國際問題的研究與決策，都是十分不利的」[26]。

　　因此，本文觀察「中國現代國際關係研究所」的「綜合國力評估系統」主要的特色有[27]：一、確立綜合國力指標體系，包括經濟、軍事、科教、資源、政治、社會與國際影響等七個領域；二、全面但不重複設置指標；三、指標內涵能明確定義與定量測算；四、指標及其數據具有國際可比性；五、指標數量全面，共有117項；六、兼顧總量指標與人均指標；七、以九等份爲限確定各指標的權重。

　　從方法論的角度而言，「中國現代國際關係研究所」的這份「綜合國力評估系統」，是筆者僅見的一份理論嚴謹且觀察指標最多的評估系統，可惜的是筆者僅有該報告的簡要結論版，內容有方法論的說明、117項指標與七個領域所統計的總成績，但看不到每項指標的成績及其是如何計算出來的，亦看不到各領域各指標之間的權重分配爲何。更可惜的是，在此之後「中國

---

[26] 中國現代國際關係研究所：《綜合國力評估系統（第一期工程）研究報告》，中國現代國際關係研究所綜合國力課題組，2000年，第3頁。未公開出版。

[27] 同上註，第7-8頁。

現代國際關係研究所」就不再公開發布其後續的研究成果為何,連新聞報導亦付闕如。

就如同該報告所說的任何的評估系統都不可能是全面而客觀的,只能做到相對客觀與盡可能的涵蓋可量化的比較指標。看不到內容的部分無法評論,就看得到的部分而言,該份報告最大的缺點可能是忽視了大部分的「柔性權力」指標,而這些指標恰恰是作為一個超級強國或強國所需要的,也許在2000年那時,中共還不重視「柔性權力」,或是,奈依第二本關於《柔性權力》的專著在2004年才出版,因此書中所列的指標還來不及運用。

在奈依的第二本書中,有詳細列出美國、日本與歐洲國家的「柔性權力」的詳細指標,且都是可以量化比較的,以美國為案例其指標包括[28]:商標、頂尖企管學校、移民、電視節目出口、大學中的外來學生與研究者人數、書籍出版、唱片銷售、網站數目、諾貝爾和平與文學獎得數、科學論文出版與遊客等。

總結而言,判斷國家的強弱,尤其是比較超級強國與強國的標準,其領域涵蓋了傳統「硬性權力」的經濟、軍事、科教、資源、政治、社會等領域,還包括「硬性權力」的文化、價值觀、理想、聲望、媒體等領域,以及有待進一步釐清的國際影響力這個領域,如此看來,其判斷的指標應該超過150個。無論其指標為何或有多少,至少要是一個國際體制的建立者;國際安全、秩序、規範的穩定者;國際金融體系、外匯兌換率結構的管理者;調節世界經濟之領導協調者與能帶動世界經濟成長,這才稱為超級強國或霸權。

參、從「中國威脅論」走到「中國崛起論」的歷程

一、柯林頓與小布希政府時期

其實,今天的「中國崛起論」是從90年代的「中國威脅論」演變而來,

---

28 Joseph S. Nye, *Soft Power: The Means to Success in World Politics*, Public Affairs, 2004, Chapter two:Sources of American Soft Power.

直到現在，討論中國的崛起時還帶有濃厚的中國威脅義涵。而1996年的臺海飛彈危機顯然是一關鍵因素。臺海危機後，美國亞太戰略的主軸，是在對日本與中國之兩條雙邊關係的辯論中逐步形成的[29]。柯林頓政府時期構築了「美日安保合作新指針」與「美中建設性戰略夥伴關係」同時存在之雙軌戰略，顯示柯林頓欲在二者間尋求平衡。但是他在進行平衡二者的過程中，時而造成另一方之疑慮，使美、日、中三邊關係時有波動[30]。

　　當時，學者們對於後冷戰時期的亞太安全評估，少部分意見抱持樂觀的態度，主要是從東亞經濟繁榮發展的角度出發，認為東亞安全形勢可以獲得舒緩；一般主流意見則是抱持悲觀的態度[31]，悲觀論者的基本的論點是中國的崛起，是包括了「地緣政治」、「地緣經濟」、「地緣軍事」與「地緣文化」等諸種戰略意義在內的整體表現，伴隨著民族主義的興起及對東亞權力現狀的不滿意，因而對現存秩序尤其是美國主導下的國際秩序造成威脅，甚至必然會與追求「正常化國家」的日本產生衝突，因而90年代，也可以看做是「中國威脅論」盛行的時代，也是東亞危機的年代[32]。學者甚至認為亞太

---

[29] 相關的討論請參閱Douglas Johnston (eds.) *Foreign policy into 21 st century:the U.S.leadership challenge.* (Washington D.C.: The Center for Strategic and International Studies 1996)，特別是第43-47頁。

[30] 董立文：〈亞太安全與兩岸關係〉，第一屆「東亞發展與合作」學術研討會論文，臺北，1999年9月28日。

[31] Michael E.Brown Sean M.Lynn-Jones & Steven E.Miller eds., *East Asian Security*, op.cit., Aaron L. Friedberg, "Ripe for Rivalry: Prospects for Peace in a Multipolar Asia," *International Security*, Vol.18, No.3 (Winter 1993/94), pp.5-33; Richard K. Betts, "Wealth, Power, and Instability," *International Security*, Vol.18, No.3 (Winter 1993/94), pp.34-77; Stephen Van Evera, "Primed for Peace: Europe after the Cold War," *International Security*, Vol.15, No.3 (Winter 1990/91), pp.7-57; and James Goldgeier and Michael McFaul, "A Tale of Two Worlds," *International Organization*, Vol.46, No.2(Spring 1992), pp.467-492.

[32] Gerald Segal, "East Asia and the 'Constraintment' of China," *International Security*, Vol. 20, No.4 (Spring 1996), pp.107-135; Denny Roy, "Hegemon on the Horizon? China's Threat to East Asian Security," *International Security*, Vol.19, No.1 (Summer 1994), pp.149-168；Nicholas D. Kristof, "The Rise of China," *Foreign Affairs*, Vol. 72, No.5 (November/

情勢在後冷戰時期的主要特徵就是「中美緊張」[33]。有些學者則直指東亞是21世紀國際不穩定的根源，情勢相當危險[34]。

　　小布希政府上臺後，本想全力因應中國的威脅，但遭遇「911恐怖攻擊事件」，不得不調整對華政策以求其「全球反恐戰爭」的勝利。於是在學術界樂觀論興起，例如主張過去二十年看到的是逐漸增長的區域穩定及逐漸緩和的地區衝突[35]。以及「911事件」後的反恐合作更為東亞安全帶來新的希望[36]等，然而進入21世紀之後，對中國威脅感到憂慮的學者仍居多，其所討論的議題已經進入美、中軍事衝突的原因[37]、時機[38]、規模與用武方式[39]

December 1993), pp.59-74; Edward Friedman and Barrett L. McCormick, eds., *What If China Doesn't Democratize? Implications for War and Peace* (New York: M.E. Sharpe, 200); Richard Bernstein and Ross H. Munro, "The Coming Conflict with America," *Foreign Affairs* (March/April 1997), pp.18-31; David M.Lampton, "China," *Foreign Policy*, (Spring 1998), pp.13-27; Maria Hsia Chang and Xiaoyu Chen, "The Nationalist Ideology of the Chinese Military," *The Journal of Strategic Studies*, Vol. 21, No.1 (March 1998), pp.44-64; Guangqiu Xu, "Anti-American Nationalism in China since 1989," *China Report*, 34:2 (1998), pp.179-198; Mark Weisenbloom and Roger Spotswood, "China's Emerging Strategic Doctrine," *China Strategic Review*, Vol. III, No.1 (Spring 1998), pp.24-53; and Barry Sautman, "Racial Nationalism and China's External Behavior," *World Affairs*, Vol. 160, No.2 (Fall 1997), pp.78-95.

[33] Joon Num Mak, "The Asia-Pacific Security Order", in Anthony McGrew & Christopher Brook eds. *Asia-Pacific in the New World Order*, (London:Routledge Press 1998) p.88.

[34] Thomas J.Christensen, "China, The U.S.-Japan Alliance, and the Security Dilemma in East Asia", *International Security*, Vol.23, No.4 (Spring 1999), p.49.

[35] David C. Kang, "Getting Asia Wrong:The Need for New Analytical Frameworks", *International Security*, Vol.27, No.4 (Spring 2003), p63.

[36] Lowell Dittmer, "East Asia in the New Era in World Politics", *World Politics* 5, (October 2002), pp.38-65.

[37] Thomas J.Christensen, "Posing Problems without Catching Up: China's Rise and Challenges for U.S. Security Policy" *International Security* Vol.25.No.4 (Spring 2001), p.38.

[38] Allen S. Whiting, "China's Use of Forces, 1950-1996, and Taiwan", *International Security* Vol.26.No.2 (Fall 2001), p.131.

[39] Abram N.Shulsky, "Deterrence Theory and Chinese Behavior," *RAND*, 2000, pp.45-47.http://

等，最後的結論大都是：從戰略競爭者的角度來看，由於政治考慮及認知的問題，中國有可能發展不對稱戰略挑戰美國的安全利益。當時，流行的分析理論是「安全困境」的概念，簡單的說，地緣政治、權力平衡及心理因素，造成了亞太國家陷入了相互惡化的「安全困境」環境[40]，而其過程是沿著「領土爭議」→「軍事手段」→「軍備競賽」→「安全困境」這條道路進行[41]，因此，亞太情勢逃脫不了「安全困境」的宿命[42]。

　　美國在歷經柯林頓與小布希兩任政府時期，面對中國崛起未解的難題，可以說集中在兩個方面：其一為中國將來會是一個融入現存國際秩序的「負責任的大國」或是一個「主張修正主義的民族主義強權」？這個問題在中國仍是一個封閉型不民主的政權，在中共領導人把維持絕對的統治權視為政治第一個要務的情況下，更多是由其內政發展來決定，而不只是中國領導人的意願問題[43]。

　　其二為如果美國的目標是避免與中國開戰，而不是在戰場上打贏中國，那麼美國對中國實行單純的嚇阻政策是很難達到這個目標，因為嚇阻取決於實力與決心，它的困難在於，如何避免太軟弱使目標國有機會剝削，又不會太強硬使目標國感到挑釁[44]。

---

www.rand.org/publications/MR/MR1161/

[40] 對亞太安全困境的分析，請參閱Thomas J.Christensen, op.cit., pp49-80.

[41] 對於這個過程的分析，請參閱Gerald Segal, "Networked Security:Why We Do Not Need A New Framework For East Asian Security", *The Journal Of East Asian Affairs*, Vol.XII No.2 (Summer/Fall 1998), pp.488-505.

[42] 董立文：〈處於十字路口的東亞安全形勢〉，中華歐亞基金會世界和平研究所編：《世界次序與亞洲：臺日論壇二〇〇三年東京會議論文集》，臺北：致良出版社，2004年，第367頁。

[43] 相同的觀點是認為國內社會與政治的不穩定，將使中國轉變為修正主義路線，見 Alastair Iain Johnston, "Is China a Status Quo Power?" *International Security*, Vol.27, No.4 (Spring 2003), p56.

[44] Peter Hays Gries; Thomas J.Christensen, "Correspondence:Power and Resolve in U.S. China Policy", *International Security* Vol.26.No.2 (Fall 2001), p.161.

二、歐巴馬政府與川普當選之際

歐巴馬上臺後，致力於塑造與中國的「可持續性合作與非對抗性的關係」，論者認為，這一追求與中國戰略合作的關係，始自2005年小布希第二任總統任期，而被歐巴馬政府承襲，其概括為：把中國視為美國所領導的全球安全與經濟體系的「負責任的利益相關者」（responsible stakeholder），這個體系是以市場開放、安全同盟、多國合作、法治與民主社群為特徵，認為中國過去三十多年來，無疑的在此穩定的國際環境中比其他國家獲利更多，而這個體系並沒有圍堵中國，只不過是想塑造中國的戰略目標與策略選擇[45]。

其實，在歐巴馬執政時期，中國已經被大多數的美國專家視為是一強權。2011年蘭特訥（Ely Ratner）就注意到：「過去二十年美國外交政策圈的研究與分析幾乎已經達到一個共識，套句美國全國情報會議的話來形容『很少有國家能像中國一樣，在未來十五至二十年可以對全世界造成許多的衝擊』」，但是，蘭特訥強調的是外界分析中國崛起時，太過高估中國的戰略意圖與規劃，而低估中國所面臨的客觀挑戰與威脅[46]。

然而，作為一個既存次序的獲利者，即便中國的行為可被美國塑造，但是，華盛頓「馴服」中國的能力越來越有限並且正在減弱中，就算中國是在這個既存體系中崛起，但她卻是一個「搭便車者」，偶爾還有顛覆性的行動。會嘗試去耗損美國的權力、影響力與同盟。「負責任的利益相關者」架構在塑造北京短期的策略選擇時有效；在塑造或改變中國長遠的戰略目標時是無效的。中國絕不會永遠的接受美國在亞洲的優越地位，她只是在等待時

[45] John Lee, "Reaching the Limits:China as a Responsible Stakeholder", *The Project 2049 Institute*, 2016, 0705, http://www.project2049.net/documents/160705_Lee_Reaching%20the%20Limits_China_Responsible%20Stakeholder.pdf ; Thomas J. Christensen, "Shaping the Choices of a Rising China: Recent Lessons for the Obama Administration," *The Washington Quarterly* 32:3, 2009, 91.

[46] Ely Ratner, The Emergent Security Threats Reshaping China's Rise, *The Washington Quarterly*, Winter 2011, p.29.

機，在強化中國所謂的「綜合國力」。因此，「負責任的利益相關者」架構逐漸失去作用，要用「維持一個強健的軍事同盟網絡」來取代之，更謹慎的方法是明確的認知中共是一「戰略競爭者」，在政治、經濟與軍事的競爭上，讓北京明白她是受限制與受約束的，而不是無限與不可預知的[47]。

事實上，歐巴馬政府在2010年就應該知道與中國戰略合作的關係不可行，因而提出「亞太再平衡戰略」，其要點被中共理解為：在亞太地區日益成為世界財富與權力中心的背景下，將美國軍事、政治和外交資源的分配向該地區傾斜。通過參與主導跨太平洋夥伴關係協議（TPP），介入亞太經濟的一體化進程；增強美軍在亞太的超級優勢，並制定以威懾和擊敗中國的「反介入」實力為主要目標的新軍事戰略；其最終目標是強化美國的亞太領導地位，實現亞太地區內部的再平衡等。該戰略實施的主要目的是限制中國不斷增長的影響力[48]。

例如，泰利斯（Ashley J.Tellis）歸納中國崛起構成美國最嚴重的三大地緣挑戰，分別為一、中國經濟規模將於2020年前超越美國，至少在購買力平價上已經超越；二、中國的國家意志非常清楚，想要恢復古代在亞洲的中央地位；三、快速的軍事現代化計畫，對美國在西太平洋的前沿部署造成威脅，使美國實踐對亞洲盟國安全承諾的代價提高。然而泰利斯亦注意到中國的崛起是靠二次大戰後美國霸權主導下所獲得的利益，亦即中國崛起不是靠自立自強的途徑，而是靠互賴與美國投資所產生的國際貿易體系。於是，中國崛起可能造成全球體系核心的權力移轉。然而泰利斯卻主張「沒有圍堵的再平衡」的策略[49]。同樣，認為假如中國重現為一強國（great power），經濟、軍事與地緣影響力持續擴大，這將是19世紀末到20世紀美國崛起以來，

[47] John Lee, op.cit.

[48] 紀碩鳴：〈美國須檢討亞太再平衡〉，《大公網》，2015年11月21日，http://news.takungpao.com.hk/world/exclusive/2015-11/3240658.html

[49] Ashley J.Tellis, "Balancing without Containment: A U.S. Strategy for Confronting China's Rise", *The Washington Quarterly*, FALL, 2013, http://csis-prod.s3.amazonaws.com/s3fs-public/legacy_files/files/publication/TWQ_13Winter_Tellis.pdf.

全球權力分配的最大移轉[50]。

可能是歐巴馬再連任正好碰上中共新領導人習近平上臺，因此歐巴馬對習近平寄予希望，又或許是俄國總統普丁在烏克蘭等地的行動，與中東情勢不穩定等因素讓歐巴馬分心，讓「亞太再平衡戰略」並無實際的效果，至少美國的智庫與學術界沒有給予很高的評價。反而，美國智庫與學術界對華政策大辯論逐漸獲得共識。儘管辯論的過程中有人主張「棄臺論」[51]，甚至是「棄守亞洲論」[52]，然而，主流的意見是美國應該強化與亞洲盟國與夥伴關係，對中國採取強硬的政策。

事實上過去三年來，美國的中國政策圈，無論是「熊貓擁抱者」（Panda Hugger）或是「屠龍者」（Dragon Slugger）其討論的起點都是中國的崛起，只不過主張用不同的方法來對待崛起的中國[53]。其中，從「熊貓擁抱者」轉變爲「屠龍者」的人士的論點尤其令人關注。例如，白邦瑞（Michael Pillsbury）這些原本主張與中國接觸合作而將其導入國際秩序的人，迎

---

[50] Christopher K. Johnson, 'Decoding China's Emerging "Great Power" Strategy in Asia', June 11, *2014*, CSIS, https://www.csis.org/analysis/decoding-china's-emerging-"great-power"-strategy-asia.

[51] Charles Glaser, "Will China's Rise Lead to War? Why Realism Does Not Mean Pessimism," *Foreign Affairs*, 90, no. 2 (March/April 2011): 80-91:Lyle Goldstein, *Meeting China Halfway: How to Defuse the Emerging U.S.-China Rivalry*, (DC: Georgetown University Press, 2015).

[52] Justin Logan, "China, America, and the Pivot to Asia", Cato Institute, POLICY ANALYSIS NO. 717, January 8, 2013, https://www.cato.org/publications/policy-analysis/china-america-pivot-asia.

[53] 在華府政策圈比較引起關注的專著有Michael D. Swaine, *America's Challenge: Engaging a Rising China in the Twenty-First Century* (Washington, DC: Carnegie Endowment for International Peace, 2011); Aaron L. Friedberg, *A Contest for Supremacy: China, America, and the Struggle for Mastery in Asia* (New York: W. W. Norton, 2012); Hugh White, *The China Choice: Why We Should Share Power* (New York: Oxford University Press, 2013); James Steinberg and Michael O'Hanlon, *Strategic Reassurance and Resolve: US-China Relations in the 21st Century* (Princeton, NJ: Princeton University Press, 2014).

接到來的是強勢的習近平，在全球以經濟實力排擠美國，在亞洲以軍事實力施壓美國盟友，在兩岸以軟實力取代美國影響力，而中國的民主化不但遙遙無期，甚至連香港的民主化也不可得，讓「熊貓擁抱者」們絕望而紛紛跳船，其中，中國與俄國的軍事再結盟，讓中國接觸合作論更加蒼白無力[54]。

　　2015年，又有兩本討論美中關係的專書在華府政策圈引起廣泛的討論，一本為共和黨小布希政府時代前美國國務院亞太副助理國務卿柯慶生（Thomas J. Christensen）所著的《中國挑戰》（The China Challenge）一書[55]，他認為對美中關係悲觀者誇大了中國的實力而低估了美國的實力，從經濟、軍事和外交等領域來看，中國尚不足以成為美國的「對等競爭者」（peer competitor），但已足夠強大到讓東亞不穩定、並影響全世界的政治與經濟事務。同時，中國自己也面臨巨大挑戰，諸如國內民族主義情緒衝擊中共在海洋主權爭議、全球金融管理、網路管控、環境變遷以及對臺灣與香港的決策，而使國內不穩定。因此，與中國的積極合作基本上是一個全球治理的問題。

　　相反的，另外一本同是共和黨且是美國新總統當選人川普資深政策顧問納瓦洛（Peter Navarro）所著《臥虎》（Crouching Tiger）一書[56]，文中直接從「修昔底德陷阱」（Thucydides Trap）出發[57]，認為中國要真正實現保護海外利益的意圖，就要把美國驅除出亞太地區，這需要有強大的軍事實力。

---

[54] Michael Pillsbury, *The Hundred Year Marathon: China's Secret Strategy to Replace America as the Global Superpower* (New York: Henry Holt & Co, 2015).

[55] Thomas J. Christensen, *The China Challenge: Shaping the Choices of a Rising Power* (W. W. Norton & Company, 2015).

[56] Peter Navarro, *Crouching Tiger: What China's Militarism Means for the World* (Washington, DC:Prometheus Books, 2015).

[57] 由《伯羅奔尼撒戰爭史》的作者修希底德所提出，以斯巴達與雅典的爭霸為例，說明一個新興強權的出現，必然會導致舊的霸權的恐懼，終致戰爭。首先用來對比美、中關係的是Graham Allison, "Thucydides Trap Has Been Sprung in the Pacific," *Financial Times*, August 21, 2012.

於是，納瓦洛列舉出中國在軍事上的19項重大進步，包括陸海空三軍實力、核武器、攻擊航母的彈道導彈、太空戰、網絡戰等領域與美國迅速縮小的距離等。該書的結論是，強調維持美國軍事力量與整備的重要、強化同盟，同時警惕那些靠經濟接觸、談判與核武威懾來維持和平的自滿樂觀主義者。

　　就本文的目的而言，並不關心美國該如何面對崛起的中國及其策略為何，反而關心美國是如何理解中國崛起，柯慶生與納瓦洛的專著對筆者來說構成了一幅奇妙的圖像，即中國崛起的義涵到底是什麼？結果兩位作者繞回了二十多年來的原點，柯慶生在經濟、軍事和外交上舉出多起實例論證中國不是美國的「對等競爭者」，而納瓦洛集中在軍事上主張中國對美國構成重大威脅，假以時日必定超越美國主導亞洲乃至全世界。然而，中國將來會是一個融入現存國際秩序的「負責任的大國」，或是一個「主張修正主義的民族主義強權」？美國如何避免太軟弱使中國有機會剝削，又不會太強硬使中國感到挑釁？這兩個問題依舊無解。

　　這個圖像顯示過去二十多年來的討論根本沒有交集，不但如此，各說各話的結果，再加上政黨之間或黨內派系等政治競爭的作祟，其後果可能會惡化自己國內的對立與分裂，至少在川普當選後、就任前，已經看到這個端倪。

　　最後，美國各個智庫的慣例是在總統大選前，就把全球各區域未來三至五年的情勢評估與政策建議都做好，等大選結果出爐，評估報告已經放在新總統的桌上。這次自不例外，於是在美國大選前夕，筆者瀏覽美國主要智庫網站置頂的政策報告，發現結果如下：

　　「布魯金斯研究院」（The Brookings Institution）的：「同盟與夥伴：美國在亞太地區的承諾」專案計畫（Alliances & partnerships: U.S. commitments in the Asia-Pacific），主張美國的同盟關係是東亞安全最重要的部分，目前已有更緊密的美日同盟對應中國崛起，更有活力的美韓同盟對應北韓核武化。美澳同盟，因澳洲海洋戰略不明確有待重新檢定、美菲同盟已陷入不穩定、美新同盟穩定，但下一任總統不可視為理所當然。美臺關係的唯一挑

戰是中國漸增的軍事實力[58]。

其次，「布魯金斯研究院」刊載波拉克（Jonathan D. Pollack）專文〈風險中的次序：日本、韓國與東北亞的矛盾〉（Order at risk: Japan, Korea, and the Northeast Asian paradox），認為「衝突的亞洲」與「亞洲的矛盾」的特徵是，北韓核武化、歷史與領土爭議的激化與軍備競賽的強化，主張任何對未來的評估要從美國在東亞的核心同盟開始（指日、韓）[59]。

「2049計畫研究院」（The Project 2049 Institute）：李詹森（John Lee）的〈中國做為一個負責任的利益相關者已經到達極限〉（Reaching the Limits: China as a Responsible Stakeholder）一文，如同前述主張用「維持一個強健的軍事同盟網絡」來取代「負責任的共同利益者架構」[60]。

「戰略與國際研究中心」（CSIS）則有兩篇報告，一篇是〈北京莫名其妙的霸凌〉（Beijing's baffling bullying），認為從戰略而言，美、中不是在下同一盤棋，中國玩進取，美國玩制衡，結果中國就擺出威脅姿態與高調外交來對付美國的盟友[61]。另一篇為〈「做為區域問題解決機制的美日同盟」〉研討會（The US-Japan Alliance as a Regional Problem Solving Mechanism），會議結論指出須轉化冷戰時的美日同盟性質，讓同盟國不會減輕責任與降低貢獻[62]。「蘭德公司」（RAND）則有〈論東北亞〉（*On Northeast*

---

[58] The Brookings Institution, "Alliances & partnerships: U.S. commitments in the Asia-Pacific", *The Brookings Institution*, July 13, 2016, https://www.brookings.edu/research/alliances-partnerships-u-s-commitments-in-the-asia-pacific/.

[59] Jonathan D. Pollack, "Order at risk: Japan, Korea, and the Northeast Asian paradox", *The Brookings Institution*, September 2016, https://www.brookings.edu/research/order-at-risk-japan-korea-and-the-northeast-asian-paradox/.

[60] John Lee, op.cit.

[61] Brad Glosserman, "Beijing's baffling bullying", *CSIS*, September 7, 2016, https://www.csis.org/analysis/pacnet-67-beijings-baffling-bullying.

[62] A Conference Report, "The US-Japan Alliance as a Regional Problem Solving Mechanism", *CSIS*, Issues & Insights Vol. 16-No. 15, September 6, 2016, https://www.csis.org/analysis/issues-insights-vol-16-no-15-us-japan-alliance-regional-problem-solving-mechanism.

Asia）一文，認為大家都期望中國所認知的區域安全，能夠包括南韓的安全，但中國讓大家失望了，其動機令人不解[63]。

上述這些共和黨或無黨派立場的主要美國智庫，對美國新總統的亞洲政策建議非常一致，首先就是在意圖與實力，確認中國的崛起即對美國的威脅；其次，建議用各種方式強化美國與亞洲盟國或夥伴的關係，來因應未來的變局。

肆、中國的自我認知矛盾

一、中國官方的自我論述與評估

中共對國家權力的自我認知是非常矛盾的，一般而言，在其媒體上大多數宣傳執政成績，明示或暗示中國已經是一能跟美國平起平坐的強國，但在其官方智庫報告或是官方正式文件上，則謹慎低調許多，時常強調中國尚未成為強國，但不否認崛起。當然，習近平執政時期又比胡錦濤時期更加強調中國的崛起。

一般外界對中國崛起的印象始於經濟，最常被引用的是中國國家統計局所公布的成績，例如2015年公布「十二五時期經濟社會發展成就報告」[64]，指出2011-2014年，中國國內生產總值年均增長8.0%，高於同期世界2.5%左右的年均增速，在世界主要經濟體中名列前茅。經濟總量穩居世界第二位，2014年達到63兆6139億人民幣，占世界的份額達到13.3%。2014年根據世界銀行資料，中國人均國民總收入由2010年的4300美元提高至2014年的7380美元。中國外匯儲備突破3兆美元大關，2014年末達到3.84兆美元，連續九年穩居世界第一位。

中國公共財政收入2014年超過14兆人民幣，支出超過15兆人民幣，比

---

[63] Bruce W. Bennett, "On Northeast Asia", *RAND*, 2016-9-23, http://www.rand.org/blog/2016/09/on-northeast-asia.html

[64] 「《大陸經濟》陸H1人均可支配收入成長7.6%」，《時報資訊》，2015/10/13，https://tw.stock.yahoo.com/news_content/url/d/a/20151013/B77-6-015052221.html

2010年增長68.7%等。因此，外界常加上「這是世界歷史最亮眼的紀錄，中國已經是一個「全球經濟超強國家」。預計2020-30年超越美國成為第一大經濟體」。

　　顯然的，經過二十年的發展，中國已經從一個貧窮的國度走進了「小康社會」，社會的生活面貌的確有很大的改變，所謂的「中國崛起」不僅表現在經濟成長與軍事實力上，似乎也表現在社會的價值觀念與自我認同上，「中國崛起」不是一個簡單的經驗實證現象，還是一種複雜的心理需要與情感取向[65]。

　　事實上，過去中國官方智庫都有提出評估中國國力的相關報告，這些報告儘管評估方法不清，且有誇大之嫌，但基本上仍說明中國仍屬於「中等國家」。例如，前述2000年「中國現代國際關係研究所」的「綜合國力評估系統」所得到的結論為：從綜合國力值來看，美國居於第一位，並遙遙領先於其他六個國家。日本居第二位，其綜合國力值約等於美國的60%。法國、英國、德國基本在一個水平上，他們的綜合國力值約等於美國的一半。俄國的綜合國力值約只有接近美國的40%的水平。中國的綜合國力值約等於美國的四分之一、法國的二分之一，俄國的三分之二。假設美國綜合國力平均增長速度為3%，而中國的年平均增長速為7%、6%、5%的情況下，那麼中國要達到美國同期綜合國力水平的時間分別為36年、47年與70年[66]。

　　2010年「中國科學院中國現代化研究中心」公布《中國現代化報告2010》，文中認為：2006年中國屬於發展中國家中的初等發達水平，處於第一次現代化成熟期；中國地區發展不平衡，部分地區的部分指標已經達到或接近發達國家的水平，例如，北京和上海的平均預期壽命超過80歲，高於高收入國家的平均值（79歲）。如果按1990-2005年年均增長率測算，中國有可能提前十年左右實現第三步目標，超過世界平均水平，達到中等發達國家

---

[65] 石之瑜、張登及：〈感覺中國崛起：本體敘事及其情感基礎〉，https://www.zo.uni-heidelberg.de/md/zo/sino/.../09_shihchihyu_riseofchina.doc

[66] 中國現代國際關係研究所：〈綜合國力評估系統研究報告〉前揭文，第14、19頁。

水平，基本實現現代化，人均收入超過2萬美元；中國達到發達國家水平，全面實現現代化，預計要到21世紀末。如果完全按照國際經驗，21世紀中國成為發達國家的概率約為4%，顯然，國際經驗不足以解決中國問題。中國需要加強現代化研究，尋求低成本和高效率的現代化路徑[67]。這份報告跟十年前「中國現代國際關係研究所」的評估差不多。

最具有權威的評估或認知，是2010年中共「兩會」結束後的記者會上[68]，「德新社」記者提問：「大國也應該承擔更多的責任，中國現在正在崛起，國際社會期待中國在應對全球挑戰以及政治、安全、經濟等領域的問題上發揮領導作用。我們了解，在中國政府內部也在就該問題進行著積極的討論。我想了解，中國是否有這個能力以及意願在國際舞臺發揮更大的作用？」

當時中國總理溫家寶的回答是：「中國這些年經濟雖然發展很快，但是由於城鄉不平衡、地區不平衡，再加上人口多、底子薄，我們確實還處於發展的初級階段。多到中國的農村和中西部地區看看，你到那裡看就知道上海和北京的發展不能代表整個中國。我們要實現小康目標還需要做出艱苦的努力；要建成一個中等發達的國家，至少要到本世紀中期；要真正實現現代化，還要上百年的時間以至更長」。

2012年胡錦濤所做的中共「十八大政治報告」，提出中國現代化的挑戰是「當前的困難和問題主要是：發展中不平衡、不協調、不可持續問題依然突出，科技創新能力不強，產業結構不合理，農業基礎依然薄弱，資源環境約束加劇，制約科學發展的體制機制障礙較多，深化改革開放和轉變經濟發展方式任務艱鉅；城鄉區域發展差距和居民收入分配差距依然較大；社會矛盾明顯增多，教育、就業、社會保障、醫療、住房、生態環境、食品藥品安

---

67 〈中國科學院中國現代化研究中心〉，《中國現代化報告2010》，2010年02月01日，《中國科學院》，http://big5.cas.cn/xw/yxdt/201002/t20100201_2738530.shtml

68 〈最大國風範：中國窮時錚錚鐵骨 中國發達時永不稱霸〉，《人民網》，2010年03月14日，http://2010lianghui.people.com.cn/GB/181624/11136259.html

全、社會治安、執法司法等關係群眾切身利益的問題較多，部分群眾生活比較困難；一些領域道德失範、誠信缺失；一些幹部領導科學發展能力不強，一些基層黨組織軟弱渙散，少數黨員幹部理想信念動搖、宗旨意識淡薄，形式主義、官僚主義問題突出，奢侈浪費現象嚴重；一些領域消極腐敗現象易發多發，反腐敗鬥爭形勢依然嚴峻。[69]」

　　緊接著，對中國國力評估的說法是：「必須清醒認識到，我國仍處於並將長期處於社會主義初級階段的基本國情沒有變，人民日益增長的物質文化需要同落後的社會生產之間的矛盾這一社會主要矛盾沒有變，我國是世界最大發展中國家的國際地位沒有變。在任何情況下都要牢牢把握社會主義初級階段這個最大國情，推進任何方面的改革發展都要牢牢立足社會主義初級階段這個最大實際。[70]」

　　然而，到了2013年，習近平提出「中國夢」的兩個一百年計畫，中國要在2021年實現「全面建成小康社會的目標」，這是指中國要成為一個中等國家；2049年實現「富強、民主、文明、和諧的社會主義現代化國家」。顯然，習近平把中國崛起的目標在達到中等國家水平上提早三十年，在達到強國這目標上則提早了五十年。無論如何計算，這些話都在說明，中共領導人的認知與外界說中國現在已經崛起為一強國是明顯矛盾的。

　　有趣的是，2017年4月北京清華大學國情研究院院長、著名經濟學者胡鞍鋼出席一場題為「習近平治國理政思想與中國之路」的講座時表示，中國在整體上、尤其是在經濟實力、科技實力和綜合國力已經超越美國，居世界第一。胡鞍鋼稱，中國在經濟實力、科技實力和綜合國力上，已分別在2013年、2015年和2012年超越美國；2016年經濟實力、科技實力、綜合國力分別相當於美國的1.15倍、1.31倍和1.36倍，居世界第一。他又指，中國在國防

---

69 〈堅定不移沿著中國特色社會主義道路前進 為全面建成小康社會而奮鬥——十八大政治報告〉，《新華網》，2012年11月08日，http://news.xinhuanet.com/18cpcnc/2012-11/17/c_113711665.htm

70 同上註。

實力、國際影響力、文化軟實力上加速趕超；國防實力明顯提高，進入世界第二陣營；國際影響力居世界第二位；文化軟實力相對美國差距明顯縮小[71]。

　　當然，胡鞍鋼的說法在中國大陸的網路上遭受到一片譏評，其中，《環球時報》總編輯胡錫進亦出言反駁，表示對說法「深感不安」，認爲中國只有個別單項指標趕上美國，但整體上還不能和它比。「別的不說，美國有那麼多盟國，控制著世界金融和高端技術，中美戰略差距還至少要用半個世紀去彌補。」[72]中國高科技企業華爲公司創始人兼總裁任正非則說：「我們與美國之間的差距，估計未來二十年至三十年，甚至五十年至六十年還不能消除，美國領先世界的能力還很強。但是，我們要將差距縮小到『我們要能活下來』。以前這是最低綱領，現在這是我們的最高綱領。」[73]

二、中共強調「柔性權力」與爭奪詮釋權

　　進入21世紀後，中共逐漸注意到作爲一個強國或超級強國，增強「柔性權力」是不可或缺的條件。從90年代開始，中共在國際社會上就跟「中國威脅論」進行博鬥，到了21世紀，配合著「和平崛起」與「和諧社會」的目標對全球進行宣傳，直到習近平提出「兩個一百年」與「中國夢」，中國大陸的國際形象確有改觀，但這主要不是中國改變了自己的行爲（雖然有些修正），更多的是中共已明確的把發展柔性權力納入其國家戰略目標，以及進行輿論戰的精緻化。

　　2002年「十六大」政治報告第一次把文化的位階提高，說「當今世界，文化與經濟和政治相互交融，在綜合國力競爭中的地位和作用越來越突

---

71 〈中國全面超越美國！胡鞍鋼經研究說中國全面超越美國〉，《新浪網》，2018年02月17日，http://t.cj.sina.com.cn/articles/view/6460089585/1810d24f1001003pnr

72 〈醒醒吧！中國眞的全面超越美國了？〉，《多維網》，2018年01月24日，http://blog.dwnews.com/post-996004.html

73 〈任正非炮轟中國科技大躍進 四個自信扭曲禍民誤國〉，《多維網》，2018-07-05，http://news.dwnews.com/china/big5/news/2018-07-05/60068851.html

出」，當時中共文化部長孫家正表示：「文化外交已經成為我國繼經濟、政治、外交之後的第三大支柱」[74]。2011中共十七屆六中全會，第一次以文化改革發展為主題，制定建設社會主義文化強國的行動綱領[75]。其目標是要推動中華文化走向世界，形成與中國國際地位相對稱的文化軟實力，提高中華文化國際影響力。中共認為，對內，文化是社會控制與穩定的機制之一，基本上由黨所控制的國家機器進行由上而下的主導與製造；對外，文化是指如何控制或影響他國人民思考與判斷的鬥爭，是沒有硝煙的戰爭。

當時，《人民日報》發表〈文化強國的中國道路〉一文強調：一個只能出口電視機而不是思想觀念的國家，成不了世界大國。兵臨城下，文化交流中的逆差，國際競爭中的劣勢，影響的絕不只是市場份額的大小、產業較量的成敗，更關乎意識型態主動權的得失、國家文化軟實力的強弱。面對大發展大變革大調整的世界格局，面對各種思想文化更加頻繁的交流交融交鋒，如果我們不能形成自己的文化優勢，就無法在激烈的國際競爭中高揚社會主義文化理想，維護國家文化安全，捍衛國家文化主權[76]。《紅旗雜誌》則發表專文批判「西方的民主人權輸出」[77]。

2012年「十八大政治報告」提出「扎實推進社會主義文化強國建設」，號稱要提高國家文化軟實力，建設社會主義文化強國，必須走中國特色社會主義文化發展道路，中華文化國際影響力不斷增強的新局面[78]。

---

[74] 〈江澤民同志在黨的十六大上所作報告全文〉，《新華網》，2002年11月17日，<http://big5.xinhuanet.com/gate/big5/news.xinhuanet.com/ziliao/2002-11/17/content_693542.htm>

[75] 〈中共十七屆六中全會在京舉行 胡錦濤作重要講話〉，《人民網》，2011年10月19日，http://cpc.people.com.cn/BIG5/64093/64094/15940228.html

[76] 任仲平：〈文化強國的中國道路——論推動社會主義文化大發展大繁榮〉，《人民日報》，2011年10月15日，第1版。

[77] 中國社會科學院中國特色社會主義理論體系研究中心：〈西方民主人權輸出的背後〉，《紅旗雜誌》，2012年05月24日，http://theory.people.com.cn/GB/82288/143843/143844/17975127.html

[78] 同註69。

　　2013年8月，習近平在「全國宣傳思想工作會議」提出五個「講清楚」，來要求改進宣傳方式：「在全面對外開放的條件下做宣傳思想工作，一項重要任務是引導人們更加全面客觀地認識當代中國、看待外部世界。宣傳闡釋中國特色，要講清楚每個國家和民族的歷史傳統、文化積澱、基本國情不同，其發展道路必然有著自己的特色；講清楚中華文化積澱著中華民族最深沉的精神追求，是中華民族生生不息、發展壯大的豐厚滋養；講清楚中華優秀傳統文化是中華民族的突出優勢，是我們最深厚的文化軟實力；講清楚中國特色社會主義植根於中華文化沃土、反映中國人民意願、適應中國和時代發展進步要求，有著深厚歷史淵源和廣泛現實基礎」[79]。

　　習近平還更細的提出宣傳技巧為：「關鍵是要提高品質和水準，把握好時、度、效，增強吸引力和感染力，讓群眾愛聽愛看、產生共鳴，充分發揮正面宣傳鼓舞人、激勵人的作用。在事關大是大非和政治原則問題上，必須增強主動性、掌握主動權、打好主動仗，幫助幹部群眾劃清是非界限、澄清模糊認識」[80]。

　　中共理論期刊《紅旗文稿》進一步詮釋：「中國特色社會主義制度使中國獲得了巨大的成功。中國經濟獲得了快速發展，取得了舉世矚目的成就，集中力量辦成了很多大事，不斷革除體制機制弊端，致力於保障社會公平正義，在國際事務中槓桿作用顯著增強，在國際舞臺上努力展現負責任的大國形象，『中國模式』、『中國崛起』引起西方國家的高度關注。連法蘭西斯・福山也不得不承認：客觀事實證明，西方自由民主可能並非人類歷史進化的終點。隨著中國崛起，所謂『歷史終結論』有待進一步推敲和完善。中國特色社會主義制度經歷了三十多年改革發展的實踐檢驗，在全球化和民主化浪潮中日益彰顯其優越性，逐漸成為充滿生機活力、特色鮮明和富有效率

---

[79] 習近平：〈意識型態工作是黨的一項極端重要工作〉，《宣傳家網》，2013年8月19日，http://special.71.cn/130821-1/

[80] 同上註。

的制度。[81]」這段技巧性十足的話沒有說中國已經是一強國或超強，但看完這段話的人只能得出這麼一個結論，即中國已經是一強國或超強。

國際媒體及學術界有越來越多文章在討論「中國的柔性權力」這個命題，典型的專著就是科蘭滋克（Joshua Kurlantzick）2007年出版的《魅力進攻——中國的柔性權力如何的轉變世界》[82]一書，這本書客觀的把中國運用那些手段與資源（包括文化、商業、經援等），改變了外國人對中國的觀感，尤其是在東南亞國家，分析的很清楚，隱然是新版的「中國威脅論」。

2014年美國《赫芬頓郵報》（The Huffington Post）載文〈軟實力之爭：美國與中國的數位冷戰〉（The Battle for Soft Power: America's Digital Cold War with China），文章說，中國按不同的意義來理解軟實力，它注重用不帶威脅的語氣來表述中國在全球實力方面的崛起。中國不希望像19世紀末20世紀初的日本和德國那樣，威脅現行的世界秩序，引發世界大戰，它希望將其崛起表現為和諧的。只要這一加入不被視作零和博弈，那麼它就可以融入稍微擴張後的世界秩序。因此，軟實力不再是通過其他方式行使全球霸權，而是維護在全球舞臺上呈現多種不同價值觀和聲音的權利，而國家間的競爭被昇華為文化對話[83]。該文強調，中美之間軟實力競爭的戰場，不只是知識產權、電影發行、電視版權、國際標準和專利及其他一整套全球文化貿易規則，還在谷歌、臉書、百度、騰訊等多家公司之間發生的大規模競爭。

同樣的，美國學者迪南（Nicholas Dynon）用「軟戰」（Soft War）來形容中、美之間的意識型態競爭，他認為中國發現自己突然進入一個意識型態「軟戰」時代。在這個「冷戰2.0版」（Cold War 2.0）時代，世界政治的主

---

81 〈中國為何不能實行西方的民主制度〉，《紅旗文稿》，2014年09月22日，http://www.zytzb.cn/publicfiles/business/htmlfiles/tzb2010/s1487/201409/751927.html

82 Joshua Kurlantzick, *Charm Offensive -- How China's Soft Power is Transforming the World*, (New Haven and London: Yale University Press 2007).

83 Justin O'Connor, "The Battle for Soft Power: America's Digital Cold War with China", *The Huffington Post*, 06/23/2014, http://www.huffingtonpost.com/justin-oaconnor/america-china-digital-war_b_5523110.html

題將不再是以往國際關係中的「強權即公理」。相反地,「有正義」、「有道理」本身成為是否「有力量」的根據。中國意欲建立一個意識型態存在異質性的世界。在這樣的一個世界裡,意識型態的差異得到尊重,不同意識型態和平共存。為此,它投射文化軟實力,弘揚中國文化,尋求外界對中國的了解,並營造有利的國際環境以謀求國家利益[84]。

迪南主張中共會用兩種方式來進行「軟戰」,一是針對西方世界追求議程(重新)設定戰略,來打破西方政治論述、媒體與文化產品裏的新自由主義傾向;二是抵抗西方意識型態出口,需挫敗西方在國際體系中的意識型態霸主地位,發展與培養中華文化來獲得全世界開發中國家的支持。因此,中共「軟戰」有兩條戰線:在國內遏制西方意識型態滲透,同時對外擴大自己意識型態的影響[85]。

2017年年底,出現了一個從軟實力發展而來的新名詞:「銳實力」。美國民主基金會公布一份報告:《銳實力:威權主義影響力在民主國家中漸增》(*Sharp Power: Rising Authoritarian Influence in the Democratic World*)[86],描寫權政權威脅和操縱外國的意見。《經濟學人》雜誌2017年12底也發封面文章響應,在〈該如何面對中國的銳實力〉(*What to do about China's "sharp power"?*)[87]一文中,整理了中共近年對澳洲、紐西蘭、歐盟等的滲透等。

於是,這半年來「中國銳實力」的威脅,成為西方各國的媒體、智庫與學者圈所普遍討論的議題,資料眾多,筆者再舉一例:國際與戰略研究中

---

[84] Nicholas Dynon, China's Ideological 'Soft War': Offense is the Best Defense, *China Brief*, Volume: 14 Issue: 4February 20, 2014.

[85] Ibid.

[86] The National Endowment for Democracy (NED), "Sharp Power: Rising Authoritarian Influence in the Democratic World", https://www.ned.org/wp-content/uploads/2017/12/Sharp-Power-Rising-Authoritarian-Influence-Full-Report.pdf

[87] The Economist, "What to do about China's 'sharp power'", December 15, 2017. https://www.economist.com/leaders/2017/12/14/what-to-do-about-chinas-sharp-power

心（CSIS）於2018年4月發表專文〈馬克龍因應中國在歐洲的銳實力效應〉
（*Macron Addressing China's Sharp Power Efforts in Europe*）一文指出：「在
歐洲，對中國銳實力效應的憤怒關切正到處增長」，其中包括「中國國營媒
體在德國、法國等地的主流媒體，到處購買版面（inserts）傳播給讀者中國
政府想對他們講的話（但讀者不清楚這件事）」[88]。

　　綜合以上所述，所謂的「中國銳實力」，指的是1.經濟收買與市場誘
惑；2.武力示威與軍事恐嚇；3.文化改造與價值扭曲；4.間諜滲透與竊取科
技；5.用盡一切文化手段與傳播媒介，向全世界「講好中國故事，傳播好中
國聲音」。在全球每一個角落「花錢買喜歡」等五方面的事情。

　　綜合上述西方學者的看法，中共的確深入理解並全面運用奈伊的「柔
性權力」論，並用自己的方式或曰「有中國特色」的方式，對西方國家進行
「軟戰」，而被西方稱為「中國銳實力」，以文化多元化與文化對話為名
義，目標是遏制西方意識型態對內滲透，並對外擴大自己意識型態的影響。
而戰場散布在知識產權、電影發行、電視版權、國際標準和專利等全球文化
貿易規則，以及網際網路上的谷歌、臉書、百度、騰訊等等。完成習近平所
說的：向全世界「講好中國故事，傳播好中國聲音」。

三、中國崛起的背後

　　最早對中國崛起持疑問並做系統性分析的專著，應該是2008年謝淑麗
（Susan L. Shirk）所寫的《脆弱的強權》一書，該書認為中國崛起勢不可
擋，但快速的發展卻讓中國內部隱藏許多問題，包括：中央對地方的控制力
不足、貪污嚴重、環境污染、臺灣問題、區域衝突，都有可能讓蓬勃崛起的
中國在一夕之間倒地，因此，謝淑麗給予「外強中乾」的評價[89]。

　　最近，沈大衛（David Shambaugh）給予同樣的評價：「外強中乾。習
近平的這種強硬的個性，掩飾了該黨和政治制度其實內在是極其脆弱的」，

---

[88] Laura Daniels, "Macron Addressing China's Sharp Power Efforts in Europe", CSIS, April 26, 2018, https://www.csis.org/analysis/macron-addressing-chinas-sharp-power-efforts-europe

[89] 謝淑麗（Susan L. Shirk）：《脆弱的強權》，臺北：遠流出版社，2008年。

他指出中國政權的脆弱性和黨的系統性弱點的五個現象分別為：一、中國的富豪們已經為一旦制度真正開始崩潰而大批逃亡做好了準備；二、習近平上臺後強化了對中國的政治壓制，一個有安全感和自信的政府不會實行這樣嚴厲的鎮壓；三、很多習近平的支持者也只是在走過場，假裝奉迎黨和領導人；四、彌漫在黨國和軍隊中的腐敗也同樣到處彌漫在中國社會；五、中國的經濟，陷入了一系列系統性的陷阱，沒有容易的出路[90]。當然，沈大衛認為中國將崩潰引起不少的質疑，但對筆者而言，是他所提的這五個跡象都無法量化，很難成為判斷中國強弱的依據。

整體而言，未來中國發展最大的挑戰，或是說中國要成為強國的天花板，集中表現為三個三：「三大差距」（貧富差距、城鄉差距、東西差距）；「三座大山」（看病難、上學難、住房難）；「三大脆弱」（人口多、能源缺、資源少）。本文限於篇幅與時間，只能擇要舉例說明。

中國官方新華網與新浪網從2007年1月，就開始做兩會「網民關注的熱點問題」調查，根據這個兩會網路民調（16108人參加）顯示，醫改、反腐及住房三大問題最受公眾關注。92.7%的受訪者表示對目前的醫改現狀「不滿意」。反腐以68%的得票率位居第二，住房則位列第三[91]。

2011年兩會調查結果，網民最為關注的五大熱點話題，分別是：保障住房、收入分配、穩定物價、懲治腐敗和就業公平[92]。中國的十大民怨其實是相互關聯的，醫療、教育與住房這「三座大山」是資源分配不均，貧富差距是財富的分配不均，這些問題，根源都在於一系列體制缺陷，主要特徵是：產權國有與收益集團化；中央與地方在經營收益上不合理；配置資源價格形成機制不合理，扭曲社會不同利益群體的收入分配；資源環境產權保護不力

---

[90] David Shambaugh, "The Coming Chinese Crackup", March 6, 2015, *Wall Street Journal Asia*, http://www.wsj.com/articles/the-coming-chinese-crack-up-1425659198

[91] 〈2007年全國兩會 您最關注哪些熱點問題？〉，《新華網》，2007年01月24日，http://www.xinhuanet.com/politics/dc20070124/

[92] 〈2011年兩會線民最關注的五大熱點話題〉，《新華網》，2011年03月02日，http://news.xinhuanet.com/politics/2011-03/01/c_121135286.htm

損害農民。然而，2012年「十八大」後，中共就停止這種調查，使得中國媒體與輿論也很少探討這些問題。

2011年中共維穩經費加上國防預算約占其總預算的14%，充分體現出「穩定壓倒一切」的政府形式，與此同時，其教育經費約占其總預算的4%、社會福利不足5%。社會福利預算比：美國21.0%、丹麥37.9%、日本18.6%、臺灣20.6%。

中國的GDP是美國的1/3，西方先進國家社會福利支出占其GDP都超過20%以上，一些歐洲國家甚至超過30%。中國的GDP是美國的1/3，每年只需投入美國醫療支出的100分之1，就可以讓全民免費醫療[93]。

此外，2000年後中共不再公布貧富差距統計，最後一個基尼係數的官方數據：0.412。2013年1月國家統計局一次性公布了自2003年2012年的數據，2003年是0.479，2004年是0.473，2005年為0.485，2006年為0.487，2007年為0.484，2008年為0.491，2009年為0.490，2010年為0.481，2011年為0.477，到2012年的數據是0.474。記者質疑，中國民間調查2012年基尼係數是0.61，為什麼跟統計局有這麼大的差距？2014年7月，北京大學中國社會科學調查中心謝宇教授的《中國民生發展報告2014》顯示，「1995年我國家庭淨財產的基尼係數為2012達到0.73」[94]。

鄧小平說中國的特色是人口多、底子薄。2011年中國國家統計局發布了第六次全國人口普查公報，宣稱中國人口共1339724852人[95]，沒有人宣傳「人多好辦事」或「中國是一個人口強國」這類傳統觀點，反而，「老齡化加速，人口紅利將消失」成為全球關注的焦點。

---

93 董立文：〈中國社會人權觀察〉，收錄於臺灣民主基金會主編：《2011中國人權觀察報告》，臺北：臺灣民主基金會出版，2011年，第25-26頁。

94 〈令人震驚！中國的基尼係數竟然高達0.73〉，《國際熱點BackChina Network》2014-7-27，http://www.backchina.com/forum.php?mod=viewthread&tid=1213268&extra=page%3D1&mobile=2

95 〈第六次人口普查登記全國總人口為1339724852人〉，《新華網》，2011年04月28日 http://news.xinhuanet.com/politics/2011-04-28/c_121358579.htm

　　《瞭望》雜誌刊出長文「中國步調的人口變數：2030年前後或發生巨變」，該文歸納中國人口的四大挑戰[96]，分別是：一、人口流動迅猛：2.21億的人口流動，折射出中國社會轉型、社會發展的巨大壓力；二、人口分布失衡：過度集中於東南沿海等經濟發達地區，給流入地的資源、環境、住房、交通、勞動力成本等帶來了一系列挑戰；三、性別失衡風險：男女性別比為118.06，驚人的男性過剩，將給人口安全、社會穩定帶來巨大隱患，影響中國經濟、社會、資源、環境協調和可持續發展；四、老齡化社會加速：預計到2040年，老年人口將達到4億人，占總人口的31%左右。中國的老齡化進程，與城市化、工業化以及經濟發展程度是不同步的，社會物質財富積累和精神文明程度、養老服務體系、社保水準還遠遠沒有準備好，即未富先老。

　　目前中國的社會保障支出約占其GDP的3%，在2030年將上升到10%，2050年則至少需要15%。2010年中國平均7.8個成人勞動力扶養一個老年人，2030年會下降到3.8人，在2050年下降到2.4人，這意味著每個人的負擔將超過三倍以上。這種人口趨勢使中國維持兩位數經濟成長的期望變的不現實。簡單的說，人口結構老化、經濟成長減緩與社會不穩定這三者是連動的。

　　如同中共官方《瞭望》雜誌評論所說的：「這種人口趨勢使中國維持兩位數經濟成長的期望變的不現實」，前述的《綜合國力評估系統研究報告》與《中國現代化報告2010》這兩份報告，估計中國能在本世紀末達到富強的現代化國家或是強國水平，其前提都是中國必須維持至少7%甚至是10%以上的增長，因此，僅此人口問題所引起的綜合性複雜效應，就足以構成中國崛起的透明天花板。何況，人口統計以及由人口數量出發所做的各項社會效應調查，是社會科學內可以預測得最久且最可信的統計數字，拿來當作判斷國家權力的標準，可是最客觀中肯的指標。

96　〈中國步調人口變數：2030年前後或發生巨變〉，《瞭望》雜誌，轉引自《新浪網》，
　　2011年05月09日，http://finance.sina.com.cn/g/20110509/14579812667.shtml

伍、結論

不可諱言，無論過去、現在或未來，中共集全國之力，不顧一切後果，是可以毀滅臺灣，就此意義而言，中國對臺灣是一超級強國與霸權。然而過去六十多年來，臺灣本來就是在中共的砲火下求生存發展，在其武力威脅下而成長茁壯。

但是，如果放在國際社會使用客觀標準來看的話，現在的中國在許多國家權力的衡量指標上，尚未達到強國的標準，尤其是在社會、教育、文化等領域，連中等國家的標準都未能完成。然而，中國崛起的形象確實存在，尤其是在特殊的軍事、外交與經濟領域幾項指標上，以及存在於中國的宣傳上。當然，過去二十多年美國政治、學術、媒體界的強調，讓中國崛起似乎變得更真實，但究其本質卻是「中國威脅論」。而中國前總理溫家寶曾經說過：「中國再大的成就，除以十三億就變很小；很小的問題，乘以十三億就變很大」[97]。這是對「中國崛起論」最簡單也是最鮮明的寫照。

本文非常贊成「中國現代國際關係研究所」的專家學者們的意見：「沒有比較權威性的機構對世界主要國家的綜合國力進行連續測算，使得很多專家學者更傾向於用國內生產總值等單一指標，或者少數幾個基本指標進行簡單的合成，來分析中國的國家地位，這常常導致不應有的低估或高估，這對於進行相關國際問題的研究與決策，都是十分不利的」。

「從政治而言，對中國國力乃至於世界國家權力有比較清楚正確的判斷與認知，有利於釐清我國國內一些似是而非的論斷，有助於我國政府政策做出正確的決定與選擇，更有助於我國民心士氣的安定。簡言之，我國政府決策如果奠基在一具有高度不確定性與不確實的中國崛起的前景，那麼，這是十分不利的」。

最後，2018年7月中共官媒《人民網》推出「三評浮誇自大文風」系列

---

[97]〈人口60年：中國直面天下第一難題〉，《新華網》，2009年09月20日，http://politics.people.com.cn/GB/1026/10082960.html

評論文章指出，在網路上「美國害怕了」、「日本嚇傻了」、「歐洲後悔了」之類的文章，鼓吹「別怕，中國科技實力超越美國，居世界第一」、「在這些領域，中國創下多個『世界第一』！無人表示不服」等，這些「雄文」的共性，一無事實骨架，二無內容血肉，三無思想含量，徒有浮躁外殼，經不起一點風吹日曬。挑動極端情緒、肆意傳播偏見的後果，容易造成公眾走進夜郎自大、自吹自擂狂妄誤區，導致社會陷入資訊碎片化、思維程式化的認知閉環。熱衷於耍噱頭、故弄玄虛、嘩眾取寵的路數可以休矣」[98]。

相信中共官媒《人民網》的這些評論文章，可以為討論「中國崛起」下了一個最好的註腳。

---

98 林峰：〈人民網三評浮誇自大文風之一：文章不會寫了嗎？〉，《人民網》，2018年07月02日，http://opinion.people.com.cn/BIG5/n1/2018/0702/c1003-30098611.html

第十四章　中國崛起下安倍時代新安保體制的構築

林泉忠[*]

壹、「安倍時代」的內外環境

安倍晉三於2020年9月16日卸任首相一職，連續在位共二八二二天，成為自明治維新實施憲政以來擔任該職最久的日本首相，[1]也結束了長達七年零八個月的「安倍時代」。[2]隨著安倍離開東京永田町的首相官邸，以及標榜「延續安倍路線」的菅義偉成為新的主人，此幕首相更替的場景，也留給後世一個課題，究竟何謂「安倍路線」，何謂「安倍時代」？[3]

所謂「安倍時代」狹義上，指的是2012年12月安倍晉三第二度擔任首相，至2020年9月下臺為止。其實，具體而言，其間還細分為第二任（第九十六任，2012年12月至2014年12月）、第三任（第九十七任，2014年12月至2017年11月）、第四任（第九十八任，2017年11月至2020年9月）。廣義

---

[*] 林泉忠，歷任中央研究院近代史研究所副研究員、日本琉球大學國際關係學系副教授、武漢大學日本研究中心教授兼執行主任等。

[1] 日本自從1885年（明治18年）伊藤博文首次組閣以來，直至2020年9月，共出現了九十九屆內閣及六十四位首相，每屆內閣的時間長度平均僅一年半。其中二十一位首相，即約三分之一在任期間不足一年即下臺，而做足三年的僅十二位。以近期之例子觀之，安倍開始第二任的2012年之前，日本連續六屆內閣包括福田康夫、麻生太郎、鳩山由紀夫、菅直人、野田佳彥等均僅維持年餘或不足一年即結束。

[2] 倘若加上第一任期（2006年9月-2007年9月），安倍晉三擔任首相合計為3188日。

[3] 林泉忠：〈何謂「安倍時代」？——跨越平成與令和的光與暗〉，《明報月刊》，2020年10月號，第89-91頁。

上則包括安倍首次擔任首相第一任期的2006年9月至2007年9月。[4]安倍所構築的新安保體制以及諸多相關的安保政策的推動與落實的時期，主要發生在狹義上的「安倍時代」，故本文以該時期為主要分析範圍，不過部分政策的起源或雛形則可追溯至第一任期。

安倍於2012年12月第二度入主首相官邸之際，正是日本處於「內憂外患」的嚴峻環境，呈現在安倍面前的，是一個被稱為「失落二十年」的日本。[5]所謂「失落二十年」，指的是從1990年代初「泡沫經濟」崩潰開始，日本經濟經歷了長期低迷的時期。於此過程中，舊有的經濟政策乃至於體制無法帶動日本持續增長，而人口老齡化與少子化等社會問題日趨嚴重，年金改革困難重重。處於如此時期的日本年輕世代看不到希望，普遍出現了「向內看」、「向低看」、「向後看」的現象。[6]而日本在安倍第二度主政之前六年換了六位首相，也削弱了日本社會對政府的信心。[7]除此之外，安倍主政初期，還要面對進一步落實2011年日本東北地區空前的大地震、大海嘯後的災後重建問題。

倘若從東亞區域乃至國際社會環境的視角觀之，「安倍時代」剛好遇上

---

[4] 安倍晉三首次執政是2006年。同年9月20日安倍晉三在自民黨總裁選舉中，擊敗麻生太郎、谷垣禎一，成功獲選為自由民主黨新總裁，並於9月26日召開的臨時國會中當選第90任總理大臣，成為戰後最年輕，也是首位戰後出生的日本首相。不過第一任期的安倍在位只有一年，於翌年9月25日以健康為由辭去首相職位。其後歷經麻生太郎、福田康夫兩任自民黨政權及鳩山由紀夫、菅直人、野田佳彥三任民主黨政權後，於2012年12月成功捲土重來，再度執政。

[5] 最早出現「失落二十年」（「失われ20年」）的表述，參閱朝日新聞「変転経済」取材班：《失われた〈20年〉》，東京：岩波書店，2009年。有關較早論述「失落二十年」期間日本經濟狀況的分析，參閱深尾京司：《「失われた20年」と日本経済》，東京：日本経済新聞社，2012年3月。

[6] 此亦為筆者於安倍第二度上臺之前在日本大學任教時所目睹的日本大學生普遍的精神面貌。

[7] 根據安倍第二度主政之前六年之經驗，當支持度跌至三成，政權穩定性就會亮起紅燈，而當跌破三成，政權就難以繼續維持。

「中國崛起」的高峰期，[8]也是中日兩國國力出現此消彼長的時期。崛起的中國的國內生產總值（GDP）於2010年超越日本，成爲僅次於美國的世界第二大經濟體，日本戰後維持數十年的「亞洲一哥」地位，就此宣告終結。儘管中日兩國的國力不應只依據經濟與軍事力量來衡量，然而中日兩國國力逆轉的事態日益明顯，卻是不爭的事實。

在對外關係方面，由於之前三年的民主黨政府，就美軍普天間基地搬遷至沖繩北部名護市邊野古的問題，一度與美國鬧翻，導致戰後延續超過半個多世紀的日美同盟關係首次發生動搖。根據Snyder所論述的現實主義「同盟理論」（alliance theory）的理解，國家在藉由締結同盟以強化本身安全時，會面臨兩種類型的「同盟困境」（alliance dilemma）。其一，倘若過度承諾，擔心會被同盟國捲入戰爭之「捲入困境」（entrapment dilemma）。其二，與前者相反，倘如承諾過於薄弱，擔心在國家面臨威脅時，可能遭到同盟國背棄之「背棄困境」（abandonment dilemma）。[9]在普天間搬遷問題上，安倍等現實主義「親美派」的思維屬於後者。倘若從意識形態的視角觀之，安倍的安保戰略思維可稱之爲「攻擊型現實主義」，[10]與之前鳩山由紀夫的「新自由主義」（neoliberalism）意識形態背道而馳。

在中日關係方面，安倍2012年再次上臺之前適值民主黨野田佳彥政府於同年9月對釣魚臺列嶼（日稱「尖閣諸島」）實施「國有化」措施，導致中國與日本嚴重交惡，兩國關係跌至1972年建交以來的谷底。換言之，如何完全修補與美國的關係，以及應對中國崛起的效應，成爲安倍主政後在外交與安保方面的首要任務。

8　有關「中國崛起」所引發對周邊乃至世界的影響，參閱林泉忠：〈「中國台頭症候群」：香港‧台湾から見た「チャイニーズ‧システム」の課題〉，《アジア研究》，2017年，第48-67頁。

9　Snyder, G. H., "The Security Dilemma in Alliance Politics", *World Politics*, vol.36, 1984, pp.461-495.

10　Mearsheimer, John J., *The Tragedy of Great Power Politics*, New York: W.W. Norton & Co., 2001.

面對內外交困的嚴峻環境，安倍晉三領導的自民黨於2012年12月16日舉行的第46屆日本眾議院選舉中大獲全勝，[11]在選舉中安倍竭力打出的口號是「再造強大日本」（「日本を取り戻す」）。[12]縱觀「安倍時代」七年零八個月的政策推移，筆者以為安倍是將壯大日本的主軸放在全面調整日本的安保戰略、[13]重新構築新的安保體制，包括強化日本的防衛能力、提升日本在美日安保合作的主體性上，使日本逐漸邁向成為一個「正常」的國家。[14]經濟領域方面卓有成效的「安倍經濟學」，[15]不過是支撐安倍打造新安保體制

---

[11] 此次選舉結果是自民黨獲294席（改選前為119席），單獨獲得絕對安定多數的269席。此外，加上執政聯盟夥伴的公明黨31席，共獲得超過三分之二的325議席，成功奪回政權。

[12] 2006年安倍晉三首次拜相時，更傾向追求一個「美麗日本」的願景。安倍晋三：《美しい国へ》，東京：文藝春秋，2006年。

[13] 日本防衛研究所政策研究部防衛政策研究室主任研究官佐竹知彥認為安保政策是安倍最具特色的政策之一，參閱佐竹知彥：〈安倍政権下の日本の防衛・戦略態勢〉，ジョナサン・アイル、鶴岡路人、エドワード・シュワーク編《グローバル安全保障のためのパートナー——日英防衛・安全保障関係の新たな方向》国際共同研究シリーズ12，東京：防衛省防衛研究所，2015年9月，第15-25頁。

[14] 日本社會有關「正常國家」的議題，因波斯灣戰爭（1990-1991）爆發時日本限於和平憲法的束縛而未能提供援助而引發熱烈的討論。小澤一郎是當時被視為日本政界最積極倡導「正常國家」的政治人物，其論點參閱小沢一郎：《日本改造計画》，東京：講談社，1993年。有關日本相關討論的發展，參閱岡本幸治，〈「普通の国」に向かう日本——その軌跡と動向〉，《問題と研究》第35卷2号（2006年3・4月号），第11-17頁。此外，就日本究竟是否為一個「正常國家」，因涉及日本參與國際事務的問題，也引發國際社會的關注。參閱Fatton, Lionel. "Is Japan Now Finally a Normal Country?", *The Diplomat*, December 2013, pp. 1-2。

[15] 「安倍經濟學」的主軸設定在「三支箭」上，包括擴大財政支出、寬鬆貨幣政策、經濟結構改革。前兩支箭所帶來正面的效果在安倍主政初期三個月已顯露出來，尤其是第一支箭，最明顯表現在日本股票上漲、房地產恢復活躍等。不過，「安倍經濟學」的推進並非一帆風順，尤其是「第三支箭」的經濟結構改革，包括落實財政、貨幣政策的機制，涵蓋農業、勞動法令、財稅制度等方面的改革所涉及的社會阻力不小，導致在政策推進期間尤其是初期出現一般民眾「有感者」不多的現象。參閱Hausman, Joshua. "Abenomics: Preliminary Analysis and Outlook", *Brookings Papers on Economic Activity*,

的基礎；而「價值觀外交」、[16]「俯瞰地球儀外交」也只是作爲外交配套，扮演輔佐配合日本構築新安保體制的國際戰略功能，具體包括「自由開放的印太戰略」（FOIP）、「自由與繁榮之弧」、「四國菱形連線」的倡導等。[17]

　　本章著重透過作爲安倍晉三第二次擔任首相期間新安保政策重點的「集體自衛權」的法制化過程，來窺視「安倍時代」日本安保戰略的重新建構與定位的變遷，並分析作爲其背景的「中國因素」所扮演的角色，包括安倍對中國崛起的思維。

貳、安倍「新安保戰略」與中國因素

一、中國成爲日本安保最大假想敵

　　戰後日本防衛政策變遷的一大分水嶺，乃因1990年代初蘇聯的解體而出現。之前日本防衛的一大主軸，是在和平憲法以及《美日安保條約》的框架下，配合美國的亞太戰略，將蘇聯及其勢力範圍視爲最大的威脅。然而，隨著蘇聯的瓦解，日本防衛政策的假想敵，經過十年的摸索，在進入21世紀後，逐漸將焦點移到北韓與中國。[18]只是，相對於中國，在第一個十年，日本更強調北韓的威脅。

Spring 2014, pp. 2-5。

[16] 所謂「價值觀外交」，其實是在安倍第一任期的2006年底，與時任外務大臣麻生太郎共同提出的新外交理念，並具體化於「自由與繁榮之弧」的政策概念。「價值觀外交」的內涵，包括「自由、民主、基本人權、法治、市場經濟」等五大普世價值。在政策推動上，希望致力於確保「歐亞大陸外緣形成『自由與繁榮之弧』」，包括對波羅的海、東歐、高加索、中東、中亞、南亞及東南亞等區域提供民主化支援項目。

[17] 林泉忠：〈日本解禁集體自衛權與東亞秩序重整〉，收錄於蔡明彥主編《大國政治與強制外交》（國立中興大學全球和平與戰略研究中心叢書），臺北：茂鼎出版，2016年5月，第77-103頁。

[18] 美國比日本更早地意識到中國的威脅。參閱U.S. Department of Defense, "Quadrennial Defense Review 2014", *U.S. Department of Defense*, Aug 2014, pp. 25-30。

　　究其原因，其一是冷戰後北韓的核武問題逐步浮上檯面，美國總統小布希上臺後於2002年初把北韓列爲「邪惡軸心」。到了2005年2月，北韓官方電視新聞節目高調宣稱北韓已成爲擁有核武器的國家，且於翌年7月在無預警的狀況下試射了大浦洞二號、蘆洞及飛毛腿飛彈等七枚飛彈。這些飛彈全部落入日本海，引發日本的高度緊張。其後10月又在咸鏡北道吉州郡舞水端里進行地下核爆。此次核試驗更成爲國際輿論的焦點話題，引發高度關注，聯合國安理會就此一致通過了關於北韓核試驗問題的第一七一八號譴責決議。其二，日本與北韓並無邦交，無論官方觀點還是社會輿論對北韓的威脅，可以直截了當地進行批判論述，即使有誇張的成分，基本上並不存在動搖兩國關係的問題。而日本與中國畢竟有外交關係，且經濟互動日趨頻密，尤其日本官方在「中國威脅論」議題上的表述，相對比較克制。其三，在此階段，中國在軍事安全議題上被日方直接視爲威脅到日本國家利益的事件並不多，而使得日本更傾向把北韓視爲日本安保的最大假想敵，以強化自身維持及推進安保政策、加強防衛能力的正當性。

　　不過，隨著中國國力的增強，中國國防領域的現代化發展，也受到日本愈來愈多的關注。從日本《防衛計畫大綱》的修訂涉及中國的表述，亦可窺視出其中的變化。日本於冷戰時期的1976年10月制定了防衛計畫大綱，其後經歷了五次的修改，包括冷戰結束後1995年11月的第一次、[19]2004年11月的第二次、2010年12月的第三次、2013年12月的第四次，以及2018年12月的第五次。

　　相較於未對中國有任何著墨的1995年的第一次修訂，2004年的第二次修訂開始出現對中國軍事動向的關注。[20]此次大綱「日本周邊安全環境」一章

---

[19] 1995年的日本《防衛計畫大綱》修訂版只將俄羅斯視爲假想敵，反映了儘管冷戰剛結束，日本仍對俄羅斯其後的軍事戰略與部署感到不安。

[20] 有關安倍時代第二次執政之前日本有關「中國威脅論」的論述，參閱邵軒磊：〈中國威脅論之解析——以日本相關研究文獻爲例〉，《中國大陸研究》，第55卷第3期，2012年9月，第86-88頁。

中提到了兩個國家，一個是北韓，另一個是中國。強調「中國的動向值得注意」的該版大綱，還指出「中國不但擁有核武與飛彈戰力，也不斷推動海、空軍的現代化，進一步擴大海洋的活動範圍」。此外，大綱特別指出「日本有必要對侵入領海的外國潛艦施以適切的對策」，這段文字與新大綱公布前中國潛艦進入日本島嶼水域相關聯，有著暗指面對中國軍事發展的因應作為。[21]

　　2010年的第三次修訂則直接將中國列為「地區、國際社會的憂慮事項」，並大幅度增加了對中國的描述。在所列的三大威脅假想敵之中，雖然仍然將北韓列在首位，但是已經將中國列在俄羅斯之上。篇幅則是最大，為俄羅斯的三倍，也比北韓多，彰顯日本實際上已經開始把中國視為最大的威脅。大綱明確指出，「中國以強有力的經濟力量為後盾增加國防費用，致力於人民解放軍的現代化。然而，在不充分保障透明度的情況下，中國軍事力量的擴大，以及人民解放軍活動的擴大和活躍化，都使周邊國家和相關國家感到擔憂」。[22]

　　2010年版日本《防衛計畫大綱》之所以將中國正式視為「威脅」，一個主要依據，係同年9月7日發生了中國漁船在釣魚臺海域與日本海上保安廳船艦相撞，且日方將中國船長詹其雄扣押的事件。該事件引發中國政府的強烈抗議，中國各地爆發反日遊行。[23]其間盛傳中國一度對日本實施了實際上的稀土禁運。[24]簡言之，2010年之前中日之間並未在安全領域發生直接且嚴重

---

[21] 參閱楊永明：〈日本防衛計畫大綱解析〉，《青年日報》，2005年1月。此外，中方輿論則認為日本2004年對《防衛計畫大綱》的修訂是劍指中國，參閱〈日本新防務大綱矛頭指向中國將研發遠端導彈〉，《新華網》，2004年12月5日。

[22] 日本國家安全保障會議、內閣會議：《平成23年度以降に係る防衛計画の大綱》，2010年12月17日。

[23] 2010年10月16日成都的反日遊行隊伍中，出現「收回琉球，解放沖繩」的橫幅（路透社）。

[24] 2010年9月23日《紐約時報》網站報導稱中國因「撞船事件」而對日本禁止出口稀土。不過，隨後中國商務部官員則作出澄清，表示中國未對日方出口稀土採取任何限制措

的衝突，因此該階段日本對中國的警覺，大致停留在對中國軍費的增加以及
對其國防發展迅速卻缺乏透明度的擔憂。直至2010年開始爆發圍繞釣魚臺列
嶼的摩擦乃至激烈的衝突，才使得日本正式將中國設定爲其防衛戰略的最大
假想敵。

　　此一時期，相對於《防衛計畫大綱》的表述，更能突顯日本在安全領域
上視中國爲最大威脅的，還體現在從2011年3月開始，日本防衛省[25]智庫防
衛研究所針對中國的軍事動向，而開始每年發布《中國安全戰略報告》。由
於防衛研究所迄今並未專門針對北韓或俄羅斯而發行一年一度類似的安全戰
略報告，日本對最大假想敵中國的警覺與重視程度，不言而喻。

二、牽制中國的安倍新安保戰略

　　時至2012年中日關係因日本政府於2012年9月11日對釣魚臺列嶼（日稱
「尖閣諸島」）實施「國有化」措施，以20.5億日元從栗原弘行手中收購釣
魚臺列嶼中的釣魚臺（日稱：魚釣島）、南小島、北小島。[26]此事件引發中
日之間空前的外交與民族主義衝突，中日關係跌至冰點。[27]同時，事件引發
日本對西南諸島的防衛產生極大的危機感。同月26日安倍第二度當選自民黨
總裁，並於同年12月16日的眾議院選舉獲勝，再度執政。

　　安倍晉三再度執政後日本在防衛議題上，以中國爲最大威脅的思維更
爲清晰，也反映在《防衛計畫大綱》第四次修正。如前所述，《防衛計畫大
綱》的第一次修正是在1995年，離最初發布的1976年相隔十九年，其後的第
二次修正在2004年，離之前是十八年，第三次則是在2010年，相隔六年。然
而，安倍上臺後隨即部署，並在一年後就發布第四次的修正，離2010年僅三

施。
[25] 日本防衛省原稱「防衛廳」，於2017年1月安倍第一任首相任內正式升格爲「防衛
省」。
[26] 中方學者對釣魚臺列嶼的觀點與論述，參閱劉江永：《釣魚島列島歸屬考：事實與法
理》，北京：人民出版社，2016年等。
[27] 有關2012年中日圍繞釣魚臺列嶼爭議的衝突的來龍去脈，參閱林泉忠：〈國力逆轉下的
中日大衝突：解讀釣魚臺風暴的來龍去脈〉，《明報月刊》，2012年10月號。

年，反映了安倍政府在釣魚臺爭議引發中日衝突之後對調整現有日本安保戰略與相關政策的迫切感。

　　事實上，安倍於2012年12月26日第二度當選首相後，不到一個月，旋即於2013年1月25日上午召開內閣會議，正式決定修改現行的《防衛計畫大綱》和《中期防衛力量整備計畫》。[28]與此同時，安倍參考美國國家安全會議（NSC）的模式，於2月14日啓動國家安全保障會議創設專家會議，並於翌日舉行第一次會議。6月7日，安倍內閣決議提出國家安全保障會議創設相關法案（「安全保障會議設置法等部分修正案」），其後法案經過國會通過後，日本國家安全保障會議於同年12月4日正式成立。[29]隨後，12月17日國家安全保障會議與內閣聯合發表第一份檔《國家安全保障戰略》。由此可見安倍爲了因應來自中國的「威脅」，上臺後隨即馬不停蹄地籌建新的安保機制。

　　《國家安全保障戰略》及同時發表的新《防衛計畫大綱》，[30]以及三個月後發表的《中國安全戰略報告》[31]，合稱「安保三箭」。三箭都分別就中國的威脅作了清晰的陳述，篇幅超過之前防衛計畫大綱的兩倍。內容則直指「中國持續大幅增加國防經費急速強化軍事實力、軍事目的不明與軍事透明度低、於東海及南海急速擴大軍事活動試圖以武力改變現狀、持續入侵日本領海與領空、與擅自劃定『東海防空識別區』[32]妨礙公海上空飛航自由等行

---

[28] 安倍首相要求日本防衛省隨即成立一個專門研究委員會，開展修改《防衛計畫大綱》和《中期防衛力量整備計畫》的工作，計畫於6月分提出中期報告，並爭取在今年制定出新的《防衛計畫大綱》和《中期防衛力量整備計畫》。

[29] 2014年1月7日日本成立國家安全保障局。

[30] 2013年的《防衛計畫大綱》強調以「統合機動防衛力」來取代2004年版《防衛計畫大綱》所揭櫫的「機動防衛力」，並確認「增加」陸上自衛隊的人數，以及增強在南西諸島的防衛能力。

[31] 日本防衛省防衛研究所：《中國安全保障レポート2013》，2013年3月。

[32] 2013年11月23日中國宣布劃定「東海防空識別區」，引發日本、美國、臺灣方面的反彈。

爲,是日本國家安全與世界和平的強烈隱憂」。

2013年的《中期防衛力量整備計畫》,提出從2014年開始的五年裡,將中期防衛經費由原計畫的二十三兆四千九百億日元提升至二十四兆六千七百億日元,爲對抗中國提高防衛力量提供了保障。至於因應中國威脅的具體內容,主要體現在三方面。

一、鑑於中國在釣魚臺周圍的海洋活動的頻繁,強化在島嶼被占領時的奪島能力,將十五個師、旅中的七個改編成「機動師旅」,用得以進行空投的機動戰車代替坦克,以便在包括釣魚臺在內的西南諸島被占領時及時投入機動部隊。

二、廢除原來的指揮系統「中央即應部隊」,建立全國指揮系統一元化的指揮系統「陸上總隊」。加強陸海空一體化作戰的能力,以美國海軍陸戰隊爲原型,在陸上總隊建立約二千人左右的水陸兩棲部隊,並增加垂直離著陸大型MV22型「魚鷹」運輸機十七架、水陸兩用戰車五十二輛,以在離島被占領時及時投入水陸兩棲部隊奪島。

三、明確提出「優先維持海上與航空優勢」的方針,面對中國航母2010年11月下旬首次進入南海,新型驅逐艦進入批量生產態勢、無人偵察機和新型隱形戰鬥機的開發和生產,日本將在今後五年中在航空自衛隊那霸基地新設E2C早期預警機飛行隊,並將購入美國RQ-4 Global Hawk無人偵察機,此偵察機飛行高度可達一萬八千公尺,這種偵察態勢完成後,不僅可以把地上雷達探知不到的中國飛機接近日本離島的情況盡收眼底,還可以捕捉到中國內陸地區的目標。

除此之外,還將在那霸基地增設一個F15戰鬥機飛行隊,以對付中國軍機在新畫設的東海防空識別區內的活動,而海上自衛隊的護衛艦(中國稱驅逐艦)將從四十七艘增加到五十四艘,其中將新造兩艘三千噸級的小型護衛艦,以應對中國公務船在釣魚臺周邊活動的升級,爲釣魚臺爭端由海上員警性質(日本海上保安廳船艦與中國海警船各自負責在相關海域巡邏)的對立

演化成中日軍隊的戰鬥做好準備。[33]

　　如上所述，「中期防衛力量整備計畫」，明確以中國為最大假想敵，其特徵是巧妙地將美國與日本綁在一起，以「日美共同應對」的形式，強化對「南西諸島」的防衛。這些購置計畫落實後，使日本航空自衛隊具備過去從未有過的強大滯空能力，對中國執行「東海防空識別區」所帶來的影響不言而喻。此外，計畫還包括日本將新建兩艘神盾級飛彈驅逐艦，使海上自衛隊所配備的神盾艦的數量增至八艘，此舉也將對中國海警船在釣魚臺海域進行「常態化巡弋」帶來壓力。

　　由於日本此項大規模擴軍計畫中的軍機與軍艦購置部分大多是向美國購買，使該擴軍計畫非常巧妙地將美國綁在一起。而在「東海防空識別區」爭議的驅使下，基於軍需利益上的考量，美國於2015年4月27日欣然與日本簽署了「新防衛大綱」，此舉也促成駐日美軍尤其是駐沖繩美軍基地與日本自衛隊的進一步合作，使中國進一步在釣魚臺施展「維權」行動增添新的變數。

　　儘管中日兩國於2014年11月7日達成四項改善雙方關係的共識，然而影響中日關係的幾大障礙，包括釣魚臺列嶼主權爭議以及日方不滿中國海警船經常進入釣魚臺十二海里、進行「常態化」巡弋，甚至中方不滿日方不願意承諾首相不再參拜靖國神社等「歷史問題」都沒有得到根本的解決。故此，安倍政府亦並未因此而停止構築以牽制中國為目的的新安保體制及相關防衛政策，包括「安倍時代」一系列重建日本安保戰略中最具歷史性意義的──解禁「集體自衛權」的法制化工程。

---

[33] 楚良一：〈十年來中國在日本《防衛計畫大綱》中的角色變換〉，刊於法國國際廣播電臺網頁，2013年12月22日。

參、解禁「集體自衛權」的法制化工程

作爲鬆綁過去自縛的日本安保體制的重要一環，[34]賦予日本自衛隊[35]行使「集體自衛權」是安倍晉三2012年12月再度擔任首相後，所制定的一系列新安保政策中影響最大，同時也是在日本社會引發最大爭議的政策重點。由於當時自民黨與公明黨的執政聯盟在參議院並未獲三分之二議席的修憲門檻，[36]安倍首相遂使出前所未有的「新招」——透過內閣決議的形式，顛覆過往歷屆政府的見解，對現有憲法作出重新解釋，在第一階段成功繞過修憲程式而實現了解禁「集體自衛權」。

2014年7月1日安倍晉三內閣在主流民意不背書的情勢下，透過內閣決議，正式宣布對日本自衛隊解禁「集體自衛權」的決定。此舉在日本輿論與社會的引發極大爭議，反對的論點批此舉爲「解釋改憲」，即避開修憲、只透過內閣對憲法的重新解釋，實質上是一種「變相式的修憲行爲」。[37]然而鬆綁「集體自衛權」所引發的爭議並不止於日本國內，還波及鄰國，觸動了戰後東亞區域秩序重整的敏感議題。

本節著重論述戰後日本政府對「集體自衛權」見解之變遷、「集體自衛權」出爐之背景、過程、特徵，對日本未來的安保議題、同盟國美國及日本

---

[34] 佐竹知彥：前揭論文，第16頁。

[35] 二戰結束前日本原有的國家軍隊爲明治維新後組建的日本軍（大日本帝國陸軍和大日本帝國海軍），然而隨著日本在二戰的戰敗而解散。1950年韓戰爆發後，在駐日盟軍總司令部（GHQ）的指示下，日本於同年8月10日組建直屬於總理府（後來的內閣府）的「警察預備隊」，此爲戰後日本發展自衛隊之始。有關日本自衛隊的發展與變遷，參閱佐道明広：《自衛隊史——防衛政策の七〇年》，東京：筑摩書房，2015年，18-52頁。

[36] 2016年7月參議院改選前，在共二百四十二席中，自民黨及公民黨的執政聯盟僅占一百十三席次，不足三分之二。

[37] 日本新銳的憲法學者、首都大學東京教授木村草太是反對安倍鬆綁「集體自衛權」最力的學者之一，其論點參閱木村草太：《集団的自衛権はなぜ違憲なのか》，東京：晶文社，2015年。

周邊國家之關係、以及對戰後東亞區域秩序帶來之影響。

一、戰後日本社會對「集體自衛權」的認知

　　首先，何謂「集體自衛權」？有關「集體自衛權」的定義，一般是指在國際法上，[38]「當其它國家受到武力攻擊時，與之關係密切的國家對受攻擊國進行援助，進行共同防衛之權利」。[39]國際法上的「集體自衛權」在1945年生效的《聯合國憲章》第五十一條中，首次言及「個別抑或集體自衛之固有權力」。[40]不過，自衛權（尤其是個別自衛權）則在《聯合國憲章》生效之前，早就在一般認知的國際法上得到承認。[41]而《聯合國憲章》第五十一條所載之「個別自衛權」與「集體自衛權」，其實是伴隨著聯合國安理會所賦予的強制措施，作爲一般禁止行使武力之例外而規定的。此外，《美日安保條約》與《北大西洋條約》等許多集體防衛條約都言及《聯合國憲章》第五十一條所載「個別自衛權」與「集體自衛權」之行使權利。然而，這些集體防衛條約均在事前締結，並不將發動「集體自衛權」視爲不可或缺之前提。[42]

　　值得留意的，是戰後日本憲法學者在1990年代以前幾乎一面倒地認爲日本的和平憲法並不賦予日本得以行使「集體自衛權」。最具代表性的學者爲蘆部信喜，他在其最受普遍閱讀的著作《憲法》就開門見山地指明「集體自衛權」與戰後日本憲法之間的關係，認爲「集體自衛權」是「針對他國受到武力攻擊時，即便本國實體之權利沒有受到侵害，而採取基於和平與安全之

---

[38] 從國際法的視角梳理「集體自衛權」之相關討論，參閱松葉眞美：〈集団的自衛権の法的性質とその発達：国際法上の議論〉，《レファレンス》，2009年1月號，第79-98頁。

[39] 參見筒井若水等編：《國際法辭典》，東京：有斐閣，1998年，第176頁。

[40] 国連広報センター：「国連憲章テキスト」，《国連憲章》第51条。http://www.unic.or.jp/info/un/charter/text_japanese/（2016年3月1日確認）。

[41] 參閱淺田正彥編著：《國際法》（第2版），東京：東信堂，2013年，第414-419頁。

[42] 參閱中谷和弘：〈集団的自衛権と国際法〉，收入村瀨信也編，《自衛権の現代的展開》，東京：東信堂，2007年，第41-42頁。

相關利益而進行援助的防衛行動之權利，在日本國憲法下不被容許」。[43]其他眾多日本憲法學者，包括佐藤功、戶波江二、木村草太等教授也都持相近的見解。[44]

　　追溯日本社會對「日本和平憲法不容許行使集體自衛權」之定見開始出現鬆動的契機，是1990年海灣戰爭的爆發。由於日本政府首次派出自衛隊參與聯合國維持和平部隊（PKO），日本國會與社會就該行為是否違憲及在戰場上遇到各種攻擊時如何應對展開激烈的討論，雖然這波議論的焦點是日本憲法是否允許派出自衛隊到國外去，然而議論中也開始出現認同日本自衛隊也應有權行使「集體自衛權」的聲音。不過，針對行使「集體自衛權」是否違憲此一議題真正引發日本社會的廣泛討論，則是在2006年安倍晉三首次擔任首相，日本政府開始有所動靜之後（後述）。其中，西修教授主張日本應效仿北大西洋公約組織的見解：「對締約國之攻擊，等同於對本國之攻擊」，而不應採「只限於對我國攻擊的專守防衛論」之主張[45]。西教授還認為日本憲法並未明確否定「集體自衛權」，因此可作同時擁有「個別自衛權」及「集體自衛權」之解釋，可理解為得以行使。[46]此外，長尾一紘教授則認為日本政府否認行使「集體自衛權」之解釋，是弱化美日同盟的主要原

---

[43] 參閱蘆部信喜（高橋和之補訂）：《憲法》（第5版），東京：岩波書店，2011年，第60頁。

[44] 參閱佐藤功：《日本国憲法概說》（全訂第5版），東京：學陽書房，1996年，第121頁；戶波江二：《憲法》（新版，地方公務員の法律全集1），東京：ぎょうせい，1998年，第101頁；木村草太：〈憲法9条の機能と意義：国家の実力行使の諸類型と憲法〉，《論究ジュリスト》，第9號，2014年，第59-60頁。

[45] 有關認同日本自衛隊也應有行使「集體自衛權」權利的學者觀點，參閱西修・池田実：〈憲法9条の政府解釈は見直すべきだ：集団的自衛権の行使は当然認められる〉，《改革者》，第579號，2008年10月，第11頁；西修：〈いわゆる4類型に関する若干の憲法的考察：政府解釈の再検証を中心として〉，《防衛法研究》第32號，2008年，第16頁。

[46] 西修：〈「自衛権行使」否定していない〉，《毎日新聞》，2013年10月4日。

因，[47]此一認知就國際社會來看，是「缺乏常識」，[48]應對憲法之解釋進行修正。

二、戰後日本政府對「集體自衛權」之見解

　　縱觀戰後日本政府在和平憲法是否容許自衛隊行使「集體自衛權」議題上的態度，可知過去向來持否定立場。此一見解，經過1960年日美簽署新安保條約時期的議論，於1981年正式成形。以下羅列戰後日本政府根據對和平憲法的理解，就日本是否擁有「集體自衛權」的答辯，從中亦可清晰地窺視出1990年代之前日本政府之定見。

　　　　「在別國的領土上，為了援助該國而行使武力，就這點而言，集體自衛權在憲法上是否被允許一事，我認為應該說並不在當今日本憲法所允許的自衛權範圍內。」——林修三內閣法制局長官，參議院預算委員會，1959年3月16日。

　　　　「所謂集體自衛權，即同盟國或關係密切的國家倘若遭受他國攻擊，而遠赴該國以協助保衛該國之行為。如此定義之集體自衛權，我想在日本的憲法上，日本並不擁有。」——岸信介內閣總理大臣，參議院預算委員會，1960年3月31日。

　　　　「……我國憲法上容許使用武力之狀況，只限於應對針對我國之急迫、惡意侵害。因此，行使集體自衛權作為阻止針對他國的武力攻擊，不得不說在憲法上並不被允許。」——「有關集體自衛權與憲法關係之政府資料」，提交參議院決算委員會，1972年10月14日。

　　　　「在國際法上，我國擁有集體自衛權。作為一個主權國家，這是理所當然的。關於憲法第九條所容許的自衛權行使部分，我

---

[47] 長尾一紘：《日本國憲法》（全訂第4版），東京：世界思想社，2011年，第313頁。

[48] 長尾一紘：〈中高生のための国民の憲法講座第46講「積極的平和主義」を考える〉，《產經新聞》，2014年5月17日。

的理解是只限於國防上最小限度的必要範圍，然而集體自衛權已
超越了該範圍，因此憲法上並不容許」——日本政府「回覆稻葉
誠一眾議院議員質詢書之答辯書」，1981年5月29日。

其中1981年5月日本政府針對稻葉誠一眾議院議員所提出質詢書的答
覆，被視為日本政府否定憲法賦予自衛隊行使「集體自衛權」之正式定見，
該答辯時還明確指出：「雖然憲法上不允許行使集體自衛權，但是（我國）
並不因此遭受利益上之損害」。換言之，日本政府的此一定見，承襲過往政
府見解之精髓，並且一直沿用數十年，直至2006年安倍晉三首次入主首相官
邸後才正式出現鬆動。[49]

三、「安保法制懇報告書」之特徵分析

前述安倍晉三於2012年12月再次執政後，開始迅速重整日本的安保戰略
與防衛政策，其中就包括對解禁「集體自衛權」的討論。安倍政府於2014年
7月1日正式通過解禁「集體自衛權」的內閣決議，其政策依據是基於安倍首
相的私設諮詢機構「關於重新建立安保法律基礎懇談會」（簡稱「安保法
制懇」）[50]於2014年5月15日發表的報告書內容。[51]該報告書呼籲日本政府改
變過去所堅持的對日本憲法第九條的解釋，建議賦予自衛隊行使「集體自衛
權」。

安倍政府賦予日本自衛隊「集體自衛權」的舉措，可追溯至2007年安倍
晉三首次擔任首相期間。當時，安倍設立的「安保法制懇」於安倍下臺後的

---

[49] 山本健太郎・山岡規雄：〈集団的自衛権をめぐる動向：政府の憲法解釈とその見直し
に向けた課題を中心に〉，《調查と情報》，827，國立國會圖書館，2014年6月10日，
第5頁。

[50] 亦稱「安全保障有識者懇談會」。

[51] 該報告書由代理召集人北岡伸一負責，懇談會成員除了召集人柳井俊二外，還包括：岩
間陽子、岡崎久彥、葛西敬之、阪元一哉、佐瀬昌盛、佐藤謙、田中明彦、中西寬、西
修、西元徹也、村瀬信也等。

2008年向福田康夫首相提交了首份報告書，不過卻被束之高閣。[52]該報告書列舉四大必要行使「集體自衛權」的假設案例，包括一、在公海上出現對美國船艦進行攻擊時之應戰；二、迎擊對美國發射的彈道飛彈；三、參與國際和平活動中所使用的武器應依照國際準則來實施；四、擴大在後方支援國際和平活動與周邊事態。

　　時至2014年2月，沉寂多年的「安保法制懇」再度整裝出發，並從原來四項案例往外擴大。經過三個月的討論，同年5月15日發表的第二份也是最終報告書洋洋灑灑超過兩萬字，其特徵可歸納為以下五個重點：1.「日本集體自衛權報告書」之焦點，在於推翻日本戰後數十年以來堅持的禁止行使「集體自衛權」的政府解釋，從而在規避修憲的狀況下，解禁自衛隊行使「集體自衛權」，突破憲法對日本對外行使武力之束縛。2.解禁「集體自衛權」的法理基礎。報告書搬出作為憲法根本原則的「國民主權」概念，主張「行使國家權力的政府對憲法的解釋不得導致國民與國家安全陷於危機」，強調變更對憲法的解釋，是(1)為了使國民與國家不致陷入危機；(2)有助於對憲法理念的維護，儘管兩者尤其是後者引發日本社會的激烈爭議。3.解禁「集體自衛權」的迫切性「理由」。報告書強調過去四年半以來日本安保環境發生變化，特別指出中國的擴軍與北韓核武器與飛彈的開發等，繼而強調「為了維持我國的和平與安全，實現區域與國際社會的和平與安定，過去對憲法的解釋無法全面應對」。

　　值得強調的是，該報告書在說明行使「集體自衛權」的必要性時，除了談及北韓的因素外，最著重論述的是來自「中國」的威脅。[53]報告書列舉的第二項理由是「國家間實力均衡的變化」，其中就用了大半的篇幅點名中國

---

[52] 2008年6月的報告書是以召集人柳井俊二名義整理提交。

[53] 「中國威脅論」並非自民黨政府向來的觀點，在小泉純一郎時代（2001-2006），小泉本人還曾表示「中國崛起是機會」，在民主黨時代（2008-2012）則有前原誠司提出，全面以日本政府的立場對「中國威脅」進行論述的是在2012年12月安倍晉三再度入主永田町之後。

的國防預算十年間增長了四倍，二十六年間增長了四十倍。報告書還指出之所以中國軍費暴增是因爲「大量引進包括現代化戰鬥機及新型彈導飛彈等最新武器」。報告書緊接著批評中國「軍費缺乏透明，2014年正式發表的軍事預算就達十二兆日幣，是我國的三倍」。2008年第一次報告書並沒有直接言及中國的軍事動向，然而這次卻指名道姓將矛頭直指中國，此爲第二次報告書的主要特徵之一。報告書還嚴厲批評中國在領土問題上，根據單方面的主張，企圖透過實力改變現狀，聲稱日本不能坐視不理。「爲了確保區域的安全與穩定，我國有必要扮演更大的角色」。報告書還列舉近年出現過中國的潛水艇潛入日本領海且不願離去的例子，呼籲檢討應對措施。

綜而言之，全面強調中國的威脅尤其是「不斷入侵日本領海」（海警船頻繁地進出釣魚臺十二海里[54]）成爲安倍政府說服日本國民支持解禁「集體自衛權」乃至整體安保政策的最主要理據。

四、行使「集體自衛權」的六大條件與六大新假設案例

安倍政府在推動解禁自衛隊行使「集體自衛權」時，提出了六大條件：1.與日本「關係密切國家」遭遇攻擊；2.如放任將對日本安全造成重大影響；3.遭遇攻擊方主動請求日本支援；4.事先取得日本國會同意或事後追認；5.由首相主導內閣作出行使「集體自衛權」之決定；6.如需過境第三國需獲對方許可。由此可見，儘管安倍政府強力主導對自衛隊行使「集體自衛權」的解禁，然而在強大民意的反對下，也不得不作出一定程度的妥協，對自衛隊的行使加以限制。Michael Green與Jeffrey Hornung也認爲美日同盟中日本自衛隊主要的功能，基本上僅限於後方支援、飛彈防衛以及針對潛艦的作戰等防衛任務。[55]

此外，還列舉了六大新假設案例，包括：1.當日本周邊地區出現衝突時，日本自衛隊對外國船舶實施檢查，反擊針對在公海的美國軍艦的攻擊；

---

[54] 海警船由中國海洋局之船艦，由原來漁政船及海監船所整合而成。

[55] Green, Michael and Hornung, Jeffrey W., "Ten Myths About Japan's Collective Self-Defense Change," *The Diplomat*, July 10, 2014.

2.當美國遭遇飛彈等武力攻擊時，日本提供反擊飛彈等支援；3.對日本船舶航行有重要影響的航道進行掃雷；4.在如伊拉克入侵科威特案例中，根據聯合國決議參與軍事行動；5.當外國潛水艇在日本領海潛行，並不聽從日方退出命令時之應對；6.當外國武裝人士登島並占領離島，而海上保安廳在迅速處理過程中遭遇困難時之應對。報告書著重提及介乎於武力衝突與和平狀態之間的「灰色地帶」，六大新假設案例中的第五與第六即為此地帶。報告還建議修改《自衛隊法》[56]等相關法律以應對「灰色地帶」。

安保法制懇於2014年5月15日發表報告書後，自民黨擬定了內閣決議之初稿，並呈上「完善安保法制執政黨協議會」。隨後，自民黨與執政聯盟夥伴公明黨的磋商於5月20日正式啟動。

肆、日本與國際社會對解禁「集體自衛權」之反應

一、日本國內的反應

（一）執政聯盟內部的分歧

公明黨是安倍自民黨主導的聯合政府的執政夥伴，然而公明黨原初對解禁「集體自衛權」的態度卻與自民黨截然不同。安倍內閣原定於該國會會期結束的2014年6月22日前通過內閣決議，然公明黨並不為所動，結果拖至會期結束之後。不過，在自民黨的強大壓力下，兩黨加快協議，自民黨於6月24日接受公明黨的部分意見，並提出發動「集體自衛權」的「新三要件」，即「第一，日本遭受急迫且不公平的侵害；第二，沒有其他更好的辦法；第三，有必要行使最小限度的實力。」的修正案。公明黨於26日表明將接受修正案，兩黨遂於6月27日正式達成共識，並於7月1日以內閣決議形式通過對憲法的重新解釋，正是賦予自衛隊行使「集體自衛權」。[57]

---

[56] 《自衛隊法》成立於1954年，與「防衛省設置法」合稱「防衛二法」。

[57] Adam Liff也指出日本過去也不乏有領導人主張修改國內政策便於配合美日同盟與自衛隊執行區域和平的任務，不過執政黨是否能掌握權力的平衡，相當程度取決於其他政黨的支持。參閱Liff, Adam, "Japan's Defense Policy: Abe the Evolutionary", *the Washington*

　　簡言之，安倍自民黨方面在強力推動解禁「集體自衛權」的內閣決議過程中，最終之所以能如願以償，究其背景，關鍵在於公明黨態度的轉變。公明黨雖然並非左派政黨，然向來高舉和平主義之大纛，亦以「和平政黨」自居，因此一貫不支持修憲，尤其是修改憲法第九條。在鬆綁「集體自衛權」問題上，自從2012年底隨自民黨選舉大勝而得以再次恢復聯合政府執政黨地位後亦秉持否定的態度。即使在安保法制懇的報告書於5月15日發表後，仍不改審慎的態度。公明黨堅持質疑的是解禁「集體自衛權」的必要性，認為「個別自衛權」已足以應對報告書所列舉的幾種狀況。進入6月後，安倍加大力度向公明黨施壓，並威脅倘若公明黨不同意則必須脫離執政聯盟。至此，公明黨立場開始動搖，不過筆者以為關鍵的臨門一腳則是內閣官房參事飯島勳於6月10日的演講。被視為安倍親信的飯島勳在演講中表明今後政府可能一改對公明黨與創價學會的關係並不違反憲法第二十條有關「政教分離原則」的立場。

　　至此，公明黨才開始出現動搖的神態。作為公明黨最大支持勢力的創價學會在日本社會一般被視為最具規模的新興宗教之一，因其社會影響力及與公明黨的密切關係，直至1990年代仍爭議不斷，被質疑最多的正是兩者的關係是否違反憲法「政教分離原則」，此為公明黨之最大弱點。為了保護創價學會，[58]1999年公明黨不惜與向來政策方向南轅北轍的自民黨結盟。此次公明黨在解禁「集體自衛權」議題上「變節」，不僅僅是為了保留自身的執政黨地位，亦可理解為是為了繼續得到自民黨這把有效的保護傘的長期庇護。

（二）日本社會主流民意的否定態度

　　安倍內閣於7月1日作出解禁「集體自衛權」的決定後，在野四黨包括民主黨、共產黨、社民黨、生活黨等齊聲表態反對。日本共同社於翌日舉辦

Quarterly, Summer 2015, pp. 83。

58 「創價學會」為以佛教（日蓮大聖人佛法與生命哲學）為基礎之宗教。前身為1930年創立的「創價教育學會」，二戰結束後該稱現名至今。創價學會為公明黨之母體及最重要之支持勢力。

緊急民調，結果顯示54.4%的日本受訪者反對安倍內閣的決定，贊成的只有34.6%；對安倍內閣繞過修憲而以內閣決定重新釋憲的做法，60%認爲「不妥」，認爲「妥當」的僅占31.7%。此外，認爲政府在此議題上討論「不充分」的更高居82.1%，安倍內閣的滿意度也因此跌至47.8%，不滿意度則升高至40.6%。簡言之，日本主流民意並不支持安倍內閣解禁「集體自衛權」，也普遍質疑政府透過對憲法重新解釋做法的正當性。觀察日本社會對解禁「集體自衛權」的憂慮，可歸納爲兩大原因。

其一，開內閣擅自變更憲法解釋之先例。最受日本國民非議的是安倍繞過修憲的程式，只透過九人內閣的決議，就輕易地推翻了過去歷屆政府認爲和平憲法下日本自衛隊不能行使「集體自衛權」的見解。日本民眾憂心的是未來的內閣也可能依葫蘆畫瓢，無視歷屆政府所承襲的憲法解釋，不僅破壞立憲主義的精神，更動搖憲政體制。其二，此次解禁「集體自衛權」對日本戰後安保政策方向的最大意義，在於放棄了過去堅持的「專守防衛」原則。[59] 換言之，今後即使日本並無受到攻擊，亦可對外行使武力。上述的日本共同社民調也顯示73.9%的日本民眾擔憂自衛隊行使武力的範圍將進一步擴大。事實上，內閣決議通過後日本媒體已在討論日本的下一代是否又將奔赴戰場的議題。

二、國際社會的反應

在國際社會方面，聯合國發言人只在日本內閣通過解禁「集體自衛權」決議之翌日的例行記者會上表示「正在密切關注此事之進展」，迴避直接表態。而對安倍政府決定態度明確的主要國家則包括美國、中國及韓國。

（一）美國持正面態度

美國是日本的軍事同盟國，冷戰結束後愈來愈傾向日本在美國主導的亞太戰略中扮演更積極的角色。果不其然，美國國防部長海格（Charles

---

[59] 「專守防衛」爲戰後日本自衛隊之基本軍事戰略，由自衛隊之基本戰略與戰術思想所構成。其意爲即使在防衛上有其必要，但是不進行先發制攻擊，只限在當敵人入侵本國國土時，才動用軍事力量進行反擊。

Timothy "Chuck" Hagel）率先對日本解禁「集體自衛權」明確表示「熱烈贊同」，而在此之前歐巴馬於是2014年4月訪日時也早已表明支持的態度。美國之所以對安倍政府的決定敞開胸懷以擁抱之，主要基於兩大因素。

其一，美國研判日本自衛隊即使行使「集體自衛權」，亦仍在美國有效管控之下。眾所周知，戰後日本的新體制由美國一手制定。一部「和平憲法」決定了戰後日本發展的和平取向；而「美日安保條約」則將日本納入美國主導的亞太戰略秩序。戰後近七十年，對美國而言，日本並未越雷池半步，此為華府對日本解禁「集體自衛權」以及安倍一系列「擴軍」計畫加以容忍乃至歡迎的主要原因。其二，美國需要日本進一步協助減輕美國在安保領域的龐大負擔。近年來美國在全球的獨霸地位備受挑戰，既要強化全球反恐網路，又要援助中東戰事、阻嚇北韓動武，並且急需應對「中國崛起」對美國安保體制的衝擊；在國內，經濟起色有限，國防預算受到刪減。故此需要其盟國尤其是經濟力量仍算雄厚的日本協助填補其在亞太軍力之不足。

（二）中國與韓國持負面態度

另一方面，日本鄰國的中國與韓國則持截然不同的態度，並不約而同地齊聲表示「憂慮」。[60]

中國國家主席習近平在日本鬆綁「集體自衛權」後的第三天首次造訪首爾，在訪問期間，雖然未能達到鬆動韓美同盟的目的，卻在反日議題上有所斬獲。無論是與朴槿惠總統的會談，還是在國立首爾大學的演講，習近平在韓國大談日本在二戰期間所犯下的滔天罪行，獲得韓方的積極回應。換言之，儘管中韓雙方之間政治體制南轅北轍、彼此之間也存在剪不斷理還亂的「歷史問題」，然在二戰期間的「共同遭遇」與對二戰後日本歷史認識的質疑，使兩國選擇性地在「適當的時間」演出了一場專門演給安倍晉三看的

---

[60] 中國學者對「集體自衛權」以及對《安保關聯法》的批判，大多從日本國內的「右傾化」趨勢以及從中國與周邊區域安全戰略的觀點來討論。譬如楊伯江：〈戰後70年日本國家戰略的發展演變〉，《日本學刊》，2015年第5期，2015年9月，第12-27頁；吳懷中：〈日本「集體自衛權」問題的演變和影響〉，《日本學刊》第5期，2007年。

「反日大合唱」。[61]

　　弔詭的是，美國與中韓雖然在安倍鬆綁「集體自衛權」態度上大相徑庭，卻均基於二戰的結果及對戰後體制的認知。美國傾向認為日本因二戰後的新體制而脫胎換骨，並在其監督下有效地走向和平發展道路；然而中韓卻對此存疑，強調日本日益明顯的右傾化與二戰期間日本的軍國主義存在藕斷絲連的關係。

伍、「安保關聯法」之通過

一、「安保關聯法」之特徵

　　經過一年多的準備與討論，日本國會於2015年9月在執政聯盟及其他支持政黨的背書下，正式通過《安保關聯法》，[62]該法案乃因應2014年7月1日安倍內閣通過「集體自衛權」決議而制訂的。此《安保關聯法》的出爐，使日本的安保體制正式告別戰後行之多年的「專守防衛」性質，進入配合美國「重返亞洲」與「再平衡」戰略的新時代。[63]

　　日本《安保關聯法案》通過後與通過前之間的相異之處可歸納為四大範疇。其一，過去日本歷代政府視為「違憲」的「集體自衛權」在內閣決議的基礎上，獲得了解禁的法理依據。行使條件設定在當發生涉及「國家存亡的事態」。此舉標誌著戰後日本安保政策的重大改變。其二，修改《周邊事態

---

[61] 筆者以為中韓雖然在針對日本的「歷史問題」上有一定程度上的默契，然基本停留在「選擇性合作」，因兩國之國家戰略與政治體制南轅北轍，且雙方也存在「高句麗」等暫時被擱置的「歷史問題」。

[62] 「安保關聯法」之正式名稱為「日本和平安全法制」，又簡稱「安保法案」，是2015年5月間經由第3次安倍內閣會議決定後，向日本國會所提出的《和平安全法制完善法案》以及《國際和平支援法案》的總稱，亦稱為「和平安全法制相關二法案」。

[63] 不過，Pyle等則認為日本解禁「集體自衛權」雖然重要，不過是後冷戰時代重新調整安保政策中的新變化。參閱Pyle, Kenneth B., "The Sea Change in Japanese Foreign Policy," *NBR Analysis Brief*, June 17, 2014, <http://nbr.org/publications/element.aspx?id=747>, accessed Dec 1, 2015。

法》，引進新概念「重要影響事態」。此項變更不僅廢除對自衛隊活動的地理限制，且對他國的支援不再限於同盟國的美國。其三，新成立的《國際和平支援法》，賦予日本自衛隊隨時可以啟動對他國的後方支援機制。其四，解除對日本參與聯合國維和活動時，不得持武器救助他國維和夥伴的禁令；也使日本自衛隊即使在平時也可展開對美國船艦的護衛行動。[64]

二、SEALDS與「反安保法運動」

《安保關聯法》的制定，將使日本自衛隊今後相對容易捲入各地的戰事。加上安倍在不修憲的狀況下，只憑本屆內閣的新解釋就對過去歷屆政府視為「違憲」的「集體自衛權」進行解禁，因而引發日本社會和平勢力的激烈反彈。

除了前述的社會各界及憲法學者的反對之外，這波「反安保法運動」的一個重要特徵是大學生挺身而出。五十多年前的60、70年代是世界學運的黃金年代，也是日本轟轟烈烈反安保學運的年代。當年中國的「文化大革命」也對日本學運產生影響。[65]然而，隨著毛澤東的去世及後來冷戰的結束，雖然許多大學的學生會仍由左派學生把持，但是日本學運也無可避免地逐漸走向式微。其後，日本社會因經濟走向長期低迷，年輕世代出現消極的精神面貌。[66]

沉寂多年的日本學生運動因安倍政府不顧民意、[67]一意孤行地推動「安

---

64 筆者此一論述，初見於林泉忠：〈日本「新安保法」面面觀〉，《明報月刊》，2015年10月號。

65 1960年代東京大學的學生運動也受到中國文化大革命的影響，東大正門曾出現「造反有理」四個大字的文革標語。

66 「宅男」現象也是在此時空下應運而生的。

67 根據《朝日新聞》於2015年6月進行的調查顯示，認為新安保法違憲的占50%，回答不違憲的則為17%；同時期由《日本經濟新聞》的調查，則是56%的受訪者認為違憲，22%回答不違憲。參閱《朝日新聞》2015年6月23日、《日本經濟新聞》2015年6月29日。不過，隨著時間的推移，日本國內的民意也以既成事實的現實主義態度來面對該法的落實。時隔半年，《日本經濟新聞》於2016年3月29日發表的調查，發現43%的受訪

保關聯法案」而死灰復燃。其中較爲人所知的，是新學生運動組織SEALDS
（「爲了自由民主的學生緊急行動」）的出現。2015年5月成立的SEALDS
標榜「跨黨派」、「和平」的形象，與傳統學運的左派色彩、暴力抗爭模式
作一區隔。[68]該團體因受到安倍政府於2013年12月強行通過《特定祕密保護
法》的刺激而誕生，並在這波「反安保法運動」中成爲主導力量，所動員
的人數最高峰時達到十萬人，刷新了1970年最後一波「安保鬥爭」以來的紀
錄。除了SEALDS之外，還值得一提的是中學生也動員起來，新團體「T-ns
SOWL」在8月初利用社交網路，號召中學生到東京鬧區澀谷上街反對安保
法案，獲得多達五千人的響應。

　　無獨有偶，近年來東亞區域包括香港和臺灣也出現以大學生爲號召主體
的公民抗爭運動，並且呈現許多相似的特徵，包括非左派、年輕化、善用網
路動員等，並彼此互相影響，日本這波反安保法案的運動形式等也受到香港
「雨傘運動」與臺灣「太陽花學運」的啓發。只是，SEALDS與「反安保法
運動」的力量終究雷聲大雨點小，由於社會的保守化、「安倍經濟學」的成
效而受到部分年輕世代的支持，以及中國「威脅」的存在而無以爲繼，實際
上只活躍於2015年5月至2016年8月之間。

三、安倍政府逆民意操作的成效

　　毋庸置疑，安倍首相最遠大的政治願景是——「修憲」。[69]通過解禁
「集體自衛權」與制定「安保關聯法」，有助於爲邁向修憲之路奠定基礎。
而經濟因素則是安倍敢逆民意而強行通過「安保關聯法案」的護身符。[70]

　　誠然，無論是修憲，還是安保議題，向來並非日本國民熱衷的話題，日

者並不認爲應該廢除新安保法，比回答應該廢除的35%還多。

[68] 此外，SEALDS也透過二十六人設計小組，製作符合新世代年輕人口味的標語、傳單及
短片，吸引眾多學生入會。

[69] 參閱林泉忠：〈2020安倍修憲路線圖分析〉，《明報月刊》，2017年12月號，第33-37
頁。

[70] 林泉忠：〈爲甚麼安倍敢下逆民意的「安保」險棋？〉，《明報》，2015年7月23日。

本人民最在意的是如何能「恢復景氣」。經歷了「失落的二十年」，日本社會迎來在經濟上帶給日本一絲希望的「安倍時代」，因此也較樂意賦予安倍政府一個機會。經過多年的實踐，「安倍經濟學」確實已有一定成效，日本經濟市場日漸活躍，許多經濟與民生數據也一一顯示出來。

首先股市持續上揚。安倍上臺時（2012年12月26日）的日經指數為10230點，到了他率內閣總辭而離開首相官邸的那天（2020年9月16日）則為23475，足足翻了一倍有餘。股票的上漲也帶動地產交易量的大幅度增加，2015年初日本的商業用地價更是七年來首度回升。而與一般國民更直接的民生部分，通縮終於停止；其次是高就業率。根據日本總務省於安倍下臺前2020年8月31日發表的資料，儘管受新冠病毒肆虐的影響，同年7月的完全失業率，仍維持在2.9%的低位，是七大工業國中最低的。此外，安倍任內大學生就業率年年上升，根據文部科學省發表的2020年春季畢業的大學生的就業率高達98.0%。筆者以為這是安倍任內六次選舉中，自民黨率領的執政聯盟屢戰屢勝的主要原因，也是年輕選民後來偏向支持自民黨的原因之一。

總而言之，在此經濟數據大致唱好的情勢下，儘管社會仍存在對安倍政府安保政策上的疑慮，隨著時間的推移，反對聲浪也逐漸趨弱。

陸、解禁「集體自衛權」對東亞秩序之影響[71]

一、對美日安保合作之影響

值得進一步強調的是，安倍政府推動解禁「集體自衛權」並非單一的防衛政策的調整，而是作為「安倍時代」構築新安保體制的重要一環，且與強化美日同盟直接相連。事實上，解禁「集體自衛權」的內閣決定所依循的報告書，在論及解除「集體自衛權」禁令時所列舉的六大理由中，第三項就明確論述解禁「集體自衛權」有助於「日美關係的深化與擴大」。該論述將美

---

[71] 筆者對「集體自衛權」解禁後影響之分析，初見於林泉忠：〈日本解禁集體自衛權之後〉，《明報月刊》，2014年8月號。

日在安保與防衛合作關係的大幅度擴大追溯至1990年代以後在應對彈導飛彈與國際恐怖活動等議題上兩國在運作上日顯重要的合作。報告書還強調日美雙方於2013年10月舉行的日美安保協議委員會（「2＋2」）上，就修改「美日防衛大綱」達成的共識，並且同意繼續就具體防衛合作的角色分擔等進行磋商。[72]

就解禁「集體自衛權」內閣決定，一方面強調美國在日本的國土防衛議題上的角色不可或缺，另一方面又強調日後已不可能單方面依靠美國，而是必須與美國分擔責任。隨著國際情勢的複雜化與美國國力的衰退，美國也樂見日本在美日安保乃至國際事務上扮演更重要的角色。

再者，值得留意的是，在新舊合共十個假設案例中，有四個直接涉及與美國的合作，包括在公海上出現對美國船艦進行攻擊時之應戰；迎擊對美國發射的彈道飛彈；反擊針對在公海的美國軍艦的攻擊；當美國遭遇飛彈等武力攻擊時，日本提供反擊飛導等支援等。由此亦可得知，未來日本對自衛隊放行「集體自衛權」後，在具體實施時，主要涉及的對像是對同盟國美國的支援。

此外，日本於戰後的防衛機制都是配合美日同盟而設計。對美國而言，日本對「集體自衛權」鬆綁後的執行，基本上都離不開美國的掌控之下，這也是為何與中國、韓國等鄰國不同，美國不僅不反對日本「集體自衛權」，甚至還樂意主動表示贊同、甚至大力鼓勵的緣故。

二、對日本進一步軍事化之影響

從解禁後得以行使「集體自衛權」所附帶的六大條件觀之，即使未來的局勢出現日本有可能思考是否行使該權利的時候，由於比其他國家行使集體自衛權的條件都來得嚴謹，也有較高的門檻，因此表面上並不構成日本自衛隊得以輕易出兵他國或參與戰事。然而，正如報告書不斷強調安保環境的惡

---

[72] 此舉被視為「中國崛起」下，美日新同盟關係的確立，參見林泉忠：〈透視中國崛起下的美日新同盟關係〉，《明報》，2015年5月4日。

化，並疑似偷換概念地將「集體自衛權」的議題等同安保議題，因此不排除「集體自衛權」一旦解禁後，那時的日本政府乘勢進一步強化防衛能力包括自衛隊的戰鬥力的可能性。

其實，「集體自衛權」解禁後，安倍政府即已著手修改《自衛隊法》，以配合「集體自衛權」的解禁。此外，在報告書發表前一個月日本就已宣布落實在沖繩與那國島駐軍與設置雷達系統後，報告書發表後的第四天，日本又宣布將在奄美大島、宮古島、石垣島各配置自衛隊各三百五十名。[73]除此之外，日本此時也已開始醞釀籌建六百人規模的「尖閣諸島專屬警備隊」，並配備十數艘大型巡邏船艦。[74]

除此之外，解除「集體自衛權」禁令而鋪設的六大條件中有許多概念存在較大的解釋空間，可能導致日本在行使集體自衛權時捲入戰爭。譬如條件一的「關係密切國」除了美國，還指哪些國家？條件二的「對日本安全造成重大影響」，究竟何謂「重大影響」？條件三的「主動」也有操作的空間；條件四有「事後追認」，可能造成領導者的獨斷等。換言之，倘若為了避免日本輕易捲入戰事，則有必要對「集體自衛權」涉及的相關概念進行更為嚴密的定義。

三、加劇中日區域戰略競爭

如前所述，安倍政府在討論「集體自衛權」問題期間，不厭其煩地強調

---

73 奄美大島原為琉球國（1429-1879）之領土，於1069年薩摩入侵琉球時割讓給薩摩（今鹿兒島）。1945年日本戰敗後，奄美大島脫離日本被編入美國所占領的琉球範圍之內，直至1953年歸還日本；宮古島附近有宮古海峽，是穿梭第一島鏈的要衝；石垣島則在日本的行政劃分上，管轄釣魚臺列嶼。

74 日本組建「尖閣諸島專屬警備隊」，目的在於應對兩年來中國海警船頻頻「入侵日本領海」之舉措。日本對「尖閣諸島」的巡視任務由海上保安廳長十一管區擔任，其中以離釣魚島最近的石垣保安本部為主力，此外還有那霸保安本部提供協助。海保廳將在2015年內陸續配備十艘新造的一千五百噸級大型巡邏船，配合已有的二艘巡邏船艦，一旦十二艘配備完畢，再加上六百人專業隊伍成軍後，其應對能力將是目前的五倍以上。參見，林泉忠：〈中國如何應對日本組建釣島警備隊？〉，《明報》，2014年9月15日。

「中國威脅論」，將中國定位為日本安保如假包換的最大假想敵，以尋求社會的認同。對「集體自衛權」鬆綁後，涉及對中日關係的影響主要包括兩方面。

其一，安倍政府在2012年底再次主政後，立即在國安議題上明確推出的重要目標是──「強軍」。此一新安保政策方向，除了傳統的國安議題「來自北韓的威脅」外，最重要的假想敵是「崛起」的中國，尤其是中國在釣魚臺列嶼的強勢作為，成為安倍說服國民「強軍」的最重要理據。安倍再度上臺後，除了著手強化日美同盟外，基於釣魚臺問題無解、「歷史問題」又此起彼伏，安倍「圍堵中國」戰略逐漸成形。除了安倍在上任後一年內親自走訪東協十國，在東北亞區域，則採取拉攏臺灣、俄羅斯、南韓的策略。其後，中國在南海雷厲風行地進行造島工程，並加速軍事化，此舉引發東南亞各國對中國的不滿。安倍政府也藉此而頻頻向在南海爭議上與中國發生較激烈衝突的菲律賓及越南伸出橄欖枝，並提供與海上保安廳所使用的同類船艦予以支持。

其二，由於中日交惡，使日本企業的資金大量從中國轉移到越南、印尼、馬來西亞、緬甸等東南亞國家，此一變化也預示日本對東協的重視將會進一步提升。另一方面，東南亞對中國而言則是重要的後方大花園，同時雙方之間又存在南海問題，中國強化對南海的控制及大力發展作為其後盾的軍事力量已成為習近平時代的國家大計。隨著2015年美國正式以實力介入南海紛爭後，中日在東南亞的角力更趨白熱化。不過，東協各國除了菲越外，基本上都不願意選邊站，而是選擇在中日之間遊走，以尋求最大的國家利益。

四、「集體自衛權」解禁後中日衝突的可能性

至於日本解禁「集體自衛權」後，是否會增加中日軍事衝突的機率，以下就兩種狀況，進行扼要分析。

基於地理特徵與現實中的地緣政治因素，中日軍事衝突的可能性基本上只限於東海及南海範圍之內。首先是東海部分，中國在2012年日本實施釣

魚臺「國有化」之後已派遣海警船在釣魚臺海域作「常態化巡邏」。[75]在日本宣稱的領海範圍之內，「集體自衛權」並無用武之地，個別自衛權已可應對。儘管中日雙方迄今仍未就釣魚臺海域的航海與空中飛行準則達成共識，不過雙方在海域部分卻已形成默契，也因此釣魚臺海域仍未出現雙方官船衝撞的事件。就「集體自衛權」與東海的關係而言，重點是釣魚臺以外的海域。譬如萬一中國與美國的船隻發生擦槍走火，在過去，即使日本海上自衛隊的船隻在附近亦愛莫能助，然今後卻可堂堂正正地提供軍事上的支援。然而，一來過去中國與駐守沖繩的美軍軍艦過去數十年來也未曾出現彼此對峙的事態，二來日本在沖繩附近西南群島的防衛仍然主要依靠海上保安廳而非海上自衛隊的船艦，因此在東海雙方發生軍事衝突的可能性並不因日本解禁「集體自衛權」而驟增。

然而，相較於東海，日本捲入南海的可能性則較大。譬如，美國或美國介入菲律賓或越南與中國的船艦之間所發生軍事衝突，恰巧日本海上自衛隊船艦在附近出現，日本參與支援美國軍艦的可能性並非不存在。如此一來，實際上就造成日本捲入與中國的戰事。然而，自衛隊行使「集體自衛權」仍需要國會的通過，而菲律賓與越南是否為《安保關聯法》中涉及日本自衛隊得以行使「集體自衛權」範圍中的「密切關係的友邦」，而事態是否能定義為首要條件中的「日本國家生存受到威脅」，相信日本國會與輿論都會有一番爭論。

簡言之，儘管日本對「集體自衛權」的鬆綁，不排除對中日之間軍備競賽與戰略性區域競爭產生影響，然而因此突然驟增中日同時直接捲入軍事衝突的可能性並不高。

至於日本解禁「集體自衛權」後對離釣魚臺最近的臺灣所造成安全上的影響，則可從兩方面來觀察。

首先，臺灣與日本並無邦交，即使兩岸發生衝突，日本自衛隊自無可能以行使「集體自衛權」的方式來協助臺灣。然而，倘若美國介入兩岸軍事

---

[75] 中國公務船首度駛進釣魚臺十二海里，一說是2008年12月8日「漁政船310」。

衝突，日本以協助美國的方式，造成間接支援臺灣的可能性並非不存在。
此外，在南海部分，臺灣迄今有效控制著南沙最大自然島嶼太平島與東沙
群島。[76]2020年9月中國解放軍在臺灣西南海空域包括東沙群島以北海域進
行罕見的軍事演習，造成臺灣一度緊張，臺灣國防部還因此特別派駐陸戰
隊九十九旅進駐東沙島進行監控，[77]這是臺方二十年來首度在東沙群島駐
軍。[78]從美國、臺灣乃至日本的安全戰略思維來看，此一事件增加了日後東
沙群島乃至太平島安全的不確定性。一旦解放軍出現「奪島行動」抑或臺灣
允許美軍登陸太平島而引發中美臺三方的軍事衝突，倘日本海上自衛隊船艦
途經此地，而介入戰事，儘管可能性極低，仍無法完全排除。畢竟日本有約
四成的商船通過馬六甲海峽，因此在日本政界與輿論一直存在視此一海域發
生的衝突爲涉及「國家存亡的事態」的思維。也因此，日本政府積極支持美
國強調的「自由航行」的重要性。

　　再者，如前所述，日本在積極推動鬆綁「集體自衛權」期間，一方面落
實在離臺灣最近的與那國島駐軍並設置雷達系統，[79]同時還進一步宣布未來
在離釣魚臺最近的沖繩石垣島與宮古島駐軍的計畫。這些與臺灣毗鄰的島嶼

---

76 就臺灣在南海競逐關係中的位置與戰略，筆者提出「關鍵弱勢」的新概念，參閱林泉
　　忠：〈臺灣……南海的「關鍵弱勢」〉，《聯合報》，2015年6月1日。
77 根據臺灣國防部的掌握，解放軍自福建晉江、漳州，以及廣東澄海等地出發，前往臺灣
　　西南方外圍海空域進行演習，艦艇活動範圍在東沙島以北海域。其間9月9日有三十架次
　　解放軍戰機及七艘次船艦在臺灣西南方演習，其中約二十一架次進入西南防空識別區。
　　有關臺灣對東沙群島安全戰略的思考，參閱〈共軍西南海域演習：東沙群島失守，會
　　有什麼衝擊？〉，《全球防衛雜》，2020年9月24日。https://opinion.udn.com/opinion/
　　story/120902/4884323
78 東沙群島和太平島一樣，自1999年以來就不再由中華民國國軍駐守，而改爲海巡署派員
　　常駐。目前東沙有二百二十五位海巡署東南沙分署所屬海巡部隊官兵駐守，不過軍方亦
　　有派遣多名海軍及空軍官兵派駐機場和留守。
79 儘管日本強化自衛隊在沖繩的整體部署缺乏沖繩主流社會的明顯支持，但是在落實那國
　　島、宮古島及石垣島駐軍方面，並未遭遇該島民眾壓倒性的反抗。相反，由於自衛隊提
　　供醫院軍民共用等惠及當地島民之利益，反而獲得相當程度的支持。

過去幾十年未有軍隊駐紮，如今安倍在此敏感區域強化軍事力量，使時任總統的馬英九也「表示關切」。[80]

從日本移到華府的視角觀之，日本解禁「集體自衛權」不過是「中國崛起」效應下亞太秩序重整的一步棋。而對北京而言，日本鬆綁「集體自衛權」固然是增添了中國崛起時代在部署「三海」包括東海、臺海、南海安全戰略上的新變數。[81]

總而言之，日本對「集體自衛權」之解禁與國會通過「安保關聯法」均具歷史性意義，無論對國內還是國外所帶來的影響既深且遠。對國內而言，「集體自衛權」與「安保關聯法」衝擊戰後日本社會根深蒂固的「非戰」敏感神經，引發四十多年來罕見的社會運動，也提供年輕世代對社會責任重新認識的契機。對國際關係而言，日本「集體自衛權」的解禁與「安保關聯法」的通過，一方面迎合了後冷戰及中國崛起時代美國對日本的期許；然而對中國的安全戰略環境而言，卻帶來不能掉以輕心的挑戰。[82]而隨著日本「新安保法」的生效以及安倍所構築的新安保體制的成形，[83]中美日三國在「三海」全新的競逐關係也揭開了序幕。

柒、結語

本文透過對安倍任期內一系列新安保政策中最重要以及無論在日本國內還是國際社會都備受關注的「集體自衛權」的法制化過程的梳理，來窺視安倍時代在「積極和平主義」包裝下日本安保戰略的重新建構與定位的變

---

80 參見林泉忠：〈「新平衡戰略」與臺日關係升級〉，《自由時報》，2015年10月13日。

81 有關臺灣面對美中日在東海與南海新競逐事態下處境之分析，參見林泉忠：〈臺灣與「三海」新競逐關係〉，《自由時報》，2015年9月21日。

82 參見林泉忠：〈日本新安保體制對中國的挑戰〉，《明報》，2015年9月21日。

83 郭育仁認為日本解禁「集體自衛權」以及通過《安保關聯法》之後，美日同盟迎來新的合作階段，並形成「美日雙聯霸權」（Bi-gemony）。參閱郭育仁：〈美日防衛合作指針之可能走向〉，臺北論壇，2014年11月5日。

遷，[84]並分析作爲其背景與動機的「中國崛起」下「中國威脅」因素在安倍在構築新安保體制中所扮演的角色。

　　回溯安倍時代日本構築新安保體制的過程，該工程從安倍晉三於2012年12月再次執政後隨即啓動，並於2015年9月順利通過爲解禁「集體自衛權」等而制定的《安保關聯法》。至此，安倍時代構築新安保體制的工程得以告一段落。其間的主要內容還包括2013年12月設置負責審議國家安全重要事項及處理重大緊急情況的國家安全保障會議（NSC）、同月發表制定外交與防衛政策基本方針的《國家安全保障戰略》、對國防建設基本方針與自衛隊體制改革進行戰略性規劃的新版《防衛計畫大綱》、通過爲保全安保情報的《特定祕密保護法》、2014年4月公布對未來5年自衛隊力量建設進行具體規劃的《中期防衛力量整備計畫》，以及於2015年4月與美國簽訂時隔18年、基於《美日安保條約》而劃定日本自衛隊與美軍職責分工的新版《日美防衛合作指針》。

　　換言之，安倍政府僅花了不到三年的時間，即大致完成了重塑日本安保體制的目標，顯示了安倍政府一開始就對構築日本新安保體制具有明確的目標、思路與堅定的意志。而其中扮演強化其動機與動力角色的，則是「中國威脅論」，充斥於《國家安全保障戰略》、《防衛計畫大綱》、《中國安全戰略報告》、《防衛白皮書》之中。

　　其後五年安倍政府著力於執行這些新安保體制下所規劃的一系列政策，尤其是落實《中期防衛力量整備計畫》以及《日美防衛合作指針》所揭櫫的具體規劃，包括在鄰近釣魚臺列嶼及臺灣島的與那國島、石垣島、宮古島等「南西諸島」的駐軍計畫。此外，安倍政府還繼續制定新防衛政策、充實和鞏固在他任內一手構築的新安保體制，包括於2017年5月通過修改《自衛隊法》，容許轉賣防衛設備予他國，還於2018年12月18日發表第四次修訂的《防衛計畫大綱》公布新修訂的「防衛計畫大綱」以及2019年至2023

84　有關安倍政府如何運用「積極和平主義」之分析，參閱胡令遠、高蘭：〈積極和平主義：日美同盟的福音〉，《國際問題研究》第3期，2015年，第7-9頁。

年、即橫跨至菅義偉時代的「中期防衛力整備計畫」。其中新版的《防衛計畫大綱》揭櫫以「多次元統合防衛力」來替代「統合機動防衛力」。[85]不止於此，安倍晉三在下臺前三天的2020年9月11日在召開國家安全保障會議（NSC）後發表關於安全保障政策的談話，對擁有對敵基地攻擊能力表現出積極姿態，[86]並敦促即將上任的菅義偉政府在年底前彙總對策。日本自衛隊一旦擁有對敵基地攻擊能力，意味著繼允許行使集體自衛權之後再次改變安保政策，彰顯了安倍構築的新安保體制的進一步發展。[87]

值得強調的是，在推動這些鞏固新安保體制、繼續發展新防衛戰略以及相關具體部署的過程中，日本政府繼續鼓吹乃至強化「中國威脅論」。2018年版的《防衛計畫大綱》首次把中國置於北韓之前，並指出：「由於中國勢力的擴大，勢力平衡的變化加速並複雜化，不確定性增加。引起包含我國和國際社會在安全保障上的強烈關切」。而安倍內閣會議於2020年7月14日通過的《防衛白書》則用長達三十四頁的篇幅來描述中國的軍事活動與國防建設。除了直接將中國視爲最大隱患之外，還比以往更加強了語氣，批評中國

---

[85] 2018年版《防衛計畫大綱》揭示了今後日本將優先強化太空、網路與電磁波等領域防衛能力；以及重新整編可以橫跨陸海空作戰的「聯合部隊」，建構跨領域、整合、有機動性、有實效性等概念的防衛力量。日本還將採購更多數量的先進戰機，一架F-35A戰機約一百億日圓，一架F-35B戰機約一百五十億日圓，總共一百零五架戰機的採購經費將超過一兆二千六百億日圓以上。這項採購案有助於化解美國川普總統期待日本增加國防經費的部分壓力。參閱楊鈞池：〈日本新防衛計畫大綱的修正與「專守防衛」的蛻變？〉，《Yahoo論壇》，2018年12月17日。

[86] 安倍提出擁有對敵基地攻擊能力的建議，是基於《安保關聯法》已成立了五年，在此期間，北韓和中國的飛彈技術已有了急速的發展。事實上，北韓已實施了被認爲可低空變軌飛行飛彈的發射試驗，中國則在推進開發難以攔截的高超音速武器。

[87] 林賢參也指出「隨著日本政府進行相關防衛法體制之整備，日本自衛隊之「外向型」特徵將會逐漸浮現。」，參閱林賢參：〈試論日本摸索防衛戰略轉換之軌跡與方向〉，收錄於金榮勇主編，《東亞區域意識下的亞太戰略發展》，國立政治大學國際關係研究中心，2017年10月，第137-170頁。

海警船不斷駛入釣魚臺周邊領海，[88]「執拗地繼續試圖改變現狀」，這是白皮書在提及釣魚臺問題時，首次以「執拗」措辭稱中國試圖改變現狀。白皮書也提出新的「憂慮」，在論述新冠肺炎疫情引發的安全問題時，提及「中國善用社會不安與混亂為契機，散布假消息與進行各式各樣的宣傳戰」，還不指名地暗批中國，稱「在疫情擴大之際，有些國家企圖營造利己的國際秩序或地區秩序，擴大影響力，導致國家間的戰略競爭趨於明顯」。白皮書還提及臺灣海峽的安全問題，指出兩岸軍事平衡結構已然改變，漸朝向中國有利的方向傾斜，且差距年年擴大。

2017年美國川普入主白宮之後，中美對立逐步升級，分別在貿易、科技、外交、人權等領域展開激烈的攻防。2020年5月下旬中國推動《香港國安法》之後，雙方的激烈交鋒更是愈遠愈烈。香港局勢的發展也引發華府對南海與臺海安全的危機感，美國國務卿蓬佩奧（Mike Pompeo）於7月13日發表「南海聲明」，宣稱中國在南海的領土聲索「完全不合法」，繼而於7月23日發表被視為「新冷戰檄文」的歷史性演說「共產中國與自由世界未來」（Communist China and the Free World's Future），全方位批判中國對自由世界的威脅。[89]其後，美國還加速了與臺灣關係的「官方化」進程，包括派遣美國衛生及公共服務部長阿薩爾（Alex Azar）訪問臺灣（8月9日至12日）、美國駐聯合國大使克拉夫特（Kelly Craft）與駐紐約臺北經濟文化辦事處處長李光章見面（9月16日）、美國國務院負責經濟增長、能源和環境事務的次卿克拉奇（Keith Krach）訪臺（9月17日至19日）等。

隨著「中美新冷戰」長期化的趨勢日益顯著，不難預測日本菅義偉及其後的日本政府在相當長的一段時期裡，仍將延續、鞏固、發展安倍時代構築

---

[88] 2020版《防衛白皮書》披露2019年的統計，稱中國海警船進入釣魚臺附近海域多達二百八十二日，此外，根據日本海上保安廳的統計，2020年中國海警船進入相關海域更高達三百三十三天。

[89] 林泉忠：〈蓬佩奧「新冷戰演說」的弦外之音〉（上、下），《明報》，2020年7月27日、8月3日。

起來的新安保體制，以應對東亞區域安全環境的變遷，包括來自中國的「威脅」。

參考書目

一、中文

郭育仁，〈美日防衛合作指針之可能走向〉，臺北論壇，2014年11月5日。

胡令遠、高蘭，〈積極和平主義：日美同盟的福音〉，《國際問題研究》第3期，2015年，第7-9頁。

林泉忠：〈日本解禁集體自衛權與東亞秩序重整〉，收錄於蔡明彥主編《大國政治與強制外交》（國立中興大學全球和平與戰略研究中心叢書），臺北：茂鼎出版，2016年5月，第77-103頁。

林泉忠，〈防空識別區攻防與中美博弈〉，《明報月刊》，2014年1月號。

林泉忠：〈日本解禁集體自衛權之後〉，《明報月刊》，2014年8月號。

林泉忠：〈日本「新安保法」面面觀〉，《明報月刊》，2015年10月號。

林泉忠：〈2020安倍修憲路線圖分析〉，《明報月刊》，2017年12月號。

林泉忠：〈何謂「安倍時代」？——跨越平成與令和的光與暗〉，《明報月刊》，2020年10月號，第89-91頁。

林賢參：〈試論日本摸索防衛戰略轉換之軌跡與方向〉，收錄於金榮勇主編，《東亞區域意識下的亞太戰略發展》，國立政治大學國際關係研究中心，2017年10月，第137-170頁。

劉江永：《釣魚島列島歸屬考：事實與法理》，北京：人民出版社，2016年。

邵軒磊：〈中國威脅論之解析—以日本相關研究文獻為例〉，《中國大陸研究》，第55卷第3期，2012年9月，第86-88頁。

吳懷中：〈日本「集體自衛權」問題的演變和影響〉，《日本學刊》第5期，2007年。

楊鈞池：〈日本新防衛計畫大綱的修正與「專守防衛」的蛻變？〉，《Yahoo論壇》，2018年12月17日。

楊伯江：〈戰後70年日本國家戰略的發展演變〉，《日本學刊》，2015年第5期，2015年9月，第12-27頁。

楊永明：〈日本防衛計畫大綱解析〉，《青年日報》，2005年1月。

二、日文

（官方文件）

国防会議・閣議：《昭和52年度以降に係る防衛計画の大綱について》（51大綱），1976年。

安全保障会議・閣議：《平成8年度以降に係る防衛計画の大綱について》（07大綱），1995年。

安全保障会議・閣議：《平成17年度以降に係る防衛計画の大綱について》（16大綱），2004年。

安全保障会議・閣議：《平成23年度以降に係る防衛計画の大綱について》（22大綱），2010年。

国家安全保障会議・閣議：《平成26年度以降に係る防衛計画の大綱について》（25大綱），2013年。

国家安全保障会議・閣議：《平成31年度以降に係る防衛計画の大綱について》（30大綱），2018年。

国家安全保障会議・閣議：《中期防衛力整備計画》1986年（通称：61中期防）、1991年（通称：03中期防）、1996年（通称：08中期防）、2001年（通称：13中期防）、2005年（通称：17中期防）、2011年（通称：23中期防）、2014年（通称：26中期防）、2019年（通称：31中期防）。

国家安全保障会議・閣議：《国家安全保障戦略》，2013年12月17日。

防衛省（原防衛庁）：《防衛白書》，2004年-2020年。

防衛省防衛研究所：《中国安全保障レポート》2011年-2020年。

（論文、專著）

淺田正彦編著：《國際法》（第2版），東京：東信堂，2013年，第414-419頁。

蘆部信喜（高橋和之補訂）：《憲法》（第5版），東京：岩波書店，2011年，第60頁。

安倍晋三：《美しい国へ》，東京：文藝春秋，2006年。

小沢一郎：《日本改造計画》，東京：講談社，1993年。

岡本幸治，〈「普通の国」に向かう日本——その軌跡と動向〉，《問題と研究》第35巻2号（2006年3・4月号），第11-17頁。

木村草太：《集団的自衛権はなぜ違憲なのか》，東京：晶文社，2015年。

中谷和弘：〈集団的自衛権と国際法〉，収入村瀬信也編，《自衛権の現代的展開》，東京：東信堂，2007年，第41-42頁。

佐竹知彦：〈安倍政権下の日本の防衛・戦略態勢〉，ジョナサン・アイル、鶴岡路人、エ

ドワード・シュワーク編《グローバル安全保障のためのパートナー──日英防衛・安全保障関係の新たな方向》国際共同研究シリーズ12，東京：防衛省防衛研究所，2015年9月，第15-25頁。

佐藤功：《日本國憲法概說》（全訂第5版），東京：學陽書房，1996年。

佐道明広：《自衛隊史─防衛政策の七〇年》，東京：筑摩書房，2015年，18-52頁。

戸波江二：《憲法》（新版，地方公務員の法律全集1），東京：ぎょうせい，1998年，第101頁。

筒井若水等編：《國際法辭典》，東京：有斐閣，1998年，第176頁。

長尾一紘：《日本國憲法》（全訂第4版），東京：世界思想社，2011年，第313頁。

西修：〈いわゆる4類型に関する若干の憲法的考察：政府解釈の再検証を中心として〉，《防衛法研究》第32號，2008年。

西修・池田実：〈憲法9条の政府解釈は見直すべきだ：集団的自衛権の行使は当然認められる〉，《改革者》，第579號，2008年10月。

深尾京司：《「失われた20年」と日本経済》，東京：日本経済新聞社，2012年3月。

松葉真美：〈集団的自衛権の法的性質とその発達：国際法上の議論〉，《レファレンス》，2009年1月號，第79-98頁。

森本敏，浜谷英博『有事法制─私たちの安全はだれが守るのか』（東京：PHP研究所，2003年），14-16頁。

林泉忠：〈「中国台頭症候群」：香港・台湾から見た「チャイニーズ・システム」の課題〉，《アジア研究》，2017年，第48-67頁。

山本健太郎・山岡規雄：〈集団的自衛権をめぐる動向：政府の憲法解釈とその見直しに向けた課題を中心に〉，《調査と情報》，827，國立國會圖書館，2014年6月10日。

三、英文

Fatton, Lionel. "Is Japan Now Finally a Normal Country?", *The Diplomat*, December 2013, pp. 1-2.

Green, Michael and Hornung, Jeffrey W., "Ten Myths About Japan's Collective Self-Defense Change," *The Diplomat*, July 10, 2014.

Liff, Adam, "Japan's Defense Policy: Abe the Evolutionary", *the Washington Quarterly*, Summer 2015, pp. 83.

Hausman, Joshua. "Abenomics: Preliminary Analysis and Outlook", *Brookings Papers on Economic Activity*, Spring 2014, pp. 2-5.

Mearsheimer, John J., *The Tragedy of Great Power Politics*, New York: W.W. Norton & Co., 2001.

Pyle, Kenneth B., "The Sea Change in Japanese Foreign Policy," *NBR Analysis Brief*, June 17, 2014, <http://nbr.org/publications/element.aspx?id=747>, accessed Dec 1, 2015.

Snyder, G. H., "The Security Dilemma in Alliance Politics", *World Politics*, vol.36, 1984, pp. 461-495.

U.S. Department of Defense, "Quadrennial Defense Review 2014", *U.S. Department of Defense*, Aug 2014, pp. 25-30.

第十五章　中國崛起下的歷史問題與中日關係

劉傑*

　　關於中國的崛起給中日關係帶來的變化，早已經不是什麼新鮮的話題。始於1998年的長達二十年之久的中日非友好的關係，既是中日歷史問題的延續，也是一個長期君臨亞洲的經濟大國如何應對鄰國崛起的問題。顯然，直至今日中日兩國仍然尚未找到應對這個問題的答案。然而，令人意外的是，近年越演越烈的中美貿易戰給長期陷入僵局的中日關係提供了一個喘息的機會，讓我們可以有時間思考一下走到拐角的中日關係。本文對邦交正常化以來的中日關係進行一些梳理，就構建穩定的中日關係提出一些小小的建議。

壹、日本希望看到一個現代化的中國

　　太平洋戰爭結束之後，日本在美國的影響下制定了新的憲法，接受了遠東國際法庭的審判結果和舊金山講和條約，走上了以經濟復興為主軸的民主國家的道路。日本人的勤勞和智慧是日本在一片廢墟上迅速崛起，到80年代初期，日本在世界上的經濟地位發生了天翻地覆的改變，一舉變成了世界最大的債權國和第二位的經濟大國。讓日本人感到驕傲的是，日本自從1945年以後，再也沒有發生過戰爭，更沒有進行侵略和掠奪，它完全依靠和平的手段，透過與世界各國建立良好的相互關係實現了經濟的復興。1980年，日本的國民生產總值在世界上所占的比例，由1950年的1%上升到10%，在這個時期裡日本的經濟規模擴大了四倍，平均年增長率達到8.4%。1985年的

---

* 早稻田大學社會科學總合學術院教授兼院長。

廣場協議（Plaza Agreement）之後，日元匯率提高，為日本人走向世界提供了條件，日本人開始走向世界，他們到世界各國旅遊，日本人的「爆買力」讓很多歐美人感到驚訝。日本的成功吸引了世界各國的人們來到這個國度觀察、學習。大批的留學生到日本留學也是從80年代開始的。

就在同一個時期，剛剛從文化大革命的陰影中走出的中國，開始了改革開放的新的歷史時期，作為一項重要的人才政策，具有派遣留學生歷史的中國，再一次把年輕學子大批送到日本學習。而在中國國內，日本熱悄然興起。日本的電影、電視劇受到中國觀眾的歡迎，一個「兇狠殘暴的侵略國家」的形象在一般中國人的心目中逐漸淡漠了，在中日邦交正常化之後不到十年的時間裡，中日兩國的國民感情達到了空前友好的程度。

日本的輿論調查結果顯示，80年代對中國持有良好印象的日本人的比例高達70%以上。日本人對中國的友好感情之所以達到這樣的程度，有著很多種原因。

第一個原因是很多日本人對中國抱有強烈的負罪感。從上個世紀30年代起，中國和日本之間經歷了九一八事變，抗日戰爭等慘烈的戰爭，戰後倖存下來的日本人對戰爭進行了反省，他們當中的很多人投身到日中友好活動中。一般的日本人由於受到過關於中國文化的良好教育，本來就對中國抱有某種特殊的感情，這些人遍布在政界、財界。他們帶動民間的日中友好力量，促成了日中邦交正常化，奠定了日中關係進一步發展的基礎。不可以忘記的是，在日中邦交正常化交涉過程中，毛澤東和周恩來決定放棄對日本政府的戰爭賠償要求，這個判斷，使得本來就對中國抱有負罪感的日本人深受感動。政治制度和意識形態的不同，已經不足以阻止日中邦交正常化的進程，在日本出現了前所未有的中國熱。

第二個原因是擁有悠久歷史的中國文化給日本帶來的影響。很多日本人對中國的歷史、文化有著與中國人相近，或者超越中國人的深刻理解。中國的傳統文化對於日本人來說，是一種天然的「軟實力」。在江戶幕府時期，日本雖然實施了長達兩百多年的鎖國政策，中斷了和世界各國的文化貿易往來，但是中國的學術著作一直影響著日本。近代以後這種影響並沒有消失，

即使是在第二次世界大戰以後,日本人也沒有停止吸收中國文化的養分,日本高中教育中的漢文(古代漢語)教育,使日本人從小就對中國歷史和文化產生濃厚的興趣,儒家、道家等傳統思想融匯到日本人的日常生活當中,《史記》、《三國演義》、《西遊記》等歷史、文學作品被很多日本的文學家繼承和傳播。中國的大陸型傳統文化和歷史,對島國日本的吸引力可以說是跨越時空的。這種文化上的吸引力是日本人對中國產生親近感的第二個主要原因。

然而,70年代後期,就在中日關係出現重大轉機的時候,日本開始調整對外政策。1978年12月成立的大平正芳內閣,把和美國的關係由從前的「依賴」修改為「合作」。並且定位日本在世界上的位置是「美國的同盟國」和「西方的一國」,同時提出了「綜合安全保障」、「環太平洋構想」等一系列新的戰略構想。依據這個構想,日本外交的主軸是日美合作,為了實現這個合作,日本有必要承擔國際責任,不惜為國際社會的安定做出犧牲。接下來的鈴木善幸內閣把「環太平洋構想」更一步具體化,鈴木首相提出了推進太平洋團結的五項原則,即太平洋應該成為和平的海洋、自由的海洋、多樣的海洋、互惠的海洋和開放的海洋。主張日本有能力在太平洋的新時代發揮重要的政治作用。

在這裡需要特別指出的是,這個時代的日本,把擴大和加強對中國的經濟援助放在了一個十分特殊的地位,日本透過對中國的經濟援助,謀求對國際社會做出貢獻。日本決定向中國提供政府開發援助是在1979年。當時大平正芳首相訪問中國時,和中國領導人進行了一系列會談,在會談中他感受到,「中國已經做好思想準備,準備為促進國際社會的和平與穩定發揮更加積極的作用」,他大膽的斷言,「一個更加富強的中國的出現,必將會帶來一個美好的世界」。[1]大平首相的對華戰略是,透過幫助中國發展經濟,使中國成為促進國際協調與合作的重要力量,這實際上也是作為鄰國的日本的利益所在。對華ODA正是基於這樣一種高度的政治判斷才開始實施的。

---

[1] 霞山會:《日中關係基本資料集》,第539頁。

　　自1980年以後，日本向中國提供了累計3兆4782億日元的援助。其中無償資金援助1416億日元，技術援助1446億日元。其餘的大部分是日元貸款。這些援助主要用於鐵路、道路、航空、港口、電力、通信等基礎設施建設。中國電氣化鐵路的26%，北京國際機場、上海浦東機場以及北京等地的地下鐵、下水道設施等，都不同程度的利用了日元貸款。日本的對華援助對於中國的現代化建設發揮了重要的作用。直到2006年安倍內閣修改對華ODA政策為止，歷屆日本內閣都沒有放棄這項對中國的基本外交政策。在眾多的發達國家中，日本始終歡迎中國的發展，希望看到一個與國際社會接軌的鄰國在中國大陸誕生。

貳、中日「歷史認識問題」的僵局

　　1982年11月27日中曾根繼任日本首相之後，除了確認繼續發展同中國的友好關係之外，又提出了「戰後政治的總決算」，明確表示要從被美國占領下形成的日本走出來，再塑日本的形象。日本一躍成為經濟大國以後，不少政治家認為，一個具有超級經濟實力的大國，應該在國際事務中發揮更大的作用，這個作用不應該侷限在經濟領域，更應該擴展到政治外交領域。而為了在政治外交方面也有所作為，日本必須掙脫被占領時期被美國套在頭上的枷鎖，獨立地選擇自己國家的道路。當然，這種獨立的選擇並不是要放棄日美同盟，相反，中曾根首相主張在加強日美同盟的前提下奉行獨立自主的外交路線。

　　1983年，以京都大學教授高坂正堯為中心的和平問題研究會成立。這個組織是中曾根首相的私人咨詢機構。該會84年的報告指出，「美國在世界經濟中發揮強有力的領導力量，並在歐洲以外的地區保持軍事優勢的時代已經結束」，「日本在世界上的分量增大了，因此應該更多地參與決定世界的政策」，「日本不應把積極行動限制在狹義的經濟作用上，而必須適應形勢，

增大政治作用,對於經濟上的行動也有必要從政治角度進行分析」[2]。

然而,樹立獨立自主的外交路線,需要對日本的近代史進行一次新的評價。當時,一部分人認為,日本戰後的歷史研究和歷史教育深受馬克思主義歷史觀和「東京裁判史觀」的影響,沒有對日本的近代歷史做出公正的評價,而是過分強調了侵略的一面。如何看待戰前日本的歷史,成了80年代前期的一個重要問題,1982年夏天,發生了第一次「歷史教科書問題」,1985年中曾根首次以總理大臣的身分,「公式參拜」了靖國神社。兩個問題十分必然地被聯繫在一起,構成了影響中日關係的新的因素。中國提高了對日本的警惕,媒體開始反省中日邦交正常化以來對日本的政策是否正確,有些輿論甚至開始認為,中國在處理戰後問題上對日本過於寬大,主張要重新審視中日關係。

值得注意的是,日本的這個動作並不意味著日本改變了1972年以來的對華政策。相反,日本和中國的全面經濟合作恰好是在這個時期展開的。大平首相在開始對中國的政府開發援助的時候明確表示,一個發展的中國對日本,對世界是有利的。日本謀求擺脫太平洋戰爭的陰影,在國際社會上發揮更大作用,並不意味著日本要調整1972年以來的對華政策。但是,由於日本追求政治大國的第一步是重新審視歷史,這就使得把歷史認識定位於發展中日關係政治基礎的中國產生了對日本的極度不信任。在中國看來,任何挑戰已經形成的歷史認識的行為,都意味著對中日關係的破壞。

然而幸運的是,中曾根內閣時期圍繞歷史問題出現的中日之間的糾紛,並沒有引發中日兩國之間的國民感情的對立,特別是沒有造成日本人民對中國人民的不滿和猜疑,也沒有改變中日政治關係的基本格局。這是因為在日本,大批的「戰中派」政治家和民間人士依然活躍在對華關係的第一線,「日中友好」這個定義兩國關係的概念在日本人的心中依然占據著舉足輕重的位置。另一方面,中國的改革開放剛剛開始,經濟水平依然十分落後,中國的發展有賴於日本的先進技術和資金援助。

2　姚文禮:〈轉型期的日本外交〉,《日本學刊》1996年第4期,第50-51頁。

　　但是，進入90年代以後，情況發生了比較大的變化。伴隨著歷史問題被反覆的政治化，歷史認識的不同開始影響到兩國的國民觀感。日本的媒體普遍把1998年江澤民主席訪問日本時，多次提及歷史問題，看作一個轉折點，認為自那時起，兩國的國民感情開始拉大距離，不少日本的輿論指責中國對歷史問題糾纏不休，是為了遏制日本實現政治大國的目的。戰後出生的大多數日本國民無法理解中國為什麼如此咬住歷史問題不放，懷疑中國處於政治目的，肆意利用歷史問題。

　　其實，江澤民訪問日本期間多次就歷史認識問題敲打日本，可以理解為是對90年代以來出現在日本的一系列社會現象的某種反應。1996年12月成立的「新歷史教科書編纂會」主張以往的歷史教科書，過多地強調了日本對亞洲國家的侵略，把慰安婦、南京大屠殺等內容都寫進歷史教科書是「自虐史觀」。他們主張，歷史教科書應該更多地記述日本歷史的優越性，中小學應該教育青少年熱愛自己的國家和歷史，應該對日本的過去充滿自信。

　　「新歷史教科書編纂會」成立以後，便著手編寫新的中學歷史教科書，期望通過文部省的審定並在一般的中學使用。與此同時，該會還向政界發動攻勢，力求修改日本政府對過去歷史的見解。

　　「新歷史教科書編纂會」成立後不久，1997年2月27日自民黨內組成了一個「思考日本的前途和歷史教育的年輕議員之會」，該會的代表是中川昭一，事務局長則是現任首相安倍晉三，幹事長由平沼赳夫擔任。這個組織的目的也是要重新思考日本的歷史教育。

　　編纂會的活動在日本產生了很大的影響。1997年1月，該會代表向文部大臣要求消除現有教科書中關於慰安婦的內容。在這種氣氛下，1998年6月當時的文部大臣町村信孝在國會發言說，日本的教科書在近代史的記述上，過於偏向負面的內容。7月，中川農林水產大臣稱把慰安婦問題寫入歷史教科書不合適。自民黨的一些所謂「鷹派」議員認為，戰後日本的外交沒有尊嚴，是向亞洲國家賠禮道歉的「謝罪外交」的結果，而這種謝罪外交的根源則是對近代歷史的認識。由於在歷史教育中過分強調侵略戰爭，所以日本人只能不斷地向近鄰國家道歉，無法確立獨立國家的尊嚴和積極的外交政策。

　　這樣一種思潮雖然引起了韓國和中國的注意，但是，韓國對於日本謀求政治大國的政策似乎表示出了某種理解。1998年10月金大中總統訪問日本時表示，今後韓國不再把歷史問題帶到現實的日韓關係中來。這一姿態當然受到日本的歡迎，於是日韓之間便簽署了共同宣言，在宣言中日本使用了「謝罪」的字眼向韓國表示道歉，這一舉措迎來了短暫的日韓蜜月時代。

　　然而，日韓之間的和諧，卻改變了中國的對日態度。中國各地的特大洪水把江澤民主席訪問日本的日程推遲到了金大中總統訪問日本之後的11月，日本卻沒有同意像對待韓國一樣，在共同宣言中寫入對中國「謝罪」的字眼，這就引起了中方的不滿。而日本國內圍繞歷史問題的一系列動向，也激怒了江澤民。他在訪日期間反覆批評日本的歷史認識，與韓國的對日政策形成了鮮明的對照。於是日本的媒體幾乎都表示出了某種程度的對中國的不滿或反感。中國的強烈反彈加劇了日本對中國的不信任，很多日本人轉而贊成拋開歷史問題重新構築日本的國際地位和外交政策。從此以後，侵略的歷史，已經不再是日本的一個包袱，相反，更多的日本人希望在日本的歷史中尋找日本作為一個真正的獨立國家的資源。

　　小泉純一郎首相在任期間每年都要去靖國神社參拜。關於他對參拜的執著，媒體有各種各樣的解釋。第一種解釋認為他在忠實地履行就任首相時的承諾。他說過，一旦就任首相，他將每年去靖國神社參拜一次。在內政方面他給日本國民的一個最突出的印象就是說話算數，這是以往任何一位首相都無法比擬的，小泉在日本國民中的人氣之高，正是因為他已經在國民中樹立了這樣一個形象。相當一段時期日本經濟的低落，使得日本人期待有一位具有決策能力的堅強的領導人出現，小泉的形象滿足了國民的這個願望和期待。小泉第五次參拜靖國神社之後朝日新聞做的一次輿論調查顯示，贊成和反對小泉參拜的國民分別占42%和41%。男性中，贊成派和反對派的比率是38%和46%，反對多於贊成。而女性中這個比率則為46%和36%，靖國問題是與所謂「小泉人氣」關係十分密切的。

　　第二種解釋認為，小泉考慮到與鄰近國家的關係，他也許不那麼想堅持參拜，但是，日本國內有一種強烈的呼聲，那就是，靖國問題是日本的內

政，也是個人的內心世界和感情問題，外國無權干涉，假如小泉終止了參拜那就等於日本的首相屈從了外國的壓力。爲了不給國民這樣一個印象，小泉只好堅持每年參拜一次。再說，日本自民黨的最大支持勢力之一是右翼組織日本遺族會，這個會的活動方針之一就是要促成首相公式參拜靖國神社。如果喪失了這個組織的支持，自民黨的議席數會大大減少，所以，靖國神社問題是與日本的國內政治緊緊聯繫在一起的。從內政的角度思考這個問題，這種主張是有一定道理的。但是，自從中曾根首相參拜靖國神社以後，只有橋本龍太郎首相參拜過一次，其他自民黨的首相都沒有參拜過。這從反面證明，權衡國內政治和國際關係的因素，參拜靖國神社也並不是自民黨維持其支持勢力的不可或缺的條件。

有一點是要指出的，小泉在任期間，並沒有發表過否認侵略戰爭和殖民地統治的言論，相反，他在戰爭結束60週年的首相談話中，繼村山首相談話之後再一次對過去的戰爭表示反省，對由於日本的侵略給亞洲人民帶來的痛苦表示由衷的道歉。2001年10月8日，小泉首相還訪問了抗日戰爭爆發地盧溝橋，並參觀了中國人民抗日戰爭紀念館，向戰爭的犧牲者獻了花圈。中國也反覆稱道小泉首相在中國威脅論甚囂塵上的時候，一再強調中國的崛起對日本來說不是威脅，而是機會。小泉首相甚至在和日本的媒體、學者、以及政治家談話時會經常強調他是「親中派」。在他第五次參拜靖國神社，中國政府公開表示不希望在2005年11月的APEC會議期間舉行首腦會談的意思之後，小泉仍然強調，日中友好是一項基本政策，希望近期實現日中首腦會談。觀察小泉首相在任期間的言行，除了參拜靖國神社以外，中國方面似乎找不到可以批評他的地方。所以中國在譴責小泉首相的時候，總是說希望他不要口是心非，不要說一套做一套。而小泉則不斷強調，他不是在爲那場戰爭翻案，他在回答記者提問時，經常會這樣解釋他參拜的理由：反省過去，紀念那些身不由己在戰爭中犧牲的人們，祈禱不要再重複過去的錯誤，發誓永不再戰。

小泉希望創造一種日中關係的新模式，那就是既參拜靖國神社，又重視日中關係。他當然知道中日關係對中國方面的重要性，所以，他的一個信念

是，只要堅持參拜行動，中國總有一天會讓步。當然，參拜靖國神社是一個象徵性意義的舉動，這個舉動中包括著複雜的政治意義，小泉的參拜不在於靖國神社本身，而在於實現一種政治目的。

在日本，靖國神社早已經符號化了。它除了在向人們傳遞甲午戰爭、日俄戰爭、九一八事變、日中全面戰爭以及太平洋戰爭等一連串對外戰爭都不是侵略戰爭這樣一個信息以外，它還向現在的日本人訴說，不要忘記近代以後日本人的流血犧牲，要記住自己應該是一個對自己的歷史充滿自豪感的日本人。不少日本人接受了這樣一種信息，所以當被問到，你為什麼來靖國神社的時候，一些在神社內徘徊的年輕人只是回答，因為我是日本人[3]。

參、歷史認識的多樣化

如何認識近代日本的歷史，是日本人為現在的日本定位，為今後的日本確定方向的一個重要問題。由於侵略戰爭歷史的過分沉重，以往人們習慣於對近代日本的歷史持否定的態度。80年代以後，對日本近代的再認識、再評價的主張形成一個主流之後，一個基本觀點已經形成：明治維新以後雖然進行了多次對外戰爭，但是日本的近代化路線不僅造就了戰前的日本，同時也造就了戰後的日本，甚至影響到了中國大陸、臺灣、韓國，以及其他東南亞地區。在大多數日本人當中，這個認識與反省侵略戰爭並不矛盾，而是把侵略戰爭和近代化路線整合起來的一種觀點。然而，在支持靖國神社的主張的日本人當中，過去的戰爭也是日本實現近代化的重要組成部分，日本今天的繁榮是與過去在戰爭中付出的犧牲不可分割的。小泉首相在參拜之後總要解釋說，「現在的和平是用先人們的流血犧牲換來的」，這一巧妙的發言，代表了這樣一種日本人的戰爭觀和歷史觀。也就是說，作為首相，小泉在公開的發言中所闡述的歷史觀，是可以被包括中國、韓國在內的國際社會所接受

3　西牟田靖：〈八月十五日，我在靖國神社看到的是漫畫同好會似的人們〉，《中央公論》，2005年10月號。

的，而他作為一個日本人的歷史觀，則是寄託給靖國神社去表述的。

1972年的日中邦交正常化以來，日本確實透過各種場合向中國表示了道歉。對這種做法起初一般日本人是可以接受的，然而，日子一久，日本人產生了究竟要道歉到何時的想法，更有人把中國對待歷史問題的態度視為在打歷史牌。他們懷疑中國是在利用歷史問題打壓日本。日本要在亞洲，在世界上樹立自己嶄新的形象，擺脫向中國謝罪的被動立場，必須排除在歷史問題上受中國控制的局面，創造一個沒有歷史陰影的環境。對於這一點，小泉首相也毫不隱諱。他在回答華盛頓郵報專欄作家的提問時指出，「中國有一種很強的意識，那就是視日本為中國的競爭對手，在中國製造反日情緒，對中國領導階層是有利的」。他還批評中國的對日認識說，「長年歷史教育的結果，中國人都認為現在的日本和六十年前的日本是一樣的」[4]。很顯然，小泉把參拜靖國神社看作向中國發出某種信號的行為，這個信號就是，日本不會因為中國的意思改變自己的做法，日本是一個獨立自主的國家，日本在決定內外政策時，沒有必要受歷史問題的約束，因為今天的日本已經不是六十年前的日本，今天的日本擁有中國所不具備的政治民主和言論、信仰的自由。

在相當一部分日本人的意識當中，所謂敗戰指的是在太平洋戰爭中敗給了美國。即使他們承認對中國的戰爭是侵略戰爭，他們也不願意承認從1941年開始的太平洋戰爭是侵略戰爭。東條英機的女兒在主張首相必須參拜靖國神社的談話中就說過，如果首相不去參拜，那就等於承認太平洋戰爭是侵略戰爭，等於接受了美國的歷史觀。也可以這樣說，日本的一部分人主張首相參拜靖國神社，目的是要挑戰美國的太平洋戰爭觀，在他們的內心深處也許沒有敗戰給中國的意識。而中國反對日本首相參拜靖國神社，不僅僅是因為日本發動了太平洋戰爭，中國所承受的災難和痛苦更集中在從九一八事變到抗日戰爭期間。但是，由於在太平洋戰爭末期遭受了原子彈的攻擊，日本人的記憶集中在了太平洋戰爭，而對廣大的中國戰場的記憶，遠不及太平洋戰

4　《華盛頓郵報》，2005年10月24日。

爭的記憶。

問題的複雜性還在於，對於日本首相參拜靖國神社的行為，美國視若無睹，幾乎一言不發，使那些本來既反美又反中的人士變得不反美只反中。結果是在中國和日本圍繞歷史問題尖銳對立的情況下，日美同盟關係不斷加強，使這三個國家的關係變得越來越複雜。這就引發了諸多的推論和猜測。諸如美國希望中國和日本對立，以期實現漁翁得利的目的；美國希望一個強大的日本在亞洲遏制中國的發展；日本希望借助日美同盟的力量，以對付來自中國的威脅等等。

日本希望借助美國的力量，在國際社會扮演更加重要的角色。然而現行的日本國憲法，限制了日本的行動範圍和規模。這是一部分人主張修改憲法的一個直接的理由。更根本的理由是，現行憲法是在美國占領軍的政策影響下制定的。很多研究者都指出，現在的憲法雖然是占領時期制定的，但是無論是在形式上還是在程序上，都是經過一個主權國家的完整的法律程序制定的。儘管如此，很多的改憲派還是認為這部憲法是美國占領軍強加給日本的。歷史家五百旗頭真教授嚴厲的批評道：「否認占領軍的主導權和壓力，意味著無視沉重的歷史的現實，但是，只強調憲法是別人強加的，則是無視日本政府在苦難的時代作出的苦澀的決斷。事實上，日本政府對憲法草案提出了很多修改意見，經過修改以後，透過正規的途徑制定了現在的憲法，這是一個不容否定的嚴肅的現實。有人主張那個時候的日本身不由己，以此來否認自身的責任，這其實是非常卑劣的行為。」[5]

肆、修復中日關係的努力

2019年初夏，在東京舉辦的兩個展覽會格外引人注目。一個是為紀念中日文化交流協定締結40週年舉辦的三國志特別展覽會，另一個則是在東洋文

---

5 五百旗頭真：〈用戰後責任超越歷史的過失〉，《中央公論》，2005年10月號，第232頁。

庫舉辦的漢字展覽會。近年，以中國文化，歷史為主題的大型展覽會在日本已不多見，這兩個展覽會的舉行，標誌著自2005年的反日大遊行以來逐年惡化的中日關係走出了低谷，兩國關係有望迎來一個新的轉機。

　　進入21世紀以後，中日關係開始了艱難的歷程。2001年小泉純一郎就任日本首相，在後來的五年中，小泉首相連續參拜靖國神社，引發了中日國民感情的對立，中日關係急劇惡化。2005年春季，中國各地爆發了以反對日本加入聯合國常任理事國為目的的大規模反日遊行，1972年邦交正常化以來，以中日友好為基調的中日關係遭到兩國人民的質疑，兩國政府和人民不得不重新定義中日關係。

　　日本完成從小泉內閣到第一次安倍晉三內閣的更迭之後，安倍晉三首相一反慣例，把中國作為第一個出訪的國家，試圖修復破裂的中日關係。歷史認識問題是這次訪問的重要議題。安倍首相表示日本將正視歷史，繼續走和平發展的道路。中方對此表示積極的評價。日方對中國的愛國主義教育的反日性質提出了質疑，希望中方作出適當的調整。雙方發表了中日聯合新聞公報，強調要「妥善處理影響兩國關係發展的問題，讓政治和經濟兩個車輪強力運轉，把中日關係推向更高層次」。雙方同意，把中日關係重新定義為「基於共同戰略利益的互惠關係」，實現中日兩國和平共處、世代友好、互利合作、共同發展的崇高目標。[6]

　　但是，在這之後歷史問題和領土問題依然是困擾中日關係的兩大難題。安倍內閣之後的福田康夫內閣，麻生太郎內閣以及民主黨的菅直人內閣和野田佳彥內閣雖然推行了一系列促進中日關係改善的政策，但是這些努力並沒有扭轉中日關係的基本格局。在此期間，野田內閣將中日之間有爭議的釣魚島（尖閣諸島）國有化，更使得中日關係雪上加霜，兩國的首腦外交幾乎中斷。2012年12月26日，安倍晉三再次就任日本首相，中日關係因為釣魚島問題持續惡化，2013年8月公布的第九次中日共同輿論調查的結果顯示，

---

[6]　中華人民共和國外交部：《中日聯合新聞公報》，2006年10月8日，http://worldjpn.
　　grips.ac.jp/documents/texts/JPCH/20061008.O1C.html（2019年7月27日閱覽）

對日本持有不好印象的中國人高達92.8%，而對中國持有不好印象的日本人也達到了90.1%。[7]

2017年10月中國共產黨召開第19次全國代表大會。習近平新時代中國特色社會主義思想被寫入中國共產黨黨章，「一帶一路」、「中國夢」、「人類命運共同體」等理念被確定爲中國共產黨的指導思想。以習近平爲中心的領導體制的進一步確立，爲中國全面調整內外政策創造了條件。然而國際社會對中國的崛起存在著各種各樣的觀點，很多國家並沒有把崛起的中國看作是一個負責任的大國，中國面對的國際環境越來越複雜。

2017年1月，川普就任美國總統，美國的內外政策迎來了一個撲朔迷離的時代。把中美關係定位爲最重要的雙邊關係的中國，爲了解決由於經濟增長的減速所產生的各類問題，急需摸清美國的對華政策並調整中國的對美外交政策。然而處理中美關係的一個重要前提，是中國需要創造出有利的國際環境。中日關係的長期不穩定，影響中國專心處理中美關係。2018年正值中日和平友好條約締結40週年，中國把這個時機看作不可多得的改善中日關係的機會。

2018年5月9日，中國國務院總理李克強訪問日本，重新啓動了中日首腦外交。李克強一到日本便指出，「當前中日關係的改善勢頭來之不易，值得倍加珍惜。今年適逢中日和平友好條約締結40週年，兩國關係面臨改善發展的重要機運。希望透過此訪與日方一道重溫條約精神，以史爲鑑，面對未來，在中日四個政治檔確立的原則基礎上，共同努力，相向而行，推動中日關係重返正常軌道，行穩致遠。」[8]

繼李克強總理訪問日本之後，安倍首相於10月25日至27日訪問了中國。10月26日在與習近平主席的會談中，安倍首相主動提出了中日關係的新「三原則」，再次界定新時代的中日關係。一、依照國際準則，化競爭關係爲協

7　言論NPO，〈「第9回日中共同世論調查」結果〉，http://www.genron-npo.net/pdf/2013forum.pdf（2019年7月27日閱覽）。

8　《人民日報》，2018年5月9日第一版。

調關係；二、作爲鄰國互不構成威脅；三、發展自由公正的貿易體制。日方的三原則雖然符合中國構想的中日關係的願景，但是在制定中日外交原則上一貫占主導地位的中國並沒有馬上接受安倍首相的倡議。中日兩國在處理安倍三原則問題上的溫度差異，在日本國內還引發了一場爭論。

因此可以說，在安倍首相訪問中國的時候，中日雙方並沒有達成新的關於兩國關係的共識。然而値得注意的是，爲出席在大阪舉行的G20峰會，習近平主席於2019年6月訪問了日本。在與安倍首相的會談中，習近平主席把安倍首相訪華時提出的「互爲合作夥伴，互不構成威脅」定義爲中日雙方的政治共識。新華社在報導安倍首相的發言時寫道：「安倍表示，日中關係重回正常發展軌道，我對此感到高興。日方願遵守《日中和平友好條約》等兩國間重要政治文件，並本著「化競爭爲協調、互爲合作夥伴、互不構成威脅」的共識，和中方繼續共同努力，構建符合新時代要求的日中關係，並確保其長期穩定發展。」[9]由此可見，中日關係的最新定義是「互爲合作夥伴，互不構成威脅」。這個定義最先由安倍首相提出，經過短暫的磨合，被確定爲新的中日關係的政治共識。這個新的共識又被簡短的概括爲「永遠的鄰國」關係。這樣，中日兩國從1972年開始的中日「友好關係」演變爲2006年的「戰略互惠關係」，進而又演變爲2019年的「永遠的鄰國關係」。

進入2019年以後，日本政府向中國釋出了明顯的善意。4月16日，安倍首相在首相官邸與即將卸任的程永華中國大使共進午餐。日本首相與外國大使舉行個別的午餐會並不多見。5月，日本改元平成爲令和，新天皇繼位後會見的首位外國使節也是中國大使。中日兩國媒體普遍認爲這是日本政府高度重視中日關係的一個佐證。安倍首相在多個場合講話時，反覆引用中國用於評價習近平時代的「新時代」三個字，向中方釋出善意，安倍首相還歡迎習近平主席在日本舉辦奧林匹克運動會的2020年的櫻花盛開的季節，以國家元首的身分訪問日本。然而，儘管中日兩國政府爲改善中日關係做出了巨大

9　新華網，〈習近平會見日本首相安倍晉三〉，2019年06月27日，http://www.xinhuanet.com/politics/leaders/2019-06/27/c_1124681266.htm（2019年7月27日閱覽）。

努力，中日關係的前景並不十分樂觀。輿論調查顯示，雖然對日本持有良好印象的中國人的比例已經從2016年的21.7%回升到2018年的42.2%[10]，但是，對中國持有不良印象的日本人的比例依然高居86.3%，中日關係的進一步改善還有很長的路要走。

伍、如何實現中日關係改善持續改善？

中日關係是一個非常複雜的雙邊關係。在兩千多年的交流史上，兩國在政治、經濟、文化方面的互動，為兩國關係積累了雄厚的公共財，打下了堅實的基礎，使中日兩國的關係，不同於其他任何國家之間的雙邊關係。然而明治維新以後，日本的價值體系逐步脫離中國的影響。日本開始嘗試全面接受西方先進文化。特別是在甲午戰爭以後的五十年裡，中日兩國完全走上了對抗的道路。兩國關係從經濟文化上的相互依存，轉化成政治、軍事上的相互敵對。在這五十年中，反日、厭中成為兩國關係的基調，中日關係在兩千多年中形成的基層之上，出現了一個脆弱的表面薄層。相互的不信賴，使得這個薄層越積越厚，並且很難凝固起來並與基層結合成一體。

在這裡，我把自1972年中日邦交正常化以來的四十七年劃分為三個時期。

第一個時期是自1972年到1996年的二十四年。這個時期是中日兩國透過中日經濟合作努力克服戰爭創傷的時期。1972年的中日邦交正常化，是兩國在兩千多年來形成的深層積累的基礎上，克服相互敵對和相互不信任的表層的一次努力。在這個時期的最後階段，中國的崛起已經成為定局，日方認為兩國關係終於走出了戰爭的陰影，雙方應該建設一種新型的鄰國關係。而中國依舊把現實的政治外交問題與歷史問題掛鉤，兩國關係的齟齬反而因歷史問題越來越加大。

---

[10] 言論NPO，〈「第14回日中共同世論調查」結果〉，2018年10月9日，http://www.genron-npo.net/world/archives/7053.html（2019年7月27日閱覽）。

　　第二個時期是從1996年到2018年的二十二年。中國開始摸索如何構建大國形象，如何處理和周邊國家的關係。在這個時期裡經歷了江澤民國家主席訪問日本，小泉純一郎首相連續六年參拜靖國神社，中國的漁船衝撞日本海上保安廳的巡視船，日本政府將釣魚島國有化，中國爆發大規模的反日遊行等重大事件。這期間的2010年，中國的GDP超過了日本，一躍成為世界第二大經濟體。中國的崛起與自信的增強給中日關係的改善帶來了新的課題。這個時期中日關係的一個重要特徵是，日本希望將政治外交問題與歷史認識問題脫鉤，從而擺脫外交被歷史問題束縛的被動局面。而中國依然把歷史問題作為中日外交問題的出發點，在歷史問題的框架下思考當今的政治外交問題。比如，關於釣魚島問題，日本更多的是利用國際法的手段向國際社會說明日本的立場，而中國則是把釣魚島問題作為歷史問題提出，要求日本正確對待歷史。但是，無論是歷史認識問題或是國際法的問題，中國和日本都沒有找到擺脫外交困境的辦法。

　　然而，長期的對立不僅影響兩國的經貿關係，對區域的和平與穩定也產生了負面的作用。中國經濟已經告別了高速增長的階段，在調整增長模式成為新常態的情況下，中國急需改善與日本、歐盟的關係，提高新科技研究開發能力，以因應在貿易和新技術開發方面來自美國的挑戰。中日關係的改善恰好是在這樣一個大環境下開始的。

　　自2018年起，中日關係迎來了一個新的時期。這個時期中日關係迅速改善的直接原因是中美關係的驟變。中國曾經一度構想過與川普政權的美國重新構建新型大國關係。但是川普總統改變了歷屆政府的遊戲規則，對中國發動了一場大規模的貿易戰爭。這場貿易戰爭不僅涉及工業、農業產品，更擴大到以5G技術為代表的新科技領域。在政治方面，美國加強和臺灣的各個層面的往來，擴大對臺軍售，給試圖以一國兩制的方式解決臺灣問題的中國造成了巨大的壓力。國際環境的變化倒逼中國與日本改善關係。

　　這個局面令人想起1972年中日恢復邦交正常化時的國際形勢。冷戰下的1972年，中國為了避免和美國、蘇聯的兩面作戰，選擇了與美國、日本攜手，對付最大的威脅蘇聯。中日邦交正常化，或者叫做中日的和解，是中國

為應對當時國際環境的一個策略性選擇。也正因為如此,「和解」可以從兩個層面來理解。第一個層面是所謂的戰略性和解,也就是國家與國家之間的和解,第二個層面是國民與國民之間基於信賴關係的和解。1972年中日之間實現的是所謂的戰略和解,也可以把它稱作策略性和解。這個和解是以兩國的政治家之間的信賴關係作為基礎的,雙方的人民並不是這個和解的動力。中日邦交正常化以後,中日關係發生了巨大的變化。伴隨著中國的綜合國力的增強,雙方的戰略意圖也發生了變化。國家的戰略意圖並不代表國民的和解意圖。相反,常常會影響國民之間構築信賴關係,從而妨礙國民之間的和解進程。進入21世紀以後,儘管中日國民之間渴望實現和解的意願非常強烈,但是國家的戰略意圖往往扮演妨礙國民之間和解的角色。

遺憾的是,2018年以後中日兩國調整中日關係的努力又是新的一次追求策略性和解的過程。正像中日兩國曾經經歷過的那樣,這種策略性的和解容易受到外界環境的影響,不是一個可持續的和解過程。並且,與1972年的和解相比,這一輪的和解有兩個方面是根本不同的。第一個不同是當時有日本國民對侵略戰爭的深刻反省作為前提,第二個不同是日本的廣大國民希望為中國的現代化建設提供盡可能的援助。然而,出現在我們眼前的這個和解的進程,不存在這樣的客觀條件,它需要中日雙方摸索新的路徑以實現和解的可持續性。

陸、影響中日關係的深層文化積累

在這裡,有必要回顧一下中日第一次和解的歷史過程,從而梳理出實現這個和解的深層原因。起初,中國採用了「兩分法」區別軍國主義者和日本國民,讓中國人民重新認識日本發動的對華侵略戰爭。也就是,發動侵略戰爭的是日本軍國主義者,而大多數日本人民和中國人民一樣,都是戰爭的受害者。日本也改變了對社會主義中國的固有觀念,田中角榮認為,「兩千多年的一衣帶水的中日關係,幫助我們克服了半個世紀以來的不幸的歷史。世界上的社會主義國家並不是鐵板一塊,中國共產黨雖然堅持社會主義,但是

他們不奉行侵略主義的政策，這一點日本人民越來越清楚了。」[11]

　　1972年10月28日，田中角榮首相在日本國會發表演講指出：「多年來懸而未決的日中兩國間的邦交實現了正常化，這就確立了睦鄰友好關係的基礎。日中問題之所以能得到解決，這是由於在時代的潮流中得到了國民輿論的強有力的支持的結果。我是在思考了當前國際形勢的變化，以及半個世紀以來日中兩國不幸關係的基礎上，做出實現邦交正常化的決斷的。」[12]

　　日中邦交正常化以後，日本全面支援中國的現代化建設。1978年10月22日，國務院副總理鄧小平作為新中國的國家領導人，第一次訪問日本。《人民日報》在一篇報導鄧小平訪問日本的文章中寫道：「在鄧小平副總理訪問日本的八天裡，人們強烈地感受到，中日關係在兩國政府和人民長期共同努力的基礎上，終於發生了飛躍的變化，它最終地結束了兩國間曾經有過的不幸的歷史，使兩國關係迅速地進入了一個友好合作的新階段。新中國成立以來，有很多中國代表團訪問過日本，受到了日本人民的熱情歡迎，但從來沒有像這次鄧副總理一行訪問日本這樣，政府和人民一起如此熱情歡迎。連日來，東京轟動了，整個日本沸騰了。」[13]

　　鄧小平在訪問日本期間，切身體會到了什麼是現代化。在他回國後舉行的中國共產黨十一屆三中全會上，中國政府決定把工作的重點轉移到經濟上來，從此中國開始了改革開放的歷程。1979年12月，大平正芳首相訪問中國。在北京期間，他向中國保證，日本將對中國實現現代化所做的努力提供積極的合作。日本回應中國的要求，提供政府貸款（ODA援助），以用於在中國優先安排的港口鐵路，水電站等幾項基本建設項目。這成為新型的中日合作的一個里程碑。當時的中國面臨資金、技術、資源等多方面的困難。有人把日本的援助比作雪中送炭，也有統計顯示，1994年，日本對華開發援助的金額占當年中國GDP的0.29%。到2018年為止。日本對華援助總額折合

---

[11] 竹內實編：《日中國交基本文獻集》下卷，蒼蒼社，1993年，第227頁。

[12] 田桓編：《戰後中日關係文獻集》，中國社會科學出版社，1997年，第125頁。

[13] 《人民日報》，1978年10月31日。

人民幣約2900億元。用於中國修建鐵路、機場、橋樑、鋼鐵廠等多項建設。日本大批接受中國留學生也開始於1980年，日本的大學等教育機構，為中國的現代化建設培養了大批優秀的人才。

1982年的教科書問題，1985年中曾根首相參拜靖國神社問題，曾一度給中日關係蒙上陰影。但是，所謂歷史認識問題，基本掌控在兩國政府手中，並沒有對中日關係造成毀滅性的打擊。1986年3月，日本政府發表了當年的關於外交的輿論調查結果。當年的日本國民感到最親近的國家是中國，持這種認識的日本人占全體國民的75.4%。[14]

1992年是中日恢復邦交正常化20週年。中日兩國政府克服了來自多方的各種困難，實現了天皇對中國的訪問。日本天皇首次踏上中國大陸的土地，標誌著中日兩國終於走出了戰爭的歷史，開闢了一個新的時代。天皇訪問中國時，對戰爭的歷史和戰後的中日關係，做了如下的表述：「在兩國關係悠久的歷史上，曾經有過一段我國給中國國民帶來深重苦難的不幸時期。我對此深感痛心。戰爭結束後，我國國民基於不再重演這種戰爭的深刻反省，一定要走和平國家的道路，並開始了國家的復興。從此，我國專心致力於建立與世界各國之間的新的友好關係。在和貴國的關係上，透過兩國前輩們等許多人士的熱情努力，建立了要永誓和平友好的關係，兩國在廣泛領域的交流正在不斷加深。」[15]

在日本，「日中友好」是一個特殊的概念。作為形容國與國的關係的用語，它與「日美同盟」一樣，已經是一個專有名詞，象徵著日本和中國的一種特殊的關係。這個概念背後有著很豐富、具體的內涵，它曾經包括日本對侵略戰爭的反省，對中國放棄戰爭賠償索求的感謝，冷戰時期以共同反霸為宗旨的日中和平友好條約，日本政府向中國提供的政府開發援助（ODA），各種層次的日中合作與交流等等。然而，這種特殊的關係在進入90年代以後，隨著中國的崛起，慢慢的發上了變化，日中友好的口號還存

---

[14] 《朝日新聞》，1987年3月16日。

[15] 田桓編：《戰後中日關係文獻集》，中國社會科學出版社，1997年，第850頁。

在，但是更多的意見則是，日中之間也應該有什麼說什麼，應該建立一種普通的國家與國家之間的關係。有人把這種普通的國家與國家之間的關係定義爲「面向未來的」兩國關係。顯然，在某種意義上，日中友好是基於對歷史問題的反省而形成的概念，這裡面當然包括世世代代友好下去這樣一個面向未來的意義，但是正像中國所指出的那樣，對歷史的認識問題是日中友好的政治基礎。也就是說，這裡面，面向歷史的成分是很多的。

從什麼時候開始對兩國關係的定位發生了變化呢？從輿論調查的角度來開，1995年中國進行的核子試驗，以及1996年臺灣總統大選時中國進行的導彈演習，是日本人對中國的認識發生變化的一個轉捩點。而這兩個事件是中國崛起在軍事領域的一種體現，鄰國日本對此反應十分強烈，反對中國進行核子試驗與日本是世界上唯一受到核武器攻擊的國家有關，日本的國民感情在這個問題上顯得很敏感。而中國的導彈演習，一是因爲日本離中國很近，二是因爲很多日本人對臺灣的民主選舉表示了支持。1996年以後，對中國沒有親近感的國民超過了有親近感的國民的比例，中日關係迎來了一個轉捩點。也就是在這以後，日中21世紀委員會提出了改變以國民感情處理中日關係的做法，代之以兩國的共同利益爲出發點處理未來的中日關係。這實際上標誌著兩國關係開始走向一個新的歷史階段。

在這個新的歷史階段開始的時候，日本的政治家和媒體關注的一個重要問題是日本的對華援助（ODA），包括無償的資金援助和日元貸款。當然，日本經濟的長期不景氣，也是促成這一動向的重要原因。自民黨內成立了專門的研究會，主張重新考量對華援助的意義。

1996年對中國抱有親近感的日本人的比例，下降到了45%。而對中國不抱親近感的日本人的比例則上升爲51%。這個數字的逆轉，標誌著中日關係發生了本質性的變化。外務省在分析這個變化時指出，中國的核事業和圍繞釣魚島問題中日之間的對立，首相參拜靖國神社等問題是這一逆轉的主要原因。

1972年以來，中日友好雖然受到歷史教科書問題、靖國神社問題，以及釣魚島問題的干擾，但是相互的國民感情依然是以友好爲基調的。這個基調

之所以可以維持相當長的一段時間，是因為影響中日關係的歷史文化因素發揮了重要的作用。兩千多年的中日文化交流的歷史，為日本人埋下了對中國文化的親近感。經濟相對落後的中國社會，讓日本人感到了某些淳樸和鄉愁，而自1931年以後的中日戰爭的歷史又讓日本人對中國產生了深厚的負罪感。冀望和平的日本人希望告別歷史，開啟中日關係的新時代。可見，在中日關係出現類似戰爭那樣的巨大障礙之後，依然可以依靠兩千年的深層積累，走出陰影，重新回到相互依存，友好合作的軌道上來。這是中日關係具有韌性的一個側面。然而，甲午戰爭以後的幾度戰爭形成的脆弱的表層並沒有完全凝固，戰爭的記憶仍然牽扯著兩國的民心。當現實的兩國關係出現某些矛盾的時候，人們很自然地把這些矛盾跟歷史聯繫起來，讓那個沒有凝固的表層再次成為中日關係的障礙。1990年代中期以後，伴隨著中國的崛起，中國的對日外交政策也進行了一些調整，日本在中國的現代化建設中的作用相對低下。而在日本人眼裡，中國從一個追求現代化的發展中國家變成了一個追求在世界上有巨大影響力的霸權國家。中日的國民感情開始產生距離，國民感情的逆轉，象徵著中日友好的時代到了一個歷史的轉捩點。沉澱在歷史深層的文化歷史因素對中日關係不再具有那麼巨大的潛能，中日關係進入了一個相對不穩定的時期。這個時期一直延續到中日和平友好條約簽訂40週年的2018年。

柒、構建知識共同體，實現中日關係的長期穩定

上面講過，歷史文化因素是中日兩國實現邦交正常化的重要催化劑。而中日兩國要實現從策略性和解向以國民的相互信賴為基礎的真正的和解的昇華，更是需要借助於歷史文化的力量。經過邦交正常化之後四十多年的文化交流，中日之間的歷史文化因素已經發生了難以描述的變化。歷史文化的傳播人，很多是中日邦交正常化以後出生的年輕一代知識分子，不同的人生經歷培育了具有不同價值觀的兩國年輕知識分子，伴隨而來的是歷史觀的差距也越來越大。中日兩國急需展開多樣的歷史對話，形成歷史家的一個公共平

臺，構建東亞知識共同體。

　　上個世紀90年代以後。東亞的中日韓三國知識分子，為了實現真正意義上的和解，開展了多樣的歷史對話。除了三國的歷史學者共同編寫出版了歷史教科書，作為三國歷史課的副讀本[16]之外，日本和韓國在雙方政府的支持下，從2002年至2010年開展了兩次歷史共同研究，並發表了共同研究的成果。

　　日本和中國之間也於2006年至2009年開展了歷史共同研究，並於2010年發表了研究報告書。兩個共同研究，都是中日韓三國，為解決歷史認識問題進行的一種嘗試，它的意義和成果，不容小覷。遺憾的是，由於共同研究都是由各國政府主持的，各國的歷史家在各自國家的地位也不盡相同，因此研究成果很難避免各言其詞，各持其說。距離構建共同的歷史認識還相去甚遠。關於這兩個共同研究學術界有很多評價，在這裡不作過多的介紹。這裡只想簡單介紹筆者也參加的中日青年歷史家會議的共同研究項目。這個共同研究的成果之一是先後出版了《跨越國境的歷史認識》、《1945年的歷史認識》，以及《對立與合作的歷史認識》三部著作[17]。這項共同研究著眼於利用各國的歷史資料。透過資料共用，自由討論，將中日之間的歷史認識的不同呈現出來。而對話本身構建了一個以歷史家為主體的知識共同體，促進了中日歷史家的交流。然而不可否認的是，這樣一個交流的平臺依然不夠開放，加入到這個平臺上的歷史學者也為數有限。

　　共同研究的經驗告訴我們，擴大歷史學家的知識交流絕非易事。各國歷史家的歷史認識的差異超過了每個參加者的想像，因此未來的這個交流一定是一個漫長的過程。一個更重要的問題是，所謂歷史認識問題，不僅僅是不同國家的歷史學者之間的歷史認識不同，重要的是，本國內的歷史學家之間的歷史認識，以及國家的歷史認識和歷史家的歷史認識之間也存在著很大的

16　日中韓三國共同歷史教材委員會：《開拓未來的歷史——東亞三國的近現代史》，高文研，2006年。

17　三部著作的中文版由中國社會科學文獻出版社出版，日文版則由東京大學出版會出版。

距離。這個現象在中國的歷史學家中表現得尤爲突出。

1980年代的改革開放之後,中國的歷史家經歷了從「革命史觀」向「近代化史觀」轉變的過程,90年代以後又重新構建「民國史觀」。革命史觀認爲,自1840年鴉片戰爭以後,中國的近代史是中國人民反對帝國主義侵略和封建主義壓迫的歷史,直到中華人民共和國成立之後,中國人民才走上了建設現代化國家的道路。但是,被稱作「公共知識分子」的一批歷史學家並不認同這樣的歷史認識,他們主張,中國近代史的主題是實現從前近代社會,向近代社會的轉型。建設一個自由、民主、法治、文明、富裕、獨立的現代國家才是近代史的主題,而反帝反封建不過是實現這個目標的一個手段而已。[18]這樣的歷史認識把對近代史的價值判斷從革命與反革命,侵略與抵抗的階級鬥爭的理論中解放出來,用現代國家的標準去評價和判斷歷史事件以及歷史人物。歷史學家袁偉時指出,「海內外的經驗證明:後發展國家和地區(殖民地、半殖民地)改變不發達狀況,改變被動局面的唯一道路,是向西方列強學習,實現社會生活的全面現代化。」[19]

繼近代化史觀和文明史觀之後,中國的近代史學者又提出了民國史觀。在革命史觀盛行的年代,從1912年到1949年的中華民國的歷史被編寫在中國共產黨的革命歷史之中,而存在於中國大陸長達三十七年之久的中華民國沒有作爲一個完整的國家記錄下來。民國史觀的主張者強調把中華民國的歷史完整地記敘下來,這無疑彌補了中國近代史的一個缺憾。但是由於民國史觀把中國共產黨的歷史放到了中華民國的歷史當中去敘述,被認爲是淡化了中國共產黨在中國近代史上的作用。

儘管阻力重重,民國史研究在最近的二十年當中取得了豐碩的成果,極大的豐富了中國近代史的內容。這也爲中國的近代史學家與國外的近代史學家開展共同研究,共同構建歷史史實,提供了良好的條件。以民國史研究爲媒介,中國和日本之間一個歷史家共同體已經基本形成。然而近來近代史研

---

[18] 袁偉時:《中国の歴史教科書問題》,日本僑報社,2006年,第71頁。

[19] 同前,第49頁。

究有重新恢復到革命史觀的趨勢。中國的歷史學家與國外的歷史學家進行對話的條件收到了某些侷限，在這樣的歷史條件下，如何構建知識共同體的問題成為了東亞歷史家關心的重要問題。

顯然，經過二十多年的針鋒相對之後，中日之間要實現1972年之後的第二次和解，還是要以歷史和解為前提條件，而實現歷史和解的第一步是要在中日歷史家之間構建起一個知識共同體。要想讓這個知識共同體發揮作用，需要各國歷史家共同努力，摸索出不同於傳統歷史學的「新史學」。20世紀初，中國的思想家梁啟超曾經提出過所謂新史學的主張。梁啟超批評中國傳統的歷史學有「四蔽」，其中之一是「知有朝廷而不知有國家」，他主張要寫國民國家的歷史，從此中國的歷史研究迎來了一個新的紀元。如今，一百年過去了，全球化時代的每個國家依然以各自的國家為中心記述歷史。這樣的國家中心的歷史成為國與國之間的一堵高牆。歷史認識問題甚至成為國與國之間，國民與國民之間感情對立的導火線。21世紀的新史學應該是打破國家的界限，「知有國際社會的史學」。這樣的新史學才可以成為創造共同價值的學問，可以為國民之間的和解提供智慧。

以兩國人民之間的相互理解為前提的中日第二次和解，還需要雙方知己知彼。也許中國人並不知道，很多日本人對當代中國的認識與一百年前的日本人對當時中國的認識有很多相似之處。上面提到過的輿論調查顯示，一些日本人之所以對中國持有不良印象，是因為他們認為中國不遵守國際關係的準則，不按照國際規則行動。然而讓人吃驚的是，這樣的中國認識在甲午戰爭前的日本政治家中就早已經司空見慣了。當時，伊藤博文批評中國說，中國只知道享受參與國際社會的利益，而不遵守國際社會的規則，不履行國際社會的義務。「九一八事變」後的日本報紙也抨擊中國是不遵守國際條約的國家。當然，日本這樣批評中國時的歷史背景與現在截然不同。然而，一般日本人的中國想像與一百年前竟然如此相仿！

　　要實現跨越歷史的日中和解，雙方必須面對對方國民，對自己的認識。並且通過歷史研究構建可以共有的價值觀，實現相互理解。只有這樣才可以達到真正的和解，使中日關係步入一個長期穩定的新時代。*

第十六章　「崛起」中國的南海戰略與亞太區域秩序

林廷輝*

　　進入21世紀，美國掌控世界的能力在各個新興國家逐漸崛起下，受到了某些挑戰，而世界權力也越來越分散，包括中國、印度、俄羅斯、巴西以及其他新興國家等，近年來在全球經濟高速增長中發揮作用越來越大，與美國之間的硬實力差距不斷縮小，軟實力也有一定的表現，並有迅速增長的趨勢。對中國來說，自鄧小平改革開放以來，隨著經濟力逐漸提升，在國際政治上也不斷尋求其相對應的地位。習近平自2012年接任中國共產黨總書記，隔年年初接任中華人民共和國國家主席後，其後提出了具有大戰略的中華民族偉大復興的中國夢，將推動「一帶一路」戰略規劃具體化，成立「亞投行」（Asian Infrastructure Investment Bank, AIIB），也企圖成為海上強國，前總書記胡錦濤在十八大的報告中指出：「我們應提高海洋資源開發能力，堅決維護國家海洋權益，將中國建立為海洋強國。」[1]建設「海洋強國」便成為中國海洋戰略目標，於是，2013年以來中國海警行政組織的改造，大量建造海警船硬體設備，這也使得東南亞國家在面對來自中國的威脅時，與美日結盟並強化其海上能量，成為優先選項。

　　南海爭議，雖在1930年代就已存在，但中華人民共和國也是在1970年代始進入南沙場域，[2]因此，中國的南海戰略及與周邊國家的爭端絕非在習近

---

* 臺灣國際法學會副祕書長。

1　〈胡錦濤十八大提建海洋強國，日方立即回應〉，《騰訊新聞》，2012年11月9日，http://news.qq.com/a/20121109/001401.htm

2　1974年1月，中華人民共和國與越南爆發西沙海戰，前者戰勝，並取得西沙群島全部控

平接任才存在，但南海爭端涉及到的利害相關國，是主宰與形塑東亞區域秩序的重要行為者，這也涉及到日本在東亞地區的領導地位，因此，日本積極涉入南海事務，並非關注南海海域的天然資源，而是著眼於其在亞太的戰略定位。2016年9月15日，日本防衛大臣稻田朋美在美國華盛頓智庫「戰略與國際研究中心」（Center for Strategic and International Studies, CSIS）發表演講時表示，日本計畫與美軍在南海爭議水域進行聯合巡航以及舉行雙邊和多邊軍演，以此升級在南海的行動。表達日本願意介入更多南海事務，包括與美國聯合巡航。她也表示，日本對中國在南海地區的領土主權宣示表示擔憂。日本將介入更多的南海事務，包括為沿海國家進行海上能力訓練。[3]換言之，在稻田朋美的講詞中，透露了日本在新安保法通過後，與美國擔負起區域責任的決心，具體強化與提升南海周邊國家的海上實力，包括船艦的建造與人員的訓練等等，都將是日本未來經略南海事務的重點。

本文嘗試以奧根斯基（Kenneth A.F. Organski）的權力轉移理論來論述中國的南海戰略行為，由於目前東亞地區的崛起國與霸權國的關係是大國關係的核心，國際體系變遷的本質，就是霸權的轉移和大國在國際體系權力結構中的重新排列與組合，根據奧根斯基的論點，「修昔底德的陷阱」必然會出現，但當2015年9月習近平訪問美國，強調中美兩國不應掉入「修昔底德的陷阱」（Thucydides Trap），但從國際與區域秩序來說，習近平又曾強調「人不犯我，我不犯人；人若犯我，我必犯人」[4]，雖然雙方可能避免掉入陷阱，但權力轉移的客觀事實是否造就此種誤判，美國與日本顯然對中國在南海區域的作為有所顧忌，面對此一局勢，崛起中國該如何應對？對其南海

制權，適逢中美蜜月期，中國大陸占領的做法沒有受到太多的批評。1988年3月，中華人民共和國與越南爆發赤瓜礁海戰，前者再度戰勝，並取得赤瓜礁等六個島礁的控制權，1995年又控制美濟礁，從零到有共占了七個小島礁。

[3] The Evolving Japan- U.S. Alliance, *CSIS*, Sept. 15, https://csis-prod.s3.amazonaws.com/s3fs-public/event/160915_Tomomi_Inada_transcript.pdf

[4] 〈習近平闡明中國和平發展原則底線〉，《人民網》，2013年1月30日，http://politics.people.com.cn/BIG5/n/2013/0130/c1001-20380658.html

戰略是否造成衝擊？對其因此而調整戰略與戰術結果，對區域秩序造成何種影響？中國又會如何自處？爲本文所欲探討之重點。

壹、奧根斯基的「權力轉移理論」

　　權力轉移理論是一個國際關係中關於戰爭的週期性的理論。密歇根大學教授奧根斯基於1958年在其所著《世界政治》（*World Politics*）一書中首次提出，[5]1980年他和古格勒教授（Jacek Kugler）合著的《戰爭總帳》（*War Ledger*）一書將該理論完整化。[6]現實主義者認爲，實力是國家動用其人力和物質資源的能力。奧根斯基卻認爲，國家的實力或者挑戰現存體系的能力與國家的大小、人口、經濟以及政治發展的速度和時機有關。在現有的國際秩序完全確立，完成了利益分配之後積累了足夠的實力的那些強大而不滿的國家，較有可能成爲國際體系的挑戰者。由於主導國家不肯讓給這些國家更多的利益，它們便試圖通過自身快速增長的、與主導國匹敵甚至超越主導國家的實力，改變原有體系的秩序原則，謀求在體系中更符合自身實力的地位，以便享有那些在它們看來自己應得的特權。它們挑戰原有體系的成功，意味著權力由一國向另一國的過渡，標誌著一個新的秩序的開啓。

　　奧根斯基的這一理論被稱爲權力轉移理論。他認爲，國際體系並非靜態，而是隨著國家權力與增長率的此消彼長而發生變化。增長率的不平衡，主要由人口數量、經濟生產力和國家從社會中汲取資源的政治能力，及運用這些資源促進國家整體利益過程中發生的變化所驅使。奧根斯基進一步指出，如果一個大國的力量增長到至少爲現有主導國力量的80%，則該大國會被看做是現主導國及其國際體系控制力的挑戰者。從實證的角度看，崛起國與霸權國的關係是大國關係的核心。國際體系變遷的本質，就是霸權的轉移

5　Kenneth A.F. Organski, *World Politics*, New York: Knopf, 1958.

6　Kenneth A.F. Organski and Jack Kugler, *The War Ledger*, Chicago: University of Chicago Press, 1980.

和大國在國際體系權力結構中的重新排列與組合。國家不可能永遠稱霸，霸權國的地位遲早會被新興的崛起大國所取代。崛起國堅持以霸權為目標，霸權國則始終緊盯著任何一個可能的挑戰者，其中，最強大的挑戰國無疑是霸權國極度重視的國家。

崛起中的國家為獲得霸權而不斷積聚能量，霸權國則謹慎地保護著自己霸權地位，力圖最大限度地延續這種霸權地位。崛起國與霸權國的競爭與對抗是國際政治鬥爭的軸心，絕大部分國際政治活動都圍繞著崛起國與霸權國的鬥爭而展開，國際社會的絕大部分國家都會受到崛起國與霸權國關係的影響。崛起國與霸權國之間的和平與戰爭是國際體系穩定與變遷的保障，崛起國與霸權國之間的權力轉移是國際體系變遷的基本標誌。因此，國際體系中最主要的關係就是霸權國與挑戰者之間的關係。

奧根斯基認為，崛起國常常對現有的國際秩序不滿，而霸權國又由於是現有國際秩序的既得利益者，因此想要維持現有秩序。這就形成了滿意國家和不滿意國家圍繞著國際秩序主導權問題的競爭與衝突。當不滿意的國家認為有機會通過戰爭贏得秩序主導權的時候，他們就會毫不猶豫地通過戰爭來爭取改變現狀。由此可見，權力轉移理論，將國際關係中一般意義上權力的變更常常導致衝突的歷史經驗和理論總結，從一個側面演變成了可以具有因果聯繫的解釋系統，旨在區分權力的一般性變更和國際體系中主導者與挑戰者之間權力易位，可能產生的特殊權力變更的國際後果，將國際關係中經常發生的權力再分配的重心，定位在主導國家與崛起國家之間的權力關係變化。不過，也有批評者認為，權力轉移理論，雖然在國家層次上建立了較好的分析其衝突與戰爭行為的國家間對位元關係模式，但是權力轉移理論只側重於主導國與潛在挑戰國之間的互動，而拋棄了新現實主義所主張的體系分析模式，也沒有重視對權力分配以及再分配。這樣一來，在該理論的分析框架中，其他國家都成了旁觀者，它們對主導者與競爭者之間的權力轉移關係似乎毫無意義。而事實上，國際體系層次上大國間的權力變更涉及眾多的、不同角色的國家，新現實主義更是特別關注的概念為代表的體系的權力結構，對個體國家的作用。

　　如果我們就以近期美國總統歐巴馬與川普總統的言論觀察，歐巴馬曾接受《經濟學人》專訪時表示，美國和歐盟歡迎中國成為一個遵守國際規範的夥伴，但是當中國不守規矩時，美國必須強硬以對，否則中國會得寸進尺，直到受阻為止。[7]川普則是在就職總統以前，公開批評中國不是市場經濟體，又「不照遊戲規則行事」，偷竊大量的智慧財產權、對美國企業不公平徵稅，在北韓核議題上也沒善盡應負責任協助，還操控貨幣貶值、產品傾銷。川普警告中國，「是時候該住手、停止這麼做了」，「我們得（要求中國）照規矩來」[8]。崛起中的大國，是否應該遵守國際社會目前應遵守的法規，或者應另立國際法體系？一向是美國對中國所顧忌之處，也是美國積極要求中國進入並遵守目前國際社會法律體系。無論是「南海仲裁案」或「南海各方行為宣言」、「南海行為準則」等，都是美國及東南亞國家測試崛起後的中國，甚至未來成為霸權的中國，是否會繼續遵守現行國際法或海洋法的試金石。

貳、「崛起」中國的南海戰略與做法：從韜光養晦到有所作為

一、擱置爭議，共同開發

　　中國在1980年代就對南海提出了「擱置爭議，共同開發」的政策主張，向國際社會承諾，願在南沙爭端問題上，同有關爭端國擱置主權爭議，實現共同開發。鄧小平曾指出：「東南亞國家是中國的近鄰，同東南亞各國建立和發展長期穩定的睦鄰友好關係，是中國外交政策的一項重要目標。」[9]在

7　〈歐巴馬：美須強硬，阻中得寸進尺〉，《中時電子報》，2014年8月5日，http://www.chinatimes.com/newspapers/20140805000928-260301

8　〈又開砲！川普批中國：不照遊戲規則行事〉，《聯合新聞網》，2016年12月9日，https://udn.com/news/story/5/2158250

9　任懷鋒：「中國南海政策作為」，劉復國、吳士存編著：《2011年南海地區形勢評估報告》，臺北：政治大學國際關係研究中心，2012年10月，第33頁。

1970年代至1980年代，中國與東南亞國家建交時，鄧小平在同對方領導人會談中，就提出了處理南沙群島爭議的合理主張：南沙群島是歷史上中國固有的領土，1970年代以來發生了爭議，從雙方友好關係出發，我們趨向於把這個問題先擱置一下，以後再提出雙方都能接受的解決辦法，不要因此而發生軍事衝突，而應採取共同開發的辦法。1986年6月，菲律賓副總統勞雷爾訪華時，鄧小平向他提出，南沙問題可以先擱置一下，先放一放，我們不會讓這個問題妨礙與菲律賓和其他國家的友好關係。1988年4月，艾奎諾總統訪華，鄧小平會見艾奎諾時再次闡述了這一主張。他說，從兩國友好關係出發，這個問題可先擱置一下，採取共同開發的辦法。除「擱置爭議，共同開發」外，鄧小平還闡述了主權屬我的立場。他明確指出，「南沙群島，歷來的世界地圖是劃給中國的，屬中國，我們有很多證據，世界上很多國家的地圖都可以證明這一點。」他還向艾奎諾總統聲明，中國對南沙群島最有發言權，南沙群島歷史上就是中國領土。

至於「擱置爭議，共同開發」的基本含義是：第一，主權屬我；第二，對領土爭議，在不具備徹底解決的條件下，可以先不談主權歸屬，而把爭議擱置起來。擱置爭議，並不是要放棄主權，而是將爭議先放一放；第三，對有些有爭議的領土，進行共同開發；第四，共同開發的目的是，通過合作增進相互了解，為最終合理解決主權的歸屬創造條件。[10]中國對東南亞採取的睦鄰外交政策，不因南海問題而與東南亞關係惡化，這樣的政策延續至江澤民與胡錦濤前期，但在2009年後，「聯合國大陸礁層界限委員會」要求各國主張外大陸架的主張，紛紛遞交到聯合國後，在越南主張南海外大陸架的主張送達，中國反對抗議函中的南海九段線圖，反倒成為南海各國攻擊的對象，但胡錦濤後期至習近平初接政權時，中國經濟發展到了高峰的階段，民族自信心的提升，南海政策也因此有所調整。

---

10 「擱置爭議，共同開發」，《中華人民共和國外交部》，http://www.mfa.gov.cn/chn//gxh/xsb/wjzs/t8958.htm

二、擴增海權，海上衝突事件不斷

2011年6月，由位於澳大利亞雪梨的外交政策智庫「羅伊國際政策研究中心」（Lowy Institute for International Policy）與「麥克阿瑟基金會」（MacArthur Foundation）公布的「危機與信心：印度太平洋亞洲之主要強權與海事安全」（Crisis and Confidence: Major Powers and Maritime Security in Indo-Pacific Asia），作者麥德卡夫（Rory Medcalf）及海恩瑞克斯（Raoul Heinrichs）認為，中國與美國、日本及印度的摩擦恐揮之不去，甚至加劇，隨著事件的次數（詳見表一所列事件）[11]和節奏增高，小事化大而變成武裝對峙、外交危機甚至衝突的可能性也跟著增高。作者認為，權力轉移、國際競爭、軍事現代化、跨國挑戰、制度壓力與政治選擇等，構成東亞國家對領土與民族主義差異化，這些因素使得亞洲的海道更擁擠、危險甚至可能引發武裝衝突。因此，只要海上事件一發生，便有可能導致軍事上的衝突，雖然過去的證據顯示，事件發生不見得會到達衝突的層次，但戰略競爭的變動可能造成事件發生的頻率與幅度上升，有可能某一事件最後因為無法控制而導致穩定體系的崩潰。

至於決定東亞海上秩序，最重要依據還是海上權力，當中國海軍不斷地擴張，與周邊國家不斷地發生海上事件下，只會把這些國家推向與美國建立起更緊密的聯盟關係，對中國而言，倘被孤立於東亞，對其整體的外交利益將造成損害，也因此，我們看到無論是習近平在2010年11月出訪新加坡，或是2011年4月溫家寶出訪印尼與馬來西亞，均強調其睦鄰外交，企圖在南海爭端升高後化解東南亞國家疑慮，但由於中國人民解放軍實際作為諸如演習、擴軍，仍讓周邊國家擔憂，再加上美國歐巴馬政府提出重返亞洲的外交政策，與全球海上權力最大的國家美國結盟，也成為中國周邊國家優先政策選擇。

此外，倘中國欲利用其海軍，不斷擴張其在東亞海域的影響力與注意

---

[11] Rory Medcalf and Raoul Heinrichs, *Crisis and Confidence: Major Powers and Maritime Security in Indo-Pacific Asia*, NSW: Longueville Media, 2011.

力，製造出諸多事端，從另一角度觀之，正代表著東亞海域戰略利益的重要性，這也會使既存利益者美國更不可能退出此海域，如果美國強調的區域內海洋的和平與穩定，那中國海軍欲突破美軍勢力範圍，企圖將緊張局勢升高至武裝衝突恐非易事。至於中國傾力建構第一艘航空母艦，最主要目的還是在激起中國海軍民族主義，中國航空母艦下水後，其活動範圍當然不可能局限於近海區域，最終仍走向遠洋，進入太平洋及印度洋便成為中國優先選擇的海域，不過，航空母艦主要目的仍是中國海軍民族主義的興起，如中國欲確保其周邊海洋權益，巡防艦、海監船、漁政船等，其執法效力恐怕高於航母。

【表一】 2001-2011東亞海域重大事件一覽表

標號	事件	地點	時間
1	中美軍機擦撞事件，美軍偵察機EP-3迫降海南島機場。	近海南島	2001.4.1
2	美軍無瑕號（USNS *Impeccable*）與中國解放軍對峙。	近海南島	2009.3.5-8
3	中國解放軍宋級潛水艇尾隨美國航母小鷹號戰鬥群。	靠近沖繩	2006.10.26
4	中國漁船與日本海上保安廳擦撞。	釣魚臺列嶼附近	2010.9.7
5	日本F-15J升空攔截中國Y-8偵察機。	釣魚臺列嶼附近	2011.3
6	日本軍艦受到中國直昇機干擾。	釣魚臺列嶼附近	2011.3
7	中國巡邏艦以探照燈照射美軍維多利亞號（USNS Victorious）。	黃海	2009.3.4
8	中國解放軍軍艦迫近日本海洋調查船。	東海	2004.7
9	中國軍艦靠近爭議中的東海油氣田，據報導艦上砲口對準日本偵察機。	東海	2005.9
10	中國解放軍10艘軍艦通過日本宮古島海域，中國直升機則升空干擾日本海上自衛隊。	沖繩	2010.4
11	中國國家海洋局所屬直升機在東海爭議油氣田干擾日本軍艦。	東海	2011.3
12	印尼海上巡防隊與中國武裝漁船發生對峙事件。	南海	2010.5-6.23
13	中國解放軍潛艇尾隨美國軍艦，但因潛艦捲入美國軍艦探測儀器，致使潛艦受損。	南海	2009.6
14	中菲越三國船舶發生衝突，中國船舶切斷越南海洋科學調查纜線。	南海	2011.3-6

參考資料：轉引自Rory Medcalf and Raoul Heinrichs, *op. cit.*

基於此觀點，中國航母不是透過嚴格地進行成本效益分析下的產物（畢竟高額的航母維持費將成為中國海軍的嚴重負擔），也不是反映中國現行緊迫的戰略重點；相反地，航母是海軍民族主義的象徵，成為一種激發中國人民自豪和自信感的工具。但更應該注意的是，這種海軍民族主義將進一步影響到中國內部民族主義的興盛，再加上中國逐漸進入領導階層接班的關鍵時刻，以及中國在經濟崛起後，企圖在國際政治的政軍地位上尋求一定的國家尊嚴，這是中國新一代領導人無法輕忽與阻擋的，因此，中國民族主義的興起對其海權事務之影響，值得持續關注。

2011年11月19日，第六屆東亞高峰會議（East Asia Summit, EAS）於印尼峇里島國際會議中心舉行，會議中，中國見到東亞許多國家在政治與安全領域向美國靠攏，美國也意圖將中國拉進多邊的政治安全對話論壇上，運用多邊主義解決諸如南海等具爭議性的問題，但中國國務院總理溫家寶表示，一開始不願在此場合討論此事，在面對龐大的壓力，也只有在高峰會議的場合上闡明中國的立場：「關於南海問題，東亞峰會不是討論這一問題的合適場合。我本來不想說這個問題，但一些國家領導人點到中國，來而不往非禮也，我願重申一下中方的立場。」接著他又表示：「中國在南海問題上的基本立場和主張是明確的、一貫的。2002年，中國與東盟（協）國家簽署了《南海各方行為宣言》，確定推動務實合作，並為最終達成《南海行為準則》而努力。這是東盟（協）國家與中國的共同意願。南海爭議應由直接有關的主權國家通過友好協商和談判、以和平方式解決，這是《南海各方行為宣言》的共識。我們希望各方都能從維護地區和平穩定的大局出發，多做增進互信、促進合作的事情。」最後溫家寶稱：「東亞和東南亞經濟的發展，從一個側面印證了南海的航行自由和安全沒有因為南海爭議受到任何影響。各國根據國際法在南海享有的航行自由得到了充分保障。南海是中國、本地區其他國家及世界各國的重要運輸通道。中國政府為維護南海航行安全做出

了積極貢獻。」[12]

2013年，菲律賓提出南海仲裁案後，中國回應不參與仲裁，並在2013年下半年開始進行南沙大規模填海造陸工程，南海局勢，在中國填海造陸工程對外披露後便進入另一個階段。2014年12月5日，美國國務院發布「中國在南海的海洋主張」（China: Maritime Claims in the South China Sea），論述中國南海斷續線（dashed-line）的法律地位；[13]中國外交部為了因應菲律賓所提南海仲裁案，仲裁庭指示12月15日前要提出答辯狀，在不參與仲裁，又不靜默下要讓國際社會了解中國立場，也在12月7日發布「中國政府關於菲律賓所提南海仲裁案管轄權問題的立場文件」，再次重申仲裁庭無管轄權。[14]

但值得關注的焦點是，中國在南沙群島中七個島礁進行填海造陸工程，中國在南海已非「韜光養晦」，強硬的作為已引起區域緊張，此刻，包括美國第七艦隊司令羅伯特托馬斯，也公開歡迎日本將空中巡邏範圍擴大到南海；越南外長范平明和菲律賓外長羅沙里歐（Albert del Rosario）也表示將建立戰略夥伴關係，共同面對中國的南海作為。面對無論區域內的戰略聯盟，或者是區域外的挑戰，中國在南海展現實力的理由包括：

中國以實力對抗法律戰。當菲律賓提出南海仲裁案，最後仲裁庭受理並作出缺席判決菲律賓勝訴，此已形塑中國不願遵守國際法之負面形象，而菲律賓在訴狀中提及中國所占島礁無主張專屬經濟區及大陸礁層之權利，此也讓中國以填海造陸的方式，將礁變成島，以符合1982年《聯合國海洋法公約》第121條第3項之條件，進一步主張海洋相關權利，不過，中國在填海造陸過程中，倘破壞了原本自然形成部分，使其完全屬人工島礁，反而弄巧成拙，依海洋法公約規定，該人工島礁僅能擁有半徑500公尺的安全地帶，反

---

[12] 「東亞峰會 聚焦南海主權爭議」，《自由時報》，2011年11月20日，http://news.ltn.com.tw/news/world/paper/540525。

[13] State Department, "China: Maritime Claims in the South China Sea," *Limits in the Seas*, No.143, Dec. 5, 2014, https://www.state.gov/documents/organization/234936.pdf

[14] 〈中國政府關於菲律賓所提南海仲裁案管轄權問題的立場文件〉，《中國外交部》，2014年12月7日，http://www.mfa.gov.cn/nanhai/chn/snhwtlcwj/

而喪失原本可享有的12浬領海及24浬鄰接區之海洋權利。

無論是填海造陸,或是中國海警維權,最後只有一個目的,即符合中國共產黨十八大的報告中所言,建立海上強國,維護海洋資源權益,換言之,這些島礁將可以作為中國在萬安灘、禮樂灘進一步探採作為的前進與補給基地,也完成了維護海洋權益前期準備工作。原本國際社會將焦點放在中國是否會在南海宣布「航空防衛識別區」(AIDZ),更沒想到中國可以在短時間內開始進行填海造陸作為,這些舉動除代表中國積極維護南海權益外,更重要的是測試其他南海聲索國(claimants)及美日等國的底線。

2014年5月,中國因鑽井平臺981於西沙海域作業,引發越南排華事件後,美國參議院7月10日通過412號決議,呼籲南海和平解決;國務院亞太副助理國務卿福克斯(Michael Fuchs)也在「戰略暨國際研究中心」(CSIS)表達了「各方不再奪取島礁與設立前哨站」、「不改變南海的地形地貌」、「限制針對他國而發的單邊行動」等政策立場,主張回到2002年《南海各方行為宣言》之前的狀態;[15]亞太助卿羅素則在布魯金斯(The Brookings Institute)表示,美方將推動區域穩定與和平解決海上紛爭,並支持各方透過雙邊外交協議或國際仲裁等方式,解決南海爭議最終簽署一份正式的海上行為規範協定;[16]8月初前往緬甸參加「東協區域論壇」(ARF)的美國國務卿克里(John Kerry),針對南海問題希望維持海域和平與穩定,依據國際法和平處理南海緊張局勢,不過美國認為,維持海上航線與港口安全是美國和東南亞國家的共同責任,強調各方應克制,依循2002年宣言,不使局勢複雜或升高爭議。[17]

---

[15] Michael Fuchs Remarks at fourth annual South China Sea in CSIS, July 11, 2014, http://www.state.gov/p/eap/rls/rm/2014/07/229129.htm

[16] "Shared Challenges and Cooperation for Korea, China and the United States," *Keynote Address Daniel R. Russel,* Dec. 16, 2014, https://www.brookings.edu/wp-content/uploads/2014/12/Daniel-Russel-keynote-address.pdf

[17] "U.S. Engagement in the 2014 ASEAN Regional Forum," State Department, Aug. 10, 2014, http://www.state.gov/r/pa/prs/ps/2014/230479.htm

2015年8月4日，第48屆東協外長會議在馬來西亞吉隆坡召開，中國外長王毅率領的代表團對南海相關言論，成為國際社會關注的焦點，在中國與東協外長會議上，王毅仍繼續不斷鼓吹應透過「雙軌思路」解決南海問題，所謂「雙軌思路」是包括「具體爭議由直接當事方通過談判協商和平解決」；「南海的和平穩定則由中國和東協國家共同維護。」8月5日，王毅提出了「三點倡議」，第一點為南海地區國家，承諾全面有效完整落實《南海各方行為宣言》，加快推進《南海各方行為準則》磋商，同時積極探討，海上風險管控的預防性措施。其次，希望域外國家，能夠承諾支持，南海地區國家的上述努力，不採取導致地區局勢，緊張化、擴大化和複雜化的行為。第三，希望各國都能承諾，依據國際法和維護南海的航行和飛越自由。王毅同時指出，中國在南海問題上將奉行五個堅持，即堅持維護南海的和平穩定，堅持通過談判協商和平解決爭議，堅持通過規則機制管控好分歧，堅持維護南海的航行和飛越自由，堅持通過合作實現互利共贏。[18]

三、霸權國面對崛起中國家不可避免的衝突：中美南海具體衝突事件

(一) 2009年3月無瑕號（USNS Impeccable）事件[19]

2009年3月8日，美國海軍研究船「無瑕號」（T-AGOS-23）在海南省以南約120公里的南海海域進行科學研究調查，與5艘中國籍船舶遭遇。包括一艘中國海軍情報蒐集船、一艘海事局漁業監督船、一艘國家海洋水文監督船和兩艘小型掛著中國國旗的拖網漁船，其中兩艘艦艇向「無瑕號」逼近至15公尺，艦上人員揮舞中國國旗，要求「無瑕號」離開。「無瑕號」用消防水龍頭向中國艦艇噴水。兩艇隨後向「無瑕號」再逼近，雙方距離不到8公尺。中國艦艇並向海洋海拋木頭企圖阻擋「無瑕號」去路，「無瑕號」透過

---

[18] 「雙軌思路和五個堅持是解決南海問題辦法」，《人民網》，2015年8月4日，http://world.people.com.cn/n/2015/0804/c1002-27410490.html

[19] 〈美派一宙斯盾艦護航無瑕號繼續橫行南海〉，《環球時報》，2009年03月13日，http://big5.xinhuanet.com/gate/big5/news.xinhuanet.com/mil/2009-03/13/content_11004420.htm

艦上廣播表示將要離開，但兩艘中國艦艇擋住「無瑕號」的去路，迫使「無瑕號」必須緊急下錨。中國船員又用長竹伸到海中試圖破壞「無瑕號」拖曳的聲納陣列。

3月11日，中國外交部長楊潔篪在與希拉蕊會談時，就美國海軍監測船日前在中國專屬經濟區活動一事，闡明了中國的原則立場和關切。12日，美國則派出海軍「鐘雲號」（DDG-93）驅逐艦前往為在南海進行監測活動的「無瑕號」護航。

（二）2009年6月麥凱恩號（USS John McCain）事件[20]

2009年6月11日，美國軍艦「麥凱恩號」（DDG-56）跟蹤中國潛艇，雙方在距離蘇比克灣144公里的民都洛海峽（The Mindoro Strait）遭遇，中國潛艇卻意外纏上拖在「麥凱恩號」後方約1.8公里處的聲吶，不過潛艇並未浮出水面。但也有外界說明這艘中國潛艇的意圖更有可能是暗中追蹤「麥凱恩號」，測試「悄然接近美國軍艦並擁有撤走的能力」。

（三）2013年12月5日考本斯號（USS Cowpens）事件[21]

2013年12月5日，美國海軍提康得羅加級導彈巡洋艦「考本斯號」（CG-63），在南海海域監視中國海軍遼寧艦航母時，與中國兩棲軍艦遭遇，美艦採取緊急機動規避相撞。一開始，中國軍艦向「考本斯號」鳴笛警告，要求它離開訓練海域，但「考本斯號」繼續向前航行。因此，中國軍艦阻止其航行，迫使「考本斯號」艦長下達「全面停船，緊急規避」的命令。「考本斯號」艦長馬上與遼寧艦艦長張崢進行無線電通聯。在簡單的溝通與交流之後，中國兩棲軍艦駛離現場，而「考本斯號」也沒有繼續待在遼寧艦的訓練海域內。

---

20 〈美媒稱美驅逐艦拖拽聲吶在南海碰撞中國潛艇〉，《環球時報》，2009年06月13日，http://military.people.com.cn/BIG5/42967/9468205.html

21 〈美軍戰艦在南海監視遼寧艦被逼停 美外交抗議〉，《環球網》，2013年12月14日，http://news.xinhuanet.com/mil/2013-12/14/c_125859035.htm

（四）2015年10月27日拉森號（USS Lassen）事件[22]

2015年10月27日，美國派遣「拉森號」（DDG-82）導彈驅逐艦進入中國南沙群島渚碧礁（Subi Reef）附近水域。中國海軍「蘭州號」導彈驅逐艦和「臺州號」巡邏艦對美軍艦予以警告並尾隨約十日，27日「拉森號」駛入中國人工島礁12浬內，中國軍艦立刻說：「你們在中國領海，有什麼意圖？」拉森號艦上官兵答以只是依國際法正常行使自由航行權。

（五）2016年1月30日威爾伯號（USS Curtis Wilbur）事件[23]

2016年1月30日，美國威爾伯號（USS Curtis Wilbur, DDG54）導彈驅逐艦進入中國西沙群島的中建島（Triton Island）12浬內，中國外交部則表達嚴正抗議，而與2015年10月底美軍拉森號（USS Lassen, DDG-82）進入南沙群島渚碧礁（Subi Reef）的12浬內意義不同，中建島無須填海造陸，便是天然的島礁，中國政府也依據直線基線劃設西沙群島領海基線，而中建島正是在西沙群島最西南端，也最靠近越南的一個島，在2014年5-7月，中國海洋石油981鑽井平臺也在中建島南方海域進行勘探，引發中越海上衝突，也波及到越南南部的排華運動，讓臺商遭受池魚之殃。

當美軍威爾伯號經過中建島領海時，美國並未表示是行使領海的無害通過權，而是非領海的自由航行權，同時說明越南、中國及臺灣對西沙群島均有主權主張。不過，從另一角度觀察，美國等於間接承認此等群島是具有爭議的，照道理講，美國海軍應該熟稔海洋法，進入他國（無論是中國或越南甚至是臺灣）領海，行使的是無害通過權，但美軍執意稱之為自由航行權，應該有兩種可能，第一種可能是美國根本不承認中國在西沙群島劃設的領海基線與領海，或甚至無視中國領海；第二種可能是美軍打算測試中國人民解放軍的底線，在巡航南沙群島之際，中國明顯退讓一步，不主動與美軍挑

---

[22] 〈專家：美軍艦赴南沙挑釁中國主權 欲展示老大地位〉，《人民網》，2015年10月28日，http://military.people.com.cn/BIG5/n/2015/1028/c1011-27749571.html

[23] 〈外交部回應美軍艦進入中建島海域：依法對其監視、喊話〉，《新華社》，2016年1月30日，http://news.xinhuanet.com/politics/2016-01/30/c_1117945246.htm

矕，但從進入中建島領海海域後，中國軍事部門也表現的異常冷靜，中國政府也刻意壓低民族主義的情緒，避免與美國硬碰硬。因此，當習近平在2015年9月訪美時，提到中美關係不會落入像「修昔底德的陷阱」，更強調雙方在空中與海上相遇規則的建立。

就在威爾伯號進入中建島領海的前幾天，中美外交與軍事方面發生了兩件大事，其一為1月27日美國國務卿克里（John Kerry）訪問北京，與外長王毅會談最無法達成共識的就是北韓與南海問題，其二為1月19日晚間，美國海軍作戰部長理查森（John M. Richardson）和中國海軍司令吳勝利舉行了兩個小時的視頻通話。

美軍刻意挑西沙群島的中建島穿越領海，雖可言無害通過但卻言自由航行，顯見美軍的行動是有深謀遠慮與精心設計，但無論如何，中美之間也在進行風險管控，未來透過這些事端，進一步完善兩國的相遇規則將指日可待。

（六）2016年5月10日勞倫斯號（USS William P. Lawrence）事件[24]

2016年5月10日，美國海軍「勞倫斯號」（DDG-110）驅逐艦進入中國永暑礁附近海域實施航行自由行動。中國軍隊當即採取應對行動，海軍航空兵2架殲－11戰鬥機、1架運－8警戒機緊急升空，赴相關海域巡邏警戒，「廣州號」導彈驅逐艦、「綿陽號」導彈護衛艦和「臨汾號」護衛艦，迅即對美軍艦進行識別查證並給予警告。2015年年底以來三次赴南海巡航行動中，中國軍隊實施驅逐行動出動兵力最多的一次，力度也最大。

（七）2016年7月12日南海仲裁結果前後[25]

為了避免仲裁結果出爐後引起區域動盪不安，美軍在仲裁結果前，採取預防作為，包括美國雷根號（USS Ronald Reagan）航母在內的7艘美軍艦

24　〈國防部、外交部回應美勞倫斯號驅逐艦闖入永暑礁12海里領海〉，《新華網》，2016年5月11日，http://mil.eastday.com/a/160511102832546.html?qid=wwweastday

25　〈中方就南海仲裁警告美國：停止在南海地區耀武揚威〉，《環球時報》，2016年07月08日，http://world.huanqiu.com/exclusive/2016-07/9140279.html

船集結南海，其中3艘驅逐艦過去兩周更是多次接近中國島礁14-20浬間航行，這3艘驅逐艦包括「斯特西姆號」（USS Stethem）、「斯普魯恩斯號」（USS Spruance）和「莫姆森號」（USS Momsen）驅逐艦，在黃岩島和中國實際控制的南沙島嶼附近海域巡航。更早之前，在6月18日，美國海軍斯坦尼斯號（USS John C. Stennis）及雷根號兩艘航空母艦正在菲律賓海域進行軍事演習，參與的還包括約1萬2千名海軍、約140架飛機，以及共計6艘導彈巡洋艦和驅逐艦。至於中國解放軍的作為，在仲裁案結果出爐前，於2016年7月5-11日於西沙群島附近海域進行軍事演習，在仲裁案結束後，中國在7月19-21日於南海海域演習，中俄則在9月12-20日舉行中俄「海上聯合－2016」軍演。[26]

（八）2016年10月21日迪凱特號（USS Decatur）事件[27]

菲律賓總統杜特蒂21日結束對中國國是訪問當日，美國海軍神盾艦「迪凱特號」（USS Decatur）於西沙群島執行航行自由任務，「迪凱特號」21日於西沙群島的中建、永興兩島附近執行航行自由任務，包括中國、越南和臺灣都聲稱擁有該區域的主權。不過，美國官員認為，迪凱特號並未駛入島嶼12浬的領海範圍內，中國派出海軍飛彈驅逐艦廣州號及飛彈護衛艦洛陽號監視，雙方安全互動。中國國防部指控，美艦在西沙的行動為「非法」且「挑釁」。中國外交部發言人華春瑩表示：「美國軍艦在未經中方批准情況下擅自進入中國領海，嚴重侵犯中國主權和安全利益，嚴重違反中國相關法律和國際法，破壞有關海域的和平、安全和良好秩序，我們對此堅決反對並予以強烈譴責。」至於是否有進入領海，則是中美對西沙群島的領海範圍定義不同，主要是中國在西沙群島運用了洋中群島的直線基線劃定領海基線。

---

26 〈中俄海上聯合2016軍演南海秀肌肉 新華社詳細報導「聯合奪控島礁」〉，《風傳媒》，2016年9月21日，http://www.storm.mg/article/168753

27 〈菲總統剛嗆完美國，美在南海執行自由航行任務〉，《蘋果日報》，2016年10月21日，http://www.appledaily.com.tw/realtimenews/article/new/20161021/973051/

（九）2017年5月25日杜威號（USS Dewey）[28]事件

　　川普政府上臺後，美國海軍杜威號在2017年5月底執行了該政府首次在南海的「自由航行」任務，選定南沙群島的美濟礁，中國國防部批評美國擅自進入該水域，中國外交部則表達「強烈不滿和堅決反對」美軍的舉動。

（十）2017年7月2日史蒂森號（USS Stethem）[29]事件

　　川普政府以將近兩個月一次的頻率，在2017年7月初派遣史蒂森號航行西沙群島的中建島12浬領海，有別於南沙群島穿過低潮高地的12浬內部分，美軍選擇中建島此一享有領海權利的島礁進行自由航行計畫，則在挑戰中國對領海無害通過必須經過中國同意方得行使該權利之法規。

（十一）2017年8月10日麥凱恩號（USS John McCain）[30]事件

　　美國麥凱恩號在2017年8月10日進入美濟礁內12浬內，中國派出兩艘導彈護衛艦對其警告後驅離。當日晚，中國外交部、國防部相繼就美軍艦擅入中國南沙群島有關島礁海域一事作出回應，中國軍隊隨即派出軍艦依法對美艦實施查證識別，並予以警告驅離。

（十二）2017年10月10日查菲號（USS Chafee）[31]事件

　　美國查菲號導彈驅逐艦在2017年10月10日進入中國西沙群島領海，執行自由航行計畫。中國國防部則回應稱，中國海軍當時派出黃山號導彈護衛艦和兩架殲11B戰機、一架直-8直升機緊急應對，對美艦予以警告驅離。

28　〈南海爭端：美軍航行自由巡航迫近美濟礁，解放軍驅逐〉，《BBC中文網》，2017年5月25日，http://www.bbc.com/zhongwen/trad/chinese-news-40040701

29　〈美驅逐艦巡航，無預警進入中建島12海里領海內〉，《自由時報》，2017年7月2日，http://news.ltn.com.tw/news/world/breakingnews/2118913

30　〈美驅逐艦擅入美濟礁，中國外交部、國防部回應〉，《僑報網》，2017年8月10日，http://www.uschinapress.com/2017/0810/1116768.shtml

31　〈美軍「查菲號」擅入西沙領海，中方派殲11B戰機驅逐〉，《頭條日報》（香港），2017年10月11日，http://hd.stheadline.com/news/realtime/chi/1035623/

（十三）2018年1月17日哈伯號（USS Hopper）[32]事件

與前幾次執行自由航行計畫不同的是，哈伯號選擇引發南海仲裁案的黃岩島，執行自由航行計畫，而這也是美國軍艦首次進入黃岩島12浬內，美軍此舉當然引起中國的不滿與抗議，但中國也在釐清美軍進入黃岩島領海範圍的真正意圖。

（十四）2018年3月23日馬斯汀號（USS Mustin）[33]事件

3月23日，美國海軍馬斯汀號號導彈驅逐艦進入中國南海美濟礁鄰近海域。中國海軍570艦、514艦立即採取行動，對美國軍艦進行識別查證，並予以警告驅離。

（十五）2018年5月27日希金斯號（USS Higgins）與安提坦號（USS Antietam）[34]事件

希金斯號與安提坦號在2018年5月27日於西沙群島執行自由航行，對於中國主張西沙群島的直線基線劃法，認為過度主張海洋權利，因此，此次自由航行便在永興島、中建島、趙述島（Tree Island）、東島（Lincoln Island）進行，中國國防部發言人吳謙在回答大陸媒體詢問時表示，「中共軍隊當即行動，派遣艦機依法對美艦進行識別查證，並予以警告驅離。」[35]

32　〈美艦進入黃岩島12海里，陸警告驅離〉，《中央社》，2018年1月20日，http://www.cna.com.tw/news/firstnews/201801200132-1.aspx

33　〈美艦又來南海挑釁，中國出動兩軍艦警告驅離〉，《中評社》，2018年3月24日，http://hk.crntt.com/doc/1050/1/9/3/105019382.html?coluid=91&kindid=2710&docid=1050 19382

34　〈每雙艦駛近西沙，路透：恐再觸怒北京〉，《自由時報》，2018年5月28日，http://news.ltn.com.tw/news/world/paper/1204221

35　〈美雙艦入西沙群島領海，共軍：違反國際法 警告驅離〉，《中時電子報》，2018年5月28日，http://www.chinatimes.com/realtimenews/20180528001146-260417

【表二】　中美軍艦南海對峙一覽表

案例	時間	性質	中國反應
無瑕號	2009年3月8日	海測	干擾
麥凱恩號	2009年6月11日	遭遇潛艇	隱匿
考本斯號	2013年12月5日	監視遼寧號演習	驅離
拉森號	2015年10月27日	自由航行（渚碧）	跟隨
威爾伯號	2016年1月30日	自由航行（中建）	監控、表明美軍違法
勞倫斯號	2016年5月10日	自由航行（永暑）	監控、警告（規模最大）
仲裁前後	2016年7月12日	預防衝突	軍演
迪凱特號	2016年10月21日	自由航行（中建、永興）	跟隨、警告
杜威號	2017年5月25日	自由航行（美濟）	跟隨、警告
史蒂森號	2017年7月2日	自由航行（中建）	監控、表明美軍違法
麥凱恩號	2017年8月10日	自由航行（美濟）	查證識別、警告驅離
查菲號	2017年10月10日	自由航行（西沙群島）	查證識別、警告驅離
哈伯號	2018年1月17日	無害通過（黃岩島）	查證識別、警告驅離
馬斯汀號	2018年3月23日	自由航行（美濟）	查證識別、警告驅離
希金斯號與安提坦號	2018年5月27日	自由航行（西沙群島）	查證識別、警告驅離

Rory Medcalf and Raoul Heinrichs, *Crisis and Confidence: Major Powers and Maritime Security in Indo-Pacific Asia* (NSW, Australia: Lowy Institute for International Policy), p.9.

　　「無瑕號」、「麥凱恩號」及「考本斯號」屬於美軍在執行自身行動中，遭遇到中國軍艦或潛艇的挑戰，中國在維護海權的思維下，認為美軍的行動侵害了中國的權益。然而，從2015年開始的「拉森號」、「威爾伯號」、「勞倫斯號」及「迪凱特號」則是美國挑戰中國島礁填海造陸後，過分聲稱海洋權利的結果，不過挑戰的地點與幅度，以及中國因應的能量與規模，均持續增加中。至於川普政府在2017年1月上臺後，也在同年5月開始執行自由航行計畫，頻率約為兩個月一次，且主要鎖定美濟礁、西沙群島與黃岩島，顯然較歐巴馬政府更具有針對性，因此，中美兩軍在南海發生衝突的機率逐漸升高。

四、爭霸中，先完善法律制度

2012年4月，中國與菲律賓發生黃岩島事件，菲律賓在海上實力方面無法與中國匹敵，於是透過國際司法救濟，尋求獲得正義，於是在2013年1月要求與中國組成仲裁庭解決南海爭端，中國雖然不願應訴，但根據1982年《聯合國海洋法公約》的規定，仲裁庭仍然組成，該庭也在2015年10月底受理管轄，並可能針對菲律賓提出的十五項訴求中的七項進行裁決。

中國雖然已表達不接受、不參與「南海仲裁案」，不過，這並不代表中國不願採用法律作為武器，對抗南海域內外國家對其挑戰，相反地，中國透過片面的法律工具，完善行政、立法與司法管轄權，達到維護主權之目標。也就是說，2003年中國人民解放軍正式提出「輿論戰」、「心理戰」及「法律戰」三戰手段，同樣適用在現行的南海情勢中，不過，由於中國在南海「法律戰」一般採取單邊措施，雖然與南海周邊國家仍有少數條約存在，但在立法與適用法律方面仍有進步空間，因此，中國在南海和平時期，持續運用法律戰以維護其國家權益，例如，1992年《中華人民共和國領海及毗連區法》中就僅有直線基線劃定領海基線的劃法，相對臺灣採取混合正常基線與直線基線的混合基線的畫法，中國顯得僵硬，因此，在許多獨樹一格的礁岩地形，由於無法找出直線基線的點而遲遲無法劃出領海基線。

綜觀中國在南海採取的法律戰，首先要先了解中國想透過法律戰達到什麼樣的政治目標，此目標不外乎是胡錦濤在2012年十八大中提到的「海洋強國」概念，而在2013年政治局的集體學習中，習近平也提到海洋強權的重要性，而要達到法律戰的手段，一般可分為國內立法、國際法、司法、法律公告及海上執法等概念。

（一）在國內立法與法律公告方面

1958年，中國公告了《中華人民共和國政府關於領海的聲明》，聲明中國領海寬度為12浬，並適用於中國及沿海島嶼和同大陸及其沿海島嶼隔有公海的島嶼。1959年，廣東省海南地區在永興島設立行政機構，管轄西沙群島、中沙群島與南沙群島事務，1984年，海南行政區管轄的範圍包除了三沙外，也包括其島礁及其海域。1992年通過領海及毗連區法後，該

法第2條規定，中國陸地領土包括南海的四個群島以及其他島嶼，周邊水域
為中國的12浬領海。1996年5月則公告了領海基點與基線，同時也公告了西
沙群島的領海基線。1998年，中國也頒布了《中華人民共和國專屬經濟區
和大陸架法》，第14條規定，該法並不影響中國享有的歷史性權利（historic
rights）。

（二）在國際法方面

中國曾在2000年12月25日與越南簽署《北部灣領海、專屬經濟區和大陸
架劃界協定》的基礎上，簽定了《北部灣漁業合作協定》，2004年又草簽了
《北部灣漁業合作協定補充議定書》。2002年11月，中國與東協十國簽署了
《南海各方行為宣言》，目前，則與東協十國資深官員協商《南海行為準
則》的內容，但這樣的會議尚未有結果，造成各界質疑中國採取以拖待變的
戰略。

（三）在司法方面

2016年3月，中國最高人民法院院長周強在中國人民大會上報告指出，
最高法院擬設立國際海事司法中心，維護國家主權和海洋權益，一般而言，
此類專業法庭的設立，主要是面對中國在東海、南海等海域存在諸多民間的
海事案件，因此由專業法庭處理，但是否藉此完善中國在東海、南海針對外
國船舶進行的司法管轄權，則有待未來觀察。[36]

（四）在海上執法方面

中國在2013年整併了中國海警局，強化東海與南海的執法力道，並且
不斷建造新的執法船，2016年後至少有20-30艘執法船下水，2018年7月1
日起，中國海警局正式編入武警系統，成為中央軍委會直接指揮的單位之
一，[37]使得海域緊張情勢更顯緊張，但其主要目的並非單純以實力作為維護

---

[36] 〈搶海權 中國設國際海事司法中心〉，《聯合新聞網》，2016年3月15日，http://udn.
com/news/story/7331/1562737

[37] 〈全國人民代表大會常務委員會關於中國海警局行使海上維權執法職權的決定〉，
《中國人大網》，2018年6月22日，http://www.npc.gov.cn/npc/xinwen/2018-06/22/
content_2056585.htm

海權的基礎，而是透過中國海警不斷建構行政管轄權的行使，以此彰顯中國在海權方面的管轄基礎。

中國透過上述行政、立法、司法管轄權的行使，維護其在海洋事務上的權益，但在面對國際規範時，表現出以拖待變的戰略態勢，雖然中國在區域內透過片面的手段企圖達到海洋強國目標，但對既存的國際法律秩序將是一大挑戰。

（五）面對「南海仲裁案」方面

中國在南海的實力作為，除因應菲律賓的仲裁案外，更重要的是有其戰略與經濟利益的考量，中國無法改變仲裁庭的結果或意向，但正在改變南海現狀，這也讓國際社會呼籲中國回到2002年《南海各方行為宣言》以前的態勢已不可能。2016年7月12日，中國在面對菲律賓所提的南海仲裁案結果出爐後的立場，透過新華社發布聲明，重申中國在南海的領土主權和海洋權益，加強與各國在南海的合作，維護南海和平穩定，中華人民共和國政府聲明如下：一、中國南海諸島包括東沙群島、西沙群島、中沙群島和南沙群島。中國人民在南海的活動已有2000多年歷史。中國最早發現、命名和開發利用南海諸島及相關海域，最早並持續、和平、有效地對南海諸島及相關海域行使主權和管轄，確立了在南海的領土主權和相關權益。第二次世界大戰結束後，中國收復日本在侵華戰爭期間曾非法侵占的中國南海諸島，並恢復行使主權。中國政府為加強對南海諸島的管理，於1947年審核修訂了南海諸島地理名稱，編寫了《南海諸島地理志略》和繪製了標繪有南海斷續線的《南海諸島位置圖》，並於1948年2月正式公布，昭告世界。二、中華人民共和國1949年10月1日成立以來，堅定維護中國在南海的領土主權和海洋權益。1958年《中華人民共和國政府關於領海的聲明》、1992年《中華人民共和國領海及毗連區法》、1998年《中華人民共和國專屬經濟區和大陸架法》，以及1996年《中華人民共和國全國人民代表大會常務委員會關於批准〈聯合國海洋法公約〉的決定》等系列法律文件，進一步確認了中國在南海的領土主權和海洋權益。三、基於中國人民和中國政府的長期歷史實踐及歷屆中國政府的一貫立場，根據中國國內法以及包括《聯合國海洋法公約》在

內的國際法，中國在南海的領土主權和海洋權益包括：（一）中國對南海諸島，包括東沙群島、西沙群島、中沙群島和南沙群島擁有主權；（二）中國南海諸島擁有內水、領海和毗連區；（三）中國南海諸島擁有專屬經濟區和大陸架；（四）中國在南海擁有歷史性權利。中國上述立場符合有關國際法和國際實踐。四、中國一向堅決反對一些國家對中國南沙群島部分島礁的非法侵占，及在中國相關管轄海域的侵權行為。中國願繼續與直接有關當事國在尊重歷史事實的基礎上，根據國際法，通過談判協商和平解決南海有關爭議。中國願同有關直接當事國盡一切努力作出實際性的臨時安排，包括在相關海域進行共同開發，實現互利共贏，共同維護南海和平穩定。五、中國尊重和支持各國依據國際法在南海享有的航行和飛越自由，願與其他沿岸國和國際社會合作，維護南海國際航運通道的安全和暢通。[38]

參、美國亞太盟邦對中國的回應：結盟

美國福斯新聞網（Fox News）在2016年2月16日獨家刊登西沙群島永興島衛星照，顯示中國人民解放軍已在島上部署「紅旗九」防空飛彈，引起國際社會的關注。這些衛星照來自以色列「國際衛星影像公司」（ImageSat International），對過去媒體一般由美國「戰略與國際研究中心」披露的衛星照而言，傾向保守派共和黨的福斯新聞集團，在歐巴馬2月15日開始在加州陽光莊園與東協國家舉行高峰會之際，釋放此一以色列衛星公司提供的衛星照，時機點與作法啓人疑竇。[39]中國國防部25日表示：「西沙群島是中國的固有領土。中國在領土範圍內進行軍事部署，無論是過去部署，還是現在部

---

[38] 「中華人民共和國政府關於在南海的領土主權和海洋權益的聲明」，《新華社》，2016年7月12日，http://news.xinhuanet.com/world/2016-07/12/c_1119207706.htm

[39] Lucas Tomlinson and Yonat Friling, "Exclusive: China Sends Surface-to-Air missiles to Contested Island in Provocative Move," *FOX News,* Feb. 16, 2016, http://www.foxnews.com/world/2016/02/16/exclusive-china-sends-suface-to-air-missiles-to-contested-island-in-provocative-move.html

署，無論是臨時部署，還是長期部署，無論是部署這種裝備，還是部署那種裝備，都是中方的正當合法權利。」[40]3月底，中國中央電視臺《軍事報導》節目則播出鷹擊-62反艦導彈、紅旗9防空導彈發射，以及西沙群島琛航島駐軍使用陸盾2000型近程防空武器系統等畫面，也證實了西沙群島存在軍事防衛能力。

另一個背景條件則是日本通過《新安保法》所帶來的一連串效應，安倍晉三在2015年7月29日，在參院針對「日本能否藉集體自衛權，去除南海水雷」議題稱：「若符合新武力行使三要件，日本可以行使集體自衛權」。符合新武力三要件是指在2014年7月1日的內閣會議中決定的第一要件：「除我國遭受武力攻擊外，在與我國關係密切的其他國家遭到武力攻擊，且其攻擊足以威脅我國存立、顛覆國民生命、追求自由、幸福權利的根本時」，[41]因此，如果日本以軍事實力涉入，不僅將引起區域的緊張，各國更會要求美國對此明確表態。

一、日本與美國、菲律賓在南海戰略結盟

1987年瓦特（Stephen Walt）所撰寫的「聯盟的起源」（*The Origins of Alliances*）一書，瓦特認為一國在面對其他強權的威脅時，採取「抗衡」運用外力（外部平衡，external balancing）來抗拒大國要求小國屈服的壓力；或是採取「扈從」，小國片面限制本身的行為以避免和大國的核心利益相衝突，從而保持和大國之間的和緩關係。[42]從日本角度來說，中國是在東亞逐漸崛起的強權，日本卻受制於和平憲法而無法成為一個正常國家，這對應對崛起強權來說並非好事，而日本與美國及東南亞國家結盟，正可說明藉由外部平衡力量，共同抗拒中國對周邊國家要求屈服的壓力。

---

[40] 「國防部：中國在領土範圍內的軍事部署正當合法」，中華人民共和國國防部網站，2016年2月25日，http://www.mod.gov.cn/jzhzt/2016-02/25/content_4644948.htm

[41] 詹如玉：〈安倍稱自衛隊可能赴南海掃雷 否認「戰爭法案」指控〉，《風傳媒》，2015年7月30日，http://www.storm.mg/article/59306

[42] Stephen M. Walt, *Origins of Alliances* (Ithaca: Cornell University Press, 1987), pp. 17-21.

日本於是跟隨美國腳步，積極涉入南海事務，主要存在以下幾點考量：第一，分散中國在東南海的實力，中國「一帶一路」的「海上絲綢之路」從福州出發，但主要路徑是經過南海，倘日本能在南海箝制中國實力，除對「一帶一路」產生干擾作用外，也可因中國分化其海上實力，降低日本在東海面對中國的壓力；第二，藉此突破自衛隊海外執行任務的限制，在中國積極擴增軍力的同時，日本感受到安全上的威脅，與東南亞國家形成聯盟關係，同美國、東南亞國家聯合作戰，此舉將有助於日本在軍事安全上拓展其影響力至南海周邊國家；第三，在新安保法通過後，將國家實力投射在南海事務上，可以彰顯日本對東亞地區的責任與態度，特別是站在美國這一邊，以實力方式協助東南亞國家逼迫中國遵守現行國際法治；第四，藉此與美國及東南亞國家建立起堅強的聯盟關係，由於現實主義認為，小國面對強權只能選擇「抗衡」或「扈從」，其中「抗衡」指小國藉由增強本身實力或運用外力（與其他國家之間的聯盟），來抗拒大國要求其屈服壓力；「扈從」則是小國片面限制自身行為，避免與大國核心利益產生衝突。對日本來說，與美國結盟抗衡來自中國的威脅，成為日本必要選項。

二、日本在南海協助菲律賓之具體展現

日本除在2013年7月安倍晉三訪問菲律賓時，答應提供菲律賓10艘巡邏艇外，還支援菲律賓對中國南海提出的國際仲裁；[43]最明顯的例子是在七大工業國開會時，日本通常會主導將海洋議題寫入領導人聲明中。[44]此外，菲律賓也支持日本修改新安保法，允許日本海上自衛隊使用菲律賓港口，2013年1月10日，日本外相岸田文雄與菲律賓外交部長羅薩里奧在菲律賓舉行會

---

43 「日援菲巡邏船 首艘抵馬尼拉」，《大公報》，2016年8月19日，http://news.takungpao.com.hk/paper/q/2016/0819/3359057.html

44 「G7峰會 反對中國改變南海現狀」，《自由時報》，2015年6月9日，http://news.ltn.com.tw/news/world/paper/887646；「日本外長：在G7呼籲南海問題的司法解決」，《日經中文網》，2016年3月31日，http://zh.cn.nikkei.com/politicsaeconomy/politicsasociety/18937-20160331.html

談，菲律賓外長表示，亞洲需要一個更強大的日本，以平衡中國；5月22日，菲律賓外長德爾羅薩里奧訪問日本，會晤了日本外相岸田文雄和首相安倍晉三，訪日期間，菲律賓駐日本大使館網站發表一則聲明，稱安倍首相表示日本政府支持菲律賓1月份提出「南海仲裁案」，也承諾繼續支持菲律賓提升海上安全能力；6月27日，日本防衛大臣小野寺五典與菲律賓國防部長加斯明會談後表示，日菲兩國將加強在防衛偏遠島嶼、領海以及保護海洋權益方面的合作，日本政府則支持菲律賓透過國際仲裁以解決與中國的南海爭端。[45]10月9日，安倍在汶萊出席日本與東協十國峰會，針對南海問題，安倍聲稱非常擔心中國欲強行改變現狀的動向，應該根據國際法解決問題。日菲兩國在口頭上均說要加強兩國海軍聯繫，以應對中國不斷增長的軍事實力及在本地區日益強硬的領土主張，對日本而言，所指的當然是釣魚臺爭議；對菲律賓而言，則指南海領土爭端。

在菲律賓提起南海仲裁案後，美國尚未大張旗鼓地在中國填海造陸的南沙島礁附近海域進行自由航行行動前，日本已在實際行動上支持菲律賓。2015年6月，菲律賓總統艾奎諾前往日本訪問，在日本經濟新聞社於東京舉辦的第21屆「亞洲的未來」國際研討會上演講時批評中國：「日本與菲律賓訴求自由航行和法律統治來針對中國非法主權的主張」，他接著認為：「如果那裡成為真空狀態，例如美國如果說『我國不關心』的話，就不能阻止其他國家的野心」。艾奎諾以第二次世界大戰爆發前的歷史事件，當德國納粹吞併捷克斯洛伐克的蘇臺德（Sudetenland）地區，指責當時「誰也沒叫停」[46]，最後第二次世界大戰便發生了，艾奎諾公開表示中國是納粹德國，希望國際社會不要對中國採取姑息主義。就在艾奎諾訪問日本返國後不久，6月23日上午6時多，由14名日本海上自衛隊員和3名菲律賓軍人搭乘P3C反

---

[45] 「日菲討論加強防務合作」，《新華網》，2013年6月27日，http://news.xinhuanet.com/world/2013-06/27/c_116319031.htm

[46] 「菲律賓總統艾奎諾東京演講批評中國」，《BBC中文網》，2015年6月3日，http://www.bbc.com/zhongwen/trad/world/2015/06/150603_japan_phillipine_president_speech

潛機自菲律賓西部巴拉望島的普林塞薩港（Puerto Princesa），飛往巴拉望島以西80至180公里處的南海海域上進行演訓。

三、日菲南海戰略關係持續穩固

不過，日本所屬P3C反潛機的行動並非是日本首次在南海事務上協助菲律賓，2015年5月初，日本也曾與菲律賓舉行軍事演習，更早之前，也就是在艾奎諾就任總統後隔年2011年9月25-28日，艾奎諾相繼訪問中國、美國與日本等亞太重要國家，並在日本停留四日，從中國取得經貿保證，從美日兩國取得安全保證，27日，日本願與菲律賓建構戰略夥伴關係，雙方領導人共同發表了「日本與菲律賓全面促進鄰國間特別團結友誼之戰略夥伴關係聯合聲明」（Japan-Philippines Joint Statement on the Comprehensive Promotion of the 'Strategic Partnership' between Neighboring Countries Connected by Special Bonds of Friendship），試圖強化與確保雙方在東亞的共同利益。由於在日本工作的菲律賓人約有22萬人，日商對菲律賓投資約占該國的30%左右，遠超出其他國家的直接投資，而日本與菲律賓彼此間並無任何領土糾紛，在領土主權爭議上有共同的對手，兩國在地理位置上又相當接近，分別位於中國東北方及西北方，因此兩國關係密切。日本不斷地強調與菲律賓有著共同的基本價值觀（民主社會）和戰略利益（地緣政治），希望雙方能在區域合作的框架內密切合作，對地區穩定和繁榮做出貢獻。艾奎諾則強調：「希望雙方在海上安全保障和防衛方面全面加強合作。」此外，雙方還把副部長級的雙邊政策磋商，升級為戰略對話，在海上警察與安全的合作事務上，日本海上保安廳將支援菲律賓沿岸警備隊提升能力，同時促進兩國防衛部門間的交流。在共同聲明中，雙方還提出兩國將作為美國的同盟國。雙方決定，未來將定期舉行政府間磋商與協調行動，推進合作，確保日本在南海海域的航行自由和船隻安全。此外，雙方還就攜手合作應對麻六甲海峽和索馬利亞海域的海盜問題達成共識。

2016年5月，菲律賓選出新總統杜特蒂（Rodrigo Duterte），美菲關係或許因杜特蒂言論而受些影響，但日菲關係仍然穩固，10月27日杜特蒂晉見日

本明仁天皇，與安倍晉三的高峰會上，日本也提供約五十億日圓貸款，協助杜特蒂家鄉民答那峨島進行農業開發。另外，杜特蒂也出席菲律賓租用日本海上自衛隊五架TC-90教練機的簽約儀式，這些教練機等於是半租半送給菲律賓的。杜特蒂在行前記者會上也表示，日本是重要的戰略夥伴，真正的朋友。他也期待在南海問題上和日本加強防衛合作，因為菲國海岸警備力有限，缺乏必須的船艦。對於外界質疑杜特蒂親中遠美路線，他也在日本表示，即使與中國建立關係，也是貿易與商業領域，不會和美國以外的國家建立新的軍事同盟。顯然日本與菲律賓的合作關係，也不會因為杜特蒂強化與中國經貿關係而受到影響。

面對美國一連串清晰態度，以及亞太國家在南海的結盟，中國唯一的做法就是分化結盟，中國外交部長王毅在「東協區域論壇」上倡導「雙軌思路」，應對美國與東南亞國家的結盟，中國認為，一方面直接由當事國透過協商談判解決爭議是最為有效和可行的方式，符合國際法和國際慣例；另一方面，南海的和平穩定涉及到包括中國和東協各國在內所有南海沿岸國的切身利益，雙方有責任也有義務共同加以維護。和平穩定既然是中美及東南亞國家最大公約數，其區別就在於南海事務美國扮演的角色為何，美國強調自身有共同責任，中國則強調應由中國與東南亞國家自行解決，顯然，中國正逐步遂行其亞洲「門羅主義」，「雙軌思路」正將南海「加勒比海化」，而中國在「東協區域論壇」前分化東協在南海事務團結之外交工作，也達到某些成效。

肆、結語

突顯海權，確保海權，是東亞各國未來持續要面對的問題，也是海上衝突的根源，然在中國海洋軍力未能超越海上強國美國的前提下，再加上美國與日本、韓國、菲律賓等國存有防衛協定的條約承諾，使得中國不敢輕舉妄動。然又為了應付國內持續高漲的民族主義，便會將海軍建設集中在恢復中國海權榮耀的基礎上且不遺餘力的推行。

　　根據奧根斯基的「權力轉移理論」，中國做爲崛起中的強權，增強其海上實力是必經的道路，中國無論在領土面積大小、人口、經濟發展的速度與能量，都已超越世界其他國家，唯獨目前面對的是既存的霸權美國，因此，倘根據權力轉移理論，中國似思考未來該如何挑戰美國。

　　在南海問題上，西方國家所設定下來的海洋法與國際法，中國當年雖參與談判，但在海洋法論述能力與權力欠缺之下，並未能在談判場域主導談判方向與結果，因此，當面對東南亞國家，特別是在海洋法著力甚深的菲律賓以海洋法中的仲裁制度挑戰中國時，也讓中國難以招架，在西方國家要求中國尊重既有的國際法，既有的國際秩序同時，也彰顯了中國在面對西方霸權所定下的「遊戲規則」，自己該進入此場域或是跳脫此場域，另闢國際新秩序，這便涉及到崛起中的強權，在尚未取代既有霸權而能主導國際遊戲規則的階段，在外交政策上，究竟該採與霸權對抗，或是扈從的策略。顯然，中國現階段給外界的感受是抗衡，既然是抗衡，對於以中國爲中心的結盟體系，尚未健全地建構起來，這也讓中國在喪失了睦鄰外交成果，又在權力平衡的現實主義國際格局中，在國際體系中發現美俄再次聯手，中國孤立無援下，是否會改變既有的外交道路，端賴中國領導人的國際視野。

國家圖書館出版品預行編目資料

中日國力消長與東亞秩序重構／林泉忠主編；
張玉法，村田雄二郎等著. ――初版.――臺
北市：五南圖書出版股份有限公司，2021.02
　面；　公分
ISBN 978-957-763-162-6（平裝）

1.國際關係　2.文集　3.東亞

578.19307　　　　　　　107019853

1WOF

中日國力消長與東亞秩序重構

主　　編 ― 林泉忠

作　　者 ― 張玉法、村田雄二郎 等著

發 行 人 ― 楊榮川

總 經 理 ― 楊士清

總 編 輯 ― 楊秀麗

副總編輯 ― 蘇美嬌

美編設計 ― 王麗娟

出 版 者 ― 五南圖書出版股份有限公司

地　　址：106台北市大安區和平東路二段339號4樓

電　　話：(02)2705-5066　　傳　　真：(02)2706-6100

網　　址：http://www.wunan.com.tw

電子郵件：wunan@wunan.com.tw

劃撥帳號：01068953

戶　　名：五南圖書出版股份有限公司

法律顧問　林勝安律師事務所　林勝安律師

出版日期　2021年2月初版一刷

定　　價　新臺幣580元

經典永恆・名著常在

五十週年的獻禮 ── 經典名著文庫

五南，五十年了，半個世紀，人生旅程的一大半，走過來了。

思索著，邁向百年的未來歷程，能為知識界、文化學術界作些什麼？

在速食文化的生態下，有什麼值得讓人雋永品味的？

歷代經典・當今名著，經過時間的洗禮，千錘百鍊，流傳至今，光芒耀人；

不僅使我們能領悟前人的智慧，同時也增深加廣我們思考的深度與視野。

我們決心投入巨資，有計畫的系統梳選，成立「經典名著文庫」，

希望收入古今中外思想性的、充滿睿智與獨見的經典、名著。

這是一項理想性的、永續性的巨大出版工程。

不在意讀者的眾寡，只考慮它的學術價值，力求完整展現先哲思想的軌跡；

為知識界開啟一片智慧之窗，營造一座百花綻放的世界文明公園，

任君遨遊、取菁吸蜜、嘉惠學子！